始作折半

合本 くじゃく亭通信 青丘通信

高淳日 編著

三一書房

始作折半

合本 くじゃく亭通信　青丘通信

髙淳日 編著

三一書房

始作折半
――はしがきに替えて――

いまは亡き作家金泰生は、ふだん会話の折に「始作折半（シジャク チョルバン）」の語をよく使っていた。「くじゃく亭通信」44号の寄稿文「青丘文化賞を受賞して」にも、この語をタイトルにしていた。憶い起こすと私の少年時代の風景でもある。身内の年寄り衆が集まった会話の中で、同じ意味の口語体で「シジャギ パニダ」もふんだんに聴いたことばであった。

この語は中国の典籍にはないようだ。朝鮮語の中の言葉であることは確かである。意味は「始めることは、マラソンに譬えればすでに折り返し点に到達したもの」、何事も始めなければ始まらない、スタートこそ肝要ということになろうか。

「くじゃく亭通信・青丘通信」は終刊を宣告したわけではないので、まだ「進行形のままでストップ」している状態である。いろんな事情で続刊できなかったのは、今以て忸怩たる思いだが、主たる事情は私自身が大病したことによる。

「通信」の刊行は「くじゃく亭通信」が始まりで、「青丘通信」が続く形になっている。これは青丘文化賞の事業継続を中心課題にしたからである。だが病に臥したことで中絶の状態が続いてしまった。次代を担ってくれる世代交代の準備を終えていなかったことが悔やまれてならない。健康を過信した活動期であったことが裏目に出たのだ。だが、この合本発刊を機に「折り返し点」に立ちたいと決意している。言うまでもなく「青丘文化賞」の復活でもある。老境にある身だが、世代交代を成し遂げたいという意味を込めて「始作折半」の語に執着したものである。

東京・渋谷の地に画廊喫茶「ピーコック」を創業したのは1968年11月、続いて5年後の1973年3月に朝鮮料理の店「くじゃく亭」を開業した。それから間もなく「くじゃく亭通信」発刊となるのだが、この辺の事情については、作家であり宗教家である高史明氏との対談記（本書　巻頭対談）に載せているのでそちらをお読みいただきたい。

「くじゃく亭通信」刊行から多くの人との交わりが生じ、人と人の絆が築き上げられた。このことで私の人生に多くの実りを得たことは確かだ。ありがたいことだと感謝に堪えない。商いの上でも高史明氏が「週刊朝日」誌にくじゃく亭をグラビア写真入りの1ページ大で紹介してくださったこと、朝日新聞紙上では画家安野光雅氏が味の店として取り上げてくださったことなどとあいまって順調満帆の営業を行なうことができた。両氏には心から感謝申し上げる次第である。

今回この合本を刊行するに至ったのは三一書房の高秀美さんが「くじゃく亭通信」、「青丘通信」は1970年代、1980年代の在日の文化事情を反映した記録としては重要であり貴重な資料だから両者を合本にして刊行すべきだとの強い要請があったことから始まる。かねてから合本にしたいという希望はあったが、なかなか踏み出せずにいた。彼女の勧めがあったからこその決断で、このようにして発刊を迎えることができたことを衷心から御礼を申し述べたい。加えて彼女の発案で巻頭に高史明氏との対談を載せることになった。この案について快諾くださった氏には再度感謝のことばを呈上するものである。

2014年5月

高淳日

目次

始作折半 ── はしがきに替えて ── 高淳日 2

対談〝よくぞ みんな あの状況から生きてきた〟 高史明・高淳日 7

復刻 くじゃく亭通信

くじゃく亭通信（創刊号） 1976/11/18 43
くじゃく亭通信（2号） 1976/12/18 47
くじゃく亭通信（3号） 1977/1/18 51
くじゃく亭通信（4号） 1977/3/18 55
くじゃく亭通信（5号） 1977/5/1 59
くじゃく亭通信（6号） 1977/6/1 63
くじゃく亭通信（7号） 1977/7/1 67
くじゃく亭通信（8号） 1977/8/1 71
くじゃく亭通信（9号） 1977/9/1 79
くじゃく亭通信（10号） 1977/10/1 87
くじゃく亭通信（11号） 1977/11/1 95
くじゃく亭通信（12号） 1977/12/1 99
くじゃく亭通信（13号） 1978/1/1 103
くじゃく亭通信（14号） 1978/2/1 111
くじゃく亭通信（15号） 1978/3/1 115
くじゃく亭通信（16号） 1978/6/1 119
くじゃく亭通信（17号） 1978/8/1 127
くじゃく亭通信（18号） 1978/11/1 131
くじゃく亭通信（19号） 1978/12/1 135
くじゃく亭通信（20号） 1979/1/1 143
くじゃく亭通信（21号） 1979/3/1 151
くじゃく亭通信（22号） 1979/5/15 159
くじゃく亭通信（23号） 1979/7/1 167
くじゃく亭通信（24号） 1979/10/1 179
くじゃく亭通信（25号） 1979/11/15 191
くじゃく亭通信（26号） 1979/12/15 203
くじゃく亭通信（27号） 1980/4/10 215
くじゃく亭通信（28号） 1980/6/15 231
くじゃく亭通信（29号） 1980/9/1 243
くじゃく亭通信（30号） 1980/10/25 255
くじゃく亭通信（31号） 1981/1/15 271
くじゃく亭通信（32号） 1981/3/15 283

くじゃく亭通信（33号） 1981/6/15 297
くじゃく亭通信（34号） 1981/9/1 309
くじゃく亭通信（35号） 1981/12/1 321
くじゃく亭通信（36号） 1982/3/1 333
くじゃく亭通信（37号） 1982/8/1 345
くじゃく亭通信（38号） 1982/10/1 357
くじゃく亭通信（39号） 1983/8/15 369
くじゃく亭通信（40号） 1983/12/15 377
くじゃく亭通信（41号） 1984/4/1 389
くじゃく亭通信（42号） 1984/8/15 397
くじゃく亭通信（43号） 1985/3/15 409
くじゃく亭通信（44号） 1986/2/15 421

復刻　青丘通信

青丘通信（1号） 1990/3/1 435
青丘通信（2号） 1991/3/1 441
青丘通信（3号） 1992/3/1 445
青丘通信（4号） 1992/7/15 453
青丘通信（5号） 1993/3/1 461
青丘通信（6号） 1993/11/1 467
青丘通信（7号） 1994/3/1 475
青丘通信（8号） 1995/3/1 483
青丘通信（9号） 1995/10/15 489
青丘通信（10号） 1996/3/20 493
青丘通信（11号） 1997/3/20 501
号外（1） 509
受賞者リスト 511
巻末資料 512

対談

〝よくぞ みんな あの状況から生きてきた〟

高史明

高淳日

高淳日・高史明対談

日時：2012年12月22日（土）
司会：高秀美（三一書房）
同席者：岡百合子

高秀美：作家の高史明さんご夫妻をお迎えしています。高淳日さんと高史明さんは古くからのお知り合いとのことですが、本日はじっくりと昔のことなど含めておふたりからお話をうかがいたいと思っています。岡さんの飛び入り参加も期待しています。最初にまず高淳日さんから『くじゃく亭通信』と『青丘通信』のことなど、少しお話しいただけますか。

「それじゃあ、自分たちでつくろう」……………………

高淳日：1970年代、私は渋谷にあるNHKの近くで「くじゃく亭」という朝鮮料理の店を経営していたんです。当時、朝鮮料理屋といえばイコール焼肉屋という時代でしたが、私が目指したのは店の造りを数寄屋造りの和風にして、本格的な朝鮮料理をお客さんに提供していこうというものだったのです。ですからサムゲタン（蔘鶏湯）とか松の実粥も出しました。当時としては珍しかったので、「くじゃく亭で初めて食べた」と言って喜んでくださったお客さんも多くいましたね。

私は「文化の発信」ということにも関心を持つようになっていました。渋谷には銀座、上野、日本橋にあるようなタウン誌がなかったんです。もったいないなぁ、と思っていました。『くじゃく亭通信』を出すにあたっては渋谷の文化と、それに朝鮮の食文化を通して読者の方たちが、朝鮮文化に目を向けてくれればという思いがあったのです。当時日本では今では考えられないほど朝鮮半島の文化に無関心でした。

『くじゃく亭通信』の初めの何号かは、安部桂司氏が編集を引き受けてくれたんですが、途中からはある事情で私が替わって編集することになりました。『くじゃく亭通信』を44号で廃刊にしたのは、ちょうど80年代のバブルに入っていたときです。朝早くから所謂、地上げ屋が来ては、この場所（不動産）を「売れ、売れ！」と、うるさいんで、根負けしちゃって、それで手放したんです。そういうことで「くじゃく亭」という店そのものがなくなってしまったもんだから、『くじゃく亭通信』も終わることになりました。

ちょうど、これと時期的にはダブりますが在日の有志5人の集い、青丘会を発足しました。会では青丘文化賞を設定して在日の文化に貢献した人への顕彰として授賞を毎年行なうことにしたのです。『青丘通信』は受賞者の声などを載せて冊子にしたものですが、今回改めて読み直してみると、いま在日の錚々たる方々が受賞していることに感慨を覚えますね。

第1号は1991年3月1日の発行となっていて、前々年の89年度第15回青丘文化賞の受賞者として巻頭に高史明先生の写真入りで、また第8回青丘文化奨励賞に映画監督金佑宣氏の授賞のことが載っています。『青丘通信』は97年に出した第11号で現在のところ休刊していますが、この題字は、岩波書店の編集者で装丁家でもあった田村義也氏が「オレに書かせろよ」って言ってね、書いてくれたものなんですよ。彼とはとても親しい飲み仲間だったもんですからね。

青丘文化賞の選考は、初めのころはわれわれ青丘会のメンバーが行ない、文句なしに金達寿先生を第1回の受賞者に選びました。お祝いの集いは、われわれの仲間と在日の文化人たち十数人ぐらい集まって「くじゃく亭」で極く内輪の授賞式をやったもんです。このときの金達寿先生の受賞のご挨拶がむしろわれわれに大きな激励となりました。

「自分は在日朝鮮人として在日からは、けなされ、誹謗・批判され、文句を付けられることは多かったけど、褒められることは一度もなかった。こんど初めて在日の有志からこうして賞をもらえるなんて、本当にありがたい」と、しみじみとおっしゃったんです。私は嬉しかったですね。逆にわれわれ仲間への励ましになりましたね。

そして「青丘会」は二十何年続くわけです。第5回授賞からは青丘会とは別に新たに選考委員会を設置して授賞者を決めて参りました。選考委員はそれまでの受賞の先生方4名でご苦労をお願いした次第です。

青丘会の立ち上げ……………………

高秀美：「青丘」ということばのいわれをお話しいただけますか。

高淳日：朝鮮では古くから、「三千里江山」、「青丘」という雅称というか呼び名で自分たちの国のことを言っていました。日本にもありますよね。「ヤマトのクニ」とか、「まほろば」とか。残念なことに朝鮮半島は現在も分断状況が続いていますが、われわれが会を立ち上げた当時は総連（在日本朝鮮人総連合会）も民団（在日本大韓民国民団）も勢力が強くお互い角逐対立しているような状況のときでした。そういうなかで初めてこういう会をやるときに、メンバーのなかに朝鮮籍を持つ人間、韓国籍を持った人も居たりしたもんで、何れの国籍色も避けて会の名称は「青丘」というのが相応しいということになって、皆が賛成してくれたんです。

青丘文化賞を出そうというそもそもの契機は、確か金達寿先生の出版記念会が池袋であって、友人とたまたま帰りのタクシーのなかで、「われ

われ在日同胞の作家は芥川賞や直木賞の候補に挙がることはあるのだが、どうしてみんなはずされてしまうんだろう。不愉快だな、こんなことならおれたちで相応の賞を創ったらどうだろうか」なんて話をしたのがきっかけなんですね。

いずれにしてもお金がないことには始まらない。気心の知れた在日の商工人仲間の有志5人が集まって資金作りということで、最初はひとり5万円ずつ出しあって、ある程度たまったところで、それを頼母子講にしてね、輪番で貸付・融資して利息を積み立てていきました。利息は月3％ですから高利ですよ。年利にして3割以上ですからね。しかしそのころの3％と言えば巷間ではごく普通の金利として使っていたもので「まあ3％でも使わせて貰えるならありがたい」という時代でした。

その3％の利息を積み立てて1年以上たったときに、賞金が出せるまでになりました。最初は賞金30万ということで第1回の授賞者は金達寿先生、第2回は金石範氏、それから李進熙氏、姜在彦氏と続いていくわけです。途中で50万に増額したらという会員の提言があったとき、金達寿先生が「50万にするのも結構だけど、青丘文化賞はそのまま30万にして、20万をもっと若い人を励ます意味で奨励賞として出したらどうか」と。それで新たに「青丘文化奨励賞」を若い世代を対象に出すという経緯を辿ることになった次第です。映画関係の人や、劇団、音楽関係、文化運動に活動した個人や団体など各方面の方々にも授賞することになりました。

これがまあ十何年続いたんですけれども、会の仲間うちで事業の失敗で破産する人が出てきて、そうすると元金が食いつぶされるんじゃないかという不安感が走ったんだと思います。結果的には出資した元金だけは一銭も損なしで、会員それぞれに返済分配したんです。こうしてその後、いままでの熱意はなくなって、みんな手を引くような形になって私ひとりが新たな賛同者とともに継続することになりました。ところが最終的には、私が大病したために、……次世代の人を育成しようと思っている矢先でしたが病気が原因で、会の事業は中断。今に至っていますが私は解散宣言をしたわけでなく、だからね、これは必ずもう一度再興させようという考えはいまも心に決めていますがね。

高史明：いま淳日さんの話をうかがっていて思い出すことがいっぱいありますね。「金達寿」というとひとつの象徴的な意味を持っていて、朝鮮人のアイデンティティを確認するためにあの人をイメージするということが、あの当時あったんですよ。

たとえばどういう形であの人のことを憶えているかというと、芥川賞の審査のなかで、金達寿さんが芥川賞の受賞者にふさわしいということがマスコミに出たことがあるんです。そしたら内部から「あの人は歳をとっていて、いまさら賞をやることはない」という反対意見が出て、それで受賞がだめになったことがあったことを強く憶えています。私なんかはものを書けるような状況じゃなかったけれども、「そこまでやるか！」というような思いがどうしても出るんですよ。

戦後の記憶というのは、ひとつのつながりをもってきっちり語られるというようなものではありません。ただ私だけじゃなくて在日朝鮮人は全般にそうだったと思いますが、朝鮮人ということを改めて確認するということが歴史的に起きたということはいえると思います。だからすれ違いでも朝鮮人に出会ったというと、非常に強烈な記憶が残るんですよ。

私の場合、金達寿さんの一周忌のときに発言する資格もないからと黙っていたんですけど、会場からひとこと言ってくれと注文がありまして、それで最初の出会いを記憶のままに語ったんです。語られるような出会いというものじゃないんですよ。金達寿と許南麒が中野の警察学校の前の道を住宅街のほうへ歩いて行く、その後ろ姿だけを憶えているんですよ。そしてあとから小説を読んだり、詩を読んだりして、「ああ、ああいう人だったんだ」ということを納得するんですけど、それにしても名前だけでもね、あのふたりの名前は朝鮮人にとっては、強烈なイメージで記憶されていたということが私の世代にはある。だから中野であのふたりが並んで歩いているのを、私もなにかの会合で一緒になって帰り道、恐れ多いのですが、大先生のふたりが歩いているのを見送るというかたちでついて行ったんだと思います。

その最初の記憶を強烈にいつまでも憶えているというのは、当時の在日朝鮮人の意識のありようというのを物語っているんだと思うのですね。

それに連動するかたちで、金達寿先生のことでこの最初の出会いの後につながって思い出すのは、さっき話した芥川賞のことですね。これはいかにも意地悪な感じでだめなもんだったなぁと私は思いますけれども。このころからね、「じゃあ、朝鮮人は独自にやろう」という機運が出てきたんだと思う。それまではね、「芥川賞をくれるものならもらったほうがいいじゃないか」というぐらいの感じだったと思うのだけれども、「やらない」ということを言われて、「それじゃあ独自に自分たちでやろう」というそういう機運——私は外にいましたからね、外にいての感覚ですけど、そういう感じがありましたね。そしてそれがね、こういう青丘文化賞の流れも逆に生み出していったんじゃないかなと思うんです。

在日朝鮮人の文学と日本の文壇……………

高史明：朝鮮が植民地から解放されたあと、南北に分断されて朝鮮戦争というような内戦になっていくとき、日本でものを書いている朝鮮人の知識人が自分たちの居場所がない、どこからも認められないという状態があったと思うんですよ。金もなければ権威ある文壇の応援というものもない。韓国とも北朝鮮とも切れてるし、小説は書きたいし、というふうな、なにもないときから、なにかをやらざるをえないというふうな機運が、金達寿さんたちが最初もっていたんだと思います。

そういうことの象徴でしょうけど、私の作品が日本の雑誌に掲載されたのか……そんなことから在日朝鮮人の先輩たちが呼んでくれたことがあるんですよ。高田馬場だったと思うんです。いまでもよく憶えているんですけど、和式の畳の部屋にずらっと先生方が座っていて、知っている人も知らない人もいましたけれど、非常に温かい雰囲気だったんですね。

私が恐縮して「日本語でしかしゃべれないんだけども」と言うと、「いい、いい。日本語でいいからやれ」と言われたときの記憶が強烈で、そ

れがみなさんとの出会いの始まりではなかったかと。

　そのとき言語表現しなくても、電気が見えないかたちで通じるみたいに「ああ、あの人たちは朝鮮人の先輩として私を受け入れてくれたんだな」というふうな思いがあって、だから、なんて言うのかな、私自身のなかに朝鮮語を知らなくても、いままで生きてきた朝鮮人として、自分の生きざまを作品化していかなくちゃいけないという願いがありましたけれども、その願いに場所とレールをあたえてくれたのが、その最初の出会いだったと思うんですね。

　こういうことは、なかなか他の人には理解されないかも知れません。在日朝鮮人の場合は独特の、なんて言うのか、もうそれこそ、近くに、近くにという感じでね。そういうものは、朝鮮人が苦労してきた裏返しでもありますけれども、在日朝鮮人の作品の質の裏打ちになっている精神性だと思うんです。

　だから、金達寿さんは『朴達の裁判』という名作を書くんですけれど、そうすると日本の文壇は評価ができない。どう扱っていいのかわからない。中国の作家の魯迅―その人の『狂人日記』がお手本になっていたと思う。『朴達の裁判』は同質の香りがあった。打たれても打たれても立ち上がるのですね。そういう状況のなかで、在日のもの書きがものを書き続けたということは、個人的な資質もさることながら、歴史的な遺産としてこれからも非常に大事なんだと思います。

　戦後67、68年たちますけれども、朝鮮半島の状況、日本と朝鮮半島の韓国や北朝鮮とのかかわり、いろいろありますけれども、私なんかから言わせるとね、戦中とまったく変わらないですよ。なんにも変わっていない。それを本当に日本の問題として考えようとする日本の識者もほとんどいない。実は、そのへんに日本の思想的な弱さというか、底の浅さというか、つまりアジアを考え切れずに日本の近代思想は成立しようがないわけですけど、それを考えないですませてきちゃった。

　それをむしろ排除するようなかたちで、出発していったのが在日朝鮮人の文学と日本の思想界、文壇のありようだったと思うのです。私なんかちょっとずれていたけど、高淳日さんや金達寿さんたちはね、もう言うに言われぬ苦労をしてきた。それをどこで感じるかというと、高田馬場での飲み会に最初に呼んでくださったときだったか、それに近いころです。

在日の名前……………………………………

高秀美：さて、今日は質問のような形でテーマをいくつか設定させていただきました。最初のテーマは名前です。今日は対談のおふたりが高、そして司会の私も高ということで、「三高」が揃ったわけなのですが、朝鮮人としては少ない苗字の高がこのように集まるというのも珍しいことです。ただ高史明さんがペンネームだというのは意外に知られていないのではないでしょうか。高淳日さんもある時期まで知らずにいたということをうかがっていますが。

高淳日：私は史明さんと最初知り合ったときからずっと自分の一族の人だと思っていたんです。本貫がね、うちの国では「高」は一筋しかないんですよ。金氏とかは「金海金」とかいくつかありますが、「高」といえば「済州高氏」。これはもう、ニューヨークにいようが中国にいようが、「高」と名のつく人間の先祖は、済州島出身の高氏なんですね。昔は「耽羅高氏」と言っていましたが。

高史明：とんでもない間違いでしたね。（笑い）申し訳ない、無知でした。

高淳日：本貫が同じだということで、より親しみをもっていたわけです。だから私は、はじめは史明さんが自分と遠い先祖のどこかでつながっているんだと思っていたんです。あるとき、もう亡くなった高昇孝——経済学やっていた総連バリバリの男で、彼とは幼なじみだったんですけど、彼に「高史明はわれわれの一族だ。……いいなぁ」と誇らしげに言ったら、「彼の本名、別なんだよ」って言われて、初めて知ってね。

まあ名前の件ではそんな思い出がありますけどね。私がね、史明さんとお会いしたのはその高田馬場なんですよ。

確か、「高史明を囲む会」だったと憶えています。尹学準もいたし、李丞玉もいた——みんな亡くなってしまったけどね。

強烈な印象があるんです。もっとも「同姓」だと思い込んでいたということもあったけれどね、刺青を削り取る話が出たとき、そのときのもの凄すごさ。ご自身しゃべりながらね、目には涙いっぱい。本当に大粒の涙を流し、嗚咽をこらえながら語っておられました。その場面は強烈でした。ずっと私の脳裏から離れませんね。だから私はあの刺青のことでね、どれだけ人生を深く模索したのかなぁ、ということで、いつも刺青のことが思い出されるわけですよね。あのとき私たちはずっとだまったまま深刻に聞くしかなかったですね。そのお話を受け止めるしかなかった。だれも発言できなかったですね。

父親の大きな教育

高史明：私の小さかったときの朝鮮人長屋は、朝鮮人のなかの、また一段低い貧乏人ばかりが集まっているというような、10軒ぐらいの本当のバラック小屋で、朝鮮人のほかの人から見ても、ろくな奴はいないというように見られている長屋だったんですよ。私自身の子どものときの印象からすると、みんな労働者。要するに本が読めるような人はだれもいないというような長屋ですから、壁なんか箸を刺すと向こうへ突き抜けるんですからね。長屋はみんな朝鮮人ばっかりですから、親しかったですけどね。

しかしいまでも忘れませんけど、一番はずれにね、日本人の老夫婦が住んでいたんですよ。うちの親父はね、自分が金をもうけてくると、空のコメ櫃に入れるコメをまず買うんです。それからご飯を炊きますとね、どんぶり一杯の飯を、そのじいさん、ばあさんに届けさせるんですよ。それはね、実に大きな教育だったと思う。向こうのじいさん、ばあさんがうれしそうな顔をして受けとってくれるのも鮮烈に憶えていますけれども、ああいうふうな形で教育してくれたんだなぁ、と思うんです。

よくぞみんなあの状況から生きてきたものです。

私なんかは名前とのかかわりでいうと、戦中の学徒動員で動員されていた工場では毎日名前を名乗らされては殴られる。しかも全員の前です。それで朝礼が始まる。殴られるところから朝礼が始まる。必ず全員の前で本名を名乗る。名乗ると「声が小さい」。それでもう一回くりかえす。十回ぐらい殴られてその日が始まるんですよ。すると恥ずかしいことですが、教師に抵抗するのではなく、同級生をイジメルという行為になっていた。

高秀美：当時は、「金天三」という名前を――。

高史明：そう、毎朝。「はい」って言って、「金天三」（きんてんさん）と名乗るわけです。

高秀美：その辺のことは『闇を喰む』にも克明に描かれていますね。ところで「高史明」という名前の由来はどこからなんでしょうか。

高史明：筑摩書房で『夜がときの歩みを暗くするとき』を出版してくれるということになって、それでペンネームをはじめて考えたんですよ。自分の本が出るけど、名前がないと具合が悪いというんでね。それで「名前をどうしようかなぁ」と考えて。朝鮮人だとすぐわかるような名前にしなきゃいけないというのは、初めからあったんです。私の前の世代の生きざまというのは見てますから、自分の力で私の作品を書くにしても、前の世代の生きざまをちゃんと受け継がないといけないし、それだけの歴史的意味も持っていたと思うんですね。そういう意味で朝鮮人ちゅうことがすぐわかるような名前にしようとね。

しかし「金」という姓ね、もう「金」ばっかりじゃないですか（笑い）。金達寿をはじめ、金石範、金時鐘……。また「金なにがし」じゃあぜんぜん面白くない。

高淳日：ソウルの南山から石投げたら「金」に当たるという諺ほどに金氏が多いんです――。（笑い）

高史明：そうそう、だから「金」はやめにして、「高」というのは、私自身にとってはめずらしい姓で、「それじゃあ『高』にしようか、かっこいいし」とね。（笑い）

高淳日：それはうれしいなぁ。（笑い）

岡百合子：ちょっと注をつけます。最初に名前のほうをつけたんですね。私は歴史をやっていたので「歴史の『史』を入れたい」と。で、「史明（しめい）」という名前が先に出たんですよ。そしたらね、二葉亭四迷のことを言い出して、「こうしめい」「ああしめい」と冗談で言っていて、「じゃあ、こうしめいか」になって(笑い)。「高」をつけたら、なんかすっきりしてかっこよくって、本人のイメージとぜんぜん違うと皆に言われました(笑い)。

高史明：怒られたんです。(笑い)

岡百合子：いつだったか、なんかの集会で関西に行ったときに、となりに在日のおばさまがいらして、金海金氏とかおっしゃってるから、「うちの夫も金海金氏ですよ」って言ったら、「あんたなに言ってるの、『高』という姓で金海金氏のはずがないじゃないか」って。「いいや、本名は金で、本当に金海金氏なんですよ」って言ったら、「えー」とか言って、とたんにこの人(［注］高史明)に抱きついて(笑い)。それぐらい「金」という姓の重さを私は知らなかった。

この人のお兄さんは、すぐに「金家の者ともあろうものが」って言ってきたけど、(笑い)「なにが金家だ」とか言ってね。割合にあっさりと「金」という姓は捨てちゃって、いまは税務署と保険だけが「金」で手紙がきますけど。

高秀美：高史明さんは『闇を喰む』のなかで「私＝金天三」という人物を登場させています。実は金天三というのが高史明さんの実名なのですが、小説のなかで実名の私を登場させたというのは、なにか意図があったのでしょうか？

高史明：最初の作品『夜がときの歩みを暗くするとき』で、もう細かいことは忘れましたけど、この作品は日本人が主人公なんですよね。にもかかわらず、読んでいると朝鮮人がなんかリードしているみたいな感じ

で、そういうような流れのなかで、本名が出てくるんですね。だから、まあ、おずおずとながらでも、自分の名前は、自分でちゃんと名乗っておかなきゃいけないという思いが、最初の作品を書いているときからあったと思うんです。

今もある差別・蔑視観……………………………

高秀美：高淳日さんは渋谷でずっと商いをされていて、地元の商店会の会長もなさっていました。商売の関係では「高岡邦和」と名乗ってこられているようですが。

高淳日：日本の統治時代、日本政府は、朝鮮人はこれまでの姓名を捨てて日本式のものに変えろという酷い「創氏改名」令を出します。このとき「改姓改名」の届出書を出さなくちゃならないということになり一族が集まって、うちの父親もその会議に出たわけですよね。身を斬られる思いですが、先祖から伝わる姓を消したくない、残しておきたい。「金」姓は「金山」や「金海」にしたりしてね。うちの親戚会議でも、「高」を残して「高山」だとか、「高島」だとか、そうなりかけていたときにね、うちの親父はちょっとへそまがりだったのかな、『高松』がいい」とやりだしたわけですよ。親戚の連中は「お前だけがそんなこと言うなら、勝手にしろ」となってね。うちの親戚はみんな「高島」で、私のところだけはね『高松』で届け出ようと役所へ行ったわけです。

ところが役所でひともんちゃく起きたんですよ。「恐れ多くも畏くも、皇室名を名乗るとは何ごとか」（笑い）とね。受付でだいぶやりとりをしたらしいんです。うちの親父は内心、「ならばなお一層純粋でいいじゃないか」と皮肉った狙いがあったらしいんですがね。私のクラスに日本人で「高松」を名乗るクラスメートがいたんですよ。現に「高松」を名乗る庶民が結構いるのにね、どうなんだろうとね。それでもまあ、役所と渡りあっても勝ち目がないもんだから、結局、届けを出すときには「高岡」にしたわけですよ。どうも「島」だとか「山」とかが好きじゃなかったと見えてね。

解放後は本名「高淳日」でずっとやってたんですけどね。ところがね、「高岡」という名前が日本人の知り合いや友人のなかに染みついちゃってね。呼ぶときは、私の本名呼ぶよりは「高岡」で呼ばれるし、銀行の口座をひとつ開くにしてもね「高岡」のほうが通りがいいんですよね。

ということでね、「高岡邦和」が妙に愛着あったというのはおかしいけれど、事業をやり始めたときなんかは銀行へ行っても、何かの書類、手続きを出すんでもね、「高岡」のほうが相手にとって、なんか印象がいいみたいで、すっと通るような感じがしたんですね。それは微妙に自分で感じるわけね。やがて事業が少しずつ大きくなってきたとき、銀行に、もう少し融資の枠を広げてくれと頼んだら、「高岡さん、帰化しませんか。帰化したらいまの融資枠、3倍に広げられるんですが」と。そういう誘いもあったぐらいですけどね。もちろん断りましたけどね。

まあ言うならば、ちょっとずるい生き方かな。便利よく日本名を使い、そして何かの免許や許可を貰うとき役所なんかへ出す書類は本名でなければ受け付けてくれない。これはね、日本側の便利さかな？

銀行から融資を受けるときには、本名での印鑑証明書を提出するぐらいで、商店会活動は通名「高岡邦和」でずっと、二十何年もやってきたもんですから、あえてね、私が「オレは朝鮮人だ」と主張する理由もないわけでね。それで私がこのように本名と通名を持っていることも知らない人もいましたが一般には朝鮮人だということは知っての付き合いでした。ときには「あいつは朝鮮人だから……」と陰口を叩く人も居ましたが、面と向かって朝鮮人だという理由で対立するようなことはなかったです。だが現実はいまも在日の生活の中で蔑視観や差別観があることは感じますね。逆に言うなら差別や蔑視に面と向かう機会があるなら、いままでの自分の生き様を語る機会と捉え、よろこんで話をするんですけどね。そういう機会もないまま本名、通名を使い分け、まあずるい生き方かも知れませんが便利よく使わせてもらっています。

高秀美：名前については、自分がなに者であるかということを知っている人間にとっては、なにを名乗ってもそれほど大きな、重大なことではないと思うのです。ただ現在、若い世代の多くが通称名を使って暮らしていることが気がかりです。数年前のことですが、姪の結婚式の直前に彼女から「記帳のときは日本名を書いてください」と手紙をもらってショックを受けたことがあります。「私には通称名（日本名）がないんだけど、だったら私は出席できないということなの?」と言ったのですが、かなり気まずい空気になってしまったことを覚えています。

高淳日：しかし、本名を使って暮らしている人が増えているんじゃないのかな。

高秀美：少ないです。多くはなっていないですね。あい変わらずやっぱり、学校でも8割、9割の人が日本名を名乗っているようです。朝鮮人である自分たちがなぜ日本で生まれて生活しているのか、そのことがわからない状況で、通称名を名乗るということと、一世の世代の方たちが通称名を名乗るということは意味がちょっと違うんじゃないかな、ということもあって、名前のことをどこかできちんと考えておかなければいけないと思っているのです。

高淳日：若い人にはね、やっぱり民族的なアイデンティティというか、そういうものは確立してもらいたい。そういう教育をせなあかんわね。

高秀美：そうですね。

高淳日：でも、そうしてもね、「日本に帰化したほうが自分の生き方としてはいいんだ」と考える人は、しぜん帰化している人も多いからね。

高秀美：多いですね、いまは。

朝鮮籍・韓国籍……………………………………

高秀美：先ほど、高淳日さんがちょっとおっしゃいましたけど、おふたりとも朝鮮籍のままずっといままで来られています。

高淳日：これは私にとっては大事なことで、言っておかなくてはならないと思っています。私の初めての韓国入国は金大中大統領のときでした。金大中が大統領になる前、時の朴政権の弾圧で亡命中、日本でＫＣＩＡに拉致された事件で彼の救出運動活動に奔走した趙活俊が私の友人です。私の初の韓国入国のパスポートを入手するため骨を折ってくれました。だが駐日韓国大使館では「なぜ韓国籍に切り替えないのか」と問われたんです。それで「いや、私が朝鮮籍になっているのは日本政府がやったことだ。日本の敗戦後、在日朝鮮人には外国人登録証を発行、国籍を押しなべて朝鮮籍とした。それまでの日本統治下では日本国籍だったが、解放後しばらくして南には大韓民国、北には朝鮮民主主義人民共和国が成立。このあと韓国籍に変える人もいたけど、私の本当の気持ちは北も南もなしに、民族が統一した国が成立したときに、初めてその国名を自分の意志で自分の国籍として取得したいという願望に変わりはない。どういう国名になるか、例えば「高麗人民共和国」になるのか、それはわからないけれども、統一された国の名前を国籍としたい。それまでは私は不精だと思われようが放置する」と答えた。民族統一のあかつきにこそ、自分の国籍を自分で決める、というのはずっと以前から持っている自分の考えでした。

高史明：いまの淳日さんの話に私も似ているところがあると思うのですけど、もうちょっと私自身の意識的な具体例で言うと、占領下に生きてきた時代、そのときは日本共産党の活動をしていたんです。

朝鮮人だから日本共産党に入らなければならないというのが昔の共産党の鉄則――一国一党の原則――だったんですよ。そうしてしばらくしたらね、朝鮮人だから日本共産党から出なきゃならんというふうに方針が変わるんですよ。

それで日本共産党から出て、朝鮮のほうへ戻るということになってね。笑い話ですけど、自分の住んでいた場所で「これから朝鮮籍に戻って、日本共産党をやめなければならない」と言ったら、みんなが悲しんでくれて、というか、よろこんでくれてというかね、いっぱいカンパをくれたんですよ。それはずっしりと重い。なんせ5円、10円とか50円玉だったので（笑い）。

それを持って自由法曹団という弁護士事務所に行ってテーブルのうえにそのお金の山をおいたら、弁護士がびっくりしてね。そういう党員時代の地域の人たち、まあ朝鮮人もいたと思うんですけど、お金の山ができるほどカンパしてくれる人たちの気持ちというのは、その後の私の生き方に、とっても大きな影響をあたえていますね。

現実の場では私には直接感じられないような条件で孤立しているわけですね。そこのところはなかなかむずかしい。朝鮮人の側からは「お前は日本共産党やっていたんだから民族反逆者だ」となる。日本人から言

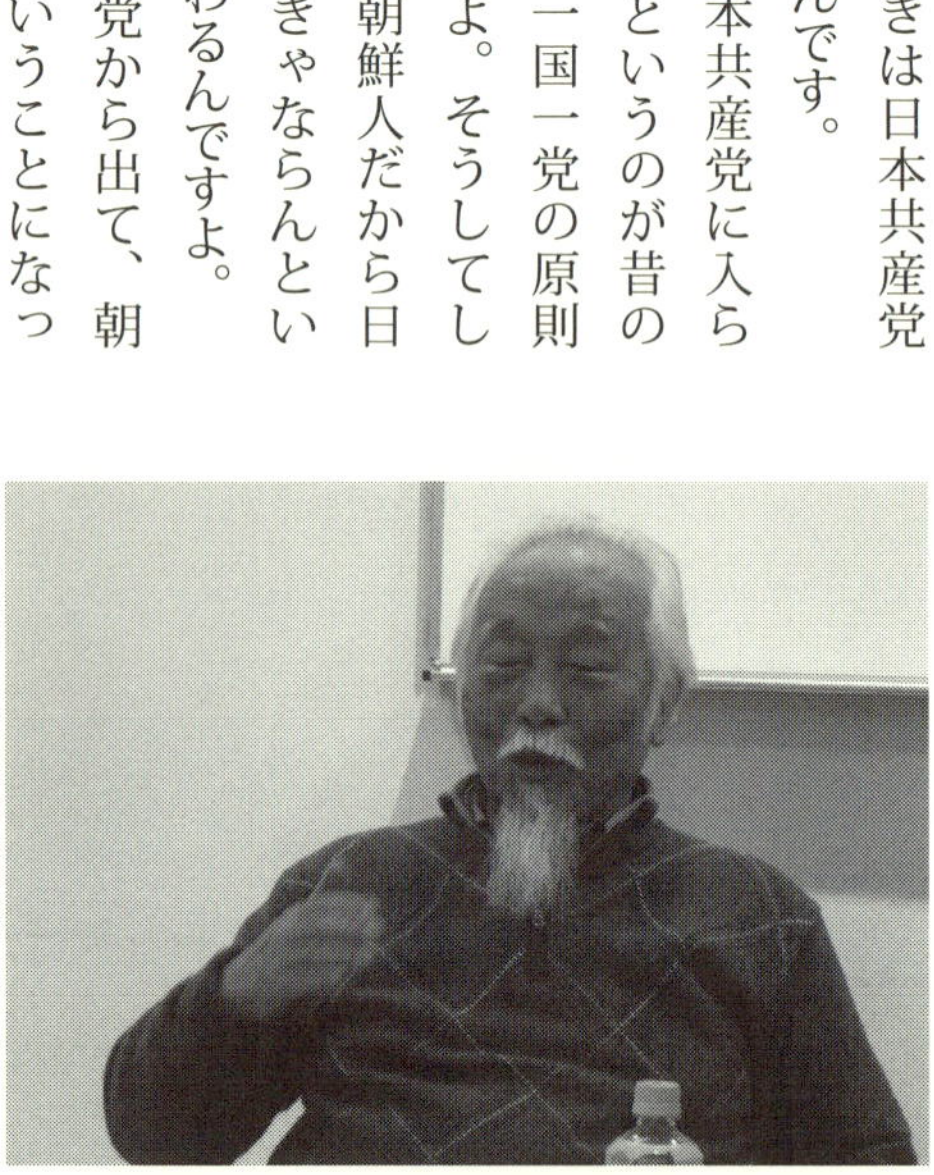

うと「お前は朝鮮人だから日本共産党とこれからは無縁じゃないか」となるわけです。そこで結局、どっちも選べないから、ひとりになっていくしかないということで、みんなにそれを告げて、カンパをもらってね。

高秀美：カンパを持って弁護士事務所に行かれたのはどういうわけなんですか。

高史明：当時私は、被告のままで非合法生活――逃げていたわけですよ。戦後すぐの台東会館事件や、メーデー事件などの重い罪名を受けたまま、裁判の途中から逃げちゃったんですね。

ここは少し駄弁ですが、私の生き様と戦後の日本、そしてアジアの状況を振り返らないと説明しにくいので少しばかり話をさせてください。ともあれカンパを持って弁護士事務所に行ったというのは、そんなさまざまな理由からです。

いま年表を見ると、くり返しですが、48年には済州島で単独選挙反対の運動が弾圧され、朝鮮南部に李承晩大統領の大韓民国が生まれるとそれに呼応するかのように北部に金日成首相の朝鮮民主主義人民共和国が誕生している。

マッカーサーはこの状況の中で日本での公務員のスト権を禁圧する一方で、いわゆるA級戦犯を釈放していきます。

三鷹事件・松川事件が起きた49年には、在日朝鮮人の民族団体に解散命令が発令され、つづいて朝鮮人学校をも閉鎖させたんですね。しかもこれらの事件が湯川秀樹博士のノーベル賞受賞という明るいニュースと前後しているから何とも複雑です。

でも私はその激しい状況に生きていながら、その状況をわが心身と無縁といっていいほど自覚していなかった。なんとも恥ずかしい生き様です。しかしまたその「無縁」が「縁」になっていくこともあるのです。私は、その時代状況の反映と思うのですが、まるで朝鮮語もわからないのに、朝鮮学校弾圧など聞くと、何か心身に鋭い反応が起きるのですね。

だからでしょう、１９５０年に朝鮮の組織の解散とその財産の接収という事態が目前で起きたとき、何か心身の方が先に反応してしまいました。いわゆる台東会館事件です（１９５０年3月）。

見に行って、初めは傍観者であった私が、警官に殴られている女の子を助けようと衝突のど真ん中に割って入ってしまった。すると、逮捕ですね。そして不思議なことには、私がその衝突事件の首謀者と見なされることになったわけです。もともと張ったり屋だったから、警察の調室での応対が悪かったのだと思う。首謀者として長い裁判にかけられることになった。

でも、いまでも悲しいような複雑な思いがしていますが、その「首謀者」には、同じ被告人にひとりも知り合いがいなかったのです。最初の公判のとき、有名な布施辰治弁護士が裁判官を見据えるようにして言われたのです。

「この男には被告人にひとりの知人もいないではないか。本人もそう言い、他の被告人が皆同じ見解である。朝鮮語もできず、全く無縁の人間の間にどうして共同謀議が成立するのか――」と。

実際、私は子どものときからヤクザな人間でした。政治犯とは縁もゆかりもない人間だったと言っていい。ただ、目の前で力のない人間が力のある人間に殴られているときには、力のない方を庇うという本能的な生き方だけは父親にしっかり教育されていたのですね。台東会館のときも殴られている女性が目の前に逃げて来て、それをさらに棍棒で打ち据えようとした警官に我慢がならなかったというのが実情です。

それが事件全体の首謀者にされたわけですから、世の中とはなかなか複雑です。でも私にとっては、不幸だったとばかりは言えないといまは思っています。それから私は字の勉強を始めるようになったわけですから。

メーデー事件の首魁にされて……………………………

高史明：この時代状況全体の背景には、直接的には朝鮮での戦争の勃発がありますが、いわゆる世界史の21世紀に向けての深い時代転換の地底からの胎動があったと、いまにして思います。そして、その「胎動」を見抜く目線の欠落が状況を混沌としたものにしていたと思います。時代状況とは、その渦中に生きる人間にははっきりと見えないのだと思う。人間は常に模索しつつ、歴史を生きるわけでしょう。しかし、対立構図を生きる人間はいつも自らの目線の絶対化を求める存在なわけです。人間の歴史が戦争とつねに噛み合わせになるのはその存在根拠に理由があると、いまに思います。五全協、そして六全協もまた、その状況存在のしからしめるものだったと思います。

まあ、なかなかお喋りをしました。しかし、あの第二次世界大戦後の時代状況を生きてきた人間として、私はいま、人間存在そのものを根っこまで考えつくす責任があると思います。人類史はいま根源的転換を求められているでしょう。

例えば、五全協の闘争方針は、朝鮮戦争の時代状況の産物だったわけでしょう。その時代状況は、政治的対応はもちろん必要ですが、それにとどまらず、人間存在の根っこを見つめ直すことが求められていると思う。第二次世界大戦では6千万からの犠牲があったわけです。人間同士の戦いから、6千万人が犠牲になるとは、存在そのものが問われているのではないか。その死者の声を聞く方法まで見つめられていたわけです。それが政治的に収斂されると、「自首して出ろ」になる。思えば、そのとき私は私自身を含めて、人間そのものを見つめる位置に立たされていたわけです。それこそ悲喜劇そのものだったわけです。その現実をいまに思います。

裁判を改めて受けることにし、カンパを抱えて弁護士事務所に行った。ところがおかしいことに、今度は権力の側が慌てたんですね。メーデー事件の被告は100人ぐらいいる。そしてもうすでに10年ぐらい裁判をやっているのに、私が出ていったらもう一度裁判をやり直さなければならなくなります。そこでどうやら裁判所側と弁護士側の暗黙があったらしく、無罪放免（爆笑）。

裁判所が「勘弁してくれ」と。弁護士が「そういうことでいいですか」ということになって、外国人登録証もあらたに発行してくれた（笑）。

高淳日：それまでは法的には無籍者だったわけですね。

高史明：そう無籍者。それでね「登録証も発行しますから、どうぞ君ひとりの裁判だけはやめにしてください」とね。（笑い）

私はメーデー事件の首魁とも見られていたらしく、裁判になると無期懲役だと言われました。でもいつまでたっても捕まらないもんだから、「いま裁判に出てきても、お前ひとりのために刑事被告が100人ぐらいいる裁判をまた何年もさかのぼってできない」ということで無罪。もっとも小チンピラだったのが「現実」でしょうけど。

岡百合子：「血のメーデー」、私はあのときそんなこと知らないで、都学連の後ろにくっついていて人民広場に入って「バンザイ！」とやっていたら警察隊が鉄砲を撃ち出して逃げたのです。そのときこっちは「首魁者」だったとはね。（笑）

私はあのとき日本共産党は本当にひどいと思いましたよ。「自首して出ろ」といっても全く何の援助もない。いつのまにか反党分子になっていたこともあるんでしょうけど。判決のときも傍聴人は私ひとりでした。勤め先の学校を早引けして行ったんですけど。

高史明：そう、ひとりで。裁判所にきたの、この人ひとり。

岡百合子：「無罪」と言われたかどうか知りませんけど、「もう帰れ」と、まあそう言われたときね、なんともね、うれしくないような顔をしてね。日比谷公園の中を歩いて帰りました。もっとよろこぶんじゃないかと思ったんだけど、なんか変な顔をしたんですよ。あとで気がついたら、この人、刑務所に入りたかったんじゃないかと思って。（爆笑）それなのに「もう帰っていい」とか言われて。まあ、仕事もないし、本ぐらい読みたいので——前にも刑務所経験ありますから——、「入ったら3食つき」で（笑い）、じゃないんですけどね。

高史明：メーデー事件で、前に誘導されてね、デモの流れがそのまんま行きますね。突然、警察が現れて、一斉に逃げるんです。もう突然だから大混乱を起こしましてね。よく憶えている光景がふたつあります。前進座が大太鼓を持っていたのを放り出して逃げたんです。僕ともうひとりの朝鮮人でその太鼓を起こして、ドーン、ドーンとたたいたんです。

そうしたら、逃げていた連中がまた戻ってきて。元気があったんですよね。それで警官が水平に構えて拳銃を撃ち始めたんです。死者も出ている。

高淳日：いやあ、その長い裁判でね、人生を棒にふった人もいたわけですよね。

高史明：いっぱいいたんですよね。

高淳日：そういうのでね、ほとんど人生棒に振って、嫌になって北へ帰って行く人もいたりしてね。私は幸運でしたよ。史明さんも運がよかったんですが、運というのは、妙なもんですなぁ。私も大阪にいて共産党員で、そうした活動の真っ最中——吹田事件の起きる前ごろまでは共産党細胞の一員だったんですけどね。

高史明：ああ、あのとき大阪だったんですか。

高淳日：学園の細胞組織のなかにいて、そして朝鮮人という立場でね、こんどは朝鮮人だけの党員の別の会議に出たりとかして。

そうこうしているうちに、いろいろの事件が始まる前に私は結核で両方の肺ともやられてしまった。歩くのも息が苦しくてね。父親が結核で亡くなっているもんですからね、「おれももうだめかな」と。

「吹田事件」が起きる前のことです。福泉国立療養所というところで1年半療養しているあいだに世のなかは、パーっと変わっていくわけですよ。メーデー事件、吹田事件とかなんだかんだと、いろんなことがね、ありました。

そしていよいよ私の病気は少しずつ快方に向かっていくころ、朝鮮戦争が始まるんです。朝鮮人民軍がどんどん南下してね、洛東江のところで止まって、明日にでも釜山へ攻め込むという戦況。李承晩政府はそこに残っていましたが。戦争は確実に終局に向かっていました。僕はそのころはね「ああ、これで朝鮮は統一された。それで共産党政権ができて、わが国は、いい国になる」という希望と期待をすごく持っていたんですよね。

ところが、マッカーサーのほうが一枚うえでしたよね。仁川の上陸作戦で戦況は一挙に反転、中国の義勇軍が参戦したりして、戦線が南北を行ったり来たりしてね。そして休戦協定。そのへんのところの詳細は『闇を喰む』のなかに出てきましたね。

高史明：まあ、たくさん死にましたね。朝鮮戦争の死者は、第二次世界大戦の日本人の死者の総数とほぼ同じでしょ。日本人全体の中国・アジア、太平洋一帯で行なわれた第二次世界大戦の死者と、朝鮮半島のなかの戦争の死者がほぼ同数というのは、いかに無惨な激戦であったか、ということを示していますね。

高淳日：その頃、療養所に済州島から密航して逃れてきた若者がいました。済州島四・三事件のなかで結核を病むほどに闘って日本に逃れて来たんです。結局は病死するんですがね。

済州島の意識ある若者はね、多くが進歩的な思想を持っていてね、南朝鮮労働党の指導の下で済州島では南北統一の純粋な活動をしていたんですよね。北朝鮮では土地改革が行なわれ、地主階級などで植民地時代に特権を得ていた層が南へ逃れますが、その息子たちが西北青年団というのをつくって、いわゆるアカ（赤）狩りを始めるのです。共産色がかった人間は憎くて、憎くて仕方がないという連中や李承晩政府の軍警が上陸してきて、虐殺をくりかえしていくわけですね。

私の村はいまの済州国際空港がある道頭里で、そこは虐殺の現場になってね。多くの遺骸があの飛行場の地下で土となっています。私の遠い親戚の若者もね、あそこで銃殺。また他のひとりはね、私の従兄ですが、やっぱり捕まって警察に収容、殺害される寸前にありました。

ところが彼の弟がアメリカ軍に雇われていて、英語が出来ました。「うちの兄貴が捕まった」と米軍に訴えたら「すぐ助けに行ってやる」とジープで駆け付け収容所から引っぱり出して助かったんです。そういうような時代でしたね。それで多くの若者が密航船に乗って日本に逃れてくるわけです。療養所に入っていた彼もそんな人でした。

私は運がよかったというのでしょうか。病気だというのは不幸だけど、結果として、そんな時代の疾風怒濤に捲き込まれなかったということですね。私は、本当は活動家として働かなくちゃ気がすまないほうでした。朝鮮学園のなかで共産党細胞組織をつくったのですが、私もそのひとりだったんですよ。3人いれば細胞ができる。僕は両方かけ持ちでした。朝鮮学生同盟のなかの細胞と、学校の細胞と。そういうところで、いよいよ猛烈な変動が起きる時期に結核になった。

関東大震災虐殺を逃れた父……………………

髙淳日：父は若いころ東京にいました。そこで関東大震災（1923年9月1日）にあっている。その震災の惨状を見ているわけですね。朝鮮人が武装蜂起したとか、房総の沖に朝鮮人が沢山の舟で攻め入るとの風評があったんですよ。そして日本語におかしな訛りのある人を見つけては朝鮮人だと決めつけ竹槍で武装した自警団によって殺される場面に遭遇。そういう場面を見ているのです。沖縄の人も随分と殺されたということです。父は幸い日本語それも東京弁に慣れていたからでしょうか大阪へと難を逃れました。聞けば、東海道を迂回して向かったらしい。東海道を選んだら横浜で殺されていたでしょう。よそ者と見做されたものに対しては、血走った自警団は、そういう行動をとったことは想像がつきます。

横浜でどんな事件があったのか、平凡社のPR誌『月刊百科』（No.581）で保阪正康氏の書いたものを読んだことがあります。彼は父親とは口も利かない、父親はある意味でうっとうしい存在のように思っていた。そういう親子の仲だったようです。ところが父親が病気になって死ぬ前、自分が少年の頃の話をぼそぼそと息子に話した。すごい体験談であった。というのは彼の父が震災のあと、瓦礫のなかを歩いていたらね、ひとりの学生が「水を、水をくれ！」と呻いていたと、息もたえだえに。そして彼は近くから器に水を汲んできて飲ませてあげた。瀕死の学生は中国人の留学生だった。そこへやって来た自警団の連中が棍棒を持っていてね、「お前も朝鮮人か！」と言ってね、殴りつけた。「いや、自分はそうじゃない」と抗弁するのにすごく手間どって……。それで最後はね、自警団が死にかかっている中国人の学生の腹部を刃物で切り裂いた。中国人は死んだ。その光景のことがずっと胸につかえていて、大人になっても誰にもこのことを話すことが出来なかった。やがて死を迎えるころ、息子の保阪正康氏に初めてこの事実を話したのです。父と子のあいだに何かしら通うものをやっと見出したということを書いていたように記憶しています。

これに似た事実が私の父にも恐らく記憶の奥底にあったのでしょう。戦争が終わったとき、「日本人はひょっとしたら戦争に負けた腹いせに、朝鮮人を殺すかも知れない」と私の父は心配したようです。関東大震災のときの強烈な印象が残っていたからでしょうね。何しろ上野公園には惨殺された朝鮮人の死体が何千体もあったということです。

それで5トンぐらいの密航船をチャーターして荷物という荷物を全部、済州島に送っちゃったんですよ。それで最後の船で帰る段になって、私が「日本で勉強して故国へ帰り祖国朝鮮のために働きたいと思います。どんなことをしてでもひとり勉強してから帰ります」と言ったら、父が困惑しちゃってね。

なんとか説得しようとするんですけど、日が延びていくうちにね、先に密航船で済州島へ帰った連中がまた舞い戻ってくるんですよ。「いやぁ、済州島はいま大変だ」「混乱の最中で、いま帰るべきじゃない」と。送った荷物も伝え聞くところによると、村ごと焼失してしまった。祖母がひとりで住んでいた家も焼かれてしまった、と言うんですね。そういう話を聞いて、なんか僕は運がいいのかなぁ。密航船で帰っていたら、民衆蜂起側か討伐隊かのどちら側かにつかなくちゃならんし、どちらかの側からか殺されていただろう。そういう思いがしますね。父は後年、「お前の言うこと聞いてよかったわ」なんてね。(笑い) あのとき行っていたら、家族がどうなっていたかわからないですね。

だから、振り返ってみるとね、史明さんも先刻、仰ったように、運というのはわからんもんですね。

朝鮮戦争と日本人、朝鮮人……………………

高秀美：おふたりとも「日本共産党員だった時代」を過ごされています。これは米軍占領下の時代と重なるわけです。日本の労働運動が弾圧される状態が朝鮮戦争の前夜にあり、労働運動だけではなくて、いわゆる共

産主義運動みたいなものがどんどん弾圧されていく状態にすでにおかれていた状況で、朝鮮戦争が勃発しました。

ただ不況のどん底にあった日本はこの朝鮮戦争による「特需」によって奇跡的な復興を果たすわけです。

私があえてお聞きしたいのは、朝鮮戦争で本国の朝鮮人は本当にとてつもない犠牲を払ったわけですが、日本にとっては、戦後不況を乗りこえる契機だった。つまり、よかったというか、よかったものとして「朝鮮特需」をみんながとらえている。日本の敗戦直後には、日本人と朝鮮人の連帯の機運があったと思われるのですが、朝鮮戦争を経たその後のなかで、日本人と朝鮮人、そして本国と在日の朝鮮人が、切り離されてしまったまま今にいたるのではないかという気がしてならないのですが。

高淳日：1950年、朝鮮戦争が始まったときね、文献で読んだわけじゃないけど時の首相吉田茂がね、膝を叩いてよろこんだ、「天佑」だと言って、朝鮮特需、「これで日本復興成る……」と。

高史明：日本の戦後の状況からすると、朝鮮戦争が起こったとき、日本の当事者は本当に飛びあがるほどうれしかったんじゃないですか。歴史の年表を見ますと、朝鮮戦争の前年、在日朝鮮人の自主的な組織が解散させられてますね。そしてこの戦争の年、いわゆるレッドパージで1万人近い人が追放される一方、戦後の責任者らが、これも1万人近い人の追放が解除され、しかも朝鮮特需が144億円決定されている。これが戦後日本のスタートラインとは今日よくよく見つめられていいことではないか。戦争と平和の根っこがここにあって、これが今日の状況の根っこともなっているのではないか。よくよく見つめたいものです。もっとも私自身は恥ずかしい限りですが、不良少年になることしか能がなかった。その反省から社会運動に近づくことになりますが、その実体もさんざんなものでした。そして、突然、この身の内実にはっとするわけです。

私の強烈な記憶ですけど、朝鮮人長屋を飛び出して東京へ出てきて、いろいろな思いをしながら、おもに日本共産党とのかかわりで社会活動をしていたわけですが、突然、その日本共産党が「朝鮮人は日本の共産党とは無縁である」ということになる。共産党も辞めることになりましたね。それで社会的に立場がなくなったんですね。自分のよりどころがなくなったんです。ちょうどそのころ一度下関に帰ったことがあるんです。そのときの強烈な記憶を忘れられませんね。10軒しかない朝鮮人長屋の男は多くがアル中、昼間からべろんべろん。女はね、指の爪がなくなってしまうぐらい、近くの造船所から埋立地に捨てられる残土から小さな鉄くずを拾うわけ。それを手で拾うから、爪なんか半分ぐらいになって真っ黒です。その手を見てびっくりしましたね。母親が結局、子どもを育てていたんですね、あの困難なときに。

北か南かというと、戦後はだいたいぜんぶ北向きだったわけです。在日本朝鮮人連盟（朝連）という組織ね。ところがそのときは、泥のなかをはいずりまわっていた地元の同胞たちは、ほとんどぜんぶ民団にくらがえしていた。だいたい文字の読める人が組織の中心だったと思う。だから最初はほとんどの人が「北」側にいたと思います。しかしその文字を読める人が今度は「南」側に移っていった。妙なものです。気持ちは元のままで組織だけ「南」側に属していたと思います。その内容を私の父にそくして言いますと、東京での事件で私が逮捕されたとき、それが新聞の記事になったらしい。そこで組織の人が父親に知らせたところ、あまり驚きもせず、今度は朝鮮人の事件で捕まったんだから家の誇りだという態度だったらしい。まあそれが当時の状況だったと思います。

「ああ、これだけ激しく動いているんだなぁ」と思いましたね。

あたたかさに抱かれて

高秀美：高史明さんは結婚されるとき、まわりの反対とかはなかったのですか？

高史明：この人（岡）をつれて、ひと目だけでも父親に会わせなければいけないと思いまして下関へ行くことがあったんです。

岡百合子：許せないんですよ、この人を。（笑い）私が日本の着物を着ていくのを止めなかったんですよ。（笑い）私はふだん着物なんか着ないんだけど、お父さんに初対面のときには、一番の正装でなきゃいけないと思って、夜行で立ちっぱなしなのに帯をしめて行ったんです。朝鮮人は日本の着物なんか嫌いだったんですよね。あとでむこうのおばさんたちが、同胞の女の人のことを「派手な着物を着て結婚式に出たそうだよ」と批判しているのを聞いてその意味がわかったんですけど、行ったとたんに身ぐるみはがされちゃって。（笑い）すぐにチマ・チョゴリを着せられて、この人のおばあさんにも会わされて――私はおばあさんがいるなんて聞いたことなかった――。

高史明：こっちも知らなかったからね。（爆笑）

岡百合子：あとで聞いたら、直前に韓国からいらしたそうです。娘たちがみんなこっちにきちゃったんでね。それでおみやげを無理算段して持っていったのに数が足りないわけじゃないですか。そしたらおばさんたちが立派なものを用意してくださって、そしてこうやってお辞儀をするんだよ、と教わってやったんですけど。でもね、あのときの長屋のおばさんたちが――。

高史明：着ているものなんかもうぼろぼろでね、おばあさんがぼろぼろの男物の学生服を着ていて、この人をさわるわけだ、めずらしいからね。

この人、びっくり仰天したけど、なかなか堂どうとしていてね、逃げなかっただけまし。本当にあたたかい出会いだったと思う。ワルの私、そして家内もやさしく迎えてくれたんですから……。

岡百合子：いい感じだった。

高史明：あたたかい感じ。ぼろを着てさわりに来るんだけど、その感じがあたたかーい感じでしたね。

岡百合子：こわいおばさんが3人いたんですけどね、そのあったかさというのは——私の家も別に冷たい家でもなかったけれど、そんな大してあたたかい家でもなく普通でしたけど——ああいうあったかさは、生まれて初めてだったんです。だから着ているものがすごくぼろっちいということに、それはびっくりしましたけれど、でもあのころは戦後ですから、みんなぼろぼろでしたからね。あのあったかさはね、そのあたたかさに抱かれる感じがあるんですよ。うちの一族は、そういう感じはまったく受けないんですよね。あれはなんなんだろう。

高史明：いやあ、もう本当に、あれはあたたかかった。この人を日本人だからとひとりも非難する人はいなかったね。

祖国の分断と総連・民団……………………

高秀美：朝連を経た在日の人たちは総連、あるいは民団というかたちで、国の分断をそのまま担うかのように、それぞれの組織にかかわりを持って対立するような時代が長く続きました。でも、おふたりは在日の組織とはある意味、一定の距離をとられて生きてこられたように思うんですけど、それはなにか意識的にそうされたのでしょうか。

高淳日：総連は金達寿さんなんか、やっぱりある意味で追放されるような感じでね。書いたものに対する批判は、猛烈なもんだったでしょ。そしてだんだん、在日の文筆家は総連の許可なくして書いてはならないというふうにまでなっていって。そういうような動きが次第に強く浸透してきて。朝鮮大学校にいた有能な人たちも大学のなかにいては自由な発言ができなくなって、朴慶植氏あたりは早くに飛び出したんじゃないですか。それから李進熙氏も辞めたりして。そういうことがわれわれの耳に入ってくるにしたがって、一定の距離をおかなくちゃならないと思いましたね。

私は長男として家族を養うのに精一杯、忙しかったからという事情もありましたが活動家になろうという気はありませんでしたね。ただ、朝鮮人商工会というのがあってね、そこにはある種の特典があったんですよ。組織としての勢力が強かった時代、税務署との対抗を正面切ってやっていましたね。税理士に頼む費用よりも、商工会ではただで面倒みてくれたから。そういう時代がわりに続いて私なんかある種の距離を保ちながらも商工会とは付き合っていましたが総連そのものとは盟員としては働かなかったし、活動もしなかった。

私のところには盛んに総連の支部の役員と言ってもオジサンたちですが、やってきては北朝鮮帰国運動がはじまったときなんか、「君みたいなインテリは、早く帰国して今こそ祖国のために尽くすんだ」と説得に足しげく来たもんですよ。そのころは私自身も日本での将来の展望に見込みがないんじゃないかなぁ、という思いもしていました。私の友人も結構、北に帰っているんですよ。それで、帰国する友人らに「行ったらどうなるか、状況知らせてくれ」と頼んだりしました。

私もその頃、いまの仕事がある程度整理がついたら、「帰国しようかな」という気持ちもあったんですが、いろんなところから聞こえてくるのは、北の事情は「どうも旨くないらしい」という噂で、それで行くのをやめちゃったの。苦労しながらでもいまの仕事をやっとれば、何とかなるということで、これも運ですね。私は「捨てる神あれば、拾う神あり」と考えていました。まあ、結核という病いを拾ったりしたけれど運がめぐって、今日、わりと元気にしていますがね。間もなく85歳になりますが。

高秀美：作家や芸術分野の人は、組織にかかわるとなかなか苦しい時代があったようですが、逆に言うと、高史明さんの場合は、組織に籍をおいていなかったからこそ、日本語で小説を書くことについて、組織からの干渉を受けずに済んだのかもしれませんね。

高史明：私が在日の組織との関係を持つ、持たないというよりか、むこうが相手にしてくれなかった――ぜんぜん相手にしない。（笑）私の人生は実に歪んでいましたからね。戦後すぐは町のチンピラです。そして少年だったにもかかわらずケンカをして実刑を受けた。釈放されてからは生まれた町にはいられなくなっていろいろ模索の果てが家出。偽大学生になったりしますが、餓死の瀬戸際でニコヨンになり、政治運動に縁ができたわけです。「在日」との縁がほとんどなかったんですね。

高淳日：つまり出会いがなかったわけですね。そういう組織とは。

高史明：要するにお呼びじゃないわけです。その後、ものを書き始めてもぜんぜんお声がかりがない。

忘れられない出会い……………………

高淳日：そうすると、高田馬場でお会いしたころが初めて――。

高史明：ああ、あのころが初めてですね。いわゆる在日朝鮮人との出会いは。

高淳日：あれは在日朝鮮人のなかでもいい仲間でした。

高史明：そう、並んでいた人たちね。堂々としていた。うれしかったですね。それともうひとりね、呉林俊氏。彼の話で強烈なのはね、日本が敗戦になったその日、自分たちが駐屯していた場所にね、朝鮮人が一斉にデモ行進を開始して――。

高淳日：駐屯していた場所はどこですか。

高史明：どこか釜山の近所です。その日のうちにデモが起きてね、自分たちの駐屯地に入ってきた。そのとき隊長が「着剣！」と言ったらしい。銃に剣をつけて弾をこめて、それでみんな発射する寸前までいったらしいんですよ。それでそのとき、彼はいちばん悩んだと言うんです。「おれ、なんのために日本軍に志願したのか、兵隊になったのか」と。むこうは朝鮮語で、歌を歌いながらどんどん迫って来るし、自分は銃をかまえて撃たなきゃいけないし。そしたら「発射」というところの寸前に隊長が命令を撤回したんです。撃たなくてすんだ。それを彼からなん度も聞かされました。「あのとき『撃て』と言われたら、どうなっていただろうか」と。

いい男でした。彼はそういうふうだから、なかなか朝鮮人組織とふれあえない、どこか心情の奥の方に、どこかね。彼なんか見てると明らかに朝鮮人丸出しですよね。彼が志願していったときは、朝鮮人として志願していくという感じですよね。で、そのときの状況がそれを許さなくて、よく憶えてますよ。お母さんに「みんなを捨てて行くのか」となん度も止められたという話と、デモ隊にむかって射撃の用意の光景は忘れられない。彼は在日朝鮮人のある一面を代表していたと私は思います。戦後の一時期の堂々とした朝鮮人の裏の方には彼のような葛藤を抱えた人もいたんですね。

そして、さっきの朴慶植さん。彼は何年か前、自転車事故で亡くなったんではないですか。在日とはおよそ縁のなかった私に、ある日突然声をかけてくれた人がいたんです。ああ、それと、わが家の子が自死したとき、早朝、一番に現れた人がいた。名前も忘れましたが、夜明けと同時に現れてきた人がいて、深く胸に刻まれています。朴慶植という人もそんな感じだったと思う。

ある日、突然現れ、いまも深く記憶していますが、おたがい朝鮮人として、しっかり生きていこうと励ましてくれた。うれしかったですね。呉林俊氏や朴慶植氏らは金達寿氏らとともに忘れられません。呉林俊氏の深い淋しさ……。

髙淳日：すごい場面ですね。

高史明：射撃したら生きていられないですね、彼はね。ものすごく実直ないい男でした。

岡百合子：お葬式は小平の国平寺であって、あなたが行かれなくて、私が代わりに行ったんです。国平寺のお坊さんはいいお坊さんですね。

髙淳日：当時のご住職は柳宗黙師でしたね。あのお坊さんは京都の万寿寺にいたんです。戦後、本国から来ている留学生や私たち在日の学生たちにすごく慕われてね。実は私の結婚式のときもあの方が主礼をしてくださった。頼みに行ったら快く引き受けてくださってね。東京に来られて小平に行く前にね、入谷のほうでね、小さな民家でお寺をしていて、在日の人たちのよりどころとして新しいお寺の建設に力を尽くされ、それで小平で立派な寺、国平寺を建てられたんですよ。私の両親の遺骨も墓地の出来上がるまで何年か納骨させてもらっていました。

高史明：あそこは毎日の散歩道だったから話したこともあるんですが、言っていることが非常にしっかりしていた方ですね。あったかーい感じでね。

高淳日：われわれ在日の学生たち、本国からの留学生も、あの先生を非常に尊敬していましてね、あたたかくて思いやりのある人でしたね。一度私はね、下谷のお寺に訪ねて行って、雑談のなかで「先生、私はいま歎異抄を読み始めたんです」と言ったら、「なに、歎異抄なんて読んでいるのか」と。(笑い) あの人は禅宗のほうでね。それで「仏教書はどれを読んでもいいんじゃないですか」と言いかけたけど、「この人には逆らえないな」と思って。

高史明：やっぱり、禅宗から見れば親鸞の本を読むというのは、あんまりいい気持ちにはならないんでしょうね。

高淳日：一喝されましたよ。

「なぜ人間は善と悪を論ずるのか」……………………………

高史明：でもまあ、いまのお話をうかがっていて、課題に歎異抄が出たから思うんですけど、800年近く日本で読み継がれていますが、時代によっては読み方が違いますよね。江戸時代にはね、歎異抄は存在しないということになっていたときもあるんですよ。それは幕藩体制に奉仕するための東西本願寺の宗門が、幕藩体制に奉仕することと歎異抄の思想はまっこうから対立するものですからね、歎異抄はないものとして隠しちゃったらしいんですね。それが時代が変わって、幕末から明治にかけて、とくに明治のときすぐれた学者が歎異抄を発掘。そのときも、ものすごい論争になって、歎異抄があるという人と、ないという人との論争のさなかでは、親鸞というのは実在の人物ではないという話まで、本願寺の学者たちがやっていたらしいと聞いています。それはそうです。あれだけ反権力的な話を公然と言えば、認めるわけにはいかないですよ。だからあれは創作である、親鸞なる人物はいないというようなことまで言う学者もいたらしいんです。

そういう意味で私は思うんですけど、親鸞という人はもともと弟子がなん人も死刑になっていますし、友人も死刑になっていて、本人も死地をなん度もくぐって来ている仏教者ですから、普通の仏教とはちょっと違うんですね。だからそういう意味で、私自身がさっきから、名前の問題だ、国の問題だ、歴史の問題だということを自分なりに考えてくる道筋と、そうして親鸞を勉強するということとは、矛盾がないんですよね。やればやるほどね、これはすごい人間が生まれていたなぁ、と思うんです。

いまでもときどき、呼ばれたときに話をしますけど、釈迦が悟りを開いた場所がインドにあるんですよね。お経に「アーナンダ」という名前が出て来ますけど、阿難の墓というのもあるんです。そこへ行ってまわりを見回すと、インドの東部のいちばんの砂漠地帯で、開けていない地帯です。工場が一軒もないというような州で、荒れに荒れた荒地ですね。そういうところでやはりね、釈迦が修行して、やがて悟りを開いたんですね。豊かなところの学問じゃなくて、食べていけないところで釈迦は生きて仏教を開いたということです。

仏教の原点、要するに釈迦の発言の原点を見ると、あんまり単純な比較をすると叱られますけれど、キリスト教の聖書の原点にね、そっくり同じですね。人間を考えるときに。

たとえばね、キリスト教では、新約聖書には「はじめに言葉ありき」から始まるんですが、一方、旧約聖書はね「この実をとって食べてはならない」で始まり、食べると善と悪を知るだろうというふうになっている。旧約聖書の「善と悪を知る前」からというのは、人間存在を見るとき、釈迦の思想と同じですね。「善と悪」を論じるんじゃなくて、「なぜ人間は善と悪を論ずるのか」ことになったかという問題意識から、旧約聖書は始まっているんですけれど、浄土真宗はまったく同じですね。

それがあればこそね、日本のなかで鎌倉時代もくぐり、実際に戦国時代をくぐりぬけて、秀吉が朝鮮侵略をしますね。あれだけ残酷なことを秀吉はやって、浄土真宗もその秀吉の朝鮮侵略に最大限貢献しているわけですね。その貢献する坊さん、九州のほうの坊さんの名前もみんなわかっているんですけど、坊さんとのやりとりを見ていると、そういう歴史があるにもかかわらず、明治の激動期になると、親鸞に対する評価が秀吉とはまったく違うかたちで、まさに民衆次元の目線でね、復活してくる。そういうところにね、日本の仏教がキリスト教で言えば旧約の聖書にしたがっている人たちと似たような、本当に深いところを、私は持っていると思います。

そういう意味じゃあ、在日の問題を私が考えるときに、人間の問題として考えるときには旧約聖書にはっとします。例えば人間がみんな死んできょうだいだけが残るという状況まで見つめていた。男と女のきょうだいでは、きょうだいで相姦すれば人類に対する最大の犯罪になるわけですね。彼らはしかし最後の土壇場で、人間を残していくために罪を犯してね、子どもを産むんです。そこで人類というのはつながった、というのが旧約聖書にある非常に深い大事な目線だと私は思うんです。単なる風評のレベルで人間を見ていない。そのレベルで終わっていたら、人間の歴史は消えていたと思います。生存の根っこまで見つめられて、その罪悪を抉っている。

戦中世代の日本人の葛藤……

高史明：例えばそのことをある補完的な状況説明で言うと、日本の作家で武田泰淳という人がいるんですけど、泰淳という人は非常にすぐれた作家で、戦中に左翼だということで逮捕されて監獄生活も体験しているんですけど、釈放されて中国戦線に送られるんです。で、堀田善衛という作家がいて、仲がいいんですね。堀田善衛は日本が敗戦したとき、これで自分たちは解放された、と躍りあがってよろこんで家に帰ってみると、泰淳は酔いつぶれてね、堀田善衛のように躍りあがってよろこぶことはないんですね。それをよく堀田はね、自分の眼で見たまんま書き残したと思うんですけど、そこの差は非常に大きくて、堀田が躍りあがってよろこんだことはそのまま認めて、同時にね、泰淳がそこで（多分上海で）毎日毎日酒を喰らって酔いどれていたということはね、私は日本人の戦中、戦後を生きてきたひとつの心のありようをしめしていると思うのです。

泰淳の実家は寺なんですね。だから彼の寺、目黒の長泉院へ行きますと、自分と奥さんの墓を並べてつくってあるんです。そこに収まって、眠っているか、起きているか知りませんけど、ちょうど同じ大きさで並べてつくってあるんですね。私はその生きざま、それと中国で敗戦を迎えたときの迎え方、そういうところを見ると、戦中世代の日本人の心の葛藤のしかたはいろいろあるんですけど、非常に良心的な人たちが複雑ではあっても、ひとつの歴史を身をもってくぐるときに、要するに心身を裂かれるような思いでその歴史をくぐった人たちがいるということは、朝鮮人にとっても、私は、大変重いものがあって、先ほど冒頭のほうで、関東大震災のときの日本人、朝鮮人の話が出ましたけれども、要するに朝鮮人と間違えられて殺された人もたくさんいる。

そうかと思うと、日本の演劇の世界の大物で千田是也という人は、千駄ヶ谷で朝鮮人とまちがえられて殺されかかったから「千駄ヶ谷のコリアンだ」ということで、千田是也というペンネームにしたと聞きました。そういう人が日本の創造芸術のなかで非常に大きな意味を持ってくるという点ではね、人間世界は朝鮮と日本との関係を通しても、あるいは在日という私のような存在で、なんか曖昧模糊として、どっちからも相手にされないというふうな感じであっても、やはり本当の人間の呼吸というのは、そこを超えていくんだと思うんです。

民族の壁を超える道

高史明：私が最初にね、朝鮮人として本願寺に呼ばれたときには、本願寺のお年寄りは、烈火のごとく怒ったらしいですよ。彼らの話ですと、「なんでわれわれが親鸞の話を朝鮮人から聞かなきゃいけないのか。日本人には親鸞が語られる人間がいないのか」というじいさん連がいて、ものすごく怒ったらしいんですよ。で、面白いのは、話が始まったときにはその老人たちが眼の前にずらっと怖い顔して座っていたんですよね。それがね、話が終ったらね、全員そろって控室に来たと思ったらね、一斉に平伏してね、「実は自分たちはとんでもない間違いをしていた」と。そういう人がひとりじゃなくてなん人もいた。

もうひとつ印象的なことですけど、非常にすぐれたお坊さんがひとりいまして、彼は私が朝鮮人だということがわかっていまして、初めからこっちのひいきをしてくれていた人なんですけど、彼の寺に呼んでくれて駅に行ったら、住職がお迎えに来ていまして、ホテルまで案内してくれるということになる。そのときに住職のそばに控えていた頑丈な大きな男がいて、ホテルの部屋まで案内されて、こんどは私が逆に送り出して行こうとして住職が先に歩いて行って、廊下の角をまがって姿が見え

なくなったなぁと思ったとたん、大男のおじさんが靴をはいたまま廊下にばっと土下座してね。びっくりしました。そして言うんです。「自分は差別していないと言ってきたし、していないつもりだった。自分には何軒かの貸家があってそこには朝鮮人もいる。それを深く考えてみると、差別したことはないと言いながら、実は差別をしていたんだ」と。靴をはいたままで土下座しているんで、こっちもその向かいに土下座して、ホテルの廊下の真ん中で頭を下げあった記憶があるんです。

　そういう年寄りがいて、坊さんもまた朝鮮を見るときに親鸞を通して見ようとするとき、戦中の自分たちの間違いを考えていくレールはあるように思いますね。だからただの学者じゃなくて、そういう地方、地方に本当にみんなに信頼されている人たちがいる、なんて言うのかな、そういうところでは民族の壁を超える道があるんだという思いがある。これからももっとそれを開かないとアジアじゃやっていかれないと思う。日本、韓国、北朝鮮、中国、東南アジアをふくんでですけれども。

　私はインドへ行って、インドから北の方のヒマラヤの国や中国の西のはずれをずうっと見てきましたけれど、そのへんまで行ってみると、インド人も中国人もみんな同じ、通じるものを持っているという思いがありますね。そういうことをいちばんね、肌で感じるのはね、感じられる要素を持っているのは、在日朝鮮人じゃないかという思いが私はするんです。ちょっと言い方がおかしいですけど、うちの親父なんかみると、およそね、文字も読めないしどうにもならないじいさんですけど、持っている雰囲気がね、似ているんですね。中国の西にはずれに行っても、インドへ行っても、どこだろうと、そこで生きていけるんだろうなぁ、という、そういうものを在日は持っているような気がしますね。

　朝鮮問題では、妙な訳知りが、いろいろといますね。かつて金達寿さんが申していたものでした。その訳知りとは、味方のような顔をして、朝鮮人を前に立たせておいて、背後からばっさり切り込んでくるわけです。怖い顔ですね、やさしい顔をして背中から切りつけてくる。そういう人は日本人に対しても本当に真面目に味方をしてくれる人を背後から切りつけてくるんです。今日でも少なくありません。

　この『青丘通信』と『くじゃく亭通信』という独自の、要するに日本の雑誌で表現しているのじゃなくて、独自の表現が出てきたときはね、私はよく知らなかったので、ショックを受けました。うれしかったです。例えばね、『青丘通信』かな、九州へ行ったら、地元の人から名乗られて、「『青丘通信』を読んでいます」と。こっちはあまり読んでいなかったので、申し訳なかった。むこうのおじいさんがね、「読んでいます」と出てきたんですよ。だから、いまの日本にとってもこれからのことを考えていくと、非常に大事な通信になるんじゃないですかね。

高淳日：いやあ、いいお話をうかがいました。確かに日本全国に、これはかなり郵送料もかかりましたが、私は個人宛に郵送していました。それでね、人づてに、あるいは、なんらかのかたちで東京へ来られたときにうちの店に来た人だとか、人を介して「自分にも送ってくれ」と言って来た人にも送ったりして、この『くじゃく亭通信』と『青丘通信』は自然に広がっていったんです。さっきも言いましたけど、自分の友人関係だけで１００部ぐらい刷っていたものが、気付いたころには20年になっていて１０００部以上のものをね、しかもこれは、ぜんぶ郵送していたんです。

　私は「騎馬民族征服王朝説」を唱えた江上波夫先生と長く付き合いがあったんです。江上先生は学究だけど、象牙の塔に籠っている人じゃなくて、ユーラシア大陸をかけめぐって、あちこちで新しい発掘現場を見つけた人です。要するに日本の王朝は、朝鮮半島から渡って来たと戦後にとなえて、学会に大きな衝撃を起こした人ですね。

　いつだったかふたりきりになったときに「先生、こんなに重大な時期にどうして同じ宗教のなかでも殺しあいをしなくちゃならんのでしょうか。宗教の役割は……」と問いかけたら先生は「究極のところはね、仏教です」と、ひと言を言われましたね。仏教という言葉を、あの先生のなまの声で聞いたんです、そのとき。ご家族はクリスチャン。若いときに別居して、江古田に長いあいだ住んでおられました。一度、本宅のほうにもおじゃましたことがあるんです。先生が亡くなられて、お葬式は品川の大きな教会でしたね。牧師さんが葬儀の司会の言葉のなかで「自分は、先生が順天堂病院に入院しておられたとき、何度かお見舞いの折り洗礼を受けるようお勧めしたんです。ところが、絶対に首をたてに振られなかった」と話していました。私は以前、先生から「仏教だよ」という言葉を聞いていたからね。そりゃもうまったく、あの先生はキリスト教の洗礼を受ける考えはなかったでしょう。

　私は「究極は仏教だ」という江上先生の言葉が重く、私の胸のなかに収まっていますね。

　いつか歎異抄の講義を、史明さんから手ほどきを受けたいと願っております。『闇を喰む』のなかでも歎異抄の言葉がたくさん出てきて、その都度ノートに書き写したりするんだけども、なかなかむずかしい用語でね、とりあげられている言葉を理解するには、はじめから読み直さなくちゃーいかんなと思ったりしていますけれどね。

高史明：いやあ、恐れいります。しかしありがたいですね。とても私などにできることではありませんが、親鸞は日本人が生んだ世界人だという思いだけは、いまも確かなものとして胸底にあります。それこそ、真後ろから切りつけられますが、その思いだけは確かなものです。

「故郷」「故国」という言葉……………

高秀美：最後になりますが「故郷」とか「故国」という言葉についてお聞きしたいと思います。以前、高淳日さんに幼いときのお話をうかがったとき、オモニに手をひかれて、済州島から君が代丸に乗って大阪について、そこの桟橋を渡った場面、その光景がまず浮かんでくると言われました。高史明さんは逆に子どものときにアボヂにつれられて朝鮮にかえったわけですね。あのときのアボヂの晴れやかな顔というか、日本では見たことがなかった顔をされたという。そういうのがずっと残っているんですけど。もちろん、思い出の深いところが「ふるさと」とか、「故郷」だということになるんでしょうけども、あらためて「故郷」という言葉を聞いて、ぱっと思い浮かぶ光景とか情景は、どういうものなんでしょうか。

高史明：「故郷」あるいは「故国」と聞いたときに、まず第一に思うことは、これがないんだなぁ。思い出すものがないんですね。断片的な記憶、しかしね、これがぜんぜんないかというと、いわく言いがたく、また深いものがあるんですね。たとえばひとつの記憶として、下関から朝鮮に渡って行くときの関釜連絡船の船底ですね。いちばんの船底の記憶なんか、小学校のまだ一、二年なのに、非常に鮮明に記憶しているんですね。要するに、ごろごろとみんな寝ているわけです。そういうのは、じゃあ「故国」かというと、そういう言葉ではくれないですね。じゃあ、そうして行って見たお墓が自分の「故国」「故郷」とも言えない。しかし、これはまたね、土まんじゅうの墓がね、いまも私の心底にはなんとも言えないかたちで深く刻まれているんですよね。

だから「故国」「故郷」はどこかというふうな思いで、人間は一応くくることはできますけど、ある意味で人間存在のまるごとをとって考えると、「故国」というふうに言葉にしてしまったときに、ちょっとずれが起きるということを、やっぱり前もって考えていたほうが、私はいいように思うんですね。人間存在としての自分も、もう80歳をすぎる歳ですけれど、「故国」というと、生まれ育って大きくなって、自我意識が成長するまでの場所が私の「故国」かといったら、とんでもない話で、これは、けんかばっかりしてきた日本で、先生方からは毎日やっつけられてきた。じゃあ、なつかしくないかというと、非常になつかしい記憶ではありますね。「故国」とか「ふるさと」とかいう言葉ではくくり切れないほどのものが私のなかにある。

私自身は思うんですけど、それが私のなかにあるということがね、非常にありがたいことだと思っているんですよ。「故国」という、あるいは「ふるさと」とかいう言葉でくくりきれないほど深い感じで、私のなかにつちかわれているもの、これは私自身が生きていくうえで、これから先も、大事なものになってくるし、いまの世界状況なんかを見てても、非常に大事にしていきたいと思うんです。

そういう意味で、私なんか行ってみたいなあと思うところは、もちろん朝鮮に行ってみたいと思うのですけど、東西ドイツが統一しましたね。そういうことから、ヨーロッパのいわゆる東欧ですね。その国ぐにの人びとのイメージというものは、ときどきニュースなんかで出てきますね。で、あの人たちの表情や言葉だけでは、まだ語りつくせない「祖国」「故国」「故郷」というようなものを持っていていいように思うんですね。ヨーロッパはあれだけ激動して、人間が入り乱れているわけですけども、やはりあっていいと思うんです。それから中東の人たちの思い。

ということで、最後に結論めいたかたちで言うと、在日朝鮮人で唯一親友といえる――けんかばかりしていましたけど――男がいるんですよ。彼は樺太の出身です。「どうして樺太なんかに行ったんです」と聞いたらね、「親父が北朝鮮からずっと南へくだってきて下関に来たから、今度は逆に寒さがちょうど北朝鮮と重なる樺太へと北上して行った。それで樺太に行った」と言うんですね。九州の炭坑から樺太の炭坑まで北上していたんです。それで日本が敗戦になったときに、樺太に上陸したソ連

軍に日本軍が発砲してトラブル衝突になり、戦後というのに戦闘になって眼の前で父親が射殺されてしまうんですね。それでひとりになるわけです。　義母の生んだ義妹がいたわけなんですけども、こんどは樺太から、同じ緯度の朝鮮を目指してね。縁者はいても、まあ「ひとり」ですね。樺太だからこんどは密航です。手続きするとき日本人の名前にごまかして、ソ連の軍隊に働いていたときにワイロを使って手帳をもらって、それで日本人になって日本に渡ってきた。しかしそこからまた朝鮮に帰るために、東京まできてストップしちゃった。そういう男がいたんです。いい男だった。淋しさが深いんです。

その男の話を聞いていたら、よくうなずけるんですね。どこという地名じゃないんですね。その人は結局、樺太に帰りたいわけです。それで北朝鮮への帰国運動が始まったときにね、北朝鮮に帰って、そして彼の目的はね、北朝鮮とソ連は仲がいいから、樺太に行けると思って北朝鮮へ帰ったんですよ。でも帰れない。そして病気で、北朝鮮で死んでしまうんです。妹になる人が樺太にいたらしい。

動いていく人間の感性というのは、いわゆる「故国」とか「祖国」という言葉だけではくくりきれないものが、非常に深い衝動としてあって、あるときはそれが国家につながっていくことがあると思うけど、いわゆる「近代国家」という国家概念と、「故国」というのは、少しずれがくると思うんですね。もっと深い思いがあるんですね。

「在日朝鮮人」という存在の大きな意味……………………

高史明：だからひと言で言うと、なんで私が朝鮮語が使えないのにいつまでも朝鮮人だと言っているのか。ほかから見れば不思議かも知れないけれども、でも朝鮮人は、朝鮮人なんですね。

そういうふうな深みを持ったものとしてきたときに、20世紀がそういう人間の持てる自分の生まれ故郷が国家に収斂されて、二度も世界大戦をくりかえすような、そういう近代の道筋を、これからの時代は超えていく。それが人類の課題だと思います。そういう意味で、在日朝鮮人と

いうのは、大いに意味を持っていると、私は思います。生まれてそこで育って、大きくなってという人には、ちょっとわからないものがあるんですね。

もうひとつそこに足しておくと、生まれたところの小学校の同級生、私は名前も顔も忘れていたんですけど、手紙をしきりにくれる人がいたんですね。会いたいと言うんです。なん度もくれるんですけど、こちらはあまり行きたくない、会いたくないんです。悪いことばかりしていましたから、返事しなかったんです。この人（岡）が返事してくれて、手紙をくれるようになったんです。そういうときに、同じ朝鮮人の長屋から犯罪者が出るということが起きると、ぷつんと切れてしまうんですね。むこうから返事が来なくなってしまう。やっぱり、「いい人」とつきあっていたいわけです。

だけど、私のなかではそういう人も、嫌でもみんな包みこんで、つきあっていけるような未来を次の世紀は開かなきゃいけないと思うんですよ。ヨーロッパ、フランス人同士だ、ドイツ人同士だ、なになに同士だ、世界じゅうそうですね。しかしそこを乗りこえて行くのが、これから先、求められていると私は思いますね。そういう意味じゃ、インドとかね、中国の西域のほうの名もなき人たちの存在は、北京とか東京なんかではわからないものが、私はあるんじゃないかと思いますね。

もうなにもないような山のなかをバスで延えんと行くと、突然、人間があらわれて、「なにをやっているんですか」と聞くと「蜂蜜をとっているんだ」と。花なんかどこにもないようなところで、なんで蜂蜜なのかね。それで「家はどこですか」「水をどこまで汲みに行くんですか」と聞いたんですけど、そういうふうに思わざるをえないところに、ちゃんと人がいて、蜂蜜を採っているらしいんです。そういう広がりを持った人のつながり、ある意味では在日っていうのはね、そういうつながりを持っている。いちばんせまく、きつく、苦労して生きてきた存在ですから、反対側からね、そういうふうに人と人が本当の意味でつながるという道筋を、もういちど見つめなおす必要があると、私は思っているんですよ。

高淳日さんが、この『青丘通信』を出されたときの話を先ほどから言っておられましたが、『青丘通信』を出されて活字になさったときに、ようするに「故国」とか「故郷」とかという、文字化された「故郷」じゃないものが、また紙一重でその下にあるんじゃないかなという感じがするんですけど。いかがなもんでしょうか。

高淳日：まったくおっしゃる通りですね。「故郷」というもののイメージで言えば、済州島の訛り。故郷の地にでなくても、日本での暮らしの永い間、自分の父や母や、親戚のオジ、オバたちがあの済州島の訛りで日常生活を過ごしていたから、家のなかでは済州島の訛りのなかで生きてきたんです。そして食べ物、衣服、風習これが私のね、故郷の香りだし、情感が伝わってくるわけでね。

今でもたまに大阪へ行くと、まだ年配の親戚がいて、その人たちには済州島から来たときのままの訛りが残っているわけです。私が本当に済州島の訛りを聞こうと思えば、大阪へ行けば聞ける。でもいまの済州島には、済州島の訛りがなくなりつつあるんですよ。済州市にはホテルはもちろん、コンビニや食堂など、店で喋る言葉は標準語でした。

高史明：あっはーあ。

高淳日：そういう点から見たら「故里は大阪にありき」ですね。

高史明：はあぁ。

高淳日：そんな思いをしているなかで日本の社会のなかでもね、日本人が自分の故郷というものをね、だんだん失くしていくような、そういう社会になりつつあることだけは確かに感じます。近代化というのは私はね、ある一面では非常に恐ろしいな、という気がしますね。

高史明：そうですね。

高淳日：私の記憶は、3歳のときに日本へ来たから、故郷の山川、ぜんぜん記憶にないわけです。村の光景も。ただね、大阪の天保山桟橋に降り立ったときに初めて。

昔の桟橋は鉄筋コンクリートで出来たものじゃなくて、レールを載せる軌道の枕木のような木材が、海底に打ち込んだ杭の列の上に並んでいてね、そこへ板が敷いてあって、枕木と枕木の間から寄せてくる波がバーっと跳ねて海水が飛びあがって来る。母親は迎えに来ているはずの父親を探すため、気があせっているし、私の手をひっぱるんだけど、私は、ばしゃん、ばしゃんと跳ね上がる波のしぶきが怖くて怖くてね。その光景の記憶しかないんです。

やがてその光景が、日本の社会で生きているあいだにね、日本の社会がね、私のこの体のなかに染みついてしまっているわね。そして戦後の何十年かしてはじめて済州島へ行ったときに、私が考えていたような、なつかしい故郷の、そんなものじゃなくて、鉄筋コンクリートの建物が建ち並んでいる。四・三運動の発生原点である観徳亭、あそこなんかでもね、考古学の発掘をしている最中でしたけどね、それ以後の写真なんかを見たりすると、そのまわりがね、立派なビルがいっぱい建っているわけですよ。そういう光景と、自分が初めて見る故郷のムラへの道はアスファルトの舗道になっている。そういう光景のところでね「故郷」はこんなところだったのかということで、イメージと合致しないわけです。

だから今は自分が育ったところ、ずっと居たところは大阪。子どものころ、家族が増えていくにしたがって、住いを転々と変わっていったところ、その時代の昔の家がなつかしくて、大人になってからそこを訪ねて行ったことがありますね。ところがその長屋でさえもね、次第と新しい建材と差し替えて、外部を覆う板張りの家がね、モルタルに塗り替わったりしてね。そういうふうに風景が変わっていくことは、次第に「故郷」がなくなっていくのかなぁ。だからいま残っているのは、さっき言ったように、済州島訛りね。これが欲しいですね。やがては消えてしまうムリでしょうけれどいつまでも残っていて欲しい。

高史明：そのなまりと、いまのお話をうかがって「波がばしゃんと」ということで、ぴんと来たんですけど、講談社から出ていた『現代』という雑誌の記者が、1年間ぐらい高史明の弱みをつかむために、つきまとってきたことがあったんです。根っこをとらえてやろうと。会社はあいつをやっつければ、あとはお前の一生を保証すると言われたらしい。もう行くところ、行くところぜんぶ現れてね。それで彦島の生まれたところにも、ぜんぶついて歩いてきた。それで「どこかなつかしいところありますか」と最後に聞くんですが、なつかしいところなんてどこにもないですね。すると「どこが高さんにとっての自分の生まれ故郷ですか」と聞くんで、「海だ」と言ったんです。「海に足をつけたときがね、私の故郷だ」と。そしたら、なにを言われているかようわからん、ぽかんとしたような顔をしました。私としては冗談で言ったんじゃなくて、本気でね、海はね、まさに自分の足がね、ちゃんとつかるところなんですね。だから、船に乗って大阪に来たとしても、港で波がバシャーンと波しぶきがあがるところには、人間のなにか根っこにふれるものがあるような気がしますね。山なんか変わっちゃって、子どものときに見た山なんかぜんぜんなくなっていた。海の水だけは変わらないんですよ。そういう思い出ですけれども。役にもたたないことで——（笑い）

青丘賞の新たな出発へ

高秀美：今回、合本を出すにあたっての対談だったのですが、髙淳日さんはたんに記録として出すというのではなくて、青丘会の新たな出発の契機としたいということでしたね。

髙淳日：そのときにはまた、ご協力をお願いします。これは余談ですが自分の生涯で在日の人たちのために何か役に立ったことがあるとすれば、これひとつぐらいじゃないかな。あっ、そうそう、それからもうひとつはね、ＮＨＫに朝鮮語講座を開く端緒をつくったことも私の仕事じゃなかったかなぁーと。朝日新聞の「声」欄に、ＮＨＫは朝鮮語講座を開くべきだというような投書をしたのを、たまたま朝日新聞がとりあげて（512頁参照）、そしてそれに対するＮＨＫの答弁がへんてこりんなものだったということで、よけい世間で大騒ぎになり、そしてそれを実現するにも、在日の社会のなかの両サイドの勢力が「朝鮮語」か「韓国語」かと「講座名」でぶッつかりあうもんだから、なんとか早く開講して欲しいと思ったんだけど、10年かかった。

高史明：ああー、もめましたね。

髙淳日：で、いまや朝鮮語でもない、韓国語でもない、「ハングル講座」でやっとるわけでしょ。「アンニョンハシムニカ」ね、そういうようなことでね、いまは日常的なものとなりましたが、またある時期から韓流ブームに乗ったものだから、いまや、日本人の間でも朝鮮語を学ぶのもごく普通のようになっていますね。文化の面ではわりに打ち解けた世界になりつつあるけど、例の独島の問題で、ややこしくなっている。日本は安倍政権になって経済復興というのを第一に掲げている。

やっぱりね、戦争中もね、富国強兵でみんなそっちのほうへ向いて行った。経済立て直しで、みんなそっちへ。私は、本当の日本人の心というのはね、非常にすぐれたものだと思っているわけで日本文化というものが。そういうものが次第に薄れていって、経済至上主義。僕ら子どものときには富国強兵でね、それでそっちの方向へ向いて行って、よき兵隊になることが、まるで若者の務めのように。こういう傾向をいちばん恐れますね。

高史明：うん、そうですね。その背景には、日本人自身が日本史の深層を深く見つめようとしない流れがあると思います。第二次世界大戦に敗戦して、現実を見つめ直して日本史の真実を立て直すべきときに、せいぜいが近代日本を見直すところでストップしているように思えます。いや、その根っこすら見つめようとしなかったと思う。

何しろ私は戦中の日本の小学校で人間教育を受けましたからね。戦中戦後の体験には骨からうずくものがあるわけです。毎日、殴られていた。朝の点呼は、全員の前で名前を大声で名乗らされたことから始まっていたわけです。あの当時、朝鮮人は全員日本名に変えさせられていた。
その根っこは、いわゆる「創氏改名」にあります。思えば、その始まりは１９１０年の日本による朝鮮の植民地化にあったといえます。「広辞苑」は、その「改名」について、「皇民科政策の一環として１９３９年に公布、40年施行」としていました。40年といえば、私が小学生になってすぐのことでした。思い返せば、小学校に入る前の私は、いわば日本人風の通名で生活していたものです。そして入学のときも通名だった。ところが、５年生のときの担任は最初の点呼のときから、本名を呼び上げたのです。まあそれからいろいろな葛藤を通して5年、6年と本名で通したのでした。しかし、第二次世界大戦の開始とともに、皇民化政策の強化が始まったのだと思います。小学校を出るとき、朝鮮名のままだったのは、私ひとりくらいだったと思います。一方、戦争の激化とともに皇民化政策は一段と強められたのでした。ところが正式に改名を迫られたとき、今度は父親が改めて現実を知ったのだと思います。わが家の父はそれを絶対にそれを認めようとしなかったんですね。だから通名できた者が今度は本名で生きる事態になったわけ。殴られましたね。胸に名札をつけさせる時代がきたわけでしょう。その名札を見つけて、いきなり殴りつけてくる教師もいたわけです。目の敵にされたんですね。その教師が日本の敗戦のとき、私の顔を目にしたとたん逃げることになったことが、いま眼底に刻まれています。その後ろ姿に、私は殴られていたとき以上の絶望を覚えたものです。あの絶望は何だったのか、といまも思っています。実に深い絶望です。

高淳日：『青丘通信』をやることで、在日の文化というものをね、もっとみんなに注目してもらいたい。ＮＨＫの朝鮮語講座はできたことは、ありがたい。でも、私が投書していなくても、いつかは、講座は開設されたでしょう。たまたま私の投書が「声」欄に載ったことがきっかけになって、市民運動が持ちあがり、それが実現したことでＮＨＫから招かれて朝鮮半島向けのラジオ放送をやってくれないかと言われましてね。「私の朝鮮語、放送するほど巧くないんです」と言って断ったんだけど、結局はやることになって。南北朝鮮の民衆に届けてよと電波に託して青丘文化賞についての説明と、「協力、頼んまっせ」という意味の放送だったと覚えています。

高史明：いやいや、ありがたいことです。本当に戦後史の深い深い目盛りになっていると思う在日の問題は、まさにこれからの課題ですから―。

高秀美：長時間、おつかれさまでした。ありがとうございました。

（了）

高史明（コ・サミョン）
1932年、山口県下関市生まれ。在日朝鮮人２世。作家。主な著書に『生きることの意味』（ちくま文庫）、『高史明親鸞論集（全３巻）（法蔵館）、『闇を喰む（Ⅰ海の墓・Ⅱ焦土）』（角川文庫）、『月愛三昧―親鸞に聞く』（大月書店）など。第15回青丘文化賞（1989年）受賞。

岡百合子（おか・ゆりこ）
1931年、東京生まれ。東京の公立中学・高校で教員を務める。主な著書に『ぼくは十二歳』（共編著、筑摩書房）、『白い道をゆく旅』（人文書院）、『中・高校生のための朝鮮・韓国の歴史』（平凡社）などがある。

くじゃく亭通信

くじゃく亭通信

創刊号

発行所　くじゃく亭　渋谷区宇田川町八—九
主筆　安部弘記

発刊のことば

私の故郷から、堺利彦といふ人が出ている。彼は晩年に故郷で「労農学校」をつくって、来たるべく時代に備えた。その学校で学んだ人々が北九州のその後の労働運動や農民運動を支えていく。私は、それらの人々から、社会への第一歩で学んだ。今でも思い出すそれらの人々の中に故森毅がいる。その森毅の義兄に前田俊彦といふ人がいて、私の母の長姉の嫁ぎ先の戦後のある時期に村長を勤めた人である。彼もまた「労農学校」に学んだ人だと聞いた。

私は前田俊彦の「瓢鰻亭通信」のようなものを出してみたいと、かねがね考えていた。堺利彦・枯川の流れのなかに生きるものとしての願いなのである。しかし、私の力不足もあって、内容はさておいて、紙名だけ似せたものをつくることになった。

御案内

◎上品な数寄屋づくりの部屋で焼肉料理をお召し上り下さい。

◎忘年会・新年会などのご予約を承っております。

◎ご宴会は一人二千五百円から承っておりますが、ご予算に応じて承りますので、お気軽に、ご相談下さい。

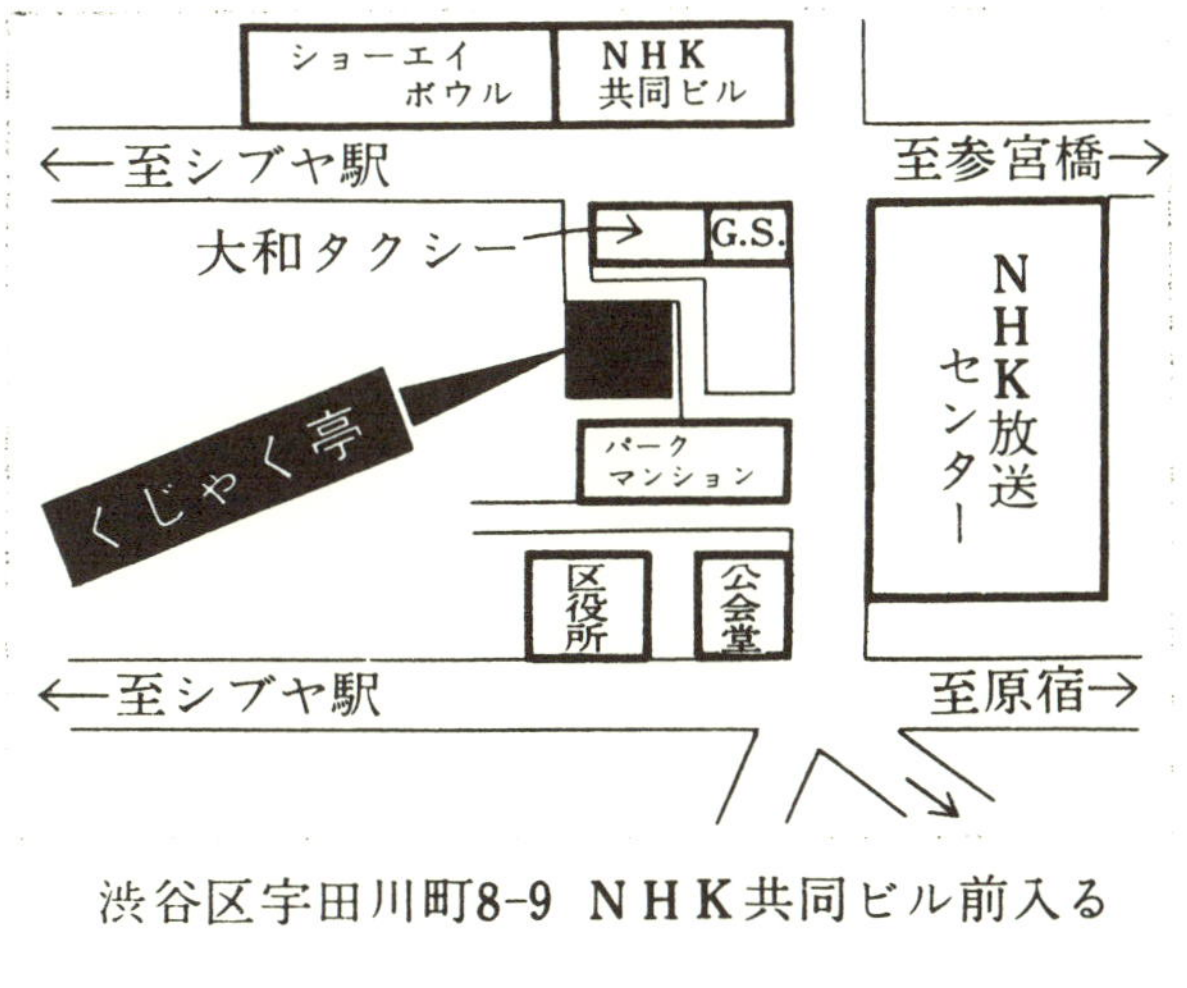

渋谷区宇田川町8-9　NHK共同ビル前入る

済州島（1）

「済州島は朝鮮半島絶南の海中に横たわる大な火山島である。その面積約一、八六〇平方キロ、殆ど全部火山岩よりなり、東西七三キロ、南北四一キロの楕円形の外廓を持ち、甚だ水平的肢節に乏しい。随って良港がなく、冬季西北季節風が吹き荒む時には、大阪、釜山、木浦から来る定期船も着きかねる。

済州島は火山の数とその種類において、世界に誇り得る。島の中央には漢拏山（海抜・一、九五〇メートル）厳然として聳え、その山腹から裾野にかけて約三百数十に達する小な円錐火山が、全く蜂の巣のやうに瘤起する」（日本地理風俗大系十七巻　朝鮮下）

一九三〇年発行の地理書の引用である。この地理書は金達寿先生にすすめられて買った書物である。先生はその一九三〇年に、十歳で日本の土を初めて踏んだと聞いている。

私が最初に済州島に興味をいだいたのは、金石範の「鴉の死」を読んでからである。この新興書房刊行の本を、一九六八年三月十四日に購読していることが、最後のページに日付を書き込んでいるのでわかる。その読後感は「しかし完全にまっくろな闇が彼の両眼をひたしたとき、成太一は一メートルも泳いでいなかったのである」と書かれた「糞と自由と」の最後の描写に重なるものであった。

この年の二月に、私は結婚しているが、勤務先の研究室で「ころびばてれん」と陰でいわれていた元共産党員の男にいじめられていいて暗い春であった。「鴉の死」を読んでから半年目に、私はその研究室を出た。そしてこの年の六月から、私は朝鮮語の勉強を始めた。

一九六八年は、二月に結婚し、六月からは朝鮮語の勉強を始め、十月には研究室を移ったことの三つの変化によって、私のその後の人生を変えた年なのである。その一九六八年に済州島を舞台にした金石範の「鴉の死」を読んでいる。

桜井義之は「朝鮮の地方史・郷土史誌」のむすびで「近代朝鮮の研究に当って、これらの地方史・郷土史誌は二次的資料として重要な意義を含み、特に近代日本の朝鮮植民過程の研究に当っては、見逃すことのできない多くの資料を提供するであろう」と書いている。

私が済州島に興味を持ち、それを自分の問題と感じだして来たのは、農業技術史、漁業技術史の勉強を深めてからでもある。篠田統の「米の文化史」は私の愛読書である。そこに日本酒の源流として「結局、ヤポニカの栽培や鮓の製作と同じく、中シナからシナ海をわたって北九州（及び南朝鮮）へ渡ったのだろう」と書いてある。済州島が忘れられているような気がする一文なのである。

済州島研究会は、古代に於て東中国海や玄海灘を越えた舟は今も済州島に残っているところの「筏舟」ではないかという思いを持つものが中心になって発足したものである。

「済州島は交通不便な『環海の孤島』で、一度伝はった古い風俗がいつまでも保存され、永い間歴史の縮図の観がある。本島は夙く朝鮮、満州、日本、支那の隣接地と交通が開かれ、その影響をうけること多く、人類学上にも興味多い地である。往昔は耽羅国といふ独立国をなし、永らく朝鮮に属してゐたが、遠流の地として全く顧られなかった。が島の人々は当然それらの流人によって啓発されたことであらう。それ故島の人情風俗や言語も朝鮮本土と異る点が多い。島民の性質は一般に慓悍であり、古来難治のところとされ、屢々民乱を起した歴史をもってゐるが、一面においては個人主義が頗る発達し利害観念が強く、活動的、進取的で理智にたけてゐる」（日本地理風俗大系　17）

済州島研究会では、来春に長崎県の五島列島の旅を企画しています。西九州の島々を充分に歩き、研究してから、済州島へ渡る予定です。

済州島研究会（K）

東京の博物館　その一

安部弘記

私の祭日と日曜日は、図書館へ行くか博物館を訪れることに費やされる。旅行も、そのような個所をたずね歩くことが楽しい。近年は水田農耕文化を海から入ったものとしてとらえ、そこから漁撈の技術というものを考えると、私は鳥羽にある「海の博物館」や高松市にある「瀬戸内海歴史民俗資料館」などに出かけたいと念じているが、まだかなっていない。そこには、濃厚に朝鮮との連なりを見せるものがあると想像させるからである。

　博物館の数は近年増加している。それらの多くが志ある人により、一九六〇年代の高度経済成長時代にすてられていった民族の文化を保存しようとして築かれたものである。

　それだけに、朝鮮文化との連なりが明白なものを数多く収集されていることであろう。そこの未知なる博物館のなかの朝鮮文化を、この欄で紹介して行きたい。

安宅コレクション

　日曜日の午後の銀座の歩行者天国は、それほど人通りもなく、のんびりと広々とした通りをあるけて、一歩高島屋の「安宅コレクション名陶展」の会場に入ると、これはすごいこみであった。それで、私は高麗・李朝の陶磁二百点余を、ざあっと見ただけに終った。

いわゆる安宅コレクション約千点のうち、約百五十点が中国陶磁で残りが朝鮮陶磁だといふから、私の見たのは、ほんの一部分である。それでも、高麗・李朝の陶磁に関しての単一のコレクションとしては世界一と目されている一端を知ったような気分にひたれた。

　「安宅コレクションの収集は、第二次大戦以前に安宅氏が関西の某氏所蔵の韓国陶磁のコレクションを一括入手したのがきっかけになり、終戦後にその延長線上に安宅氏個人の高麗・李朝陶磁の収集が行なわれ、昭和二十六年から次第に会社による収集に替わったが、その間一貫して高麗・李朝のみに集中した。昭和三十年代の後半から安宅氏は主に中国陶磁に取り組むようになり、その収集態度は高麗・李朝に集中していた時よりもリファインされ……安宅コレクションの高麗・李朝の陶磁は総数およそ八百五十点、個人的なコレクションとしては名実ともに世界第一で、今後これ以上のコレクションを成形させることは不可能であり、大正年間以来数十年にわたって日本に将来されていた韓国陶磁の優品をほぼ網羅したといえる」（林屋晴三）

　会場では、翡色青磁の陳列群が一番に人を集めていたようであった。微量の鉄分をふくむ透明性の青磁釉をかけて空気の流通をおさえた還元焔で焼成したものである。よどんだ日本の風土にむしばまれた人の心に、うったえる翡色である。灰緑色である。

　次に、象嵌青磁、青磁・辰砕、青磁・白泥、青磁・金彩、青磁・練上、青磁・鉄絵、青磁鉄泥地、鉄釉・黒釉、白磁と整理されて高麗陶磁が陳列されてあった。

　次が李朝陶磁であって、粉青沙器がまずあり、それは日本では「三島」と総称されているものである。ここに来て、私はあるほっとしたものを感じた。高麗青磁と対峙していた時の緊張から解放されたといふより、我が文化的ふるさとに来たといふ感情がわきあがったからである。

　白磁象嵌、白磁、白磁青花、白磁鉄砂、白磁辰砂、黒釉、飴釉等の群に整理されていた。

　白磁青花とは、白磁の素地にコバルト分からなる呈色剤＝呉須をもって文様を描き、その上から透明釉をかけて還元焔焼成したもので、焼成後は呉須が白地に映えて青く発色する。李朝を代表する焼物であると同時に、これは又、カラコ模様の茶碗にみられるように我々日本人の日常生活の基調を成している生活文化なのである。

　白磁だけでなく、李朝の工芸品は日本人の心の故郷である江戸時代の文化の背景にあるものである。それだけに、日本人として、安宅コレクションは守らなければならない。

ピーコック画評 1

後藤　直

十一月の『ピーコック』は、若い四人の女性によるグループ展である。約二十点の出品であった。

きくところによると、彼女らは多摩美大を七三年に卒業した新鋭たちで、現在教師や保母などの職業にたずさわりながら、絵をかきつづけているのだという。

一口にいって、四人展はこのティ・ルーム『ピーコック』の明るくて静かな雰囲気に丁度マッチしている。つまり四人の絵のどれもが、女性らしいみずみずしさと気品にあふれていて、すがすがしい印象を与えてくれるのだ。

戸田美枝子のパステル「赤い背景」「秋の果物」、香西範子のパステル「Rose et Rose」はなかなか見事な色彩で、同時に出品している油絵「海」（戸田）、「青いバック」（香西）より数段充実しているように思える。

中條路子の油絵「花」「漁船」、都竹麻理子の「孤独の夜」「マーサー」も色彩の美しさが特徴的で、加えて二人とも達者さがうかがえる。たとえば中條の水彩「街並」にもいえるのだが、既してパステルとかの小品にまとまった作品が多いのは、画面が小さいから、絵の基本であるデッサンを集中的にできるからなのだろうか。

せっかくいい素質をもっているグループなのだから、油絵も軽くみえないように時間をかけ、じっくりかきこんでもらいたいものである。このグループは「海」の題材が好きのようだが、「海」に関するデッサンは特にそのことがいえそうだ。いづれにせよ次回の展覧会が楽しみなグループ展であった。

なおティ・ルーム『ピーコック』のご主人は「新人を鼓舞し激励できたら、これ以上の喜びはない」と語っている。うれしい言葉ではないか。

十一月の絵画展は、四人の女流のグループ展です。略歴を以下にご紹介いたします。

戸田美恵子
一九四九年　神奈川県に生れる。
一九七二年　多摩美術大学卒業。
現在　協栄生命に勤務

都竹麻理子
一九五〇年　東京に生れる。
一九七三年　多摩美術大学卒業。
多摩美術大学院入学
一九七四年　ギャラリーエステル
三人展発表
一九七五年　多摩美術大学院卒業、女流美術展出品、現在　神奈川県立柿生高校勤務

中条路子
一九五〇年　長崎に生れる。
一九七三年　多摩美術大学卒業。

香西範子
一九五一年　東京に生れる。
一九七三年　多摩美術大学卒業。
一九七四年　フジ井画廊勤務。

批評、感想文をお寄せ下さい。

1976年12月18日　第2号

くじゃく亭通信

第2号

発行所　くじゃく亭
渋谷区宇田川町八―九

主筆　安部弘記

くじゃく亭界隈 ①

渋谷駅周辺は、今、その相貌をあわただしく変えつゝある。特にハチ公前を基点にして東急本館から渋谷区役所へかけての扇形の土地が、土ぼこりさえ匂わせて開拓地のイメージを与えてくれるほどに変貌の町である。その扇形の一帯の町名が「宇田川」である。

わがくじゃく亭は、その扇形の中央にあって、大岡昇平の「少年」を読むと、かつて国木田独歩の住んでいた辺であることがわかって、名作「武蔵野」を想起させる。

大岡昇平の「少年」は「ある自伝の試み」というサブタイトルがついていて、彼の自伝になっている。私はこの「少年」が「文芸展望」に連載されている時に、面白く読んだものであった。それは私の東京での生活が渋谷区で始まったということもあって、大岡昇平の描く渋谷駅周辺の事が、身近かに感じられたからである。特に宇田川に関する描写が私の心を打った。大岡昇平は渋谷町中渋谷八九六番地、現在の渋谷区宇田川町三十二番地に住んでいたので、川のそばであったらしい。「夏はトンボが飛び交った。川にはメダカが棲み、ミズスマシが水面を素速く横切った」という宇田川は、もう今は見る事が出来ない。川は暗渠にでもなったか、昔川のあったと思われる筋は自動車が通っている。

その当時からの変貌には驚くものがある。が、私がこの欄で描写しようとしているのは、このように「変貌」して来た宇田川町ではなく、これから「変貌」していくであろう宇田川町なのである。

先日ハチ公前から区役所へ坂道を登ってあるいたさい、そのものすごい雑踏に、目を見はったものだった。町は輝いていた。(つづく)

済州島（2）

私はある会合で「ツクポンギ先生は済州島のどの年代について、より調査を深めたいですか」と、愚問を発したことがある。

「四十八年ですよ」

と、明瞭に返事があって、なお私の問ひかけが無意味であったかを思ひしらされたのである。済州島を理解しようとすれば、一九四八年はさけて通れないのである。

私は渋谷中央図書館で泉靖一の「済州島」を借りて読み、感動のあまり在日済州島二世のファジャさんに電話を入れた。読後感をたしかめたかったからである。しかし、彼女は読んでいないようであったので、読後の感動を理解してもらえなかった。

その電話のあと、ふと私の感動は金石範の「鴉の死」をぬきにしてありえたのかと、思ったのである。私が「鴉の死」に胸をおどらせたのは一九六八年であった。それは「ベトナム戦争」に於けるアメリカの敗北が予見される時代状況が下地にあった。「鴉の死」がまぼろしの名作といわれ、大出版社から再刊されるのは、ベトナムでアメリカが敗北していく七〇年代に入ってからであった。日本人の多くに金石範文学が理解されて来るのは、アメリカのベトナムでの戦争のありようと、その敗北をぬきにしては論じられないような思いがする。しかし、そのことは日本文学としての「鴉の死」を持っていたことによってアメリカのベトナム戦争の質といふものを、日本人はより理解することができた。

私の「済州島」を読んで感動したといふことは、「鴉の死」を確認する作業があったからである。それは文学の地誌的理解といふものであろうか。

金石範の「鴉の死」は済州島一九四八・四・三事件の状況を多くの人に知ってほしいといふ作者の欲求が元になって書かれた作品である。この、普通四・三事件とよばれるおそるべき悲劇は、済州島に生れ、日本で教育を受けた進歩主義者と、北朝鮮での人民の権力が確立後、南へくだった地主階級の子弟を中心につくられた西北青年隊との対立からはじまったものだといわれる。それは足かけ八年間も闘われたといい、島民二十四万のうち六万人が殺されたといわれることなど、泉靖一の「済州島」に書いてあった。

私は暮れのボーナスで、東京大学出版会のこの本を買った。四千円であった。ちょっとした本がかるく千円を越す今日、私は文庫本か新書本しか買わなくなっていた。私としては近来にない買ひ物であった。つひでに国書刊行会の「済州島」も購入した。二千八百円である。あわせて、六千八百円の支出は痛かったが、その痛みをそれほどに感じさせない済州島の魅力といふものがある。

図書刊行会の「済州島」は「三多の慟哭史」といふ副題がついていて、韓東亀編著となっている。この本は、ざっと見ただけだが、はじめに「慟哭の連続が、身上的に絶えたのは一九四八年に起った島の大乱 — 約六万人の貴い生命と鮮血の飛沫を大地にたっぷり浸み込まされた血生臭い『四・三事件』ではなかったか。いや慟哭が絶えたというよりも精魂と息の根が尽き果てたものである」と、書いてある以外には、四・三事件にはふれていないようである。しかし、歴史編には済州島の李朝までの闘ひの歴史がよく描かれている。

これを書いている私の机上には、他に二冊の済州島に関する書物がある。

一冊は一九〇五年発行の「済州島案内」である。書名の頭に「朝鮮の宝庫」とあり、青柳鋼太郎の著作である。めずらしいのは、済州牧使洪鐘宇の写真がのってをり、「光武九年三月　済州牧使羽亭　洪鐘宇序」があることである。

二冊は「未開の宝庫　済州島」といふ書名で、一九二四年発行のものである。発行所が「全羅南道済州島庁」となってをり、印刷所が「木浦刑務所」となってをる。木浦刑務所に、どのような囚われ人がいたか考えさせられる本である。

次回から、このような本の中味を紹介したい。

東京の博物館　その二

安部弘記

出光美術館

この美術館には幾度となくいった。それだけに色々の思いのある美術館である。今回、出光美術館を紹介することにしたのは、「開館十周年記念特別展」が開催されているからである。それを知ったのは朝日新聞の十一月三〇日の夕刊であった。

十二月の最初の日曜日に行ったのだが、今まで来たうちでは一番に観客が多かった。入場料は五百円であった。かつて、一九六八年の二月に田舎から出て来た両親を連れて来た時は二百円であった。

美術館内には絨毯がしいてあって、あるいても音がしない。館内は静かであった。精選された二百四十一点の公開作品中に、明白に朝鮮のものは六点であった。高麗時代の「高麗青磁紹鴎香炉」、李朝初期の井戸茶碗が二つ、同じく李朝初期の彫三島、それから李朝時代中期の白磁と染付の壺であった。

これでは出光コレクションにしめる朝鮮文化の比重は小さいように見えるが、そうではないのである。陶磁器に関していえば圧倒的に中国陶磁が量的に多いのだが、要は質的比重である。井戸茶碗は日本人にとって、美的原点になっている。それに、ここにある日本陶磁が、私にとっては朝鮮文化と考えさせられるものであったからだ。

例えば、桃山時代の「朝鮮唐津」が、水注や花生など幾つかあったが、それは絵唐津の数々と共に、まさに李朝工芸そのものでしかあり得ない。日本人の一世が、ハワイで日本から土を持っていって陶磁をつくり、それが日本風の文様で出来あがっていたとき、それをアメリカ文化といふのであろうか？

それらのことは「絵唐津芦唐草文水指」が「市の瀬高麗神窯」で焼かれたということからもわかることである。それらのことから、「奥高麗茶碗」が唐津焼として、分類されていることなどを含めて、日本の歴史を一国史で割り切って叙述することのむずかしさを感じた。

美術館内は第一室から第四室まであって、第一室の日本陶磁には十品に近い古九谷があった。古九谷の大皿は何時みてもよくて、しばらくそこから離れることが出来なかった。古九谷は世界の宝といわれている。そして、この古九谷を焼いたのは、近時、李朝の陶工達であることが明らかになりつつある。前田藩は豊臣政権の崩壊時に、秀吉が強制連行してきていた工芸集団を受け継いでいる。現代に見る金沢の伝統工芸は、その流れをくんでいる。「古九谷色絵花鳥文輪花皿」「古九谷色絵荷葉幾何文皿」など、「鍋島色絵波牡丹文皿」と比較してみる楽しみもあった。

そして、この出光美術館の良いことは、資料室のあることで、そこには窯跡の発掘品が地図と説明文つきで系統的に展示されている。私は、どれほどにここの資料室で勉強したかわからない。誰か説明をしてくれる人がいると助かるのだが、そうでなくても、陶磁器の入門書と首っ引きで見てまわるだけでも、焼物に対する目がひらかされるものがある資料室となっている。

陶磁は破片まで系統的に並べると、人の心を打つ美しさがあるといふことを知らせてくれる。ことに高麗青磁は、小さな破片までが宝物のようだ。

出光美術館の立地条件は、帝国劇場のあるビルの上層階にあって、交通の便がよいことであるが、日本人が大地に刻んだ芸術品である「江戸城」を、俯瞰的に見れることである。美しい江戸城の緑をながめながら、ロビーでサービスの茶に喉をうるほすのは、芸術と対峙した後の緊張した精神をなごしてくれる。私がなくなった父を、かつてここに案内してきたのは、李王朝を意識してつくられた江戸城の全体像を見せたかったからである。父は大工であった。

ピーコック画評 2

後藤　直

十二月は、第六回石橋正秋個展である。

氏は、海外生活が長かったせいか、その絵はどことなく異国的な味があり、しかも「箱根秋色」(六号)、「分園」(十号)、「高原の日暮れ時」(八号)などをみても分るように、作品は比較的小さいキャンバスながら、のびのびとし、ダイナミックで、スケールの大きさを感じるものばかりである。

つまり、画面のシンメトリイがどうの、構図がどうとかはあまり考えず、自由奔放で生き生きした画風で素人の域はとっくの昔に越えているといってよい。元来玄人、素人といった区別は、絵の世界では通用するものだろうかと、私はかねがね疑問を抱いているので、そうした表現は使いたくないのだが、アトリエを持ち、海外個展をやり、チャーチル会々員であるという氏の並々ならぬ絵への憧憬と精神ぶりに、そうしたことをふと考えさせられたのである。

本来絵は好きでなければ絶対かけないものだ。氏のように絵が好きで、時間と経済的余裕があり、加えて努力を重ねるということは、まさに鬼に金棒である。直接聞いてみなければ分らないが、多分氏は日常の生活でも絵のことしか頭の中にないのではないかと思えてくるのである。

氏は「鯉」とか「鳩」などの動物の絵もかくが、それらよりも「公園の陽だまり」「志賀高原附近」などでもいえるのだが、風景主体の作品の方がはるかによく、特に空が実に素晴しい。雲が生きている感じだ。なぜそうした美しい空を描けるのか、人柄がキャンバスの上にそのまま現われるのだろうか。それとも数多くの作品をものにしているからなのか。氏の絵をみてそういうことを考えたのも実に楽しかった。

氏の今後のご活躍を望むや大である。

石橋正秋

一九一四年　福島県に生れる。

会社役員、滞米七年、海外個展二回、チャーチル会々員。渋谷ピーコックに於て個展六回。新宿住友ビル展望画廊にてグループ展。日本橋三越にて毎年二回グループ展。

●編集後記●

創刊号の「安宅コレクション」のおわりに「日本人として、安宅コレクションは守らなければならない」と書いたところ、知人の新木厚子さんから「日本に残さなければならないの？朝鮮に帰すべきではないの？」と批判された。そのとおりであると思う。朝鮮に関連するコレクションには、日本の過去の影がある。それを忘れては、ならない。

批評、感想文をお寄せ下さい。

くじゃく亭通信

第3号

発行所　くじゃく亭
渋谷区宇田川町八―九
主筆　安部弘記
TEL 464-2901

私は先日、一九一四年に刊行された「渋谷町誌」を一読して、ニヤリとし、それから深く心に留められた個所があった。
「本町の現状は一言にして掩へば紛然として寄合世帯の如し。隣保の情誼紙よりも薄く、郷党の親睦淡として水の如し、是新開地として免る能はざる所なりと雖も憂ふべき現象なり」

くじゃく亭界隈 ②

くじゃく亭界隈を歩く時は、大岡昇平のある自伝の試み「少年」を持参すると、より楽しくなる。大岡昇平が通学した大向小学校の場所に今は東急本店が建っている。その東急本店に私はいまだ一度も足をはこんでないことにふと、気付いた。私のピーコックからくじゃく亭へ向ふ足は、東急本店の前を通りすぎるのみである。そのような事は大した意味のあることではないかも知れないが、ハチ公前から西武百貨店・パルコを通って、くじゃく亭へ足をはこぶ道は、そうではない事が多い。

六〇年代の町であった新宿から、中央沿線の三デラ（高円寺、吉祥寺、国分寺）へ移っていった若者たちが、七〇年代後半になって渋谷へと集まりつつあるといふ情報は、少くとも、渋谷の東急本店とは関係がなさそうである。若者たちを引きつけつつあるのは宇田川町の西武百貨店からパルコを中心とした一角でしかないような気がする。少くとも、そこには八〇年代をめざす若者文化の匂いがしてくる。それでは渋谷にとって「東急」とは何なのであろう。青春と無縁な存在に感じるのは私だけか。

ハチ公前から、青年は右へ、西武・パルコの方へ進む。

「…わたし、だれにも知られないで水の泡のように消えてしまうのが、やっぱりこわいんです……とってもこわいんです。ねえ、龍潭姐さん、許して……だけどわたし、きっと立派に死んでみせます。この白い手拭が、わたしの世の中に生れ落ちたたった一つのかいだったんです……」

看守朴書房の作中での明順《ミョンスニィ》の言葉である。私は金石範が愛する済州島の女にいわせた、その意味が、橋来里のようにもとの住民の大半が殺され、集落の再建が不可能となって、まったく住民がいれ変ってしまっているという泉靖一の「済州島」のなかの一節と読み合わせた時、よくわかった。

明順は金石範の「鴉の死」に登場する女性のなかでは、最も魅力に富んでいる。その魅力は彼に想いをよせる朴書房の死を必然化するに充分である。

そして、この朴書房こと、朴百善は木浦から済州島へ渡ったことがさりげなく書かれている。そのさりげなさを、私は読み逃がしていた。しかし済州島に対する理解を深めていけば、木浦が済州島といかに深くかかわっているかがわかるのである。

木浦誌を読むと、済州島航路が近代に於て帝国主義的に開かれた様がわかって興味深い。それに木浦誌には朴百善が「―済州島、済州島……」とつぶやいた儒達山の写真が載っている。朴百善は、この二百十九メートルの儒達山山頂から「女多」の島、済州島が見えるといわれ登るのだが、もちろん見えるわけはない。木浦誌には御丁寧にも儒達山から済州島方向を望んだ写真が載っていて、くすんだ画面ではあるが、多島海の美しさを想像させる。木浦誌は一九一四年に発行されている。日本が朝鮮を植民地化して、五年足らずで出版されたものである。

済州島（3）

金石範が小説のなかで、さりげなく書いている済州島の地誌的描写の一つ一つは、地誌的理解が深まるにつけ、その小説に対する読みの展開が広がっていくのである。

俗に済州島は三多の島といわれている。「看守朴書房」の主人公朴百善は、三多の一つ、「女多」に魅せられていくのだが、この女多という言葉は東国輿地勝覧にも「女多男少」と書かれ古い。一九二四年に「済州島庁」の刊行物にはそこのところを、次のように書く。

「島民の他地方と交通するには船を用いたが、航海の術も発達して居なかったから漂流溺没相つぐ有様であった、是等の事が、因をなしてか、男子を産むことを重しとせない風があり、女子の数常に男子を超え蓄妾の風が盛にある」

しかし、この当時の男女比は九十三である。ところが三十年後の一九五七年で八十一になる。植民地時代の日本への出稼ぎが、まず男にはじまって女がその伝手で続けて島を出たという。出稼ぎ者の数は女の方が少なかったのだろう。それに、四・三事件による男の激減が推定される。女多の言葉の背後にある済州島の歴史は過酷でさえある。そこのところを見事につかんでいる作品が「看守朴書房」である。

服部竜太郎の「済州島民謡紀行」に

妾が死んだと　知らせがきたら
肉にも食い気の　なかった口が
塩にも食い気が　急に出た

妾奴を水汲み道で　つかまえたら
腰掛け石に　しっかと載せて
獐《のろ》の皮を鞣《な》めすよう　こすってやろう

女多は女同志の争いを、詩にする。しかし「今月の韓国」という観光パンフレットに、「男に楽をさせ飼育することがこの女性らの自慢のたねなのだから、世のなまけ男どもみな済州島に住むか」とあるのには驚いた。

女が働くということは、男はより働くということだ。済州島の近代に於ける女多は男の出稼ぎによって人為的につくられた一面を持っている。それは植民地化と深くかかわっているのだ。

東京の博物館　その三

安部弘記

根津美術館 (1)

地下鉄「表参道」の駅から、私の足で八分の所に根津美術館はあった。私は渋谷駅から地下鉄銀座線で行ったけれども、後で気づいたことだが、原宿から千代田線でも行けたのである。

　私の行った日は「香炉展」が催おされていた。一階には、南宋、明、清を主軸としてあり、私は南宋の青磁袴腰香炉や、明の呉須松竹梅文香炉、明末の赤絵狗　香炉等に朝鮮、日本との技術的かかわりで目をとめた。そして江戸時代と説明されている唐津刷毛目香炉、薩摩錦手草花文香炉の二つに鈕香炉展に於ける朝鮮文化はこれだけかとなかば失望しかけて二階に上ったら、まず李朝の雲鶴香炉が目に入った。

　その次に「伝長次郎作緑釉獅子香炉」があって、それを私はじっくりと腰をすえて、ながめたのである。長次郎といえば楽焼の創始者といわれていることから来る興味だけで、獅子香炉に注視したのではない。彼は秀吉の時代の陶工ではめずらしい在日朝鮮人二世であったからである。江戸時代初期に於ては在日朝鮮人二世の陶工群によって日本の陶磁器産業は世界のトップに位置づけられていく。長次郎の父は、信長の時代に日本に来て戦国時代に需要を増した瓦を焼いたといわれる。彼は在日朝鮮人二世の陶工のはしりであって、そこに、朝鮮と日本の文化の架橋がみられるのではないかと凝視したわけである。

　それから、李朝の雨漏塩笥香炉、高麗青磁香炉、井戸香炉、井戸脇香炉、トンボと蝶蝶の絵が楽しい李朝の絵御本耳付四方香炉と見た。高麗青磁香炉の銘が老女とあって、それは何を意味するであろうと考え、解説を読むと裾口に因んで付けられたとある。銘でいえば井戸香炉にも「此世」と付いてあった。利休と遠州の箱書があり、銘の由来は和泉式部の「あらざらむこの世のほかの思い出に今ひとたびの逢うこともがな」だとある。日本美の原点にある李朝期の作品である。

　香炉を見終って、根津美術館を著名にしている殷周銅器を横目に奥に入ると、そこには朝鮮の瓶と壺が展じてあった。

　辰砂葡萄文壺、染付秋草文壺、鉄砂草花文壺と李朝中期の作と思われる壺が中央に位置するところに並らんでおかれていた。私はそこにしばらく足をとめた。

　辰砂葡萄文壺は、少し釉がにじみ、辰砂の有色が緑味をおびてしまったのが惜しいと解説にあるが、私のような素人には、どっしりとした重量感に、農のにほひさえ感じさせてくれ、鉄砂草花文壺と共に陶工のうでの確かさを感じさせる。れた。

　しかし、その二つの間にある、「染付秋草文壺」のあまりにも見事さのために、辰砂葡萄文壺も鉄砂草花文壺もわりをくっているようであった。

　解説に、こころにしみ入るような独得の白さをたたえた白磁の膚は、中国の染付にもない美しさで、胴のやや裾よりに一線を画して大地を象徴させ、そこから楚々とした草花が咲きいで、かすかに風にゆらいでいるとある。李朝中期に京畿道広州郡の官窯で焼かれたものといわれ、俗に、李朝染付秋草手の名作だという。

　金達寿は、李朝白磁の、たとえば寂とした秋草文や、また、自然そのまま、素朴ということによって全体を包容し、そこに究極の実在をもとめたとみられる雑器（茶碗）などに日本人は「わび」「さび」といった一つの美意識を見出したようであるが、それはあくまでも日本人によって発見された「美」であって、それを日常の雑器そのものとして使用していた朝鮮人とは、あまり関係のないことであるといっている。私はこの染付秋草文壺の前で、胸にこみあげてくる感動に、自分を日本人だと意識した。

寸言

豊田有恒

今年は、巳年です。こたつに入りながら一杯やっているうちに、妙な妄想にとりつかれました。野性動物保護のため、これから毎年の干支《えと》を保護するようにしたらどうかと思います。たとえば今年なら国際蛇年 ― インタナショナル・スネークイヤーに指定し、蛇を撲ったら、遠島流罪、蛇を殺したら打首ということになります。さしずめ、来年など国際馬年ですから、競馬など、もってのほか……

昭和五十三年元旦

●編集後記●

一月は旧年に引き続き石橋正秋氏の個展であり、二月はピーコックの改装工事ということもそれに重なり、ピーコック画評は休載させていただきました。

三号についての御批判の言葉などいただければ幸いです。一部の人より、励ましの手紙などをいただき、大変に勇気づけられています。豊沢栄治さんからのおたよりには、済州島に行ってみたいと書いてありましたが、歴史をたずねる朝鮮への旅行は、日本人にとって有意義であろうと思われます。

御講読御希望の方はハガキでお申込み下さい。郵送させて頂きます。

ピーコック友の声

（三鷹市） 松浦英穂

くじゃく亭界隈がどのように展開さえてゆくか楽しみです。

（サンデー毎日編集部） 坂巻 熙

前略 くじゃく亭通信、一、二号拝見いたしました。部数を気にするマスコミの一員としては、書きたいものを販売を気にせずに出せるミニコミには、一種のうらやましさすら覚えるだけに、今後の通信を期待しています。通信だけでなく、また一度、焼肉の味も楽しみたいと、布施氏とも話しています。

ご活躍、祈ります。

（海老名市） 豊沢栄治

大寒と申します頃でせうか、酷しさも一段と感ぜられます。

この度、冊子を下さいまして感謝致して居ります。

古代史に限りない憬をもっているもので、先年、壱岐の島まではいってきましたが、まだ、書かれてあります済州島や対島まで足をのばして居りません。暖流にのってカプセルが遠いところから来ると云はれていますので、人の交りを考える意味でも、一度参り度いものと思っています。

くじゃく亭通信

第4号

「くじゃく亭通信」編集部
〒150 渋谷区宇田川町八－九
TEL 四六一・一八五五

くじゃく亭界隈 3

ピーコックで私はココアを飲んでいた。なめ前のテーブルに若い男女が向いあって座っていて、今日的な雰囲気をただよわせた男が自殺について語り、死は恐くないなどといいながら、女をくどいていた。女は自殺したら直らないのよと、もっともなことばで応じていた。

はてしなき議論の後の
冷めたるココアのひと匙を啜りて
そのうすにがき舌触りに
われは知る、テロリストの
かなしき、かなしき心を

好きな啄木の詩である。この詩がココアの味わいを豊かにしてくれる。ぼんやりと、目前の東急本店をながめる。無表情である。そのとき、

「これから、パルコに行くか！」

男が起ちあがった。女も続く。

原宿駅で、一枚のビラを渡された。手にして、どきりとしたものである。ビラには太股もあらわにした女が仰向けに寝た写真を中にあしらい、寺山修司の千一夜アラビアンナイト展とあった。好色少女紙芝居、密通チェス美少年絵本、ペルシア伝奇音楽会等と、気を引く字句が並べてある。裏をみると、西武シブヤとあって、入場料百円となっている。原宿の青年を渋谷へ呼ぼうというわけだ。

それに引きかえ、東急本店には「原宿ブティックバザール」と垂れ幕が下がって居た。原宿のイメージで、渋谷に客を呼ぼうというわけなのだろう。しかし、それでは、若い人は東急本店の前を素通りするだけではないか。百貨店はスーパーと違って独自の文化を持たずに客は呼べない。

済州島（4）

「鯊」という字は「サ」と読み、はぜを指す場合と、さめを指す場合がある事を漢和辞典をひもといて知った。何で、鯊の字にこだわるかというと、済州島の物産に「鯊魚」とあるからである。この場合の意は漢和辞典にある「鯊は鮫と同じ」であろう。そうでなければ、わざわざ陸軍参謀本部が作成した地誌の物産の項に書く理由がない。鮫のいるなしは軍事作戦上、一考に値するからである。

泉靖一の「済州島」には「済州島関係文献目録」という章がわざわざもうけられていて、私のように、今ごろになって済州島にのめりこんで行くものにとって、この上にない指針である。

その文献目録は「戦前の部」と「解放後の部」に分けている。戦前と解放後という分け方は、どういう意図であったか著者に聞いてみたいような気がする。そして、この文献目録に記載されてないのが、陸軍参謀本部が発行した「朝鮮地誌略」である。そこに鯊魚と出ていたと書いたが、他に済州牧の物産中、魚らしきは「烏賊魚、銀口魚、玉頭魚、刀魚古刀魚、行魚、文魚」等が書かれている。

朝鮮地誌略は八巻本で、李朝時代に朝鮮が八道に分れていたので、一道一本として刊行されている。軍用地誌である。一八八八年に出版されている。

一八八八年（明治二十一年）は日本陸軍にとって転期となった年でもある。一八七八年（明治十一年）に参謀本部条例が制定されて参謀本部が置かれていたが、一八八八年の五月に師団司令部条例、陸軍参謀本部条例・海軍参謀本部条例が公布されて、それまでの鎮台条例が廃止になった。

この事は鎮台が師団に改編されたということで、それは日本軍がそれまでの内戦用から外征用に改編されたことを意味する。陸軍参謀本部発行の朝鮮地誌略には、巻の八　全羅道之部の最後の頁の次、裏表紙の裏に「明治廿一年十一月十七日出版　陸軍参謀本部」と、印が押してあって、陸軍の改編と年が重なることのなかに、その外征先が朝鮮であった事が明白に読み取れる。

この「朝鮮地誌略」は一分冊だけが国会図書館にある。私は他の七分冊をさがすために、大変な労力を使い、歳月を重ねたのである。ようやく、最近になって三分冊を新たにみつける事ができた。その事はひとえに知人の新木厚子さんの御蔭である。

山辺健太郎先生に、伺ったところ、自衛隊が持っているはずだと御教示いただいたのだが、私の知人をフルに動員し、又、自身で市ケ谷にあたったりしたが出て来ない。旗田巍先生からは、

前略、「朝鮮地誌略」についての御尋ねの件、国会図書館以外に、どこにあるかという点、私の見聞の限りでは、わかりません、私も書物のことを聞き知るのみで、実物は未見です、国会図書館の目録にはありますが、他の小生手持の図書館目録には見当りません、右御返事まで　草々

と、実に丁寧な御答えをいただいた。一九七四年一月二十日付けである。

末松保和先生には人を通して伺ったが、やはり知らないとの事であった。日本に於ける軍法制史の権威者である松下芳男先生からは「日本には、もうないよ」といわれた本なのである。他に京城帝大の法文学部の教授であった花村美樹先生をはじめとして、私の知っている人で、これはと思う筋に当った結果、あきらめていたのだった。だから、新木厚子さんに桜井義之文庫から見付けていただいた時の私のうれしようはなかった。

李進熙は「広開土王陵碑の研究」のなかでこの本の編纂についてのべている。そして、李進熙は酒勾雙鉤加墨本の解読作業が陸軍参謀本部によって一応の結論、完了するのを一八八八年十月としている。つまり朝鮮地誌略の刊行される一ヶ月前なのである。

泉靖一の「済州島」に於て、済州島の歴史を見る目は、この朝鮮地誌略　巻の八　全羅道之部　済州牧の項を出るものではない。日本人の朝鮮を見る目はこの本に尽きる。

李進煕氏のことについて

安部弘記

このたび、第三回青丘文化賞を李進煕氏が受賞なされました。ので、氏の業績について紹介いたします。

李進煕氏は一九二九年に朝鮮慶尚南道金海郡に生まれた。

明治大学大学院にて考古学を専攻する。修士課程終了後、東京朝鮮高校、朝鮮大学校にて教壇に立ち、在日朝鮮人子弟の教育に携わる。

現在は、明治大学講師であり、『季刊　三千里』の編集にも携わっている。

李進煕氏の業績は、一九六六年に『朝鮮文化と日本』という、朝鮮文化がどのように日本へ影響を与えてきたかを、考察したユニークな本を出したことによって、注目されてきたのである。

この本は、絶版になっており、まぼろしの名著として古本価値も高くなって居る。

その後、しばらくの沈黙の後、吉川弘文館より一九七二年に『広開土王陵碑の研究』を出した。それは、日本の「皇国史観」的古代史学界に大ショックを与えたのである。つづいて、講談社より『広開王碑の謎』を発表した。

『広開土王陵碑の研究』は大部な本であって、学問的に密度の高い本である。それだけに日本の学界に与えたショックは計りしれないものがあった。先に、「皇国史観」的古代史学界と書いたが、影響はそれだけにとどまらなかった。広開土王陵碑の碑文を絶対的な証拠として、朝鮮を古代からの日本への朝貢国としてとらえてきた日本史像の全体が、その土台に於て、堀りくずされたからである。

李進煕氏は、広開土王陵碑の碑文が「大日本帝国」の陸軍参謀本部によって解読作業がおこなわれたこと、参謀本部によって「石灰塗付作業」が持たれたこと、碑文がすり替えられたこと等を科学的に明らかにした。

それを、もっと多くの日本人にわかるように書かれたのが『広開王碑の謎』である。もちろんここでは、より問題意識が明白になっている部分もある。

この二著作によって、李進煕氏の業績は広く日本人に知られた。そのことが、家永三郎の歴史教科書を初めとして、幾つかの日本史の教科書の部分的書きなおしとなっていくのだが、詳細にみれば、なお多くの問題を残している。それは、日本に於ける、左右を問わない「皇国史観」の強さによるものである。

李進煕氏はその後『季刊三千里』が発刊されるにともない、その編集長になり、日本人に対して朝鮮像の焼き直しを、在日朝鮮人に対しては統一した朝鮮、文化的・歴史的に統一した朝鮮像を訴えている。

そして、『季刊三千里』に六回にわたって連載した歴史紀行「通信使の道をゆく」は、李進煕氏の言葉を借りれば「日本人の朝鮮観は、近代日本の朝鮮侵略と植民地支配のための〝国策〟のもとに歪められたのである。こうした事実を認識することが、今後の日本と朝鮮との関係を考えるうえで大切なことではないか」という内容で書かれたものである。

それは又、日本に於ける、左右を問わない「皇国史観」に対して文化的に闘っている氏のこころざしの高さを表す言葉でもある。この連載はその後、講談社より「江戸時代の日本と朝鮮」というサブタイトルがついている『李朝の通信使』という本になった。

この本を一読すれば、我々が日本文化だと思っている着物、蒲団などが実は李氏朝鮮の文化なしには成立っていないことを知らされるのである。

李進煕氏は、忘れられた真実の歴史を堀りおこし、そこから日本と朝鮮の深い善隣友好の絆を探索している作業をおこなっているのである。氏の仕事は、そのために、現行の日本の歴史教科書にそそがれている。氏に対する期待は、まさにこれからである。

ピーコック画評③

後藤　直

今回は「布貼（張）絵」（こう呼ぶかどうかは不明）のグループ展である。

紙の貼絵は、以前からかなり接してきたように思うのだが、布を貼った絵は今度が初めてのような気がする。

二、三メートル離れた位置からみると、油絵や水彩画と少しも違わない。というよりは、もっときれいな色彩であり、へたをすれば絵ハガキのような感じすらする。

このグループのお師匠さん、あるいはリーダーは、誰から教わらなくとも、山田草苑氏であることが分る。ずば抜けて素晴しいからだ。

とくに「ざくろ」と「日向葵」は品のある落ついた絵である。布の個性が生かされ、濃淡がうまく表現されている。これだけ細かくノリづけするには、かなりの時間がかかるのではないだろうか。

油絵やその他の絵と、直接比較はできないものの、なかなか面白い画法だといえる。

私には、風景よりも、静物や花のような題材が適しているように思えた。

「布貼絵」は今後、人々の間で広く親しまれるようになるのではなかろうか。

この展覧会は、山田氏のほかに、森吉氏の「冬山」。古川賀世子氏の「コスモス」。熊谷政子氏の「ゆり」。先本洋子氏の「から松林」などが印象に残った。

山田草苑
草苑会
〒一八三　府中市清水ヶ丘三ー三三ー六
℡　〇四二三ー六五ー四三二二

布絵についての関心のある方、あるいはグループは、右記の住所、又は電話番号に、お問い合せ下さい。

●編集後記●

ついに、二月号が出ずしまいになってしまった。ピーコックの改装工事にあわせて休んでしまったことになる。ピーコックの改装工事も終り、二月二十二日より新築オープンしています。それで、早速のグループ展の批評を後藤直さんに御願いした。

ピーコック友の声の欄は発展させたいと考えているのだが、お手紙が仲々にいただけず今回は休欄にしています。読者の反響を期待しています。

東京の博物館は休載にして、第三回青丘文化賞を受賞した李進熙氏を紹介することにしました。編集部の筆力の不足もあって、李進熙氏の偉大さが充分に紹介できなかったきらいもある。氏は日本史を書き換えている。

くじゃく亭通信

第5号

発行所　くじゃく亭　渋谷区宇田川町八―九

主筆　安部弘記

東急に文化があるか

大原一郎

四月七日木曜、午前、雨。新玉川線開通の日。定休日を返上した、この日の東急本店は、常と変わらず、閑散そのもの、ただ、店前の道ばたに、東急電車の部品や駅の標示板などの廃品が山と積まれて、ここだけが、雨にもめげず押しかけたマニアたちで喧騒をきわめていた。

私は、東急に文化がない——という、本誌編集者の概嘆を思い浮かべた。まさに、東急にとって一番重要であろうこの日にさえ、文化のにおいは、このガラクタの山のほかは、皆無に見えた。

東急百貨店本店が、現在地に開店したのは、昭和四二年（一九六七）、秋。翌年の春四月には西武が渋谷に進出・開店した。

それに先だつある日、堤清二さんは五島昇さんをたずねて、渋谷に進出したい西武の意向を伝えると、昇さんは快諾したという。一説では、昇さんが、渋谷進出を、清二さんにすすめたともいう。東急・西武といえば、彼らの親の代から、列島各地でツバせりあいが続く、不倶戴天の関係にあると思われていた。だから、昇さんの雅量に敬意を表したのは、私だけではなかったであろう。

東急は、策をもうけ、渋谷区立大向小学校を追い立て、そのあと地に、東急本店をデンとすえたのである。そこには、東急の遠謀深慮となみなみならぬ決意とがあったはずである。ここが、東急の本城、東急のショウウィンドウ、東急豪族の現代風大古墳ともなりえたのである。

それから約十年。西武は、東急のもたつきを尻目に、着々と地歩をかためた。さらに「パルコ」商法が成功すると、「パルコ・パート2」で追いうちをかけ、あれよあれよの間に、ここを一等地に仕立て上げ、「公園通り」を完成してしまった。ヒサシを貸して母屋をとられた、——東急完敗である。

西武の勝因を、ひとことでいえば、西武には文化（らしきもの）があり、時流を見る目で、それをふくらましたからだと思う。

だが、川中島決戦はこれからだ、と、東急は考えざるをえない。そこで、いま東急は、もう一段上の、新しい、大人の文化を身につけること、岡目八目ながら、それこそがまず必要と、思いますね。

済州島（5）

李氏朝鮮末期の済州牧には、官職として、牧使、判官、監牧官、漢学、倭学等があったことが『朝鮮地誌略』でわかる。泉靖一はこの”倭学“を日本語の通訳官を養成した学校だとしている。石宙明の『済州島随筆』にも”倭学“についての記述があるので、そこのところを少し引用してみる。

「訳官」、通文館志によれば、当時は訳官の地方職員には訳学訓導の外に訳学兼軍官がいたのだが、済州では後者が二人いただけであった。一人は倭学、一人は漢学であった。そして、その後韓日合併以前まで済州には訳学訓導がいて、学生とみられるのは漢学生、倭学生、琉球学生の三種類があったのだが済州では定員が一名であったのである。そして、この訳官二名は専任でなくて兼任であり戸籍係の仕事をする戸籍吏であって、彼達の語学の実力のほどが推しはかることができる。それゆえ外国船が漂着した時の特使の不便など非常にはなはだしかったのである。

「訳学」、李氏朝鮮の司訳院の地方職員の職名として主に、通訳に従事するもので済州には倭学と漢学の訳学が一人づつ派遣されていたわけであって、清学、蒙学、女真学等に関する官吏はいなかった。

つたない訳である。石宙明は済州島の生んだすぐれた済州島研究家であって、すでに韓国では著名である。日本では訳書がなく知られていない。私は石宙明の著作をこつこつと読んで行くと何故か心がなごむのである。それは私の胸に大きく想像力をはばたかせてくれるものが、本の一行一行にあるからであろう。例えば、この短い訳文からだけでさえ、済州島が朝鮮にとって日本と中国をにらんで、外交的に重要な島であったことがわかる。しかし、その末期には大分、綱紀がゆるんでいたらしいこと、それに李氏朝鮮は琉球を独立したものと認識していたこともわかって興味が深い。

小倉進平の『朝鮮語学史』を読むと、その訳官の語学力の実体がそこはかとなくおしはかれる描写につきあたって、ほほえましくもある。倭学奨励のためには日本に派遣することがよいのだが、海路の渡航に恐怖を感じていたらしく、うまくいかなかったとある。しかし、この場合の恐怖は単に海路のせいばかりではあるまいと思われるが、小川進平はそこのところは書いていないのである。そして、倭学奨励のために、待遇の改善をはかったり、出来得るだけ多くの日本人に接触させたり、朝鮮語の使用を禁止したり、大変であったらしい。

『通文館志』によれば、司訳院の本院の全生徒八十名中、倭学生は十五名であったとある。この数は一六九九年のことである。通信使の往来がなお盛んな時代のことである。

このように、済州島を中心に朝鮮人がどのように日本語に注意をはらってきたかを、私が書いてきたのには一つの理由がある。それは私が四月四日に幾分の緊張感を持ってNHK本館の正面に立ったこととも関係があるからである。私はここ一年間、NHKに朝鮮語講座の開設を要望する会の運動にたずさわってきた。日本と朝鮮の関係を言葉を通してみようとする私にとって、石宙明の指摘する済州牧の倭学という官吏の語学力が、ほのぼのとするものを私に与えてくれるからである。朝鮮人が日本語をそれほど必要としなかったとき、それは平和であったのだ。しかし、日本人が朝鮮語を知らなかったといって、それは平和を意味しない。

日本と朝鮮が平和な関係であった徳川時代に於て、日本では朝鮮語や文字に関する研究が相当盛んであったとは小倉進平の指摘である。『日本釈名』（貝原益軒）・『南留別志』（荻生徂徠）・『鹽尻』（天野信景）・『俚言集覧』（村田了阿）・『倭訓栞』（谷川士清）・『日本書紀通證』（谷川士清）・『古事記伝』（本居宣長）・『圓珠庵雑記』（契沖）・『嬉遊笑覧』（喜多村信節）・『西音発微』（大槻玄幹）等という著作からわかるように、江戸時代で学者とは、朝鮮語を知っていたことであった。

くじゃく幻想

水方治夫

くじゃく亭通信の封筒や題字の上に出ているロゴタイプ（くじゃくの図案）は、どこの国の産なのか？ ご存知ですか。百科辞典によればインドクジャクだそうです。羽冠が扇形に広がっているのが特色。ところが、辞典の次の項にこんなことが書いてありました。

孔雀王朝（マウリヤ王朝）紀元前三二一年〜インドではじめての統一王朝の時代、チャンドラ・グプタ（月護王）が開く、首都はパータリプトラ（花の都）この王朝の三代目が、仏教を国教としたアショカ王（阿育）。

しかし、こゝには王朝がなぜ孔雀王朝と呼ばれるかについては全然書いていません。そこで手持ちの歴史の本を調べてみて分りました。チャンドラ・グプタはマガダのナンダ王家の血をひく人で、マウリア（孔雀）を姓としたのだそうで、このナンダ王家のトーテムがくじゃくだということになります。彼はアーリア系ではないと書かれていますので、在地の豪族になる訳です。そうすると、インドで昔から聖なる鳥として（前三千年紀〜）尊ばれていた孔雀をトーテムとするのも納得がいくことになります。

アショカ王が仏教を国教にしたことと、仏母が大孔雀明王と呼ばれるようになったことも無関係ではないでしょう。ところで、この孔雀という字ですが、勿論漢字です。英語ではピーコック（つまりピーのおんどり・めんどりの場合はピーヘンで、美しい尾翼はない）つまり、漢字では、雀。英語では牡鶏という訳です。百科辞典によれば、くじゃくはキジ科だそうですので、どちらも間違いになります。英語の起源も調べてみたのですが、インド原産のこの鳥のいゝ方は五つ以上ありまして、どれがピーコックに続くのか、今の所不明です。どうもピーとは尾翼を指しているらしいのですが。漢字の孔雀も、孔が問題で、丸い模様の尾翼を孔印で表わしたとでも解釈しておきます。それより、中国では、四方をおさめる聖獣として、この孔雀がご指名されたらしいので、この話を――。孔雀→瑞鳥→鳳凰→朱鳥→朱雀（南方の守護神）。この朱雀はどうも、もとをたゞせばマウリアではないでしょうか。同じ雀が使われていますし、インドの孔雀をあらわすパーリ語で、ピンニャラとは赤色の尾翼のことです。

日本への初渡来は、記録（書紀）によれば、推古六年＝AD五九八 新羅王から献上。とあります。新羅王はこの孔雀をどこから手に入れたのか？ これから私の孔雀幻想がはじまる訳です。

「卑弥呼渡来の謎」作り・ジョンギに三国遣事の駕洛国の首露王の妃は、インドの阿踰陁（アユダ）国であったとして、氏はインドまで現場検証に行って記事を書いています。たしかに、阿踰陁国公主許黄玉はお嫁入りに際して、一行二十余人、舟には石塔まで積んできたとか、赤い帆と旗をなびかせていたとか、この記事は具体的で、何らかの歴史的事実の存在を匂わすものです。そうすると、後に新羅に併せられた、この駕洛国とインドとは親戚関係になったことにもなりますし、その後も、交通があったと考えられないこともありません。「卑弥呼渡来の謎」では、インド・マガダ（摩掲陁）国と南朝鮮の駕洛国の中継地点として、熊本の八代に残るガラッパ三千匹（河童のこと）の伝承や遺跡を結びつけて、雄大な謎ときが展開する訳ですが、私が捜しているのは、インド美人ではなくて、インド原産の孔雀なのですから、そちらの方に話をもどしましょう。

「高松塚壁画古墳」ご存知の四神獣の中に朱雀がいたでしょうか。残念ながら、盗掘の穴は、南側に掘られたのです。もし、この朱雀をみることができれば、七・八世紀の日本の孔雀を確認できる訳です。ところで、朱雀＝孔雀と書いているときから気がついていたのですが、南方の守護神として、どうして朱雀→朱《アカ》を選んだのでしょう。インドの美女も赤い旗を立ててきたと記録にはありますが…。

孔雀は、幻想を刺激する美しい鳥です。

ピーコック画評 4

後藤　直

第十回「森の会展」の出品者は十七名であった。なかなかの大所帯である。

そしてその案内状には「昔、僕らは一緒に画いていた。あの人は畠のために去り、あの人はビルを造るために止め（中略）皆んな貴い生活のために絵筆を乾かした。そして今、その生活の中に小さい、なつかしい充足に僕らは、また会うことが出来たのだ。（後略）」なる“詩”が掲載されていて興味深かった。

つまり、彼らは現在ようやく生活上の余裕ができて、再び絵をかいているということである。

私事でたいへん恐縮だが、実は私自身も二十五年前、高校生の頃絵かきになりたくて、夢中になり絵ばかりかいていた。親は絵をかくのを禁じた。当然ながら筆やキャンバスは買ってもらえなかった。そこで私はかくれて、板切れやボール紙に、十本の指を使い絵をかいたものだった。しかし抵抗もそこまでで、別の学校に入らざるを得ず、現在の職業についたのである。がそれはそれとして、絵のことは忘れられず、スケッチブックなどは小旅行の際も必ず持ち歩くという具合であった。そして私は「森の会」とまったく同じく十年前から再び絵をかき始め、グループ展を毎年開いている。このように「森の会」は私事とダブってみえて、ひじょうに親近感がわいてくるのだった。

さて、このグループ展を観て一番さきに感じたことは、よしあしの意味ではなく、男性と女性の絵は明らかに違うということである。

「イヤリング」（田中きよ）「はな」（松下春代）「しくらめん」「マーガレット」（片山春子）「こども」（佐々木くに子）「クンシラン」（若野邦子）「ローダンセン」（池森桂子）「赤い屋根」（布川玲子）「作品」（磯貝百合子）「多摩川」（堀江つや子）ら女性“群”のやさしさと違い、「ししゃも」（綾部保和）「花と埴輪」（池森貞夫）「倉庫」（畔柳循三）「ヒヤシンス」（佐々木文男）ら男性“陣”は、同じ花などの題材でありながら、やはりダイナミックな迫力がある。

版画的な「街のなかで」（磯貝義弘）は、なかなか幻想的な画風で一人かわっていたが、「唐松」（川崎銑一郎）「ばら」（古川享）「ある風景」「もやっている船」（岡田哲明）は、その達者さがよく伝わってくるものの、小品でなく、もっと大作に取組んでもらいたいと思わずにはいられなかった。

いずれにせよ「森の会」がますます充実されるよう、息長くがんばってもらいたい。

＊編集後記＊

四号の「李進熙氏のことについて」の文中で「講談社より『広開王碑の謎』を発表」とあるのは『好太王碑の謎』のまちがいでした。おわびいたします。

古代サロンの会　ご案内

お問い合わせは留目まで
（三八六 - 七七五一）

古代文化ニュース№25号（昭和五十年二月）にこんな記事がのっていました。

「科学の会　集会案内　二月十四日午後七時より。場所　ピーコック（地図入り）これまで参加されなかった方も気軽にご参加下さい」

……これを読んだときの感想（面白そうだな。出てみようかなァ。でも全然知らない人と顔を合わすのは気づまりだな。しかし、やっぱり出てみたいな、ところで、このピーコックって、どんな店だろう？）

二月十四日、私は気遅れがして参加しませんでした。その後、何回か古代文化ニュースに、ピーコックでの会合の案内が出ていましたが、一度も出掛けませんでした。

それから二年以上たちました。東アジアの会の有志が改装中のピーコック（その翌日、二月二十一日にオープン）に十八名集って、新装開店をお祝いしようということになりました。その中の一人が云いました。「シンポジウムとは、酒を飲んで、ワイワイガヤガヤすることなり」と。大拍手です。「これから毎月一回集って、シンポジウムをやろうや」賛成の大拍手です。そこでこの集りを古代サロンと名付けました。毎月二十日前後です。これまで参加されなかった方も気軽にご参加下さい。五月は20日午後7時から。係　留目

くじゃく亭通信

第6号

発行所　くじゃく亭
渋谷区宇田川町八—九
主筆　阿部桂司
TEL 464-2901

東急百貨店は「本物志向である」

東急本店

「本物志向」ということばが昨今広く使われていますが、それでは一体本物とは何なのか、が改めて問い直されはじめています。

東急百貨店では、そのような消費者のニーズにおこたえする意味から、従来から各百貨店において行なっていた地方の物産展、つまり単にその地方の物産と観光を紹介するだけの催しものを昇華させ、文化的な色彩の濃い営業催事を四季それぞれに開催して好評を得ています。ことしも四月に「博多商人大福帳」五月末には「下町由縁の店競」初秋には「京展」そして「金沢の老舗顔見世展」を開催します。

江戸時代以来、博多を足がかりに九州一円で活躍した博多商人ののれんを紹介する「博多商人大福帳」江戸下町の情緒を伝える「下町由縁の店競」優雅な歴史を誇る京都「京展」京風の文化を取り入れながら、独特な北陸文化を築き上げた加賀百万石の城下町金沢を紹介する「金沢の老舗顔見世展」と、それぞれに味わいのある老舗の伝統につちかわれた、まさに〃技〃と呼ぶにふさわしい工芸や味覚を通して各々の文化を紹介しています。

純粋な文化催事としては、例年春に開催している「現代日本画壇巨匠シリーズ」がすっかり定評を得ており、多くの美術ファンの間で好評を博しています。このシリーズは東急本店が増築オープンしたことを記念して、昭和46年の「杉山寧展」以来、ことしの「東山魁夷展」で第七回目を数えています。この企画では独自の運営委員会システムを採用しており、運営委員は美術評論家や美術に造詣の深い各界人士がそれぞれの代表的な作品を選出する方法をとっています。

その他新年には浮世絵展、ゴールデンウィークには家族で楽しめる企画（ことしは本店「ハワイの歴史・文化展」東横店「おもちゃ博覧会」）やクリスマスの企画等、楽しいそして喜ばれる催しものを提供しています。

済州島（6）

前回につづけて、済州島と日本語の関係を石宙明の「済州島随筆」から、見てみよう。

最初の日語学堂、木浦在留の日本人原某が明治三六年（一九〇三年）春に渡島して設立したことが最初であった。日本語の学校をつくるなど、当時の日本人のすることに嫌悪した牧使洪鍾宇は日本人退去の令を発した。その結果、日本軍艦「済遠」の急行、木浦領事の出張、最後には木浦領事館に原教師を召喚することで学堂を閉鎖した。

訳のつたなさもあるが、この短い一文を理解することは、大変にむずかしい。まず、宮本常一の著作に目を通しているか、どうかで理解度に差が出てくる。日本の漁民が一八六八年の封建制度の崩壊後の情況をたくみにとらえて、済州島近海に押し出していったこと。そして、法的には一八八三年の通商章程で沿海に出漁ができるようになり、一八八五年の通漁規制で、漁労免許税を払えば、海岸から三海里以内でも自由に漁獲ができるようになる。日本の漁民は、アワビ、サザエ、ナマコを求めて浸透する。石宙明は「露日戦争突発前年に進出せる日本人数。城山浦、飛揚島を始めとして全島沿岸に侵入せる漁夫の数は、五三〇名、其の外に城内在留者だけでも三百余名に達した」と記している。そういう背景が日本語の学校の需要を生じさせたのであろう。しかし、一方には日本漁民の侵入に対する済州島漁民の抵抗がある。この済州島漁民の「日本」に対する闘争史についてはあらためて書くので、当時の済州島に於ける反日感情を、現在の漁業問題に発した日本国民の反ソ連感情に照合させて理解してもらうために言及しただけに留める。

ここで、愛国的行動をする牧使洪鍾宇について、石宙明の説明は「洪鍾宇。字は声肅、号は宇井。以前に渡日し三年間苦学しておりまたフランスに渡ってパリに留っていたが、帰国して、後に事大党の手先として裸負商を集めて皇国協会を組織して独立協会に対抗した。一八九四年に上海にて金玉均を刺殺して、その後、平理院裁判長になったが、済州島牧使へ左遷された。彼は済州島在任時、古木をもっとも多く濫伐した牧使で知られている」と、点数がからい。金玉均を殺したということは、ある意味で近代朝鮮の希望の星を消したことにもなる。そのことが大きくその人物評価に響いているのだろう。

洪鍾宇については、青柳緑の「李王の刺客」がくわしい。青柳緑は青柳綱太郎の娘である。青柳綱太郎は一九〇五年に「済州島案内」を刊行している。その青柳綱太郎の著作に洪鍾宇が序文を書いている。この本についても石宙明は「このような本が一九〇五（明治三八）年に出版されている。著者は日本帝国主義侵略の先鋒者の一人である青柳綱太郎（南冥）で、東京隆文館の発行になる。同期の隆文館発行図書をみると、『暹羅の富源』『南清の富源』『満州及西比利亜の富源』『北美の富源』『樺太島案内』等があって本案内書も〃朝鮮の宝庫済州島案内附録　済州島經営論〃という長い標題で当時の日本の膨張ぶりが充分にみられる」と、手きびしく批評している。

ここで、石宙明の著作に〃裸負商〃とあるから、そのまま書き写したが、これは〃褓負商〃の誤植らしい。裸負商とは文世栄の『朝鮮語辞典』にもない。褓負商ならば、金素雲の『韓日辞典』にも、品物を包んで売りあるく褓商と、品物を背負って売りあるく負商と出ていた。広辞苑と広辞林には出ていないから、日本語としてではない。

師である安宇植先生に聞くと、日本語の概念ではテキヤに近いものという。全国的な秘密の組織を持ってをり、李朝を支える組織であり、隠密の役割りも荷なっていたらしい。両班階級の出身でない、ソウルの水売りの階層から出たといわれる洪鍾宇だけに、褓負商とのつながりもあったのだろう。

洪鍾宇と日本語についての因縁でいうと、併合直前の木浦で日本語学校がつくられようとしたことがある。朝鮮人子弟のための学校なのである。当時、木浦に隠栖していた洪鍾宇を学校長にという木浦の住民の動きを、日本の出先きが封じて、とうとう今度は日本側が日本語学校の設立をつぶしたらしい。

戸井昌造画文集『秩父』について

すでに御存知の方もいることと思いますが「くじゃく亭通信」の一号から四号にかけて第一面を飾った「くじゃく亭」を描いたカットは戸井昌造画伯によります。国木田独歩が名作「武蔵野」を執筆した頃に住んでいたあたりに「くじゃく亭」はあります。戸井昌造画伯のカットは、そういう雰囲気をうまく包んでくれています。

さて、戸井昌造画文集の『秩父』ですが、井出孫六が「ここには秩父の歴史があり、秩父の人びとの生活があり、労働と祭りと自然とがあって、全体としてこれが秩父だという立体像が、したたかな手応えで読者に示されたのである」と、紹介しています。この画文集の副題が「自然と生活―風土・まつり・困民党」となっています。

秩父を描いた小説で、名作といわれるものに「秩父困民党」があります。私は二〇代の前半に、この西野辰吉の小説を読んで感動したものでした。そして、今、戸井昌造画文集の一頁、一頁に感動を新たにしながら目を通していてふと、済州島のことを思いました。秩父と同じ時期に済州島でも農民が蜂起しているからです。戸井昌造画文集『済州島』の刊行を期待するのは、一人私だけではないだろう。

『秩父』　二月社刊行（二千八百円）

●お知らせ●

六月の「ピーコック画展」

小林千恵子個展

六月一日（水）～三十日（木）

佐藤隆司「韓国写真展」

七月一日（金）～三十一日（日）

渋谷・喫茶画廊「ピーコック」（第四面に地図があります）

韓国の自然や民俗・建築・仏像の魅力に憑かれて撮り続けている佐藤隆司氏の作品は、見る人に必ず深い肝銘を与えることでしょう。（次号に作品についての解説批評を掲載致します）

「朝鮮図書復刻会」の発足

朝鮮関係の珍しくて古い本で、学術価値のあるものを復刻出版しようと考えているものの一人です。同じ考えの仲間と一緒に事業を進めようと、「朝鮮図書復刻会」を発足させて準備しております。これに関心のある方は編集部までお便りをお寄せ下さい。（高淳日）

●六月の「古代文化サロン」（第二回）案内。

六月二十日（月）午後六時、渋谷「ピーコック」にて古代文化のシンポジューム（即ち酒を飲んでワイワイガヤガヤすること）に花を咲かせたい方の参加を大いに歓迎。

＊読者からの便り＊

（福岡市）　泊　勝美

いつも「くじゃく亭通信」をご恵送くださり、ありがとうございます。しかも、タダときていますので、とくに感謝いたしております。こんごもお忘れなく、よろしくお願いいたします。たまの上京の節は、ぜひ寄らせていただいて、朝鮮の味をかみしめたいと存じます。

昨年の宇佐の座談会では大変お世話になりました。あわせてお礼申し上げます。

●編集後記●

「東急に文化があるか」という大原一郎氏の一文に対して、東急本店から反論が寄せられました。読者からの反響を期待しています。「くじゃく亭通信」では、都市文化論を今後とも展開していきたいと思っています。ここで都市文化論というのは、ターミナル駅において、西武資本＝パルコが打ち出している消費文化を、我々がその生活のなかで、どのように受けとめていくかということを指しています。「くじゃく亭通信」が読者によって紙面が埋められることを望んでいます。開かれた紙面を編集方針にしています。

又、読者のなかで知人に「くじゃく亭通信」をすすめたい方は、住所・氏名をお知らせ下さい。お送り致します。

ピーコック画評 5

後藤　直

今月は芹川和子さんの「第一回絵画展」である。まず驚くのは、絵の量が多いのと、それがまた多種多様の描き方で、とても熱気にあふれていることである。

案内状に印刷してある絵は「サクレクールへの道」(0号)である。そのように芹川さんは、比較的長い間パリで生活を送っている。本来絵をかくための渡仏ではなかったのに、パリの空気と風物に接しているうちに、次第に絵への憧景が深まって行ったのだという。今回はそのフランスの風景が中心となっている。

「汽車からみたシャルトルの田舎」(F6)「シャルトルの大聖堂」(SM)「パリとセーヌ」(P4)などは、きどらない自然な方法であり、明るさもあり、私はたいへん好感を抱いた。案外この方向が芹川氏の個性でもあり、ふさわしい画法なのかもしれない。

掌中に入るような小品「ラ・セーヌ」「シャルトル」「顔」「もう一人の私」「フランス」などについても同じようなことがいえよう。ただし、これに酒落ていて可愛いものの、結局は遊びが優先してしまうような気がしてならない。私は器用さにたよらない絵かきになってもらいたいのである。

花は「バラ」(F20及びSM)「ばらとらん」(水彩風)「マーガレット」(F4)などがあるが、この「マーガレット」は、遠近感といい、色彩ののびといい抜群のできばえであり、夢のある雰囲気がこの小さな画面に漂っている。仮に時間をかけて描いたのでなくとも、こういう方法は忘れてならないと思う。

また白っぽい作品「サクレクールへの道」(朝)(夕)「フランス郊外」(SM)なども悪くはない。何よりもそのタッチにあたたかみがあるのがよい。「モンマルトルの裏道」(F6)「人形」(F4)「パリの朝市」(F4)「ポンジエル・シャンゼリエ」(F4)「セーヌとエッヘル塔」(F10)などは、もうひと息というところだ。しかし「凱旋門とバス」(F3)は、そのものずばりの大胆な構図でありなかなか面白い。また「ノートルダムの見える道」(F10)や「夜汽車」(F20)は未完成ながら、この新人の資質がうかがわれて気持がよい。なかでも「夜汽車」は、雪と空とのバランスもいいし、汽車、線路、駅構内といった背景もしっかりしているのだから、もっと時間をかけ、マチエールなどを使っていたら一段とみごとな絵になったであろう。

私は多種多様の方法がだめだというのではなく、模索しながら自らのものを発見して行くものだと考える。それが三つあろうが五つあろうがいっこうにかまわないと思う。しかしより大切なのは、一にもデッサン、二にもデッサンであり、物の本質をみつめて行くことだと思う。これは絵をかく者の宿命であり一人芹川さんの問題ではない。いずれにせよ、芹川さんの第二回展が今から楽しみである。私は大いに期待している。

くじゃく亭通信

第7号

発行所　くじゃく亭
渋谷区宇田川町八―九
主筆　阿部桂司
TEL 464-2901

いま、むかし、

藤田佳世

東急本店のうしろに広い駐車場が出来て、昔から私達が出入りしていた道が途中で切れた。

さすがに東急は新しくつくった道に街路樹などを植えて、すっきりした形で駐車場を廻って私の家に帰ってゆく道を還してくれた。しかし、足元にすみれやたんぽぽの咲いていた頃から通い馴れた道が、或る日突然無くなってしまったということは淋しかった。

大向小学校がここに在った頃はその裏に小川もあり、土手には春の花や夏草も茂った。旧くこの町に住む者の郷愁を、わずかにつないでいたこの野の草や水の流れが、今は全く姿を消して、話を昔に戻すことは出来ない。

大正十年頃まで、この辺をしきりに蛍がとんでいたといっても、うなづいてくれる人は少ない。もっとも、そんな話が現在の何の役に立つだろう。

文明は感傷の中からは生れて来ない。新しく新しくと、脱皮してゆくものの中に成長があるとするならば、数年前の、何となく暗い感じのまぬかれなかったこの周辺の家並みを圧して、宝石で身を飾った美女のように、大向小学校跡にそそり立った東急本店も、或いはこの地の新しい街づくりの先鞭であったかも知れない。

むかし宇田川の流れをはさんで、左は鍋島家の茶畑、右はこの地の旧家鎌田さんの、一面の桃畑であったと聞くさえその情景の美しさも目に浮ぶが、それも古い話である。尚、宇田川のほとりにはうつぎの花も盛んであった。野趣に富んだあの花を思うと、いま、ノースリーブで街を闊歩する人達の中に木綿のかすりを着てはにかんでいる娘のようで、私には懐しい。そう云えば今がうつぎの季節である。

紹介　『渋谷　道玄坂』　藤田佳世著

（弥生書房刊　価九八〇円）

大岡昇平はその著作『少年』を書くに当って、藤田佳世さんのお世話になったといっている。渋谷の語り部だともいわれる藤田佳世さんの本の購読をすすめるのは、八〇年代の町渋谷をよりよく知ってもらいたいからである。

＊読者からの便り＊

（東大阪市）　鄭貴文

くじゃく亭通信ーありがとうです。なんとも楽しい通信、安くておいしい料理店経営と純度高い文筆陣とのゆうごう、まさに理想的です。阿部さんの書かれたもの、努力されておられ敬意を表します。後藤直さんの文章を読むのもなつかしく思いました。直さんは絵かきさん志望だったことは初めて知りました。上京のおりはぜひお寄りし、サービスにあやかりたいものです。高淳日さん、通信送ってくださりありがとうでした。

（東京都）　村川庄之助

二回目の渡韓で余裕もでたのか慶州、ソウルの古本屋でハングル文字の古代史を何冊か買求めたので朝鮮図書復刻会へ参加したいと思います。

済州島の海女の潜水技術は先史時代より倭国にも渡来したと考えられる。現在でも瓢箪の浮袋を持って潜る海女、舟に竹筏を使用しているなど興味深いものがある由、最近の観光ブームで貴重な物が破壊されなければと案ずるのは私だけではないと思うが。

済州島（7）

前号で洪鍾宇について言及したさい「牧使」という李氏朝鮮の官名が出て、それの説明ははぶいていた。しかし、済州島を語る場合にはこの官職をさけて通ることができない。

韓東亀の『済州島』によれば、牧使は行政、司法、軍事の大権を掌握し、その権限は王権をもしのぐほどの強大なもので、島民の生死与奪を左右するほどの権力を持っていたとある。韓東亀は、牧使の任期が二年であったので、短期間に私腹を肥やそうとして搾取がはげしかったと書いている。しかし、なかには善政をしいた牧使もいたと、李衡祥を例に引いて説明している。その説明のなかで、はっとするものがあった。三姓穴の北側の通路に紅門を建ててとあったからである。紅門にはホンサルムンとルビがふってある。

津村勇の『鳥居考』という本を読むと、日本の鳥居の起源を朝鮮の紅箭門に求める説のあることが紹介されている。紅箭門にはホンサルムンとルビをふっている。そこの個所を引用してみる。

朝鮮では古来宮殿、陵、官衙、文廟、山神その他著名の邑の入口などに上図の如き両柱の上端に二本の横木を組み、これに幾本かの箭を植え全体を紅色に染め、これを紅箭門と称し、材料は木材にして金属製のものはない。

そして、この文中にある上図は、平壌府・箕子廟の紅箭門の写真である。他に咸鏡北道の茂山郡農事洞の紅箭門は白頭山に通ずる一ノ鳥居にあたると説明がついてあった。そして済州島については、三枚の写真があって、三姓穴正面の紅箭門、済州文廟紅箭門の修繕作業、翰林附近の碑閣と紅箭門というものである。その済州島の次が琉球にも紅箭門があるという一文になっているのである。

津村勇によれば、この紅箭門は日本の鳥居の前身である。咸鏡南道の普天堡山神の紅箭門には、箭部に二個の鳥型のものをとまらせているという。それにしても、この咸鏡道、済州島、沖縄という線に連なる紅箭門についての私の思いは柳田国男の「海上の道」に対する疑問の表出であった。

五月十五日は沖縄が日本に復帰して五周年の記念日であった。石宙明の『済州島随筆』をパラパラとめくると「特に琉球との交流が多かった」という描写がある。

韓東亀は、その著作に「琉球との関係」という一章をさいている。彼は済州島は朝鮮、沖縄は日本の中で異国的宿命を背負わされ、済州島は高麗に、沖縄は薩摩に支配されながらも、中国に朝貢するという宿命的な共通の運命をあたえられたとしている。そして、両島民の民俗のなかでの共通点を、家のまわりを石垣でかこみ、畑の境界を石垣で区切り、カヤぶきの屋根を太縄で碁盤形のようにしばる点であるとしている。

『縞・唐桟』という本をめくっていたら、「綿種が伝えられた時代は、数説があるが室町時代の文明年間で、朝鮮または琉球からとされている」と、書いてあった。村上信彦の『服装の歴史』も、綿種の輸入さきとして、琉球、朝鮮等をあげている。『縞・唐桟』が一九七六年発行、『服装の歴史』が一九六一年発行である。ここで書かれている歴史的位置は、朝鮮も沖縄も日本にとって外国なのである。

では、朝鮮に取って日本と沖縄の歴史的位置はどうなのであろうか。金柄夏の『李朝前期対日貿易研究』を読むと、十五世紀における対日織物輸出は、日本大将軍足利義満と、琉球国王という具合に並列的に取りあつかわれている。

済州島に於ては、漂着してくる沖縄人の取調べのために、琉球語の通訳の養成を一八世紀後半に始めている。済州島に常駐していた日本語の通約はやくにたたなかったわけである。

東北アジアの歴史は、朝鮮・日本という近代の線引きで描写出来ないような気がする。九州・沖縄・済州島という地域分けによる描写が必要なのではないか。綿種は朝鮮半島から、九州に入っている。

佐藤隆司「韓国写真展」について

外岡　宏

五月のはじめ、この展覧会のことで佐藤隆司さんにお電話すると、「明日からショインを見にまいります。帰ったらぜひお会いしましょう」という丁寧で張りのある声がかえってきた。急にショインといわれても咄嗟には何のことかわからない。しかしきき返すのも気がひけるのでそのまま受話器を置いた。

電話を切ってから、佐藤さんが事もなげに言われたショインとは、韓国にある李朝時代の書院建築だったと気付いた次第であるが、今回、氏は釜山の西に河口を開く洛東江沿いの書院を尋ね、例によってそれを見事な写真におさめて帰られた。佐藤さんと韓国の距離は私と大阪の距離ほどもないようである。

佐藤さんの韓国での水先案内人である宗周さんとは、十年来の交友になる。宗さんとは、初めての訪韓のおり慶州の石窟庵で知りあった。石窟庵の釈迦如来の前で、天部や仏弟子の浮彫について、柳宗悦氏の本のメモを見ながら、意見を交したのがキッカケだが、当時民具や民芸に親しんでいた佐藤さんは、団体旅行の穴埋めに急にさそわれたので、恰好な資料として柳宗悦の『朝鮮とその芸術』からとったメモを持参したのである。以後訪韓十数回、ときにはわずか二・三日で全羅・慶尚南北道をくまなく駆けめぐる強行軍も試みながら、しだいにより深く朝鮮を尋ね、より深く朝鮮を愛するようになる陰に、宗周さんの友情が光っている。

写真家ときくと、アイスボックス様の大きなアルミ箱と三脚をかかえ、首に二・三台のカメラをぶらさげた姿が目に浮ぶ。しかし、佐藤さんは愛用のペンタックス一台の軽装である。三脚やフラッシュはもちろん交換レンズも使わない。そのかわりスローシャッターをきっても全紙に伸してピクともしない抜群のテクニックの持主である。構図やカラーバランスの感覚もたいへん優れている。テクニックが確かで、朝鮮を良く知っている写真家、これだけでもプロとして通用する実力をもっている。

しかし、佐藤さんの写真にはいわゆる芸術写真や記録写真にない独特の味があって人びとを引きつける。では一体それが何かというと、実のところ最近まで私にもわからなかった。そこであるとき、佐藤さんの「韓国の芸術はすばらしい」という言葉尻をとらえて「日本の芸術も韓国におとらず素晴しいと思うが」と水を向けてみた。すると「私は初めての韓国旅行で、ぞんぶんに朝鮮美術の魅力にふれました。と同時に서울で三一事件の話を聞き、彼等の歴史に感動しました。そしてあれだけの運動を行うことができる民衆だからこそ、この芸術を残したのだと思いました。だから本当は私は朝鮮の民衆に興味があるのです。ただ、人間はコワいから写真には写さないだけです」という素晴しい答えが帰ってきた。

たしかに、佐藤さんの活動は写真の世界だけにとどまらず、柳宗悦さんを通じて兼子夫人を知り、春に往年のアルト歌手柳兼子さんの八十才の独唱会を主催したかとおもうと、今度は五年後の朝鮮話によるギリシャ悲劇上演の布石を開始するなど実に巾広い。しかしなるほど活動のすべてが一貫して朝鮮を指向しているはずである。

私は、佐藤さんの写真を一人でも多くの人々に見てもらいたいとおもう。そこには佐藤さんが共感する朝鮮人の優れた歴史があり、それを追求する佐藤さんの息づかいがある。

今回は第一回展として美しい朝鮮を総合的に御紹介し、次回からはテーマ別に毎年展示していこうとおもう。今回は佐藤さん、当ギャラリーの御主人高淳日さん、私の三人で選択した。

なお作者の御厚意により、展示作品は特に文字どおりの実費で希望者におわけする。たとえば入口に掲げられている『緑陰のリズム』の水色の天女たちを慰さめかつ励ましてくれることを願うためである。

（筆者は東アジアの古代文化を考える会、幹事）

韓国写真展は七月一日(金)〜三十一日(日)まで渋谷・喫茶ギャラリー「ピーコック」で開催。作品ご希望の方は実費にて頒布致します。

ピーコック画評⑥

後藤 直

六月のピーコック画廊は「小林千恵子油絵小品展」である。

この人は本職は英文タイピストであるというが、創作画人協会の準会員で、過去二人展を二回、個展を一回、ここピーコック画廊で開いているから、その画歴も相当なものである。

小品展と銘うつように「ぜんまい」『ほおづき』『野の花』『つぼみ』『パンジー』など（０号－SM）の花主体の作品がめだつ。私はそのなかで「春の花」と「つぼみ」のすがすがしさが特に印象に残った。この人は、基本の勉強、つまりデッサンにかなりの力を注いでいるのが自然ににじみ出ている。それはたとえば、陶器の固さ、花のやわらかさを時間をかけ、ていねいに描き分けていることでもわかる。

やゝ大きい作品の「静物」『柿』『野菜』なども注目されたが、わけても「野菜」は、大きなかごのなかに、さつまいもとか玉ねぎなどを、それこそ山積みにして描いた作品であるが、色彩感にあふれていて素晴しい。

また習作が三枚掲げられていたが、パステル画の「出合い」がよかった。これは六号程の画面に、リンゴとカボチャが一ケづつという単純な構成ながら、その個性が表情豊かに表現されていて不思議な静かさを漂わせている。そして影のつかいかたで、うまくその遠近感をだしている。

風景は「高原のそよ風」『高原の桜』『高原の春』『雨雲』などがあるが、どれも実際の風景とキャンバスを対決させた作品であることが伝わってくる。

とくに「雨雲」は四号の絵であるが、金山平三の絵を想起させるものがある。金山氏は清冽で誠実な絵かきであったが、多分小林さんの場合も、人柄なり個性的なものが、作品にそのまゝ反映されているのではないかと思える。

人づてに聞くところによると、小林さんは展覧会ごとに、上達がめざましいという。今後どのように成長していくのか、たいへん楽しみである。

私はひとつ、この人に大胆さを希望したい。

●お知らせ●

・季刊誌『直』の発刊 （編集・矢作勝美）

「ピーコック画評」で若い画家たちを励まし健筆をふるっている後藤直氏らの同人が季刊誌を発刊されました。価三〇〇円

・同人誌『古代文化を考える』発刊

東アジアの古代文化を考える会では分科会として同人会が発足。目下同人誌発刊準備中。問合わせはＴＥＬ〇四二四（23）〇三五二 山中又は、〇四六八(71)二三二八 江田まで

・朝鮮図書復刻会

前号で会の発足をお知らせしましたところ各方面から多数の問合わせが参りました。会員は五十名で締切る予定ですが、目下入会案内など印刷中ですので、出来上り次第、発送の予定です。ご希望の方は編集部まで必ずハガキなど文書でお申込み下さい。

・七月の古代文化サロン 於ピーコック

七月二十日(水)午後六時半より。会員非会員を問わず古代文化に興味のある方の参加を望む。老若男女不問（問合わせはＴＥＬ 三八六－七七五一 留目《トドメ》まで）

●ピーコックギャラリー案内●

毎月一日から月末まで

七月 佐藤隆司・韓国写真展（第一回）
八月 三島平一油絵展（第三回）
九月 山田善彦油絵展（第一回）
十月 田村千恵子絵画展（第三回）
十一月 由木浩子油絵展（第二回）
十二月 石橋正秋油絵展（第七回）

・絵画展（個展・グループ展）開きたい方は、ＴＥＬ四六四－三三二六 新田までお問合わせ下さい。

・会合（ミーティング・パーティ）

各種の集いに、渋谷・喫茶画廊ピーコックをご利用下さい。予約の申込み、問合わせはＴＥＬ四六四－三三二六 新田まで

くじゃく亭通信

第8号

発行所　くじゃく亭
渋谷区宇田川町八—九
主筆　阿部桂司
TEL　464-2901

タレの味

三笑亭笑三

店をひらく
運がひらく
羽もひらく
くじゃく亭

渋谷といえば、東急文化会館の『レックス』に、牧伸二さんと時々出演するし、NHKはすぐ隣りに。いつも横目で見ながら〃くじゃく亭〃にはご縁がなくて、お店の前を素通りしていたのですが、とうとう数寄屋風の格子戸をくぐりました。

和服で、前掛けのおねえさんも、私好み。


「このお店では、暑いのに焼肉……うれしいねェ」

「あつい時に、あついものもいいもので」

「そォ、冬は？」

「焼肉です、やっぱり、ハイ」

ウシ、シシシと、笑いの止らないほどおいしくて、モウ沢山というくらい食べて、家に帰って話したら
「ドウシて、私もつれてかなかったの？」
と、角《つの》を出され、ギュウという目に会う罪な焼肉。

アベックのお客の会話。

「どォ、うまいでしョ、くじゃく亭の焼肉」

「エエ、こんなやわらかくて、おいしいお肉、始めてョ」

「ボクのこと、見直したでしョ」

「エ？」

「どうです、結婚しませんか」

「アラ、でも、浮気したら私、ジュウ、ジュウ、やくわョ!!」


こんなカップルが結婚すると……。

「こんなまずい手料理たべられるかイ!!」

「アラ、あなたも？」

「どこかへ、何か食べに行くョ」

「私も行くワ、連れてってェ」

なァんて、くじゃく亭で仲直り。

くじゃく亭の
焼肉の味と
初夜は
忘れられない

三笑亭笑三師匠は月に一回、新宿で同好の士たちでいわゆる「話し方教室」的な集まりを開いています。「洒落《しゃれ》の会」といいます。

・渋谷・東急本店（八月中の催物）

六階催会場（8/5〜8/10）
77世界大UFOフェスティバル
"77"新作プラモデルショーと作品コンテスト

七階画廊
水—人気作家油絵小品展　8/5〜8/10
イタリーの旅情展　8/12〜8/17
第2回陶甫会（陶芸）作品展　8/19〜8/24
獏黙庵子日本画展　8/26〜8/31

◎ピーコックギャラリーの案内◎

毎月一日から月末まで
八月　三島平一油絵展（第三回）
九月　山田善彦油絵展（第一回）

・絵画展開きたい方はピーコック新田までお問合せ下さい。デンワ四六四—三三二六

・会合（ミーティング・パーティ）各種の集いに渋谷・喫茶ピーコックをご利用下さい。予約の申込み、問合せは四六四—三三二六へ

済州島（8）

六月のおわりの一週間は、私にとって日本の漁業問題と対峙した日々であった。私は愛媛県の南予地方の養殖漁場をまわっていたからである。遊子《ユス》という日振島を間近に見る漁業協同組合を訪ねたさい、養殖餌料の値上りのことで、はげしく怒っている漁民の声を聞かされた。私は、その怒りの声を聞きながら李氏朝鮮末期の済州島漁民の怒りの深さを想像していた。

「現代のモグリの原点は竹崎港だといっても、モグリそのものの歴史は、きわめて古い海との人間の交渉に由来し、朝鮮とのこの濃密な歴史の中に、潜みつづけたにちがいない」

この一節は柴田勝彦の『漂民』にある。

有名な能登の海女は、貝原益軒の『続筑前風土記』にある筑前・鐘崎からの分流である。輪島の海士町や舳倉島は、その歴史を鐘崎からの「出稼ぎ」の定着史で考えることができる。鐘崎の岬の丘には織幡神社があって、師父とあおぐ金達寿先生と、あるとしの初夏、石段をふうふう登ったことがある。鐘崎からのもう一つの分流が対馬の曲《マガリ》である。朝鮮から日本への海の道がうかびあがる。今も、対馬の曲、筑前の鐘崎、能登の輪島・舳倉島の間には地域共同体意識があるという。能登から水泳の山中毅選手が出ているが、オリンピックに行くときには、鐘崎で親戚代表ということでカンパしたという。

柴田勝彦によればモグリ（潜水漁業）の始源地は鐘崎と竹崎ということになる。では、もうひとつの始源地竹崎は、どのような歴史をもっているのだろうか。『有明海の漁撈習俗』という本がある。下中邦彦氏の発行になっている。そこに、こうある。

「大正の初めころに潜水によるチャーラギ漁業が始まったが、始めは潜水夫は朝鮮人ばかりであって、朝鮮人の潜水夫を雇っていた。朝鮮の麗水でチャーラギがとれるので、そこの漁法をそのままやったのである」

竹崎を訪れた柴田勝彦は「その二世、三世はいま、モグリ・日本人として、りっぱに暮している」と、十年前に書いている。このことの持つ歴史は深い。済州島から渡来した海女、海士によって、主に西日本の各地に潜水技術を伝えたのはだいたい、大正に入ってからであると書いているのも柴田勝彦であり、築港の潜函作業に関しては、世界一だという定評を勝ちとっているのは竹崎の潜水夫だと調査して記録しているのも柴田勝彦である。

『有明海の漁撈習俗』は、佐賀県教育委員会が一九六一年に作成している。老漁夫からの聞き書きによって成り立っている。そのなかに、朝鮮沖出漁の最盛期は大正年間で、有明海沿岸漁民はのきなみに出かけたと書いてある。引用すると「有明海の漁場に見切りをつけ、一時の事業欲から明治二十三年頃に朝鮮沖出漁を開始し、昭和十八年に戦争のため中止した。朝鮮沖出漁には、最初県から補助金が交付されていた」

日本式の、官民一帯の侵出である。

前々回で、「一八八五年の通漁規則で、漁労免許税を払えば、海岸から三海里以内でも自由に漁獲ができるようになる」と、書いたところ、さっそく安宇植先生から、実際はそうではない、済州島漁民の抵抗で、仲々、日本漁船は島に近づけなかったのだ、と電話でまちがいをただされた。

一八九〇年に、日本漁民の侵出に反対して済州島漁民は決起している。『朝鮮誌』に、「済州島にある朝鮮人漁夫組合が、漁場のため、多数の日本人たちとたたかって、双方ともに致命的な事件を招かしめ、一八九一年に自分の権利と漁場を固守することに成功したのは興味あることだ」とあることを、韓東亀は引用しつつ、済州島漁民の闘いを評価している。もちろん、それらの闘いを済州島漁民におこさせるのは、日本漁民の侵出であり、それは、不法に上陸し、鶏や豚を掠奪したり、日本漁民による済州島民への殺傷であり、婦女子への暴行であった。日本側の記録には、「朝鮮沖出漁には、最初県から補助金が交付されていた」としか書いていない。県とは、旧内務省のことである。

読者からの便り

（山形県・新庄市）　大滝十二郎

六月十九日小原先生の出版記念会に出席し、旧リアリズム研の皆さんと何年ぶりかでお会いできうれしく存じました。またこのたびは思いがけなく「くじゃく亭通信」ご恵送いただき、―今ちょうど私もグループで柳田国男の『木綿以前の事』を読んでいる所だったので貴兄の「済州島」興味ふかく読みました。むつかしくて私にはまだよくわかりませんが今後とも勉強させて下さい。後藤直さんにも、よろしくお伝え下さい。ご健筆お祈りします。

草々

（神奈川・川崎市）　磯沼　光子

うっとうしい梅雨ですがお元気でお過しのことと思います。「くじゃく亭通信」をお送り下さりありがとうございます。楽しく拝見させて頂いております。お店にも伺いたいと思っているのですが渋谷に寄る機会がないので残念です。夏休みになったら一度お伺いしたいと思っております。

（東京・杉並）　唐木　邦雄

思いがけなくも、「くじゃく亭通信」第七号ご恵贈にあずかり、有難うございました。後藤さんが、絵画にもご造詣が深いことを知って驚きました。近々＜韓国写真展＞拝見しがてら、ピーコックに寄せてもらいたい、と思っています。御健斗を祈ります。

（大阪・河内長野市）　姜　在　彦

前略　しめっぽくてむし暑い日がつづきますが、いかがおすごしでしょうか。先日は「くじゃく亭通信」ありがとうございました。実利と趣味を兼ねた肩のこらない編集と内容が楽しく、貴兄の雰囲気がそのまま伝わってくるような感じが致します。とりわけどなたの執筆か知りませんが、シリーズ「済州島」はなかなか内容も面白く捨て難い読み物となっております。いろんな文献を渉猟しているのにはおどろきました。先ずはお礼までに。向暑の折御健勝を祈ります。

（東京・大田）　北原　敏郎

拝啓　どなたからの御好意からか存じませんが、御恵送頂きました貴通信大変面白く拝見致しました。小生も仕事の関係で年数回訪韓している内に、すっかり韓国のとりこになり昨年は家内子供と四人で서울で夏休を過した次第。目下韓国語独学中です。郵送料の一部カンパ同封させて頂きます。続けて御送り頂ければ幸です。

（東京・渋谷）　黄山瀨啓子

＜くじゃく亭通信＞ありがとうございました。＜東急＞文化不在論などおもしろく拝見いたしました。今後ともどうぞよろしくお願い申し上げます。

（東京・八王子市）　高橋　塡一

「くじゃく亭通信」拝見させていただきました。どんなご縁でいただいたのか存じませんが、私は渋谷区教育委員会の招きで毎月一回テレビセミナーの講師をつとめていますのでいつか機会を得てその時間の前後にお邪魔してみたいと考えています。なお御紙のおかげで私の友人、李進熙さんが第三回青丘文化賞というのを受けられたことを知り喜んでいます。業績の要約も美事でした。

（大阪・高槻市）　清水いと枝

いつもいつも「くじゃく亭通信」を有難うございます。そろそろ落ちついて高槻生活にはいりましたが落ちつきすぎて家にばかりいます。当分上京しませんが九月十五日前後、渋谷周辺の祭には囃しに帰ります。道玄坂の祭の後でゼヒ祭批判を「通信」でやって頂きたいのですが……。

（東京・中野）　大和　岩雄

御無沙汰しております。いつも「くじゃく亭通信」お送り頂きありがとうございます。いつも「くじゃく亭通信」おくられてくるたびに楽しくよませていただいております。渋谷の街へひさしぶりに行きピーコックの写真展も拝見させていただこうと思っています。とりいそぎ御礼まで。

(東京・中野)　仲尾　秀義

創刊号から頂いております。有難いことですな。第七号ともなると、どうやら柔軟な風格が出て来たようですね。「済州島」は味読に価する本格のよみもの。感謝、感謝デス。今後とも、よろしくよろしく可々。

(東京・世田谷)　道下　寿子

一筆申しあげます。くじゃく亭通信大へん楽しく興味深く読ませて戴きました(第一号が無いのが残念でしたが)。特に「済州島」の事は全然と言ってい丶位知りませんでしたので、読み進むうちぐんぐん引き込まれて最後には或る種の興奮をさえ覚えた程でした。他に「東京の博物館」安部氏の魅力ある筆の運びもさる事ながらその造詣の深さ焼物を愛し、美しいものに感動する心がしみじみと伝わってくるようでした。ただ焼物が好きというだけで漫然とそこ、ここの店を覗いて廻るだけの不勉強を恥じている次第でした。実は私がピーコックという店を知ったのは、いつだったか、記憶が定かでないのでずっと以前としか言いようのない程昔のような気がしました。道路からとんとんと階段を上る感じが好きでよく待合せの場所として使ったものでした。中に入ればあるかなしかという程の音量でいつもクラシック音楽が流れ静かに話しをするには最高の雰囲気を持つ気に入った店でした。当時つき合っていた人と別れた後、何となく足が遠のき、いつとはなし店の事は忘れかけていました。ピーコックで絵の個展を開くからと友人から案内状を貰った時は、なつかしさ、ほろ苦い淋しさ、苦しさがいちどきに蘇り、何とも形容し難い心情でした。今年、店の中が改装され、幾分変ったようでしたが私にとって忘れられない店である事は確かなようです。そのうち「くじゃく亭」の方へも是非お邪魔したいと思って居ります。お店の益々の御繁栄を心からお祈り申し上げます。かしこ

(東京・中野)　宮川　寅雄

多分、後藤直さんの指図でしょうか「くじゃく亭通信」第七号を頂戴しました。藤田さんの文章の元の東急デパートの地、大向小学校はその昭和初年のころを知っていて懐かしく感じました。鄭貴文さんの文章もなつかしく今度ピーコックへお茶のみにゆきます。御礼まで。

(東京・杉並)　山同　淑子

「くじゃく亭通信」お送り下さり有難うございました。面白くて一日中、この中に浸っておりました。この世の中で私の一番なつかしい処、私の故郷、「くじゃく亭界隈」の昔の姿を思い起こしその中に彷徨したり(昭和五年より昭和三十二年迄居住、本籍は宇田川町五四です)日本書紀から孔雀を探してみたり、遠く天竺から赤い旗を立てて航海した孔雀になってみたり、宴《トヨアカリ》をひらいて愛でた飛鳥人を想像したり興味はつきず夢は無限に拡がりました。"古代文化サロン"にはからずもお引合せ下さった「同人誌発起会」に心から感謝申しあげますと共に直ちにあた丶かく迎え入れてくださった高さん始めサロンの御面々にあの日の甘酒と共にすっかり酔いしれている私でございます。一言御礼のこと走り書きでしたためました。かしこ

◎お知らせ

◎朝鮮図書復刻会

入会申込みの問合せが沢山来ておりますが一応予定を越えましたので打ち切りと致しました。第一回の復刻刊行を日本陸軍参謀本部発行(明治21年)「朝鮮地誌略」三〇〇部限定出版、予価五、〇〇〇円で近々出版の予定です。購買希望の方は予約申込みを受付けております。申込みは必ずハガキで編集部・復刻会まで。第一回配本は九月頃の予定で慶尚道篇。

◎日本のなかの朝鮮文化遺跡めぐり(丹後・天の橋立)

主催　朝鮮文化社

日時　八月十日(水)AM10.30～PM5.30

集合場所　国鉄・天橋立駅前

臨地講師　上田正昭氏(京都大学教授)

金達寿氏(作家)

李進熙氏(考古学者)

会費　四、〇〇〇円(バス代・拝観料含む)

問合せは朝鮮文化社　京都市左京区田中門前町28－10電話(〇七五)七二一－四三九六へ

◎「アイユー会」の八月例会　於ピーコック

八月二十五日（木）PM6時半

アイユー会のアイユーとは、アイ（私）とユー（あなた）の会で、愛友の意も含めております。全く知らない方同士をお引合せする会で、今まで知らなかった者同士がこの会に出席して、日ごろ感じていること、関心のあることを話し、又ほかの人の話もいろいろ聞くことによって、親しい友人、仲間をつくってゆこうとする会です。

自分と全然ちがった世界で過している人もあり、自分と同じような世界で生きている人もあるでしょう。それらの人達に多く接することが、あなたの明日の糧になれば幸いなのです。お問合せは　〇三（三六四）一七七三、三島まで。なお、例会当日会場に突然お越し下さっても結構ですのでお気軽にお出下さい。

「アイユー・家事助け合いの会」ご紹介

急に手が欲しい、手が足りないということが、どなたのご家庭でもあると思います。誰かを頼みたいけれども身近には居ないし、専門の家政婦さんを頼むのも一寸臆怯という時、会員同志でそれを助け合ってゆきましょうという会をつくってみたらと考えました。

実はかねがね、人がお困りの時に少しでもお役に立つ方法がないか、又自分が困った時に気軽にお願い出来る方法はないものかと考えていましたが、一人ではその力も弱く、同じような考えをお持ちの方にお呼びかけをして、グループをつくってみたいと思いました。いざという時の助け合いになりますし、又このような助け合いの気持から、生き甲斐と喜びを感ずるものではないかとも考えました。

多勢の方のご参加を希望しておりますので、お志のある方は左記にご連絡下さいますようお願い申しあげます。

〇三（三六四）一七七三

「アイ・ユー・家事助け合いの会」

市川和子

韓国写真展のことで

佐藤隆司氏の≪写真展≫のことで、ピーコックの御主人高さんと「朝鮮」と「韓国」をどう使いわけるか相談した。

まず、学会やジャーナリズムの用法に準じ、地理・歴史・文化などは「朝鮮」とし、一九四五年以降の政治が反映する現実には「韓国」を使うという原則を設けた。

ところが、つぎに展覧会の名前はとなると二人ともしばらく沈黙してしまった。ややあって「韓国写真展」だネ、どちらともなく言いだしてこれが結論となったが、何とも論理性に欠ける結論である。

しかし論理的にスジが通っても作者や作者の韓国の友人の気持をさかなでしたら、それこそ不合理だと考えて、題名だけはあえて原則を外した次第である。

（外岡）

◎八月の古代文化サロン　於ピーコック

八月十九日㊎PM六時半。（前回は戸川安雄氏の三十三回忌―沖縄戦体験談と、古代の文身について話に花が咲きました）どなたでも参加できます。問合せはデンワ(03)三八六―七七五一留目《トドメ》まで。

◎編集部より◎

●「通信」は無料でお送りしております。あなたの知人でご希望の方はハガキでお申込み下さるように伝えて下さい。郵送させて頂きます。

●バックナンバーご希望の方はハガキでお申し込み下さい。まだ多少の在庫があります。

●「朝鮮の会」の月報≪ばらむ≫でくじゃく亭通信の批評がありました。「視点の一ッとして朝鮮文化あるいは日本と朝鮮の関係があるにもかかわらず鮮明に出ていない。もう少し色を出してもいいのではないか」と。ご批判喜んでお受けします。

八号は、読者からの便りに、頁をさいために、八頁となった。くじゃく亭へ、これからも、どしどし便りをよせて下さい。なんとはなしにわかるくじゃく亭通信の読者の範囲に、身近かなおしらせをお寄せ下さい。編集方針として、読者間の情報交換にも頁をさくようにしています。

秋に、「金時鐘の詩の夕べ」を企画しています。若き音楽家コン・スンジャが、詩集「新潟」に、作曲しています。詩人自らも出演いたします。詳細は次号で。

焼肉のイメージを変えた……瀟洒な数寄屋づくりの家

営業時間＝11:00am～11:00pm
定休日＝日曜・祝祭日

くじゃく亭

渋谷区宇田川町8～9（〒150）
☎ 461－1855／464－2901

渋谷駅から、西武百貨店のA館・B館の谷間を行くと、道のまん中に、小意気な交番があります。その右を２～３分で、ＮＨＫ放送センター、そのひとつ手前、右手の横丁を数歩のぼると、くじゃく亭です。

宇田川町の、小高い一角に、すっきりと近代風の数寄屋づくり、――くじゃく亭は、安くてうまい焼肉の料亭です。

高雅なエリートのムードの中の、庶民的な気易さが特徴です。どうか、くじゃく亭の本格派調理を、ゆったりとご賞味下さい。

とくに、ご会合・ご接待の場として、また、ランチタイムにも、お気軽にお運び下さい。

（メニューの一部です）

特上霜降り肉…………1800円
上ロース焼……………1200円
上カルビ焼……………1200円
並ロース焼…………… 800円
並カルビ焼…………… 800円
上ミノ焼……………… 800円
並ミノ焼……………… 500円

タン塩焼……………… 800円
タン焼………………… 500円
レバー焼……………… 500円
野菜焼………………… 400円
ユッケ（牛肉の刺身）…1000円
野菜サラダ（朝鮮風）… 400円

コムタン……………… 600円
カルビクッパ………… 500円
ユッケジャン………… 500円
ビビンバ……………… 450円
クッパ………………… 400円

冷麺…………………… 600円

定食 デザート付

松コース（霜降り肉による）…………2500円
竹コース（上肉による）………………2000円
梅コース（並肉による）………………1500円

11:00～14:00
ランチタイム
コーヒー・サービス付き

特Ａ定食 1800円（霜降り肉）ナムル・キムチ・ライス・スープ・デザート
Ａ 定食 1200円（上肉）
Ｂ 定食 1000円（並肉）
Ｃ 定食 800円（日替り混ぜ肉）
それぞれ ナムル・キムチ・ライス・スープ

ご宴会の予約を承わっております

●クラス会やお会合で好評をいただいております●ご予算により，いかようにもご相談申し上げます。

祖国韓国を再訪して

朴 福美

韓国で一番いい季節といわれる五月、二度目の祖国訪問をしました。初めてのソウルは銀杏や柳が青々と芽ぶき、あちこちにある色彩豊かな門は古い都を感じさせて、とても美しい街でした。扶余では綿毛が空中を飛びかい、地をまるまってころがるのを見ました。タンポポがどこにそんなに沢山あるのかとさがしたけれど、みつかりません。この春の使者のような現象が「柳絮」ということを知り、感激したりしました。

前回は親戚訪問が目的だったし、今回は観光旅行でした。通りすぎるだけの旅だったのですが、この五年間で韓国が経済的に急速に発展したことを感じました。まず山が緑になったこと。高速バスから見える範囲は植林してあるのだという話も聞いているのですが…。

〝本を大切に〟という標語は〝反共防諜〟とならんであふれています。木を折ると罰せられるということですし、植林への意気込みは高いのです。次に市民生活が向上し落着いてきていること。五年前の釜山は人間がひしめき合い、活気というのか殺気というべきか、「あ、これは日本の敗戦直後の雰囲気じゃないかしら」とまるでそんな映画の中にいるような気がしたものでした。今も市場のにぎやかさは変りませんが、店の体裁も整い、パン屋、ケーキ屋など、ぜいたくなものもできていました。何よりも服装が派手になりました。チョゴリはよそ行きに格上げされ、春の遊びに出てくるアジュモニ達は、日焼けし、しわのきざまれた顔にピンク、黄、水色、と日本の感覚でいえば気はずかしい位派手なものを皆が着ているのです。若い頃着たくてたまらなかった美しい服を、少し余裕のできた今、せいいっぱい楽しんでいるのだと言えないでしょうか。おしゃれができるのは、ある程度食生活の安定があってのこそですし。

まやかしだと非難の多い〝セマウル運動〟にしても、ないよりはあった方がずっと助かったのではないかと、のどかな人々の顔、よく手入れされた田畑を見ていると思えてくるのです。

韓国の経済発展の実体は借款経済であり、妓生観光による外貨獲得であり、その基盤はもろく、見せかけの繁栄だと言われています。それを物語るように街は節電で薄暗く、地下道は暗い上に階段が急で、危険を感じる程です。雨が降っていても傘のない人は沢山いて、彼等は雨の中をゆうゆうと歩いています「濡れるのはいつものことさ」といった風に。高速道路は中央分離帯がほとんどなく、バスさえ三時間近く走り続けます。おかげで事故が多く、利用客は最近不便な汽車の方にずい分流れたそうです。経済発展のためになりふりかまわず体裁を整えているという感じは拭われません。

経済が急成長して、韓国民は幸福になれるのでしょうか。世界の物質的に豊かになった国々は、今物質的豊かさがもたらしたものへの反省をしています。韓国民はそういう国の一ツである日本に追いつき、追いこすことを当面の目標にしているようです。韓国は韓国の文化や価値観を育てるべきであるのに、日本商品が氾濫しているのを見ると、精神が占領されてしまうのが見えるような気さえしてきます。公害をはじめとする弊害を排除できるのは、追いかける方の有利な面です。

日本の轍を踏んではならないのです。ぜいたくに慣れていない今ならなんとかなるのではないでしょうか。

日本の労働力の搾取はひどいというけれど、その中でも経験を積み力を貯えて、本当の国の力となりつつあればと思います。

又、自分のような貧しい者が十日余りも遊び歩けるのは、やはり搾取する側にいるからです。すべての思いが、良きにつけ悪しきにつけ、日本とのつながりなしにはすまされないものばかりでした。

「わがアリランの歌」を読んで

後藤　直

　これは作家金達寿の半世紀の記録である。金氏の幼時期、朝鮮は日本の植民地となる。金家の没落の運命は、ここから出発する。次兄の死、日本にきていた父の死……。その一家離散の様子は、小説「祖母の思い出」を読めばよく伝わってくる。私はこの作品は、金氏の小説のなかでも、傑作中の傑作だと考えている。

　氏はやがて日本の土地をふむことになる。納豆売り、屑拾い、印刷工、風呂屋のカマ焚など苦労の連続であった。母や兄のことにふれながら、その言語に絶する苦労話しは具体的である。私は氏の記憶のよさにも驚かされるのだ。

　日本も当時不景気の時代であった。金少年はさまざまな仕事をしながらも向学心に燃えていた。立川文庫やその他何でもあさり読んで行く。小学五年生のとき国文の時間「神功皇后の三韓征伐」の講義で、朝鮮人に対する差別の深さを発見したことなど、深刻にしかもいきいきとここにかかれている。電池工場の見習工、トロッコ押しの土方、映写技師の見習……まだまだ苦難の道は続く。だが氏はじめじめしていない。意外なほど明るいのだ。読んでいて面白いのである。それは多分堂々と生きているからなのであろう。この当時のことは、たとえば「矢の津峠」などの作品になっている。

　日本は、二・二六事件が起り、やがて「支那事変」へと突入する時期でもあった。

　氏は屑屋をしながら夜学へ通うというように、かなりの勉強をしている。後日「ある在日朝鮮人の記録」の作者張斗植と出逢いがあったり、彼らと同人誌「雄叫び」が発刊され、文学への志向が次第に高まって行くのがよく分る。その後も、日大芸術科へ入学し、許南麒、島田広らとの出逢いがある。さらに、金史良との出逢いがあり「文芸首都」の同人たちと交流を深めることにより、金氏の文学への志向はいやがうえにも高まって行く。処女作「位置」を発表するのもこの時期であった。日本は、太平洋戦争へと突入するのであるが、金氏の青春は、まさにこの時代であったし、かつ氏の現在の作家活動の基礎になったという意味で、まさに重要なポイントとして記憶しておかなければならない。

　戦争が始まると、たゞちに金史良や兄の逮捕があった。大学も繰上げ卒業というあわただしさであった。氏は神奈川新聞社へ入社する。恋愛もあったが、愛の告白のとき「…いまは朝鮮人も日本人でしょう」の言葉（そこには差別感が、無意識のなかに存在している）が、その破局へつながって行く。その事件の経過が、氏が朝鮮へ渡る契機となる。

　京城日報の記者となって活躍したこと、再び日本へ帰る途中の関釜連絡船でのできごと、などにふれ、「アリラン」の歌を引用しながら「全朝鮮人の怒りと、悲しみがこめられているのだ」と力強く述べている。この辺の状況は長編「玄海灘」にくわしい。

　さらに、結婚のこと、長男章明君の誕生、妻の死……あの戦争中の空襲のこと、そして終戦。この本は最後に、天皇の放送が終ると「車座になっていた私たちは、しばらく顔を見合わせたままだまっていた。やがて私たちは一挙に爆発し〝これで朝鮮は独立するんだ!〟〝独立するんだ!〟とみんな立ち上がって叫んだものだったが、しかし、それがまた新たな苦難への出発であることは、このときはまだ誰も知らなかった。」と感動的に結んでいる。

　多分この続編はかかれるであろうが、「わがアリランの歌」は、作者の青春そのものであるものの、イコール在日朝鮮人共通の苦闘の歴史そのものであることを忘れてはなるまい。私は、波乱万丈の時代に生きながら、民族独立の意志を常に心の底に秘め、不屈で、雄大で、しかも明るい金達寿氏の姿勢に対し、心から敬意を払わずにはおられなくなるのである。

　金達寿著　「わがアリランの歌」
　　中公新書470　定価　四百六十円

くじゃく亭通信

第9号

発行所　くじゃく亭
渋谷区宇田川町八―九

主筆　阿部桂司

TEL 464-2901

渋谷の街を考える ①

鈴木隆興

四年ほど東急吉祥寺店にいて、街の人達と新らしい街づくりを話しあったり、実際に生長しつつある街づくりの手伝いをしてきた。そこでいつも街の人々の自分達の街を良くしようとする情熱には感心させられた。今春久し振りに渋谷に戻って感じた事は、新玉川線が開通し、公園通りが賑わい、次第に新らしい渋谷がはじまってるという事でした。変わらぬ物はハチ公、まさしく渋谷のシンボル。そしてそのそばに新玉川線の白い入口を背にしいかにも古ぼけた感じで残っているポリスボックス。せめて新らしく変わりつつある渋谷の玄関口らしく、シンボルとなる様なしゃれた建物にしたらどうだろう。ハチ公を後にして進めば道玄坂。歩道は広くなり、欅並木も日に日に天をついていくという感じで、再び坂道の楽しさをおしえてくれている。でも何か一つ足りない。忘れられないもの恋文横丁がない。捜してもない。恋文横丁はハチ公と共に渋谷の代名詞にもなっていたし、渋谷から消えてしまう事は淋しい。それなら恋文横丁を再現してはどうだろう。道玄坂小路を新恋文横丁と名称を変え、消えかけてる恋文横丁の名に再び灯をともせば、渋谷への親しみも、より増す事だろう。

道玄坂小路を抜けると東急本店通りに出る。この道路はまさに車優先の道になってしまっている。ハチ公前交差点から東急本店の間に駐車してる車は常に20台を満たない様である。それにこの通りは意外に車の通行量が少ない。なのに歩行者は狭い歩道を肩を触れ合って歩かなければならない。そこで、歩行者通路を広げ、電柱も地下ケーブルにし、街路樹、街路燈を整備すれば、間違いなく人間優先のすばらしいプロムナードに生まれ変わるだろう。パリの街中アパルトマンの窓辺から四季を感じとれる様、渋谷の街の中で四季を再発見できる様な、そんな路並みになれば、シブヤという街の響きが人の心に心地よくしみる、新しい渋谷になってゆくだろう。（筆者は東急百貨店宣伝企画担当）

渋谷・東急本店（九月中の催物）

東急刀剣展　（二日～七日、七階画廊）

重要刀剣から貴重刀剣まで古今の名刀一〇〇振を展観即売。同時に文化財保護委員会価格査定委員の柴田光男氏による鑑定、下取りも行ないます。

根本龍太郎作品展　（九日～十四日、七階画廊）　元農林大臣の油絵新作展。趣味ではじめた絵も今では各界に広いファンをもつ。

バイキング展　（二十三日～二十八日、七階特設会場）　バイキングエイジとして世界史に一時代を画した八～一一世紀、豊かな土地を求めて活躍したバイキングは海賊として恐れられる一方、交易の担い手であり、コロンブスに先立ってアメリカ大陸に到達したほど航海・造船技術に優れた海洋開拓者です。本展はデンマーク国立博物館、ロスキルド・バイキングシップ博物館などの貴重な所蔵品を中心に「バイキングの故郷」「バイキングの大遠征」「バイキングのくらし」「現代によみがえるバイキング」の角度からバイキングについて考える我国で初公開のバイキング展です。武器、コイン、バイキングシップ、装身具、生活用品など約九十点を展示します。

済州島（9）

オーシンツクが泣くと、夏休みも終りであった。盛夏はワシワシの泣き声に象徴されていた。我家の裏の六神丸の森にワシワシの声がしなくなりオーシンツクの響きとともに、夏休みの宿題に追われた小学生時代のことが思い出される。オーシンツクがツクツクボウシであり、ワシワシがクマゼミということを知るのは中学に入ってからであったようである。

石宙明に『済州島昆虫相』という著作がある。この労作については後述する。今回は、この本のなかの「セミ科」のところだけにふれる。

ざっとみて、済州島にセミは六種類いることがわかる。テウセンクマゼミ、アブラゼミ、ツクツクボウシ、テウセンミンミン、ニイニイゼミ、ヒグラシである。この場合、テウセンは朝鮮である。石宙明は昆虫の名称を朝鮮語と日本語で並記している。このことは、大変にありがたいことである。

テウセンクマゼミは말매미で、テウセンミンミンは매미となっている。朝鮮語の매미はセミである。だから、テウセンミンミンはセミという意になるから、最も代表的なものなのであろう。ところが、佐渡と新潟県の一部分、石川県の一部分・能登半島では、ミンミンとはセミを意味している。つまり、近代になって合成された標準語から朝鮮語をみてはわからないということだろう。ミンミンは朝鮮と日本の一部ではセミを代表しているわけである。

私は事情があって、仲々済州島に渡れないでいるが、知人のポンミは会社の御盆休みを利用して行くという。今のところ、全日空か日航のキャンセル待ちらしいが、行く気になれば、実に気軽に行ける存在に、今の済州島はなっているらしい。そのポンミに、済州島のセミの声でも聞きながら泳いでくるわ。といわれ、東京でもセミの声ぐらいは聞けるだろうというと、耳があるのと答えが返ってきた。

今年の、東京の夏はセミの泣き声がしないのだそうである。気をつけてみたら天声人語からNHKテレビのスタジオ一〇二までが、東京でセミの泣き声がしないとかいって、さわいでいるのであった。自然界の、地中の突然の変化から、大地震のまえぶれではないかということで、話題を呼んでいるらしい。そこから、この通信の発行日の九月一日が記念日である関東大震災のことが思い出され、ポンミと同じく、私も逃げだしたくなった。

関東大震災と朝鮮人虐殺について、色々な本が出ている。私はある雑誌に、次のように書いたことがある。

「歴史は虐殺によって一時的に書き改められる。神功皇后の三韓征伐に初まる虚構の日本史は、関東大震災の朝鮮人虐殺をへて、真実の日本史になった」

石宙明の「済州島随筆」には、一九二六年には済州島民の日本出稼者数は二万三千五百八十四人とある。泉靖一は「東京における済州島人来住の経緯についてはあきらかでないが、一九二〇年頃には、すでに相当数の済州島人が日暮里、三河島一帯に居住していたらしい」と書いている。関東大震災は一九二三年の九月一日であった。

一九五五年に荒川区役所が発行した「新修荒川区史」には、わざわざ「外人登録数及び朝鮮韓国人の分布」という一項目をもうけている。そこにこう書いている。

区内における朝鮮・韓国人及び済州島人の居住地域は、朝鮮・韓国人が、日暮里六丁目に五二七人……済州島出身者は、三河島四丁目に四三五人、日暮里三丁目に二五四人、日暮里六丁目に一九〇人……

しかし、震災の時の朝鮮人虐殺に関しての記述がまったくない。それに引きかえ、一九七四年発行の「品川区史」はくわしい。

二日夕刻大井町の八ツ山下では、爆弾所持者であるとして一人の朝鮮人をとらえて重傷を負わせた。しかし調査してみると、爆弾であると信じこまれたものは、大和煮の缶詰と二瓶のビールであった。

合掌ー

新刊紹介

「トンカラ・リンと狗奴国の謎」

金思燁著　六興出版刊　九八〇円

あいかわらず「邪馬台国」関係の本はよく出版されているが、その「邪馬台国」と敵対した「狗奴国」を主題としたものは、これが初めてではなかろうか。

著者は大阪外大客員教授で、既に「古代朝鮮語と日本語（講談社刊）」の好書を出されて、古事記、日本書紀、万葉集などの解明に取組んだ。専問の古代朝鮮語とは一見、関係のない題名のようだが、読みすすむうち、この著者ならではの論考が随所にあらわれてきて、古代史解明に言語学のはたす役割の大きさを痛感させられる。

九州・菊池川中流のトンカラリンと呼ばれる古代遺跡と狗奴国の謎を解明するにあたって著者は、「狗奴国の構成種族は高句麗族が主力であった」という仮説の上に立ち、古代文献をフルに活用して、古代の言語・信仰・習俗を解明していく。狗奴国を究明することから、日朝古代史の新しい視野を拡げたものとして、おすすめしたい本である。（古代文化サロン担当、留目和美）

翻訳集『民衆の喊声、民族の絶叫』

――四月の息子、金芝河の文学再論――

七四書房発行（大阪市生野区桃谷2・12・20）
郵便振替番号　大阪一四四〇八
定価四五〇円

『祖国を持つもの持たぬもの』

村松武司の詩集である。

「詩集」とは、私にとっては中野重治のそれしかない。私の青春の細胞生活、中野重治の詩の一節は、その闘いを支えてくれた。

広い野で抱きあう男と女は
自分たちだけが、目覚めていると
おもっている。

この詩集の冒頭の一節である。先日、ガールフレンドと夏の夕べをあるいた代々木公園のことを思い出しながら読み始めた。

村松武司は『朝鮮海峡』『コロンの碑』につづく第三部だと、この詩集についていっている。村松武司がこの詩集のなかで歌おうとしていることは、故郷を追われた者の心なのである。望郷をうたった叙事詩である。詩は、それを声に出して読まねばわからない。

詩集『祖国を持つもの持たぬもの』
同成社刊　定価一、四〇〇円

重要無形民俗文化財　壬生狂言

京の四月下旬いっぱいを、遅咲きの花のように彩るのが壬生大念仏狂言である。もともと鎮花の行事であったというから、京の人々は狂言の鉦・太鼓の音をきいては、春の名残りを惜んだものだ。南北朝以来六百年の伝統をもち、二百年をこれる仮面・衣裳を保存して、今日なお京都の春の魅力として生きつづけているが、この狂言のもつ無言劇という特徴は、炮烙割によせる信仰とともに、今や京都を訪れる異邦人の人々の間にも大きな関心をひきおこしている。こうした無形文化財を記録保存することは、きわめて至難なことだが、最も適切な監修者を得て、長年の調査の結果を集大成されることとなった。学術的価値はもとよりのこと、京の春を愛する人々にとっても、この図録は大きなよろこびであり、たのしみであろう。（京大教授　林屋辰三郎）

監修　京大名誉教授　柴田実
題字　唐招提寺長老・律実管長　森本孝順
撮影解説　多田学、清野智海

B４判四方帙入り豪華本／限定三五〇部／台紙貼・原色版狂言面三〇葉、カラーオフ狂言写真三〇葉／解説書・B５判モノクロ一二〇頁、本文六四頁

学芸書林刊
104 中央区八丁堀二丁目三番五号

なお、定価五万八千円ですが『くじゃく亭通信』愛読者に限り四万円でお分けいたします。
連絡先　五五二・五九〇六　学芸書林（米沢）

＊読者からの便り＊

（兵庫県・西宮市）矢冨謙治

暑中お見舞申し上げます。「くじゃく亭通信」有難とうございます。とても楽しく読みました。海人族の流れ、済州島は細かい処で教えられる点多く、大変参考になりました。楽しくそしてピリッとコクのある「くじゃく亭通信」の永続を祈って。同封の切手、通信費の足しにして下さい。

（京都・黒谷）戸川霊俊

暑さのみぎり　ひとしお　ご自愛を

樹陰納涼

柳かけ　糸よりかけし　春よりも
くる人しけき　夕すゝみかな　宣長

（東京・渋谷）船坂　弘

謹啓　この度有難きご縁を頂き御拝眉を賜り感謝して居ります。尚くじゃく亭通信を揃えてご恵送下さいまして有難うございました。更に各種の優待券の同封に貴兄のご高情厚きに恐縮して居ります。合掌

（東京・保谷市）小島晋治

残暑お見舞申し上げます。戸井さんの個展でお目にかかって以来、毎号「くじゃく亭通信」をお送り、大変有難うございます。どの号も楽しく読ませていたゞいています。済州島の文章は、とても勉強になります。高峻石さんの「越境」を読んで、高さんの母なる海女の生活、その出稼ぎのことなど、印象を受けましたが、これが日本につながることを知って、驚きました。それから朴福美さんの文章にあったソウルの春のさきがけたる"柳絮"のこと、ペキンだけのことと思ったら、名称も時期もほゞ同時にソウルにも舞うのだな、と知って本当ならソウルのそれを知ってペキンにもあったのかと、思うべきだったのにと思いました。お元気で。

（奈良市）徐　龍　達

暑中お見舞い申しあげます。あわせて平素のご無沙汰をおわびいたします。わたくしは数年前から、在日韓国・朝鮮人、中国人などの定住外国人も、国公立大学の教員になれるように運動しておりますが、「慣例」の壁はとても厚く高いようです。学問の世界に国境はないといわれる今日、今年こそは、それこそ本当に涼しく、心あたたまる道が開けるように念ずるばかりです。一九七七年盛夏

（東京・調布市）板垣葉子

안녕하십니까? 「くじゃく亭通信」のご恵贈にあずかり有難とうございます。読んでいて人の吐息を感じさせる通信に、夏の暑さを忘れさせる爽やかさを感じました。秋には金時鐘氏の詩の夕べが開かれるとのこと、やさしく又とぎすまされた濃厚なお話が聞けると、今から楽しみにしております。

（千葉県、我孫子市）鈴木　博

前略　永らくごぶさたしております。先日図書新聞紙上にて復刻会の発足を知りさっそく入会させていただきたいところですがいまだ浪々の身にてふところぐあいが気になります。入会案内のたぐいもしありましたらお送りいただければ幸いです。草々

（長岡市）佐々木　克

「くじゃく亭通信」有難う御座居ました。上京の時は是非寄ってみたいと思います。後藤さんの心優しい評は、新進のアーティストにとって、どれ程励みになることか。これからも健筆を楽しみに待って居ます。

（東京・千代田区）水上　靜

拝啓　先日はお忙しいところ、いろいろとお話しをうかがわせていただきましてありがとうございました。本日はまた「くじゃく亭通信」バックナンバーとサービス券をたくさんお送り下さいまして本当にありがとうございます。「済州島」は深い関心をもって読ませていたゞいております。すこしばかり韓国語を勉強しておりながら（現在は辞書を片手に毎晩、共和国の短篇小説集を読んでおります）まだ不勉強で済州島のことは何も知りません。金石範の「鴉の死」も四・三事件の歴史をよ

くわかっていないために、未だに私の胸の中に根をおろすまでにはいたっておりません。済州島をもっとよく勉強してから、ぜひまた、読み直すつもりでおります。そのようなわけで、今後とも何とぞよろしくお導き下さいますようお願い申し上げます。なお「通信」は、同封の『歴史研究』「歴史資料室」にお載せしようかと思っております。暑さきびしい折、くれぐれもお身体お大切に。ごきげんよろしゅう。

（東京・千代田区）久　源太郎

暑中お見舞い申し上げます。「くじゃく亭通信」拝受いたしました。どうもありがとうございます。今後とも宜しくお願いいたします。

（東京・三鷹市）　池田源太郎

拝啓　先日の「東アジアの古代文化を考える会」の総会では途中退出したのでゆっくりお話出来ませんでしたので残念でした。くじゃく亭通信に「朝鮮図書復刻会」のことがありましたので私も大いに関心があるのでお便りします。以前「東アジア……の会」の会合で、二、三回大阪から出張して講議された金思燁先生は小生の母校（大阪外大）の先生なので御出講の時、話合い且つ名刺を交換しております。大阪外国語大学客員教授、京都大学文学部講師、文学博士で旧京城帝大の御卒業と聞きました。客員教授というのは国立大学では外国人の場合、官吏である教授には文部省の官制上任名出来ないので「客員」と云う字が附きますが官舎も与えられ日本人教授と同格です。住所は大阪市住吉区万代西一丁目四六（官舎）。最近「三国史記」を訳されて出発された由ですが、この先生に依頼して「日本統治時代」発売禁止になった日本史に対して皇国史観上、都合の悪い本（東アジアの立場から一番知りたい本）を教えて頂きこの種の本の出版復刻を計画したら如何でしょうか。高さんも多分接触があるでしょうがもしなかったら小生は母校の先生ですから直接お便りして相談しても宜しい。右思い附くまゝに乱筆で失礼します。匆々

（東京・世田谷）小林千恵子

暑中御見舞申上げます。皆様方御元気でいらっしゃいますか。ピーコックでの私の個展の時には、大変御世話になりまして本当にありがとうございました。予想以上の成果をあげる事が出来ましたのも、高様をはじめ皆様方の御協力のたまものと深く感謝しております。暑さきびしい折、御体を大切になさって下さいませ。「くじゃく亭通信」をお送りいただきましてありがとうございます。

（東京・新宿区）　三笑亭笑三

さっそくに　くじゃく亭通信　既刊分　お送り下さりありがとうございました　早速渋谷界隈何か書かせて頂きます。

（大阪・住吉）　金　思燁

暑中お見舞い申し上げます。御送り下さいました「くじゃく亭通信」有難うございます。サロン的雰囲気を味わせてくれます。

（大阪・東淀川）　金　相俊

高淳日学兄に。ユニークな通信を毎号ご恵贈頂き有難う存じます。去る五月十五日の日曜日に、大阪駅前の新阪神ホテルにおいて、六年前に分裂解散した阪大の同胞同窓会が再興され約六十名が参加し盛会でした。貴兄も薬学部に在籍したので、会員ということです。小生、広報担当の副会長を仰せつかりました。名称は大阪大学韓国・朝鮮人同窓会ということに落ち着きましたが、貴通信「韓国写真展」の文中にある「韓国」「朝鮮」の使い分けのところを読んで思はず苦が笑いしました。目下同窓会誌作成中です。刷り上りましたら貴兄に一番先きにお送りいたします。祈御健勝！

＊韓国写真展はお蔭さまで盛況裡に終りました。「通信」の封筒持参の方には記念品を差上げますとお知らせしましたが、殆んどの方が封筒の提示が無かったようです。記念品（『木造四天王・多聞天像』慶尚北道尚州郡・南長寺の如来坐像の光背の部分写真）はまだ百部程残っていますので、ご希望の方は返信用の封筒に五十円切手を貼ってお申込み下さい。先着の方からお送り致します。

○独歩 -- 国木田独歩が、佐々城信子との失恋の傷心を抱き、この丘の上に移り住んだのは、明治29年(1896) 9月19日から、翌年の3月21日まで。この地を中心とした半歳の田園生活が、名作「武蔵野」を生んだ。

○柳田　渋谷駅から宮益坂に出て、左折し、さびしい田舎道を行くと、大きなケヤキの木の下のわらぶきの農家の一間に、まだ松岡姓、26歳の柳田国男がわびずまいをしていた。周辺には見事なウメが花開いていた。田山花袋が「東京の三十年」で語る、明治33年(1900)の早春の記。

○鉄幹Ⅰ——与謝野鉄幹は、明治32年、この地で「東京新詩社」を発足、翌33年4月、文芸総合誌「明星」を発刊した。34年6月、堺の商家の娘、鳳晶子(ほう・あきこ、21歳)は、風呂敷包みひとつで単身上京、鉄幹の許に身を寄せた(鉄幹夫人は実家に帰っていた)。

○鉄幹Ⅱ——明治35年(1902)、石川啄木は盛岡中学5年・17歳。八甲田山の凍死事件では、級友とともにその号外を売り、売り上金を、足尾銅山の鉱毒被害者に贈った。その11月、盛中を中退、上京、鉄幹を訪れ(中渋谷村大和田、いまの「エムパイア」あたりに移転していた)、はじめて晶子夫人とも面談した。

○夢二——竹久夢二が、豊多摩郡渋谷町宇田川町857に住んだのは、大正7年(1918) 8月から12年12月まで。黒襟の黄八丈を仇っぽく着こなした、夢二の絵から抜けだしたような女に、訪問者はびっくりした。夢二は、3度目の愛人の葉子と同棲していた。そのころ、夢二は「ドンタク図案社」の名札を掲げていたが、ここで、9月1日の大地震に出会った。

○大岡——大岡昇平氏は明治42年(1909)生まれ。この地の風物の中で成人された。

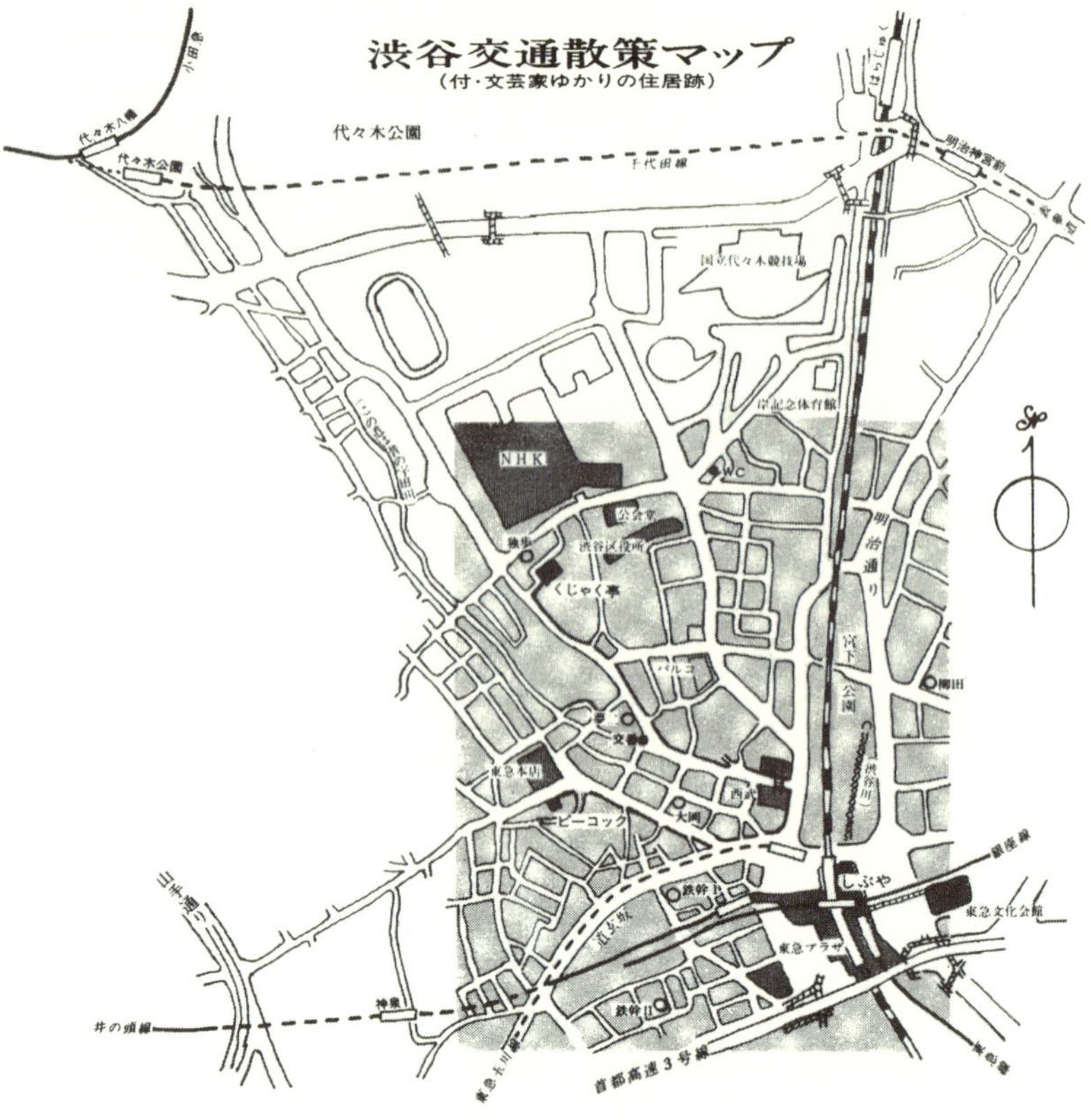

朝鮮人と私

戸川安雄

　一九四五年八月一五日の午後、沖縄本島の屋嘉にある捕虜収容所にとらえられていた捕虜達は、いつも点呼を受ける広場に集合させられた。よくあることなので捕虜達はブツブツ、ガヤガヤと集まり雑然と整列した。だがその日はふだんとは少し様子が異なり、一番エライ米軍将校が通訳を連れてやってきた。そこで日本国が無条件降伏したことが告げられ、例の勅語が伝えられた。

　数千人の捕虜はしばらくは呆然としてこれを聞いていたが、やがて熱い白い砂の上に伏してすすり泣くもの、転げまわって号泣するもの、うそだ、謀略だといって喚くもの、今まで自分たちだけは安全な所に居て、我々を戦場に追いやった連中が、今度は自分の命が危くなったので手をあげたとののしるもの、ザマアミロと冷笑するもの、大笑いに笑い転げるもの、ケロッとして何事もなかったように、さっさと天幕に戻ってアメリカ製のコーヒーを飲んでアメリカのたばこをふかすもの、等々、広場はおよそひとの示し得るあらゆる表情と姿態と音声に包まれた。これが我々の戦いの大団円であった。

　そのとき、日本兵の収容所に隣りあった朝鮮人の収容所から、ものすごい大音響がわき起った。石油カン、フライパン、音のするすべてのものが打ち鳴らされ、マンセー、マンセーという彼等がこの何十年間口にしたことのなかった喜びの大喚声はまるで打ち寄せる怒濤のようであった。彼らは踊り狂っていた。手の舞い足の踏む所を知らずという表現はこのことを云うのであろう。

　彼らは鉄条網に沿って何度も廻りながら、我々の方に向ってこぶしを振り上げて「ニッポン人バカヤロー」「テンノーヘイカ、ニキビシバラー」と叫んだ。さわぎは夜になっても続き、彼等が歌声にあわせて踏む足音は、地震のように我々の所まで伝わってきた。

　やっと我にかえった日本人捕虜の間には、アメリカ兵が朝鮮人に武器を与えて我々に復讐させようとしているという流言が、たちまちのうちに拡がった。それを信じたものは天幕の支柱やスコップで武装して襲撃に備え、中には、こちらから先制攻撃を仕掛けるべきだと主張するものもいた。しかし、アメリカ兵が衝突に備えて厳戒しているという噂で事なきを得た。これが朝鮮と日本の新しい関係の幕あきであったわけである。

　翌日からキャンプはあわただしくなった。あちこちの洞穴から出て来て降伏したもの、離島で降伏したものが続々と屋嘉のキャンプにやってきたからである。朝鮮人のキャンプはどこかに移され、日本人のそれは拡張され、やがて収容所は、ちょっとした村になった。

（筆者は「東アジアの古代文化を考える会」会員）

三千里講座「教科書のなかの朝鮮」が聴講者を募集しています。TEL 208−5072

金時鐘の詩の夕べ

作曲し、それを歌うコン・スンジャは、今年の夏を「新潟」ですごしています。そこで彼女は詩集「新潟」を手にして、ピアノを弾いているはずです。

　彼女の帰京を待って、第一回の実行委員会を持ちたいと考えています。この新しい文化的企画に参加してみたいという希望者を募っています。

編集後記

　主筆名が変ったことに関し、問いあわせがあったりしたので、その間の事情をこの欄にて書かせていただきます。つまり、安部弘記という名称は事情のある時使うペンネームなのです。ところが、『三千里』十号に、短い文章を書いたさい、筆者の肩書きを「くじゃく亭通信主筆」と付けられてしまい、そこで使っている筆名阿部桂司を、「三千里」の方が発行部数がはるかに多いから、色々と誤解を与えないようにと統一しました。

　このような、小さなものでも毎月発行するとなると、仲々大変です。この通信の主題は、渋谷の町と、朝鮮です。関連のあることでしたら、御一報下さい。

ピーコック画評⑦

後藤　直

佐藤隆司氏の「韓国写真展」が好評のうちに終り、猛暑の八月は、三島平一氏の油絵展である。しかし暑さを吹き飛ばすような、何とさなやかな画展なのだろうか。

伝えきくところによれば、ピーコックでしばしば画展を開いている石橋氏（氏は私のファンの一人でもある）の大先輩で、本年七十九才なのだという。私は「それ本当？」とき き直さざるを得なかった。わが耳を疑う程、三島氏の絵はたいへんに若々しい。

しかも、ある有名な会社の社長とか会長の時代の六十九才から絵を始めたというのだから、驚きはなおさらである。それまでは、絵筆はとったことがないそうだから、にわかには信じられないような話しである。

「十年選手」とはいえ、いってみれば「七十の手習い」で、これだけ人の心をなごませてくれる絵をかけるのだから、その精進ぶりには頭が下がる。

私は常に、絵は個人（個性）の反映でもあると考えているので、氏とお逢いしたことはないが、さぞかしおおらかな人物であろうと秘かに想像しながら、氏の絵を眺めていた。

「アネモネ」（F3）「洋なしとぶどう」（F4）「花（ゆり）」（F4）「もくげ」（F4）「水蓮」（F6）「野菜」（F3）「菊」（F4）「桃とマスカット」（F4）「桜桃」（0号）「慈姑とラディシュ」（SM）「コスモス」（F6）…など花や静物も、にごりのない色彩とやわらかなタッチで描きあげ、達者そのものであるが、たとえば「菖蒲池」（F6）「三宝寺池」（F6）「函館」（SM）「港」（SM）などの風景もなかなか捨てがたいできばえである。

とくに「三宝寺池」（一）は素晴しい。黒い木立と明るいすすきの対称があざやかであり、細やかな雰囲気が画面ににじみでており、風景画のよさが自然に構成されているのだ。

何げなく描いたように思える「港」も、港特有の物がなしさが漂っていて何ともいえない郷愁をそそる。

絵が文学的であるとか、哲学的であるとか、あるいは説明的であるとかいう以前に、自然であるべきであろう。三島氏の絵には、共通して夢といおうか、ロマンというべきか、おおらかさがあり、ピーコックでのひとときを私は、われを忘れていい気分にひたっていた。

三島氏の今回の個展に、惜しみない拍手を送るとともに、今後ますますいい絵をかかれるよう祈らずにはおられない。氏は絵をつづける限り、いつまでも健康であるだろう。若い者も見習らわなくちゃ。

三島平一氏略歴　一八九八年愛媛県松山に生まれる。戦時中、伊藤忠㈱天津支店長、引揚後、大洋物産㈱取締役、㈱山大商店社長、セントラル㈱社長、会長歴任。現在同社相談役。

◎ピーコックギャラリーの案内◎

毎月一日から月末までの一ヶ月間

八月　三島平一油絵展（第三回）
九月　山田善彦・阿部正明二人展（初回）
十月　田村千恵子絵画展（第三回）
十一月　由木浩子油絵展（第二回）
十二月　石橋正秋油絵展（第七回）

九月の二人展の紹介

山田善彦氏　一九四一年　新潟県十日町市に生まれる。県展（一九七二年）四回入選。一陽展入選、市展入賞　入選数回

阿部正明氏　一九三六年　新潟県十日町市に生まれる。県展（一九六〇年）十回入選、二科展（一九七一年）三回入選、市展賞四回

＊絵画展開きたい人は、ピーコック（デンワ四六四－三三二六）へ、お問合せ下さい。

◎古代文化サロンの案内◎

於ピーコック　PM六時半より

九月二十日（火）
十月二十日（木）
十一月二十一日（月）

毎回盛会になっています。古代史に自由に発言のできるサロンです。どなたでも参加できます。問合せは電話三八六－七七五一　留目和美まで

くじゃく亭通信

第10号

発行所　くじゃく亭
渋谷区宇田川町八—九
主筆　阿部桂司
TEL 464-2901

渋谷の街を考える ②

道下　寿子

渋谷は不思議な街である。山の手の気位の高さと泥くささの中に、絵の具箱をぶちまけたような若者の風俗がないまぜになり、奇妙な熱気を感じさせる。建物は、こゝ数年の間にすっかり様変りしてしまった。街づくりには、当然監督官庁の都市計画に基づいた行政指導が行なわれるものと考えるのだが、この醜悪といっていゝ程のアンバランスな発展の仕方はどうだろう。調和のとれた街づくりは、役所、企業、地域住民が一体となって討議し、完全なコンセンサスが得られた後、実行に移すべきだと思うのだが実際はどうなのか。大手企業は、その資本力にものをいわせて弱小企業、或いは地域の人々の心を無視してはいないだろうか。

「東急本店通り」前号を読んで驚いた。あの通りは確か区道だった筈だがいつの間にそんな名称になったのか。どんな経緯でそうなったか知らないが、東急本店が、ほんとうに地域の中にとけ込み、人々に愛されたいと願うならば、こんな不粋な名前は即刻止めた方がいい。東急本店通りなどという企業寄りの大上段にふりかぶったような名に親しみがもてる訳がない。しかし、一度きめた名を変える事は難しいというならば、その名に相応しい通りにするための道路整備その他それに伴う派生的な地もとの問題にも手を貸す責任がありはしないか。今、東急本店としては、若者を西武パルコに吸い取られ、公園通りの賑わいを横目に、何とか巻き返えしをと願っている筈である。本物志向を目指すならば、本物の判る客を誘致するための努力は当然の事であろう。もちろん区道であってみれば、一企業が単独で工事をする事など出来るものではないが、区も街づくりに真剣に取り組むならば、このようなところにも木目細かな血の通った行政の反映が欲しいものだ。地もとの人々も、自分達の街だという自覚と愛着をもって、洒落た「通り」にしようと努力すれば、単なる道ではない、より高度な文化の香りをもった”動く空間・対話のあるプラザ〝の実現も夢ではない。優雅な、ゆとりのある雰囲気をもつ「通り」には、誇り高いナイス・ミドル・エイジと呼ばれる人々をひきつけずにはおかない魅力が生まれるだろう。

日々、変貌していく街の様子をみるにつけ、この街を愛する者の一人として、渋谷に又一つ、「公園通り」とは一味違った新名所が出来る事を望んでいる。(筆者は安達式挿花家元)

渋谷・東急本店(十月中の催物)

古伊万里のすべて(七日〜十二日・六階)

「初期有田・柿右衛門・色鍋島展」

入場料一般五〇〇円、学生三〇〇円

古伊万里に代表される日本磁器の創成期から江戸後期までを、歴史の流れに従って未公開作品八十点を含む一六〇点の名陶、名器をはじめ著名な古窯跡址からの出土磁器片、歴史資料などにより紹介する「古伊万里のすべて」を展観。

●**初期有田**(青磁彫花文瓶、染付唐獅子図中皿)　●**古伊万里**(色絵唐花文鉢、色絵風俗絵図壺、染錦奴婦人風俗絵図瓶)　●**柿右衛門**(色絵山水図蓋付壺、色絵唐人船遊図皿、染付紅ちらし鹿文皿、染付花鳥図波に菊ちらし文大鉢)　●**色鍋島**(染付青磁秋草文皿、色鍋島青海波三瓢文皿、色鍋島蘭図大皿)

済州島 (10)

『稲の日本史』に目を通していたら、
安藤　日本へ来て稲をやるとなれば、相当の人が来なければ……。
柳田　その点です。稲はほかの農法と違って、特殊ですから、どうしてもつくる、栽培する人が来なければできない。
安藤　種子を持って来なければできないはずです。自分の食糧として、籾を持って来なければできない。……華中方面というが、朝鮮の済州島にはどうして渡ったか、済州島を考えなければならぬ。済州島の事情がまったくわからない。耽羅島という言葉は日本歴史にもある。
とあった。この場合の安藤は、『日本古代稲作史雑考』を著した農学者の安藤広太郎であり、柳田は柳田国男である。

九月の初め、師に着いて飛騨の山村を、その農耕祭礼を見てまわったのである。もう山村の稲刈りは始まりかかっていた。その山村の農耕祭礼は明白に朝鮮の影響が見られるらしいのだが、私は、そのいわゆる祭りが山村の農耕生活の中に生きていることに、感動をおぼえた。

石宙明は「農民の食料品、主食物は麦と粟、副食物は植物質の”海菜“と動物質の”カジキリ“を普遍的に豊富に使用することが特色である」という。

ついせんだって逝去した服部竜太郎の『済州島民謡紀行』に

田んぼのお米は　国への兵糧
陸稲のお米も　国への兵糧
品のわるい　細粟ばかりが
おいら百姓の　たべ物だ

という、いわゆる日帝時代の歌が紹介されている。一九三六年に於て、灌漑の便が悪いのにもかかわらず、八〇七町七反の水田があったことが報告されている。『東国与地勝覧』に「地乱れ石多く乾燥す。もと水田なし」と書かれていることをまともに受けると、江南から稲の道がわからなくなってしまう。そこのところは、さすがに安藤広太郎農学博士は的確にとらえている。そして私は、ここで柳田国男の済州島認識にがっかりとするのである。柳田国男は、「ただ否定できないことは、耽羅やあの近くの南鮮一帯は、在来の住民を何べんも駆逐しておるから、現在の住民があの島と相生いとは限らない」と、安藤広太郎農博の言葉を否定的に受けていることである。済州島は三姓穴の説話に見られるごとく、現在の住民が済州島と相生いと限られるところに、我が済州島の一大特長があるのである。

稲作は灌漑の便が悪いからといって、できないものではない。朝鮮に於ては、その気候に適応した”乾畓栽培“というものがある。

この栽培法は、雨が降るまでは畑状態で種を播いておいて、雨季になってそこが一面の水田になればその後は水田として管理するというもので、李台鏞の『乾畓の起源』にくわしい。この乾畓栽培法が、日本の山村にある小山田であることは容易に想像がつく。そうすると、日本の稲作と新羅のそれとの関連にこだわる安藤広太郎農博の意見と、飛騨の山村にある新羅伝来という農耕祭礼と、小山田にみのった稲穂の連なりが日・朝二千年の歴史をうかびあがらせてくれる。

私は師の思考の深さというものを、初秋の秋の旅のなかで知らされたのである。重ねていうが、柳田国男の稲の道は、その済州島認識ひとつとっても、あやしいものであることがわかる。済州島の存在の重要さに着目していた安藤広太郎農博の目は、日本の山村の小山田の形成起源まで目通している。彼は朝鮮の農村をくまなく見てまわった人でもあった。安藤安太郎農博は、日本でも群馬と熊本に乾畓栽培法をやっているところがあるといい、そして間島の稲作についても、論じている。つまり、水田というのは、昔は道がないのだから、山の上は通路になっておって、山から水田ができたというのである。

こう書いていてやはり、柳田国男のような済州島認識でなく、安藤広太郎農博のようにでなければ、という思いが強くなる。

張斗植氏の死を悼む

阿部桂司

張斗植氏には「婿養子」という短編小説があって、氏の訃に接して、その一部を思い出した。作中の女主人公が「ほかの外国人は自分の国へ自由にいったりきたりできるのに、わたしたち朝鮮人にだけ、なぜそれが許されないの……もともとわたしたちは、日本へきたくてきたんじゃないじゃないか……」とつぶやいている個所である。それは一九二三年の秋に八歳で、それこそきたくてきたんじゃない日本にきて、日本の敗戦後一度も故山を踏むことのできなかった張斗植氏の血を吐く思いを文学化した部分であろう。

家永三郎は『太平洋戦争』という歴史書の冒頭で張斗植氏の『ある在日朝鮮人の記録』を引用している。日本人の歴史家が、日本のある時代の歴史の叙述の真実性を期すために張斗植氏の著作の引用で持ってしているということは、ある示唆を与えてくれる。

『ある在日朝鮮人の記録』は張斗植氏の代表作である。その定本が同成社から刊行されている。この作品の文学的評価については、西野辰吉が、その労働の描写の見事さを日本の従来の文学では表現し得なかったものと、いっている。

張斗植氏は、一九一六年に朝鮮・慶尚南道威安郡漆原に生れ、育っている。本籍地は、慶尚南道昌原郡東面新方里である。一九二三年の秋、関東大震災直後に、東京都下の八王子の父母の元に八歳で渡日してきている。それからの艱難辛苦については『ある在日朝鮮人の記録』の一読をすすめる。

一九四一年に神奈川新聞社に入社して、一九四九年まで、神奈川新聞の記者をしている。一九四六年には、雑誌「民主朝鮮」の編集に参加し、一九四八年、病気でそこを辞めている。病気療養の後、一九五八年十月には雑誌「鶏林」を創刊し、主宰している。この鶏林に「私の歩いてきた道」として書き始めたのが、「鶏林」廃刊後、リアリズム研究会の、「現実と文学」に「ある在日朝鮮人の記録」として連載し、結実したのである。

張斗植氏は、一九六〇年代を、リアリズム研究会の　人として、民主主義文学同盟の同盟員として、その高潔な人格が若い人々から慕われた。

昨年は長い闘病生活を歴て居るが、九月二三日は、病院から帰って、お嬢さんに水を一杯所望した後、床に着き眠るがごとく大往生したと聞く。時に、午後四時。

合掌

『現代語学塾』生徒募集

場所　渋谷区代々木二丁目二九番地一四号
電話　三七〇－五九二五
受付け　一〇月一日から一五日まで
月曜日から土曜日までは、
午後五時から八時まで。
日曜日は午後一時から四時まで。

開講は一〇月中旬より六ヶ月間
授業は週一回、受講料一万六千円（分割可）
他にテキスト代が三千円程度かかる

初級　月曜日　午後六時半から八時半
講師　加藤晴子
金曜日　講師　李恵慶
中級　火曜日　講師　梶村秀樹
上級(1)水曜日　講師　李恵慶
(2)木曜日　長璋吉

『朝鮮語教室』のお知らせ

「朝鮮の会」（横浜市中区石川町2～81 小沢方）では第四期朝鮮語教室を開講、十月受講生（初・中・上級）を募集。同会では機関紙「ぱらむ」発行。問合せは、電話〇四五－七一四－九五五六　片桐まで、但し午前中。

読者からの便り

（東京・中野）　三島　平一

朝夕は涼しさを感じる候となりました。このたびは、ピーコックでの私の個展ではお世話を頂き、誠に有難うございました。私も来年三月で満八十才となりますが、お蔭様で至極元気なので更に来年に向けて精進したいと思います。略儀ながらとりあえず書中にて御礼申しあげます。

（東京・三鷹市）　松浦千英穂

くじゃく亭通信、届きました。ありがとうございます。「渋谷交通散歩マップ」いゝじゃないですか。小生愈々明日午後に手術を受けます。過日の「洒落の会」、はなし家さんたちで制作した映画を見ました。仲々のものでしたよ。撮影は笑三師匠だそうです。では又。

（東京・大田）　北原　寛

前略　僅かばかりのカンパなのに、早速御丁寧なるお手紙頂き恐縮しております。貴輪にありました〝日本と朝鮮との関係〟と言う視点からの〝通信〟これからも是非御恵送頂けますようお願い申上げます。尚同様の視点からのつもりで小生が某業界誌に書きました雑文お送り致します。御笑覧頂ければ幸いと存じます。

（東京・豊島）　外岡　宏

八月三十日最終日に三島平一さんの個展を拝見させていただきました。気負いのない素直な絵ですね。わけても透明な色彩に、たまらない魅力があります。キュウリ、葡萄、水蓮を浮べる水面など、セザンヌやアンリールソーと同質な透明度です。影が影でなく美しい暗色のハーモニーを構成しているのもカラリスト三島さんの見逃せない特色だと思います。キャンバスとこれほど純粋に対話できる三島さんをうらやましくなりました。小さくとも楽しい、心温まる展覧会でした。よろしくお伝えください。

（東京・渋谷）　松井　やより

「くじゃく亭通信」お送り頂いてありがとうございました。8号までなかなかユニークなミニコミですね。同じ渋谷の住人として親しみを感じます。実は私「アジアの女たちの会」を三・四年前から細々と続けてまいりましたが、今春三月一日の記念すべき日を期して、再出発することにしました。アジアとのつながりの中で女達の問題を考えようということです。会員は三百人近くにふえましたが、やはり韓国の問題に関わってきた女性がかなりありまして、六月に機関誌「アジアと女性解放」創刊号を出しましたが、韓国民主化闘争を果敢に闘っている女性達の指導を頂きました。私達日本の女として、とても励まされるからです。一部同封致しますので、どうか関心のある朝鮮・韓国の女性達におすすめ下さいませ。巻頭の「私たちは韓国の女たちの闘いを支持する」は私が書きましたが、この文章の中に私達の思いをこめております。

因みにこの「アジアの女たちの会」毎月一回「女大学」という会合を開いておりますが、会場は渋谷勤労者会館です。渋谷に育ち、渋谷を闘いの場にと、私自身秘かに願っています。そのうちみなで「くじゃく亭」に寄せて頂きます。「ピーコック」にも。奥様お元気ですか。よろしくお伝え下さいませ。御健闘を祈ります。

アジアの女たちの会の連絡先　横浜市保土ヶ谷区桜ヶ丘一―一二県住公社一四七・五島昌子

（横浜市）　田中　常康

ユニークな編集と経営にいつも敬意を表してをります。特に画信と特輯篇「済州島」の歴史的経緯には興味を唆られてをります。佐藤隆司写真展傑作のしをり、御裾分け願はしくお願い申しあげます。爽秋と共に健筆のますます冴えられんことを祈りつゝ。

敬白

（北九州市若松）　丁　竜　鎮

前略　バックナンバーをお送り下さいまして有りがとうございます。十月末に川崎の方へ出張がある予定ですので、上京した節はくじゃく亭にも寄らせてもらおうと思っております。僕は仕事は工員をしております。それも出張の多い職種です。先日もクエートや、イラン等に出張する話しが出たのですが、相憎くとパスポートを取ることが出来ませんので外国へ行くなどとは切ない夢にしか過ぎません。帰化を勧められますが、僕は帰化に反対なので生涯、外国へ行けないでしょう。僕の短い人生の内、一度位は海外に出て自分の見聞を拡大したいと小さい頃から思っていましたが、僕ら在日朝鮮人にはそれは無理なことのようです。自分のことばかりお話しして申しわけ有りません。『済州島』の作者はどなたか、まだわかりませんが勉強中の僕には大変役に立ちます。僕は金石範先生の「鴉の死」は一九七五年に読みました。それ以来、金先生の大ファンになりその年の十一月十五日に博多の九大で講演会がありましたが僕も参加しました。会は盛況で金先生の温かい人間性をさらに発見したような気分で帰宅しました。非常に有意義な時間を過ごせたと今でも思っています。「くじゃく亭通信」が今後も充実した内容であるよう心から御声援いたします。（同封の切手は微少ですが、何かのお役に…。又おくります。）

（東京・大田）　舘野　晳

早速、くじゃく亭通信お送り下さりありがとうございました。一気にNo.8まで読みつくしてしまいました。亡くなった竹内好氏が以前出されていた小型版『中国』のようなスタイルの定期刊行物として、小なりとはいえなにか印象に残る形を残してほしいと存じます。

「朝鮮図書復刻会」の入会はもう締切ったのでしょうか、入会ができなければ、購買希望の予約の方をよろしくお願いします。

「通信」用にと、中国旅行記を少し書いてみました。お恥かしいものですが、取捨はどうぞご自由に。そのうち、くじゃく亭の方にも寄せていただきます。まだまだ残暑が続きます。お体を大切になさって下さい。

（東京・目黒）　白倉　光男

拝啓「くじゃく亭通信」毎号楽しく読ましていただいております。貴通信を東京国立文化財研究所美術部第一室長の久野健氏および東京寧楽会会長川尻祐治氏にご送付下されるように、高さんにお会いした折りにお願いしましたら心よく引き受けて下さいました。よろしくお願いいたします。

敬具

（佐賀県・有田）　葉山　博

くじゃく亭通信、いただきっぱなしで申し訳ない。日朝関係の記事にいつも教えられるところがあります。総合的に朝鮮を把握する努力は、資料不足や一般の関心の低さに水をさされがちで、貴通信の努力は貴重です。私の今いる有田の窯は朝鮮の陶工達によって築かれました。有田焼は現在も日本を代表する磁器のひとつです。以前にグラビアで現在の朝鮮の磁器を見ました。器型は感じが違うものの、絵付の色さい、しぶさなど日本の磁器と共通した要素をもっていました。中国磁器の明るさ、朝鮮・日本磁器のしぶさ、共に捨てがたいものがあります。有田焼の清楚さに触れると、自然にあの白いチマ、チョゴリを連想して終うのが不思議です。もう三、四百年も経っているのに。

（京都・嵯峨）　丸山修三

その後ごぶさた致しております。先日は「くじゃく亭通信」をお送り下さって有難うございました。お元気でしかもいろいろとご活躍のご様子何よりと存じます。東京へは用事で年何回か参ります。前々から思っていましたが次回上京の節は時間をさいて是非お寄りしてつもる話をという気持にかられました。京都へ来てもう十三年程たちました。この辺りはいわゆる古代秦氏の開発したところ、今では観光地、一寸した散歩には、こと欠きませんが、何だか次第に都会からとり残されて行きそうな気持ちになりそうで、若者が都会にあこがれる心情も分らぬでもないという気にもなりますね。何かを発行なさることの大変なこと、私も僅かの経験なんですがなかなかのことです。何時までも「くじゃく亭通信」が続くよう祈っております。先づは取りあえず遅くなったですが御礼申し上げます。御家族の方々にもよろしくお伝え下さいますよう御健康をお祈り申上げます。

見えない糸

留目和美

これから書こうとするのは、金思燁氏の「トンカラ・リンと狗奴国の謎」（六興出版）の読後感であり、私の年来の関心事についての記述でもある。この本によって、私の年来の仮説は重要な示唆を得て、ある確信に似たものが生まれつゝある。魏志倭人伝に、邪馬台国の敵国として「狗奴国」がでてくる。この「狗奴国」問題については、邪馬台国が華々しくとりあげられるのに較べて、あまりにも等閑視されすぎたきらいがある。わずかに、水野祐氏が、（狗奴国こそ、邪馬台国を滅ぼして畿内に東征した集団であり、神武東遷のモデルである）と説いたにすぎない。

金思燁氏は「狗奴国の構成種族は高句麗族が主力であり、高句麗と狗奴国とは古代に親接な関係があった」という仮説を、古代文献をフルに活用して、言語学・比較文化論などから検証していく。そして北九州と南韓の連合国（邪馬台国）対高句麗・狗奴国の対立の抗争を編年的に、生々と描いている。

私の年来の関心とは、実はこの高句麗と狗奴国の関係であった。漠然とではあるが、倭国の中で狗奴国だけがなぜ邪馬台国連合と対立していたのかという疑問が以前からあった。後に熊襲といわれ、大和朝廷にとっても敵対勢力となることも、又、この地域が石人石馬や装飾古墳という特殊な墓制をもっているのも、この勢力が高句麗と親縁関係にあると考えてはじめて解けてくる。

しかし、高句麗と狗奴国の関係が海を通じて結ばれたとしても、一直線につなぐにはあまりにも距離がある。そこで中継点が必要になる。金氏も天草・五島列島・済州島の名を挙げているが、私はこの、五島列島と済州島の古代を調べてみた。そして、そこに高句麗と狗奴国を結ぶ見えない糸の痕跡を見出そうとしたのである。

五島列島――肥前国風土記に値嘉郷の条に次の記事がある。「此の嶋の白水郎《アマ》は、容貌、隼人に似て、恆に騎射を好み、其の言語は俗人に異なる」。（値嘉郷は五島列島の総称）こゝで注目すべきは、騎射を好みという点である。言語の異なる点も、住民が九州地方の一般とは違っていたことの証拠になる。白水郎《アマ》が騎射をよくするという点に、単なる海人族とは違う出自を想像するのは私だけではあるまい。

済州島―日本書紀の神功皇后四十九年の条に、南蛮忱弥多禮《トムタレ》として済州島の記事が出てくる。こゝは古く、耽牟羅又は耽羅といゝ、この名は島の中央の火山、漢拏《ハンナ》山の別名頭無山からとったものであろう。忱弥＝頭無＝耽牟である。

魏志・韓伝馬韓の条の末尾に、「又有州胡、在馬韓之西海中大島上、其人差短小、言語不與韓同、皆髠頭、如鮮卑、但衣韋、好養牛及猪、其衣有上無下。略如裸勢、乗船従来市買中韓」とある。こゝで注目すべきは、鮮卑の如し、言葉が韓語と違うという点であり、風土記と三国志という文献の違いはありながら、五島列島や、済州島がどうも高句麗や狗奴国の中継点であったらしいことを想像させてくれる。

高麗史の地理志に載る、済州島の神話のなかに、「三神人あり、地より聳出せり、長を良乙即、次を高乙即、三を夫乙即と云う。」とあるが、後に氏族発展の過程で、島を代表する権力が高氏となり世襲されているという。「民心みな高氏に帰する。高をもって君となす」（済州志世文）この高乙那の説話こそ、高句麗との関係を具体的に証明するものであろう。

〜〜〜〜〜〜〜〜〜〜〜〜

新人物往来社発行『歴史研究』九月号（第二〇〇号）で「くじゃく亭通信」を左の通りご紹介下さいました。

> 東京渋谷にある焼肉料理店「くじゃく亭」発行のPR紙、といってしまっては申しわけない。なぜならば、連載「済州島」はこのミニ通信の価値を千釣の重みたらしめているからである。韓国の済州島は歴史・文化・地理的にも日本でいえば沖縄のような位置にあり、事実沖縄・九州との関りは深い。他に画廊喫茶ピーコックでの展覧会評、エッセイ、読者のたより、集会の案内など。現在八号まで出ているユニークな都市型ミニコミ誌である。

ピーコック画評 8

後藤　直

九月のピーコック画廊は、山田善彦・阿部正明二人展でかざられている。

色調といい、構図といい、また画法といいすべてが対照的な二人展であった。

山田氏は「雪景」（F3）「雪ぐに」（A・B、F8・F6）「初冬」（F4）「初雪」（F4）などでも分るように、冬に題材を求めた絵が多く、そこには冬のもつ本質である冴々とした寒さとか、きびしさが追求されていて、なかなか迫力がありみごたえがある。

阿部氏の場合、「信濃路」（A・F10）「秋山郷」（F4）などや「たそがれ」（F4）「想い」（F4）でもいえるのだが、普通の風景に題材を得ている絵が多い。そしてやや平板なきらいはあるものの、色彩が抜群に暖かく、にごりのないきれいな絵であるのが印象的である。

かといって、山田氏は「冬」ばかりを描いているわけではない。「花」（0号）「秋」（0号）「街角」（F4）もあれば「信濃路」（F6）もちゃんと出品している。

また逆に阿部氏も「雪人」（F6）など冬に題材を求めたものもある。が最初から述べているように、二人の個性はまったく異質なのである。

山田氏は、同じ「信濃路」をかいても、荒々しく、きびしさを基調にしている。今度の出品のなかで、最も力作と思える「静物」（F10）に代表されるように、黒と茶が主体となっていて、たっぷり絵の具を使い、マチエルでごつごつと仕上げているという感じだ。素晴しく達者な人であるが多少暗さが気になった。

阿部氏の色調は明るく、澄んでいるものの、やはり構図の平板さが、やや弱点になっているように思える。しかし「雪人」にみられるように、人物の顔の表情が面白く、不思議な魅力をかもしだしている。

人間、それぞれ姿形が違うし、育った環境が異なるのだから、同一などはあり得ないものの（同一でないから本来楽しいといえるのだろうが）、この二人展は、何でこれ程まで対照的なのかひじょうに興味が湧いてくる。紙面がないのでふれられないが、とても楽しい二人展であった。

いずれにせよ、今後のお二人の健闘を心から祈りたい。

なお、山田、阿部両氏とも新潟県十日町出身で、一陽展、二科展でそれぞれ活躍中である。私自身が北国秋田の出身であり、世代的には私の方が多少古いものの、さまざまな点で共通項があるのだろうか、親近感をおぼえてならない。

●古代文化サロンの案内●　於　ピーコック

十月二十日（木）午后六時半より

・テーマ「縄文語と弥生語」報告・川崎真治

問合せは電話三八六－七七五一　留目和美へ

古代文化サロンの行われているピーコックの一階客席は、このたび専属の美人ママさんが決りました。やさしく心くばりをしてくれるそうです。「古代」文化サロンだけでなく、現代文化サロンとして毎日（？）でも、華やいだ気分で一杯やりましょう。ママさんのおなまえは、福本靖子さん。よろしく（留目）

●ピーコックギャラリの案内●

毎月一日から月末までの一ヶ月間

十月　田村千恵子絵画展

十一月　由木浩子油絵展

十月の「田村千恵子」氏紹介　一九七三年多摩美術大学卒。一九七四年よりピーコックで毎年作品展開く。一九七七年五月、椿近代画廊で四人展開催。現在、荒川児童館勤務。

編集後記

「くじゃく亭通信」のご愛読ありがとうございます。アッという間に十号を出すまでになりました。いろんな方から励ましのお言葉を頂き乍らご期待に沿えないのが残念ですがこれからもご支援の程お願い申上げます。

くじゃく亭通信

第11号

発行所　くじゃく亭
渋谷区宇田川町八―九
主筆　阿部桂司
TEL 464-2901

渋谷の街を考える 3

道下寿子

「公園通り」　距離にしてわずか千五百米程の間に、積木の家の様な建物がびっしり建並び、光と、音と、様々な色彩が交錯する。ボリュームいっぱいに、ニューミュージック、クロスオーバーのリズムが流れる中を、若者達が忙しなく行き交う。みんな何の屈託もなく楽しげである。歩きながらアイスクリームを舐め、焼きたてのピッツァを頬ばり、声高に話し合い、一様に満足した顔がそこにある。ぼんやり通りを眺めているうち、この風景を何処かで見た覚えがある様な気がして来た。そこで思い当ったのが三保文化ランドのミニチュアだった。やたらヨーロッパ調の名をつけた店が多く、看板の装飾文字が何故か空々しい。しかし、常に目先きの変化を望んでいる若者達にとって楽しい場所である事は確かなようである。この通りは、百貨店、レストラン、パブ、ブティック、ホテル、野外ボロ市、穴倉劇場から教会まで、若者を魅了するに足るあらゆるものを網羅している感がある。丁度、真中辺には大きな本屋もあり、知的欲望も満たしてくれるという寸法である。パルコの出現で、周りが刺激されて急速にこの様な「通り」になったのか、東京オリンピックで区画整理が行なわれ、道路が整備された時点で、すでに構想が出来ていたのか、いずれにせよ何百年、何千年もの伝統をもつヨーロッパの建築物に較べれば、芝居のカキワリの様に見える建物でも、その裏にある、日本人特有の、ぬけめない、したたかな商魂が、いち早く客層の変化を見抜き、短期間にこの華華しい発展を見るに至ったと云えよう。物理的空間が狭いという事は、情報化社会にとっては非常に優利である。だが、情報過多とも思われる昨今、その得た情報処理を如何にして正しく行なうか、急速に変化する社会情勢に対応する経営者の能力が問われる事になろう。これからは、行動科学の面からとらえた都市関係、建築、アーバン・デザイナーといった人々の活躍の場が、益々拡がって行くであろう。

《編集部からのお詫び》　前号で筆者紹介を安達式挿花家元と書きましたが、正しくは「安達式挿花家元高至教」であります。訂正の上、お詫び致します。

渋谷・東急本店（十一月中の催物）

李朝陶芸展（十一日～十六日・七階）
朝鮮李朝期の白磁・青磁・高麗の壺、水滴茶碗、花器など一〇〇余点を展観即売。

本郷新・柳原義達・高田博厚・菊地一雄オリジナル版画展（十一日～十六日・七階）
新制作会員で、現代日本の代表的な彫刻家四氏によるオリジナル版画展。

伊勢崎満・淳備前焼展（十八日～二十三日・七階）　備前の人間国宝、伊勢崎陽山の長男・次男で共に日本伝統工芸会正会員として嘱望されている。壺、鉢、酒器、茶器、一〇〇余点を展観即売。

日本芸術院賞・受賞作家油絵展（二十五日～三十日・七階）　十一月二十五日に新会員が発表される一九七七年日本芸術院会員候補を中心に新作三十点を展観即売。現会員の井出宣道、田崎広助、東郷青児、森田茂氏らの作品を賛助出展する。出展は、島村三七雄、新島繁、高田誠、高光一也、田村一男、中村善策、中村琢二、中山巍、野村守夫、服部正一郎。

＊読者からの便り＊

（東京・渋谷）　滝本　総一

たった一度しかお伺いしてませんのに、『くじゃく亭通信』毎号お送り下さいましてまことにありがとう存じます。「第九号」の編集後記に、「この通信の主題は、渋谷の町と、朝鮮です」ということで、すぐ頭に浮かんだことは、原宿駅そばに、今も昔のまゝの姿で残っている〈日韓合邦記念塔〉のことです。一九一〇年の日韓併合に功績のあった（？）両国の人達の名がずらっと並んでいます。旧日本統治下の朝鮮三十六年の歴史を思う時、今若者たちの街、原宿のド真中にあるこの塔の存在は一体何なのでしょうか。ベルリンオリンピック競技場のマラソン優勝者・孫基禎のカッコ書きがJAPANにすると、いつの間にかKOREAに書き換えられるというのに、なんと渋谷区は、この塔を「文化財」に指定しているのです。渋谷と朝鮮の問題として、考えられないでしょうか。

（吹田市）　阿部清比古

こちら関西では、ぼつぼつですが、運動の火をたやさないようにガンバッております。やはり、大阪・京都では、地味ですが、最初高先生が考えておられた様なやり方が現実の力になる様な気がします。つまり、五人〜十人の小さな朝鮮語を学ぶグループが、一方で誰の力も借りずに学習を進め、徐々にNHK（＝より大きな社会、または、「常識」的な価値観にコリ固った社会）に働きかけて行くという方法です。大分、時間はかかりそうですが（最初、大目に見積ったよりも更に）、ネバリにネバッてみるつもりです。

それから、毎回くじゃく亭通信をありがとうございます。私だけでなく、女房も楽しみにしております。

（東京・目黒）　小又　純子

いつも「くじゃく亭通信」をお送り頂きありがとうございます。楽しく読ませて頂いております。「済州島」は、私の人生に初めての邂逅であり、本当にいゝ勉強をさせて頂いております。これからの「済州島」に益々期待致します。私、近いうちにホノルルへ永住することになるかも知りませんが、お別れに際し多少のカンパを同封致しました。「通信」がいつまでも続きますようお祈り致します。

（吹田市）　金　時　鐘

貴「通信」、いつもいただいてばかりいます。ささやかながら、一つの和が着実に創りだされるさまを手にするようで、そのつど興味ぶかく拝見しています。ミニコミならではの、力をすら感じる編集力です。気負わず繋がりあう関係でこそ、市民の意識は、いつか必要とする意志力を発揮するものともなりましょう。タノシクやっていってほしいものです。

そのタノシクのことですが、どうでしょうか？　小生の難渋な『新潟』がコン・スンジャさんによって歌われるとのことですが、少なからず心配です。第一、曲になるものなのでしょうか？

スンジャさんに済まない気もちでいっぱいです。くれぐれもよろしくお伝えください。

（高槻市）　清水いと枝

私が相当不快に思っていた道玄坂祭りを今年も期待していた人がいたんで、驚きましたワ。獅子舞をやる兄貴で、品川出身のみこしかつぎ屋。まあ、時に舞って、みこしが来れば肩入れて……ということの様です。

先月の木場では、囃子があるとないじゃ、みこしのかつぎっぷりも違ったものですし、手答えも十分ありましたが、道玄坂は、なぜか、ダメでした……などと思い起しています。やはり、その街に合った何かが、各々あるのでしょうけれど。

（北九州市）　迫　一郎

くじゃく亭通信を毎号送付下さってありがとうございます。毎号、楽しく読ませていただいております。早くも十号、反響も大きいですネ。ところで私、移転しましたので今後送付下さる場合、新しい住所へお願いいたします。とりあえず連絡まで。

中国の書店の朝鮮関係書

舘野　晳

過ぐる六月に二週間ばかりの中国旅行をした。日程に余裕のない旅だったが、暇をみて書店めぐりもしてみた。書店でみかけた朝鮮関係の出版物のことを印してみよう。

まず、朝鮮語学習書としては、①「朝鮮語実用語法」（北京大学東語系朝鮮語専業・延辺大学朝語系朝鮮語専業共編、商協印書館七六年九月刊）、②「朝鮮語自習読本」（延辺大学朝語系朝鮮語教研組編、延辺人民出版社七五年二月刊）が時折り目にとまるだけだった。①の序文には「本書はわが国における朝鮮語学習の需要に応じ、編纂されたもので、ある程度朝鮮語の基礎を持つ人の教材・読物として適わしい」とある。中ー朝、朝ー中辞典はないとのことだった。朝鮮との関係からいって刊行されなかったとは思えないが、とにかくいまないことは確からしい。

文芸作品では、③朝鮮語短編小説集」（北京大学東語系朝鮮語専業工農兵学員訳、人民文学出版社七五年九月刊）、④「昨日の戦争」（孟偉哉著、新華書店七六年十二月刊）があった。③は北朝鮮の最近の短編11編を収め、④は中国人の作家が、朝鮮戦争に参戦した中国志願軍を描いた作品。

政治・歴史関係の書棚には、朝鮮関係のものは全くみられず、金日成論文すらも置かれていなかった。わずかに、⑤「朝鮮」（楊振乾著、商務印書館七五年三月刊）という地理知識の普及パンフがみられただけである。

以上、眼についたのはこの五冊のみであった。もとより限られた観察ではあるが、例えば語学学習書なども、英・仏・日・独語などに比べれば、明らかに点数が少ない。いまはなくとも、かつてはあったのかと店員にたづねても、とにかくないとの返事がいつも返ってきた。

次に朝鮮で出された新聞・雑誌のうち、上海の新華書店で入手できたのは「労働新聞」「勤労者」「朝鮮文学」だけだった。ちなみに日本のものはこの倍の点数が並んでいる。

最後に北京駅での発見を一つ。ここから国際列車が、モスクワ、ハノイ、ピョンヤンに向うが、待合室には旅客むけに、雑誌やパンフが置いてあり、旅客は自由に持ち帰ることができる。ガラスケースの中には、毛沢東選集のセットまで収まっている。始めなぜ、朝鮮語版の選集だけが、そこに並んでいるのか不思議だったが、駅員の説明でそのわけが分った。つまり、ケースには各国語版の選集を収めて置くのだが、日・英・仏語版などの順でなくなり、朝鮮語版ばかり残るのだという。だからケースは朝鮮語版のためにだけ用意されているようになるというのである。

国際列車には、朝鮮人（朝鮮語を読める人）は乗らないということか、あるいは利用はするのだが、毛沢東の著作は読まない（読んでもしょうがない）ということなのか、それにしても、北京駅の国際列車待合室で、いつも朝鮮語版の毛沢東選集だけが幅をきかせているのは、なにかおかしい気がする。

編集後記

今回から、しばらく「済州島」を休載いたします。筆者として、近日中に済州島に行くことを考えています。そのための資金繰りに追われています。百聞は一見に如かずといいますが、済州島を一見もせずに、よく十回も書いてきたなという、恥ずかしさをこの頃、感じています。

読者からの便りに、勉強させられるものが多くあります。知人の清水いと枝さんからの手紙のなかで、渋谷と朝鮮、ことに朝鮮はどこまでどの様に、つっこむおつもりかと、問われました。それは、編集する者として、読者と共に考えてみたいと、例えば、今度の滝本総一さんのお便りに、ハッとするものを感じ取りました。

くじゃく亭主の高淳日が、毎日のようにNHKをながめながら、何でNHKは朝鮮語講座を開設しないんだろうと疑問に思い朝日新聞の声欄に投書したのは一九七四年十一月二六日でした。そのことが、主筆の阿部桂司を結びつけたのです。

ピーコック画評 9

後藤　直

「田村千恵子絵画展」は、ひと口にいうならば、初秋にふさわしいさわやかさを飾るような感じの画展だった。

この若い女流画家は、いかにも女性らしい色彩をもったテクニシャンである。

『お皿とほおずき』『ふうせんと蝶々』『白いいも』『スカーフとガラスビン』『蝶々のいる風景』『白いバンド、黒いバンド』『ピエロとペンダント』『三つの貝がら』『貝がらと蝶々』『スカーフとレモン』……というように、その多くの作品は、二つ以上の素材を組合わせて画面を構成している。

わけても本人は、蝶々、ほおずき、ふうせんが好きなようである。それだけでも、若い女性らしいメルヘンの世界が自然に表現されてしまうのだから不思議である。

バックの色は、ほとんどが深く単調な色彩でまとめている。その方が素材とうまくマッチしていて、くどさがなくて気持がよい。

ところで、いわゆる画廊喫茶で絵を観る場合は、月に三度以上は観にくるべきであろう。お客さんの混んでいるときは、ぐるぐる廻り歩くのはやはり、よほど心臓が強くなくてはならないからである。

今度私が観に行った日は、とても混んでいて座わる席がない程であった。ようやくあいた席は一番端しであった。したがって、「カボチャとタマゴ」だけは、すみからすみまで観ることができた。それで気がついたのは、この絵はもっともっと時間をかけて、ていねいにかいたら一段と充実した絵になったであろうということだった。

そのとなりの「スカーフとレモン」は、意外に時間をかけて描いているように思えた。

夢のある題材を得て、しかも達者で将来性がある人だから、さらにデッサン力をつけて今後とも大いにがんばって欲しいものである。

お知らせ

後藤直氏が発行人の『直』の二号が発行されました。三百円です。注文は東京都中央区八重洲四ー三・ゴトウ歯科医院内『直』発行所。編集人は矢作勝美氏です。常連筆者には、金達寿氏、尹学準氏等がいます。

『日朝文化交流』八号が発行されています。定価は送料共三百円です。注文は、東京都中央区八重洲一ー六ー十六　東進ビル三階、日本・朝鮮文化交流協会まで。阿部桂司の「報告・NHKとの交渉を終えて」という「朝鮮語講座を要望する会」の活動を総括した一文が載っています。

『日本のなかの朝鮮文化』三十五号が発行されています。定価は三百円。注文は京都市左京区田中門前町二十八の十。内容は「座談会・古代製鉄と朝鮮をめぐって」など。

●古代文化サロンの案内●　於ピーコック

十一月二十一日(月)　午後六時半より

・テーマ　「日本人の形成について」

報告者　松野　モリオ

●ピーコックギャラリーの案内●

毎月一日から月末までの一ヶ月間

十一月　由木浩子油絵展

十二月　石橋正秋油絵展

十一月の「由木浩子」氏紹介　東京生れ、一九五五年東京芸術大学油画科卒。一九五七年頃より一〇年程、モダンアートに出品、その他、グループ展など……

◎ピーコックギャラリーでの個展、グループ展を開きたい方は、ピーコックまでお申出下さい。（デンワ　四六四ー三三二六）

◎各種のご会合・クラス会・PTA・職場のミーティングの場所として「ピーコック」をご利用下さい。三十名様までの集会には一階の庭の眺められるホールが使えます。

◎もうそろそろ年末が近づいて来ました。「くじゃく亭」「ピーコック」では、忘年会・新年会の予約の申込みを受付けております。この「通信」の愛読者には料金の特別サービスをするそうです。早い目にお申込みの上相談してみて下さい。

くじゃく亭通信

第12号

発行所　くじゃく亭
渋谷区宇田川町八―九
主筆　阿部桂司
TEL
464-2901

渋谷の街を考える ④

道下寿子

様々な秋、今年も又、各分野の作家達が総ての力を結集させて、それぞれの地で芸術の花を開かせる。

十一月の東急本店催物は、大へん興味のあるものなので、今回は、これを取り上げてみたいと思う。「第二回李朝古陶磁展」最終日だったせいか、会場内は閑散としており心ゆくまで鑑賞する事が出来た。初期刷毛三島壺、青磁鉄砂瓶など、いずれも惚れ惚れするような色合いである。白磁壺の肩のまろやかさは、なまめかしくさえある。その暖かい手触りは、手元に置いたらどんなに心が和むであろうと思ったことであった。隣接の会場は、現代日本の代表的な彫刻家四氏によるオリジナル版画展。特に本郷新氏は好きな作家の一人である。「鶏を抱く女」の前では、欲しくてたまらなかった「馬と少女」のブロンズをどうしても手に入れる事が出来なかった十五・六年前の事を思い出していた。中一日おいて、伊勢崎満・淳両氏の備前焼展をみる。備前焼無形文化財作家、故伊勢崎陽山氏の御子息である。以前、やはり備前の人間国宝藤原啓氏の仕事ぶりをTVで見た。千変万化する炎の舞、火の色の豊かさに圧倒され、息をのむ思いであった。備前の特徴は、信楽、伊賀と同様無薬である事、又、景色としては、火襷、胡麻、牡丹餅といわれる模様にある。灰が飛び散りそのまゝ焼きつくさまを、桟切焼の中で、榎肌焼というのだそうだが自然の妙味は巧まずして素晴らしい芸術品を作り上げる。満氏はけれん味の無い渋さ、淳氏は華やか、大胆な表現の作品が多かったように思う。初日にして、これはと思う作品には殆ど売約済のしるしが付いていた。これからが大いに楽しみな作家である。一部の愛好家だけでなく、此度のように買物客が気軽に会場に立ち寄り、作家を身近かに感ずる事の出来る企画が今後共数多く催される事を東急本店に望みたい。

渋谷・東急本店（十二月中の催物）

ヨーロッパ版画展（八日〜十四日・七階）
アイズピリ、ブラック、ビュッフェ、コクトー、シャガール、ミロ、ダリ、ピカソなどによる版画作品展

粛粲宝個展（八日〜十四日・七階）
油絵を黒田清輝に学び、川合玉堂に日本画を学び禅の修業をするなど異色の画風で人気がある。約三十点の日本画。

村瀬明道尼　墨跡展（十五日〜二十一日）
京都・月心寺の小町堂再建のためのチャリティ。月心寺住職明道尼の書等。

花と阿蘇　小笠原亮一油絵展（十五日〜二十一日・七階）

有名作家掛軸展（二十二日〜三十一日・七階）
川合玉堂、松林桂月、鏑木清方ほか書を含め掛軸五十数点。

有名作家工芸展（二十二日〜三十一日）
清水六兵衛、河本五郎、宮之原謙、山本陶秀らによる香炉、壺、茶碗など。

＊読者からの便り＊

（広島市）松谷　映子

はじめてお便り申しあげます。「ＮＨＫに朝鮮語講座の開設を要望する会」の御縁によるのでしょうか（？）私にまで「くじゃく亭通信」を御送附いただきありがとうございます。渋谷の街を歩いていたのは、もう十年以上も前のことになってしまいました。渋谷ーくじゃく亭という立地（条件）での「くじゃく亭通信」発行に好意を寄せたいと思います。

この四月、私の勤務する高校の中に朝鮮語を学ぶ会をつくりました。一人、二人と在日朝鮮人の生徒が参加をはじめています。しかし、これからの私の課題はシヴィアな朝鮮人の生徒達に対峙するにはあまりにボンクラな日本人の生徒達に朝鮮と朝鮮語とを突きつけることだと思っています。

小学校にあがった私の娘が、私の朝鮮語学習に興味を持ち、私にも、早く朝鮮語を教えてよ、と言いはじめました。

（渋谷からは遠い）広島の地で教師であり主婦である私は、その立つ所で、私の営みをせねばなりませんね。購読料がわかりませんので僅少ですが同封させていただきます。尚できればバックナンバーをお送りいただければ幸いです。

（東京・世田谷）　松田　弘

くじゃく亭通信を拝読しました。たまたま樽の会のメンバーとして初めて訪ねただけなのにバックナンバーまで送って下さるとは思いもよらなかったことです。どういう方々か存じませんが朝鮮半島のことが記事になっているのが目立ったので、私も思い出を書いてみようとペンを取りました。私の祖父は明治時代から大正初期にかけて逓信省（今の郵政省の前身）の建築技師として当時の朝鮮に郵便局舎を建てる仕事で数年を送ったようです。

母から幼い頃の私は京城とか竜山とかの地名を聞かされた記憶があります。戦争中に旧制高校に入った私には玄條（日本名のためか条をつけていた）という友人がいました。一升メシを競争したこともあり、当時チャムスに住む両親のところへ私も帰省の折に一緒しないかと誘われたことがありました。彼とは同じ大学に進みましたが戦争の激化した昭和二十年の春、信州の山に逃げたあと（私も空襲がこわくて一緒でした）、軍用機で帰国して大学は中退のまゝでした。数年前、高校の同窓会の折、米国からの帰りだという彼と再会しました。彼は電気工学の教授になって故国のソウル大学に奉職しており、国際的な評価を受ける存在らしく、乗鞍岳頂上の東大コロナ研究所も訪ねることになっていたそうです。三十数年前の面影は変らず、如何にも大陸的な風貌に接して、そのスケールの大きさをうらやましく感じると共に、昔の彼のことを思うと当時の彼は苦しい胸中を秘めながら、私たちと楽しく青春を謳歌した立派さを改めて尊敬の念で味い返したことでした。

（相模原市）　川崎　勝
千鶴

「直」創刊記念ならびにゴトウ医院十周年記念の会のおり、御願いしました「くじゃく亭通信」の件ですが、家に帰って探しましたところ、三号が既にいただいており、三、十一号の二部を保持していることがわかりました。これからの発刊分だけでなく、もし残部のある号数が御ざいましたら、いただけないでしょうか。

右あつかましい御願いですが、よろしく御願い致します。

（朝霞市）　三森　堯司

くじゃく亭通信、毎回御送り頂き感謝して居ります。済州島を愉しく読ませて頂いています。実は私はこの島の馬について、興味をもっておるものですが、小形馬として中国の四川省の果下馬と同系統にぞくすると言うように記憶しておりますが、背の高さが地上から一二〇cm以下としたら、対島、トカラ、と四川省につながるので、是非知り度いと思います。何かの折りに御教え下さい。

張斗植の文学と想い出

後藤 直

在日朝鮮人作家の張斗植さんが、九月二十三日亡くなった。六十才だった。

張さんの悼報は、いちはやく「朝日」「毎日」「東京」「日経」など各新聞、および「サンデー毎日」などに掲載された。先月号の「ピーコック通信」でも阿部桂司さんがとりあげている。その文学作品については勿論であるが、張さんの人柄などにふれながら、比較的親しい立場にいた一人として、その想い出をかいてみたいと思う。

（一）

その日朝、矢作勝美さんが電話で「張さんが亡くなったよ……」と連絡してきた。私は一瞬「エッ」と息をのみ「それは本当か」と念をおしたのだった。

昨年の十一月『定本・ある在日朝鮮人の記録』（同成社刊）を、なみなみならぬ推敲を重ね（張さんは、五、六年程前、一度脳出血で倒れ、大手術をやっている。家族の懸命な看護と、本人の超人的な意志の強さで、文字通り九死に一生を得、奇跡的な回復を果したのだった。）出版されたのを機会に、ささやかながら張さんを激励する仲間うちの会が、新宿でひらかれたときも、皆から「長生きして、もっともっといい作品をかいてもらいたい」とか「酒を飲むな、タバコも吸うな」などと注文をいわれ、「大丈夫、大丈夫」と、にこにこ笑いながら張さんは答えたものだった。

新しい書斎を建築中という話しもきいた。体調がととのったところだから『ある在日朝鮮人の記録』の続編とか、短編小説をかくのだ、と意欲十分なところをみせていた。

が、私には一見元気そうにみえる張さんは、何かしら淋しそうな感じがしてならなかった。いわゆる"カゲが薄い"という感じがしたのである。

張さんより三年早くなった小原元さん（張さんとは、金達寿さんを通じての古からの親友で、張さんのことを「向島のダンナ」と呼んでいた。私たち仲間では張さんが一番お金持ちで、しかもおっとりとしていたので小原さんはそういうアダ名をつけたのだと思う。法政大学の教授だった小原さんも愉快な人だった。）の『リアリズムへの道』（未来社刊）の出版記念会が、本年六月にひらかれたとき、張さんは出席していた。パーティの後、金さん、西野辰吉さんら、かつての文学仲間たち十名程で、二次会、三次会へとくりだしたのだが、張さんは最後までつき合っている。高田馬場のプラットホームで別れるとき、私には張さんの後姿が、とても淋しそうにみえてならなかった。

それより二ケ月程前、四月中旬に矢作勝美さんの『明朝活字』（平凡社刊）出版記念会があったときのことである。

パーティが始まる直前になって張さんが現われた。入口近くにいた私を手招きをして表に呼ぶのだった。「後藤君、お金を忘れてしまった。会費も払えないから悪いが借してくれ」というので「いいですよ」と一万円を渡した。

それから数ケ月たった。私はそのことをとっくに忘れてしまっていた。残暑のきびしい九月の始めの夕方、八重州口にある私の診療所（そのとき診療は終って、スタッフはかたづけにかかっていた。）へ、汗をふきふき張さんが現われたのである。「後藤君、長い間お金借りていて悪かった。忙しくてね、ありがとう、ありがとう」としゃべるなり「じゃあ」と手をあげて、すうっと帰ってしまった。「わざわざどうも、そのうちまた……」と私は割合大きな声をあげて答えたが、そのとき張さんの姿はなかった。

その夜、季刊『直』の編集会議か何かがあって、新宿で矢作さんらと逢う用事があった。都合で私は、三十分程遅れてしまったので、八重州の地下街をくねり、大急ぎで東京駅へ向ったのです。

そのとき、さっき私のところへ現われた張さんとすれ違った。「あっ張さん」と声にならない声をだし私は立ちどまった。しかし、張さんは私に気づかず、相変らず汗をふきふき走るようなかっこうで、私と逆の方向へ急いで行く。その方向はあと五十メートル位で行きどまりになる場所なので、私は一瞬不思議だなと思いながら見送ったのである。「まあいいや、近いうち逢えるから」と考え、私は私で矢作さんらの待つ新宿へ向ったのである。それが張さんをみた最後になった。

通夜のとき、私は「あのとき追いかけて行き、引きとめ、そのあたりで一杯やりながら語り合ったとしたら、あるいはもっと長生きをしたかも知れない」と後悔に似た気持で張さんの遺影をみつめていた。死を予期したとしか考えられない、自分の身辺の整理があったのではないだろうか。このことは他の人からもきいた。張さんが哀れでならない。

ピーコック画評 ⑩

後藤 直

「朝日ジャーナル」（十一月十一日号）の表誌は、山城隆一という人の「ネ・コラージュ」である。つまり猫の絵なのだ。たまたまそれを持って、ピーコックの由木浩子小品展をみにでかけた。

驚いたことに「ふり向くネコ」（Ⅰ）（Ⅱ）「小さい灰色のネコ」「タビー」「5月のタビー」「青い目のネコ」「花とネコ」「秋のネコ」「ネコ二匹」「黄色い背景のネコ」「白いネコ」……など猫づくしなのである。

お客さんたちも「猫ばっかりね…」と話し合っていた。受付けに備えてある案内状で、由木さんは芸大油絵科出身の若手の女流絵かきであることが始めて分った。「さすが」というのが私の実感であった。とても上手なのである。とくに私は、入口にかゝげてあった「はなと灰色のネコ」が好きである。あの猫の静かさと色彩がよかった。

勿論「青いはな」「うす紫にちかいはな」「黄色いはな」など抽象的な花の絵もあるにはあるのだが、現在、これ程徹底的に猫をテーマにしている人は珍らしいのではなかろうか。世間には、気狂いだとしか考えられぬ程、猫好きの人がいるものだ。由木さんも猫が好きでたまらないのだろう。

ところで私にとって猫に関するイメージはあまりいいものではない。少年の頃飼っていた子雀は、一寸のスキに足一本残してがぶりとやられた。無惨そのものだった。自炊していた当時、せっかくつくった魚汁や煮付が、よく猫からひっくり返された。全部他人の飼猫なのであった。

猫の本質は何か、などとここでは問うまい。しかし想い起してみると、昔から猫をかいた絵かきは結構多いような気がする。たとえば、藤田嗣治の作品には、ちゃめっ気たっぷりの猫が数多く登場する。

作家にとって、あゝした小動物のとらえ方が違うのは当然であろう。私は、日本画の天才、菱田春草の「黒い猫」が一番だと思っている。

それにしても、絵になる猫は不思議に愛くるしいところばかりである。由木さんの絵も猫と花の美しさを追求している。それはそれでサロン風のよさが発揮されていて素晴しいだろうが、待ち伏せする猫とか、ねずみを捕る猫といった猛々しい猫の姿は絵にならないものだろうか。

お知らせ

『猪飼野』第三四号は「障害者問題を考える」を特集している。三三号「本名を名のり韓国人として生きよう」の特集に引きつづき緊張した誌面が読む者を引きつける。三百円。発行所は大阪市生野区田島一―九―十九、韓青同・大阪府生野南支部

『好太王碑と任那日本府』 李進熙著 学生社刊、定価二千円。好太王碑文は改竄されたか、碑文解読をどう行ったか、金錫亨の「分国説」とは、任那日本府は存在したか等、古代日朝関係の再検討を迫る著作である。

『朝鮮図書復刻会』 第六号でお知らせしました第一回の復刻刊行が愈々十二月二十日に発刊されます。

陸軍参謀本部編纂 李進熙解説

『朝鮮地誌略』 菊版函入上製 平均四〇〇頁 価四五〇〇円 慶尚道の部

発売元 〒104中央区八丁堀二丁目三番五号

学芸書林 電話（03）五五二―五九〇六

『第四回・青丘文化賞』 今年度授賞者に、姜在彦氏が決りました。次号で氏の業績を紹介致します。授賞式は来年三月二十一日

●古代文化サロンの案内● 於ピーコック

十二月二十日（火） 午後六時半より

・テーマ「加耶諸国を探ねて」

報告者 半田 直

●ピーコックギャラリーの案内●

毎月一日から月末までの一ケ月間

十二月 石橋正秋油絵展

七八年一月 洪久城油絵展（第二回）

石橋正秋氏紹介 一九一四年福島県生れ。会社役員、滞米七年、海外個展二回、チャーチル会々員。ピーコック第七回個展。

くじゃく亭通信

第13号

発行所　くじゃく亭
渋谷区宇田川町八―九

主筆　阿部桂司

TEL 464-2901

賀春

新しい年に

一九七八年　元旦

張斗植さんの『ある在日朝鮮人の記録』はそれが「現実と文学」誌に連載されていた当時から感動して読んだものです。最近、必要があって読みなおし、その内容の持つ思想史的深さというものにふれ、感動を新たにしました。「人を喫う名教」を弾劾した魯迅に共通する世界を持っています。戦後、魯迅の作品は教科書に採用されました。この張斗植さんの著作が日本の教科書に採用されて日本人の精神形成の糧となる日の近からんことを願って、同成社から刊行されている定本が多くの人々に読まれることを。

くじゃく亭通信で、張斗植さんについて様々な人に思い出を語ってもらいたいと、頁を用意しています。

先日、通信の性格について、終電車の中でぱったりあった西山武彦さんから尋ねられた。又、塩田今日子さんからも「どのような目的で」という御質問をいただいている。それに対して、この通信の主な送り先は、NHKに朝鮮語講座の開設を要望する運動にたずさわった人々であるということで、かなりの御理解がいただけると思う。九号の編集後記に書きましたように、テーマとしては「渋谷」と朝鮮をかかげて編集をしてきています。NHKが渋谷にあることを思いおこしていただければ幸いです。

しかし、この「通信」は読者からのお便りに大きく依存しています。それゆえに、読者からの手紙やハガキがまちどうしくてなりません。

「済州島」については、渡航費用の念出のアルバイトに精を出しています。くじゃく亭主より、おれの親父は自分の故郷である済州島に、冬に帰ってカゼを引いてそれが原因でなくなった、などという情報に接して、早く春の来たらんことを願っている次第です。

「金時鐘、詩の夕べ」は、一九七八年の渋谷でやる予定です。なにしろ、キム・ミンギと、ヤン・ヒィウンのようなという注文をつけられ、作曲して歌うコン・スンジャは弱っているようです。彼女はクラシックが専攻なのです。

まずは、年間編集前期を書きました。

渋谷・東急本店（一月中の催物）

江戸三千両　縁起の賑い（四日～十一日・六階催物場）

江戸下町情緒をご紹介します。

・江戸風流、物売づくし四十態展

伝統の江戸千代紙の老舗「いせ辰」―台東区谷中―が作り上げた高さ約30cmの千代紙人形。初日の出・花火見物・火の用心といった四季の行事、さる廻し・朝顔市・二八ソバ・酉の市などの物売り等、江戸庶民の生活風俗を約四〇体の人形で紹介。同時に江戸千代紙で作った島田・兵庫・男髷など髪型一五〇種を展示。

・江戸千代紙　紙芸品即売会

・江戸春　一味千両

その他郷土玩具、諸国民芸品の即売、獅子舞浮世絵版画手刷実演などを展開。

日本の凧展（四日～十一日・六階催物場）

全国の珍しい凧一五〇点を展示

伝統の凧作りで名高い橋本貞造氏による実演も開催

主催　朝日新聞社

協力　凧博物館

在日朝鮮人運動史研究会

『在日朝鮮人史研究』の創刊号が旧年の十二月に刊行されている。その「発行に当って」を全文紹介することによって、読者に会の存在する意義を識っていただきたい。

「朝鮮人が日本に住むようになってから、すでに六十余年が過ぎました。その前半、在日朝鮮人は植民地の人間として苦難の道を歩んできましたが、人権を無視した民族的な差別と抑圧は、解放後の現在もまだ完全になくなっておりません。

これに対して多くの先輩活動家たちは、血みどろのたたかいを続けてきました。また、在日朝鮮人運動は、常に日本の民主主義をまもる運動のもっとも先頭に位置し、たたかってきました。この朝鮮人のたたかいは、朝鮮民族の解放に大きく貢献したばかりでなく、日本の民主主義と人権の擁護に多大の役割を果たしてきました。しかし、在日朝鮮人運動の具体的な証言は、これまでほとんど記録になっておりません。

そこで在日朝鮮人運動に参加した活動家（日本人も含めて）の体験をつぶさに聞きとり、それを記録に残すことは、いろいろな意味で重要であると思います。この朝鮮人と日本人のこれまでの活動家の体験の聞きとりは、科学的な在日朝鮮人運動史をつくる土台になると思います。いうまでもなくこの作業には、多くの困難がともないますが、今後の日本と朝鮮との正しいあり方を追究していくためにも重要な仕事です。

わたしたちは以上のような目的をもって一九六六年六月から、八・一五以前以後（戦前戦後）を問わず、在日朝鮮人運動に関する資料の蒐集、とくに活動家の体験の聞きとりや、運動に関する理論的な掘りさげのための研究会を始めました。今後、研究会の成果をこの『在日朝鮮人史研究』誌に発表していきたいと思います。

わたしたちの研究はまだ緒についたばかりで、いろいろと不充分な点が多くあると思いますが、活動家の方々をはじめ、皆様の御協力と忌憚のない御批判のほどを念願いたしております。

一九七七年十二月

在日朝鮮人運動史研究会」

団体紹介(1)

編集・発行所は、川崎市多摩区生田四二四九
アジア問題研究所内電話〇四四・九〇〇・三二三九

なお、次号は一九七八年六月刊行の予定だとのことです。期待がされます。

『在日朝鮮人史研究』誌の創刊号の内容について、少し言及します。

資料として、「職業紹介所と朝鮮人労働者」東京地方職業紹介事務局。「朝鮮人労務者内地移入に関する件」内務省・厚生省・朝鮮総督府。「在日本朝鮮労働総同盟第三回大会―宣言・綱領・規約―」の三件を紹介している。

論文として、松永洋一の「戦後日本労働運動史記述における在日朝鮮人労働運動像」が巻頭にある。これを一読して、私は畑中康雄という炭鉱労働者出身の、いわゆる労働者作家が「東京村」という朝鮮人を差別・蔑視する小説を書けたのかに、合点が至った。しかし、この論文の弱さは足がないということであろうか。たんなる評論におわっているのが残念である。発刊に当ってあるように、体験をつぶさに聞きとり、それを記録に残すことが大切であろう。

他に平林久枝の「三信鉄道争議について」樋口雄一の「在日朝鮮人部落の積極的役割について」、李順愛の「槿友会」覚え書き、長沢秀の「第二次大戦中の植民鉱業労働者について」、朴慶植の「解放直後の在日朝鮮人運動」等があり、分価は千円とのことである。

張斗植の世界に切りこもうとしている私にとって、樋口雄一の論文は参考になった。樋口の視点には、まったく新しい日本人のものである。私も又、在日朝鮮人の輝の中から学ぼうとしている一人だからである。

姜在彦氏のことについて

このたび、第四回青丘文化賞を姜在彦氏が受賞なされました。

私は東洋文庫にある姜在彦氏の訳注になる『朝鮮歳時記』と『海遊録』を愛読している。「ある民族を理解するためには、その民族の言語、歴史、文学、風俗、慣習などを含めて、多面的に知ることが不可欠である。さいきんようやく、とりわけ若い層の中に、隣国朝鮮を正しく知ろうとする気運が高まっており、明治以来の対朝鮮侵略政策と関連して培われてきた、自分の中の朝鮮とは何であったかが、真剣に問いなおされている。このような気運は、戦前の日本において、侵略と支配の対象として朝鮮を知ろうとした傾向とは異質のものである」

この文章に、『朝鮮歳時記』を読みながらはげまされたものである。最近になって、その風貌に接する機会にめぐまれ、その語り口の、特に日本語の駆使が、私と同じだという思いで好感を新たにした。

姜在彦氏は一九二六年に朝鮮に生れ、一九五三年大阪商科大学研究科を終了。現在は京都大学と大阪市立大学で教壇に立っている。朝鮮近代史・思想史専攻で、主要な著作に、

『朝鮮・歴史と風土』（法律文化社）
『朝鮮近代史研究』（日本評論社）
『近代朝鮮の思想』（紀伊国屋書店）
『近代朝鮮の変革思想』（日本評論社）

訳書に先にあげた平凡社の東洋文庫の一九三の『朝鮮歳時記』と二五二の『海遊録』がある。近著に、

『朝鮮の攘夷と開化』（平凡社選書）

がある。一九七七年二月に刊行されている。

『季刊　三千里』の七号に「儒教の中の朝鮮」という姜在彦氏の一文があって、実に面白く読んだ。知人の在日朝鮮人の女性の二、三に聞いてみると、興味を持って読んだという返事があった。そこに「われわれの友人同士では、けっして自分の妻子のことを他人に話すことがない」と、書いてある。なるほどという思いと共に、研究所（私の勤務先）での夫婦共稼ぎについての批判について思いいたった。なにかと、同じ職場内に夫婦で存在するということは、うわさの種子になる。そして、批難される。私も批判する側に、常に立つのである。その私の内面は「水哉園」＝村山佛山に連なる儒学の風土的価値感がもたげているのであった。そして、私の内面にある長幼の序についての強い価値感が、東京生活では何かと、自己をくるしめてきたのであるが、そのようなことなど儒学の風土で精神形成したためであろうという推測と、しかし、本物にはかなわないという想いを抱かせてくれるのが、朝鮮思想史専攻である姜在彦氏の著作に接する時である。つまり、日本人の根底的なところにある価値感、それは応々に前近代であるが、それが朝鮮からの借りものであることも、姜在彦氏の仕事は教えてくれる。

次に姜在彦氏からの編集部・高淳日宛のお手紙を、ここに掲載させていただきます。

「歳月の流れは速いもので今年も暮れようとしています。相変らずお元気でしょうか。

先日は意外にも小生が授賞者にきまったとのこと、恐縮に存じます。小生にもまして多くの仕事をなし、また社会的にも大きな影響を与えておられる方が居られますのに、過分の光栄に思います。

尊敬する皆様方の御意見であるとすれば、小生が何を語れましょう。すなおに喜んでお受けさせていただきます。

大兄をはじめ青丘会の皆様方に心から謝意を表します。先ずはお礼までに。余不備礼」

日刊工業新聞、一九七七年十一月二十四日号に、日本真空技術社長、林主税氏がすすめたい本として姜在彦著『朝鮮の攘夷と開化』を。真の隣国を知り得るための最良の書と言っている。

＊読者からの便り＊

（寝屋川市）　西田由起子

前略　突然　くじゃく亭へお伺いして「大阪の西田です」と言い残しただけでしたのに、御丁寧なお便りありがとうございました。創刊号からお送り頂いておりながら、お礼のハガキひとつ書きませんで、大変失礼いたしました。ここでお礼申し上げますと共に、僅かですが、カンパの切手を同封致します。毎月発刊される通信は千通を下らないとお聞きしました。どんどん輪が広がってますます大変でしょうが、どうぞこのままがんばって下さい。阿部桂司さんが제주도よりお帰りになってからの「済州島」、楽しみにしております。

お店の方は、今回のくじゃく亭と三月程前にピーコックへも伺いましたが、どちらも落ち着いた上品な雰囲気で高淳日さんの御趣味の良さがうかがわれました。お肉も大変結構なお味でした。東京の方へは年、三・四回参りますのでこの次は前もって連絡の上伺います。

ところで、高さんは私が以前「NHKに朝鮮語講座を要望する会」をお手伝いしましたことを御存知のようですが、（通信もそちらの関係でお送り頂いているのでしょう）署名運動締め切りの後、何となく私の周辺では運動が途切れてしまったのです。これといった寄り所もなく、又、私自身学校のクラブ活動などの忙しさに紛れてしまったからなのです。一時は朝鮮語を習い始めて一年足らずで（只今大阪外国語大学朝鮮語科二年に在籍ですが）高校時代の恩師五～十人の方々と朝鮮語の学習会を開いていたのですが（一応私が講師?!のかたちで）それも時間の都合で続けられなくなったままなのです。そこで阿部清比古さんが大阪の吹田で細々と運動を続けていらっしゃるということですので、もしご紹介頂ければ幸いなのですが……。

それともうひとつ。外大でお世話になっております外人講師の先生と、同級の友人達に通信を送って頂きたいのです。

ずうずうしくお願いを並べましたが、どうぞよろしくお願い致します。先生と友人達の住所は別記のとおりです。

本当に厚かましいのですが、よろしくお願い申し上げます。では、冬に向かいますが、お体を大切になさって下さい。　草々

（取手市）　塩田今日子

はじめまして、どなたの御厚意かは存じませんが毎月お送りいただきありがとうございます。いつも楽しく読ませていただいておりますが、なにぶんにも突然送られてきたものですから、少々めんくらっております。一層理解を深めるためにも、この通信は「どのような人たちが」「どのような目的で」「どのようないきさつで」創ったものなのか知りたく思います。よければお知らせ下さい。

尚これからもよろしく。

（神奈川・箱根町）　林　秋男

御無沙汰致しました。その後も御元気の事と思います。目白病院入院中は、御忙しいのに御見舞い下されまして誠に有難う御座いました。十月二十九日、こちらの診療所に無事転院してリハビリテーション治療を受けて居ります。予定より大分長びいておりますが、首も大分よく廻るようになり、元気で頑張って居りますから、どうぞ御安心下さい。早くよくなってまたくじゃく亭を訪ねたく思っております。一日入浴を四回（三十八度～九度位の湯で一回十分以内）、マッサージ毎日、鍼隔日等の治療を受けながら、우리말の勉強をしております。楽しみにしていた三千里の講座にも出られなくなり、また先日は福美さんの結婚式にも参列出来ず残念です。講座は盛会なことだと思って居ります。福美さんも幸せな日々を送っている事でしょう。忘年会の時節になり御忙しいことゝ思います。昨年暮、初めてくじゃく亭を訪ねて御馳走になったことを懐かしく思い出します。向寒の折、くれぐれ御体お大切にお働き下さい。皆様によろしく。

（杉並区）　高杉れい子

前略　御無沙汰申上げて居ります。

くじゃく亭通信、毎度御送付頂き、お礼状

をと思いながら日々、雑事に追われ失礼申上げました。又、先日は折角おいで頂きましたのに留守にいたし、申訳なく残念に思って居ります。不況にあらがえず、又この年も残り少なく心せわしさばかり、一度ゆっくり伺いたいと思って居ります。
　先づは取り急ぎおわびとお礼まで　かしこ

（川崎市）　樋口大介

前略　毎度通信お送りいただき有難うございます。楽しく拝見あせていただいています。私の住所が左記のとおり変りましたのでお知らせ申し上げます。

214　川崎市多摩区生田七三五八の二三
　百合丘ハイコーポ六〇九号

以上につき何卒今後とも宜しくお願い致します。　草々

（東京・稲城市）　梶村　秀樹

前略　先日は失礼致しました。くじゃく亭通信、バックナンバーならびに最新号お送りくださりありがとうございます。阿部さんの済州島連載、朴福美さんの紀行などよく読んでみました。今後とも何かとお心くばりいただくことが必要かと思はれます。どうかよろしくおねがい致します。まずは御礼まで。草々

李さんと共に再審を勝ちとる東京の会より
（丸正事件）

李得賢氏は六四歳です。三島市の丸正運送店主小出千代子さん殺害犯として逮捕投獄され二二年間の牢獄生活を耐え抜き昨年の六月出所してきました。

　事件については、青地晨氏の「冤罪の恐怖」や正木ひろし弁護士の「冤罪の内幕」をお読みいただければ、くわしくわかっていただけると思います。

　事件について簡単にのべますと、一九五五年五月に殺人強盗犯人としてトラック運転手の李得賢氏と鈴木一男氏が逮捕されたことに始まります。事件当夜、沼津から東京へ荷物を運送していた二人が、丸正運送店へ押し入り、小出千代子さんを二階の兄夫婦に気付かれずに絞殺しバックから現金二千円と預金通帳三冊（二〇万円）を盗んだという容疑でです。嫌疑は箱根峠にさしかかった時に、十五分後に発車した同僚のトラックに追い抜かれたことから、かけられました。

　李得賢さんは「積んだ荷物の重いトラックが軽い荷物のトラックよりも遅くなるのは子供でもわかることだ」と、身の潔白を主張いたしました。が、別件逮捕し、拷問で自白を強要したといわれます。李得賢さんは、一枚の調書も取らせなかったそうです。

　そして、驚くべきことに、公判の最中に盗まれたはずの預金通帳が、小出千代子さんの実家から発見されたのです。しかし、裁判所は「十五分あれば犯行は不可能といえない」という理由で有罪判決を下しました。そして第二審でも「通帳が発見されても李得賢らがやったということ自体は否定できない」と控訴を棄却します。それからの、正木ひろし弁護士の闘いについては、マスコミ等にも取りあげられ、御存知の方も多いことと存じます。

「李さんと共に再審を勝ちとる東京の会」の連絡先は、大田区南馬込二丁目一番地十号、第一田村荘、李方です。御支援下さい。

＜今月の古代サロン＞於ピーコックラウンジ
一月二十日（金）　午後六時より
古代史に興味や関心をもつ人々の自由な集いです。毎回報告者をたてて、その話を中心に集った人々で語り合うものです。あとは、つまみは店主が提供してくれます。ウイスキー代を各自負担……それが参加費です。誰でも参加できます。（世話人・留目和美）

●今月の話題「アジア・ハイウェー（シルクロード）二三〇〇〇キロの旅」　荻尾　昇

●ピーコックギャラリーの案内●
毎月一日から月末までの一ケ月間の催物
一月　洪久城油絵個展（第二回）
二月　（未定）
三月　森の会グループ展（第二回）
四月　鳳山会グループ展

一月の洪久城氏紹介一九二〇年朝鮮平安北道新義州生れ。多摩美大卒。一九四九年第一美術協会賞授賞。銀座画廊南北統一連合展出品

随想

在日同胞インテリの生き方を考える

朴慶植

この頃つくづくと、解放後三十余年にもなるのに祖国の南北統一はいつになるだろうか、その間自分は民族の団結と統一のために何をしてきたか、またこれからどうしたらよいのかを考えさせられる。微力ながら自分も教員として民族教育の仕事を二十余年やってはきたが、それが民族の団結と統一のためにどれだけ寄与してきたかということになると、いまだにその明確な位置づけができてない。

昔から一世代をおよそ三十年と計算しているが、それからいうと解放後から現在はすでに新しい世代に入っている。ここらでこれまでの三十年を個人的にも、組織的にも、また企業・団体でもおのおの自己をふりかえってみるときが来ていると思う。

在日同胞の現状は生活問題をはじめ、思想的にも、政治的にも複雑さが増していて、事の真相をつかめないことも多くでてきており、また在日同胞六五万全体にとって、今後の進むべき指針ともいうべきものが不明確になっているのではないだろうか、二つに分裂している政治・思想状況の対立面があるとともに、それとは別の第三者的な側面がだんだん増大してきており、民族的ニヒリズムに陥る破局も多くなってきているのも否定できない。三十余年間民族の統一を渇望してきたけれども、今の現状では何ともしがたい、統一はスローガンだけだ、と諦め的な考え方が相当にあると思う。

解放後日本で生まれた若い世代たちは、組織活動家はさておいて一般的にはこの日本でどう生きていったらよいのか、多くの悩みをもっている。最近この若い世代（私は二世、三世という言葉を一般的には使いたくない）の問題が論議されてもいるが、この日本の差別と疎外の社会での生き方を考える場合、非常に重要な問題が提起されている。私はここで若い世代の問題を論ずる余裕がない。それより以前に、私たち多少年をとったものたちのあり方を少しばかり考えてみたい。私たちのあり方がこの若い世代の生き方にいろいろと影響を与えるからである。私たちのゼネレーション全体を論ずることはむずかしいが、そのなかで多少とも何かを考えるものたち―これをインテリと呼ぼうか―このインテリたちはおのおの生きる上でいろいろな役割を果してきているに違いないが、現状ではおのおのがみな分立、孤立して生きているひとが多いように思われる。インテリたちも政治的、思想的に大きく二つに分裂し、さらにまた細かく分れて個々人の考えは停頓し、おのおのの力を充分に発揮できないだけでなく、多少とも政治や社会を動かすインテリの役割を果せなくなっているのではないか。韓国での民主的インテリたちの役割の大きいことはみなよく知れわたっているが、在日同胞インテリたちのあり方は私をも含めてどうであろうか、外や上ばかり見つめ、自己の足もと、大衆、内部に目を向けるひとが少ないように思う。組織にいるひと、組織から離れたひと、新しく生長してくるインテリたち、みな多くの悩みをもちながら分立・孤立しているのではないか、それだけでなく、政治主義、主観主義に陥って唯我独尊的存在として他の存在を認めない傾向、はては相手を誹謗、罵倒したり、日本の裁判所にまで告訴して相争うことは、どう考えても嘆かわしいとしか思えない。

団体にしろ、個人にしろ、おのおのがその存在を認めあい、趣旨や見解のちがいを謙虚に聞く態度が必要である。また同じ考えをもつ同志を糾合してグループをつくったり、サークルを組織したりして新聞や雑誌などもだし、お互いに切磋琢磨しておのおの生き方を追究することが初歩的に必要である。これらの活動をつみ重ねてそれを政治に、社会に反映させ、現在の政治的・思想的混迷状態を解きほぐし、さらに民族的な幅広い文化戦線をつくって民族の団結と統一のために先進的役割を果すことが在日同胞インテリの大きな任務ではないだろうか。

「張斗植の文学と想い出」②

後藤　直

張斗植さんは「濃厚」な人柄で知られている。修飾語ではなく、実際に「大人の相」のある人だった。

十数年前の文学運動、リアリズム研究会の編集会議では、必らず顔を合わせたが、張さんはほとんど発言はしなかった。会が終って飲みにくりだしても、若い連中をつかまえ、にこにこ笑いながら「どうだい、がんばっているかい。がんばれよ」というような言葉しか吐かない人だった。とにかく、余計なことのいわない、おっとりした人だったので、小原元さんあたりから「向島の旦那」なる綽名をつけられた。もちろん、私たち若いグループはそんなことは口にしなかった。

旦那たるもう一つの理由は、私たちの仲間うちでは最もお金持ちだったからである。これは、文学のかたわら向島で事業をやっていたからであった。

若い頃の私は、甘えきって飲み代はすべて張さんたちにおんぶしていたのだから恥しい。

リアリズム研究会の運営費、機関誌『現実と文学』発刊の費用の大半は、張さんが提供している。私がこのことを知ったのは、ずっと後であった。張さんは一言も、それらしいことを口にする人ではなかった。「リアリズム文学賞」の賞金も、張さんが出していたということを、後である人からきいて驚いたものである。リアリズム研究会、あれは日本文学の運動体ではなかったか。日本人は一寸だらしないのではないか、と私はいま考えている。受賞作品は三回を数え、彼らの肩書きはいまや作家となっている。この間張さん自身はたゞひたすらもくもくと雑誌『現実と文学』に「ある在日朝鮮人の記録」をかきつゞけたのであった。

話しは少し脱線するが、張さんはかつて向島に住んでいたが、二十五年前、私が上京して初めてお世話になった下宿が向島で、三十四番の都電に乗って、寺島二丁目の停留所で昇降車したものだが、後で考えると、張さんの家は、その停留所のすぐ前であった。私は道路をはさんで、丁度反対側の方に住んでいたことになる。これはまったくの偶然であった。

それはともかく、「向島の旦那」と呼ばれた張さんも、親友金達寿さんとはよくどなり合いのケンカをしたといわれる。そのことを、金さんにきいてみたら、笑いながら「しょっちゅうだったよ」と答えてくれた。友人とはそんなものである。

六十二年頃だったと思うが、『朝陽』という雑誌が、在日朝鮮人文学者グループによって発刊され、これは事情があり、二号で廃刊になったが、私はこれに「松本（清張）、平林（たい子）論争に思う」なる文章をかいた。張さんはそのとき、「きみのは、いくらでも終わりなくかけるよ、かき方が少しだらだらしている、そういう点を頭にいれてがんばれよ」と忠告してくれたのを、いまでも記憶している。優しい人だった。

ところで、張さんは亡くなる五年程前、突如として自宅で一度倒れている。脳溢血だった。急拠警察病院に運ばれ、大手術の結果、まさに奇跡的に命をとりとめたのである。

大分回復してから、私たちは三・四人の仲間と一緒に見舞ったが、張さんはまるで別人のようだった。「あわ、あわ」ともぐもぐしながら一生懸命に、自分は大丈夫だと強調するのだった。

張さんは、嘘のようになおって退院した。その意志の強さと、昔飯場できたえた体力のたまものなのだろう、それも驚きだったが、ご家族、とくに奥さんとお嬢さんの献身的な看護は感動的であった。

その後、張さんのリハビリテーションは徹底的に行われた。二年位たって、体に自信がついてから歯が悪くなり、私の診療所へ通院するようになった。が私は張さんの回復は表面上のものであるのに気付いた。かつての張さんのイメージはなくなっていた。

常にいらいらしているようであった。あの柔和な表情はなくなり、私をよくおこった。歯科の治療は拷問のようだとよくいわれる。それ程緊張するのに、張さんはイスにすわると、口の中でタービンが廻っていようが、型を採られようがいびきをかいてよく眠るのだった。

ピーコック画評⑪

後藤　直

ピーコック画廊で、石橋正秋氏の六回展をみてから丁度一年になる。時のたつのは早いものである。

今回の七回展は、なつかしくみることができた。「宇佐見海岸」(F6)「西伊豆安良里港」(F10)「大仁風景」(F4)「南伊豆海岸風景」(F8)などでもわかるように、今回は伊豆の風景が中心になっている。

この人の絵のよさは、以前にもふれたが、人間的な暖かみが最も強く感じられることであった。そのことには変わりはないものゝ、たとえば構成無視といってよいような、大胆な画風はやゝ影をひそめ、今回はうまくまとめた絵が多く、多少気になった。

しかし私は、こゝで批判を述べているのではない。私は小品ながら「城山」(F4)の、すゝきが生きているような素描的なものとか、「海」(F3)でしめした荒涼としたイメージが湧く絵の方が好きなのである。

もっと小さな作品「バラ」(O・SM)「鯉」(SM)「富士」(SM)などがあり、それぞれ面白いものゝ、やはり小さゝを感じさせない、石橋氏本来の持味ともいえる「海」「城山」が圧倒的にすぐれていると思う。

今回のテーマである伊豆の風景のなかでは、何といっても「西伊豆安良里港」が素晴しい。空と海の色が美しいのだ。海育ちの私には、汐の香がにおってくるような漁港のたゝずまいが印象的である。この画面の向って右側に描かれた山の重量感はたしかさがある。だが「早春の土肥」「宇佐見海岸」は、ブルーが生き生きしていてすがすがしいが、同じ山でも富士山は邪魔なようにみえた。

日本の象徴の一つ富士山は、大観もそうだし、梅原龍三郎、亡くなった林武、横山操、あるいは二重作龍男とか、著名な画家ばかりでなく、おそらくあらゆる画家から、何百万枚も描かれつゞけてきたが、これがまた、たいへんにむずかしいのだ。私は、十二、三年前、国画展に特別出品した梅原の「富士」が、最も好きである。それは満塁ホームランという表現がふさわしいような堂々とした作品であった。

私は、お世辞ではなく、ダイナミックな画風と、ちゃらちゃらしないちゃんとした自分の色彩をもっている石橋氏こそは、富士山をかいても、満塁ホームランが夢ではないと考えている。一年ごとだが、みるのが楽しみである。今後ともご活躍を願うものである。

尚次回は、「韓国人」画家洪久城氏の画展である。その個性、民族性が、どう画面にでているか、興味深いものがある。

●編集後記●

●主筆の阿部桂司が一面で新年の挨拶を書いたので今更、編集後記でもないが小生も一言―。三号で終るか、と思っていたのが月々出してすでに一年、今年中には20号を迎える。もし20号まで続くとしたら、その折は一息入れて記念に一杯飲み会でもやるか、と思っている。

●今年はピーコックが出来て十周年、くじゃく亭が五年、〈青丘会〉も五年を迎える。昨年発足した朝鮮図書復刻会も「朝鮮地誌略」一巻を出したが、どこまで続くか。小生も五十の年を迎える。

●わが祖国の統一の日はいつか。解放された年は紅顔の少年だった小生も今は息子が三人。彼等は顔のニキビを気にしている。在日朝鮮人も二世から三世へと歴史は続く。長恨とはこのことよ。一九七二年の感動はもう来ないのか。そんなことはない。必ず実現するものと確信する。今年こそはそんな年であって欲しい。(高)

●バックナンバーまだ少々在庫があります。ご入用の方は返信用封筒同封の上、お申込み下さい。

くじゃく亭通信

第14号

発行所 くじゃく亭
渋谷区宇田川町八―九
主筆 阿部桂司
TEL 464-2901

渋谷の街を考える 5

道下寿子

一九七八年、厳しい幕あけである。

何故か一人上気嫌な福田さんの笑顔を、アメリカに次ぐ経済大国の総理としての自信と見るか、一寸、出来過ぎの福笑いと見るか、何れにせよ不況に喘ぐ庶民は笑ってはいられない。

松飾りがとれたばかりの街を歩く。道玄坂の街筋が少し変って来たような気がする。東急本店通りとの分岐点に当る三角地に、今、連日建設機械が轟音を立てている。何が出来るのか、いろいろ想像してみる。バラック建の百軒店が軒を連ねていた頃、よく洋品店など覗いて歩いた。ベニヤ張りの床がポコポコと靴の下で鳴る。当時はまだ良い生地が無く、西ドイツ製と称するベルベットのコートをみつけた時は、その艶やかな肌触りに魅せられて、もう前後の見境もなく財布をはたいてしまった。歳月の流れと共に街も人も変って行く。バラックは堂々たるビルになり、若いカップルが、家具調度品を並べた店では、高価なあれこれ品定めをしている。物はあふれ、食べ物屋は常に人でいっぱいという現実は確かに豊かではある。しかし、これらは見せかけの繁栄に過ぎないのではないだろうか。物資の不足によって人間性をも否定せざるを得ないような苛酷な時代を体験して来た者にとって、目の前にある一見満ち足りた状態をそのまま肯定する事は些か躊躇されるのである。いつか、大へんな付けが回って来るのではという不安を感ぜずにはいられない。私の青春は焼け後の汚なくて混沌としていた渋谷の街と共にあった。コーヒー豆の詰ったドンゴロスがカウンターの横に転がっている店に、似たような仲間が集まり、一杯のコーヒーで何時間もねばりながら将来の夢などを飽く事なく語り合ったものである。或る者は成功し、又は挫折し、年月が運命を変え、今はもう会う事もない。渦巻く雑踏の中で見知らぬ人々に囲まれて、渋谷の今昔を考えている。

渋谷・**東急本店**（二月中の予定）

佐野隆人油絵展（三日〜八日・七階）
光風会員、詩情をこめて描いた花、静物などの近作展。

那須日都夫油絵展（十日〜十五日・七階）
ル・サロン会員、日本の風景作品中心。

有名作家デッサン展（十日〜十五日・七階）
現代人気作家の〝隠れた作品〟デッサン約五十点。

十九世紀ヨーロッパ絵画展
イギリスの一流通商の協力で輸入した十八〜十九世紀のヨーロッパ絵画を、世界市場共通の価格で即売。

木村正志油絵展（十七日〜二二日・七階）
リアリズムの手法で、少女をテーマに描いた作品二五点。

創造美術小品展（二四日〜三月一日・七階）
阿部信雄、菊地友一、黙庵子ら創造美術会員二十氏による油絵、工芸の小品三十余点。

北大路魯山人展（二四日〜三月一日・七階）
昭和三四年に亡くなった織部焼の大家、茶器、壺、花器、鉢、皿など一〇〇余点。

＊読者からの便り＊

（青梅市）　浅見　一雄

くじゃく亭通信の十二号で知らされた「好太王碑と任那日本府」を手に入れたいと考えています。

（葛飾区）　伊藤　雄朗

『くじゃく亭通信』毎号毎号ほんとうにありがとうございました。電車に乗れば直行出来る場所とは、思いつつもなかなか渋谷まで足が向かなくてごぶさたを続けてしまいました。

（大宮市）　山田　新市

くじゃく亭通信十一号、十二号を頂載しました。ありがとうございました。また伺いたいと思っています。張さんがなくなられたとき、旅行中だったため伺えず、十三号　思いだしながら拝読しました。

（八王子市）　田村　紀雄

「くじゃく亭通信」拝受。村上さんからも聞いており、感謝しております。興味深く拝見させて頂いてます。こんごも宜しく、「通信」のご発展を祈ります。

（川崎市）　浅沼こずえ

先日は「くじゃく亭通信」のバックナンバーを送っていただき、ありがとうございました。五号〜十一号がまだそろっていないので、送っていただければうれしく思います。

（杉並区）　戴　国煇

通信有難う存じます。楽しく読ませて頂いております。

（岡崎市）　大久保敏明

いつもニュースお送りいただきありがとうございます。昨年はこちらの「朝鮮問題を考える西三河市民の会」も朝鮮語講座を二期持つことができ、画期的な年でした。今年も続けていこうと思います。

（名古屋市）　金　登美

思い出すと、ピーコックギャラリーで個展をさせていただいたのが七五年の二月でした。色々と御世話になりました高さん御夫妻、青丘会の方々にお会いしたのが、つい昨日の様です。続けてさせていただきたいと思いながら、大きな作品展が続いていますので、来年には第二回の小品展をさせて頂く予定です。

（朝日新聞・日曜版）　鬼頭　典子

お世話になりながら御無沙汰ばかり致しておりますが、お元気でいらっしゃいますか。いつも「くじゃく亭通信」をお送りくださってありがとうございます。楽しく拝見しております。今年もどうぞよろしく。

（奈良市）　徐　龍　達

①一九七六年度から「朝鮮語」を第二外国語に加えて開講した桃山学院大学（大阪府堺市、学生数六千人）では、その後、受講学生数も順調に伸び、文部省からの特別助成も多額を受けました。三年目を迎える新春四月には、その上級を開講することになっています。

②昨年の秋、桃山大では「人権教育に関する講座委員会」が発足し、同胞に対する差別と偏見をなくそうと意欲的に取り組んでいます。その一環として十二月二日には、「在日韓国・朝鮮人問題公開講演会」を大学主催で開き、姜在彦氏と私が講師をつとめました。公開講演会は、今後も引続いて定期的に開催することになりました。

③講座委員会の要請に従って、新しく「韓国・朝鮮史」および「韓国・朝鮮文化論」が大学の設置科目に加えられ、今春から開講されることになりました。全国四三一大学のうち、祖国の歴史や文化を教える大学は、極めて少ないのですが、この社会における差別と偏見を、歴史と文化の講義を通じて解消していこうというわけです。所期の目的達成いかんはともかく、隣国に関する学科目の新設は、両国民の友好親善のために、まことによろこばしいニュースだといえましょう。こういうことが、他の大学にも拡がるよう祈っております。

張斗植の文学と想い出 ③

後藤　直

昔の張さんを知っている私には、歯の治療の間、居眠りするのをみているのはとてもつらい時間だった。

いらいらする理由は、「自分はいま文学ができない、早くやりたい」という、はやる気持の現われだったのではあるまいか。そういえば、とてもひがみぽくなっていた。「きみたちは、僕に連絡しないで、いつも集っているんだろう…」とよく皮肉めいた言葉を吐いた。

本当は、抜かなくてはいけない歯があったが、私は張さんの体の状態が状態なので絶対抜けないと強調した。それでまた文句をいわれた。私は張さんから、かなりひどいことをいわれても、決っしておこる気持にはならなかった。

最後には「お前のところへはもうこない」とどなり、でて行ってしまった。それでも私はおこれなかった。

それから何ケ月かたってから張さんから電話があった。「別の歯科、その先生は△△大学の講師をしている、Y氏である。きみのことを、何でこんな治療をしたのか笑っていたぞ…」という。そのY氏なる先生は、たまたま大学で私の一級下の後輩だった。勿論のこと私は彼に連絡をとった。彼は大学の講師をしていたくせに、あの歯を張さんの既応症をきかずに抜歯していたのである。結果的には命には別状はなかったものの、私の話しをきくと彼はただ「申しわけない、申しわけない」を繰返していた。

この頃になると、張さんの体調はぐんぐんよくなっていたのだろう。秘かに『定本・ある在日朝鮮人の記録』の推敲を重ねていた。逆にいうなら、再び文学に取組んだ張さんは、自らの体を回復させていたように思えてならないのである。

張さんはある日「やはり僕は、きみから歯を入れてもらうよ、たのむよ」と訪ねてきた。その表情は、おだやかで、かつての「温厚」で「大人の相」をした張さんだった。私は言葉にならない程うれしかった。

張さんは、やがて『定本・ある在日朝鮮人の記録』を立派に出版し、その戦後編をかき始めようとしていた矢先き、忽然として遠い旅立ちをしてしまった。

私に心臓の持病があることが分ると、漢方薬を手配してくれた、あの心優しい張さんは、ともかく私のつくった歯を入れて死んで行ったのだ。

いうまでもなく、文学作品が多作か寡作かは、それをかく作家によって異る。一生のうちわずか一冊の本であれ、金剛石のような光を放ち、他をよせつけない程の感動を与える作品が世の中には存在するものだ。張斗植の『ある在日朝鮮人の記録』は、まさにそれにあてはまるのではなかろうか。

『鶏林』から『現実と文学』へ、そして『民主文学』へと十年一日のように、こつこつ連載しつづけた張さんの努力は並大抵のものではなかった。それはまさにこの一冊のために全力投球をした感がある。(私は張さんの短編小説は『婿養子』以外ほとんど知らない。)

その内容は、まず自分の生きてきた歴史だった意味において、また張さんの親友金達寿氏が常にいうように「多くの在日朝鮮人(一世)のほとんど共通の姿、その典型を描いた」という意味において、(私は金達寿氏の『わがアリランの歌』とダブッてみえて仕方がなかった)そして、当時の日本と朝鮮の関係、社会、思想的な、あるいは世界史的な意味において、これ以上の在日朝鮮人の告発があるだろうか、と私はいま思い知らされた気持になっている。おそらくこういう作家と、こういう作品(記録)は今後でてこないのではあるまいか。

誠実にあるいは正確に自己の歴史を語ることは、決して楽しいものではない。盗みを覚えた少年時代の、つらくて悲しい想い出、屈辱的な激しい骨肉の反目と争い。土方をしたこと、屑ひろいをしたこと、ろくろく学校へ行けなかったこと……が細かく述べられている。

ピーコック画評 ⑫

後藤　直

洪久城は「韓国」人の新鋭画家である。ピーコック画廊へ、その作品展を期待しながら観にでかけた。

見渡したところ、ほとんどが「花」の絵である。だが、日本人が描くそれとは違い、画面からにじみでるものが全く異質だった。

ダリアとか菊などが素材であるものの、ただの花ではない、執拗な程情念みたいなものが、キャンバスにみちあふれているのだった。

それは、ゴッホのようなめらめら燃えるような画風を想起させる。少くともゴッホと共通項がある。別の表現をするならとても男ぽい絵である。

出品したなかに「白馬」という題名の作品が二点あるのだが、そのテーマは、ブルーで表現された遠い未知なる世界へ、歩を運ぶ馬（あるいは庶民）の姿を現わしているのだろうか。それはあまりにも悲しい画面であった。

現代「南朝鮮」の現実の社会を語っているという表現はややオーバーかも知れないが、それらの絵から哀愁が実によく伝わってくる。

しかしここで、あえてふれたいことがある。動物を描くには、専門の絵かきには失礼ない方かも知れないがもっともっとデッサン力をたくわえねばならないだろうと思う。それをおろそかにすると、訴えるものが半減してしまう場合がある。

反面、「人物」に示された構図の面白さとか、明るい色調は、デッサン力のない画家とはとうてい考えられない。それならば「白馬」は、なぜわざとあのような貧弱な描き方をしたのだろうか。

朝鮮人画家のことは、私にはほとんど分らないものの、在日朝鮮人画家の金昌徳氏のやわらかい色調とか、すでに「北朝鮮」へ帰国した曹良圭氏が、日本アンデパンダン展に発表していた頃の「マンホール」シリーズのダイナミックな絵とか、あるいは朴日大氏が六二年頃発表した「慟哭」。そこに流れていた民族的問題意識とかが、私の頭のなかをよぎるのだ。

勿論、洪久城氏の絵は、彼らとも異なる。とはいえ、やはり朝鮮民族の大陸的な力強さが躍動していることは否定できない。

どの絵にも力強さのなかに何か悲愴感がただよっている。版画「少女と小鳥」「結婚」「人物」などには、よけいそうしたことがいえそうだ。そこには更に物語性といおうか、ロマンがこめられており、楽しい不思議な魅力を表出している。やはり力量のある画家であることが分る。再びこの人の絵を観る日を楽しみにして待ちたい。

＜お詫びと訂正＞

十三号の朴慶植氏の随想「在日同胞インテリの生き方を考える」の文章の中で『民族的ニヒリズムに陥る破局も多くなってきているのも否定できない』（上段の後部）の破局は傾向の誤りでした。又中段前部の『解放後日本で生まれた若い世代たちは、組織活動家はさておいて一般的にはこの日本でどう生きていったらよいのか、多くの恨みをもっている』の恨みは悩みの誤りでした。深くお詫びして訂正させていただきます。

◎今月の古代サロン◎　二月二十日（月）

於　ピーコックラウンジ　午后六時半

テーマ「邪馬台国シンポジューム」について

報告者　留目　和美

◎ピーコックギャラリーの案内◎

毎月一日から月末までの一ケ月間の催物

三月　森の会グループ展（第二回）

四月　鳳山会グループ展

五月　韓国写真展（書院・李朝彫刻）

くじゃく亭通信

第15号

発行所　くじゃく亭
渋谷区宇田川町八―九
主筆　阿部桂司
TEL 464-2901

渋谷の街を考える 6

（渋川市）小川弘子

「くじゃく亭通信」お送り下さいまして有難うございます。昨年六月お送り頂いた時は何かと思いましたが、どうも「NHKに要望する会」に関連しているらしいと思って、そのまま頂いております。NHKで朝鮮語講座が始ったら一字でもいいから覚えようと思っていますがまだですね。

それにしても渋谷とはなつかしいところです。私は生きているハチ公を昔の玉電の駅で一、二度見ていますし、銅像になったハチ君の周りで待ち合わせる人々のハシリに属します。六月の「通信」がはじめて送られて来た一週間程前に渋谷に行き数人と会食したばかりでした。ただ私の知っている渋谷は戦前の姿で今の渋谷は全く見当がつかず方向オンチの私には一人では歩くことも出来なくなりましたが四十年前には百軒店であんみつを食べ亀八でおすしをつまみ、ラスキンホールの前や松濤公園を歩いたものです。そして渋谷駅頭の千人針、出征風景、防空演習で玉電が二時間も動かなかったことなどで、渋谷の思い出は終ります。

今、首都高速道路を通ると用賀とか上馬とかの地名を見ますが高層建築ばかりで木立ちも川も見えません。東京及び東京周辺は水も緑もない鉄とコンクリートとガラスと汚れた空気ばかりの町となり地方都市までせっせと真似しているようですね。

皆様の御健闘を祈ります。

かしこ

＊読者からの便り＊

（千葉・流山市）桜井義之

拝復　この度は貴刊の「くじゃく亭通信」既刊一揃御恵贈に預りありがたく拝受いたしました。実は先日、東経大の村上勝彦先生が来訪の節、この「通信」のことに及び、また今回「朝鮮地誌略」複刻の支援者が尊台であることを承り深く敬意を表するものであります。過般、東京を脱出（流山市に転住）の際、蔵書の一部を東京経済大学に譲渡しましたが、その中に「朝鮮地誌略」を含めたことも十分承知の上でした。各道別に完刊されたものか、未刊に終ったものか確認出来ないまゝでした。明治期文献の調査研究に従事して四十年に及びますが、小生の手許には、刊行不明のもの、未確認の残巻が多数ノートされています。このような仕事の解明は単独で、しかも短時日で解決されるものではなく、多くの同学の士の支援と協力が最も大事なことゝ思います。「朝鮮地誌略」の残欠も、これを機会に存否が確認することができれば幸に存じます。

同封拝呈いたしました抜刷の「朝鮮関係錦絵」の調査もやはり四十年を要しました。文中にも蒐集の経緯は記して置きましたが、在鮮時代の蒐集の六十種をはるかに上廻り現段階では一〇八点に及び、百点の王台を突破したので最終報告として、大学の「紀要」に発表したものです。錦絵もやはり残欠のものゝ未確認のものも多数あり御高覧、御教示を得られゝば幸に存じます。

私はヒロロギスト（文献研究者）として終始してきました。特に明治期日本が隣国朝鮮をいかに眺め、如何に意識したか。いわゆる明治期日本の「対韓意識」を文献活動の面から考察、立証しようと試みたものです。こうゆう研究は従来、日本の最も立ちおくれた分野でもありました。錦絵など、その最もチピカルな分野でした。「試考」というのはそうゆう意味での提言なのです。御叱正を願う所以です。

今回はまたお店の利用優待券も同封御恵与に預り御厚志ありがたく拝受いたしました。実は小生「代々木フィギュア・スケート・クラブ」の会長を務めており代々木リンクにはよく出向きます。このクラブは国立競技場公認のクラブでメンバーの中には京城出身者も数名居り、幹事会などでお店を利用させて頂いたように思います。（序ながらスケートもまたソウル時代にマスターしたもので徒らにスケート歴だけは長いので会長に推されています。）会後ともお世話に相成るかと思います。何卒よろしくお願い申上げます。

以上お礼を兼ね御案内まで申上げました。

勿々

（浦和市）　三原　令

戦争の後遺症のために、一番弱い立場の人たちが、故郷帰還を希望しながら、異郷の地で、自然解決のように、死に絶えさせてよいのでしょうか。私は樺太の強制連行者の、高令による死亡で、帰還希望者が、まったくなくなるという状態を「良心が許さない」と、声を大きくして下さる、日本人、韓国人、朝鮮人の、一人でも多くなることを、みな様に訴えます。

私共の映画「忘却の海峡」の試写会のあとで、高さんより「くじゃく亭通信」の「読者からの便り」欄へ、運動のことなどを書いてみてはと、ご親切なお言葉を頂きました。早速、お便りさせて頂きます。

今から、三年前、私どもが樺太裁判を起した日は、中日映画のニュース班がきて、この問題に目を向けてくれました。それから、映画を完成させるまで、きびしい月日が過ぎました。二月一日を皮切りに、全国上映が、東京、札幌、神奈川と始まりました。どうぞ、朝鮮、韓国を論じる人は、良い意味でも、アラ探しを含めても、是非一度、みて下さい。

（世田谷区）　辻　英子

「くじゃく亭通信」お送りいただきありがとうございます。ご夫妻のお人格と、恵まれたよい息子さんとのご縁からお送りいただいている「通信」へのお礼がこんなにも遅くなってしまったことを心よりお詫び申上げます。

騒々しい日常の中にあって、このような忍耐のいる刊行物を持続していられることは驚きであり深く敬服いたしております。

帰国以来二年半、社会環境の悪化と混沌とした教育問題が私の心を奪いました。そして、今年は、こうしたことにあまり時を労することなく、自分の仕事に専念したいものと念じております。

大学及び大学院時代の私の研究課題は、日本の主に、仏教説話の源泉をたどることにありましたが、その頃三国史記や三国遺事を手がけました。十年後の一九七〇年から七五年に亘るヴィーン大学時代に、再びその一部を独語で発表いたしました折には、同大学の李先生に大変ご助力をいただきました。地名人名だけではなく、中国語と異って読解に難しい点があります。最近は邦訳も出たようですが未見。

他国の文化に通じる（自国もまたしかりですが）ということは不可能に近いことをいつも考えさせられています。その限界を恩寵的な人と人との出会いやチームワークがより完全な方向へと導いてくれるような気がします。

昨年より、或る大学で留学生のための日本語講座を担当しており、韓国や台湾の学生たちと、たのしい時間を過ごしております。

どうかいつもお元気で、ご活躍なさいますように。切手等を通信費の一部にも同封させていただきます。ご機嫌よろしく。

（大阪・羽曳野市）　鈴木　重貞

「くじゃく亭通信」ありがたく拝受しました。お元気で御活躍の様子感銘致しました。小生の住んでいる羽曳が丘からは二上山、葛城山などが眺められ、橿原、飛鳥にも近く古代日本を身近かに感じています。古代でも朝鮮侵略をやっていたようですが却って朝鮮文化の影響を多大にうけていることも感じます。われわれは古代から如何に朝鮮の恩恵をうけて来たかを更めて認識する必要があると思います。もう小生など74才の老令で役にも立ちませんが、日・朝の協力が愈々必要と存じます。御自愛を切に祈上げます。

張斗植の文学と思い出 ④

後藤　直

私など平均的戦後の日本人も、自分の記録をかくことができよう。しかし私はかこうと思わない。それ程重い意味がないからだ。〃平和で恵まれた〃戦後の日本人は、それだけの軽薄な価いしかでてこないのだ。

張さんの記録は、平静な文章でありながら重量感がある。嘘がないため、じわじわした感銘がこみあげる。今度よみ返してみて、これは日本文学としてみても、立派な文章だとあらためて感心したところである。

張さんは、クリスチャンだった母親のことは他のいかなる人よりも愛していたようだ。あんなにいじめられた日本人のことを、ほとんど悪口をいっていない。たとえば伊東敏三郎という教師へは、父親のような尊敬を抱いていたことが、しばしば述べられていることでも、それは説明がつくと思う。

私は何年か前も、どこかに張さんの『ある在日朝鮮人の記録』について短い文章をかいたことがあるが、そのとき「妹の死」の場面を中心にしてふれている。この場面こそは、この作品を象徴しているようであり、私は涙なくしてよめなかったのである。

あるとき、何かのはずみで幼い妹をなぐってしまった。まったくの偶然であるが翌日から高熱（実際はハシカ）がでて寝込んでしまう。医者へもかゝれず、家族は死を待っているように手をこまねいている悲惨な状況を、張さんは必死の思いで克明に描いているのだ。ついに幼い妹は息を引きとる。リンゴ箱が妹の柩であった。その悲しみ、哀れさ、言語に表現のできない張さんの気持、自己嫌悪そうした精神的葛藤が、そこにはいやという程描かれていて、まさに妹への鎮魂歌といってよい場面なのである。

張さんは向学の人だった。またスポーツをやっても誰からも負けなかった。常に優等賞をもらっていたが、進学はできなかった。後で夜学に通うようになっても、絶えず張さんの前には壁ができてしまう。そのためいいところまで行き卒業できないで終る。そのくり返しなのである。その原因はすべて「貧困」のためだった。

いまさら説明するまでもなく、当時朝鮮人は、日本にきてすべてこのような悲惨な状況におかれた。（少数ではあるが、金持の場合は例外があった。金持は勉強ができたし、土方などせず、一高、東大あるいは陸士へすゝんだと、張さんもかいている。）

つまり、国家が仕組んだ他民族蔑視の教育は、軍国思想のもと徹底したかたちで朝鮮人を「差別」することで成功したのであった。

しかし「差別」の概念は、こゝで軽々しく述べても始まらない。朝鮮人へのそれは、「やーいチョーセン」「ニンニクくさい」などという生やさしいものではなく、「貧困」こそが、その最大の頂点というべきであろう。

「貧困」という最も過酷な状況に彼らを追い込んだという意味は、まさに特筆すべき罪悪だといわなくてはならない。

張さんの「記録」は、幼時日本へきて終戦まで、一番大切な青春時代はいうまでもなく、すべて「貧困」の連続のなかで生きてきたことの告白になっている。（細部は直接『ある在日朝鮮人の記録』（同成社刊）をぜひよまれることをお願いしたい。）

張さんは、前にも述べたように、勉学も優秀であった。が進学しても必ずやめねばならない運命にあった。これもすべて「貧困」が原因している。私は今度よみ返してみて、よむのが嫌になるくらい、同じことの繰返しになっている。よくもまあと驚いてしまう。まるで、ラベルのボレロのようだ。私は張さんのくやしさがだんだん高まってくるのが胸にしめつけられる思いがしてたまらなかった。その意味でもボレロのようなのである。

それでも金達寿氏との出逢いは、張さんにとって人生最大の転機になったようである。このことはまた別の機会にかいてみたい。

張さんは、以前、この「記録」について評した何人かの文章のうち、飯野博氏の「雑草のように生きてきた」という部分を、えらくお気に入りだった。

その「雑草のように生きてきた」「温厚」で、「大人の相」のある張さんは、自らの柩に『ある在日朝鮮人の記録』を抱かされて遠い旅立ちをしたのである。

（おわり）

書評「朝鮮史・その発展」

ボンミさんの結婚式で、この本の著者である梶村秀樹先生と同席した。ここで、先生と書くのは私が現代語学塾の第一期生で、梶村秀樹先生はそこで教えているからである。

私が梶村秀樹の存在を知ったのは、中采浩を紹介した一文を雑誌『思想』で読んでからである。だから、であろうか中采浩を師としてこの本は書かれているように、私には感じられた。そのことは、家永三郎の「新日本史」という三省堂刊行の教科書を読むと、見出しに「朝鮮半島への進出」とあり、

「紀元三世紀ごろ、朝鮮半島の南部には韓民族がそのころの日本と同様に小国家群をつくり、馬韓・辰韓・弁韓の三つに分れていたが、日本の統一と相前後し、四世紀の前半ごろ、馬韓・辰韓はそれぞれ百済・新羅という二つの韓民族の国家に統一された。四世紀にはいると、大和政権の勢力は朝鮮半島に進出し、小国家群のままの状態にあった弁韓を領土として、ここに任那日本府をおき、三九一年には、さらに軍隊を送って百済・新羅をも服属させた」と書いてあるところが、梶村秀樹によるとこうなる。

「せいぜい『倭』と名づけられる流賊集団が一時的に百済等の領域に侵入して戦勝をあげ、捕虜を獲得したという程度のことであろう」

なるほどと、読み進むと、

「思うに、未開の蛮族がそれゆえに機動的な軍事力たりえ、先進国家の傭兵として武力を発揮し、それをきっかけにやがては自律的軍事行動を展開していくような事例は、世界史上に豊富に見出される」

なるほど、なるほどと読む。ここのくだりだけでも、御一読をおすすめしたい。だが、この本は近現代に、主力がおかれている。特に、日本語で書かれた朝鮮史としての出色は在日朝鮮人史を朝鮮史の一環としてとらえていることであろう。コミンテルンの「一国一党」の原則の日本への適用で、三〇年代の反帝闘争を支えたのが、在日朝鮮人労働者であったという指摘など、中野重治の詩を口ずさみ、現今のいわゆる宮本・袴田論争の有様に思いをめぐらすと、ただ滂沱である。

何て日本人は、朝鮮人の解放への闘いによって救われているのだろう。名著、旗田巍の『元寇』を引用するまでもなく。なお、『朝鮮史』は講談社現代新書で、三百九十円です。

青丘文化賞について

毎年、三月二十一日は、青丘文化賞の授賞式が行われる。今年は、四回目で、姜在彦氏に、賞が贈られることが決っている。このことは、すでに、この「通信」の第十三号に氏の業績とともに紹介されている。ところで、「青丘文化賞は、どんな賞ですか、」と何人かの読者から問合せがあったので、このことに少し触れておきたい。

五年前の一九七三年春、在日の朝鮮人・韓国人の有志実業人が「青丘会」というグループをつくって、発足した。この会は、いうならば、親睦の集まりで当初は、時に集まって 酒を飲むだけのことだった。がやがて、お互いポケットマネーを出し合って 何かやろうと、いうことになった。と言っても、政治的な活動は もちろん夫々の立場があって、これは論外。そこで、文化的な事業ということになり、結論的には 在日の朝鮮人・韓国人で 文化面での業績のあった人に、その業績を たたえる賞を。ということで「青丘文化賞」なるものが設定された。経緯は、かようなわけだが、要するに この賞の特長は、受賞の対象者が、在日の朝鮮人・韓国人であることと、大きな組織・団体が設定した賞では、ないということ即ち、民間の実業人の小さなグループの設定したものである。そういう点では、それこそ、吹けば飛ぶような ささやかな賞であるかも知れない。

この賞は、毎年一回、その年度の受賞の対象者を定めている。先きに述べたように、今年で四回目の受賞者を迎えることのできたのは、大変に喜ばしい。今後は、在日同胞の二世三世の若い作家・芸術家・研究者に、受賞者の拡がることを期待したい。ささやかな賞であるが、末永く持続できることを、念っている。（高淳日）

くじゃく亭通信

第16号

「くじゃく亭通信」編集部
〒150 渋谷区宇田川町八ー九
TEL 四六一・一八五五

定価50円

李朝の書院
—韓国写真展に寄せて—
（1）

外岡　宏

プロローグ

五月一日から、ピーコックで佐藤隆司さんの第二回・韓国写真展、『李朝の書院』がはじまっている。

昨年の第一回展は、「序論」というタイトルで、風景、民俗、仏像、寺院等々、オール・オブ・ザ・コーリアのハイライトを展示して好評だったが、今年は、沢山の方がたが要望された『書院』ひとつに焦点をあててみた。

アオリ機構のない、普通の一眼レフで、建築写真を撮る難かしさは、一度やった人なら誰にでもわかることである。この難かしい仕事を、佐藤さんは例によって、五〇ミリの標準レンズ一本で試みている。

被写体は、色彩に乏しい書院であるし、カメラ・ワークは、ごく控えめだから、パッとしたものがいまひとつ欲しい気がしないでもない。しかし三十数枚の作品を静かに眺めていくと、実に快い清々しさがあり、李朝五百年の興亡のそくそくたる息づかいが聞えてくる。

ところで、地図を見ればわかるように、ここに展示されている書院は、実に、広大な洛東江のほゞ全域にわたり散在している。

いうまでもなく、洛東江は、全長五二五キロ米の、慶尚南北道を貫流する、利根川より一・七倍も長い大河である。この大河の流域に、現代交通網などには無頓着に散在する、崩壊寸前の古屋を尋ね歩いた、たいへんな足跡が、この展覧会である。

陶山書院のように、文化財の指定を受け、修理が施された立派な書院ならともかく、なかには、ようやく辿りついてみると、住宅や映画館になり、痕跡ひとつ残されていない書院もあるそうである。

目に見えない、たいへんな努力のお蔭で、わたし達は、李朝教育史に名を留める、この著名な書院の姿に接することができるのだ。

聞くところによると、韓国でも、書院を専門に研究している学者はそう多くないという。ことによると、これが本邦最初の『書院』写真展であるかもしれない。佐藤さんは、大院君が残した四七の書院・祠（または趾）の全部を廻って見たいそうだし、また、大院君に破壊された書院趾も、そのいくつかは廻って見たいと語っている。氏の手で、韓国側の書院趾だけであれ、速やかに集大成して欲しいものである。

ではなぜ、佐藤さんは書院を追い求めるのか。仮に、氏にそう質問しても、たかだか、「今、写しておかないと無くなってしまいますよ」、あるいは、「何かを考えてスタートしても、やっているうちに、ますます奥が深まってしまいます」、という類の答えが返ってくるだけである。佐藤さんの行動のベクトルは、生れながらに決っているかのようである。

しかし、その主な動機のひとつに、武蔵大学の渡部学（わたなべ・まなぶ）教授の学恩があることはたしかである。

「先生から頂戴したリストを見ながら廻りました」と佐藤さんはいい、

「佐藤さんのお蔭で、私が尋ねなくても、写真を見ることができます」と先生が言われる。

先生は「朝鮮民族という一箇の文化民族の生の実在を総体的に確認する」ことを根底に

据えて、朝鮮教育史を専攻される、貴重な学者である。つまり、過去の人間の軌跡を、年代記的に羅列する歴史ではなく、歴史的現実のなかで、「そのなかに生きた個々の人間」が、「みずからの生存の意義を、どのように問いかけ、それに基いてどのように行動したか」という視点から解明すべく努力されている。佐藤さんならずとも、歴史に関心を持つものの、ひとしく心ひかれる史観である。

そこで、展覧会を機に、先生から書院の意味と意義を簡単に解説していただき、この「通信」に載せたら有意義だろうと考え、三〇分ほどの座談をお願いした。

ところがである。先生は、あいにくの雨のなかを、片手に傘、片手に風呂敷包、肩にはズッシリと重いショルダー・バッグを背負って、定刻に来場され、四時間余りにわたり、懇切な解説をしてくださった。師ありて弟ありというより、この弟子ならばこそこの師である。

吾々一同、予期せぬ幸運に喜び、かつ大いに感謝したが、さて、お話しをそのまま活字にするには、あまりにも時間が足りない。そこで云いだしっぺの私が、恣意的に要約して紙面を塞ぐことになってしまった。以下の拙文に含まれる誤りはすべて私の責に帰すべきもので、先生とは無縁であることをお断りしておく。もちろん、多少ともお役に立てば、すべて先生によるものである。

「書院」の初見

朝鮮史に、「書院」（ソウォン）という言葉が、はじめて登場する事例は、『三国史記』巻第四十六　列伝第六（薛聡）の項中にある。そこには、薛聡（せっそう）の弟子と覚しい崔彦撝（さい・げんい　八六八～九四四）が、唐への遊学から帰って瑞書院学士についたと記されている。

崔彦撝。年十八入唐遊学。礼部侍郎薛廷珪下及第。四十二還国。為執事侍郎瑞書院学士。

当時、中国の冊封体制下にあった新羅の王さまのもとでの、外交関係文書を起草したり、参考文献、書籍などを貯蔵することを職掌とする官職であろう。その機密事務秘書官に、帰国早々の秀才をあてた、それが瑞書院学士である。

つぎに、『高麗史』の成宗九年（九九〇）の条に、

「西京に修書院をおく」

という記事がある。西京は、いまの平壌（ピョンヤン）である。

「天下の典籍を収集抄写蔵保した」

とあるから、修書院は明瞭に図書館である。

同様に、開京には秘書院がおかれている。

この三例は、書院という言葉が使われていても、李朝の書院に直接つながるものではない。

高麗の学制

高麗王朝は、貴族や豪族を押え、一元的な中央集権的政治体制を樹立すべく、光宗九年（九五八）、宋に倣い、はじめて中国式科挙制度を採用した。

官吏養成校たる国子監（クッチャガム）は、成宗十一年（九九二）に設けられた。地方教育機関である郷校（ヒャンギョ）は仁宗（一一二三～一一四六）の代に設置されている。

私学は、高名な儒学者崔冲（九八四～一〇六八）の「九斎学堂」はじめ、隆盛をきわめ、十二の優秀私塾の学生は「十二徒」（シビド）と呼ばれ注目された。

けれども、いずれも儒学を通じて高級官僚を育成する、体制側の教育機関である。

初学入門段階の教育も存在した。これを示唆する資料としては、

「蓬廬の賤子、笈を負いて師にしたがう」

という高麗史一〇〇三年の記事がある。

また、中国人の資料としては、中国から高

麗に使いした徐競が帰国後にまとめた『高麗図経』（一一二三）をあげることができる。彼は、首都開京に大きな学校建築が建ち並ぶ様を描写したのにつづいて、

「下は卒伍・童穉（どうち）にいたるまで、また、郷先生に従って学ぶ。ああ、盛んなるかな」

と書いている。十一～二世紀は高麗王朝の最盛期にあたるが、日本では平等院が作られた平安中期から末期に相当する時代に、早くも教育がこれだけ重視されたことは注目に価する。しかし「書院」を生みだす真の要因が出そろうのは、高麗末期であり、この時期に書院の真の存在理由が確定する。

高麗末期の社会状況

高麗は建国三〇〇年後、蒙古の侵入をうける。政府は一二三二年以降三九年間、江華島に王室を移して抵抗するが、元宗十一年、ついに首都開京に還って元に降服する。

このとき、江華島守備隊の三別抄軍は、蒙古、および蒙古と結託した開京政府に反対し、農民軍と連合し、独自の王をたてて反乱する。しかし 抗戦三年後、済州島で崩壊し、元の完全占領体制が完成する。

元は、翌一二七四年、はやくも日本侵略を試みて失敗。一二八一年、再度侵略を試みて完敗する。この遠征にあたり高麗は官・民ともに苛酷な負担を背負わされるが、この元の支配こそ高麗末期を象徴するライト・モティーフである。

十三世紀末から八十年間は、元の占領下ではあるが、戦乱を忘れた平和な時代となる。世界帝国元を通じて、サラセン文化あるいはさらに遠くのヨーロッパ文化まで流入し、新らしい科学、技術、文化が興隆する。親元派貴族の勢力は強大になり、上流には蒙古の風俗が浸透し、蒙古人との通婚も盛におこなわれるようになる。

しかし、元と政府の双方から二重の収奪をうける農民層は、極度に疲弊し、流亡する者や貴族・寺院に土地を投托して佃戸となる者が多く、大土地所有が進行して、国家的土地所有を前提とする田柴科（一定の官職に対応し、田と山林にたいする収租権をあたえる高麗の土地制度）の維持が困難となる。

忠烈王から忠定王まで、九代約八十年間の王名にだけ冠せられた「忠」の字が、この間の事情を雄弁に物語ってくれる。

一三五一年王位についた恭愍王（コンミンワン、一三三〇～一三七四）は、元の衰退を読み取り、親元派貴族の誅殺、元年号使用の廃止、北部領土の回復など、積極的に主権回復策を実行し、一三五六年に宿願を成就する。

しかし一三五〇年からはじまる十四世紀後半は、足利幕府の衰微に起因する倭寇の朝鮮侵略が、毎年のように執拗にくりかえされ、一三六一年には、さらに、中国東北部に興った紅巾賊が一路南下して首都開京を占領するなど外患が連発する。侵略者はそのつど撃退されたものの、これを達成した武臣の勢力が台頭し、なかには、恭愍王を殺害して親元派の復権を画策する摠兵管、金鏞のごときものまで現れてくる。すなわち、元からの独立は達成したものの、新興勢力の台頭で、土地制度の改革ははたしえなかった。

したがって恭愍王の最大の政治課題は、時には元や親元派貴族と手を握ってさえ自己の権益を守備貫徹しようとする大土地所有者層を、いかに分断し、いかに破壊して、立国の原理たる国家的土地所有と田制の理想を実現するかにあったわけである。

そこで彼は、無名の僧遍照（ピョンジョ）に全権力を委譲して革新政治を行なわせることにした。まことに奇想天外な人事である。すべての旧体制勢力に拮抗し、新興の武臣勢力にも拮抗させうる、王の最後の切札だったと見ねばなるまい。

その遍照＝辛旽（シンドゥン）の打った重要施策の一つが「成均館を再建して儒学教育の復興をはかり、科挙制度を改革・実施して、儒教―官僚的な政治の実現をめざす」（韓国通史）改革案であった。四〇〇年前の成宗の政策の原点にもどそうというわけである。こうして文臣が再登場する道が開かれた。

宋　学

儒学の目的は、いうまでもなく孔子の教えの実践にある。「君子はいかなることをなすか」と問われた孔子は「修己安人」と答えた。

後代の学者はこれを「修己治人」と改めたが、己を修め、人を治めること、これが儒学の目的である。

　しかし、ながい歴史的時間のなかで、儒学はさまざまに変貌した。

①先秦までは、六経をただ信奉するのが儒学であった。

②漢・唐には、始皇の焚書による典書の乱れを正し、その真意を求める訓詁（くんこ）学となった。

③宋王朝は、遼・金の圧迫をうけて北半の領土を喪失し、国都を南京に移すとともに、厖大な軍隊をかかえて外患に備えなければならないという非常の国難に直面した。この南宋時代に、官僚として活躍しつつ、朱熹が先学の説を集大成したのが宋学である。また朱子学ともいう。

　したがって、宋学は「修己治人」に驀進し、実践に原理と方法を提供する実学であった。

　高麗王朝のもとで、儒学は二度主役の座についたが、その一つは王朝初期の詩歌・詞章を中心とする、漢・唐の訓詁学であり、他の一つが、ここで問題とする、王朝後半に元を通じて導入された宋学である。

書院成立の三条件

　恭愍王は辛旽を起用して政治改革を試み、文臣政治の確立を図ったものの、辛旽はわずか六年で失脚ののち誅殺され、王自身も失意のなかで三年後には臣下に殺害されてしまった。いずれも、武臣勢力と親元貴族に対抗できる革新勢力を持ち得なかったための悲劇である。

　かかる武臣専権、文臣逼塞の状況下で、儒者（＝文臣）は、ある程度の富を蓄積すると自分の農荘に隠遁し、下は童子から上は科挙の受験生まで、各種の層を教育する「書院・書堂未分化的発生形態たる多様な教育施設を、全国的に発生させていった」のである。すなわち、そこに

①書斎を私置し「家居」して弟子を教えるもの、

②童子を集めて、夏季に詩句を教える「夏課」をおこなうもの、

③仏教の道場として建てられた精舎を利用し、仏教のカムフラージュのもとに、宋学を「群居肄業」（＝集団学習）する儒館となすもの、

など、多様な形態を見ることができる。まさに「陶冶の遍在」というべきだろうか。

　第二に、科挙を志す学生とは別に、元の支配下で、末端の行政実務を担当した郷吏（ヒャンリ）層の存在に注目しなければならない。なぜなら、彼等こそ積極的に教養と富を蓄積して中小地主層を形成し、やがて高麗王朝を打破して李朝の両班に成長する階級だからである。

　すなわち、李朝革命は大土地所有にたいする中小地主層の革命であった。

　書院成立における「儒学者の山林隠遁」については、つとに京城大学の柳洪烈先生の説くところであり、「郷吏層の教養蓄積」については、成均館大学の李佑成先生が強調されるところである。

　第三に、鄭夢周の建言で実現した「文公家礼」にもとづく家廟奉祀の制の浸透を指摘する必要がある。

　鄭夢周（一三三七～一三九二）は高麗末期の著名な朱子学の大家だったが、李成桂の田制改革にあたり、田柴科にもとづく貴族的大土地所有制をゆずらず、中小地主貴族層の進出を認めなかったため、後の李朝の太宗らによって暗殺された人である。倭寇鎮圧の接衝に日本に来朝したこともある。

　「文公家礼」とは朱子の定めた家礼をいい、家廟・家壇を建てて、祖先をまつる、祖先崇拝の形式である。ここから「立祀致祭」、すなわち祀を立て祭りをおこなうということがでてくる。最初は祖先だけだったが、ここに先賢先師をまつる風が生じて、書院成立の重要な契機となっていく。

教育上のプリンシプル

　書院の成立を教育史の立場から検討するにあたり、その教育原理を究めることは特にたいせつである。これを思想、社会的関係、方法の面から要約するとつぎのようになる。

①思想的には「居敬窮理」である。

　「居敬」は朱子の先輩、程頤の唱えた説で、常に一を主として他にゆくことなく、敬をも

って徳性を涵養する、自己の内心の修養法である。

「窮理」は朱子学の方法で、「格物致知」の方法により、一事一物の道理をきわめ、ここに貫通して流れる天理を発見する、客観的知識の練磨法である。

居敬窮理は、居敬と窮理をあわせた朱子の修養法である。

李朝朱子学では、李退渓を尊崇する東人派の人たちは居敬窮理のうち「居敬」のほうを重視して、心を治めればすべての物を正しく視ることができるとし、李栗谷（李珥）に依る西人派の人たちは、心は大切だが心だけでは何もできない。社会・経済など事実に関する知識を修得していかなければならないと、「窮理」を重視するようになる。しかし書院についていえば居敬の原理のほうが有力である。

すなわち居敬窮理の前半を強調した「体察存養」——体で実行して心を養う方法がその原理である。これは阿部吉雄先生が特に使われる言葉である。

②社会的には「用行舎蔵」である。

用舎行蔵ともいい、舎は捨と同じである。すなわち、立派な王がいて自分を用いてくれれば中央に出ていって政治の仕事をおこない、王が暗愚で自分を捨ててしまうなら、それはそれで良い、そのかわり田舎にあって蔵収＝自分自身の学問を磨いて後輩を指導するということである。これは李朝両班層の社会的な一方針となっていく。けっして無理をせず、社会の要請に応じた道をえらぶわけである。

③教育方法は「師弟同行」・「率先垂範」である。

説明するまでもなく、上にのべた教育はすべて師弟同行でおこなわれ、先生は自らすすんで勉強・実践し、範を示していく。

書院の成立——その序曲

李氏朝鮮王朝は、一三九二年、太祖李成桂により開かれた。

高麗末期の「陶冶の扁在」の風は、そのまま李朝にもちこされていく。その間におけるさまざまな経緯はこれを省略するとしても、儒教は李朝革命の思想的武器となり、「王朝の開創当初から、李成桂と彼の周囲の儒臣たちは、新らしい儒教を政治哲学として採択した」（『韓国通史』）こと、李朝の封建的生産関係のイデオロギーとして機能したことを忘れることはできない。

以下、一五世紀、すなわち李朝初期百年間の文献を大観すると、

一四〇六年＝太宗六年、「守令褒貶之法」が定められ、ここに

一、国学の修明
二、小学書（朱子）先講
三、私置書斎教訓者安居講学
四、裨風化

の四つの教育政策基本路線が設定された。

一四一八年＝世宗即位年には「書院」を私置して生徒を教誨する儒士に対する褒賞が、一四三六年＝世宗一八年にはその家を「書斎」として童蒙を集めて教誨する者に対する褒賞が、一四七三年＝成宗四年には「書堂」を家傍に構えて童蒙訓誨をこととする者に対する褒賞が、記事として残されている。すなわち書堂・書斎・書院という未分化的形における陶冶の遍在があったことがわかる。

ところが一六世紀にはいると、中宗一〇年（一五一五）ごろから、祠廟営建運動が起って来る。これは前述の立祀致祭の原理の拡大である。

すなわち、立祠致祭は祖先に限るべきではなく、「先賢先師」はこれをその講学もしくは講道の地に立祠すべきであるという論議がはじまった。たとえば、鄭夢周先生は成均館以外に開城でも私的に朱子学を講じられた、だからその地に先生を立祠致祭すべきであるといった要求である。

しかし、当然その祭祀の費用に相当する課役を免除する特権付与がともない、財政上の大きな負担となりやすいため、政府は、そのような事例の簇生をおそれて、極力厳選につとめたが、鄭夢周その他数名の著名な学者については認めることとなった。これを「先賢先師講学之地立祠致祭」という。

（次号に続く）

＊読者からの便り＊

（東京・北区）　荒竹　清光

出雲の春がうそのような東京の昨今ですが、その後お変りございませんか、旅先では何かと教えていただき本当にありがとうございました。帰りの車中では、又失礼な事ばかり申し上げ、今赤面しております。どうぞ御容赦いただきたく思います。

先日は「くじゃく亭通信」とサービス券ご送付いただき重ねてお礼申し上げます。「通信」拝読し、充実した内容と血の通った文面に心あたたまる思いでした。

朝鮮半島ぬきの日本史など、ワサビぬきのすしみたいなものだ、というのが私の考えで、しかも歴史は権力側の造られたものでなく、大衆側の発言による最大多数の賛同を得た歴史でなければならないと考えています。過去も現在も多くの労働者を無視しては歴史は語れないし、今後もそうであろうと思います。その際、忘れてならないのは半島の果たした役割だろうと思うのです。私は教育の現場にいて、常にそう考えています。その意味で「朝鮮人」蔑視など許されざる事です。私は古代の歴史地理を勉強していて、彼等「朝鮮人」を尊敬しても軽視する理由など全く考えられません。もちろん戦中戦後の御苦労には頭が下がる思いです。とはいっても教育の現場などでは、いまだ皇国史観ベッタリの人がいます。これらを直し正していくのは私たちの役目だと思っています。

これらの事をふまえて「東アジアの古代文化を考える会」は発足したのではないでしょうか、私は会員になってから一年余りですが、〝このワサビ〟を失なった今のゆく末を案じます。鈴木氏の冥を祈る意味でも、みんなで考えてみたらとひそかに思っています。

長々と勝手な事を書きましたが、「通信」が益々発展し、事業もより繁栄致しますようお祈り致します。

（取手市）　塩田　今日子

こんにちは。一度お伺いしようと思ってはいたのですが、今までは大学受験生の身分でしたので一度も行くことができず申し訳けありません。

おかげさまで大学に合格いたしました。これからはひまなときにお伺いしたいと思っております。合格したのは、東京外国語大学朝鮮語学科なのですが、私もずいぶん運の良い人間だと思います。…というのは、私がここを受験しようと思ったのは、中学のときなのですが、その時は、まだ朝鮮語学科がなかったのです。そのことを知ったときには、とても残念だったと同時に、少し憤慨いたしました。ところが、私が受験する一年前になってやっと朝鮮語学科が、新設されたのです（「NHKに朝鮮語講座の開設を要望する会」の影響もあったのではないかと思います。）…おかげで少しもつまづくことなく自分の好きな道にすすめます。

今までも朝鮮のことについて少しは勉強してきたつもりですが、まだまだ不十分なようです。これからは大学でももっともっと勉強して、なにか興味深いこと、大切なことなど発見したらみなさんにお知らせしますね。それから、これからも「通信」をよろしく。

お知らせ

●「書院」写真展に因んで、武蔵大学教授、渡部学先生に、ご講演いただくことになりました。準備の都合上、聴講ご希望の方は、ハガキで編集部宛にお申込み下さい。

七月八日（土）午後二時を予定しております。

場所　東京都民銀行渋谷支店ホール

会費　無料

＜消息＞

●大阪大学韓国・朝鮮人同窓会（会長白性基氏）五月二十八日大阪コロナホテルで開催、四十七名参加。本年度新入生八名の内三名出席。

●青丘会ゴルフコンペ　五月二十八日伊香保カントリークラブにて。

●「済州・道頭二洞」出身の東京ミドル・エイジグループ、五月二十一、二十二両日、日光周辺ドライブ散策（当番幹事・文達三氏）

青丘賞を受賞して

姜在彦《カンジェオン》

此の度は第四回目の青丘賞をいただいて、過分の光栄に思います。私の貧しい研究が、何らかの形で世に出たとするならば、ここ十年間の話であって、私自身の眼からみてもいろいろ不満が多く、思っていることの何十分の一にも達していないように思われます。今回の受賞は、私の貧しい研究そのものに対してよりも、今後のための激励の意味で受け止めております。

かえりみればちょうど十年前、自分としては生涯を賭けるつもりであった組織生活から離れて、それから先きの生活設計もなく、途方にくれたものでした。何をやってよいか分らないためらいと不安のなかで、雑談や出版社から水を向けられるままに書いているうちに、それが受賞の対象になるなどとは、夢にも思ってみなかったことです。

もちろん組織生活のなかでも、朝鮮史にかんする若干の小論や、共著を書いてきました。しかしそれはおしなべて、啓蒙書か朝鮮史の歪曲にたいする反論のようなものでした。それらはいずれも組織活動の一貫として考えてきたわけです。

一般的な考え方からしますと、ライフ・サイクルのなかで、研究者にとってもっとも重要な時期は三〇代で、四〇代後半からは後進の指導に主力が注がれるのではないかと思われます。しかし私のばあいは、三〇代を中心としてその前後の十五年間は常任として、さらに非常任の時期を加えれば十八年間、ライフ・サイクルのもっとも重要な時期を、組織生活に埋没させてきました。したがって組織生活から離れてからというものは、かなり自虐的に自分の人生の付録と思ってきました。

だからそれから以後の研究といっても、研究者として出直そうといったような、肩ひじ張ったたぐいのものではなく、馬鹿の一つ覚えでそれしかできなかった、ということに尽きるようです。

しかし三年ほど前から周知のように、『季刊　三千里』という雑誌にかかわるようになって、多くの方のあたたかい指導と鞭韃をうけながら、ささやかながらでも、それを介して現実に参与しているという歓びをえました。『季刊　三千里』は私にとって、自分の頭で考え、自分の責任において発言していくという、かけがえのないものとなっております。社会からはなれて研究だけに没頭するような柄でもない私にとって、この『季刊　三千里』にかかわることを大事にしていきたいと思っております。

よく友人からいわれますが、君の研究はすべて三・一運動でおわっているが、その後はやらないつもりか、と責められます。確かにその通りです。いま不義理をしながら延ばしに延ばしてきた若干の仕事がありますが、酒を飲みすぎて、いつ中風になってしまうかも知れない不安もあります。だからといって酒をやめるわけにはいかないというのが、私の心境です。さいごの仕事として私の脳裡に浮んでいる二つの問題があります。その一つは朝鮮の儒教史を洗い直してみたい、ということです。朝鮮の儒学史では伝統的に、麗末の圃隠鄭夢周から退溪李滉、尤庵宋時烈などを高く評価してきました。しかし私の眼からみれば、逆臣として筆誅を加えられてきた三峯鄭道伝から、栗谷李珥につながる実学派、さらに逆臣としての茶山丁若鏞に至る系譜を軸として、朝鮮儒学史は再構築されなければならないのではないか、ということです。

他の一つは三・一運動後における民族独立運動史のことです。それにたいする基本的な考え方については、『季刊　三千里』第十二号に掲載した小論のなかの「南北連邦制と歴史叙述」のなかで、その一端を披露しておきました。

研究というよりは、雑多な事により多くの時間が費されている今日この頃ですが、そのいずれを先きにやるか、今後考えていきたいと思っております。私に差しむけてくださったこの配慮に、どのようにして報いなければならないか、率直にいって責任の重さを感じます。

ピーコック画評(13)

後藤直

「くじゃく亭通信」が都合で休刊の間にも、ピーコック画廊では、「森の会」展や「鳳山会」展などが開かれていた。

前者は昨年よりも盛会のように思えた。後者は、ピーコックでは初めてであるが、もう七回展にもなっている。秋田県立本荘高校出身の絵かきたちのグループ展であり、私自身ともかかわりがある。

「鳳山」とは秋田富士といわれる鳥海山の別名であり、それを会の名称にした以上、スケールの大きい内容を展開しなくては恥というものだろう。

今回は、新田耕三、工藤晋、遠藤知義の三名が出品している。いちいち細かなことは述べないが、よくもわるくも、あの地方特有の、のんびりした気風が現われていたのは確かである。それぞれ美大で学んだ彼らである。きびしくてしかものびのびとした絵を、描きつづけてもらいたい。

「くじゃく亭通信」小休止の後、ピーコック画評も再び始まりました。出品されるみなさんの健闘を切に望みます。よろしくお願いします。

●ピーコックギャラリーの案内●

毎月二日から月末までの一ヶ月間

六月　佐藤隆司「李朝の書院」韓国写真展

七月　三島平一油絵展（第四回）

●新刊案内●

「近代における日本と朝鮮」朝鮮問題入門
姜在彦著　すくらむ社刊　価五八〇円

「韓国・詩とエッセーの旅」金思燁著
六興出版社　価九八〇円

「時調」朝鮮の詩心　尹学準著　創樹社刊
価一八〇〇円

「帝国幽霊・黄狗の悲鳴」現代韓国小説選(1)
李丞玉編訳　同成社刊　価一五〇〇円

同人誌「古代文化を考える」創刊号
頒価七〇〇円送料一二〇円、申し込みは
〒188保谷市北町二ー十二ー七　山中光一へ

●「朝鮮地誌略」陸軍参謀本部編
第二巻（全羅道之部）桜井義之解説
九月刊行予定　価四五〇〇円
朝鮮図書復刻会刊行
発売元　学芸書林

くじゃく亭通信

第17号

「くじゃく亭通信」編集部
〒150 渋谷区宇田川町八―九
TEL 四六一・一八五五

定価50円

富士の見える渋谷

金　泰　生

なだいなだの自伝的小説ともいうべき『野越えやぶ越え医車の旅』（毎日新聞社）を読んでいると、東京で学校を出た医学生が付属病院の医局に入り、インタン生活を終えると、なるたけ東京に勤め先を見つけて、東京に居残りたがるというくだりがあった。たまたま不本意にも地方の病院などへ勤務しなければならなくなったりすると、東京をはなれることが嫌でたいていがっかりするという。そして、なあに二、三年もしたらまた東京へ帰ってくるよと、いくぶんさびしげにまた真剣にそう言残して任地へ発っていくのだそうである。しかし、事は当初の志とは異なり、二年が三年を経ても彼の姿はなかなかに東京にあらわれることがない。そして、やがていつしかそれぞれの任地に腰を落ち着けてしまうばあいが少くないという。久里浜病院に「アル中センター」が新設された当時、数年間勤務した経験をもつなだいなだは、その担当医としての職を辞する時、ふと微かにそのまま去りがたい思いが心をよぎったという意味のことを書いている。それは病院という医療施設への愛着というよりも、何年間にわたってそこで苦楽を共にした同僚や、時には腹が煮えくりかえりそうな（と、読む者に思わせる）ほどに手を焼かせた患者たちへの思い出までが、なつかしいものとして彼の内部に刻みつけられているからである。そしてかつて未知の任地へ赴きながら二、三年すれば必ず東京へ帰ってくるといった友人たちがついにそのまままそれぞれの地域に定着するのは、東京へ帰れないから戻らないのではなくして、かの地でめぐりあった人人との間に芽生えた新しいきずなやもろもろのなつかしい想い出こそが、彼らをその地に止まらせる最大の原因なのだということに思いいたる。

そのような読み終えたばかりの本の印象が強く残っていた故か、五月下旬のある日、渋谷駅から「ピーコック」への緩やかな傾斜の歩道をのぼりながら、ふと私は、かつての私にとって＜通り過ぎる街＞だった渋谷について考えていた。私は昭和三〇年から三一年にかけて東横線の中目黒駅の近くに、学生だった二人の弟と一時くらしたことがあった。都内へ出るには、電車かバスの何れを利用するにせよ必ず渋谷を通らなければならなかった。ちょうどその頃、金達寿さんの長篇小説『玄海灘』が劇化されて芝の中労委会館で上演されることになった。私はその会場で初めて金達寿さんに会ったのだった。それ以前に、私は八年近い療養生活を終えて伊豆伊東の親元に帰り社会復帰にそなえていた頃何度かの文通を交わしていたから、初対面という気は全くしなかったものだ。当時、金さんは中野区相生町という所へ引越したばかりの頃だった。私が訪ねて行くと、その家に引越した夜、友人たちを招いてトンチャン（もつ焼）で一杯やったらもつを焼く煙の匂いに大家がたまげてしまったという話をして、豪快に笑いとばしたりした。つまりその大家さんは、朝鮮人には家を貸したくなかったらしいのである。当然ながら、だって君、向うが質ねもしないのに、こちらから伺いをたてる必要などないんだからねえ――というのが、金さんの論理なのである。

中目黒駅前からはつごうよく中野相生町まで直通バスがあった。玉電の大橋を右折したバスは渋谷に出て宇田川町の映画館のある通りを抜けて行くから渋谷は通過するだけである。私はすでに文学をやる決意は固めていたけれど、具体的な拠りどころがどこにもなく、辛じて健康を回復したといっても体力にはおよそ自信がもてず、加えて目星しい働き口もまるでないといった、実にうらぶれた状態におかれていた。思い余まると私の足は自然と金達寿さんの家に向う。金さんこそいい迷惑だったはずだが、それでも決して嫌な顔ひとつされた覚えがないのはありがたいことと考えている。文学をやる者に情は無用という考え方もたしかにある。しかしまた、文学を志す者にとって、先輩との心のこもった対話は肉声による読書のようなものでもあるだろう。人はそれを必要とする時、針の穴からさえ宇宙を垣間みようと試みるものなのだから。

　しかし足しげく訪ねて行っても、いつもきまって金さんが在宅しているとは限らなかった。そんな時にはバスを渋谷で降りて、金があるとガード下のやきとりやで一杯ひっかけることもあったけれど、たいていは道玄坂を登り、中目黒への道をとることが多かった。そうしたある日、私は坂上で思いがけなく富士の姿を眼にしたのである。遙か西空の果ての夕暮れの光りの中にくっきり浮かび上がっている富士の姿は、意外に大きく私の眼に迫って映った。渋谷で富士を見るなどということとは私にとって全く予期しない経験だった。透明にすけて見える冬の西空に、肩の辺りから上を茜色に染めてそそり立っている富士の姿にはずっしりと重い存在感があって、それが私にふしぎな感動をよびおこしていた。多分それは私自身の思い屈してうらぶれた心のありようの故もあっただろう。しかし時として、自然がそのさりげない一べつを人に注ぐとき、人は渇えた心に自然の揺ぎない存在感からある種の安らぎをあたえられることがあるものだ。

　現在ではもう、渋谷の富士は林立するビル群の後方の空間へかき消えてしまっている。現代的様式に装いをこらした活気にみちた渋谷の街にもそれなりの良さはたしかにある。しかし私にとってはあの富士の見える渋谷もなつかしく、忘れがたいのである。

（キム・テセン）

《紹介》

金泰生・小説集「骨片」　創樹社刊

価一二〇〇円

――先日、久しぶりに金泰生さんと電話で話した折、『骨片』は椎名麟三さんの『母の像』に触発されて書いたと聞き、あゝと思った。一度、椎名さんにおひきあわせしたかった、とも思った。しかしおそらく、この作品集においてひとつの見事な文学的結晶を遂げた金泰生さんは、作家としての今後の歩みのなかで椎名さんの課題に応えてゆかれるだろう。（後略）森禮子（以上、本書「はさみこみ」より）

○新刊案内○

「私の日本地図」　金泰生著　未来社刊

価一二〇〇円

　昭和初頭の猪飼野の風景を描いた場面は、私にとっては鮮かな郷愁だった。金泰生は六才で日本に渡って来ている。同じ済州島出身である私は三才で中道に来た。まもなく近くの猪飼野に移り住んで少年の頃をここで過した。つまり年こそ違え著者とは同じ時代の猪飼野を体験したわけだ。このような意味でこの本は、私の「日本地図」でもある。（高）

「現代日本・朝鮮関係史資料第六輯」

――在日本朝鮮人管理重要文書集―― 1945～1950

湖北社刊　価一八〇〇円

　本書は一九四五年～一九五〇年までに連合国占領軍総司令部により発せられた、在日朝鮮人、台湾人、および沖縄の人民を制圧・管理するための各司令文のうちとくに重要とおもわれるものを編集復刻したものである。外国人登録令に始まり、司法警察権の運用、教育問題など、今日の出入国管理令・出入国管理特別法の先鞭としての司令にいたるまでの多くの根本的な政策の発端を如実に顕して余すところがない。原本は（一九五〇年三月、外務省政策局特別資料課により配布されたものに準拠した）とある。

「沈黙に抗して」―韓国知識人の発言

徐龍達編訳　筑摩書房刊　一三〇〇円

　困難な情況の中で、投獄を恐れず生命を賭して真の民主化をめざして苦闘する韓国知識人の、これまであまり知られることの少ない発言を収録し、韓国の知識人・民衆の切なる希いを強く訴える。

李朝の書院
―韓国写真展に寄せて―
（2）

外岡　宏

小休止

渡部先生（武蔵大学）の解説は、いよいよ、書院の成立と展開にはいり、教育史にはたした役割りの再評価、あるいは経済的諸問題の解明へと発展していくが、『写真展』も終ったことだし、編集部から御提案もいただいたので、ここで少々おしゃべりをさせていただこう。

書院史をたどっていると、朝鮮史の基層を構成する経済的矛盾、すなわち土地の国家的所有と使用権の私的占有の抗争の傷跡があらゆるところに深々と刻みこまれている様をみることができる。貴族・武人・僧侶・大土地所有者たちは、支配階級として、王朝の中核そのものでありながら、同時に、国家的土地所有を破壊する最強の敵対者でもあるのだ。

そこで王は、この矛盾を解消するために残された、ただ一つの手段として、儒学で武装した官人による官僚統制に期待を寄せざるをえなくなる。

恭愍王《コンミンワン》のとった無名の新人辛旽《シンドウン》の登用は、そのような意味で、中世史を象徴する重要な事実であり、作家の夢をかきたてるヤマバのひとつでもあるだろう。

辛旽は、自分が立てた政策が生みだすはずの同盟軍（＝科挙官僚）の成長を待ちきれず、性急に事をはこんで孤立化し、失脚後まもなく殺されてしまうわけだが、韓沽劤教授はこの間のくだりを『韓国通史』のなかで、

彼は政権を独占するようになってから、しだいに専横になり、豪華な生活をおくって、仏教行事に没頭したが、けっきょく一三七一年（恭愍王二〇年）に、国王殺害の嫌疑を受けて流刑に処され、ついに誅殺されてしまった。

と表現している。

さて、御承知のとおり、高麗後期の仏教界は、権力に寄生してあくどい利権をむさぼったとして、まことに評判が悪い。辛旽という名は僧遍照《ピョンジョ》の還俗後の名前である。だから辛旽も高麗仏教界が生んだ妖僧のひとりだぐらいに考えている人も多いだろう。

しかし、私には、王の招請にこたえて還俗し、国難にたち向っていった青年僧の末路が哀れに思えてならないし、乾坤一擲の大勝負をうとうという一国の元首が、全幅の信頼のもとに政権をゆだねたほどの傑物が、易々と専横にはしり華美に溺れてしまったとは考えたくない。

韓教授の文章を再読すると、勝者が敗者を記録するさいに使う常套語の臭いがしないだろうか。道鏡しかり、光秀しかりである。そうかといって、別の記録があれば、とうに歴史は書きかえられているはずである。

そこで、僧侶が還俗し、儒学の振興に努力した事実のうえにたって、一人の優れた人間の心の軌跡を考えてみたいのである。

仏僧の還俗とは、外面的にはともかく、心の深奥においては捨教である。彼は仏国土のかわりに王道を選んだ。王の懇請がいかに強かったとしても、信仰者が信仰を捨てる行為は、人生における最も荘重ないとなみのひとつである。彼が思想家であれば、それは新らしい思想への飛躍を伴わずには不可能なはずである。辛旽のばあい、その新らしい思想として「修己治人」と「実学」を統一した朱子学をあてはめてみたいのである。

すると、そこに一僧侶の社会改造への目覚めと、朱子の実践哲学との見事な合一があり、一青年が自己の人生を賭けるにたる心からの喜びがみいだされるであろう。朱子学はこのような喜びとともに高麗王朝下の若いインテリゲンチャに迎えられたはずである。新らしい思想の成立には、つねにこのような熱気がみられるのだ。

では辛旽の挫折はどう見るのか。ただし、私はこの間への直接回答をさけて、同時代の日本では一青年貴族が

大日本神国也。天祖ハジメテ基ヲヒラキ、日神ナガク統ヲ伝給フ。吾国ノミ此事アリ

と、遠く明治維新までつゞいていく儒教の風土化に筆を染めていた点を指摘しておきたい。

書院や儒教など、ともすると灰色になる中世史を考えるにあたり、当時の人びとの心の琴線をおもい、極論を述べたしだいである。

ピーコック画評(14)

後藤　直

今月は三島平一氏の第四回油絵展である。前年も、私はこの人の絵をみている。その落付いた色彩や、気張らない題材の選択は、この人の年輪とか人柄がそのまま語られているようで、みていて一種の安らぎを覚えるのだ。

テーブルの上に、玉ねぎとかにんじんを描いた「静物」（F10）、同じくなすやかぼちゃを描いた「野菜」（F4）、あるいは「パンジー」（F6）、「花菖蒲」（F4）などの花をテーマにした絵もわるくはないが、何といっても、この人の場合、風景主体の絵はみごたえがある。

みずみずしい「明治神宮の花菖蒲」（F3）は、とくに私の印象に残ったが、まっかにもえたつつじの咲く「五月の三宝寺池」（F10）、あるいは松林の涼しげな「初夏の三宝寺池」（F8、F10）などは誰がみてもみごとだと評するだろう。

その他「孫」（F6）も達者なできばえであった。が、私は階下になにげなくかざられていた「函館」（0号）、「バラ」（0号）、「山茶花」（SM）などの小品が意外なほどかきこまれていて素晴しいと思った。

キャンバスに向うとき、若い人は熱情を、年配の人は静寂さを、などというつもりはないが、三島氏の絵は、美術上のこみいった理論や理屈を越えたところに存在しているし、それ自体が個性にもなっている。そしてその絵はあくまでも気品がこめられていて気持がよいのだ。

今後も、この人はマイペースでよい絵をかいてゆくだろう。がんばってもらいたい。

◎ピーコックギャラリーの案内◎

毎月二日から月末までの一ヶ月間

九月　蔡峻作品展　（第一回）

蔡峻氏略歴　一九二七年生れ。二十才代より漫画を描きはじめて今日に到る。主に政治漫画あるいは社会漫画。作品はよく社会主義国の雑誌などに転載された。政治漫画集を二回発刊、その他展覧会活動にも数多く参加。現在朝鮮新報、朝鮮時報その他に漫画を執筆中、漫画会議会員。

現住所　東村山市恩多町五―一八―六

TEL〇四二三（91）五四四三

私の作品展にあたって

蔡　峻

あたり前のことであるが、子供は政治からのがれることができない。その政治がひどい政治であれば結果として子供たちはその生活を破壊される。

朝鮮。その南の地域の子供たちは一人の独裁者によって、まさにその生活のすべてがおしつぶされている。わたしはその子供たちを通して一人の独裁者＝朴正煕＝のファッショ政治を暴露してみようと思ったのである。直接的に「子供の生活」を通してというかたちでなく、子供をかいてその政治を暴露するという方法で。どのくらい成功するかわたしにも自信がないが――。

＊読者からの便り＊

（渋谷区）　矢沢　仙次

「NHKに朝鮮語講座の開設を要望する運動」にお手紙を差上げたご縁から「くじゃく亭通信」をお送りいただくようになりましたが、私は「衣料」を古代史の中にその流れを知りたく私なりに調べたり、種々の本に依り勉強しているものですが、朝鮮半島と我が国との関連が非常に深い事を知りました。

日本の古代史はその置れた位置からもアジア史的な見地から考えないと説明が不可能な点が少なくありません。大陸の……中央アジアや中近東の文化も又その対象となるでしょう。それらはシルクロードを通じて半島を通り高い文化は流入したのです。朝鮮の歴史をより多く知りたいと思います。本当にいつもありがとうございます。

◎編集部より◎

七月八日、武蔵大学教授渡部学先生の講演『李朝の書院』を頂きました。大変有意義な講演会で盛会でした。先生をはじめご協力下さった皆さんに厚く御礼申上げます。

くじゃく亭通信
第18号
「くじゃく亭通信」編集部
〒150 渋谷区宇田川町八ー九
TEL 四六一・一八五五
定価50円

李朝の書院（3）

書院の成立

外岡宏

朝鮮は昔から数多の苛烈な戦乱を乗り越えてきた国であり、外寇や内乱にさいして殺身成仁、国難に殉じた沢山の先烈諸士がいる。そこで先賢祠が承認されれば、当然、先烈諸士を彼の殉義の地に立祠致祭せよ、という強い要求がだされてくる。ところが殉忠殉義は国が不断に鼓吹している思想であるから、王も、こればかりは財政難などのような理由で拒否するわけにいかない。こうして、先賢祠とならんで、多数の「先烈祠」が立てられるようになる。

後、先賢祠は道学書院に、先烈祠は忠節書院に変っていく――ここまで(1)のつづき。

紹修書院の誕生

慶尚道豊基郡の郡守周世鵬は、一五四二年、順興廃府城の北にある白雲洞の地に、晦軒安珦を祀る先賢祠を立て、翌四三年には、その廟前に書院を設けて、凡民の俊秀者を「聚食而学」させることにした。地名をとって白雲洞書院（ペグンドンスウォン）と呼ばれたこの教育機関が、七年後に、王から「紹修書院」という名前と扁額をうけて、朝鮮王朝最初の書院といわれるものになっていく。教育史上の新らしいカテゴリーの誕生である。

周世鵬（チュセボン　一四九四～一五五四）は、字を景遊、号を愼斎といい、尚州（慶尚北道）の人である。二八才で科挙に合格し、歴官ののち、中宗三六年（一五四一）四七才で豊基郡守に就任する。豊基郡守としての四年間の在任中に白雲洞書院をつくる。内務をへて五五才で黄海道観察使となり、首陽書院をつくる。のち成均館大司成となって教鞭をふるい、明宗九年六〇才で病没する。朱子学の実践と振興に盡力した高名な儒臣である。

郡守とは、完全な中央集権制を布いていた李朝の地方行政官で、数年単位で地方に派遣された。郡の大きさについて、いちおうの概念を得るため『朝鮮地誌略』の豊基郡の項を引いてみると、もとは殷豊県と基川県に分かれていたが、文宗の胎を殷豊に安置したので、あわせて郡となし、二県の名から郡名をつくった。戸数は二千六百十戸、人口は一万二千三百二十六、田圃は二千二百二十結七束なとある。三百年後の李末の資料であるが参考にはなるだろう。郡は県より大きい行政単位である。

では郡守の行政ぶりはどんなものかというと、中宗実録に、周世鵬の活躍の片鱗を示すこんな話しがある。

かつて弟の財産を奪おうと、その弟を訴えた兄がいた。鵬は兄に命じ、弟を負い終日庭をまわらせた。そして倦めば督し坐れば責めた。困難の極に至ったとき、兄を招いて質問した、「むかし、幼なかった弟を背負って遊んだとき、今のように弟のものを争奪しようと思っただろうか」。その兄は自分の誤りを大悟し、恥じ入って退っていった。――彼の行政ぶりを非難したり笑ったりしていた人々も、のちは皆これに服すようになった。

郡守プロパーの行政とはいえないが、宋学にもとづく徳治主義行政の理想像はこのようなものだったらしい。

さて、周世鵬が書院をたてた白雲洞は、晦軒安珦幼学の地で、現在の慶尚北道栄州郡にある。서울《ソウル》東郊の清凉里駅から中央線に乗り

豊基駅で降り北に向う。前掲の地図の一番北に印しがあるように、慶尚道の北西のドン詰り、洛東江の一源流である竹溪が、小白山（一四二一米）や竹嶺の清冽な水をあつめて流下する景勝の地である。小白山脈の東麓にあたり、汽車が竹嶺のトンネルを出れば豊基駅である。周世鵬は、できれば安珦の旧居に彼の廟をたてたかったらしく、

公の故居は順興廃府城の南にある。瓦はこわれ垣根はくずれて、もはや尋ねようもない。私が立てた新廟は城北の宿水寺の旧址にあるが、相望むこと、わずかに牛の鳴声のとどく距離である。公は若いとき、ここで読書をされた。懐しさを止めることができない。

とある。（順興は世祖三年＝一四五八に廃止された）

　では周世鵬が立祠致祭した安珦は、いかなる人物だったのだろうか。

安珦（アンヒャン、一二四三〜一三〇六）は幼名を裕、号を晦軒といい、高麗二五世の王、忠烈王に仕え、朝鮮に宋学を導入した功労者である。

　忠烈王は、王妃に、元の世祖の女をあてがわれて混血の王統を残し、『忠』という諱を最初に贈られた悲運の王であるが、元都北京で宋学に触れてその導入を志し、尽力をおしまなかった英明な王でもある。

　安珦は忠烈王に伴われて元都に遊ぶが、自分より三二才も若いこの王の彗眼を、どう受け止めながら新実践哲学に親しんでいったのか。

彼の朱熹（朱子）にたいする傾倒ぶりは相当なもので、周世鵬の筆によると、

その晩年におよびては、常に晦菴の真影を掛けて、もって敬慕をいたし、遂に晦軒と号した。

とある。晦菴は朱子の号である。

安珦文成公廟
紹修書院の左手奥に設けられている

　しかし、青史が彼について書くところは少なかった。高麗史によると、安珦は在官中、学校の衰えるのを憂い、百官から基金を募って養軒庫に入れ、その金利で人材を養成し、余貨で元から典籍を買求めさせたという。この贍学銭を設置した功績により、忠粛王のとき文廟に従祀され、文成公安裕の諡号があたえられた。『韓国通史』も「忠烈王は儒臣安裕の協力をえて、国学と文廟〔孔子を祀った廟〕を新たに設け、奨学財団の養賢庫を拡充して儒学の振興をはかった」とこの間の事情を書いている。

　このような評価は、不当ではないが正当ではない。周世鵬は敢然としてこれに挑戦する。

高麗の史臣は、道理を識らざるにより、其の功を能言しても、其の学を明かにすることを知らない。高麗史を読んで文成公伝に至るとき、未だかつて嘆かなかったことはない……公こそ、東方道学の祖というべきである。弘儒侯薛聰の儒学や文昌侯崔致遠の賢〔いずれも漢唐儒学導入の祖〕をもっても、議してそれを彷彿とすることはできないだろう……公の学問が朱子に及ばずといえども、その心は朱子の心であった。

と。彼の心意気が痛感される文章である。これほど、安珦を敬愛していたからこそ、その幼学の地に廟を立て、師の遺徳を慕びつつ後進を指導する無二の道場としたのだろう。

　周世鵬が書院を設けた一五四三年、彼に幸運がおとずれた。というのは、同年三月、安珦の宗孫安珽が安裕の肖像をもって서울から南行し、八月十一日、晦軒堂へその肖像を奉安することができたからである。

　遺像は忠粛王の時代に描かれ順興府の郷校にあったものである。世祖三年（一四二一）李甫欽らの丁丑之変で府が廃止されてからは、

서울の安氏の宗家に代々祀られていた。周世鵬はかつてこの像を見たことがあり、「これを望めば儼然、近づけば温然として、これこそ大人君子の貌である。親しく謦咳を承るようで、忘れることができなかった」。彼の喜びはいかばかりか、「ああ、公の歿後二三七年にして始めて廟をたて、その影幀は北へ去ってから八七年にして故郷に還った」とある。奉安式の挨拶の一言でもあったろうが、彼の得意な顔が目前にうかぶようである。

こうして白雲洞書院で宋学＝朱子学教育が開始される。その教学の様子は、彼の遺文集『武陵雑稿』の付録の行状記から、かなり具体的に知ることができる。

かつ常に院中を往来し、諸生とその読むところを講じその観るところを述べその疑誤を正し、あるいは夜分に至るもやめず、時に溪上において纓を濯ぎ手を洗い、散歩嘯詠し、欣然として諸生と楽しみを共にした。

まさしく先にのべた「師弟同行・卒先垂範」の教育を実行したのである。

白雲洞書院の入学資格は「司馬初試入格」以上者と定められ、程度の高い教育が行なわれた。その院生の数は初期は一〇名であったが、のちどんどん増加して三〇名内外にまでなったという。

以上を要約すると、優れた儒者により、名儒ゆかりの景勝地で、少数精鋭主義の理想的な宋学教育が行なわれたことになる。ではその実像はどうだったか。つぎに経済面に重点をおいてその後の経過を尋ねてみよう。

＊読者からの便り＊

（東京・練馬区）　渡部　学

暑中御見舞申し上げます。

「くじゃく亭通信」十七号御送付頂き深謝。外岡さんの歴史記述には「人間」があり感服しました。現象だけをたどる朝鮮史では朝鮮の姿を見誤るとかねてから考えている小生としては大きな喜びです。

小生は十五日発訪韓、清州大の地方文化学術大会（十七日）と退溪思想研究学術大会（二十日）の二つで研究発表を行い月末帰国の予定です。祈御清栄。

（大阪・羽曳野市）　鈴木　重貞

「くじゃく亭通信」第17号ありがたく拝受しました。今年は格別暑いようですが御健勝の由お喜び申上げます。

小生四十年ぶりに別府からやまなみハイウェーを通って阿蘇から熊本へ、更に雲仙に登り長崎を見物して昨夜帰宅しました。台風の影響で驟雨は時々ありましたが涼しい旅でありました

「通信」もゆっくり拝見したいと思っています。暑中御自愛下さい。

（大阪・吹田市）　張　年　錫

「くじゃく亭通信」拝受致しました。〝済州島〟朝鮮民族にとって歴史と悲劇の島。金石範、高峻石……を始めとして多くの人が語り、想い、夢みる島。私は直接済州島を知らない。一度も逢ったこともない張斗植氏とは同じ慶尚道の人間だから。

連載「済州島」の筆者が済州島に行くという。取材もさることながら行けるということはどういうことだろうか、羨望的であるのも事実である。日本の敗戦後一度も故山を踏むことのできなかった張斗植の血を吐く思いを……（石範氏の「驟雨」を思い出しながら）党派性を越えた民族、祖国そして統一、一人の人間の死、必ず自分も続く道。

人間にとって真に納得できる生き方とは何だろう。利害を超越した価値感を持つ人間の生き様のことなのだろうか、自分に忠実で、その生き様が普遍性をもち、自己の精神意識を充実させると共に、他にも肯定的なPerturbation を与えるものであるということでしょうか、安全地帯での発言は誰にでもできる。逆境の中で自分を主張し、初志を貫徹すること誰にでも出来ることではないと思います。その意味で作家金史良を想い出します。私は「ある在日朝鮮人の記録」読んでいませんが、後藤直さんの文章で私なりにわかるような気が致します。何んとなく殆んど目を通したのは「通信」の魅力かも知れませんね。私には何も送るものはありません。最近、英国のGlasgou 大学からの声がかりで出した論文と、米国での国際学会に出席した論文を同封致します。なお私達が運動しているA研の資料集も入れておきますので、ごらん下さい。

（東京・品川区）　細岡　俊子

暑い毎日が続いて居ます。御見舞申し上げます。先日は「李朝の書院」の講演会に、せっかく御声をかけていただきましたのに参加出来なくて本当に残念でした。又どうぞよろしく御願いいたします。佐藤さんの韓国写真展、私にとって大変有意義でした。来年五月に又、韓国行きを計画いたして居ります。この際「百済仏」を掘り下げて勉強してみたいと思っております。それから「くじゃく亭通信」いつもありがとうございます。遅くなりましたが御礼申上げます。

（東京・港区）　山本　保

拝復　八月樽の会例会席上では当方こそいろいろ勝手なお喋りで失礼いたしました。小又様にも初対面ながら親戚の方が旧知の人だったのでついついこれも失礼を重ねた次第でした。過日は「くじゃく亭通信」バックNo.までお送り頂き有難く存じました。小生七日から十二日まで金沢および京都へ醸造指導の仕事で毎月少くも一回参りますので、その不在中に頂き本日やっとお礼状をかいている次第です。朝鮮半島は小生中学卒業直後の春休みに仕事で出張する兄に同行して二週間ばかり参ったことがあり、元山、平壌あたり丁度楽浪遺跡で騒がれていた時で大同江沿いに歩いたりしましたが済州島には参ることもできず、この連載は早速通読いたし興味深く感じました。あと又ゆっくり読ませて頂きます。御礼まで。又優待券はいつか能楽堂へ行きますので厚顔しく使わせて頂きます。

（取手市）　塩田　今日子

お手紙ありがとうございました。くじゃく亭通信と一緒に西田由起子さんからの手紙が着きました。今早速返事を書いています。くじゃく亭通信を通じてこんなふうにいろいろな人と知り合いになれるなんて素晴しいことですね。通信に感謝いたします。先日はお伺いした時いらっしゃらなくて本当に残念でした。今度お伺いする時は前もってお知らせします。近いうちにまた行きます。

（東京・葛飾区）　山下　恒夫

前略　「くじゃく亭通信」第16号第17号落掌いたしました。加えてご丁寧なご返書までいただき恐縮しています。小生が「까치소리《カチソリ》」を、貴編集部に送った件については、いまだ茫々たる事情があるようなのです。そのことを少し説明致します。

　昨年の夏、「通信」がはじめて届きました。それまで「通信」の存在を知らなかったばかりか、どうして小生の所に送られて来たのかも知りません。もしかすると後藤直氏が原因なのかも――。というのは『直』という冊子を送って頂いたからです。しかし小生は後藤直氏を全然知らないのです。するとその先にもう一つ原因が隠れているようです。後藤氏と交友関係にある塙作楽さんがどうやら原点なのではないかと思います。

塙さんには、小生編集の雑誌で大変お世話になったことがあります。塙さんは酒ばかり飲んでいて、しかもとても親切な人なので小生は尊敬（敬愛）しているわけです。

　小生たちの会報、盲蛇におじずに出しています。もっとも最近は少々苦労したせいで薄目ぐらいにものが見えてきたようです。韓国・朝鮮問題はシンドイなあと、今ごろになって気がついたというわけです。

　猛暑が続きます。健康に留意され「通信」がさらに発展することを希望いたします。（「かちそり」編集部）

（東京韓国研究院）　成澤　勝

冠省　先日、桜井義之先生より「くじゃく亭通信」の御紹介があり、内容のユニークさに驚かされました。できますれば一号から十六号まで御送附願えますなら幸いです。また以後発行毎に逐次お送り下さい。代金及び送料は御指示の通りにお送りします。　草々

第二信

前略　「くじゃく亭通信」ありがたく頂戴致しました。昨日（七月十日）は、お礼かたがた私共図書館の職員を引きつれまして、くじゃく亭及びピーコックに〝味探訪〟に参ったのですが、あいにく高さん御留守のようでしたので従業員の方にメッセージを伝えお礼をのべて下さるようお願いしてきました。ひきつづき「通信」の方お願い致します。　草々

図書館主任　成沢　勝

くじゃく亭通信

第19号

「くじゃく亭通信」編集部
〒150 渋谷区宇田川町八ー九
TEL 四六一・一八五五
定価 50円

朝夕の冷気がめっきり身にしみる此頃ですが、皆様にはいかがお過しですか。日移り、年過ぎるうちお陰さまで、私ども『ピーコック』にも開店十年目の歴史が刻まれることにあいなりました。

現在の心境では、何となく過ぎてしまった十年ですが、考えてみれば、この業界についてズブの素人が、ささやかながら『くじゃく亭』なる支店も一軒設けることができたのですから、それこそ商売冥利というものでしょうか。ただただ皆様のご支援のたまものと衷心より感謝いたしている次第でございます。

おもえば、オイルショックの狂乱は、私どもにとっても身の凍る事件でした。しかし、この嵐もマア大過なく乗り越えて来られたのも一概に偶然の結果ではなく、いっ時儲けてしまえば後はどうとなれではなく、のろまで、商売下手ながらでも、細々続けていこうとした執念のたまものであったと秘そかに自負いたしております。

これからも『明るく清潔でお客様には誠実に』をモットーに牛歩を続けていく所存でございますので、何卒これまで同様、ご愛顧をたまはりますようお願い申しあげます。

甚だ勝手なことを申し述べましたが、十週年を迎えるにあたり、ご挨拶の言葉とさせて頂きたいと存じます。

一九七八年十一月十八日

『ピーコック』
店主　敬白

李朝の書院

（4）

小休止

外岡　宏

戦後三十年、道学あるいは道学者という言葉も今日では死語になってしまった。それほど儒学はわれわれから遠のいたといえる。

だから「李朝の書院」などは、いかなる意味でもわれわれとは関係のない異次元の世界だろう。そんな予想のもとに書院とつきあいはじめてみた。ところがほんのわずか動いただけでも、書院との出あいは予想外に多い。

そこで今回はこうした経験のいくつかをお話ししたい。

慶州の西岳書院

新羅の古都慶州は周囲を山に囲まれた沖積平野である。仙桃山はその西を劃し、東麓には北に金庾信《キムユシン》墓、南に武烈王陵がある。いずれも統一新羅建設の雄者で、私がなん回か足をはこんだ景勝地である。この大宗武烈王陵の右手奥にのどかな溜池があり、一気に仙桃山に登る山道がはじまる。ちょうどその右手下のあたりに瓦ぶきの塀に囲まれた、ガッシりした建物が見える。どんな建物かは知らないが、なんとなく心ひかれたのでスナップしておいた。それが、渡部先生に尋ねたところ西岳書院だった。だから私は未だ松下村塾を見たことはないが、書院は見ていたのだ。時間を惜しんで院内を拝見しなかったことがくやまれるが急に親しい存在に思えた。

西岳書院は『増補文献備考』によると、明宗辛酉年（一五六一）に建てられて、仁祖癸亥年（一六二三）に賜額されている。一五六一年は信玄と謙信が川中島で戦をまじえた年である。被祭者は

新羅翰林諡弘儒侯　薛聡
大発翰平壌郡開国公　金庾信
内史侍郎諡文昌侯　崔致遠

の三名である。薛聡は新羅の学問の祖宗、金庾信は三国統一の雄者、崔致遠は新羅最高の学者として尊敬された人で、私には『三国史記』をつうじて、すでに馴染みぶかい人達だったのである。このほか『三国史記』の薛聡伝のなかに「書院」の初見があることはすでに述べたとおりであり、崔致遠も、周世鵬が安珦を賞讃する言葉のなかに薛聡とならび、

雖以薛弘儒・崔文昌之賢。尚不得議其彷彿。

と、ネガティブながら登場ずみである。

西岳書院の設立者が誰かはまだ調べてないが、この三名を立祀致祭したのが西岳書院だといわれると、何とはなしに立祀致祭の精神がわかるような気がしてくるのである。

ムック

写真といえば、毎日新聞の別冊一億人の昭和史『日本植民地1朝鮮』をご存知だろうか。日本の植民地支配の実体を紹介している貴重なグラフである。この本を胸を締めつけられるおもいで読み進んでいると、その二百十頁「都市のアルバムIII」のなかに開城の書院がでてきた。想い出の名所旧跡にふさわしく、

崧陽書院　儒学普及のために設けられた学校（書院）で　開城の崧陽書院はとくに有名

と写真説明がある。一条の光を見出したおもいでしばしこの写真を凝視した。いまでも頁をくってこの写真にたどりつくと息の休まるおもいがする。共和国側に残された貴重な遺跡であるが、現在どのようになっているのだろうか。

『増補文献備考』では、書院リストの筆頭に、

開城府崧陽書院（宣祖癸酉建乙亥賜額）

とある。西岳書院におくれること十二年に建てられ、二年後に賜額されている。はじめ高麗侍中益陽郡忠義伯諡文忠公鄭夢周を祀祭した。鄭夢周は高麗末期の名儒で、伝統的な田制を擁護して急進派と対立したため、のちの李朝の太宗らに殺害された人だが、さらにつぎの五名が配享されている。

高麗侍中丹山伯諡忠靖公　禹玄宝
本朝厚陵参奉贈右議政諡文康公徐敬徳
左議政贈領議政諡文正公　金尚憲
領議政諡文貞公　金堉
右議政諡文孝公　趙翼

これらのうち徐敬徳《ソギョンドク》（一四八九ー一五四六）は朱子の理気二元論にたいし気一元論を提唱した主気論の先駆者、金堉《キムユク》（一五七四ー一六三四）は実学派の儒者である。
　ぜひ一度ご覧いただきたい。

寺院趾と書院

一九六五年、紹修書院の北東三十キロ米にある慶尚北道奉化郡物野面北枝里から、推定像高が三米にちかい三国末期の石造半跏思惟像が発見された。ヘソから上が失なわれ、現存像高は一・六米である。仏教史や美術史の話しは割愛するが、これほどの巨像が原位置から離れたところで発見され、原位置には民墓がつくられていたそうである。この間の理由を黄寿永氏は『韓国仏像の研究』でつぎのように説明している。

　近世になって仏教が衰退するに及び、風水説に従った墓地選定にあって、地方の勢力家により、この石像が位置していた場所が強占された……近世になって郷校・書院または墓地として古代寺址が転用され、よってそこに伝来していた塔像などが破損された事例は、数多く挙げることが出来る。

仏教美術史もこのような形で書院と結ばれていたのだ。そこで紹修書院に関する中宗実録の記事をおもいだした。

　当初開基のとき、地を掘って銅器三百余斤をえたので、都で書物と交換し蔵書とした

さきにもふれたように、紹修書院は宿水寺の廃墟に建てられたものであるから、この約二百キロ瓦の銅器はまさしく宿水寺の器物であったに違いない。こうして書院はわが愛する仏教美術の大敵であることを実感するにいたった意義は私なりに大きいものがあった。

耽羅紀年

　古書店で『耽羅紀年』という題名の粗悪な紙質の和綴じ本をみつけた。済州島の本とはめずらしい。くじゃく亭の亭主の出身地の歴史書であり、大きい活字が力強く堂々と魅力的なので買いもとめてきた。

慶州の西岳書院
前方右手の黒い林のなかが武烈王陵

奥付けには、大正七年七月、済州島済州面三徒里二十五統二戸　金錫翼編纂発行　定価六拾銭、発行所　瀛州書館とある。
　大正七年（一九一八）といえばロシア革命が進行中の年であり、三・一運動を翌年にひかえた年でもある。金錫翼が如何なる人物かは知るよしがなくても、光緒三十二年（一九〇六）に終る本書の構成が、著者の心を雄弁に語りかけていよう。
　良・高・夫三乙那の出現、碧浪国の使者の三神女献上の神話、三別抄軍の交戦記と読みすすんで、太祖一年（一三九二）にくると、
　○郷校成
という記事が出てきた。オヤッとおもい拾い読みをしてみると、八年後に「夏。判官を以て教授を兼ねる」、その十五年後には「郷校を重建する」とバランスのとれた教育史が綴られている。そこでもしやと心をときめかせて一気に読みすすむと、粛宗八年（一六八二）の条に
　○遣礼郎安健之来致祭四賢廟、仍賜額曰橘林書院。四賢者金浄、宋麟寿、金尚憲、鄭蘊也
と、ついに書院建立の記事を掘りあてたのである。『増補文献備考』にも全羅道済州の項に橘林書院、別祠、三姓祠とあるから記事は正しいことが確認される。思わぬ買物だった。

読者からの便り

（川崎市）　谷川健一

先日は「朝鮮地誌略」を御送附下さいまして厚く御礼を申上げます。扨小生このたび雑誌「古代文化」に掲載された江上波夫氏の鈴木武樹追悼の一文を読んで、その内容が会長として、あまりに軽卒で、一方的であり、会の正常化のために払った私達の努力を無視し、批難しているのに憤を発し、退会しました。しかしこれまで御友誼を頗った方々とは従前どおりお付き合い願いたく、よろしくおねがいします。

（福井市）　白崎昭一郎

この度は写真と共に、くじゃく亭通信お送り頂き有難う存じました。こうしたものを定期的、継続的に発行なさるのは大変なことで、なかなか意義あるお仕事と思います。

出雲では、皆様のおかげで充実した楽しい旅を送らせて頂きました。私も子供たちが大学に進み少し気分にゆとりが出来ましたので、こうした企てにもせめて一年に一度くらいは参加させて頂きたいと思っております。

（大阪・箕面市）　金　炳　国

拝啓　同窓会にて初めてお会いしましてからもう大分たちますが、その後お変りありませんでしょうか。昨日くじゃく亭通信を受取り今読んでいるところです。焼肉のイメージを変えた……とあります様に「通信」を発行しておられるのを考えますと大阪には存在しない店の様ですね。個展、通信、青丘賞のことなど、どれも皆興味深いものでした。ますます御発展下さる様、祈っております。私は同窓会で司会をやったものですが、大学の関係で東京にもよく行きます。先輩の所へお訪ねするかも知れませんのでよろしくお願い致します。

（東京・大田区）　関川幹郎

前略、先日は高さんをはじめ皆様方のお陰をもちまして、本当に楽しい旅をさせていただきました。厚く御礼申上げます。ろくに勉強もせずにブラリと出かけたような始末で、今考えると若干、もったいない面があったように思え、遅まきながら少し文献でも読みあさろうかと考えている次第です。

お送りいただいたもの、面白く読ませていただきました。御厚意に感謝いたします。渋谷は学生時代によく行きましたが、この十年ほどはとんと御無沙汰しています。私も酔眼もうろうとなった状態で時折、呑み仲間に連れ込まれるお店が一軒ありますが、いったいどの辺にあるのか、シラフのときには一向に見当がつきません。

朝鮮については、数年前、或る友人から吹き込まれ、以来、非常に興味をもっています。もっぱら金達寿さんの本などを愛読し、とくに朝鮮（古代）系の地名、人名などに興味をもっておりますが、たとえば高麗や駒はもちろん、九州にある小倉、加倉、加来、高来、栃木県の高久や、水戸の付近の加倉井（これは昔、水戸一高出身の巨人の外野手がいましたね）、神奈川県の高座などなど、別に確かな根拠はありませんが何となく高麗と関係がありそうな気がし、ついつい高さんにもとんちんかんなことを質問したりした次第です。お気に障った点がありましたらお許し下さい。その他にもいろいろ知りたいことがありますので、今度給料でももらいましたら、お店の方も覗かせていただくつもりです。

とにかく、これを御縁によろしくお願い申上げます。とくにお国の方がお書きになった面白い本などありましたら是非お教え下さい。

それではまた　草々

（東大阪市）　鄭　清子

前略　先日は初めてくじゃく亭通信をお送り下さいまして有がとう御ざいました。とてもたのしく拝見させていただきました。

皆様方がそれぞれの分野でそれぞれの研究をなさって活やくなさっているごようすが伺えてとても心強く嬉しくおもいます。どうかがんばって下さい。私も一在日朝鮮人として心からの声えんを送ります。

尚バックナンバーがありましたらお送り下されば幸せに存じます。

（東京・目黒区）　小又純子

前略　戸井昌造さんの出版記念会では高さんのご紹介で小島晋治、李進熙、佐々克明先生らとお知り合いになれて大変楽しいひとときでした。樽の会でも、また思いがけない方にご紹介いただきありがとうございます。皆さんが「くじゃく亭通信」を読んでおられることで、私も何だか余計に身近かに「通信」を感じております。「通信」がこれからもいろんな方の人間関係を作って下さることを期待いたします。

（東京・北区）　荒竹清光

前略「通信」ありがとうございました。失礼ばかりしておりますがお元気でございましょうか。世間の目はまさに稲荷山古墳出土の鉄剣や、古代史に集中しておりますが、皇国史観による解釈ばかりで古代関東独自の文化を解く人は今のところ出て来ません。鉄剣と同時に画文帯神獣鏡、桂甲、轡、鈴、杏葉、環鈴、鞍金具、鉄斧、鉇などが出土している事を、埼玉古墳郡の中でどう解くのでしょうか馬具が出ている事、金銅製品が出ている事などからして半島南部との関連をどうしても考えなければ解けないと思います。右御礼まで。

（京都市）　丸山修三

「くじゃく亭通信」第十八号有難く拝受致しました。燃える秋、紅葉の真盛りという候になりましたが、その後いかがですか。

先日、金相俊氏のご同行、ご紹介で来日中の서울市の薬師会、崔冠鏞、朴鐘律両氏と京都市の薬局金珹氏とでの一刻を過しました。薬業視察のため来られた由ですが、当方より色々なこともお聞きしてかえってご迷惑をお掛けした様な次第です。先は近況まで。

（千葉市）　竹崎宏子

前略　いつも「くじゃく亭通信」お送り頂き誠にありがとうございます。お元気で活躍しておられるご様子で何よりでございます。このまえくじゃく亭の方に忘年会の申込みがてら友人と食事に寄せていただきましたが、お留守のようで残念でした。

私たちのグループ、何しろ貧乏人の集りで予算一人で二五〇〇円の忘年会をお願いしましたところ、店の責任者の方、川村さんが大層心よく親切にお受けして下さいました。おかげさまで私の幹事役もどうやら無事果せそうな見通しが立ってホットしたようなわけでございます。

「李朝の書院」、がっちりと構築された読み物で私には充分歯ごたえがあります。渡部学先生のお便りにありましたように、外岡さんの歴史記述には、まさに「人間」があります。忠烈主の悲運のくだりは李朝最後の李垠殿下を想起しました。この連載、どれだけ続くのか楽しみにしていますので益々のご健筆をお祈りいたします。

○新刊案内○

「朝鮮社会主義の理論」　高昇孝著
新泉社刊　価三〇〇〇円

金時鐘「猪飼野詩集」
東京新聞出版局　価二〇〇〇円

詩集・梁性佑「冬の共和国」姜舜訳
皓星社刊　価一〇〇〇円

亜紀・現代史叢書
「アジアからみた近代日本」小島晋治著
亜紀書房　価一五〇〇円

右の新刊本は当編集部或は私個人にお贈り頂きましたものです。著者の方がたに紙上をかりて厚く御礼申しあげます。いままでにいただきました本も可成りの冊数になっていますので、いつか「ピーコック」に読書のできるようなコーナーをつくりたいと念願しております。バロック音楽を耳にしながらコーヒーを喫み、読書のできるミニ図書室というのもいいですね。小さな夢ですが、こんなことで珍しいアイデアがあったらご教示下さい。

（「ピーコック」店主）

◎第五回青丘文化賞◎

本年度授賞者に朴慶植氏が決りました。心からお祝い申上げますと同時に益々の御研鑽をお祈り致します。

亡き父の故郷を訪ねて

中村通子

真横から射すオレンジ色のまぶしい夕日を眺めて、ああ韓国に来たんだなと実感しながら大陸に一歩踏み出した。

　空港には、発つ前に連絡をとってはいたが、ソウルの叔父の手配で私達はまごつくこともなく出会うことが出来た。血縁とはいえ、ほんの数ケ月前まではその存在さえ覚つかなかった親戚の人達のあたたかい出迎えに、それまでの不安も薄らぎ、殊に片道四時間を労して潭陽からいらした小柄でやせた伯母の歓迎ぶりには、ほっとしたものだった。白いチョゴリを着ており、私達母子を見ると泣き叫びながら駆け寄ってかわるがわる抱きしめてくれたのである。

「日本にいるあなたたちのことを長年の間、案じていた」といった言葉が胸に熱く響く。もちろん、お互いに言葉が通ぜず、間接的に聞いたのではあるけれども。

出迎えてくれた叔父夫妻は、母と私をねぎらってか、せきたてるようにして車に乗せ、空港から割合に近い所にある家へと案内してくれた。その間もチョゴリを着た小柄の伯母は、私達の手を握って放さず、じっと顔を見てはしきりとうなづいて、心からの喜びを示すのだった。

　韓国でも住宅難は日本と同じで、立ちならぶ家々の間の小道を入り、ところどころ敷石のあるでこぼこした道を通り抜けると、りっぱな門構えのある叔父の家に着いた。未だすっかり舗装されていない道、ぽつんぽつんと立っている細い丸太の電柱、そして家の中のさほど明かるくない照明は、私が幼なかった頃の我家の一画を想い出させるなつかしさがあった。何くれとなく気を遣ってくれる叔父のお陰で母も私もすっかり気持ちがほぐれ、日本語を話せる叔父の友人に仲立ちしてもらいながらお互いの消息を語り合った。しかしながら、直接に話すことができないというのはなんともどかしいことか！

　翌日の早朝、叔父は勤めを休んで私の父の生家、小柄な伯母と従姉たちが住んでいる潭陽へ向けて車を走らせた。その間およそ五時間近いドライブであるのに、不思議なことには胃弱の私が車酔いもしなかった。

広々とした〃美しい〃整然として視野の大きな、空気の澄んだ、といった形容詞がいくつも浮かぶ気持の良いこの高速道路は、せせこましい日本育ちの私にはものめずらしく、非常にうらやましく感じられた。通りすぎる車の数も少なく、途中片道からいきなり飛びたつキジ、山肌の赤や黄、そして緑にと変る景色など眺めながら、おっとりゆっくりした気分で光州へ、そして潭陽へと運ばれた。

　潭陽は、いくつかの村が点在し、父の生家月山面の村もその一つである。あたり一面山と畑ばかりの小さな村だけれど、その村の人々がおそらく総出だろうと思うが、ずらりと出迎えてくれたのには驚いた。ぞろぞろ集まる村人達に見つめられ、初めてのことで、恥かしいやら気おくれするやら、案内された亡父の生家、今はあの伯母と従姉夫婦が住んでいる小さな家へ入っても何やらピント実感するものがなく、いわれるままにそのしきたりに習ってお祈りをしただけのことが後になって惜しまれる。あの小さくすすけた、箱のような石造りの家の中に、生前の父の生活を感じ、想像できたらと考えていたのにと、今頃感傷的になって想い出している。

　従姉二人とそのご主人達も私達が来たことを非常に喜んでくれ、わざわざ買ったのだという真新しい扇風機を出して暑を和らげてくれた。家の前は薪が二〜三ケ所高く積んでおいてある。多分煮炊きをするためのものだろう。風呂場などぜいたくなものはなく、半畳位の広さの井戸端に、大きなドラム缶が一つおいてあるきりで、手洗所も家の外に簡単な造りで建っていた。あらゆる電化生活に慣れきった怠惰な私には、とても暮らしていくことはできないだろうというのが本音である。

　少し休んだ後、皆で道のない雑草の繁る山を登って、その頂きにある太くこんもりと土を盛ってある祖父母と伯父の墓に詣でた。母は沖縄の生まれであるが、こうした習慣がよく似ていると言ってなつかしんでいるようであった。

その晩は小さな子供達のワイワイ騒ぐ小さなあけ放した家の裸電球の下で食事をした。この村では、決して子供達を客と一緒に食事をさせない。玉子焼きをほしがる小さな子に、従姉のご主人は叱ってそばえ寄せつけない。食事をしているのは母と私、それに小柄な伯母の三人だけである。従姉達に一緒に食べましょうと身振りで示しても笑ってうなづくばかり、この村の人達の生真面目さ、特に従姉のご主人の純朴で一徹なこと。言い表わしようもない程うれしそうな表情で母と私を精一杯もてなしてくれる。私達の滞在日数のごくわずかなのを非常に残念がり、おみやげにとくれた竹編みの工芸品は従姉と二人で徹夜をして作ったのだと言った。とてもすばらしい作りで、私達が了解して感謝の気持ちを表わすといかにもうれしそうに白い歯並みをみせてうなづきながら笑う。その表情が小さな子供のように卒直である。

村の家はどれも、大きさや造りはほとんど変りなく、その小さな家には子供達がたくさんいる。テレビもおもちゃもない彼等は昔の私たちと同じように、お互いに体をぶつけあうようにして遊ぶ。一番年上の子供は年下の妹弟のみんどうをみたり、親の手伝をしたりするせいか、驚く程しっかりして気がきく。この家の長女もまだやっと中学生になったばかりらしいのに、私達にいろいろと気を配ってくれて感心させられた。その反面、彼女はとても素直で、おとなぶったところは少しもなく、かえってはずかしがり屋さんのようでもある。田舎の人達の人なつこさもあたたかさも、こういう生活から生まれ、育くまれるのだろう。ほんとうの子供らしさと無邪気さは本来誰でもが持っているはずの本能的な情愛を自然と流れ出させるものだなあなどと、普段には考え及ばぬようなことをいつになく、しおらしく感じさせる。

翌朝、泣きながら村の人々と別れを告げて再びソウルへ。途中から雨が降り出して八月のソウルはいくぶん涼しくしのぎやすくなった。雨はその翌朝まで降り続き、水不足日本にも今頃降っているといいね、などと母と二人で話し合った。一歩も国外へ出たことのない二人は、いくじのないことに少しホームシックになっていたのだろう。叔父に「やっと雨が降ってよかったですね」と言うと、「なに、このまま降らなくとも川が豊富にあるのだから水不足で困ることはない」と言われ、国土の違いを悟らされた。

最後の日に、空港で土産物店を経営している叔父は私達をソウル市内の取引先である卸問屋へ案内してくれた。日本の浅草・カッパ橋のような所である。ここは立体交叉の下あたりになっており、非常にたくさんの店が、入り組んだ道いっぱいに立ち並んでいる。気前よく、あれやこれやとおみやげを包んでくれる叔父に、遠慮したものかどうかとまどいながらも結局有難くいただいて、私達は飛行場に向った。

空港には、ソウルの叔母が、人なつこくてはにかみやの大学生である末の息子さんと来ていた。私との共通語を思いついたのは彼である。別れの挨拶と手紙の交換の約束は仲立ちなしでとりかわされた。おかしなことに、息子さんの流暢な、そして私のしどろもどろの英語で。その間に、一昨日別れを告げた潭陽の従姉のご主人が、どうしても、もう一度会いたかったのだと言って、朝食もとらずに駆けつけてくれた。

こうして最後までみんなの暖かい思いやりに包まれて、母と私は韓国を発った。留守をしている姉や妹にはこうした彼らの気持こそ最上の土産になると感謝の気持ちでいっぱいになりながら。

あとがき

昭和二九年三月、五才、四才、二才の娘三人を残して他界した父は、韓国全羅南道の貧しい農家に生れ、兄との二人兄弟として育ったそうです。昭和二五年に、「アボジが死んだ」という私達からは従姉にあたる人からの手紙がきて、その時の住所を一家五人で撮った写真の裏に書いておいたのが、その後父の郷里を捜す唯一の手がかりとなりました。小学校に入学する時期が来ても、私に通知が来ないのを不審に思った母は、その時始めて自

（次頁・下段へ続く）

ピーコック画評（15）

後藤　直

「森の会」の十二回目の展覧会をみた。十七名という大所帯である。画の大きさは平均して十号位であり、とても見やすかった。

入口にかざってある片山春子の「花」は淡いみどり色で上品なにおいがしてくるようなみずみずしさにあふれている。

布川玲子の「想い出」も片山とよく似た素晴しい色調ながら、描かんとする狙いが何なのか、私にはよく分らなかった。

「バラとストック」をかいた若野邦子など「花」を題材にした絵は、四、五点程あるが、松下春代の二枚の「花」はいかにも女性らしさが伝わってくる。

また池森桂子の「から松林」は、信州だろうか、秋そのもののすがすがしい絵である。そして下山田ツヤ子の「海」は、おっと眼をみはるようなあざやかな色彩の海で気持がよい。

こうしてみてくると、今回はどうも男性の方が押され気味のように思えるのだ。

しかし、畔柳循三の「倉庫」は、しっかりした構図であり、中央の塔がおさえた赤色で画面をしめていてなかなか力量のある人だと思った。

「街角」をかいた岡田哲明は達者な人であるのは分るが、いかんせんスケッチなのは惜しい。荒々しい「碁石岬」をかいている村上稔もかきこみ不足はいなめない。「富士」の綾部保和は本来上手な人であるだろうが、山の描き方が類型的過ぎる。

その他、佐々木文男の「秋桜」、若野真理子の「自画像」、磯貝義弘の「ざくろ」、田中キヨの「裸婦」（題名が違うかも知れない）などが、それぞれ面白い独自の世界を開こうと一生懸命になっているのが強く印象に残った。

いま、上野の森では『日展』をはじめとし、さまざまな団体展がはなばなしく開催されている。よい面もあろうが、そこにはまた複雑でどろどろした問題もあり、いずれそういうことにもふれてみたいと思うのだが、それはさておき、ここピーコックあたりで自らの力をたたきつけてくれる絵かき（もちろん「森の会」のメンバーのなかにも団体展に出品している人もいるだろう。それはそれでよいのだが）が多くいることに私は一種の感動をおぼえるのである。がんばれ「森の会」。

◎出展者が急にとり止めになることなどがありました関係で、後藤直先生の「ピーコック画評」しばらく休みました。
◎絵画、彫刻、陶滋器展（個展・グループ展）を開きたいご希望の方はお申し出下さい。一ケ月単位での会場ご利用ですが、便宜を計らせて頂きます。ご相談に応じますので詳細は「ピーコック」へ。

（前頁下段からの続き）

分達に戸籍がない事を知ったそうです。ずい分暢気な話ですが、戦争も厳しさを増した頃一四才で進学の為に沖縄から本土にわたった母も、父同様にまわりに身寄りもなくきたのですから無理からぬことです。その戸籍作りの時に何度も父の郷里に連絡を取りましたがついに分からず、二十数年が過ぎました。思えば私達姉妹は、単に父親が朝鮮人だったというだけで、言葉も習慣も何も受け継ぐ事なく、全くの日本人として育ったのですが、小学校三年の時に火災にあい、益々父親の姿は遠くなる一方でした。偶然にも焼け跡から住所を書いた写真が見つかり、私もいつからかその住所を暗記するようになりました。今年一月から始めた韓国語の先生が、潭陽郡月山面の面長に手紙を書いて下さり、その手紙を受けとるや、面長自ら自転車で三茶里の叔母の元へ確認に行き、私達は四月一〇日に、面長からの返事を受けとる事になったのです。

その後何回か叔母からの手紙で、日本からの引き上げ者達が着く度に、その中に私達の父やその家族がいないかと捜し廻ったという事を知りました。この叔母も今年になるまで父の亡くなった事を知らずに、ただ自分が死ぬ前に一度は会っておきたいと思っていたそうです。それでも母や妹に会えてどんなに喜んだかは妹の文にある通りです。私も来年三月には是非会いに行こうと思っています。

（姉　記す）

くじゃく亭通信

第20号

「くじゃく亭通信」編集部
〒150 渋谷区宇田川町八ー九
TEL 四六一・一八五五

定価50円

迎春

一九七九年　元旦

亭主　高　淳日　拝

お健やかに新春をお迎えのことと存じます。昨年中は何かとお世話になりました。厚く御礼申しあげます。

本年も何卒よろしくお願いいたします。

お蔭げさまでこの《くじゃく亭通信》も20号を数えるまでになりました。《通信》は、『ＮＨＫに朝鮮語講座の開設を要望する』運動のなかから、阿部桂司さんはじめ多くの方がたのご支援をえてスタートいたしましたが、早いもので、すでに二年余が過ぎました。皆様のご協力にたいし、あらためて感謝の意を表するしだいでございます。

16号から、亭主自身で編集担当することになりましたが、これからも朝鮮と、渋谷を原点にふまえて発行していく所存でございます。

投稿、批判、お便りを鶴首してお待ちいたしております。

今後とも《くじゃく亭通信》が皆様とのキズナとなり得れば望外の幸せでございます。ご支援のほど心から御願い申しあげます。

年頭にあたり、皆様の御健斗をお祈りいたします。

李朝の書院
(5)
その経済的側面
外岡宏

書院史は、佐藤隆司さんが言われたように、一八七一年、大院君による大弾圧をうけるが、本書はもちろんこの事件も

○夏毀撤三邑院宇

と正確に記述している。調べてみると、本書の教育関係記事は四百字づめ原稿用紙十二枚ほどもある。恰好のテキストだ。なんと好運な！おもわずほくそえんだものだった。

紹修書院謄録

もうひとつ、本題にはいるまえに、ぜひともお話ししておきたいのが『紹修書院謄録』である。私は、この帙いり和綴じ本を、この四月、あるデパートの古書展で入手した。

『紹修書院謄録』とは、昭和十二年に朝鮮総督府が「朝鮮史料叢刊第十七」として刊行した文献の書名である。

紹修書院の蔵書中に、『謄録』と表記された創立当時の謄記簿があり、この謄記簿の景印・繙印ならびに解説をまとめたのが本書である。内容は、周世鵬の後継者安玹（後述）が白雲洞書院の管理上つけさせた一種の公式記録簿であるから、『白雲書院謄録』としたほうがふさわしいとおもうが、裏表紙の「紹修書院立議」の朱書にしたがったのだろう。

私が入手した『謄録』は、三百部限定版の第九一号で、かつては著名な機関の蔵書だったものである。太野の枠内に堂々たる明朝体で書名を印刷してある、この明るい淡黄色の瀟洒な和とじ本を見ていると、よくぞ私の手許まで尋ねてきてくれたと、おおげさにいえば運命の糸の存在を感じる。

内容的には、安玹が制定した書院運営細則である「順興文成公廟白雲書院斯文立議」（前文と細目十九条）と、「斯文立議」の定めにしたがって、さまざまな主要事務を記録した「嘉靖二十五年十一月日白雲洞書院加造成及読書儒生常養雑物分定行移録」（約五十件）とから成りたっている。

ひとり書院研究の基礎資料であるだけでなく、李朝経済史にとって、かけがえのない直接資料のひとつだといわれる文献である。

また本書の解説中には、つぎの主要文献が再録されていて、私のために紹修書院便覧としてせいいっぱい働いてくれる。

◎周世鵬著『武陵雑稿』より
竹溪志序
奉安安文成公遺像跋
竹溪志学田跋

◎関係資料として
紹修書院記　申光漢『企斉集』抄
退溪年譜　嘉靖二十八年十二月条
中宗実録　中宗三十六年五月条
明宗実録　明宗五年三月、七年三・四月条

渡部先生が紹介されている韓国成均館大学閔丙河教授の論文「朝鮮書院の経済構造」も、その紹介された部分（結語全文）は『謄録』を駆使して書かれていると見られ、本書の文献的価値の高さを傍証してくれる。

では小休止はこれくらいで話しを進めることにしよう。

安玹

白雲洞書院の創設者周世鵬は、四年間の豊基郡主のつとめを終えると、仁宗元年（一五四四）五月には内職を拝命して王都漢城にひきあげる。そのあとを襲うかのように安玹が慶尚道長官として派遣されてくる。

安玹（アンヒョン　一五〇一～六〇）は字を仲珍といい、（白雲洞の）晦軒廟に祀られている晦軒文成公安珦の十一代目の子孫である。二十一才で科挙に合格して文官となり、歴官ののち、明宗元年（一五四五）正月四十五才で慶尚道観察使に任命される。ただし、翌年二月には漢城府左尹を拝命して帰京してしまうから、白雲洞書院の経営に関与した期間は、一年と一ヵ月の短いものだった。

安玹については、所伝が少ないし『謄録』はごく事務的な文書であるから、彼の思想の質や高さを語るのは困難であるが、つぎの二点だけは指摘しておきたい。

まず第一に、彼は「書院」という新しい歴史上の生命の価値を、その誕生の瞬間にとらえた慧眼の持ち主である。しかも短い任期中に、揺藍期に必要な管理手続きをさだめ、経済的基礎を強固にした。これこそ朱子学が求めている行動派能吏の典型の一人といえよう。周世鵬が朝鮮で最初に書院をつくった人であれば、安玹は朝鮮で最初に書院を評価した人として特筆さるべきである。

つぎに、前述の「斯文立議」を見ると、その前文中に、

もし中国人がこれ（文成公廟及書院）を見たら、かならずやその小を怪しみて、そのねがいの厚からざるを笑うはずだ

若使中国人見之必恠其小而笑其尚之々不篤也

のように、短文中にもかかわらず「もしも他人が見たら」式の文が三回もでてくる。重箱のスミをつつくようだが、気宇雄大な文章とはいいかねる。この文が安玹のものであるかどうかは別として、偉人もすべての点が偉人とはかぎらないのだから、ここに発想の類形化を指摘しても許されるのではないだろうか。

とにかく、安玹はそのご右議政をへて左議政（いわば副総理）となり、明宗十五年に六十才で逝去した。書院は幸運にも、もっともすぐれた産婆役にめぐまれたわけである。

書院田

安玹が白雲洞書院にあたえた経済的保証は、

魚塩の資の増置
奴婢の定属
管理諸策の増補

の三点に要約できる。しかし最大の収入源は書院田であり、安玹をまつまでもなく周世鵬がこれを設定した。

これからしばらく、こうした経済関係にふれなければならないわけだが、書院経済史はそれだけでも奥深く、興味ある課題で、小論のよくするところではない。そこで、

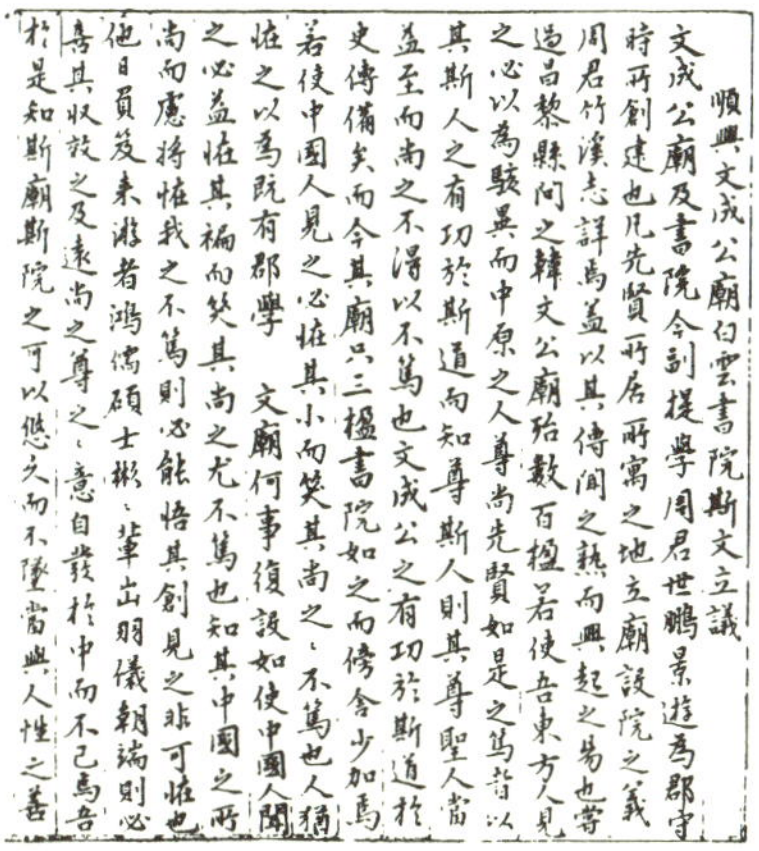

順興文成公廟白雲書院斯文立議
文成公廟及書院今副提學周君世鵬景遊為郡守時所創建也凡先賢所居所寓之地立廟設院之義周君竹溪志詳焉蓋以其傳聞之熟而興起之易也寄過呂黎縣間之韓文公廟殆數百楹若使吾東方人見之必以為駭異而中原之人尊尚先賢如是之篤皆以其斯人之有功於斯道而知尊斯人則其尊聖人當益至而尚之不得以不篤也文成公之有功於斯道於吏傳備矣而今其廟只三楹書院如之而儲舍少加焉若使中國人見之必恠其小而笑其尚之、不篤也人猶恠之以為既有郡學　文廟何事復設如使中國人聞之必益恠其褊而笑其尚之尤不篤也知其中國之所尚而慮將恠我之不篤則必能悟其創見之非可恠也他日員笈來遊者鴻儒碩士彬、輩出羽儀朝端則必爲其收效之及遠尚之尊之、意自㦲於中而不已焉吾於是知斯廟斯院之可以懲乂而不墜當與人性之善

紹修書院謄録
本文第一頁の景印部

――書院は私学であるか――

という視点というか、宿題のようなものをきめておいて、この宿題に答えられる範囲で経済的側面を追うことにしようとおもう。

まず、書院田を考えていくうえの道具として、さきの関丙河教授の論文から、発達した書院田のもつ構成内容をみると、

①国家が賜額書院に支給した免税田（三結）
②有志が寄進した願入田
③有役者が免役のため納上した免役田
④書院が買入れた買得田
⑤地方官から給属される属公田
⑥国王が書院に特別認定した加給田

の六つの形態があげられる。

①の免税田は国家が書院に賜額するさい、同時に支給するように制度化されていた学田の一種である。免税田は公田の一種であるから、収租は国家がおこない、田主に還給されたものであろう。⑤の属公田、⑥の加給田も同様である。

結は面積そのものではなく、一定の収量をあげうる土地を意味する単位であり、李朝初期の土地制度である科田法では、公田、私田とも、一結あたりの田租は三〇斗（収穫の十分の一）だった。日本に無かった制度だから理解しにくいが、徳川時代の大名の禄高とは多少の類似点があるだろう。

②の願入田、③の免役田、④の買得田は私田であるから、田租はおさめなければならないが、収租権は所有者に所属している。

税は田租だけにかぎらず、農民にはさまざまな徭役・貢納の義務が負わされていた。徭役は軍役・土木工事等の役務の提供、貢納は有名な白木綿の上納その他、土地の特産物の供出を意味し、十分の一税だから収奪がゆるやかだったと考えたら大まちがいだ。③の免役田はこうした役務を逃れるために上納された田であり、②の願入田も、寄進する動機の一端には免税がある。

「邂逅」の街、渋谷

森禮子

「安志は、ガードの暗い蔭に立っていた。この駅前の夜は、大きいと思った。駅の灯。商店街の灯。自動車の灯。ハチ公のあたりに屯ろしている靴みがきたちの、カーバイトの灯。頭の上のガードをひっきりなしに帝都線が通り、国電や都電や玉川線が、忙しげに発着している音が聞えていた。これらのあらゆる場所をみたしながら、絶えず入れかわっている何万という人間。そしてそのなかのひとりが、いろんな関係のなかにまき込まれてここに立っている。強盗や殺人が事件なのではない。人間の存在そのものが事件なのだ。そしておれもここに事件として立っている。彼は自分自身と周囲の人々に対する深い親愛を感じながら微笑した」

やや長い引用になりましたが、人間の自由の問題を追求しつづけた作家、椎名麟三の記念碑的な代表作『邂逅』の一節です。

椎名さんが逝かれて満六年になりますが、一年目の三月二十八日に、「椎名麟三を偲ぶ会」を神楽坂の出版クラブで催しました。お墓がある富士霊園では遠過ぎ、お葬式をした三鷹教会では手狭だし、といってホテルでは庶民的だった椎名さんにふさわしくないし……。そんな次第で出版クラブになったのですが、もうひとつピンと来ないところがありました。作品や年譜などから推測して、椎名さんと神楽坂という場所は殆んど無関係に思えたからです。

私だけではないその感じと、まだ寒い季節なのでなるべく足場の良いところでと、二年目の会の場所選びをしていた時、渋谷……と思いつきました。『邂逅』は、書き出しから渋谷駅前の描写――戦後間もない頃で、現在とはかなり違っていますが――ではじまっていて、作者自身と同じに明大前に住んでいると設定されている主人公の古里安志が、親しい仲間と待ち合わせをするのは、いつも渋谷で、冒頭に引用した文章からも分るように、渋谷の街が親しみをこめて何度も描かれています。また椎名さん自身、渋谷には行きつけの喫茶店やスナックがあって、会の帰りなどによく立ち寄られたものです。

で、二年目から会場を東急文化会館に移し、会の名も『邂逅忌』と決まりました。たんに故人を偲ぶのではなく、その機会に新しく椎名文学に出逢い、また椎名文学や椎名さんを愛している人びとが出逢う会、という意味ですが、会名といい場所といい、ピタリと決まった感じでした。

先日、東急本店前の「ピーコック」で友人と待ちあわせをしましたが、笹の中庭のある優雅な雰囲気に、駅前とはひと味違う渋谷が生まれているのだな……という感慨と同時に、その新しい渋谷で、新しい人びととの出逢いがあることに、「人間の存在そのものが事件なのだ」という『邂逅』の一節を、ふっと深く思い出していたのです。

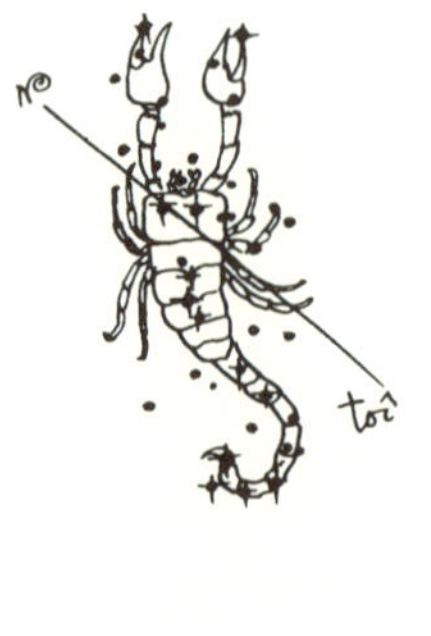

＊読者からの便り＊

（神奈川・相模原市）　大野　力

拝啓

「くじゃく亭通信」をお送り下さって、有難うございます。号を追うごとに楽しくて、興味を誘われます。「くじゃく亭」の焼肉も、ぜひ賞味したいと楽しみにしています。

第九号に「トンカラ・リンと狗奴国の謎」の紹介がありましたが、私などのように、多少織物に関係している者は、その「トンカラ・リン」を、ついつい手織りの機音《はた》と勘ちがいしてしまいます。九州・菊地川中流にある古代遺跡の名とか。でも日本の民話の朗読のさい、たいてい機音を「トンカラリン」というのと、何か関係があるような気がしてくるのです。それに対して、百済地方では、「アルクラック、トルクラック…」といったようですね。これは朴辰柱、沈雨晟両氏の編著になる『無形文化財総覧』（民学社、一九七五年八月刊）の、「谷城《こくそん》のサンベ」の紹介記事中の古い機織り歌に出てきます。拙い私の解読力で、一応、そのように発音を理解したのですが、同じ麻織物の手機擬音を、片や「トンカラリン」、片や「アルクラック、トルクラック」と表現してきたのには、どんなわけがあるのかな、などと気をそそられます。

どうぞよいお年をお迎え下さい。　敬具

（東京・練馬区）　渡部　学

前略　「くじゃく亭通信」第19号有難く拝受しました。十二月に書院についてお話する予定でしたが、今年は四回も訪韓、三回も講演し、その後始末のため頭が一杯で混乱もしていますので、スッポカしてしまって失礼しました。ただ今夏調査の、壺山朴文鎬先生の楓林精舎については、武蔵大学人文学部の紀要に小論を書いておきました。「くじゃく亭通信」第19号の中村通子さんの「亡き父の故郷を訪ねて」を拝読し、年甲斐もなく滂沱と流れ落ちる涙をどうすることもできませんでした。本国の党や政府に点数かせぐための受けうりプロパガンダにうき身をやつし、このような人たちへの慰め、力づけ、支援をおろそかにしている集団を、佐藤勝己著「わが体験的朝鮮問題」（東洋経済新報社）は指弾していますが、もっともなことだと思いました。

（横浜・港北区）　名取　義一

前略　このたびは「樽の会」の縁で、初めて「くじゃく亭通信」をご郵送くださり、本当にありがとう。これを一読すると、懐しい朝鮮のことが……。実は小生、一九一七年にソウル（旧京城府吉野町）に生れ、その後、ハルピンを経て東京へ。そして東京外語生のとき、また兵隊であの美しの景色を眺めました。定年直前、韓国人のペンフレンドに「ぜひ生れ故郷に……」とすすめられ喜んで訪韓しました。あのときのマッカリと焼肉、それにキムチの味は忘れられません。再びソウルに出かけたいのですが、その前に貴店に……と思っています。　草々

（千葉・成田市）　大塚　初重

拝復　ご鄭重なご依頼をうけ恐縮しております。またピーコックのご招待券もいただき、ありがとうございます。ご依頼のありました件、喜んで承諾いたします。去る十月に生きのこった戦友が集まり、三十三年ぶりに慰霊祭をしたところです。私としては、戦後、このことは初めてモノに書くことになりますし、私が考古学の道へ進む糸口にも、この遭難に一端はあるのかも知れません。学費改訂問題がおきておりますので、多少おくれるかも知れません。　敬具

◎明治大学の大塚先生（考古学）が済州島とご縁がふかいことを、李進熙さんからうかい、玉稿をおねがいしました。《編集部》

（神奈川・平塚市）　橋本　敏彦

ピーコック御開店10周年おめでとうございます。われわれ「東アジアの古代文化を考える会」の連中は、ごめいわくをおかけしてばかりいますがお蔭さまで会のためにはピーコック程、都合のいいところはございませんでした。大いに助けていただきました。お礼申し上げます。

百十五の鉄剣銘文をめぐって

東アジアの古代文化を考える会・顧問　佐々克明

埼玉県行田市の埼玉（さきたま）古墳群のひとつ、稲荷山（いなりやま）古墳から出土した鉄剣から、百十五もの古代漢字の金石銘文が発見されて、古代史学界やジャーナリズムは大騒ぎとなった。高松塚古墳発掘のときは、考古学と古代美術史の分野にほぼ限られていたが、こんどは文字がでたのだから、文献史学や言語学の分野を巻きこんでの、大発見という次第で、前回の比ではない。これは、史学界に残る業績で関係者の努力には多大の敬意を表してやまない。

ところが、それにも拘らず一言したいことがある。当事者の発表の仕方、ジャーナリズムの受けとめかたに気になる姿勢がうかがわれるからだ。というのは、箇条書にしてみると、次のような「推論」が組みたてられているようにみられるからである。

①ヲワケノオミという家族が、斯鬼（しき）宮にいたとき仕えたワカタケル大王にロイヤリティを示すべく、鉄剣をつくらせて金象嵌（きんぞうがん）で銘文を刻んだ。稲荷山古墳の被葬者のかたわらに、その鉄剣があった。被葬者に、ヤマト朝廷から埼玉に〃派遣〃されたヲワケノオミである。

②ワカタケル大王とはオホハツセノワカタケ＝雄略天皇である。「辛亥」と銘文にあるのは、雄略治世の四七一年。雄略はヤマトの磯城にいたから銘文の斯鬼にも一致する。

③九州の江田船山古墳の鉄剣銘文にある大王は従来、反正天皇とされたが、これも雄略である。

④したがって、五世紀末ヤマト朝廷の勢威が西は九州、東は関東にも及んでいた。〃統一国家〃的であった。

⑤ヲワケノオミの八代まえの上祖の名がオホヒコ。これは、記紀の崇神天皇のところにでてくるオホビコ（大毘古）に該当する。オホビコは、崇神によって北陸に派遣された四道将軍の一人。孝元天皇の王子だ。崇神のころ、すでに東国にヤマト朝廷の権力が及んでいた。記紀にある記述は、戦後ないがしろにされたが、確度が高いのではないか。

⑥崇神は実存した。天孫系のヤマトでの初の大王＝ハツクニシラス・スメラミコト。

⑦耶馬台国はやはりヤマト地方にあった。崇神王朝がそれにとって代ったのである。

以上、新聞報道や諸史家の論文を通読すると、そんなふうに集約できそうだ。

だが、はてな待ってくれよ、とよくよく考えてみると、百十五文字の解読（それが完全かどうか措くとして）から、そのような結論が導きだされるべくもないのである。その理由を同じく箇条書にして記そう。

①銘文にはヲワケノオミが埼玉にいたということは何も書いてない。被葬者＝ヲワケノオミとは断定できない。かりに同一人物だとしても、その先祖が埼玉にいたことにはならない。

②ワカタケル＝雄略（雄略はワカタケ）と速断できるかどうか。どこそこの――と上につかないと、ワカタケあるいはワカタケだけでは、若将軍というような意味だから、一般名詞のようなもの。たくさん若将軍はいたのである。加山雄三だけが若大将ではないようなものである。それに、辛亥が四七一年とは限らない。古墳の形からいって、六世紀説が有力。となると、五三一年が現実的だ。

③いままでミズハワケ（反正）と読んだのを突然、ワカタケルと読みかえていいものか。

④五世紀末、雄略期にヤマト朝廷のコロニーが東国にあっても何らそれは新事実ではない。コロニーがあっただけで、〃統一国家〃などというものではない。日本が統一されたのは、十六世紀豊臣秀吉のときである。

⑤タテに八代、嫡子相続のような系図が書いてあるが、それは系図の書き方の通例であって、事実ではない。かりにそうだとしても、「其児」とあるのは、ドンの地位が継承されたことを示すのであって、血脈がタテに連なることはありえない。オホヒコ＝オホビコ説はムリ。

⑥ヤマトでのハツクニシラス・スメラミコトは、戦後の古代史研究ではホムタワケ＝応神（または仁徳）からとされる。崇神の実在性は疑わしく、実在したとしてもヤマト地方

ピーコック開店十周年によせて

道下寿子

私は何故か階段に惹かれる。下りは過去へ、上りは未来へ、途中の踊り場は現在。単に建築学上の美観だけではなく、物理的な高低は、様々な日常の繁雑さに区切りをつけるためのワンクッションとして気分転換の効果をもたらす作用があるのではないかと思う。

十年前、通りすがりに見つけたピーコックという名の店は、それ以来私の唯一の憩いの場所となった。道路から階段を上る、一《ひと》手間かけた入り方が気に入ったのである。特に一番奥の席が好きで、そこに先客がいると不気嫌になったりする。人との出逢い、そして別れ、みんなその席だった。大きな窓の下には美しい竹が、さらさら風にゆれて、つくばいの廻りに、つわぶきが水に濡れて光っている。ちかごろ竹の柄杓が置かれて一段と風情を増した。心安らぐたたずまいである。

壁画は、一カ月区切りで違った画風の絵を楽しませてくれるギャラリーでもある。地下は親しいグループがパーティを開けるワイン・ルームになっている。店内には程よい音量でいつもビバルディの四季が流れている。たまたま他所でこの曲を聞くとピーコックを思い出すという利用客もいるという。これはもう立派なPRである。愛すべき頑固さで、十年一日の如く同じ曲を店内に流し続けた店主、高氏は、物を売るばかりが〃あきない〃ではないことを証明してみせた。商売人なら、営利を目的とする以上、機をみるに敏、変り身の早さが身上とされて当然なのだが、客に媚びず、一貫して経営の基本方針を変えぬ姿勢は敬服に値する。その居心地の良さが、多くの有識者をこの店に惹きつけ、時として高度な学術的討論も聞かれ、知識交換の場となったりする。

しかし、渋谷の街も激しく様変りした。ピーコックの客筋も十年前とはだいぶ様子が違って来ている。あたりかまわず声高に話をする客、こどもが騒いでも注意せぬ若夫婦、そんな時、私はそっとぬけ出すことにしている。ピーコックは、渋谷に幾つもある他の喫茶店と同じであっては決してならないのである。これは全く私の我儘であり、一方的な片思いに似た感情なのだが、要は、それ程大切な場所であるということを言いたいのである。この店は、私と似たような客が多いのではないかと思う。

ともあれ、今後どのように発展していくか十年たった今、街のめまぐるしい変化に対応して、この良い雰囲気を持ち続けるための一《ひと》工夫が必要ではあるまいか。

人間の脳の中で、間脳は情報の離合集散の分岐点であるという。駅から少しはずれた所に位置して、ピーコックが渋谷の間脳となり得るか、くじゃく亭とともに、いつまでも魅力ある店であって欲しいと切に願ってやまない。

に、ではあるまい。（九州、または南朝鮮）

⑦したがって、耶馬台国ヤマト説の根拠が補強されることにはならない。

以上、はなはだ簡単ながら、私見を記してみた。要するに、いいたいことは、百十五の銘文を都合のいいように曲解して、戦前の〃記紀万能史観〃へひきもどそうとしている、そういう傾向は危険な兆候だということだ。鉄劔銘文はむしろ、ヤマト政権と東アジア騎馬系種族・朝鮮王族との関連の深さを暗示するように思われる。いかがなものだろうか。

同人誌「古代文化を考える」 第二号（一九七八秋号）が発刊されました。国立国会図書館からISSN（国際標準逐次刊行物番号）の割り当てが決まり、この号にはISSN 0386815X と表紙に刻まれるまでになりました。キータイトル（国際登録名）は

Kodai bunka o kangaeru

これで世界の大多数の国（ISDS加盟国）の図書館で、この名前か番号を示せば、この雑誌を指示したことになり、図書館ネットワークを通じて取り寄せることもできる仕組みに組み込まれたわけです。

第一号、第二号とも「ピーコック」で頒布しております。

価七〇〇円

ピーコック画評 (16)

後藤直

本年最後のピーコック画廊は『四季の会』展で幕をおろす。

それをみたが、なかなか見ごたえのある画展であった。

まず一番眼をひくのは村井友次郎の「トレドの屋根」であろう。その絵はていねいで誠実さにあふれていた。そして空の色は抜群のできばえである。同じく村井の「おそい春」は、北国独特の緊迫感が伝わってくるようだ。

武田任夫の「北信濃」は6Fながら、満々と水をたたえた川のゆたかさが、画面を大きくしている。和田雅子も「凍田」を描き、同じような山あいの冬景色を熱心に追求していた。

広瀬かつ子の「ドライフラワー」は、渋い色彩ながらやや暗さが気になった。池田竜三の「影武者」も重々しい表現である。

伊藤郁子の「ベゴニア」の淡い画面、武田全弘の「秋」の明るさ、吉田洋子の「ポピー」の鮮かな色彩、和田たか子の「バラ」「コスモス」「菊」の素直なタッチなども印象に残った。

その他、若野邦子の「人形」、岩田弘子の「静物」、舛田真理子の「想い」、保利共栄の「あじさい」、西沢千尋の「里の秋」、伊地知季信の「種ヶ島風景」、山田由美子の「黄色い帽子」などの作品もそれぞれ面白いものの、やや習作的な感じはいなめない。

ところで、賛助出品「秋果」を発表している亀山博は創作画人協会会員とのことだが、『四季の会』のリーダーにふさわしく、僅か4F程の小品であるが、果物、皿、布、その背景、すべてが調和しており、みごととしかいいようがない。まったくあきのこない絵である。

私は『四季の会』展をみて、充実した絵は何なのかを考えさせられた。

「テーマをどのように追求して行くのか」とか「対象をいかに洞察するのか」とか、「かき手の大胆さ」とか「スケッチ力」とか「色彩の選択」とかいろいろあるだろうし、一言ではとうていいえるものではないが、私には「空間の処理」こそがそれを解くカギであるように思える。

「ピーコック画廊」が来年もまた『四季の会』その他の展覧会と同じように、充実した絵で飾られるよう願ってやまない。

現代韓国新人画展へのお誘い

裵淳錫

チンダルレ（山つつじ）咲き乱れる春の野山、ポプラ並木の川辺で洗濯するアガシ達、風にそよぐ路端のコスモス、雪に眠る書堂など、幼時の追憶が走馬灯の如くめぐり、限りない郷愁の念をかき立てる。しかしこの麗わしい風景は日々うしなわれていく。

セマウル（新らしい村）運動で、チョガチップ（草の家）が赤や青の瓦ぶきの家に変貌している。時の流れを誰もとどめることはできないと知りつつも、それだけに往時のたたずまいに想いをはせ郷土愛をかきたてられる。

このような気持ちをいやす一助になればと、此の度「ピーコック」店主の御好意に依り、韓国より取り寄せた、故郷の風景画展を「ピーコック画廊」で開くことになりました。御高覧いただければ幸いです。

期間　二月一日〜二十八日の一ヶ月間

「現代韓国新人画展」に出品の作品は即売いたしますので、新人激励のためにもお買上げいただければ幸いです。

≪編集部より≫

◎米中の国交が樹立された。憎しみ合った仲が、こんどは友好親善の関係となる。それが国際政治の流れというものだ。

◎昨年初頭、『72年の精神』はどこへ行ったかと書いた。今年こそは実現への道へ一歩近づいてほしいものだ。

◎金大中氏が釈放された。氏は現政権の国際的詐欺だという。氏の釈放が真の意味での釈放となるよう期待してやまない。

くじゃく亭通信

第21号

「くじゃく亭通信」編集部
〒150
渋谷区宇田川町八ー九
TEL 四六一・一八五五

定価50円

韓国仏教美術への旅 (1)

白倉光男

一九七七年五月および一九七八年五月の二度韓国へ仏教美術を訪ねる機会を得た。くじゃく亭のご亭主から是非韓国の仏教美術の話をまとめてみるようにと依頼された時は、鄭重にお断りしたが、そこはやはり編集者の強引さに押し切られこの原稿を書くことになってしまった。後悔先にたたずとはよく言ったものである。筆の足りないところはどうかご容赦願いたい。

一、日本に仏教が伝来して物部氏が滅ぶ

日本に仏教が正式に伝来したのは、百済の聖明王が仏像・経論等を欽明七年（五三八）に献じたのが始めである。その仏像は金銅釈迦像で眩いばかりに金色に輝いていた。欽明天皇は「いまだこのような微妙な法を聞いたことはない」といって歓喜し、「仏の相貌端厳しいが、これを拝礼すべきか否か」を群臣にたずねたと『日本書紀』に記されている。仏教公伝以後も朝鮮三国から仏像献上の記事が『日本書紀』に散見される。だが仏教を崇拝しようとする蘇我氏と日本古来の神への信仰を根強くいだいていた物部氏とは長い間鋭く対立していたが、ついに用明二年（五八七）に排仏派の物部守屋は崇仏派の蘇我馬子によって滅されてしまった。蘇我氏が政治の実権を握り、仏教がしっかりと日本に根をおろし、それ以後の日本の文化は仏教受容により形成されてきたと言っても過言ではないだろう。

二、飛鳥寺を発掘してみると高句麗の青岩里廃寺の伽藍配置に類似している

物部氏が滅ぶ少し前の敏達十三年（五八四）に百済から鹿深臣《かふかのおみ》および佐伯連がそれぞれ仏像一軀をたずさえて帰国した。鹿深臣が持ち帰った弥勒石像は蘇我馬子が引き取り、蘇我馬子が願主となり飛鳥寺（元興寺、法興寺ともいう）を崇峻元年（五八八）から造営するに及んでその弥勒石像が飛鳥寺の当初の本尊としてまつられていたと思われる。すなわち推古四年（五九六）に飛鳥寺の中金堂の造営が完了し、丈六の金銅釈尊迦如来坐像の鋳造が推古十三年（六〇五）から推古十七年（六〇九）にかけてであり、この間中金堂の本尊はないことになり、先の弥勒石像が中金堂の本尊として安置されていたのであろう。

飛鳥寺は日本で最初の本格的な伽藍をそなえた寺院である。その伽藍は、近年の発掘調査により、塔を中心に東西にそれぞれ金堂を配しさらに塔の北に中金堂を配すといった独特の配置を取っていたことが判った。このような配置は日本にはまだ先例がなく、高句麗時代の平壌付近の青岩里廃寺の伽藍配置に類似している。仏教が朝鮮三国の中で一番早く伝わったのは、中国の一時属国であった高句麗であり、その後百済そして新羅へと伝播していった。高句麗の寺院の伽藍配置が日本の最初の本格的な寺院の飛鳥寺に採用されたことはまことに興味深い。

（次号に続く）

◎「李朝の書院」は筆者外岡宏氏の都合で今回は休みました。

独立宣言書

われらはここにわが朝鮮国が独立国であること、および朝鮮人が自由民であることを宣言する。これをもって世界万邦に告げ、人類平等の大義を克服し、これをもって子孫万代におしえ、民族自存の正当なる権利を永遠に有せしむるものである。半万年の歴史の権利によってこれを宣言し、二千万民衆の忠誠を合わせてこれを明らかにし、民族の恒久一筋の自由の発展のためにこれを主張し、人類の良心の発露にもとづいた世界改造の大機運に順応し、並進させるためにこれを提起するものである。これは天の明命、時代の大勢、全人類の共存同生の権利の正当な発動である。天下の何ものといえどもこれを抑制することはできない。旧時代の遺物である侵略主義、強権主義の犠牲となって、有史以来千年をかさね、はじめて異民族による箝制《かんせい》の痛苦を嘗めてからここ一〇年が過ぎた。かれらはわが生存の権利をどれほど剝奪したであろうか。精神上の発展にどれほど障礙となったであろうか。民族の尊厳と栄光はどれほど毀損したであろうか。新鋭と独創によって世界文化の大潮流に寄与、補裨できる機縁をわれらはどれほど遺失したであろうか。

ああ、旧来の抑鬱を宣揚せんとすれば、時下の苦痛を擺脱《はいだつ》せんとすれば、将来の脅威を芟除《せんじょ》せんとすれば、民族的良心と国家的廉義の圧縮、銷残とを興起、伸張せんとすれば、各個人の人格の正当な発展を遂げんとすれば、憐むべき子弟たちの苦恥的な財産を遺与せざらんとすれば、子々孫々永久、完全な慶福を尊迎せんとすれば、その最大急務は民族の独立を確実なものとすることにある。二千万人民のおのおのが方寸の刃を懐にし、人類の通性と時代の良心が正義の軍と人道の干戈とをもって援護する今日、吾人が進んで取ればどんな強権でも挫けないものがあろうか、退いて事をなせばどんな志であれ、のばせないことがあろうか。

丙子修好条規以来、種々の金石の盟約をいつわったとして、日本の信のないことをとがめようとするものではない。学者は講壇で、政治家は実際において、わが祖宗の世業を植民地的なものとみなし、わが文化民族を野蛮人なみに遇し、もっぱら征服者の快楽を貪っている。わが久遠の社会の基礎と卓越した民族の心理とを無視するものとして、日本の少義を責めんとするものではない。自己を策励するのに急なわれわれには、他人を怨みとがめる暇はない。現在を綢繆《ちゅうびゅう》するのに急なわれわれには、宿昔を懲辨する暇はない。今日われわれがなさねばならないことは、ただ自己の建設だけである。決して他を破壊するものではない。厳粛な良心の命令によって自家の新運命を開拓しようとするものである。決して旧怨および一時的な感情によって他を嫉逐、排斥するものではない。旧思想、旧勢力に束縛され日本の為政者の功名心の犠牲となっている、不自然でまた不合理な錯誤状態を改善、匡正して、自然でまた合理的な正経の大原に帰そうとするものである。当初から民族的要求としてだされたものでない両国併合の結果が、畢竟、姑息的威圧と差別的不平等と統計数字上の虚飾のもとで、利害相反する両民族間に永遠に和合することのできない怨恨の溝を、ますます深くさせている今日までの実績をみよ。勇明、果敢をもって旧来の誤りを正し、真正なる理解と同情とを再本とする友好の新局面を打開することが、彼我の間に禍いを遠ざけ、祝福をもたらす捷径であることを明知すべきではないか。憤りを含み怨みを抱いている二千万の民を、威力をもって拘束することは、ただに東洋永遠の平和を保障するゆえんでないだけでなく、これによって、東洋安危の主軸である四億の中国人民の日本にたいする危懼と猜疑とをますます濃厚にさせ、その結果として東洋全局の共倒れ、同時に滅亡の悲運を招くであろうことは明らかである。

今日わが朝鮮の独立は朝鮮人をして正当なる生活の繁栄を遂げさせると同時に、日本をして邪道より出でて東洋の支持者としての重責を全うさせるものであり、中国をして夢寝にも忘れえない不安や恐怖から脱出させるものである。また東洋の平和を重要な一部とする世界の平和、人類の幸福に必要なる階梯となさしめるものである。これがどうして区々とした感情の問題であろうか。

ああ、新天地は眼前に展開せられた。威力の時代は去り道義の時代がきた。過去の全世紀にわたって錬磨され、長く養われてきた人道的精神は、まさに新文明の曙光を人類の歴史に投射しはじめた。新春は世界にめぐりきて、万物の回蘇をうながしつつある。凍氷、寒雪に呼吸を閉蟄していたのが一時の勢いであるとすれば、和風、暖陽に気脈を振いのばすこともまた一時の勢いである。天地の復運に際し、世界の変潮に乗じたわれわれは何らの躊躇もなく、何らの忌憚することもない。わが固有の自由権を護り、旺盛に生きる楽しみを享けられるよう、わが自足の独創力を発揮して春風に満ちた大界に民族的精華を結紐すべきである。

われらはここに奮起した。良心はわれらとともにあり、真理はわれらとともに進む。男女老少の別なく陰鬱な古巣から活潑に起来して、万民群衆とともに欣快なる復活を成し遂げようとするものである。千百世の祖霊はわれらを陰ながらたすけ、全世界の気運はわれらを外から護っている。着手がすなわち成功である。ただ前方の光明にむかって驀進するだけである。

公約三章

一、今日われわれのこの挙は、正義、人道、生存、尊栄のためにする民族的要求、すなわち自由の精神を発揮するものであって、決して排他的感情に逸走してはならない。

一、最後の一人まで、最後の一刻まで、民族の正当なる意思をこころよく発表せよ。

一、一切の行動はもっとも秩序を尊重し、われわれの主張と態度をしてあくまで光明正大にせよ。

朝鮮建国四千二百五十二年三月一日

朝鮮民族代表

孫秉熙　吉善宙　李弼柱　白龍城　金完圭
金秉祚　金昌俊　権東鎮　権秉悳　羅龍煥
羅仁協　梁甸伯　梁漢黙　劉如大　李甲成
李明龍　李昇薫　李鍾勲　李鍾一　林礼煥
朴準承　朴熙道　朴東完　申洪植　申錫九
呉世昌　呉華英　鄭春洙　崔聖模　崔　麟
韓龍雲　洪秉箕　洪基兆

(注)原文は朝鮮文、訳文は平凡社選書「朝鮮三・一独立運動」朴慶植著からのものでした。

三一節と巴里祭

北原敏郎

三月一日の朝、所用で韓国のソウルにいた。三一節の日で休日である。一人ゆっくりホテルの朝食をとっていると、周囲の話し声が聞くともなしに入ってくる。ひと頃とだえていた日本からの観光旅行もまた復活し、最近では街のあちこちで団体旅行を見かけるようになって来た。このホテルでも幾組かの日本人団体が食事をしながら、女のガイドから当日の予定を聞いている。もち論ホテルのことであるから韓国人も数多くいた。

そのうち、一組の日本人団体客の中から、今日は一体何の日なのか？　という質問が出された。するとそれを耳に入れた他のグループでも一斉に同じ質問が出はじめた。一瞬そこにいた韓国の人達の動きがピクッとし、また各ガイドもとっさに返事が出てこない。お互いの返答を意識しあってか、普段よりだいぶ長い沈黙のあとガイドの一人が極めて無表情に説明を始めた。

「一九一九年三月一日、当時日本の植民地であったここ朝鮮半島で、日本の支配と抑圧に反抗して民族の自主独立を宣言し、挙族的な独立運動が起こりました。日本支配の三十六年間で最大の独立運動だったのです。結局は日本の軍隊により弾圧されたのですが、この日は三一節として各地で記念行事が行われ、現在の韓国にとって重要な祭日になっています」。

何人が投獄され何人が死んだかなどの話しもなく、淡々とした朗読のような説明なだけに、その複雑な感情が、わきで聞いている私にまでぴんとひびいて来た。

さて、一方七月十四日は、ご存じ巴里祭である。二年ほど前の七月パリにいた。たまたまアメリカ資本の大きなホテルにいると、ご多分にもれず日本からの観光団体客でにぎわっている。朝、広いロビーで到着した組と、出発する組と、皆、巴里祭を口にしている。その歴史的事柄は別としても、七月パリに来る日本人観光客で七月十四日巴里祭を知らない人はおそらくあるまい。

我々ビジネスマンにとって、善隣外交だのアジアの安定だの、大上段にものを取り上げる考えはないが、やはり隣国の事は今すこし勉強するよう心掛けたいと思う。

（記　三一事件では、日本側のひかえめな発表でも、三月一日より五月末の間に七千五百五十九人死亡、一万五千九百六十一人負傷、四万六千九百四十八人検挙されている）

〈編集部〉
この記事は、月刊「日経広告」誌に掲載されたものを、転載させていただきました。

＊読者からの便り＊

（慶応義塾大学）　江坂　輝彌

新春早く賀状をちょうだいし恐縮に存じます。郵便遅配で今日いただきました。

いつもくじゃく亭通信をいただき心からお礼申し上げます。

今年もよろしくお願い致します。

今年2月からNHK文化センターが南青山に開設、種々講座が開講されます。新宿の朝日カルチャーセンターなどと似たものです。いろいろ相談を受けましたので韓国の言葉に親しみ易いように、新しい企画で古代から現代までのその関連について「日本語と朝鮮語ーその文化的背景ー」という講座を先ず開設しました。講師は私の弟子の一人である渡辺吉鎔さんにお願いしました。梨花女子大2年で慶応の英文科へ転学して来た才媛です。(国交回復直前の頃)。　慶応卒業後アメリカへ留学、言語を専攻し帰国後、慶大で講師をしています。御主人は慶大時代の同窓生で彼女に学生の頃、朝鮮語を教えてもらっていた人です。アメリカも彼の勤務地が偶然、留学先と同じであったことなどから結婚され今年小学校へ入る男子が一人あります。彼女のお母様はソウルの著名実業家です。

これをワンステップとして文化センター、

放送両者に朝鮮語講座ができるよう努力したいと思います。

昨年は3月〜4月、5月末〜6月、8月末〜9月、10月、11月、12月の6度も韓国へ出かけました。4月にはソウルの北50Km、全谷里で約30万年前の旧石器時代の遺跡が発見され、8月末には私も現地を踏査、9月に調査者の鄭永和氏を東京に招待してシンポジウムをやりました。『科学朝日』一月号にカラー図版を入れてその内容は発表されました。

北でも平壌郊外、大同江流域で15万年前の人類下顎骨が発見されたそうです。恐らく北京原人と同時代のものと思います。小平（東京）の朝鮮大学校歴史地理学部長の高秉雲教授から見に行って欲しいとお話しを受けました。写真など取寄せていただくようお願いしました。

北もかなり開放的になり現在ロシア語履修者は2%程度で80%以上が英語になり小平の朝鮮大学校からはアメリカへ10名も留学生を出していると伺いました。米国の中国承認による国際情勢の変化で朴大統領の北への呼びかけがスムーズに進行すればと思います。

釜山〜ソウル間の高速道路沿線の農村は今年になって、そのほとんどが見違へるような立派な洋風建築になり農村の集落も整然としたものにかわりました。見る限り聞く限りではセマウル（新しい村）運動は大変成功しているようです。

（東京・杉並区）　武井　勝雄

「くじゃく亭通信」前々から御送付頂いていて有りがとう存じます。

私は明治生れなもので実はこれまで長い間朝鮮に対して蔑視・嫌悪感を植えつけられておりました。小学四年の時にハルピンで伊藤博文が安重根に暗殺されたというニュースを、学校長から聞かされました。また日露戦争の絵草紙などで韓国人の気の毒な様子なども知りました。関東大震災では東京にいて、あの残虐な日本人の行為も正当だと思っていたのでした。美術に関心を寄せていたので昭和の初めに　宗悦の「朝鮮美術」の発見の記事を読んで気持ちがだんだん変ってきましたが、やはり「東アジアの古代文化を考える会」に入会し、直接朝鮮出身の方々にお会いしてから、すっかり私の過去の誤解が一掃されました。それまで個人的な面識が全く無かったものでした。会員の諸君は皆さんが明るく親切で古墳めぐりなどに出かけても大変に親切にしてもらい感激しています。残念なことにまだ朝鮮に一度も足を入れたことがないので近い機会に是非一度は見学に出かけ度いと思います。平常元気で健康自慢の私でしたが十二月中旬より入院生活となっています。二月頃には退院できそうですが、それまでは皆様に失礼しています。

些少ですがこれは郵税の足しにでもして下さい。

（青山学院大学法学部）　小林　孝輔

『くじゃく亭通信』を、お送り頂きありがとうございました。中学時代から現在の職場にいたるまで渋谷にしたしんでいる私ですが、ピーコックという店も、はづかしながら知りませんでした。

お送りいただいた一五〜一七号を興味ふかく拝見しました。朝鮮文化の研究に関心をもつかたたちが同人≪というめづらしい冊子≫である(らしい)ことが、とくに興味を惹きました。私は朝鮮文化については全く不案内ですが、高松塚古墳などをみるまでもなく、朝鮮文化は日本文化の師であるのに、一般的に日本人はそのことをあまりに知らなさすぎる、とかねがね思っているものですから、このような冊子が継続的に出されていることは、たいへん意義ふかいと思います。

今後の発展を切に祈ってやみません。

（横浜市）　名取　義一

「くじゃく亭通信」を楽しみにしています。この発行は大変でしょう。ところで同通信（20号）にＮＨＫの朝鮮語講座のことが—。小生の開成中、東京外語時代からの親友・坂本是忠君（目黒区自由丘三—一二—八）＝蒙古語・東外大学長＝はさきに同大学に朝鮮語科を設けることに成功しましたのでご参考までに—

（東京・小金井市）徳永　清

新年あけましておめでとうございます。

このたびは「くじゃく亭通信」ご恵送頂きまして、まことに有難うございました。厚くお礼申しあげます。じつは私も韓国で生れ育ち、敗戦後一家をあげて引揚げてきたという過去のある人間でありまして、小学生ころまでの遊び友だちは近所の腕白で喧嘩は「韓国語」でやったことを覚えていますが、いまはすっかり忘れてしまって全然通じません。いまはもう昔なじみの消息もわかりませんが、生れ故郷、なつかしいところで二、三年前には念願がかなってソウルを中心に短い訪問をしたこともあります。青年時代には地下運動で韓国の独立にすこし関係したこともありますが家人に妨げられて中途半端のまゝ東京へ移りその頃の同志とも疎遠になってしまいました。ただ残念でなりません。それに済州島には一度も行けなかったことも心のこりであります。

外岡宏氏の「李朝の書院」とびとびではありますが面白く拝見させて頂きました。たいへん心あたたまる思いであります。

唯今、伊豆の山荘に来ておりますが帰京後ご連絡の上、ご拝眉の機会を得たいと存じます、先づは一筆お礼まで

（大阪市）金　思　燁

今年は稲荷山古墳出土鉄剣の銘文に関する韓国学者の所見をまとめてみるつもりです。

（イタリア・ペルージア）磯沼　光子

お元気でいらっしゃいますか、私は一年の予定でイタリア語と絵の勉強にイタリアに来ております。ここペルージアの大学ではイタリア語の勉強を終了して一月からフイレンツエに住む予定です。そしてここの大学で韓国からの留学生（音楽・美術）とも知りあいました。今年も素晴しい年であることを祈ります。

（朝日新聞・販売企画室）川名　宏

いつも「くじゃく亭通信」お送りいただきありがとうございます。くじゃく亭を時々利用させてもらっています。この春で新宿の朝日カルチャーセンターで朝鮮語を習って二周年を迎えます。なお宛名の職場が昨年から次のように変りました。（調査研究室から販売企画室へ）奥さまによろしく。

（東京・町田市）実吉　達郎

毎回「くじゃく亭通信」お送り頂きお礼も申し上げず失礼致しております。今年はまたお年賀状を頂きありがとうございました。

私は昨年は少々、高麗史を読み、「兇母千秋太后」「大為国の一年」「権臣李資謙」「崔氏専権」などの歴史小説を書きました。「崔氏」などは七〇〇枚もある長編で武臣政権の祖崔忠献の一代記などですが、仲々どこの出版社でも興味を示してくれません。日本人はやはり日本史にしか興味はないようです。

今年もよろしく。

（広島市）平井　久

広島に来て三度目の正月を迎えることになりました。記者にとっての駆け出し時代はあっという間に過ぎ去りましたがこれからこそが大切と自戒しております。

くじゃく亭通信いつもありがとうございます。ＮＨＫ（朝鮮語、講座開設要望の運動）の方はいま一歩の感で残念です。

（東京・杉並区）林　秋男

いつぞやは大変失礼いたしました。御馳走になりながら楽しい語らいに苦痛を忘れました。奥様にもどうぞ宣敷くお伝え下さい。

お元気にて佳き新年を迎えられた事と存じます。御無沙汰に打過ぎ、失礼のみ重ねて居ります。私も更に勇を鼓して療養に力め、くじゃく亭で皆さんと相まみえ、動かぬＮＨＫの尻をたたきなおしたいと思って居ります。（朝鮮語講座の開設を早く！）

（東京・世田谷区）梶田　やう子

御免下さいませ。過日ははじめてお目もじ失礼をもかえりみず、たのしく御一緒させて頂きありがとうございました。又早速に「くじゃく亭」のすばらしい通信お届け下さいましてありがとうございました。大変お礼申しあげますのおくれ申し訳けございません。出張で北海道の方に行っておりましてあしから

ずまた樽の会でもお目もじ出来ましたらとたのしみにいたしております。右御礼まで

（東京・世田谷区）　田村節子

先日は突然大へんお騒がせ致しました。主人が焼き肉が大好物でぜひ一度うかがいたいと申しておりましたので、忘年会に利用させて頂ければと楽しみにしておりました。こちらのスケジュールとお店の都合が合わず残念でございましたが、又一度、息子を連れてお邪魔すると申しております。

くじゃく亭通信ありがとう存じました。充実した内容で外岡さんの大論文などシリーズでの企画はさすがと感心して拝読いたしました。

渋谷を愛する読者の方がたの投稿も楽しく、数年前八十五才で亡くなられた美術家の、田中良さんが生まれて育って亡くなるまで住まれた渋谷の昔噺をよくなさったのを思い出しました。常盤松の地名に残っているように大きな松が一本あって道玄という盗賊が、いつも三軒茶屋から歩いてくる旅人をその松の巨木の上からねらっていた。……という話など—。神泉にある庵のようなそのお住居が、昔は野なかの一軒屋であったと感慨深げな御様子でしたのを—。

またピーコックにも寄らせて頂きます。

（福岡市）　泊　勝美

昨年はたいへんお世話になりました。今年は『韓国古寺巡礼』を一冊にまとめてみたいと思っております。よろしくご指導のほどお願い申し上げます。

（埼玉・川口市）　武富　瑞夫

「くじゃく亭通信」いつもお送り頂きありがとう存じます。

稲荷山鉄剣銘解読後、古代史古典派の人々は喜んでいるようですが、あの発表の仕方といい、雄略＝ワカタケル説といい、政治的すぎるように思えます。たしかに、百年に一度の大発見なのでしょうが、既成の歴史像を証明するものにはなり得ないと思うのです。でもあの大発見、大発表で現知事の票が少しはふえたかもしれませんね。

鉄剣の存在はむしろ六世紀後半関東における渡来人の活躍、さきたま古墳の主人としての渡来人を証明するのではないかと夢想しています。いずれ専門家が証明してくれるでしょうが、素人の直感の方が正しいことの方が多いようにも思えます。

本日、送料の一部にあてて頂きたく、少額のカンパを同封しましたので御笑納下さい。

（北九州市）　丁　竜鎮

いつも『通信』ありがとうございます。『くじゃく亭通信』も、いよいよ20号ですね。おめでとうございます。これまでの編集部の努力は、人に言えぬものがあったことと思います。しかしぼくにはその努力が結果的に素晴らしいものを結晶させつつあるように思えます。誌面も仲々充実感のある読物で飾られ『読者からの便り』ではさまざまな人たちの生の声が見られて楽しい気持ちになります。『通信』に短編の創作でも掲載されれば、ぼくの喜び（楽しみ）も倍増すること、このうえありません。今後共、編集部の皆様が健康で末永く『通信』を発行されますよう心からお祈りいたします。カンパ同封いたしました。『通信』百号記念号を必ず出して下さい。

（朝霞市）　三森　堯司

昨年は体が弱く失礼致しました。『くじゃく亭通信』、高さん一人の負担ではちっとどうかと思われる感じです。同人誌の会のような方法で……何か考える必要はありませんか、内容が充実してくれればくる程、痛感致します。

（東京・小平市）　角田トシ子

雨の一日中降っていた日曜日に「ピーコック」の隅で、まことに端正な「朝鮮の李朝書院」の写真を拝見致しました。フッフッと心の底から湧いて来る泉の音のような静かであたたかい書院のあるあたり、晩秋か、初冬なのでしょうか。朝鮮の地底の音をきゝに行きたいと思いました。

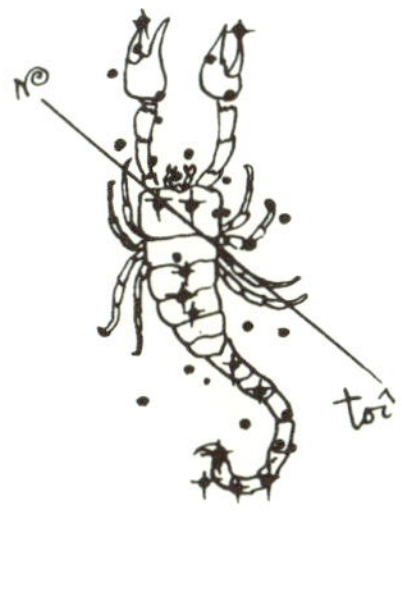

ピーコック画評 (17)

後藤　直

七九年のピーコック画廊は、水彩三人展（岡田哲明、綾部保和、川崎銑一郎）ですがすがしくスタートした。

日頃、油絵を見慣れている私は、素描というか水彩画をこれだけまとめて見たのはしばらく振りであり、不思議なくらいほっとした気分になった。

はじめ、三人の絵は区別がつけられぬ程同じように見えるのだった。

しかし、時間がたつに従ってそれぞれの個性とか持味が分ってきて楽しかった。素描のよさが発揮されているのは、やはり力量のある人々だからだろう。

岡田の「ドームのある風景」「山下公園」「オフィス街にて」「黄色い壁の家」「アカデミックな静物」などは、しっかりした骨格を感じる。「小坪風景」は網干の漁港を描いている。画面のなかに黒い犬が歩いている。こうした動物、あるいは人物でもよい、それらが登場するのは私は大好きである。絵が生きてくるのだ。

綾部の「八ヶ丘」「八ヶ丘夕映」「山中湖畔」「真鶴港」は、いずれもが物静かで、優しい色調といい、ていねいさといい女性的ともいえる程で、好調のもてる絵である。

川崎の「木の群」「並木」「登高」「六郷川」「都会の夕映」「山間の池」は、綾部とは対称的で、墨絵風でダイナミックだ。

私には、岡田の「小坪風景」、綾部の「真鶴港」川崎の「並木」こそは、それぞれの個性がでている代表的な作品だと思った。

この人々の絵は、私も何回か見ている。ベテランの絵かきたちであるのはいうまでもないが、こうした素描の蓄積が、個々の大作へつながって行くのだろう。

常識的な発想かもしれないが、どんな世界でも、努力努力だな、とつくづく思い知らされた。

一〇〇パーセント 建設資金が借りられる 絶好のチャンス

一級建築士　三島　平八郎

住宅公団に民賃制度というのがある。正式には民営賃貸同特定分譲住宅制度というものですが、今年は特に範囲をひろげて、アパートを経営したい人で二五〇平方米以上の土地をもっていたら、建設資金が全額住宅公団から借りることが出来る。金利も当初の一〇年間は五、〇五パーセントと低利であるし、希望によっては建物の半分までは、店舗でも貸事務所にしてもよい。その建設費も全額公団が面倒を見るというもので、地主は殆んど資金がなくても済む訳です。返還も住宅部分が、三〇年、店舗、事務所の部分が一〇年間だから長期で返済が楽です。インフレ傾向を考えると土地を持っている人なら借りない方が損みたいな話です。土地をお持ちの方は一度検討してみたら如何でしょうか。御希望の方には申し込みに間に合う四月末ぐらいまで無料で相談にのって差上げます。お問合せは電話で〇三ー三六四ー一七七一まで。

◇新刊案内◇

「日本の中の古代朝鮮」　金達寿著
学生社刊　価一二〇〇円

「浅川巧著作集」　朝鮮の膳　朝鮮陶磁名考　小品集
三冊一セットA5判価八五〇〇円　八潮書店刊

「在日朝鮮人運動史」　8・15解放前
朴慶植著　三一書房刊　価一八〇〇円

「再発見ーアジアを知る法ー」　大野　力著
日刊工業新聞社刊　価八〇〇円

＜お知らせ＞

左記の所に転居いたしました。　高淳日
〒155東京都世田谷区代沢2ー38ー14
電話（〇三）ー四一九ー〇六八二

くじゃく亭通信

第22号

「くじゃく亭通信」編集部
〒150 渋谷区宇田川町八ー九
TEL 四六一・一八五五

定価50円

李朝の書院

(6)

さかなの話

外岡宏

観察使安玹は『紹修書院謄録』の経済記事のなかに、書院の儒生の食卓に供する「さかな」の調達手続を書きのこした。関連する文書は四通あって、いずれもその詳細な指示書の形をしている。

吏読で書かれた文章は読みにくいうえに、この文書はたかだか副食の記事である。そう思ってふだん走り読みにとどめていた。

ところが、その魚を水揚げしたとおもわれる薺浦の位置を確認する必要から『吏読集成』を入手して丹念に読みくだしてみると、この資料は「たかが副食の記事」などというものではなく、書院が経済力を獲得していく過程を証明する典型的な文書のひとつであり、経済力が与えられ、強化され、制度化されるメカニズムをかなり明瞭に示す好資料であることがわかった。

そこで今回はこの資料を中心に、書院の経済力の形成原理のひとつを調べてみようとおもう。資料の関係で話しは魚臭くなるが、ちょうど時代は江戸の人気者、魚屋一心太助が生れる前夜にあたる。資料のもつ具体性をそのまま生かし、地誌的な話題をとおして同時代史的性格づけをしてみたい。

ただし、この文書は吏読に加え「行移」「上使」などの李朝の固有語を用いているので、思わぬミスをおかすかもしれない。その点をまえもってお詫びしておく。

薺浦の魚基

いうまでもなく薺浦（チェポ）は地名、魚基は漁場のことである。薺の字の齊は音符、薺と艸かんむりがつくとハマビシになる。浜ビシは砂浜に這うように生える植物で、花は五弁で小さく、黄色である。夏がくると浜ビシが咲く砂浜——そんな意味であろう。

薺浦は熊川県に属し、釜山の西、金海からは南西の方にある。

書院に送られる魚の多くはこの薺浦で水揚げされたらしい。しかし、ここから紹修書院までは直線距離でも二〇〇キロ米は離れている。慶尚道では書院からもっとも遠い位置にある海である。東海岸の寧海を選べば八〇余キロ米にすぎない。なぜこんなに遠い港から魚を運びだしたのだろうか。誰しも疑問におもうことだろう。

薺浦から書院のある豊基までの道順は、安玹の指示書のなかにある（地図参照）。

金海・密陽・清道・慶山・河陽・新寧・義興・義城・安東路以豊基至

私はジグザグとほぼ真北にむかうこの「さかなのみち」をたどりながら、一つのことを発見した。魚は水路によらず陸路を運ばれたのである。一日四〇キロ米としても五日はかかる陸路を、それは馬の背にふりわけられてでも運ばれて行ったのだろうか。

魚基の数は、私の読みに誤りがなければ、嘉靖二五年にまず三ヵ処、ついで同二七年に四ヵ処が設定され、合計七ヵ処あった。

○薺浦前里士里正條○薺浦前乙三岩條○難里山正條

○天城堡境内石浦陽地辺賓将條○加徳鎮境内石浦陰地辺四第條○薺浦境内汝注里三第孤巨口無岩條○薺浦江口前伐島洒三岩條

水揚げされた魚の数は前の三魚基からは年間二、五二〇冬音（トゥルム＝魚二〇尾）、後の四魚基からは青魚各五〇〇冬音、合計四、五二〇冬音＝九〇、四〇〇尾と計算される。

儒生の口にとどいた魚の種類は知るよしもないが、『地誌略』熊川県の物産の項から海水魚をリストアップすると、この典型的なリアス海岸地帯の漁場からは

大口魚　タラ　　烏賊魚　イカ
青魚　ニシン　　石首魚　イシモチ
銭魚　コハダ　　秀魚　ボラ
洪魚　エイ　　鱸魚　スズキ
文魚　タコ　　鯊魚　ハゼ
鰒　アワビ　　蛤　ハマグリ

などが水揚げされることがわかる。安玹は獲れた魚の一部、くわしくは二〇〇冬音を塩醢（シオカラ）につくり、のこりはすべて生乾（ナマボシ）として出荷するよう指示した。なるほど、そうすれば二〇〇キロ米の陸送も可能になったのであろう。

もう一つ、薺浦にふれておく。渡部先生が指摘されているように薺浦には世宗の時代以来、釜山浦・塩浦とともに（三浦）倭館が置かれていた。薺浦は浜ビシの咲くただの寒村ではないのだ。『地誌略』をひくと、熊川の南二里の地には薺浦城があり、城は

石築ニシテ周囲四千三百十三尺　内ニ二井アリ　右道水軍僉節制使の營所アリ　安骨浦、蛇梁、唐浦、永登浦、玉浦、助羅浦、平山浦、赤梁ヲ管ス　僉節制使一人之ニ居ル

と説明がある。そこに慶尚道右水使（海軍司令官）がいて、洛東江と蟾津江にはさまれる海域の守備にあたっていた（左水営は釜山鎮浦に置かれた。左右水営制は和寇の横行する慶尚・全羅二道だけ、他は胡人に備えた咸鏡道の南北営をのぞき一道一水営制）。

このように薺浦は軍事上の要地であるにもかかわらず、手許の地図には、明治二七年に発行された『朝鮮輿地図』のほかはその名が消えている。ただ、『地誌略』の付録『兵要朝鮮輿地全図』の金海の左の「荠浦」は図工の誤記とみて薺浦と読むべきだろう。

粉青沙器 白泥地鉄絵　（絵刷毛目）蓮池鳥魚文俵壺

経済的特権の創造

このへんで結論に移ろう。

七つの魚基から水揚げされる年間四、五二〇冬音の魚は、書院になにをもたらすか、まずその経済的意義を考えてみる。

十員儒生不過柒百弐拾冬音

こういう記事がある。創立当初の紹修書院の儒生の定員は十名だったと見られているが、その十名の儒生の生活を満たす魚の量は七二〇冬音もあればよいということである。一人一日四尾の計算になるから、まず妥当な線だろう。

そうであれば、書院には必要量の六・三倍の魚が毎年送られてきているわけである。ずいぶん鷹揚な話である。

当然余剰が発生する。では、あまった三、八〇〇冬音の魚はどうなるか。安玹は奴婢にやれと書くかわりに、必要以上の魚は虫などに喰わせぬよう、適宜市場へだし、正規の儒生以外の儒生にも提供せよと明確にその利用法を指図している。

当時、干魚は貴重な換金物資だった。余剰干魚の経済的価値は莫大というほどではないにしても、かなりまとまった価だったといえよう。だからこの余剰は意図的につくられたもので、安玹の最初からの作戦だと考えたほうが自然である。

このことは、当初設定した三ヵ処の魚基から優に二、五二〇冬音（三・五倍）の収量があるのに、二年後さらに四魚基二、〇〇〇冬音（二・八倍）を上積みしている事実からも裏づけられるだろう。

では一体、その富はどこから・どのようにもたらされたのだろうか。

経過はつぎのとおりである。

①観察使安玹が要請をだす。

②慶尚道右水使・鄭允誠将軍が薺浦の魚基を「施給」する。

③熊川官が漁民に魚獲と加工を行なわせる。

④「さかなみち」の各郡県が魚をリレー式に輸送させて紹修書院まではこびこむ。

つまり地方長官の要請をうけて、海軍省の鎮守府将軍たる右水使は漁民の権利を削減して書院のための入会漁業権を設定し、各郡県の郷吏は牧民の労働を強化して書院のために新たな役務を設定し、こうすることによって書院の新たな財産が創設されたのである。安玹や鄭允誠が自分自身の財産を削って書院に寄贈したわけではない。行政官にあたえられている絶対的権能を行使して人民の富を収奪したのである。彼等はもとより封建領主ではなく、牧民は領民ではないけれども、彼等はあたかも封建的土地所有者であるかのごとくふるまって経済外的強制を遂行していった。

ただしこの際、強制が「人材ノ養育ハ国家ノ重事ナリ」という大義名分のもとに実施されている点を見落してはなるまい。この名分には私人の恣意の混入を微塵も許さぬ厳しさがあり、それゆえ官民ともにこれに応ぜざるを得ない権威が成立しえたのである。

かくして一つの特権を設定しえたが、せっかくの権利もそれが制度として恒久化されないことには財産としての安定性は期待できない。彼はこの問題を解決するために特別の櫃を造らせてその中に右水使が約束した事項を記録した文書をいれ、ひとつを郡ひとつを書院に保管させた。後日争いが生じた際訴状にこの文書を添えて道に提出させるためである。

道が記録を保管すれば良さそうだが、考えてみれば、現在土地・家屋の権利書を所有者自身が保持していると同様の合理性がある。能吏安玹の行政手腕を目近かにみるおもいがするであろう。

こうして形成された書院の財力は、時の流れとともに拡大する可能性を秘めていた。私的土地所有を否定するための手段である高級官僚、その高級官僚の教育機関のなかに、荘園的収益権が数多く胚胎し、急激に生長していくのはなんとも皮肉なことである。

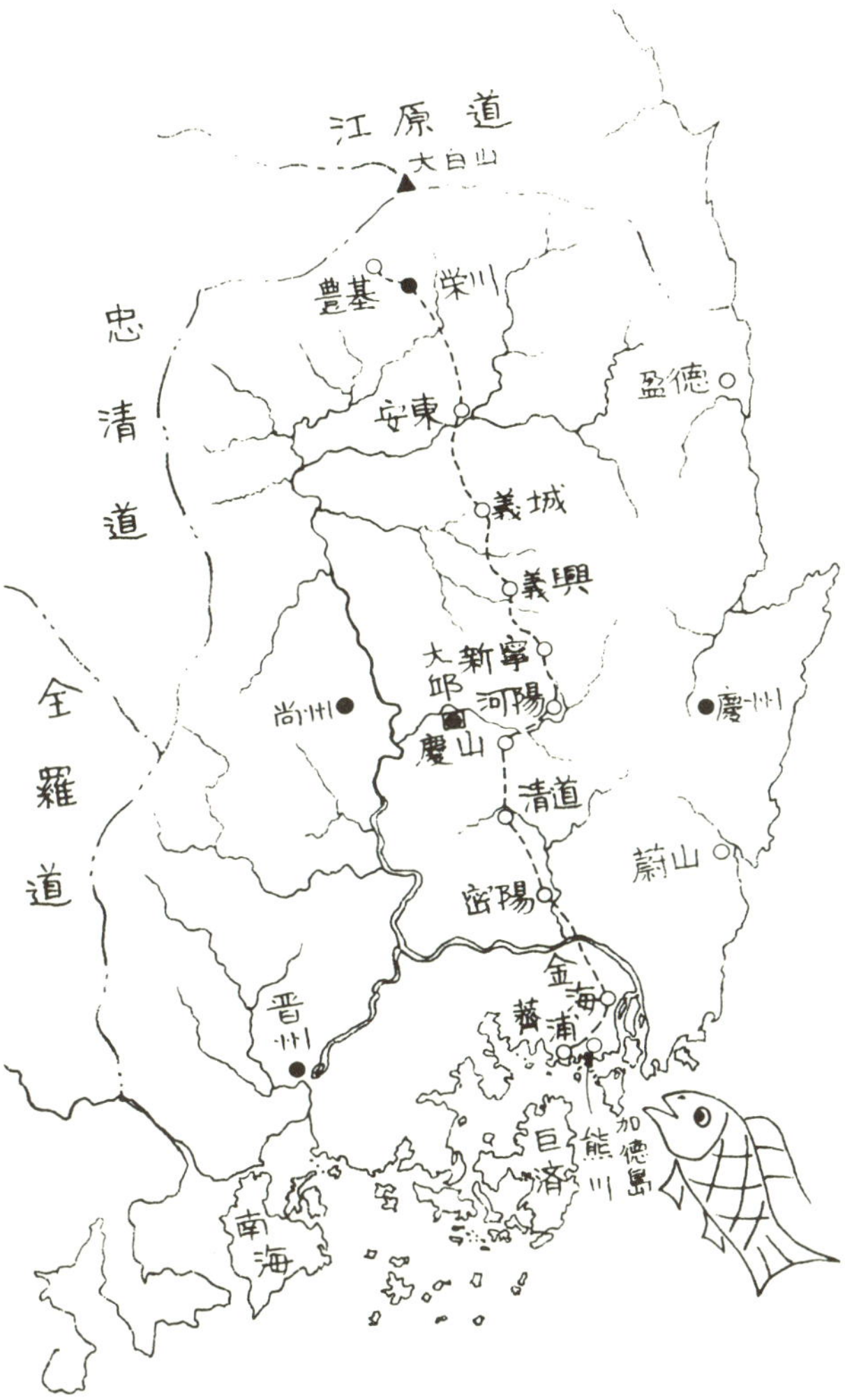

≪編集部より≫　連載記事についての感想やご意見をお寄せ下さい。バックナンバーはハガキでお申込み下さい。

韓国仏教美術への旅 (2)

白倉光男

三、飛鳥・白鳳時代の工人は大部分朝鮮三国あるいは中国からの渡来系の人たちで占められていた

飛鳥寺の丈六の本尊金銅釈迦如来坐像は、面長の面相、厚手の法衣を羽織っている服制などにより以前から一部の研究者から中国の北魏後期の竜門石窟の賓陽洞本尊にその源があると説えられてきたが、今では定説になっている。飛鳥寺の本尊の服装は、賓陽洞本尊と同じように下着に僧祇支をつけ、下方に裙をつけてその上に大衣を羽織っている。一枚の細長いシーツのような大衣を、まず端を左腕の前膊と上膊に掛け、それから背中に回して、両肩を覆って腹部の前に回し、左腕の前膊のところで垂し終る。一方推古三一年（六二三）に、聖徳太子の冥福のために造像された法隆寺金堂中ノ間の本尊釈迦如来像の服装は飛鳥寺の本尊の形式とやや異なって、大衣の端が腕と肩との両方に垂している。このような服制は、一枚の大衣ではできなく、大衣が二枚必要になってくる。従来、飛鳥寺の本尊は司馬鞍首止利仏師が造像したとされてきているが、大衣の処理の仕方が法隆寺金堂の本尊像のそれと異なっているので、止利仏師が飛鳥寺の本尊を造像したのが疑問となってくる。北魏様の合理的な服制を十四年ほどで不合理な服制に変えることは止利仏師はしないと思う。法隆寺金堂の釈迦三尊像は止利仏師が造像したことはその光背銘により明らかである。いずれにせよ、飛鳥・白鳳時代の造仏工は、朝鮮三国あるいは中国からの渡来系の技術者である。瓦博士や露盤博士は百済から招請してきたが、造仏工は朝鮮三国から正式に招請した記録は残っていない。当時の日本には造像できる渡来系の技術者がすでにいて、実際に造像にたずさわった。朝鮮三国から仏像自身も渡来して、それらが手本となって日本の初期の仏像が造像された。手本となる仏像の様式が変われば当然その写しも変わる。法隆寺金堂の釈迦如来像は、北魏様式よりやや時代が下った北斉・北周時代の様式の影響で、法衣の処理の仕方は北魏時代の仏像に比べてデフォルムしている。

四、広隆寺の宝冠弥勒像は朝鮮からの渡来仏

現在日本には朝鮮三国時代に渡来してきたであろうと思われる仏像が数軀残っている。公式的にまた私的に日本に持ち込まれてきたうちの数軀が今日まで伝わってきたのである。渡来仏の大部分は小金銅仏であるが、例外として木彫仏が一軀残っている。京都太秦の広隆寺の半跏思惟像、または如意輪観音像ないし宝冠弥勒像と呼ばれている像である。飛鳥時代の木彫仏のほとんどはクスノ木が使われているが、本像はアカマツが使われているのが特異である。彫り方もまた変っている。木を年輪の中心から四つ割にしてその一材を使って、普通木表といって木の表面から年輪の中心に向って彫り出すが、本像は反対に木裏からすなわち年輪の中心から表面に向って彫り出している。また本像は頭部から頬杖をついている右手指まで全く一木で彫り出している。中宮寺の半跏思惟像も本像と同じように複雑な姿をとってはいるが、木寄せといって後世の寄木造と呼ばれる規則的な木を寄せて彫り出したのではなく、不規則に木を寄せて彫り出している。以上のように両者の技術の差を考えるに本像は朝鮮からの渡来仏ではないだろうか。そのもう一つの根拠は、広隆寺の寺伝である。

『日本書紀』によると推古十一年（六〇三）に秦河勝が聖徳太子から仏像を賜わり、本像を本尊として蜂岡寺を建立したと記されている。蜂岡寺は今の広隆寺である。『広隆寺縁起』にも、秦河勝は、推古十一年に拝領した仏像を安置し、推古三十年（六二二）に聖徳太子のために寺を建立したと記されている。

秦氏は山背（山城）に本拠を持つ朝鮮の渡来人である。飛鳥時代に仏教および仏像の伝

来を促進した司馬鞍首止利、蘇我馬子、馬子と血筋がつながる聖徳太子それに秦河勝はいずれも朝鮮からの渡来人かまたはその子孫にあたるのは偶然の一致であろうか。

広隆寺の宝冠弥勒像と酷似している像が、ソウルの国立中央博物館の金銅弥勒半跏像である。この金銅弥勒半跏像は旧徳寿宮美術館に伝えられ、出土地は慶尚北道の南五陵の廃寺といわれているが、定かでない。金銅弥勒半跏像は、朝鮮三国時代に造像され、北魏様の仏像に比べて面相は柔和になり、衣は薄物になってくる。北魏様とこの弥勒半跏像の二つの系統が日本にも伝来してきたものと思われる。時代の差によってこのような様式が異なったのでなく、互に独立して様式が形成されたと考えるのが妥当であろう。

五、四十八体仏は豪族たちの寄進仏

京都・太秦の広隆寺の宝冠弥勒像（半跏思惟像）は、客観的にみてほぼ朝鮮からの渡来仏とみてさしつかえないだろう。六・七世紀の朝鮮から仏像が日本に渡来した例は『日本書紀』にも散見される。それらの仏像が現在どこにあるのか判らない。あるいはいつの時代かに失なわれてしまったのかもしれない。だが、公式の記録に載らないで日本に渡来した仏像も当然あるだろう。現在、日本に多数の朝鮮三国の小金銅仏が存在するのは、殆んど明治時代以降に日本にもたらされた仏像である。しかも個人蔵になっている例が多い。

法隆寺には多くの小金銅仏が伝来してきた。その法隆寺伝来の小金銅仏のうち五十三体は、現在では東京国立博物館所蔵になって、法隆寺宝物館に納められている。明治時代、寺院のどこも疲弊しており、法隆寺も例外ではなかった。法隆寺は小金銅仏を皇室に献上することにより疲弊から救った。それらの小金銅仏が帝室博物館所蔵となり、戦後は前述のように東京国立博物館所蔵となった。以前からこれらの小金銅仏が四十八体仏と呼ばれてきたのは、阿弥陀如来の四十八の誓願に因んだのであろう。（次号に続く）

古代朝鮮仏と飛鳥仏
久野健著
写真　田枝幹宏

東京国立博物館美術課彫刻室長
佐藤昭夫

日本の美術、とくに上代美術というものが、常に大陸や半島のそれと密接に関係するということは、いまさらいうまでもない。

飛鳥、白鳳といった古い時代の仏教美術も、これまでは中国との関係に、より比重をかけて説かれることが多かったのだが、近年朝鮮との関係の密接さというものが、より強く認識されてきている。

本書はそうした見地に立って、朝鮮の初期仏教時代、つまり高句麗・百済・新羅という三国から、新羅が半島を統一した時代、六〜八世紀の仏像と日本の上代彫刻との比較検討を、それぞれの実例を挙げつつ行なったものであり、そのなかには以前からいわれていたような京都広隆寺の弥勒半跏像と旧徳寿宮の像の問題を新しい立場から見ているものなどを始め、ごく近年に発見された資料をも含んでおり、写真も豊富であり、それぞれの特色をよくとらえたもので、とくに新資料である善山出土の二菩薩のカラー写真など貴重なものも含まれている。

B4版　カラー六〇頁
単色ダブトーン四〇頁本文五〇頁
限定一〇〇〇部　定価二六〇〇〇円
六月下旬刊行予定　特価二四〇〇〇円
発行所　株式会社　東出版
東京都渋谷区神南一ー一〇ー七　第二岩下ビル　七〇一号　電話464ー二四〇七

≪くじゃく亭通信≫の読者に限り特価の二割引（一九、二〇〇円）にて著者の署名入りで頒布して頂くことになりました。ご予約を受付けております。≪くじゃく亭通信編集部≫

≪講演会のお知らせ≫
「古代朝鮮仏と飛鳥仏」　久野　健先生
日時　六月十九日（火）　午后六時
場所　豊島区民センターホール
　　電話（〇三）ー九八四ー七六〇一
会費　会員　五〇〇円　一般　六〇〇円
主催　東アジアの古代文化を考える会

＊読者からの便り＊

（鎌倉・円覚寺続燈庵）　郡山　澄雄

ご書信と「くじゃく亭通信」をありがとうございました。

この前は、いぶせき草庵にご来駕下さいまして、楽しく、一日をすごさせていただき、私の方からこそ、お礼を申し上げます。

「くじゃく亭通信」は、興趣深く拝見、中でも〃李朝の書院〃には、種々啓発されました。

朝鮮と日本とは、六世紀の中葉に、百済聖明王が仏像と経文を欽明帝におくって、仏教が正式に日本に伝えられたことをはじめとする、分かち難く深いかかわりがありますが、私にとって朝鮮の人は、その上にそのような公のことばかりではなく、個人的に忘れ得ないかかわりがあります。私には、学生時代に、幾人かの親しく交わった、朝鮮出身の友人がありました。一つのことで、心を通い合せた人もいました。しかし、学業を終わり、東西に袂を分かってより相見ざること四十余年、そして、日々に疎遠に、今は、全く消息不明で、生死すら定かではありません。想い出の中の李君、金君…君は、今何処に、どうしているのか？「くじゃく亭通信」を手にして、茫茫たる青春の日の友の上に、改めて想いを走らせております。

天候不順、寒暖常なき折、切に、ご自愛を、お祈りいたします。　三月十八日

（鎌倉市）　木村　隆一

先日は失礼しました。

「くじゃく亭通信」をいただき有難う存じました。このところ比較文明論の問題として、朝鮮文明史と日本文明史との対比を少しばかり勉強していますので、掲載の「李朝の書院」は興味をもって読ませていただきました。日ごろ小生はほとんど東京へは出ないのですが、鎌倉の方へ来られたときはお立寄り下さい。

（東京・中野区）　大和　岩雄

いつも「くじゃく亭通信」お送りいただきありがとうございます。「日本の中の朝鮮文化」四十一号に『壬申の乱と新羅・唐』という題で壬申の乱は単に皇位争いの内乱でなく、新羅と唐の半島における戦いが列島の視点からみると日本古代史の欠落部分がいろいろと見えてきます。二月、高さんの故郷へ行きたくて一人でソウルまで行きソウルの友人にキップを前もって買ってもらっていたのですが当日雨、翌日も風雨、ついに行くことができず帰ってきました。そのためソウルで島の本をじっくりよみました。

とりいそぎ近況報告とお礼まで　匆々

（東京・世田谷区）　岩瀬　正夫

春暖の候とは云えこの二、三日寒さを感ずる日がつづきます。御機嫌如何ですか。本日くじゃく亭通信バックナンバー10号早速御送り下されましてありがとうございます。これで創刊号から本日午后入手致しました21号まで通巻ファイル出来て幸甚です。内容豊富な記事を逐次再読して居ります。渋谷は四十七、八年前、学生時代ヨタッテ歩いていた当時と現在とを比較し感無量です。又『東アジアの古代文化を考える会』に最初から参加して今日に到りましたがその間の《ピーコック》、《くじゃく亭》の諸々の会合は一つ一つ意義があるものであった事と痛感して居ります。今後共宜しく御厚誼の程お願い致します。先づは御礼まで。御健康をお祈り申上げます。

（東京・弁護士）　岡田　剛弘

くじゃく亭通信二一号お送り頂き有難うございます。小生、小学校時代、同じクラスに崔益渙という秀才がいて、彼が級長、私が副級長でした。戦争中、同じ中学に進学しましたが、彼は郷里（祖国）の京城（或いは平壌）へ疎開し、それ以来会っていません。朝鮮戦争で死んだのかとも心配しますが、もし生きていれば、活躍していることと思います。

「朝鮮の李朝書院」興味深く、よみました。白倉光男氏の「韓国美術への旅」も面白く読み始めました。東洋の美術品に、関心が出てきたところですので、いずれ慶州へ旅行したいと思っております。

こういう立派な出版物を個人で出されている方の御苦労と御努力がしのばれます。

（横浜・港北区）　鄭　敬　謨

去る五月、民族時報を辞し、金大中事件以来五年間、身をおいてきた在日の組織と一切の関係を断つことになりました。

明治の昔、幸徳秋水が対露問題に関して社主黒岩涙香と意見を異にし、万朝報を去るに当って、堂々たる退社の辞を掲げてその理由を明らかにし、併せて「朝報紙編集の事以外においては、（涙香と）永く従来の交情を持続せん」ことを闡明したことを想起しつつ、今の私にそれと同じことをなしえず、言えないことについて残念な思いを禁じ得ません。

しかし、特定組織との関係が何であれ、私は変りない私であります。アメリカ韓民統を含めて、在米在欧の全民主化勢力と、私個人との同志的連がりも従前通りであります。

今後はより以上に、特に本国同志たちとの連けいを深め、単なるリップサービスではなく真に彼らと呼吸を共にし、苦しみを分かちながら、自らに課せられたと思う責務を果して行きたいと念じております。変りのない友情で鞭撻をつづけて下さい。

（東北大学）　井上　秀雄

先日はわざわざお出掛けいただきながら面白い話ができず失礼いたしました。また「くじゃく亭通信」毎回お送り下さいまして有難たく存じます。私は三月に韓国の山城を十ヶ所ばかり見てきました。機会があればまたお話いたします。とり急ぎお礼まで。

（茅野自然と文化を守る会）　原　伊市

『独立宣言書』（通信21号）感銘をもって読ませて頂きました。亡くなられた方々の霊を慰めるために少しでもつくしたいと存じました。

（東北大学）　中村　完

早いものであれから二ヶ月になろうとしています。おそくなって申しわけありませんが、くじゃく亭通信のバックナンバーお送り下さりまことにありがとうございました。外岡宏氏の「李朝の書院」期待どおりの力作、本紙の白眉とお見うけいたします。啓発されるところ多々です。これからの展開がいっそう楽しみです。貴紙のご発展をお祈り申しております。明日また井上先生に同行して韓国に参ります。今回は短期で月末には帰国します。

（横浜市）　遠藤　純子

先日は思いがけない「邂逅」の時を与えられ楽しい一晩を、ありがとうございました。また早速「くじゃく亭通信」をお送りいただき面白く読ませていただきました。

掲載されている原稿や寄せられている読者からのお便りを見ますと「通信」をなかだちに一つの明確な運動体としての力が渦巻いていると感じられます。

私ども戦後民主主義教育（?!）の一期生は（それだけが理由でもありますまいが）朝鮮に対して加害の側にしかたたなかった日本人という考え方（それも確かな歴史観や思想に裏づけられないセンチメンタルなもの）に押えこまれて自由を失なっています。日本人であることに羞恥心しか感じられないという形でしか朝鮮のことを考えてこなかったように思いますが、しかしそういう思いをはるかに超えたところで一ツの確固とした民族とその運動があるのだと知らされます。これからも心して「くじゃく亭通信」を読ませていただき、朝鮮を、というよりそれに係わる自分を知っていきたいと思います。

金泰生さんの本は、かなり大きな本屋（八重洲ブックセンターなるものを含めて）探しまわりましたが、ついに見つけることが出来ず出入りの本屋に頼んで、今日手に入れました。これから読みはじめるところです。（とてもたのしみ）読了したらまた一筆させていただきます。お元気で。さようなら。

（大阪市）　石谷　寸美子

前略　≪くじゃく亭通信≫をいつもありがとうございます。「東アジアの古代文化を考える会」で存じ上げている方たちの通信をお見受けしなつかしく拝見させていただいております。21号の武井勝雄先生の飾らない文章に感銘を受けました。武井先生たちの朝鮮への感情は私たちの世代にも引き継がれているように思います。古代史の本を読んでいるうちに少しづついろんなことがわかって参りましたが

≪次頁、下段の後尾に続く≫

ピーコック画評(18)

後藤　直

先月の「韓国」美術展？はたいへん期待に反した。とても筆をとる気持になれなかった。「韓国」の現在の美術界の動向に関しては、正直いって私はくわしくない。が「韓国」の美術雑誌などを通してみると、日本の現代美術の水準を越える作品もあり驚かされる。新人たちの活躍はめざましいものがあるといわれる。今後は、そのような気鋭の作家たちの作品を飾ってもらいたいものである。

さて、今月の「ピーコック画廊」は「現代美術会」と銘をうつグループ展である。例によって印象批評になるが各作品について少しふれたいと思う。

清水悠子の「パパイヤ」は、ゴーガンを想起させるたくましさがある。が反面「早春」は、そういうことが邪魔をしている。寒川千寿の「室内」は布とか、シューズとかの道具を手を抜かずに大まじめに描いている。が少し離れてみると暗い感じがした。

一倉重二の「雪の福島」「民家」「佐久の里」は向井潤吉そっくりの絵である。はたしてこれで面白いのだろうか。本人の問題ではある。安心院敏幸の「河口」はテクニシャンの一語につきると思う。玉置千佳子は「しゃくなげ」を出品しているが、これは日本画であった。忠実な描き方だったがなぜか淋しい絵である。

岡本孝子の「赤い花」はF3の小品ながら大胆さがキャンバスに躍動している。こうした人は大きなキャンバスに向ってもらいたいものである。「赤いポット」もよかった。亀山博の「大和路」もF3である。ベテランと思われるし、前景の菜の花の黄色は美しいが、塔の描き方は類形的過ぎはしないか。

村井玲子は「照」と「ストリウム」を出品しているが、多分エジプトの幻想的な世界を描こうとしているのはよく伝わってくるものの、やはりもっと描き込んで慾しい気がする。

杉本ひろみは「赤い屋根の家」「農家のかたすみ」を出品しているが、安心院氏と同じくテクニックにすぐれた人である。が暗いのはなぜだろうか。奈良井みつの「パンジー」と「ばら」は大胆さは分るが、やはり描き込めばもっとよい絵になったであろう。

その他、日本画では玉置千佳子の「薄紅の花」「三本の花」が出品されていて、繊細な個性がにじみでていた。

以上みてきたように今回の「現代美術会」のグループ展は、個々にみると上手な人が多いのだが、なぜか暗い感じが残った。それはなぜなのかを考えてみた。もち論私個人の独断的な意見であるが、このグループはいまいろんな意味で壁に突き当っているのではないだろうか。そこを突破しなくてはならないのだ。作品のほとんどが小さ過ぎる。そしてテーマ性にとぼしいのが特徴的だった。若い人びとなのだから、必ずいい方向へ展開できるだろう。がんばってほしい。

ピーコック画廊六月の予定

六月一日〜三十日

工藤　晋個展（油絵）

工藤晋略歴　昭和21年秋田県本荘市生　昭和44年武蔵野美大卒　昭和46年第一回個展（銀座ヤマト画廊）昭和49年第二回個展（銀座ヤマト画廊）昭和51年〜53年東京二紀研究会選抜展出展、昭和54年4月第二回東京二紀会展出展（銀座セントラル美術館）二紀会入選2回

《新刊案内》

「遥かなる故郷」　村松武司著
―ライと朝鮮の文学―　皓星社刊　¥1500

「韓国の労働運動」　李丞玉編訳
―胎動する闘いとその思想　社会評論社　¥1600

《前頁・下段より続く》

もっと早くそういうことに気がついていたら学校での歴史の勉強も面白かっただろうと思われます。もはや時間も能力も限られていますが、これから朝鮮語や中国語を少しでも勉強して広い視野で物事の本質をみつめてゆきたいと思います。せめて子ども達の世代にはそういう努力が稔るようにと願っております。尚住所が変りました。大阪へ越して参りました。ひき続いて御送付いただければ幸に存じます。切手少し同封いたします。

新住所〒540大阪市東区谷町2〜25〜1〜901

くじゃく亭通信
第23号
「くじゃく亭通信」編集部
〒150 渋谷区宇田川町八ー九
℡ 四六一・一八五五
定価50円

飛鳥仏の源流

久野　健（談）

幸運な時代

やっと、朝鮮・中国やインドなどの外国の仏像がみられるような時代になったので、わたしの専攻する飛鳥・白鳳仏の故郷というか、その源流を考えたいとおもって、ほうぼう旅行して歩いています。

朝鮮についてはまもなく本（『古代朝鮮仏と飛鳥仏』東出版）になります。

いまはもっぱら中国のことを考えているところです。東京新聞にたのまれたものが七回ばかり、おそらく六月のはじめあたりから（六月八日から）連載される予定です。韓国の仏像はほとんど見おわっていますが、中国はじつに広大ですから、主要なものを見おえるだけでも四・五年はかかりますね。わたしたちの生きているあいだに、こうして見てあるけるようになるということは、諸先輩にはとても考えられないことでした。

われわれの先生にあたる世代の先輩たちはほとんど現物を見ないで研究してきました。わたしが東大でならった松本栄一先生――江上さんよりだいぶ上ですね。もう八十ちかいから――は敦煌画の研究で学位をとったかたですが、敦煌に行かれたことがないのです。

だから若い連中から「敦煌を見てきました」などという話しがさりげなく出ると、じつに感慨無量なんですね。

それでも、いま中国の学者でも、敦煌画の研究でいちばん参考になるのは松本先生の著書です。図像学的研究ですが素晴しいものです。おそらく、これからも一世紀は生きのこる本でしょう。

もちろん、われわれその弟子たちも、いままでは、学生時代から三十数年間はそうでした。図録や、仏頭や、壁画の断片みたいなものは見ているけれども、実物を見たことがない。

だから大規模でスケールの大きい実物を見る、あの、今度はじめて見たという感動はちょっと言葉で言いあらわせないものがあります。そういったところで感じたことを書いてみたいと思っていますし、東アジアの会でもお話ししてみたいというわけです。

『古代朝鮮仏と飛鳥仏』

この本の主要なテーマは、朝鮮三国の仏像の性格を明確にすることです。人によっては、いわゆる高句麗・百済・新羅で、様式的にはそんなに違いがないのではないかという説があり、その説が割合つよかったのですが、この点をこんどの本で分析したわけです。

つまりハッキリと出土地がわかっているものだけを取りあげまして、高句麗仏は一体どれだけわかっているのか、新羅仏はどれだけわかっているのか、また、百済の仏さまはどれだけわかっているのか、それを初心に立ちかえって調べてみたのです。

ところが、金元竜氏が『韓国美術史』という本（名著出版）を書いておられるけれど、新羅仏でも、調べてみるとこの本の倍ぐらいはあります。もちろんわたくしは軽部慈恩さん・関野貞さん・斉藤忠さんなど先学の研究成果を利用させていただきましたし、考古学的には特別の意味のないものでも、わたくしにとって、新羅から確かに出土したものはどんな断片でもものすごく貴重ですから、すべて利用しました。

それをつらつら眺めながら韓国を旅行しま

して、また、日本にもたらされた多くの朝鮮仏を見きわめて、日本との関係を考えてみたのです。それが今度の本である――ひと口にいうとそういうことになると思います。

三国仏の様式的特色は鮮明か

むろん違うと思っています。そのひとつが時代の差による様式の違いです。

なにしろ高句麗は造仏がいちばん早いですから古い様式が残っていて、百済がそれにつづきます。新羅は初期のころは百済に学んでいるから区別がつかないが、のちには新羅的な新羅仏になります。

それから、中国の南朝と北朝の様式の差というものが考えられます。百済は南朝との関係が深かったものだから、高句麗にはなくて百済（や日本）にある要素がたくさんあるわけです。今度の本はこの点に力をいれて分析しました。

ただし、南船北馬というぐらい南朝には木の文化が栄え、南朝の仏像には木彫が多かったせいか、遺品がすくないわけです。それでも、石仏と金銅仏が十体ばかりわかっています。ちょっと北朝とは違うんですね。

十体のうち、金銅仏は二体あって、その一つは細川さんのもの（宋元嘉十四年在銘・永青文庫）です。ついこのあいだ、重要文化財に指定するので、つくづくと手にとってみたんですが実にノーブルなものです。ひとつはアメリカにいっていて（元嘉二八年銘　仏坐像　フリア美術館・ワシントン）いずれも南朝の年号がはいっています。

石仏では上海博物館の五尊仏、それから南斉の仏像で服制がまったくおなじようなもの（永明元年銘無量寿仏・四川省博物館）、これは西暦四八三年のものです。また、このあいだ四川省から出てきた梁の年号のあるものが四体などがあります。

まあ、それらから、というより、わたくしは百済から還元していくわけですが――百済仏というものは、南朝仏が良くはわからないから、いままではどうも高句麗の影響で出来たと見られてしまいますが、じつはその影響は多少うけているかもしれないが、なんといっても、隣りの高句麗より南朝の梁（五〇二―五五七）や陳（五五七―五八九）のほうが大先生であると思っていたようです。日本の唐にたいする感情と同じですね。だからそちらの影響のほうを濃厚にうけているわけですね。

永明元年銘　無量寿仏

百済仏の優れているところは、高句麗仏が何といっても硬いのに対して非常にソフトです。このソフトな彫刻性というものが南朝の影響でできたとそう考えるのです。

最高の百済仏

百済仏のうち最高の遺品は瑞山（忠清南道瑞山郡雲山面竜賢里）の磨崖仏です。あれはすばらしいですね。道に迷いながら苦心して行きました。写真も非常によくでてます。わざわざ撮りに行ったんです。延世大学の学長の閔先生、廉先生のお二人といっしょにバスに乗っていきました。先生は三回もいかれたことがあるというから大丈夫だとおもって行ったのですが、すぐそばまで行っていたけどわからない。それで近くで遊んでいた子供が知っているっていうので、その子を乗せていきましたが、そこからも大分ありました。

（注）「高さ数十メートルに及ぶ梯形層巌の中腹東南端に縦横約三メートルのやや傾斜した巌面を整え、巨軀の如来立像を中心に、その右側には短身の菩薩立像を左側には半跏思惟の菩薩坐像各一体が配置されているが、等しく東向きの正面像である」

「この磨崖三尊は隣近の住民には早くから知られていたが、専門学者による調査や報告は無かったようである。一九五九年四月の末、忠清南道の文化財調査の時…初めてその存在が確認され……た」『韓国仏像の研究』黄寿永、同朋舎版。なお文中の左右は像自身の左右である。

泰安の磨崖仏も同様に重要ですが、あそこへも簡単にはちかづけません。

(注)忠清南道瑞山郡泰安面東門里一区山十二番地。高さ八尺の二体の立像のあいだに高さ五尺四寸の菩薩立像がある。一九五八年以後、洪思修、李殷昌氏によって紹介され注目されるようになった。

新羅仏と飛鳥白鳳仏

まえにもいったように、面白いことに、初期のころは新羅は百済に学んでいるから区別がつきかねます。ところが本当の新羅的新羅仏が出てきてからは、案外、日本はその影響をうけない。

というのは、井上光貞氏などと議論してもそうだろうな、といわれるのですが、日本はどうも百済にたいしては先進国であるとして一目おいていたらしい。百済は日本の先生だが、新羅という国にたいしてはそこに任那の問題があったのかどうかは知らないけれども、なにか一種下にみる傾向があったようです。

またその時代になると、自分たちが先生としていた百済のそのまた先生が中国だった――隋・唐というものの認識が七世紀の天智天皇のすこし前ぐらいからわかってくるわけですね。つまり白鳳時代のことです。

ひと口に新羅の影響といいますが、新羅仏そのものは非常にたくさん入ってきている、新羅仏像を献ずという記事はたくさんあるし、天武天皇のころは遣唐使がなくて、新羅との交通のほうがずっと頻繁です、しかしその割りには日本は新羅の影響はうけついでいませんね。

一例をあげると、統一新羅の金銅仏を百済仏と一見して区別する仕方は、背中に穴があいているか否かですが、日本製の仏像のなかには背中に穴のあいているものは一体もありません。そのくらい案外新羅の影響というものは日本に及ばなかったのです。

瑞山磨崖三尊仏

つまり、日本はそのころ唐に心酔してしまった。ちょうど初めに飛鳥時代に百済に心酔したごとく、白鳳時代には唐に心酔したのではないかとおもいます。

もっとも、古新羅のころは、新羅は百済に学んでいて両者の区別がつけにくいから、新羅の影響か百済の影響か、われわれでも区別がつかないんですがね。

新羅から出土した仏像としては、一九七六年に発見された善山郡の三体は古いですね。とくにそのなかの一体は非常に古いし、新羅仏のなかでいちばん立派です。いま国立中央博物館にあります。

(注)『仏教美術』第一一一号に姜仁求氏の記事がある。氏によるとこの三体の金銅仏はそれぞれ
如来立像は八世紀　四〇・三センチ米
観音菩薩立像(台座付)は七世紀初葉　三二センチ米
観音菩薩立像は七世紀初葉　三四センチ米
である。久野氏のいわれるのは三番めの菩薩立像。

期待

今回中国で大同の仏像を見てきたわけですが、百済仏の素晴しさというものは、これからの研究は、中国の南朝の研究をおいてはできないとおもいます。江南からは時々石仏がでてきています。地方仏が多いんですがね。しかし地方仏が出ているのだから中央の作品が出土する可能性も充分あるわけです。それは北魏の仏像とはだいぶ違った非常に洗練されたものだとおもいます(談)。

東アジアの古代文化を考える会の講演会の打合せの席上貴重なお話をうかがったのでまとめてみました。大過なきを得れば幸いです。『李朝の書院』は今回休みます(外岡)。

韓国仏教美術への旅(3)

白倉光男

小金銅仏は小さいので移動しやすい。小金銅仏が寺院に伝わってきたからといって、創建当時から伝来してきたとは限らない。だが、四十八体仏（献納仏）のうちいくつかは法隆寺に奈良時代から伝来しており、その伝来だけでも稀で貴重である。しかも承暦二年（一〇七八）、橘寺から法隆寺に小金銅仏が移されたとき、すでに法隆寺には六十三体の小金銅仏があったと『金堂日記』が伝えているので、献納された仏像の中には両寺のが混り合ったことも考えられる。

ともあれ、なぜ多くの小金銅仏が法隆寺や橘寺に伝来したか。その理由は、当時の豪族たちが小金銅仏を念持仏として自分の邸に祀り、願が叶うとか、願が満ちるとかで念持仏を両寺に寄進していったのであろう。小金銅仏は寺院の本尊としては小さすぎ、念寺仏としてはほどよい大きさである。

六、四十八体仏中の朝鮮渡来仏

四十八体仏中に、朝鮮三国からの渡来仏と思われるのが三軀ある。

第一は、如来三尊像（博物館番号一四三号）で、光背のある唯一の一光三尊形式である。信濃・善光寺の本尊阿弥陀三尊像がこのような像容をしているのではないか。はるか以前より善光寺の本尊は絶対的秘仏となってしまったので、本尊の像容は鎌倉時代作のお前立から推定するしかない。

本尊の像容は、施無畏・与願印の中尊を中心に、左右に衣で両手を胸前で隠した脇侍が立ち、一つの舟形光背が三尊をおおっている。四十八体仏の中では、鋳造のできが特に優れて、中尊の穏やかな面相は百済の瑞山の磨崖仏を連想させる。中尊の螺髪は、渦巻状をなし、四十八体仏中では一四五号の如来坐像も同じであるが、地髪部だけが渦巻状である。他の例では法隆寺の伝橘夫人念持仏の阿弥陀三尊像の中尊がある。四十八体仏中の如来三尊像の中尊の両眉にはタガネを入れているのはこの三尊像が朝鮮渡来仏とみなしてよい傍証である。

第二は如来立像（博物館番号一五一号）で、長身で少し反身の、頭部が小さい、裳裾が左右に広がり、足元から下には垂れていない像である。東京国立文化財研究所によってX線透過で調べてみるとスが多いことが判り、この仏像は従来から朝鮮渡来仏ではないかと思われていたのが科学的にも実証された。スの多い小金銅仏は、朝鮮三国時代に造られた例が多いのである。

この如来立像の両手先が失なわれているのが惜まれ、鋳造時の失敗かそれとも後の損傷によるかは今では判らない。背面の型持のあとは、日本の小金銅仏には見当らない大きな穴があり、このような鋳造方式からでも朝鮮渡来仏であることが判る。

最後のは菩薩半跏像（博物館番号一五八号）で、全身が鍍金におおわれ、金色に輝いている。日本の小金銅仏には、これだけ厚く鍍金してあるのは見当らない。この仏像もX線透過によって調査した結果、スが多いことが発見された。

この半跏像の像容は、四十八体仏中の他の菩薩半跏像と少し違うのが感じられる。すなわち、痩身な体軀とその面相である。小さな眼は中心に寄り、右頬をつく抑揚のない右手は掌を外側に向ける。右脚にかかる衣と左脚をおおう衣には衣文が見られない。

以上述べたように四十八体仏中の朝鮮渡来仏と考えられるのは、像容、面相などが他の四十八体仏のそれと少し異なっていて、すなわち、止利様のような一種きびしい面相はしていないで、雄々しかさをそなえているのが共通してからである。

七、日本各地に残る朝鮮渡来仏

いままで、法隆寺に伝来した小金銅仏の中

の朝鮮渡来仏について述べてきたが、朝鮮渡来仏は法隆寺だけに伝来したのではなく、日本各地に三軀伝来してきている。

その一は、長野県の松本市と大町市の間の大町寄りの北アルプスの麓の北安曇郡松川村町屋の観松院に伝わっている菩薩半跏像である。四十八体仏中の菩薩半跏像（博物館番号一五八号）と同じように痩身の、面長な面相で、また法隆寺夢殿観音像の面長にも少し似ており、口元には古拙な微笑を浮べ、頬は心持ちふくよかさがある。表面が焼け肌になっているのはいつの時代にか火中に遭ったのだろう。そのため、右腕は後補の木製のに代っている。鍍金は宝冠に一部残る。宝冠は非常に高く、その上部に三日月と太陽の組合わせのペルシャ以来の文様があり、その下部に房飾りが下っている。この文様の源流はガンダーラ彫刻などに見られる。両眉にはタガネを入れており、前述の四十八体仏中の如来三尊像（博物館番号一四三号）の中尊と同じで、七世紀の日本の金銅仏には類例が少なく、朝鮮三国時代の遺品にしばしば見受けられる。この半跏像を伝えている北安曇郡は朝鮮系の安曇族が移り住んだという。琵琶湖の西岸にも安曇川という地名が残っているがこちらの地名は安曇をアドという。この二つの読みかたのどちらがナマッたのだろうか、知りたいとおもう。安曇と古代朝鮮とのかかわり合いは今後の研究が進めば明らかになろう。

次の一軀は、新潟県の妙高高原近くの中頸城郡妙高村関山の関山神社の御神体の菩薩立像である。観松院像よりもっとひどく火中に遭ったために、当初は鍍金が施してあったと思われるが、今は鍍金が落ち、宝冠、両手先、両足、両腕より垂れる天衣の一部が失なわれている。また夢殿観音像の像容に似ていることに注目したい。すなわち、側面観はS字形で、面長な面相、杏仁形に近い眼、古拙な微笑、蕨手の垂髪、そして両手先は失なわれているが、その前膊の具合から推察すると胸前で宝珠を両手で上下に取っていることなどが夢殿観音像と酷似している。しかし、日本での製作ではなく、全身をおおう瓔珞の繊細な彫りは、日本の金銅仏にはあまりなく、また両眉にタガネを入れてあることなどから朝鮮渡来仏と考えられる。

観松院・菩薩半跏像

最後の一軀は、八王子市の真覚寺に伝わる薬師如来倚像で、鍍金が一部残り、前述の二軀に較べてほとんど傷みがない。面相は素朴で若々しい点が前述の四十八体仏中の如来三尊像（博物館番号一四三号）の中尊を連想させる。両眉に半月状のタガネがはいっているのも渡来仏の共通した特徴である。また鋳造方法は、日本では行なわれなかった「もなか手」と呼ばれる形抜き手法によっている。なお薬壺を右手の掌の上に乗せている点や下着の結び目がはっきりと表現されている点などが珍らしい。

以上、朝鮮渡来仏であろうと考えられる仏像について述べてきたが、日本にはまだ人知れず朝鮮渡来仏が埋もれているかもしれない。もし渡来仏が発見されたら、どのような像容の仏像か想像しただけでも楽しい思いがする。古代における日本と朝鮮との文化交流がまた一段とはっきりするだろうし、日本における朝鮮渡来仏の伝播ルートも少しは判ってくるのではないか。これから調査、研究が進めばまだまだ日本各地から、朝鮮渡来仏が発見される可能性が秘められている。

仏像をみて歩いて久しいが、その殆んどが日本の仏像である。博物館に陳列されているインド、ガンダーラ、中国、朝鮮などの仏像をみてはいるが、私のそれはあまりに断片的であった。幸いこのたび久野健博士の引率で、韓国を、前後二回訪ねる機会に恵まれた。初めの旅は、日本人としては比較的に永い十日を当て、二回目は四日間の韓国旅行であった。

次稿からは私の韓国でみてきた仏教美術について述べる予定である。単なる紀行文になってしまうかも知れないが、ご諒承たまわりたい。

故郷の風景

金　泰　生

「アサヒグラフ」で済州島の風景を伝えるカラー写真が何点か紹介されていたことがあった。グラビア雑誌の大きな見開き頁いっぱいに、黄色をした菜の花の群生と麦畑の濃緑が眼にしみるような野の風景が展けていた。菜の花の黄色と麦と若草の緑の間を細々とぬう往還を白衣姿の一人の女が頭に白布を冠って髪の後で結え、小腋に竹かごをかかえて風景の奥へ歩いている。一見インド人のターバンに似た印象をあたえる女の頭を包んだ白い布と腋にかかえた竹かごは、ちょっとした遠出をする時の済州島独得の女人の風俗なのである。頭に布を冠る習慣は多分、季節風の強い風土の中から生れたものなのだろう。竹かごは手さげ袋にかわる役目を果たすものでもある。島では朝鮮本土における場合のように頭に物をのせて運ぶ習慣がないから、竹かごは外出には欠かせない実用的な小道具であると同時に、いわばちょっとしたアクセサリーを兼ねたものだ。

少し話は逸れるけれども、私の母がかって伊豆の大島に行ったとき、母はなつかしそうにここはくにの村とそっくりだといって、しきりに感心したことがあった。火山島である大島には溶岩の砕石で築いた石垣をめぐらした畑が多く、民家の庭先や路傍に赤い花弁を開いた椿が生い茂っていた。済州島にも椿が多い。さらにタムと呼ばれる砕石の垣根をめぐらして畑を風から防ぐ。よい畑ほど小石を少しまいて土が風に吹きさらわれないように庇う工夫をする。それは大島の岡田港の近くの畑でも似たことが行われているようだった。地形からしてその一帯は北西の強い季節風がもろに吹きつける位置にあったから、なおさら故郷に酷似した印象を母にあたえたのかもしれなかった。それに島のアンコさんたちが頭髪に布地をちょっとアクセントをつけてななめに巻いている風俗も、布地の白と柄物の相違はあっても〈風の文化圏〉に生きる人々にとって親近感をそそるものだ。ただ、アンコさんたちが頭上に物をのせて運ぶ風俗は済州島のばあいとは逆に、大島だけにあって―本土ともいうべさ本州にはないのは周知のことだが。

済州島の中央にそびえる漢拏山（ハルラサン＝一九五〇M）は休火山であり、その広大な裾野に点在する集落は山村と海辺の村とに大別できる。ただ、その間にいわば中間の村とでもいうべき、裾野の丘稜性の高地におかれた耕作地帯がある。私はそうした山と海辺の中間の村で生れた。だから私が見たグラビアのカラー写真はちょうどそうした故郷の地形をまざまざと伝えていてなつかしく眼を惹きつけたものだ。写真の白衣の女が歩いて行く野の道は平坦な畑地を除くと小高くもり上った段丘の間を低い溝状にきれこみ、緑の中を細くくねっているのだった。雨が降ると草のしとねのくぼ地には忽ち緑色の水溜りができ、それは子供たちの小さなプールともなるところだ。

頁をくると、茶色をした大きな陶器の水がめを背に負うた若い女が歩いている写真が現われた。〇〇では、陶器が焼かれて、女たちは水がめを背に現在でもこうして行商に歩くのだと説明されていた。それは私の生れた村の名だった。村では古くから陶器の水がめが焼かれていて、いわば村の特産物ともいえるものなのだ。済州島は火山土質の故もあって河川は降雨時には忽ちあふれるが大ていは地下に潜って、却って海岸部で湧出する現象がある。貴重な飲料水を確保するために村の貯水池から飲水を運んで水がめにたくわえるのは女子供の欠かせない日課となっていた。米、みそ、穀物を納屋に貯蔵する容器も陶器のかめが用いられている。陶器のかめは島のふるい生活にとっては欠かせない暮しの必需品なのである。そして、私の村では未だに（その時点で）陶器焼きの伝統がうけつがれていることを知って、私は考えこんでしまっていた。

私の家でも祖父の代までは窯があった。瓦も焼くこともあったが水がめや日常用品の素朴な丼や皿などが焼かれていたようだが、それは祖父の死と共に終ったものとして、私の記憶からは消え去っていた事実なのだ。

私の村では質のよい赤土が採れるということもあって焼物はさかんだった。赤松の林も幼時の記憶に限っても多かった。もし、良い水に良い土があって、赤松がたっぷりあれば、たとい素朴なものでも、わがふるさとにもその土地なりの焼物を生み出すことはできないものなのだろうかと思いめぐらしてみたりもする。

李朝白磁や高麗青磁のような焼物は勿論、論外だとしても、と。

話は飛躍するが、現在韓国ではどの陶工が焼いても、かっての高麗青磁の色は出せないと聞いている。青磁の釉薬は、松、櫟、蕨などの葉を青いうちにつみとっていったん枯らし、さらにそれを燃した灰を沈澱させて上ずみを取りさり、沈澱したものが使用されていることを何かで読んだことがある。釉薬は時代と陶工によって秘法を異にしたのかもしれない。それにしても、わが村にも誰か一人毛色の変った人物が忽然と出現して、世人をあっと瞠目させる焼物を生み出してはくれないものだろうかと、まことに身勝手な空想にまでひろがっていくのだった。

いずれにせよわが村人は、まがりなりにも土地に芽生えて根着いた父祖のなりわいの伝統を細々とながらも守りぬいていたことを知って、私は深く心を打たれていた。時代の移り変りと共に故郷の風俗も変貌をとげていくのであろう。しかし、たといあの竹かごがすたれ、白い布地を頭に冠るスタイルがどのように変ろうと、故郷の島という地理的条件―風土は必ずそれに代わるものを見つけ出していくはずだ。同様にわが村のあの窯の火だけはふるさとびとの手によって消されることなく守りぬいて行ってもらいたいと切に願う。

NHK文化センター七月からの新講座

朝鮮語の世界　講師　渡辺吉鎔先生
（慶応大学講師）

毎週土曜　18時～20時
七月～九月　12回

詳細問い合わせは　475－一一五一へ

≪新刊案内≫

長篇小説　金達寿著「落照」
筑摩書房刊　価九八〇円

「教科書に書かれた朝鮮」　講談社刊
金達寿他共著　価一〇〇〇円

古代国家の形成と「帰化人」　金達寿
蒙古襲来と室町時代　李進熙
近代初期の日本と朝鮮　姜在彦
現代史のなかの日本と朝鮮　姜徳相

「青銅の神の足跡」　谷川健一著
集英社刊　価一二〇〇円

＊読者からの便り＊

（長野県）戸川安雄
淑子

四月二十日から、ここ伊那谷で新たな生活を始めることになりました。東には南アルプスの三、〇〇〇米級の山々、西には二、九五六米の西駒ガ岳を主峰とする中央アルプス、そしてそのあいだを天竜川がゆるやかに流れている。

この美しく明るく広い谷間で我々は心やさしい人々と共に静かに暮します。

くじゃく亭は遠い所になりましたが、かってそこで集まった仲間は、いつも私の心の中にあります。

（川崎市）浅沼こずえ

「くじゃく亭通信」いつも楽しく読ませていただいています。この度び住所変更しましたのでお知らせします。

今後ともよろしくお願いいたします。

（高崎市・高崎哲学堂設立準備会）
茜　史朗

前略　「くじゃく亭通信」お送りくださりありがとうございます。
さて、久野先生のご本、ぜひ予約いたしたく存じます。一冊で結構でございます。送料込みで送金いたしたいと思いますが、編集部あて現金書留でかまいませんでしょうか。

（横浜市）名取義一

「くじゃく亭通信」をお送りくださり有難うございます。その都度、生れ故郷・韓国、そして曽遊のソウルのことを思い出します。実は私には十数年来のペンフレンドに崔孝順さん（ソウル在住）がいます。一昨年より米国ロサンゼルスにいる息子夫婦の所へ。先日は今春、インド、ネパールに旅行したときの話や、その帰途、中近東より帰国の韓国人らと機内で一緒になったことなどを一筆。とまれ今後は「くじゃく亭通信」を彼女に郵送しましょう。

（岡崎市）大久保敏明

拝啓　「くじゃく亭通信」（No.22）をお送りいただきありがとうございました。
五月末に全国植樹祭が愛知県で行なわれましたが連日マスコミの報道ぶりにうんざりさせられました。そもそも天皇と植樹祭に何の関係があるのか、山河を荒廃させた元凶から目をそらさせることと天皇を「慈善的事業」にかり出し、天皇への「親密感」を培養することとが表裏一体のものとして働いているように思えます。皇室記事が出るたびにいつも思うことは、なぜマスコミは敬語を使うのかということです。何らの根拠もないはず。マスコミは敬語報道をすることによって国民に皇室の「敬愛」感情を注入していることを自戒すべきだと思います。「敬愛」感情など私は強要されたくないのです。

小生の関わっている「朝鮮問題を考える西三河市民の会」では四月末より第四期朝鮮語講座を初級教室13名で始めています。今期は会話中心です。また七月には名古屋で日本人の朝鮮語弁論大会が開かれると聞いています。こうして朝鮮語学習の輪は、草の根式に全国に拡がりつつあるのではないでしょうか。NHKの朝鮮語講座開設の一日も早からんことを切に祈ります。

（武蔵野市）布川欣一

拝復　ご無沙汰しております。お変りなくご活躍のことと存じます。このたびは「くじゃく亭通信」第22号をお送りいただき毎々のことながらありがとうございます。

私の方では戸井昌造氏らとともに「秩父事件を歩く会」を始めました。お目にかかって時に詳しくお話し申しあげましょう。とりあえず御礼まで。

敬具

（東京練馬区）杜　寮子

「くじゃく亭通信」22号拝受いたしました。早速お礼をと思いながら、津田沼の弟の家に泊りがけで手伝に行ってまして落ち着かない日を送っておりました。

遅ればせながらお礼申し上げます。

〃文舞〃にも御無沙汰しておりましたので、先日一寸寄ってみました。

そこで、K先生にお会いしました。

私が弟の家で話題になった事などおしゃべり

しましたら、先生が大変興味を示して下さったので、その話の内容を一寸書いてみます。

　弟は毎朝、目ざましのため六時にタイムスイッチをNHKラジオにセットして置いて、人生読本と云う番組を聞くともなく聞いて、ラジオ体操が始まったところで起き出すのだそうです。

ある日の人生読本で、津軽へ旅をした折、「どさ？」「ゆさ」と云う会話を耳にして、日本で一番短かくて美しい会話だと感心したと云うお話を聞いたというのです。

私どもは東北出身ですから、もちろん「どさ」「ゆさ」の意味は分ります。「どこへ？」「おふろへ」と云う事なのです。

　私達のふる里の横手盆地の沼館地方には、もっと短かくて親しみあふれる会話があるのです。「け」「く」「こ」がそれです。「召し上がれ」「いただくわ」「たべましょう」と云う意味で、親子、友達同志の日常会話です。

「くえ」「くう」「くおう」の省略語でしょうが、そんな乱暴な言葉として用いられているのではなく、やはり「たべなさい」「たべるわ」「たべましょう」程度の会話なのです。この地方の方言には、いねァづきァ（いな使い）と称する丁寧語もあります。

それに「け」「く」を置き替えてみますと、「あがてたんせ」「ごッつォなるんし」となり、やはりお客様との会話で、親子の会話としては親しみがなくなる様に思えます。

　海寄りの地方で波風の音に消されない様、大声で簡単な言葉で会話する必要のある所とちがって雪深い盆地で、この様な最も短かい会話が引き継がれている事を、あらためて、不思議に思っているところです。

（仙台市）　菊　地　稀　子

　新緑の季節とはなりました。世捨人になって田舎へ引込んだ筈が何としても東京の空が忘れられず再度上京し今回やっとくじゃく亭で食事をする機会を得ました。味の良さもさる事ながら落着いたムードは何とも言えません。楽しいひとときを過ごさせて頂きました。程なくテーブル席も満席となり、とても嬉しく思いました。益々の御発展を心から祈って居ります。

　帰り際「くじゃく亭通信」が目に止まり、〃下さいね〃と頂いて来て、家で老眼鏡をかけてみたら定価が書いてあるではありませんか、無躾けお許し下さい。有意義なそれだけに地味なお仕事、御苦労の程お察し申し上げます。読書がお好きで、何時も御本を読んで居られた社長さんなればこそと敬服した次第です。太目のズボンで颯爽と歩かれるお姿など目に見えるようでございます。（なんて失言！）当節はひょっとしたらジーパンでもおはきになっていらっしゃるのでは……？

　来し方を振り返ると、くじゃく亭在勤中は本当にお世話様になり、何のお返しも出来ぬまま他の道に進んでしまいました。平均寿命が延びてる事ですし何れ勤労奉仕にでも伺えればと、夢に描いております。

　最高の主治医付きとは分っておりますが尚一層の御自愛を祈り上げます。

　今暫らく滞京致しますが、お目にかかれる機会は仲々得られないと思いますので、取敢えず書面にて一言御礼申し述べさせて頂きました。

（京都市）　松　本　良　子

　暑い季節になりました。

みなさまお変りありませんか。

いつも「くじゃく亭通信」ありがとうございます。

　些少ですが送料の一部としてお納め下さるようお願いします。

（東京・小金井市）　徳　永　清

冠省　ご依頼をうけました「軒行燈」ようやく出来上りました。（昨日何回か電話しましたが連絡とれなくて困りました…）うちの大型乗用車（スカイラインDX）には六センチはみ出して積載できません。日通か赤帽運送に依頼するより方法がないようです。委細はご拝眉の上で

＜訂正とおわび＞
　前号の読者の便りにお寄せいただいた「岡田剛弘」氏は、内田剛弘氏の誤植でした。訂正の上、深くおわびいたします。

歴史の勉強をはじめた頃（一）

朴　慶　植

私は一九四五年八月十五日の解放以前には自国の歴史をほとんど知らなかった。日本の学校で朝鮮の歴史を教えてくれるはずはなかったし、家庭においても教えてもらえなかった。学校での歴史の授業は神がかり的な内容であったから面白くもなく、歴史など勉強する気はおきなかった。私は地理、なかでも地質や地形などの自然地理学に興味をもっていた。

朝鮮が解放されて私は民族的教養のなさを埋め、民族的自覚、民族的主体性をとり戻すために母国語はもちろん自国の歴史を勉強しようと神田の古本街にいって朝鮮関係の本を少しづつ買ってきては自分なりに読んでいった。朝鮮語の独習はむずかしく講習会などに出かけて習ったりもしたが、なかなか上達しなかった。日本の大学に籍をおいて歴史を勉強したが、それは主として中国史であった。当時朝鮮史を教えてくれる教師はいなかった。私は自分なりにいろいろと歴史観を模索しながら朝鮮史関係の論文や史料をあさっていった。しかし大学の卒業論文は中国史に関するものであった。

大学をでて私は朝鮮学校の歴史の教師になった。国語が不充分な上に、歴史そのものも勉強不足でずいぶん恥をかいた。教壇にたってみて自分の無力さを痛感した。学生に教えるためには教える内容の何倍かの勉強をしなければならず、二十余年間の教師生活で何とか一応常識的なこと――それも具体的なことになると不充分極まりないが――は頭の中ではわかったように主観的には考えている。

私もはじめは朝鮮古代史に興味をもって多少あれこれと史料を読んで非常にお粗末ではあるが「朝鮮古代史研究ノート」（『歴史評論』三十号）という論文を書いたこともある。けれども古代史であれこれ現実ばなれの議論をしてもつまらなく思った。私もこれまで歪曲されていた朝鮮古代史を正しく捉え返さなくてはならない必要性を考えてはいたが、せっかちの私の性格が反映してか、そのように思ったのである。私はもう少し現在に近い近代史を勉強しようと思った。

一九五三年に『歴史学研究』誌に朝鮮史特集をやるということになったから私にも何か書けといわれた。私は当時「歴史学研究会」の会員でもあったから。そこで今からみて非常に不充分ではあると思うが、「開国と甲午農民戦争」という論文を書いて載せた。当時は朝鮮史関係の論文も少なく、また基本的史料などなかなかみることができなかった。その上私は毎日が忙しい教師生活をしていてどこかに史料さがしにいこうと思ってもできなかった。この論文を書くとき当時あまりみることができなかった呉知泳の『東学史』を友人から借りてみることができたのは幸いであった。当時私の周辺で歴史の研究をしていた友人としては同じく教師をしていた林光澈氏で、彼は『朝鮮歴史読本』（一九四九年）という立派な著書をだしたすぐれた先輩であった。林氏は『歴史学研究』の特集号にも「在日朝鮮人問題」という論文を書いている。この雑誌に私は自分が担任した中学三年の生徒の作文――親の歴史や自分たちの生活史――三編を載せた。それはなかなか良い作文でその後あちこちで引用されたりした。

私は学校での歴史教育のあり方に関心をもち日本の歴史教育者協議会にも入れてもらったり、日教組の教研大会にも出て研究発表をした。こうして私は在日朝鮮人運動の路線転換の年、一九五五年を迎えたが、それに関連して在日朝鮮人問題に関心を向けるようになった。そして教師をつづけるかたわら、金広志、姜在彦氏らと朝鮮研究所で『朝鮮月報』をだし、私は「在日朝鮮人運動史」を四回ばかり連載した。私たちは当時分派とたたかれその研究所も一年と少しでつぶされた。私は前記の論文を書くために内務省警保局『社会運動の状況』（一九二九〜一九四二）を山辺健太郎氏に教えてもらって名古屋大学に何回かでかけた。当時はこの資料さえも一般に見ることがむずかしかったのである。

焼肉のイメージを変えた……瀟洒な数寄屋づくりの家

営業時間＝11:00am～11:00pm
定休日＝日曜・祝祭日

くじゃく亭

渋谷区宇田川町8～9（〒150）
☎ 461－1855／464－2901

渋谷駅から、西武百貨店のA館・B館の谷間を行くと、道のまん中に、小意気な交番があります。その右を2～3分で、NHK放送センター、そのひとつ手前、右手の横丁を数歩のぼると、くじゃく亭です。

宇田川町の、小高い一角に、すっきりと近代風の数寄屋づくり、──くじゃく亭は、安くてうまい焼肉の料亭です。

高雅なエリートのムードの中の、庶民的な気易さが特徴です。どうか、くじゃく亭の本格派調理を、ゆったりとご賞味下さい。

とくに、ご会合・ご接待の場として、また、ランチタイムにも、お気軽にお運び下さい。

『行燈』記

徳永　清

高さんから制作を依頼されて、あれこれ設計を考えているうちに、たちまち四カ月すぎてしまった。頭のなかの「青写真」を具体的に材料に線引きしてしまうと、作業は急速にはかどったが、日曜だけの素人指物師だから、それからでも一カ月以上かかってしまう。「くじゃく亭」の看板行燈の制作である。

部屋のなかの行燈だと、ほどほどの大きさでいいが、屋外に出して、人目をひくことを考えると、かなりの大きさになる。だが、大きさはあの独特の書体である「くじゃく亭」の切りぬきの、ひとつひとつの配列から逆算して割り出さなくてはならないので、かなり苦労した。二センチ厚さのラワン材を糸ノコでひくのだが、何回やっても欠けたり割れたりして失敗ばかり。あれこれ考えて耐水合板を強力接着済で裏うちして、やっとうまくできた。これを障子の桟で固定して、はじめて基準が出来上った次第で、ふつうのやり方とは反対である。──正面の文字の切りぬきができると、あとは案外すらすら行って最後にサンドペーパーで仕上げして、千二百度のバーナーで焼くとどうやらイメージが湧いてくる。60Wの螢光灯の配線が終るのももどかしく、手すきの「雲竜紙」を貼ってスイッチを入れて、文字が浮いてきたときの感激は、創造する喜びの終着点である。

「やったァ！」と、ひとりで小さく叫んで、螢光灯をつけたり消したりして、フラウに笑われてしまった。

数寄屋造りのあのお店に、うまくマッチして、時代色豊かに、天窓にピーコックのマークがにじむようにシルエットをつくるとき、この行燈は、しっとりとお客さんの心をとらえてくれるだろう。

私の日曜大工の作品の記念すべき第一号なのである。──ほんとうは、ちょっと手離すのが惜しいような、ひとり娘を嫁にやる父親のような心境であった。

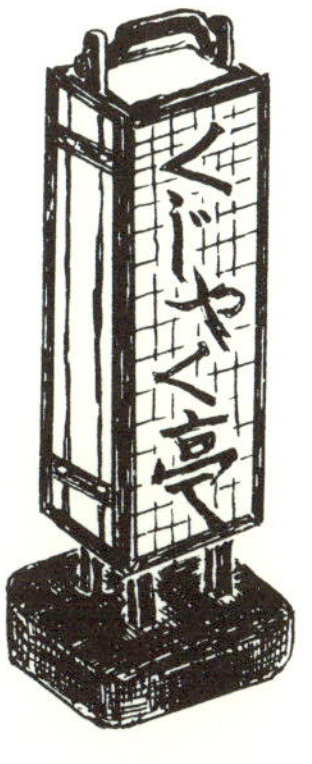

ピーコック画評 (19)

後藤直

『森の会』は何度かみている。今回は十三回展であった。

「パラード」(池森桂子)。「海」(綾部保和)。「カイガラ草」(古川亨)。「想い出」(松下春代)。「道」(磯貝義弘)。「こども」(佐々木くに子)。「セントポーリア」(若野邦子)。「ドライフラワー」(池森貞夫)。「倉庫」(畔柳栢三)。「カスミ草」(佐々木文男)。などの絵を一年ぶりで眺めていると、「ああ、あの人の絵だ」と想い出され、とてもなつかしくなってくるのだった。「港」(村上稔)。「はる」(松下春代)。「風景」(岡田哲明)。「風景」(下山田つや子)。「作品」(片山春子)。「屋根」(岡田哲明)。などなどみんな、こつこつとがんばっているのがよく伝わってきて楽しい。

こうした絵をかくという初心の持続こそが、最も大切なことだとは、何度か私は述べてきている。

さて今回は、たまたま絵をみに行った夜は、運よく?『森の会』の人びととの集まりの日だったのだ。

ピーコックの高社長とともに、私もお招ばれし、したたかご馳走になり、杯を重ねることになった。

東北人の私は話べたである。がアルコールが入るにつれて何やらわけのわからない発言を繰り返したらしい。恥入る次第である。

『森の会』のメンバーは、みんなおだやかな紳士淑女であった。和気あいあいとはこのことだと思った。ご夫婦がたしか二組ぐらい参加していることでもそれはよく分る。

丁度私位の年令が中心で、たいへんまとまりのあるグループだった。でしゃばらず、静かなのに、絵の批評とか意見は、正直に交わしているようであった。

私自身も『鳳山会』なる絵のグループをつくっている。決してこのようになごやかには行かない。メンバーが若いせいもあろうが大いに反省させられた。

『森の会』が、みんな違う職種の人びととの集まりであるのもひとつの理由かも知れないし、たまたまいい人たちが集ったのかも知れない。が、彼らの絵は、おおらかでいて、やはり何かを追求している。善良なる単なるグループでないことはたしかだ。

私にはひたすら、あのなごやかな雰囲気がうらやましかった。と同時にやはりもっとがんばってもらいたいと願わずにはいられなかった。

◎古代文化サロンを復活いたします

芦田佳節子(同人誌分科会)

いつの間にか開かれなくなった古代文化サロンを、高さんにお願いして再開していただくことになりました。留目さんが永い間、お世話下さったのですが、このたび私がその跡がまをお受けすることになりました。

毎月第三木曜日午后六時頃から、「ピーコック」の一階ラウンジで集いを行います。会費は自分の注文した飲み物の代金だけ払えばよい。――ということです。

古代文化に関心と興味のある方は、どなたでも参加自由。日頃の自分の研究を発表し討論するのは楽しいではありませんか。

武井勝雄氏御逝去

五月二十八日早朝、武井勝雄さんが亡くなられました。

昨年末まで「東アジアの古代文化を考える会」の講演会や、遺跡回りに熱心に参加しておられたというのに。『十二月中旬より入院生活となっています。二月頃には退院できそうです』と、≪くじゃく亭通信≫21号にお便りを寄せてくださいましたが、不帰の人となってしまわれました。

お便りを読みかえしてみると、『私は明治生れなもので、実はこれまで長い間、朝鮮に対して蔑視・嫌悪感を植えつけられておりました』とあります。しかし柳宗悦の「朝鮮の美術」を読んで気持ちがしだいに変り、やがて「東アジアの古代文化を考える会」に入会して、直接、朝鮮人に接するようになって、『過去の誤解が一掃され』たと述懐されておられます。晩年の自省であったのでしょうか。行年八十一才でした。

御冥福をお祈り申し上げます。　高淳日

くじゃく亭通信

第24号

「くじゃく亭通信」編集部
〒150
渋谷区宇田川町八ー九
℡ 四六一・一八五五

定価50円

古代朝鮮文化史をどう考えるか（上）

東北大学教授
井上秀雄

一、あたらしい文化史への提言

　文化というと、これからお話しするように非常に高度な文化―というところだけが問題になっておりますが、そういう文化史のなかで、取り残されたというか抹殺されたというか、とくに取りあげられなかったようなことについて、もういちど考えてみる必要があるのではないかとおもいます。

　私には師匠（三品彰英）ゆずりの悪い癖がありまして、皆さんが一生懸命おやりになっているところは、私にとくに良い知慧があるわけではありませんからだいたい遠慮して、そのかわり皆さんがおやりにならないところで落穂ひろいをする、こんなことをもっぱら心がけております。

　昨年、『古代朝鮮史序説』という本を書きまして、古代国家の形成について、従来は、権力者側からの、いかにして権力ができあがるかという御研究が中心であったわけですが、私には権力者が勝手に権力をつくりあげていくとはおもえないので、権力のもとになるものというか民衆がそれを支持する一種の「権威」とでもいうものがどうして出来てくるかを検討しました。ひとくちで言ってしまえば我々庶民の生活のなかからしか権威というものは出てこないと考えてみたわけです。

　もちろん、外国からはいってくる新らしい文化による権威の創成もあるでしょうが、内在的というか、日常生活のなかから、王様というものがその社会にとって必要だというように、なかにいる人たちが考えてそれをつくりあげていったのだとおもうのです。

　従来のお考えでは、部民や奴隷やそれより少しはましな農民も、一般民衆というものは家父長的な色彩のつよい部長のもとに統卒されているという、すなわち、ごく一部の人達だけが権力をつくり政治をしてきたのだという発想で議論がすすめられてきたとおもうのですが、私は、いかに古代であれ原始時代であれ、そうした一部の人たちが赤坂あたりで話しあって決めたことがそう簡単に実行できるわけではない、という発想をもっております。

　五・六年まえ、はじめてヨーロッパへいきましたがそこで強く感じたのは、ヨーロッパにおける人種差別のひどさでした。日本ではとても考えおよばないほど酷い差別を平気でやっています。私のいいかたをすれば、奴隷制は今日でも生きているわけです。ところがもうひとつ、一歩町から外へでますと、中世のいわゆる三圃《さんぽ》農業というものが今でもおこなわれているのです。

　そこで、勝手な空想というか一種の極論ではありますが、ヨーロッパには現在でも古代の奴隷制や中世の三圃農業が生きている、だから時代区分のカテゴリーに奴隷制や農奴制がすえられて理解されているのではないか、ところが日本や朝鮮のばあいにはそういうものは影も形もないのに同じようにそれを基本にすえようというから議論が難かしくなる。奴隷制や農奴制を全世界の歴史区分に押しつけてそこだけに視点を置くやりかたというものはどうなんだろう。我々の歴史はもっと目に見えるもの、実際にあったと皆が共通に認めるもの、資料のうえでもそこに書いてあることから見なおしたらどうなんだ。こんな感想を持ち帰ったわけです。

この旅行いちばんの収穫は、ヨーロッパ崇拝というものが現地へいってみて変ったことです。ヨーロッパとてやはり人の住むところだ、神様たちの集まる場所ではないということを実感してきました。

後日ヨーロッパとこんどはアメリカもチョット垣間みてきましたが、それぞれ特色のある立派な国々ではあるけれども、日本で先進国とみられているほど文化的――これからお話しする意味での文化的ですが――に優れたところだとは私には感じられませんでした。

一・二のことを申しあげますと、花の都パリの、しかも絵描きさんの集まるモンマルトルの丘のうえのレストランで昼食をしようとしたのですが、そこの黒人の掃除人が、テーブルのうえにモップをのせたり雑巾を道のまえの下水でザブザブ洗ってそれでテーブルのうえを拭くのを見ていて、なんとはなしに食欲をなくしまして食べるのをやめたことを記憶しています。

下水が汚いのか綺麗なのかはわかりませんけれども、マ、日本人の衛生感覚からいいますと、べつにヨーロッパ人のほうが進んでいるとはとてもおもえませんでした。

あとでこのことをヨーロッパのことをやっている人に話したところ、十八世紀だか十九世紀だかの小学校の修身の教科書にこんなことがでていると教えてくれました。

食事ノトキニハ食卓ノウエニ唾ヲハイテハイケナイ。床ノウエハヨイ。壁モヨイ。シカシ食卓ノウエグライニハ唾ヲハクナ。

我々は、ヨーロッパはギリシャ・ローマ以来、世界の先進的な人達の集いのように考えているわけですが、どうも彼等のやることを見てみれば、私たちが小さいとき田舎でおじいさんやおばあさんに叱られながらやってきたことと同じことを、いい年をした大人までけっこうやっているらしいのです。

こうしたことを見たり聞いたりしてきまして、歴史なんてものはもうすこしフランクに考えなおしたほうが良いのではないか。今までのように在るものや起ったことを整理することにばかり力をいれないで、もっと細かに、具体的に、事実を再現してみたり考えなおしてみたりする必要があるんではないか。王様がどうしてでてくるんだといわれたら、国家の形成にともなう当然の現象なんだと決めつけてしまわないで、この「当然」というところをもうすこし吟味してみることが必要なんではないかと考えるようになりました。

『古代朝鮮史序説』はこうしたことをまとめてみたのですが、実は、最初はもうすこし大きな構想で、古代朝鮮文化史全体をとりあげようとおもっていて、その第一章として「王権の成立」を考えてみたのです。したがって第二章以下も大体いくつか考えてみています。そこで今日はそのなかから「仏教受容」について御紹介しまして、私がなにを考えているかを御理解ねがいたいとおもいます。

そんな考えは駄目だとおっしゃればまた考えなおしますので、あとで卒直なご批判をいただければ幸いです。

二、仏教伝来の政治性

古代朝鮮における仏教の受容は三国史記によれば、高句麗には小獣林王の二年（三七二）、百済には枕流王の元年（三八四）、新羅には法興王の一五年（五二八）で、これは年代の問題としてはそれほど議論にならないでほぼ承認されているようです。

日本のばあいは欽明天皇の一三年（五五二）か五三八年か異論があります。私は一四年違う話しというものは日本書記にはいくつかでてまいりますので、たまたま年表の当てはめかたの違いだと考えております。仏教私伝とか仏教公伝だとかいろいろ議論されましたけれど、もともとは欽明天皇一三年といっていたのが、その当てる年の違いがでてきたんではないかと考えてみているわけです。

それはとにかく、日本に仏教がはいってきますと、従来は、次第に日本の知識層に学問仏教としてひろまり、奈良時代の後半ぐらいから民間の個有信仰をもその配下におさめていわゆる本地垂迹説というようなものになりまして、神は自分のもっている業を仏によって破ってもらう・救ってもらう、すなわち仏が上で神が下である――というような考えかたがかなり有力にでてくる。現実には仏が神を完全に吸収するのではなく併存するかたちで、あるところでは神様が強くあるところでは仏さんが強いという形で神仏が習合して明治までやってくる。明治になりますと廃仏毀釈で今後はそれが分離されるわけですが、それから後は神道が強い勢力をもってまいります。

ですが、ここで考えてみたいとおもうのは仏教受容とは一体どんなことをやったんだろうかということです。仏教受容といっているけれどもそれは名僧が来て説教したことなのか、立派な寺院が建ったときのことなのか、それとも誰か日本人なり朝鮮人なりが仏教の信仰をしはじめたときのことなのか、あるいはそういう事を三国史記や日本書紀で見ると大変政治的なことのように見えますが、そうすると仏教受容ということははたして政治史から切り離して考えてよいんだろうか。

我々のならった教科書では仏教受容は文化面のところにでていて政治面にはでてこないわけですが、三国史記や日本書紀は政治的歴史書なんだからそれを分離して考えてよいんだろうかというわけです。

私はそういう点には迂遠なほうですから、従来の先生がたの諸説はしばらくおいて、具体的には、どういうふうに三国史記とか日本書紀には表現されているのか、そこからもういちど見なおしてみたいと思います。

たいへんおもしろい記事がありますのでそのほうから始めさせてもらいます。

中国の梁書の百済伝では、百済が中大通六年（五三四）と大同七年（五四一）に相ついで梁に使者をおくっており、百済の産物を献上し、そうして涅槃経だとかその解説書・毛詩博士・工匠・画工などをくださいというふうに頼みにいっています。

ここで私がオヤとおもったことは、これだと仏教といっしょに儒教も絵画も一緒にはいってきたんだ、教科書であれ研究書であれみんなこれが別々に書かれているわけですね、だけどどうも、仏教だけが特別扱いではいってくるとか儒教だけが特別にはいってくるとか工匠画工というような芸術家や技術者がこれまた別にはいってくるのではなくて、もともとは一緒であるということを、これを読みながら感じたわけです。二度ともそうなんですね。

それでは、ほかのばあいはどうなんだろう。今度は高句麗のばあいを読んでみますと、三国史記にこういう話しがでてきます。

小獣林王の二年（三七二）の六月に秦王符堅が使節と僧侶順道を派遣して仏像と経文を送ってきたので、王は使臣を派遣して答礼し土産品を貢納した。

これはもう仏教だけの話しです。大変ちがうのかと思っておりましたら、それに続いて「大学を建て子弟を教育した」とあります。大学のほうは仏教ではなく儒教なんですね。どうも、今までカードを作って、別々の項目に入れていたのですが、これは切っちゃいかんのではないかなあという気がしています。秦へ使者が行って仏教をもらってきた記事と大学を建てたのは、同じか、すくなくとも関連のある話しなんだとおもいます。

二年夏六月。秦王符堅遣使及浮屠順道。送仏像経文。王遣使廻謝。以貢方物。立太学。教育子弟。

そう思って今度は日本書紀のほうを思いおこしてみますと、仏教伝来という欽明天皇一三年をめぐる記事というのは、これはたいへん血生臭い話しでありまして、いちばん大きな問題は百済の日本にたいする救援軍の要求です。日本のほうはけっこう商売気があり、百済がもって来るものに応じてチビリチビリと出していくわけですね。同船二隻だとか矢五十足だとか良馬二匹だとかなかなか商売気たっぷりです。そこで百済のほうではその程度の救援軍ではどうにもならないので大量の軍隊の派遣を要求してくるのが、ちょうど欽明天皇の一〇年前後ごろからです。

ご存知のとおり、欽明天皇一三年に仏像な

どを持ってくる時は、百済は新羅と高句麗から攻撃をうけて非常に苦境にたっているときです。それまでは五経博士を交替させたり、そのほかの物を持ちこんできますが、その程度では軍隊を出さない――マ、そうは書いてありませんから良くはわかりませんが、百済本記のほうだけから見ておりますと、要するに「珍らしいものがあるから教えましょう」というんではなくて、「軍隊を派遣してくれるのなら仏教をやろう」ということです。頼むほうが弱いわけですから、欽明天皇一三年にけっきょく金銅仏一体と幡蓋若干・経論若干そのほかいろんなものを持ってまいりまして、それで日本から二七〇の軍隊が百済へ救援にまいります。それからいろいろなことがありますが、三年後には聖王――日本流にいえば聖明王は新羅に殺されてしまいます。それで百済は、日本は取るものだけは取ってちっとも救援軍をよこさないばっかりにこうなったとカンカンになって怒ってしまうわけですね。

　とくに息子は、自分のために親を殺したと考えておりますのでたいへん怒りますが、それはそれとして、この文化受容と政治の関係はまた別の機会に考えいただくこととし、つぎにそれとはチョット別な問題をとりあげてみたいとおもいます。

三、文字の使用と政治

　仏教伝来について日本書記では百済本記などをつかって細かく書いていますが、これを中国側ではどのように眺めているかといいますと、随書の倭国伝――正確には俀国伝ですが――にこんなことが出てきます。

　俀人には文字がなく、木に刻み目をつけたり縄に結び目をつけたりして記憶を助け約束の手がかりとしていたが、仏法を敬うようになって、百済から仏教経典を求め得たことにより、初めて文字をもつようになった。

　日本書紀には応神天皇の御代に百済から王仁がやってきて、日本人は彼によって文字を識ることができたと書いてありますが、第三者機関であるところの中国のほうの観察は、われわれとは非常に違った発想からこれを説明しています。

≪仏教がはいってきて日本人は文字をつかいはじめた――≫

これはどういうことなんだろう。簡単にそれは間違いだと言ってしまえばそれですむことかもしれませんが、資料の数がすくないものですから、古代史をやっていると、どうもインチキ臭いというものもいちいち検討しておかないといけないわけです。私はもっぱら資料を生かすほうなので何とか理屈をつけてこれを生かそうと考えています。

　では、仏教と文字はそれほど関係がないのかどうか。これは「文字と文章の展開」という別の章で考えているのですが、結論だけ申しますと、文字や文章がそれぞれの地域で独自なものになっていく系譜というものは、文字としては女真文字やハングルでも結構です――こういうものは新らしい王朝がひらけますと王朝制でそれを創って国内で使わせる。これを、だいたい漢字文化圏でひろってみますと、早いところでは王朝ができる直前か直後、せいぜい三・四年のあいだにつくってそれを国内でつかわせて漢字をつかわせない。ハングルはその点王朝ができてからいちばん時間がかかっております。

　ただし日本のばあいはカナですが、あまり政治とは関係ないようです。王朝側がカナをつくってそれを使わせたという説の人はいませんし、それを証拠づけるようなこともありませんから、こんなことはいえませんけれども、ほかの国の例では、文字を新らしくつくっていくというばあい、そう簡単に、あるいは勝手に皆が使うんだというわけにはいかないんです。（次号に続く）

本稿は去る一月二〇日朝鮮史研究会例会での井上秀雄氏の講演を、氏ならびに旗田氏の御好意のもとに文章化したものです。文責は筆稿者にあります。　（記　外岡）

外岡宏氏に、貴重な時間を割いていただき久野健・井上秀雄両先生の座談・講演の筆記をお願いしました。そのために「李朝の書院」は二回休載となりましたが次号から継続されます。（高）

大学の国際化と定住外国人

―国公立大学外国人教員任用について―

徐　龍達

定住外国人研究者の市民的権利獲得運動を始めて五年になる。やっとのことで、運動の一環をなす国公立大学への外国人教員任用法案が陽の目をみようとしているのはご同慶のいたりである。

この運動の過程で、わたしの造語「定住外国人」（Permanent Residents）が生まれることになるが、その内容は、日本で生まれて引き続き居住中の外国人、および日本に生活の基盤があって最低三年以上、企業等に勤務して納税の義務を果たしている外国人である。だから、韓国・朝鮮人、中国人はもとより、他のアジア諸国の人々や欧米人もこれに含まれる。もっとも、定住外国人の約八七パーセントを占めるのが韓国・朝鮮人であるから、この運動は、南北同胞の権益獲得運動の一環であるともいえよう。

文部省では、現行の一年契約による外国人教員制度（七九年一月現在、五八六名任用）をそのまま存続させ、新たに外国人教育公務員制度を確立しようとしている。その骨子は、①教育・研究の国際性にかんがみ、国籍のいかんを問わず優秀な人材を受け入れる、②外国人を教授、助教授、講師などの一般職公務員に任用しうるが、学長、学部長などの管理職には選任できない、③評議会、教授会または人事委員会の権限に属する事項の議決には参加できない、などとなっている。

この「特別措置法案」に対しては、いち早く在日韓国・朝鮮人大学教員懇談会が批判的見解を公表し（七八年十一月）、また昨年十二月の東京シンポジゥムでその問題性を明らかにした。さらにその後、関東を中心とする二五名の法律学者による批判的見解も公表（七九年一月）されるに至っている。批判点の概要は、①憲法で保障された学問の自由・大学の自治に反する内容であること、②学生処分権に関する最高裁の判例にみられるように、国公立大学教授会は必ずしも「公権力の行使」や「国家意思の形成」の場ではないこと、③外国人研究者に対する不平等な処遇は、その基本的人権を奪い、大学の国際化にも反すること、などである。

法案は政府部内の意見調整難のため、前国会には上程されなかったが、次国会には上程必至である。この間、幸いにも、七七年四月に「大学教員懇」が公立大学協会に提出した質問書への回答文が、去る五月二三日、公大協総会の了承をえて公表された。その「外国人教員問題について」の内容は、①学生処分権は教育上の権限行使の一つで私立大学のそれと本質的に同じである、②教員の人事権は大学における研究・教育の自治に必要な条件整備作用として学問の自由の一環をなす、③戦前の官吏制度における国公立大学教員と戦後の公務員制度のもとでのそれとは、明らかに忠誠義務、職務執行義務が異なる、というもので、現行法のもとでも、国公立大学で外国人教授を任用しうると結論している。

ここに至って新しい局面を迎えることになった。一方では、政府が公大協見解をどの程度法案作成上斟酌するのか、また他方では、教授会が一般職公務員として現に任用中の助手約四〇名のうち、大学の自治の名において一人でも講師、助教授へと自主的に任用するのかどうかが問われている。周知のように、政府の姿勢はいつも国際化の潮流に数段おくれて対応する傾向があり、他方、定住外国人教授の任用を決議した国公立大学の教授会は一つもない、という閉鎖的集団性の体質がある。

日本人教授たちがこの問題をより積極的に考え、かつ行動しないとすれば、それは真に守るに価する大学の自治を自ら放棄したことになりはしないか、また法律の力（行政）によって外国人の任用が実現するというよからぬ実績が歴史に残ることになりはしないか。大学人の自覚と主体的な取り組みは、大学国際化の前提として焦眉の急を要する課題であろう。（在日韓国・朝鮮人大学教員懇談会代表幹事）

韓国仏教美術への旅(4)

白倉光男

八、「青丘」は青くなかった

朝鮮は古来いろいろな名称で呼ばれてきた。中国からはその東方に位置するところから、「東国」、「大東」、「海東」の名をあたえられ、みずからは「青丘」と呼んで、山河の清らかさを讃えてきた。

皆さんは「青丘」という雅《が》号をご存知だったろうか。『くじゃく亭通信』で一年に一度報告されている「青丘文化賞」は、在日朝鮮文化人の優れた作品にたいし、在日朝鮮人実業家の拠出した基金を贈与する「賞」である。それほど彼等は祖国の美くしい山河を誇りとし愛おしんできたのである。

「青丘」の出典としてはつぎの諸書をあげることができよう。

『呂覧　求人』

禹東至榑木之地、日出九津青羌之野、攢樹之所、揞天之山、鳥谷青丘之郷黒歯之国。

『続山東考古録』

子虚賦、自指海外之青丘、服虔曰、青丘国。在海東三百里、唐伐高麗、有青丘道大総督。

さて、この「青丘」を、たしか『青丘記』だったろうかで知ってから十数年、私も緑ふかい山々の連なりと夢みてきたわけだが、その夢は訪韓第一日にしてぬぐい去られることになった。

一時の点と線の旅ではあったが、川の流れは細々と、山々はこんもりとした赤肌をさらしているではないか。

もっとも日本ではけっして見ることのできない素晴しい景観をあとで目にするにいたるのであるが、それほど、私の第一印象は快いものではなかった、といわなければならない。

九、大学のキャンパスは丘稜地帯

初めての旅では、われわれ韓国古美術調査団一行十五名を出迎えてくれたのは、元韓国国立中央博物館長、現東国大学校教授の黄寿永博士達である。用意された二台のマイクロバスに分乗し、同博士等の案内で最初の訪問先である梨花女子大学校付属博物館に向う。

梨花女子大学校はミッション系で、ソウルの西郊の高台に位置し、ソウルの市街が遠く見渡されるキャンパスはなだらかな丘稜地帯を利用し、広大な面積を有していた。今回の旅で韓国の大学をこの他二校訪問したが、ほぼ梨花女子大学校と同じような地形のところにあった。

五月の風にのって花びらがひらひらと梢の合間に舞い、このような広々とした環境で学んでいる学生を羨しく思う。キャンパス内で欧米人の女子大学生を時折見かけるのは、韓国に駐在している欧米人の子女と思われ、女子大学として東洋一の規模を誇る所以であろうか。

付属博物館は、三室よりなり、第一室は考古遺物、第二室は女性の装身具・衣裳・調度の類を揃える女子大学らしい展示品であり、第三室は国宝一点、宝物二点を含む青磁・白磁のコレクションの展示品である。説明は蓮華文の研究で学位を取得したという金女史が当ってくれた。

十、付属博物館前の石像

付属博物館がある建物の玄関前の階段の上に高さ一メートル足らずの四角の石にレリーフ状に彫られた一対の石像がある。右側の正面は、頭に獅子のかぶりものをのせ、奈良・興福寺の八部衆の中の乾闥婆を思わせる面相をし、憤怒相である。左側の正面は、三面八臂の像で、本面はふくよかな面相で、口元は

ひきしまり、瞳は永遠の彼方をみつめて、月と太陽をそれぞれ支える臂もあれば、蛇をつかむ臂もある。この像は仏教系のではなく、ヒンドゥー教のヴィシュヌ神ではないだろうか。ヴィシュヌ神は『リグ・ヴェーダ讃歌』（岩波文庫）に拠ると、「本来太陽の光照作用を神格したもの」であり、「宇宙を三歩で踏破」し、その「第三歩は最高の天界にあって人間の視界を超絶し、いかなる生物もこれに到達できない」という。この像がヴィシュヌ神とすると右側のはシバ神か。と想像が広がるばかりで、果してこの一対の石像はなんであろう。さらに階段の下にも奇妙な形の石造の狛犬がある。これらの石像の伝来を聞きもらしたのが悔まれる。

付属博物館が大学に併設されているのは、韓国の大学の特徴の一つである。自国の考古遺物、磁器、民俗品等が、その数の多少は別として、各大学に所蔵され、付属博物館に展示されていることは、韓国内外の歴史家、考古学者そして古美術研究者にとってまことに有難い。翌日訪問したソウルの東国大学校、そして旅のほぼ中日《なかび》に訪れた大邱市の慶北大にも付属博物館がそれぞれ併設されていた。

初日の見学は、この梨花女子大学校付属博物館だけで、マイクロバスは昼下りのソウルの街へと走り出し、明洞教会の南、退渓路に面した、南山公園のロープウェイがかすかにに見える世宗ホテルへと向った。

＊読者からの便り＊

（調布市）　旗田　巍

拝啓　益々御健勝のことと存じます。このたび私の古稀に際しましては身にあまる御配慮を賜り恐縮致しました。あたたかい御交情に対し心から御礼申します。これからは、やり残したことを整理し、朝鮮史研究の発展と日本と朝鮮の友好に多少とも寄与しようと思います。今後とも御交誼を賜りますよう御願い申します。

敬具

一九七九年六月

渋谷区長　天　野　房　三

暑中お見舞い申し上げます。

風鈴の音に耳をすますと、静かなひとときの訪れと、涼しさをさえ覚えるようです。そして、夏に残る思い出がよみがえってきます。暑さにめげず励んで、この夏によい思い出を残したいものと、ねがっております。

暑中、くれぐれも御自愛下さい。

（東京・稲城市）　梶　村　秀　樹

くじゃく亭通信23号拝受いたしました。たいへんおくれればせながら、またいつもながら御礼申しあげます。

いちだんと紙面が拡充されてきた感じで、何かとたいへんと推察しております。朴慶植先生の連載第一回、他でかかれたこととまたちがった事実が記されており、興味深く拝見しました。まずは取急ぎ御礼まで。

猛暑のおりどうぞご自愛くださいますように。

創樹社　玉　井　五　一

冠省　昨日は思わぬところでお会いいたし失礼いたしました。歓しい一夜で、その翌々日くらいに岩波の田村氏に高さんにお会いした次第、装幀の仕事など、おほめにあづかったことなど伝え、はじめ半信半疑でしたが、そのうち折をみてお目にかかりお話しなど伺ってということでした。私も歓しみにしております。

なお、昨日は又、重ねていろいろと御厚情の券その他沢山御送りいただき心から感謝いたしております。くじゃく亭のほうは数年まえに、故竹内好先生のご息女に案内され、当時はまだ竹内先生ご健在でしたが伺って忘れられない歓しい一夜でしたが、その後、「くじゃく亭通信」も毎号恵送いただき改めてお礼申上げます。

小さな規模の出版社ですが、全社員、心を合わせ何とか頑張っております。そのうち、ぜひ又お目にかかりたいと存じますが、小社のほうへもお茶の水近くにお出での節にはお立寄り下さいますよう、かんたんですがお礼まで。七月六日

（横浜市）　鄭　敬　謨

昨年五月、韓民統を去ったあと苦悶の中で進むべき道を模索している間、元気を出せ、挫けるなと、温く激励して下さった多くの友人たち、そして「くじゃく亭通信」読者の皆さまに篤く御礼申上げます。

前にこの通信でも申上げた通り、特定組織との関係がどうであれ、私は変りのない私でしかありません。ある組織にいたからそれまで言ったことを言い、為してきたことを為した。その組織にいないから、言うべきことを言わず為すべきことを為さない——というのはありえないことであり、今後とも本国、海外の同志たちと手をつなぎ、自らに課せられたと思う責務を果して行く所存です。

そのために、志を同じくする友人たちと図り「シアレヒム」（一粒の力）社を創設し、左記の住所に事務所を開きました。ここから「新聞シアレヒム」（日本語）、「コリア・ニューズレター」（英文）等を刊行しつつ海外民主化運動の一環を担うかたわら、今後、少くとも在日六十五万の立場を明確に代弁して行く若いリーダーたちを育てることに力を注ぎたいと思います。

事務所は渋谷駅から青山学院大学の手前約五〇メートルの地点です。どうか一度お寄りになって下さい。

東京都渋谷区渋谷二ノ九ノ二
丸三ビル六階（電四九八ー四〇二〇）
シアレヒム社（代表幹事）

弁護士　金　敬　得

拝啓　このたび私は、司法研修所入所時の縁により、原後法律事務所において弁護士としての第一歩を踏み出しました。これもひとえに皆様方の暖かい御支援のお蔭と深く感謝いたしております。

弁護士として何かを為すことよりは、朝鮮人として司法修習生、弁護士となること自体に第一義の意味を見い出してきた私ですが、弁護士となった今、在日朝鮮人の置かれた困難な状況、民族的課題、朝鮮と日本のあるべき姿等々に如何に対処して行くべきかを考えるにつけ、責任の重さを感ぜずにはいられません。弁護士としてはもとより、朝鮮人としてもまだまだ未熟な私に朝鮮人弁護士としての職責がどの程度果たせるものか心許ない限りですが、原後山治弁護士の御指導のもと、皆様方の厳しい御批判をあおぎつつ、誠心努力を積み重ねて行く覚悟であります。

なにとぞよろしく御指導のほどお願い申し上げます。

敬具

一九七九年　六月

（東京・世田谷区）東　松子

暑中御見舞い申し上げます。昨日「くじゃく亭通信」23号頂きました。どうもありがとうございます。毎号内容豊富で高度な通信に勉強させられております。

東京新聞掲載のくじゃく亭御自慢料理のひとつ〃九節板〃の紹介を拝見しそぞろあの美味しさが甦って参りました。

徳永氏御苦心のくじゃく亭の看板行燈も出来ました御様子、是非一度近々またお伺い致し度いと存じております。

お暑さのみぎり何とぞ御自愛下さいませ。

かしこ

（八王子市）金　哲　央

先日（六月四日）は突然おうかがいして、うまい料理をごちそうになりありがとうございました。日本の大学の先生も二人いましたがうまかったと好評でした。またおじゃまいたします。ピーコックの方へ寄ればよかったのですが二次会の方がいそがしくて、つい失礼いたしました。機会をあらためてお目にかかります。二つおうかがいしたいことがありますが、一つは朝鮮図書復刻会の活動は始まっているのでしょうか。入会案内などありましたらお送り下されば幸です。次に《通信》7号でも案内がありました「韓国写真展」、ついに見る機会を失いましたが、今でも見ることが何かの方法で可能でしょうか、このことをお教え下されば幸です。右お願いまで。

（NHK経理局予算部）石津　治

「くじゃく亭通信」ご恵送いただきありがとうございます。所属が変りましたので以後は恐れ入りますが左記宛にお願いします。（旧BCC計劃管理）

（東京・港区）山本　保

ここ数日意外の涼しさに雨も伴って水不足省エネとやかましいこの頃には、まことに好都合の日々と喜んでおりました。が、今日からはどうやら梅雨霽れのむし暑さが戻って来たようです。毎度くじゃく亭通信を頂き有りがたく、しかも連載の読み物には素人の私にも何か興味が湧き、バックNoを読み直してみたりします。23号の記事で新潟県関山神社の御神体のお話などは学問的なことは判らぬままに私自身でおどろいた処がありました。場所が昔、学生時代に毎年、冬を長くすごした（合宿）所なのでなつかしく読んだわけでした。

徳永氏の行燈記は高さんよりお話をおききしていただけに一層、作者の心境が私どもに伝って来たように思いました。

向暑の折柄お大切に。八月は月初めと終りに一週間近く不在になるなど失礼勝ちになると思います。悪しからず。なお先日の雨の中の例会の時の感想の駄句。（行燈によせて）

様変りいとなまめけるくじゃく亭
　行燈床《ゆか》し初夏の宵雨

初夏の宵小雨に煙る行燈に
　ひかれて辿るくじゃく亭道

本日七月二十三日は文《ふみ》の日（特に七月は文月）で郵政省は切手を出しました。私もおたよりを出した次第です。

（横浜市）　名　取　義　一

前略　「くじゃく亭通信」23号を拝受。有難うございます。この「故郷の風景」＝金泰生＝は、氏の済州島の思い出で、その母が同島は伊豆の大島に似ていると言われた由。これは中々面白いというか、適切な見方だと思う。私は開成中のとき、二年―四年の夏休みに両親兄弟らがいる中国・青島に行ったが、この往還に必ず連絡船が済州島沖を通るので、デッキに出ては暫し眺めて感傷的になったもの。あああそこは私の生れ故郷・朝鮮なのだ、と。また「歴史の勉強をはじめた頃」(一)＝朴慶植＝には、氏の見識に同感。私は近代朝鮮を若干知るのみで尚更の感がする。これは蒙古史にも言える。真の歴史がないところに、その国の主体性はない、と考えるだけに残念である。とまれ本号は充実していた。なお「樽の会」での酒友・徳永清氏の「行燈記」では、その意外性に実はびっくり。

（東京・小金井市）　徳　永　清

冠省　「くじゃく亭通信」第23号ご恵送賜わり感謝いたします。たいへんたのしく拝読いたしました。

私にとって「生れ故郷」の仏教美術は、わからないままに、なにか心を洗われるような、そしてあたたかい人肌の仏恩を感じるような気がいたします。

小学校以来の韓国育ちの友人で、同じようなミニコミ誌を編集している三吉保が、興味と関心をもっているのです。もし残部がありましたら左記へ一部送ってやって下さいませんか。どうぞよろしく。そのうち彼をつれて参上いたします。

〒338浦和市上木崎二の五の八　三吉　保

追伸　くじゃく亭に嫁に行ったひとり娘の「行燈」はどうしておりますか。三カ月たって具合の悪いところありませんですか。心配です。一度様子を見に行かなくては：：と思いつつ。

（三鷹市）　松　浦　英　穂

暑中御見舞い申上げます。

くじゃく亭通信いつもありがとうございます。先日の東京新聞・日曜版のくじゃく亭の料理紹介記事拝見しました。中日新聞にも出たそうですね。岐阜の知人から電話があり、今度上京したとき是非たべてみたいと申して居りました。

「古代朝鮮の仏たち」写真展、是非拝見したいと思って居ります。これからもよい企劃を期待しております。夏バテしないよう御身体を大切になされますように。

（千葉市）　坂　本　好　子

ご無沙汰いたしておりますが、お変りございませんか。いつも「くじゃく亭通信」ありがとうございます。

五月に現住所に引越して来ました、渋谷方面も遠くなりましてさびしくなりました。少額ですが送料の一部にと思い同封いたしました。暑さきびしい折、ご自愛下さいませ。

先日、偶然地下鉄の恵比寿駅で浜さんにお会いしました。

（東京・墨田区）　村　川　庄　之　助

暑中御見舞申し上げます。

長いことご無沙汰致しております。益々ご繁栄のこと、又立派なおうちに越されたこと遅ればせ乍ら心からお喜び申上げます。併せ「くじゃく亭通信」毎号お送り頂きありがとうございます。

健康に自信がない為、会にも出ずに、三月はしばらく松本の温泉場に滞在、今月は伊豆の温泉場に行っておりました。皆様とも大変失礼しています。武井さんが亡くなり、村上さんが入院、又親しい方が遠く引越して淋しい次第です。先日整理して手紙等焼いた後で水戸さんから頂いたビール券五枚分迄、一緒に焼いて、息子にもったいないと笑はれました。調子が悪いとどこか抜けてくるのでしょう。でもまだまだやりたいことがありますので自重しております。元気になったらお会いしたいと思います。

酷暑の折柄、ご自愛を祈り上げます。

（東京・板橋区）　出　牛　昭

残暑御見舞申し上げます。

〃ワカタケル〃五世紀統一王朝説が通説しつ

つあるようですが、天皇専制国家の成立はロマンなのでしょうか？　元号・伊勢・靖国とは無関係なのか、危険な傾向です。『東アジアの古代文化』誌、第21号（10月号）に「壮大な仮説の非科学性」を採用されることになりました。

御自愛専一にお過ごし下さい。

（東京・大田区）　堀　場　宏　子

暑中お見舞申しあげます。「くじゃく亭通信」お送り下さいましてありがとうございます。ゆっくり読ませていただきます。昨夜お店におうかがいしたのですが、お目にかかれず残念でした。

連日の暑さに、いささかまいっております。ご自愛のほどお祈り申しあげます。　かしこ

（奈良市）　徐　　龍　　達

先般上京の折には、過分の歓待を忝うし、誠に有難く厚く御礼申しあげます。早速にもお礼状をと念じながら、大阪での雑務山積にて失礼いたしました。…と思う所に、すぐまた文部省大学局長のお呼びがあって、数日前に上京いたしましたが、東京でも東奔西走の態です。夜の時間を割いて「くじゃく亭通信」用の雑文をしたためましたので同封いたします。簡単な経過と問題点をあげるにとどめました。外国人教員任用と国際交流、あるいは定住外国人の人権獲得の視角などは、ふれないことにしました。必要あればまた将来、お申しつけ下さればと存じます。皆様の御建康とご発展を祈りあげます。

（川口市）　神　戸　富　子

いつも「くじゃく亭通信」をありがとうございます。専門的なことになりますとなかなかついていけませんが毎号楽しみにしております。切手がありますので送料としてお納め下さいますように。住所が左記に変りましたのでよろしくお願いいたします。
川口市芝園3番　芝園団地3ー326

（大阪・羽曳野市）　鈴　木　重　貞

くじゃく亭通信23号ありがたく拝受しました。飛鳥仏の源流は、ご拝読するのをたのしみにして居ります。この夏は十年ぶりにヨーロッパへ参りたいと思って居ります。暑さの折柄折角御自愛の程祈り上げます。

（鎌倉市）　芦田佳節子

しばらくとだえていた「古代文化サロン」が、高さんの御好意で再開出来ることになりました。

古代文化に関心のある人なら誰でも参加出来て、グラスを傾けながらワイワイガヤガヤと、日頃の蘊蓄を聞いたり聞かせたりするあの密度の高い楽しい時間を、再び持てることになったのです。

世塵をはなれて心を伸ばす一時であり、又ひょっとすると志を伸ばす一時になるかも知れない時間です。あんな楽しい集いがどうしてなくなってしまったのかなと思っていましたら、御世話下さっていた留目さんが「東アジアの古代文化を考える会」の幹事になられて、御忙しいからだということがわかりました。

たまたま先月、ピーコックの竹の見える窓際で「古代文化を考える」の編集会議をしていましたら、丁度桑島さんや北村先生が文献の会の下準備をなさる為におみえになり、何時の間にやら合流して「あなたの耶馬台国は？」「あなたの天孫降臨は？」と喧喧囂囂の大論争となり、これは面白いもっと大勢で座談会をしたらどうだろう、そういえばこのところ「古代文化サロン」が開かれないがどうしてなのだろうという話になり、それは留目さんが御忙しいからだということを高さんから伺った次第です。

そこで衆議一決、誰かを幹事にして是非とも再開しようじゃないかということで、驚いたことには私におはちがまわって来てしまいました。生来不器用なたちで、こういうことには最も不案内な人間が、幹事を御引き受けするのはどうかと思ったのですが、再開しさえすればあとは皆さんがどんどんやって下さるなどという御話なので、再開を楽しみに御引受けすることになりました。どうか皆様よろしく御願い申し上げます。

再開の機会を御与え下さり、会場とウィスキーを御提供下さるという高さんありがとうございます。

ピーコック画評 (20)

後藤　直

五月のピーコック画廊は「工藤房子油絵個展」であった。

きくところによると、上京して十数年、普通のOLとして働きながら、こつこつ描きつづけていたのだという。今回出品したのは「奥多摩湖」（8F）「夕闇」（8F）「湖沼」（6F）「軽井沢」（8F）「青銅の花瓶」（6F）「造花とフルーツ」（8F）「顔」（4F）……など小品二十三点であった。

余程絵が好きでなければ不可能と思われるくらいのがんばりようである。いわゆるずぶの素人と世間ではいうだろうが、私はこういう姿の純粋な絵かきを心から評価したいのである。

二十数点の絵がみな一生懸命に描いていてみる者の共感を呼ぶ。

「外苑」（4F）は、とても変わった構図で、光線のとらえ方が鋭く、しかも自然である。それは「裏磐梯」（10F）や「いちょう並木」（4F）などの風景にも共通していえる。まさに面白い程それは特徴的だった。

それと対称的なのが、人形シリーズ「MAYA」（6F）あるいは、自画像と思われる「愛」（6F）「くつろぎ」（8F）そして「白い花」（6F）「紫陽花」（8F）「マーガレット」（4F）などの静物や花などの絵である。

とくに「MAYA」は自分の愛玩している人形らしく、執拗で異常な程克明に描いている。ある意味では殺気すら感じる。

つまりこの作者には二つの方向あるいは方法があるように思えるのだが、それはそれでいいのではあるまいか、無理に統一する必要はない。

この作者は、大自然に立ち向うと意外にスケールの大きい素晴しい作品が生まれるような気がしてくる。それは「奥多摩湖」「裏磐梯」などの絵をみているととくにそう思えてくるのだ。

きくところによれば、作者は青森県出身だという。そうしたことも関係があるかも知れない。

ところが、またきくところによると、残念にも家庭の事情でまもなく東京を離れるという。帰省しても田舎にくすぶることなく、その恵まれた素質をいかし、よりよい絵を描いてもらいたいものである。一年、あるいは二年に一度は上京して「ピーコック」あたりで個展を開いてもらいたい。これは私一人の考えではないはずだ。

工藤房子さんよ、大いにがんばれ。

ピーコック画廊の予定

十　月　森の会グループ油画展
十一月　田枝幹宏・仏像写真展
十二月　田村義也装幀展

≪新刊案内≫

「回想の柳宗悦」　蝦名　則編
八潮書店刊　価一九〇〇円

「古墳の旅」中国と日本　森　浩一著
芸艸堂刊　価一五〇〇円

「古事記と天武天皇の謎」　大和岩雄著
六興出版刊　価九八〇円

「古美術手帖」一九八〇年版　13cm×8.2cm
目の眼編集部　編
㈱里文　刊価一〇〇〇円
中国・朝鮮・日本の年表・図解・ガイド付

◎八月十一日、白鳳会・東出版・くじゃく亭通信編集部の三者共同主催で、久野健先生の講演会『百済仏と南朝仏』を東京都民銀行渋谷支店ホールで開催いたしました。参加者百名。先生はじめご協力くださいました方々、また会場を提供くださった東京都民銀行渋谷支店の皆さまに厚く御礼申しあげます。

◎八月のピーコックでの「田枝幹宏写真展1古代朝鮮の仏たち1」は大変好評のうちに終りました。田枝幹宏・東環樹両氏のご協力を心から感謝いたします。

◎『歴史の勉強をはじめた頃』は朴慶植氏の都合で今回休みました。

くじゃく亭通信

第25号

「くじゃく亭通信」編集部
〒150 渋谷区宇田川町八ー九
℡ 四六一・一八五五

定価 50円

李朝の書院 (7)

書院とさかなと日本語

外岡　宏

「さかなの話」について、訂正したい点や補足しておきたい話しなどがある。初秋とはいえむし暑い日がつづいている。遊びすぎのきらいはあるが今回もさかなの話しに涼をもとめてみようとおもう。

儒生の口にとどいた魚

本誌22号で、慶尚道観察使・安玹が相当量の魚を紹修書院に毎年供与する制度を設けたという話しを紹介するにさいして、私はその魚について「儒生の口にとどいた魚の種類は知るよしもない」と書いておいた。

しかし史料にあらためて目を通していて、書院に供与された魚がすべて「青魚」だったことに気付いた。知るよしもないどころか、ただ一種類、青魚だけが毎年書院に送り届けられていたわけである。

では、「青魚」とはなにか。

「ニシン」である。

つまり、儒生の年間必要量の六・三倍にのぼるニシンが書院の納屋に山積みされていたことになる。余った魚を虫に喰わせないように有効に利用しろと指示しているところをみると、紹修書院のキャンパスは乾しニシンの香に満ち、院奴婢は、昼となく夜となくそれこそ一年中ニシンを焼く白煙をたなびかせては儒生の食膳にのぼせていたといえそうである。

もっとも高淳日氏の「丈母」の話しとして聞いたところによると、朝鮮の干魚の焼きかたは、竈の灰にくべて焼く一種の蒸焼きだそうであるからあるいは白煙はたなびかなかったかもしれないが、書院に、戦前のあの田舎駅の「丸通」の倉庫のような匂いを想定するのは度を越した空想になるだろうか。

一年をとうして同一の魚をたべる生活 —— それがどのようなものか、われわれとは縁遠いものであるが、一概に平板な食生活だとはいいきれないだろう。

内田五郎氏の『鰊場物語』（北海道新聞社刊）から料理法をひろってみると、

焼き鰊（醤油をかけて食べる）
数の子の砂糖醤油浸し
すし鰊（塩と米糠の漬けもの）
鎌倉漬け
すし鰊の焼きもの
切り込み鰊
鰊桜乾
燻製鰊

をはじめ、身欠鰊の料理として

山菜との混ぜ煮
昆布巻
北海煮
身欠ずし
煮染め
蒲焼（炭火で焼いて味淋醤油をかける）
鰊漬け（大根と身欠鰊と米麹の塩漬け）
三平汁（すし鰊と野菜のこんぶダシ汁煮）
鰊蕎麦（京都）
ナレッパ（いたどり・山ぶどうとの塩揉）

などの名があり、安玹のいうシオカラもあるから、近世日本と中世朝鮮の差はあろうが、けっこう多様なニシン食文化を想定しても良いのではないだろうか。また、川魚や近海魚の生乾しと交換すればさらにはばひろい献立になるだろう。

「青魚」はほんとにニシンか

じつは、あの十二種類の魚名のうち半分は

私には判読できなかったので、編集子を通じて季刊三千里社 社長 李哲氏の御助力をうけた。まったく歯がたたなかったのは

銭魚　コハダ　(=小鰭)
洪魚　エイ　(=鱏)
秀魚　ボラ　(=鯔)

誤りを指摘されたのは

文魚　タコ　(=鮹・蛸・章魚)

で、私はトビウオと読ませていた。トビウオは飛魚・鰩・鯡が普通の書きかたで、文の字をつかうときは文鰩魚と書かなければならないらしい。

文魚をタコと訓んでいる文献は著者未詳・享保十一年（一七二六）の写本『東醫寶鑑湯液類和名』（=東医寶鑑）だけである。

大口魚　タラ　鯊魚　ハゼ
鳥賊魚　イカ　鰒　アワビ
鱸　スズキ　蛤　ハマグリ

はパスした。国語の試験なら百点満点の五〇点という落第点である。

そこで問題の「青魚」であるが、カドとかサバと読めそうなので、ひとまず「生魚」の総称ぐらいに考えていたところ、李哲氏はそれを迷わず「ニシン」と読んで

「朝鮮ではごく普通の呼びかたです」

といわれたそうである。なるほど、朝鮮語の字書でニシンと引くと청어とあるから漢字で書けばズバリ青魚である。

では、この十二の魚名は朝鮮語なのだろうか。タコのばあいも朝鮮名は문어=文魚となっている。陸軍参謀本部で編輯した『朝鮮地誌略』の記事であるから、私はテッキリ日本語だと思いこんで苦心していたのに、朝鮮語で書かれているとは意外である。

そこで小手調べに距離の単位である「里」を調べてみたところ慶尚道の南北長について

『地誌略』　南北大約六百里ヨリ四百里
図測　　　二二〇 ― 二六〇キロ米

すなわち

一里=三六〇～六五〇米

の短里が採用されている。こうしたことは凡例に明示されているのだろうが、『地誌略』は一見日本語で書かれていても、すべての記事を日本語で解釈してはいけない奇妙な本である。深く自戒したしだいである。

青魚をニシンと読むことをちゅうちょしたもうひとつの理由に、ニシンの回遊海域の問題がある。

北海道でしか獲れないニシンが薺浦までくだることはないと思いこんでいた。しかし事実は沿海州寒流=北鮮寒流が対馬海峡まで南下し、ニシンはこれに乗って回遊してくるようである。

『東国歳時記』（姜在彦訳東洋文庫『朝鮮歳時記』）によれば、十一月には「薦青魚」という行事がおこなわれていたという。

国王はこの月に、宗廟に青魚《にしん》を供える。士大夫の家廟でもこれにならう。

かんがうるに、『礼記』の月令に、「冬の季節になれば、天子は魚を試食するまえに、先ず宗廟に供える」と書いている。わが国の制度も同様である。

青魚の産地としては、統営（慶尚道）と海州（黄海道）がもっとも盛んで、冬と春に宮中に進上する。魚船がこれらの産地から京江（ソウル近辺の漢江沿岸）に着けば、ソウル市中の魚商たちは、声をはりあげて青魚を売り歩く。

日本でも茨城県の涸沼に汽水性のニシンが回遊してくることは有名だが、なんと黄海道沖までまわりこんでいるとは驚きである。

どうやらこれで青魚をニシンと読むことに誤りはなさそうだが、せっかくここまでネバったのだからもういちどゴネてみると、謄録・地誌略・朝鮮歳時記の青魚がすべて青魚であることは良しとして、この朝鮮語の指示する青魚ははたしてわれわれのいうニシンを指しているのだろうか。

幸いこの疑問に応えてくれる記事がある。すなわち一六五三年夏、済州島で座礁して難破したオランダ船スペルウュール号の乗員ヘンドリック・ハメルの書いた『朝鮮幽囚記』（生田滋訳東洋文庫）がそれで、

また十二月・一月・二月および三月には多量のにしんがとれます。最初の二カ月の間にとれるにしんはオランダのそれと同じ大きさですが、後の二カ月にとれるものは小さく、我が国でフライにして食べるにしんと同じくらいの大きさです。

とあるように、ニシンのもうひとつの主要生産地北大西洋でHerring（英）とよばれる魚を食べていたヨーロッパ人の発言をテコに、

青魚＝Herring＝ニシン

のトリアーデを成立させることができたのである。

ニシンを漢字でどう書けばよいか

こんないきさつから、手近かな事典や辞書を引きあさってみると、ニシンの漢字表記はかなり混乱している。

平凡社世界大百科事典　鰊・鯡
小学館ジャポニカ　鰊・鯡
　青魚・黄魚・春告魚とも書く
小学館日本国語大辞典　鰊・鯡
岩波書店広辞苑　鯡・鰊（青魚）
三省堂広辞林　鯡（鰊・青魚）
講談社大字典　鯡（鰊は不掲載）
冨山房大言海　鯡（身欠にしん）
　鰊・青魚（魚名）
大修館書店大漢和辞典　鯡・鰜・鱋

（辞書類のそれは和名索引の文字）

表が示すように、日常的な用法は鰊（レン）文学的には鯡（ヒ）とわかれている。ではどちらが正しいかといえば、言葉の問題であるから断定は避けねばならないが、

鰊＝カド
鯡＝ニシン

が文献に忠実な読みかたである。天声人語子の愛用する『広辞苑』が「鯡・鰊」の順にならべているのは、この国語学的知見によるものだろうか。当然ながら「カド」をひけば

かど【鰊】（東北地方で）ニシンのこと。

とあり、鯡はのぞかれている。

これは一体どういうことかというに、私はこの混乱のなかにこそニシンの歴史がひそんでいるとみたいのである。

Herringを鯡、ニシンと表記した文献の初見は長享二年（一四八八）賦のある『林逸節用集』の生類の項である。将軍義尚の時代であり、和名類集抄や延起式までは遡れない。また、佐藤玄六郎の『蝦夷拾遺』によると、新井白石の『蝦夷』志に「嘉吉三年（一四四三）若狭守源信広ガ海ヲ渡ッテ蝦夷地に入ッタ。遂ニ南部ヲ取リ、北部ヲ定メタ。以来、子孫ハソノ地ヲ守ッテイル」（井上隆明訳、教育社）とあり、さきの内田五郎氏は「小樽付近で鰊を獲り出したのは、慶長年間（一五九六～一六一五）とみられている」と述べておられる。

これを要するに古くから東北の奥地においてHerringがとられていて、土人はこれを「カド」とよんでいた。彼等は脂ののったカドを焼いて舌つづみを打ち、のこりを割いて保存食としニシンとよんだ。徳川時代にはいると北海道のニシン漁は盛期をむかえ多量の身欠鰊を遠く江戸・京都に送るにいたった。生魚を見る術もなく、その呼び名もしらない都会の人士は、憐れにもこの味覚の帝王の名をそのミイラ名たるニシンと思いこみ今日に至ってしまった、というのがその物語りである。

このような見解を明確に打ち出して書かれたと思われる辞書は大槻文彦氏の『大言海』である。すなわち、まずカドについて

カド（名）「鰊」〔蝦夷語ナラムカ、鰊ハ、東海魚ノ合字ナルベシ〕魚ノ名…略

とあり、ニシンについては

にーしん（名）「鰊」「青魚」かど（鰊）ノ異称。其条ヲ見ヨ。ナホ云々

とある。そしてさらに別項を立てて

にーしん（名）「鯡」〔身ヲ二ツニ割クノ義。土人ニ取リテハ、魚ニアラズ米ナリ、故ニ魚偏ニ非ト書ストゾ〕鰊《カド》ノ内臓ヲ去リ、二本ニ割キテ乾シタルモノ。腹部ノ本ハ肥料ニ供シ、背肉ノ方ノ一本ヲ身欠《ミガキ》ト称シテ食用ニ供ス。……松前ニテハ鰊ノ背ヲ、に志んト云ヒ、腹ヲさざきト云フ。小サク割キテ用ヰレバナリ。……略

と書きわけている。

都会人の常識からすればニシンが標準語でカドは方言であるが、歴史的にはカドが主でニシンは慣用語である。その点『広辞苑』の記事＝（東北地方で）ニシンのこと――はスレスレの表現だといって良いだろう。ユメ東北地方の方言などとは言って欲しくない。

いずれにしろ、生きたニシンを見たこともない風流人が戯れに撰んだ文字であるから、その語源説には愉快なものが多い。

鰊＝カド　鰊ハ東海魚ノ合字ナルベシ（名

言通・大言海

鰊＝ニシン①身ヲ二ツニ割ク義（大言海）
②二親の義（和包解）
③ニゲヒソミウヲの義（日本語原学）
④ニシブ（煮渋）の義（名言通）
⑤妊娠魚の意か。そうならば孕《はら》む意のある鰊の字が正しい（蝦夷捨遺）？

鯡＝土人ニ取リテハ魚ニアラズ米ナリ。故ニ魚偏ニ非ト書ストゾ（大言海）

魚に非ず松前の米（たべもの歳時記）

ついでに漢字本来の意味を康熙字典でひろってみると。

鰊トウ　似鯉＝集韻、鰊似鱦＝同註
鰊レン　似鱦＝広韻・集韻
鯡ヒ　魚子也＝玉篇、鮞同＝集韻

とあっていずれも鱦シウと対比されている。鱦とは小魚のことで爾雅釈魚註に呼魚子未成者為鱦とあるという。ニシンに無縁な中国にその文字を求むべきもない。

このほかさきにあげた諸稿轍次の『大漢和辞典』にある。

鰜ケン　①にしん、おおにしん　②ひらめ
鰽ル　①にしん　②こひ
鯖セイ　①よせなべ　②にしん　③さば

『書言字考節用集』
鰎ニシン　未∨詳

など調べればまだいろいろあるだろう。

以上、縷々と述べてきたが、そのうえで一体なにを言いたいのかといえば、日本人が青魚の二字をニシンと読んできたかどうかということである。この点をもって本稿の結論としたいと思う。

青魚という日本語はあるか

さきの表にもある通り『広辞苑』、『広辞林』、『大言海』そのたにも「青魚」という文字が出ているが、私の提出する疑問の第一は、青魚を「ニシン」と読んで良いかという点である。

というのは、私の愛用する『古事類苑』を手にしての発言ではあるが、これに集録されている「青魚」は

〔物類称呼〕青魚かど　一名に志ん云々
〔重修本草綱目啓蒙〕青魚　詳ナラズ

の二例で、これはいずれもすなおに読めばカドであろう。

すなわち『物類称呼』の著者は青魚をカドと読んでいたから「青魚かど　一名に志ん」と書いたと見るべきだし、『重修本草』の著者は、そのあとで

朝鮮ニテハカドヲ青魚ト云

と名確にHerring＝カドと呼んでいるからである。したがって青魚はカドと読むべき文字でニシンと読ませるわけにはいかないのである。

【青魚】カド〔動〕にしんの異名『大字典』

第二に「青魚」は朝鮮語からの外来語であろうという点である。

ちなみに〔物類称呼〕は越谷吾山の著した安永四年（一七七五）の序のある辞書であり、〔重修本草〕は一代の碩学、小野蘭山（一七二九～一八一〇）の著書で、亨和年の写本がもっとも古いとされている比較的新らしい文献である。したがって、日本語としてとりあげるなら室町中期を下らないという『節用集』の鯡・鰎・鰊、寛永五年の『毛吹草』の鰊にかぎるべきで、青魚と書く時は外国語からの借用であるという性格を明示すべきである。

「つくしにて高麗いわしといひ」―という〔物類称呼〕の記事も、九州にカドやニシンの言葉がないところへ物が玄海灘を越えて届けられたためにできた呼び名であることを暗示しているのではないか。

最後にもう一つ話題を提供しておきたい。〔物類称呼〕をさらにつづけると

つくしにて高麗いわしといひ、又せがい共云、云々

とあって「せがい」という妙な名前が並んでいる。ところが同様に〔重修本草〕にも

高麗イハシ、筑前セガイ、朝鮮

とあるが、このほうには「朝鮮」という添字がある。これを청어という朝鮮語の転化語と考えられないだろうか。

もとはといえば私の浅慮に発することながら、調べているうちに書院とさかなと日本語の三題噺しができてしまった。李哲氏に改めてお礼申しあげるしだいである。

朝鮮食物文化譚（1）

鄭大聲

食器とそのルーツ

日本にみられる食文化というべきものが、朝鮮とどういうかかわり合いを持っているかについて、あまり関心が払われていない。いくつかの例を上げて取り上げて考えてみたい

どんぶりと湯鉢《タンバル》

『丼《どんぶり》』と字で表わす食器がある。どうしてあの食器を『どんぶり』と呼ぶのか？　平凡社の百科辞典にも、『どんぶり』という項目はない。この磁器製の食器は朝鮮の磁器類が日本に渡来するころに一緒にもたらされ、呼称も『湯鉢《タンバル》』の呼び名がそのまま、訛って『どんぶり』となったと考えるのが妥当のようである。このことをよく理解するためには、朝鮮の食器について少し知る必要がある。

食膳に並べられる食器の呼称は、ご飯を入れる周鉢《ジュバル》というのがあり、これは金属製である。陶器のものは砂鉢《サバル》と呼ばれ、共にフタがついている。正倉院の食器に佐波里《サバリ》とあるのはこの砂鉢から来たものである。

朝鮮の食膳には必ずスープが副えられる。しかもスープの量は大量であり、容器は大型である。スープのことは『クッ（국）』と呼ばれるが、別名は『湯《タン》』と呼ばれる。このスープを入れる容器は『湯鉢《タンバル》（탕발）』という。湯鉢に入れられるスープ類は多様であって、日本の味噌汁のようなものではない。味噌汁や吸物が入っていた木製の『椀《ワン》』と区別して、具の多い汁物や、時にはご飯の入るクッパプ（국밥）のような食べ方の容器類は、朝鮮での呼称通り『湯鉢』としたのであろう。タンバルがやがて訛ってドンブリと変化したと考えられる。

現在、このドンブリの呼称について、何んら定説がない。小幡弥太郎（北海道大学名誉教授）博士が、うなぎの蒲焼きに用いられた重箱からヒントを得てつくられた鉢が『けんどん風鉢』で、その前と後を省略して『どんぶり』になったのではないか（和食器由来考、味の素ニュース）と考えられるが、朝鮮の磁器類と日本語の関係を知られた上でのことではなく、かなりのこじつけの感を私は持たざるを得ない。

徳利《トックリ》と독그릇《トックルッ》

もうひとつ、朝鮮の磁器の呼称が日本の食器名になったと考えられるのに『徳利《トックリ》』がある。この酒を入れる徳利の呼び方についても、小幡先生は『陶製《トウのツクリ》』というものが語呂がつまってトックリになったのではないかと主張される。これも少し無理があるように思える。陶《トウ》の製《ツクリ》は何も、酒の容器だけでなく、数多くのものがあった筈である。

朝鮮の酒は甕《カメ》（독《トック》）でつくられる。大きい甕はそのまま독《トック》と呼ばれるが、つくられた酒を小分けして入れられた、酒の瓶のようなものは、독그릇《トックルツ》と呼ぶ。그릇《クルツ》とは容器という意味である。

この독그릇《トックルツ》が訛ってトックリとなったと考える。いずれ酒の製法と朝鮮との関係について書く予定であるが、日本の酒づくりは、百済の仁蕃《には》が応神天皇の時代に伝えたものである。食文化のルーツをみる場合、料理は単に料理法だけが伝えられるというものではなく、その料理を入れた『容《い》れもの』そのものも、なんらかの形で伝えられているべきなのである。

酒とそのつくり方、そして容器がセットで渡って来たのかは定かではない。つくり方が伝えられ、のちに酒の入った酒瓶、つまりトックルッ（甕容器）が贈物などで持ち込まれたのかも知れない。その外来の品物は当然、外来語の呼称でそのまま呼ばれることになる。このトックルッがトックリになり、容器も最初の大きなものから、だんだん小さくなって行ったと考えてよいであろう。

平凡社の百科事典にも、トックリのトッは朝鮮語の甕（トック）から来たものらしいと説明している。（チョン デ ソン・理博）

古代朝鮮文化史をどう考えるか（下）

東北大学教授
井上秀雄

固有名詞の文字の場合はチョッとよくわかりませんが、皆さんがいろいろなことでご存知の新羅の南山新城碑の碑文の例で考えてみましょう。

私もこの夏みせてもらいましたが、全部で六つでございますね。ところでこの碑文の解読文のなかには碑文に無い字が一字はいっています。代々、原文を見ないで今日まできているんではないかと思うんですが、無い字がチャンと有ることになっている。これは黄寿永先生の本（『韓国金石遺文』一志社刊）にも入っておりますし、ほかの先生方の本でもそうです。

では、なぜそういう間違いがおこったかともうしますと、碑文は六つとも全部完形ではありませんが、ほぼ完全にのこっている三つを較べてみますと、前半の書きだしの文章が同文です。まったく同文なんです。ですから、のっけから同じ文章だという概念で皆なさんは書いておられるようですが、昔からミス・プリというものはあるんですね。二番目の碑文が一字をとばしているんです。

私は以前から気づいてましたが、今度口《くち》の喧しいのが五・六人で行ってガヤガヤやっているうちにみつけました。まあこの話しからお分りのように、南山新城碑がいくつ作られたか——私は二百ぐらいあるんではないかと勝手に想像していますが、いままでの例からみて、いくつ出てきても最初の書き出しの文章は同文になっているとおもいます。

『南山新城碑』（其の一）

辛亥年二月二六日南山新城作節如法以作後
三年崩破者罪教事為聞教令誓事之阿良羅頭
沙啄音乃古大舎奴含道使沙啄合親大舎営坫
道使沙啄□□倣知大舎郡上村主阿良村今知
撰干柒吐郡□知尒利上干匠尺阿良村末丁次
干奴舍村次□叱礼干文尺□文知阿尺城使上
阿良没奈生上干匠尺阿烏寸次干文尺竹生次
一代面捉上珎巾□面捉上知礼次面捉上首尒
次干石捉上辱歴次□受十一歩三尺八寸

このような文章を新羅式漢文というんでしようが、新羅式漢文なら新羅で通用しなければだめですね。文章というものは自然発生的に、勝手に書いていたのでは通用しません。私も以前には、純漢文がめんどうくさいからだんだんに新羅式漢文に変ってきたというふうな発想でいたんですが、この南山新城碑を見ていますと、特にこれは誓約書ですからよけいにそうですけれど、そうはいかないんじゃないか、定められちゃうんじゃないかと思うのです。そう思ってみますと、平壌城の城壁をつくったときの碑文も始めのほうの文章は良く似ております。日本のように何もかも勝手にせいという例は割合すくなくて、文字や文章というものは、本来、政治機関が統制するものではないのだろうかとおもいます。

もともと文字は政府と民衆なり、地方の出先機関なり、あるいは地方の共同体なりとの関係をキチンとするために使うようになるんですね。私と貴方たちとの約束ならば木に刻み目をいれておく従来のやり方でいけるでしょうが、後まで残しておかなければいけないとか、第三者に対してもそれが有効でなければいけないというような状況がでてくるときに、はじめて文字というものが国家的に創造されるのだと、私は、一応想像してみていただきたいのです。だからこの南山新城碑のように、キチンとした文章が要求されるところから出発するのだと思います。

キチンと伝えなければならないもののひとつには当然仏教の布教があるわけですが、この点ではハングルの普及についても同様の事情を見ることができます。

ハングルとは訓民正音で、こういうふうに

書くものだ、こういうふうに写すものだと王朝が指示し、政治力で使わせようとするわけですが、貴族たちの反対をうけてなかなか進まないわけです。

　では、どこで早くこのハングルが使われはじめたかというと、農書と仏書にそれを見ることができます。というのは漢字を知らない人達にもとにかく仏教とはどういう教えなんだ、話しなんだということを正確にしらさなければならなかったからです。仏教が良いものだというのは、どこが良いかを名僧知識の話しを翻訳して皆に伝えなければならない。どうでもいいんだというふうに言われたのでは仏教が成立ちませんからね。だからこれはむしろ教団のほうが力をいれた結果だろうとおもいます。

　そうだとすると、ものを伝えるということは、仏教は行政と並んでその必要性が高かったわけです。これは十五、六世紀の話しですが、古新羅に文字文章がひろがっていった状況とかなり似ているんじゃないかということを、南山新城碑の碑文を読みながら感じたわけなんです。

　ですから、それは間違いだ、外国人はとかく間違いが多いといわれるかもしれませんがヒョットするとこれは当っているのではないか、という気もするのです。こういう頼りない資料ばかりでありますけれども、従来の先生がたがあまり重視されなかったことを探していきますと、どうもこんな結論になるんではないかとおもいます。

四、仏教と固有信仰の結合

　仏教はまず第一に王朝がとりあげます。これはさきの本に書いておきましたように王様の仕事なのです。

　王様というものは、シャーマンからはじまりますが、要するに農業生産にかかわる天候そのたの責任は王様が背負わされているわけですから、その変化を見ぬいて予言し、あるいはそれに対応し、その害悪を克服できなければならず、そのためにはどんな宗教、どんな技術であれどんどんとりあげていかなければならない義務が彼にはあるわけです。王様側のたいへんな職務がありまして、水旱整ワズ五穀稔ラザレバ咎ハ王ニ帰シ、アルイハ替エルベシ、アルイハ殺スベシ、と、殺されちゃうわけですから、新らしい物好きというよりは新らしいものを取りあげて自己防衛しなければならない立場に立たされています。

　仏教が日本で最初に喜ばれた理由は日本書紀にあるように「仏の顔きらぎらし、礼うべきゃ否や」——綺麗じゃないか、ということですが、ただけっして美的感覚ではなく、当りそうじゃないかということでしょう。新羅の古墳からあんなにたくさんの金の細工物が出てくるというのも一脈通ずるものがあるとおもいます。王様だから綺麗なものを飾るのだという理由だけでは、なかなか一般の人の承認はえられないと思うのです。今でも占師というのはスタイルがきまっており、Gパンをはいた変な恰好をしていたのでは、いかに当っても人々は集まらないし、それ相応の恰好をしていないといけないでしょう。

　事実、仏教が入ってくるときは朝鮮三国においても日本においても、王様が百僚を従えて都のそとまで迎えにいくとか、あるいは自分の宮殿にすべきところを寺にかえるとか、たいへんな力のいれようです。その力の入れようの原因はどこにあるかというと、私は、王様の本来の職責に関係があると思うのです。だから、もちろんその結果において権力の誇示だという面もでてきますから、従来の研究が間違っているとか無駄だったというのではなく、もう一面の部分があるんではないかという点で申しあげているのです。

　新羅では真興王の五年（五四四）に最初の寺興輪寺がつくられ、つづいて同十四年（五五三）に、いま盛に発掘している皇龍寺がつくられます。この九重塔の礎石の下から立派な舎利塔とともに碑石や碑文がでてまいりまして注目されているところですが、そもそもこの皇龍寺がつくられる経緯というのは、王が月城の東に宮殿を建てたところ、ある日この新らしい宮殿の池から黄龍が雲をよんで天に舞上がったので、これは仏教を盛にしろということであろうと、宮殿を寺にかえ、黄色い龍が昇ったから皇（黄）龍寺と呼ぶことにしたというもので、三国史記に出ております。

黄龍にはいろいろな解釈があろうかとおもいますが、とくに中国では農業神として非常に活躍するもので、水神でもあります。

のちに文武王が東海の龍となって倭の侵入をふせがんと遺言したので大王岩という海中の岩島に葬ったといわれますが、この龍というのは、もちろん軍事的な能力があるわけでしょうが、基本的には農耕神です。

すなわち黄龍がたちのぼるというのは固有信仰――土着神なんですね。土地の神がここに寺を建ててやれということを王様に言うわけで、王はそれならというので寺を建てたという解釈なんです。

これをもっと一般的にいえば、朝鮮に仏教がおこなわれていく過程は、王様の側から、土着神が仏教の発展を支援する形で語られ、仏自身あるいは僧侶自身が王朝に食いこんでいくというのではありません。

さきほども仏教とともに儒教が同時にとりいれられたことを申しましたが、今日では仏教と儒教を分離して考えますけれど、昔は新らしい文化として、そういうものはともに伸ばさなければならず、しかもそれを推進している者は古くからあると考えられている土着神であり、そして土着神自身もそれによって発展していくのであります。

仏教受容と花郎との関係もその良い例です。花郎は新羅統一のときの仏教軍団というか、三品先生のご研究では農村の若者組から発展してきた組織を王朝がとりあげたものとされているものですが、それを三国史記――というよりも新羅中期の金大問が著した「花郎世記」や末期の崔致遠の解説によりますと、儒教と仏教と道教と在来の信仰をあわせたもので教育し、それによって国を護ったという考えなんですね。宗教のありかたからいうと、朝鮮ではその後も近代史の東学の乱の「東学」も名前のとうり西（洋の）学にたいする東学というような概念で、諸学を包含するという特色があります。それは単なる理念だと言ってしまえばそうですが、そういう傾向があることは今日までずっと続いているといって良いんではないかと思います。

仏教を受容するのは仏教徒よりも花郎というような、おそらく地方神を信仰している農村の若者組のような地方の連中で、王朝との関係もあるでしょうが、すすんで新らしいものをとりあげ、それを基盤にして発展をしています。

我々はどうも仏教が栄えれば儒教は衰えるのではないかとか、神道とは神が仏教をおさえて発展したものだというように、なにか宗教のキャパシティというものは一定で、そのなかで利権の奪いあいをしているように理解しがちですが、どうも、こういうものを読んでみますと、喧嘩よりは相互扶助というか互いに助けあいながら発展してきたんではなかろうかとおもいます。

ただし理解そのものは実は大変おそまつでいちばん極端な例では三国遺事の巻三の「四仏山。堀仏山。万仏山」の項があります。

それによると、竹領の東百里ばかりのところに高山がそびえている。真平王九年（五八七）甲申（甲申は六二四年で年次と干支が違っている）、ひとつの大石があって一辺が一丈もあり方形をしている。その四面に如来の像が彫られており、すべて赤い薄絹でおおわれていた。この石が突然この山頂に落ちてきた。

竹嶺東百許里。有山屹然高峙。真平王九年甲申。忽有一大石。四面方丈。彫四方如来。皆以紅紗護之。自天墜其山頂。王聞之命駕瞻敬。遂創寺嵓側。額日大乗寺。

仏教が印度から伝来したとか中国から教えられたとか、そんなことは考えてないわけです。天から山頂に降ってきた話しは日本でも天孫降臨以来おなじみのもので、新羅の開国神話では六村の始祖はすべて天から降ってきていますから、神話とおなじように理解している。仏さんというのは要するに神様なんで、むずかしいことはとにかく、天から降ってきた、だから、あれは神様なんだという理解なのですね。

また、王様が喜んで慶州からあんなに遠い竹嶺までわざわざ出かけていってお寺まで建てていますが、マ、これは六世紀の終りのことですが、さらにその程度ではとどまらずに八世紀にはいってもなお同様に名僧が天から降りてきます。儒者が降りてきたという書物はありませんが、私は名儒も降ってきたんではないかと思います。天孫降臨どころか名僧・名儒・神様・仏様これから全部が天から降りてくるわけです。それを地上にいるものが受けとめてお祀りをする。このように新羅では七世紀・八世紀になっても従来の固有信仰とおなじように受けとめております。これはヒョットしたら今日でも残っているのではないでしょうか。

　一昨年、私が小白山へ登ったとき、山上にいっぱい牡蠣小屋のようなお寺があって、お爺さんやお婆さんが一人で修行しているというんですが、日本製のポータブル・ラジオを持っていてガンガン鳴らしていますから修業になるかどうかわかりませんけれども、ただ高いところが好きだというのではなく、これがみんなお寺なのです。

　私も一晩泊めてもらいました。ほんとうに素晴らしいところでした。空気が澄んでいますから、すぐ下の順興、そして栄州、そしてさらに南の安東ぐらいまでが綺麗に見えます。うわむけば満天に星をいただき、まさに手を伸ばせば星がつかめるような空でした。

　そういうところに仏教徒が集まってくるというのは、たしかに朝鮮王朝における仏教の迫害をはじめ、いろいろな歴史の結果であることはたしかですが、逃げこみ先がそういうところだということに、私はたいへんな興味を感じるのです。

　山頂にたくさん造られた山城も、あるいはこれと関係があるのではないか、いずれ調べてみたいと思っております。

　とにかく仏教の理解のためには文字が必要だったということも、私は、たいへん重要なことだとおもいます。つまり大半の人は従来の神様とすこしも変らない理解のもとで、金キラが沢山あって面白い。綺麗だと色彩や音の非常に豊かな場、いわば大人の遊びの場へすこしでも面白い話しを聞きたいとでかけます。基本的には従来の信仰に新らしい文化をかぶせていくわけですから、もとのものはなかなか変ることはありません。

　そこで、それを変えようとすると、魂の問題とか、仏とは何かとかということになって、一度や二度聞いてもわかりませんから布教のための本がいつの時代でも必要だったろうと思うのです。そこで先ほどあげた隋書の俀国伝の意義も、こうした形で仏教が受けとめられたのではないかという面を物語っているのではないかと考えているわけです。

　それから、三国史記や三国遺事にでてくる説話を見ていますと、仏教が興隆したといわれるその裏側に、仏教は図抜けて栄えたが固有信仰は問題にされなかったようにとれるふしもありますが、実はそうではなく、固有信仰も発展したのです。当然、仏教の理解がすすむにしたがって固有信仰の理解も深まるのです。たとえば、文武王が寺を建て仏教を盛んにし、みずからは龍になって倭の浸入を防ごうといっているのですから、ここでは両波（ＡＭ・ＦＭ）増巾しているわけです。

　感恩寺の石塔は立派に残っていますから感恩寺のほうだけに皆の目がいくわけですが、寺に近い浜の断涯のうえに利見台というところがあり、ここにその有名な龍の伝承があります。そういう固有信仰の伝承のほうはとかく忘れがちになってしまいます。感恩寺についても、龍になった文武王が時どき帰ってきて一服するために正面に階段をつくらず、また穴を掘って海水を導入したとありますから、仏教寺院であると同時に固有信仰の対象として、むしろこのほうが広く理解されていたのではないかとおもいます。

　こうした話しを探していきますと、いろいろございます。私は伝承というものが好きでして、たいへん教えてくれるところが多いのですが、そろそろ時間のようですから結論にうつらせていただきます。

五、結　論 ― 基層文化

　従来は、表面に素材が現われていないという理由で切られてしまった固有信仰に関する資料の発掘も、まずは可能ではないかということです。従来こんなものは駄目だとおもって捨てていたものも、もう一面洗いなおしてみれば結構考える手懸りになるのではないか。

　さらには、それを読むときに今日の知識でもって、儒教と仏教は違うとか、固有信仰と仏教は原理的にあわないんだとかそんな難しいことは言わないで、まず現象を見ていただきたいということです。

従来語るに足ると思っていた文化、を実は支えている一般の人たちの文化、これをふつうに基層文化ともうします。——あるいは生活文化といってもよいですが、国民の多くが生活の中で考えている生活の知恵といってもよいようなものを前提に置かないで、はたしてその国の文化を考えて良いんだろうか。

仏教がどこまで理解されたかということのほうが大事なのか、それとも新らしい刺激によって、基層文化というか一般人がそれを新たに自分達の知恵でどう取りあげていくかということを考えてみるほうが大事か。そうした問題の展開を私はもうひとつやってみる必要があると思います。

外側をつくった文化の華かさにまどわされて高級な文化のほうに皆さんの目がいってしまいますが、しかし高級な文化といってみても、それは所詮社会的ベースのなかで栄えたものでなければ根付かないのです。日本にもたくさん西洋画家のかたがおいでになりますが、それが日本の社会のなかでどれだけ喜ばれているか、珍重されているのかは、歴史的に見れば、味噌汁をすすって日頃はあまり美術館へ通わない連中が最終的にはきめるのです。

一定の権力が存続していれば別ですが、今日のように権力構造が大きく揺れうごいて、新たな世界をつくりあげようというような場合には、もういちど深く文化というものを考えなおしてみる必要があり、そしてそれが生き残っていく文化、換言すればその国の民族文化の将来を示唆するのではないかとおもいます。こうした見なおしに幾つかの問題があると思いますので、極くその結論だけを話させていただきます。

第一に、なぜこうした民族文化・基層文化を考えてみなければならないかというと、何といっても新らしい時代がそういうものを要求しているということです。

第一次大戦以来あるいはもっと遡って二十世紀のはじめごろから民族主義は着実に成果をあげ、植民地支配から脱却するうえで大きな・基本的な原動力になってきました。この民族主義が新らしい文化を要求しないわけにはいかないと思います。彼等はかっての貴族たちが持った文化をストレートに受けいれることをおそらく拒否するでしょう。では安宅コレクションに見られるような貴族文化をどのように考えなおしていくべきか。これを従来の美術史的な目でアレコレ議論していても彼等の体系のなかにはハマらないとおもいます。

それでは皆が理解しようとする新らしい共通の基盤を何に求めるかということになると、そのひとつとしてなんといっても民族主義的な感覚というか感情というか、そういう民族文化というようなものを考えなおしてみる必要がどうしてもでてくるのです。

第二番目にはこれとは対極的なところから出てくるのですが、異民族支配にも関連して、未開社会とか未開民族を対象とする文化人類学が出てまいります。これは一番未開な、徹底的に基礎の文化を対象にしていましたが、いつまでも未開にばかり踏み留るわけにはいかず、しだいに文明社会といわれるところまで研究分解を拡げてまいりましたが、その結果、やはり人類がいちばん共通にもっている現象つまり基層文化を一生懸命に追求しております。この二つは皆さんがすでにご存知のところでしょう。私はこれにもうひとつ加えていただきたいとおもいます。

第三には現代社会の農業社会から工業社会への転化ということです。すくなくとも日本や朝鮮は生産高をみても内部の労働者の配分を見ても農業社会ではなくなっています。したがって社会思想というものも農業社会的発想から新らしい工業社会に対応できるものに移さなければなりません。

ではどこに歴史的根拠を求めるかというと、この高度な工業社会は貴族を要求しない——むしろ貴族あるいは特定の指導者を必要としない社会です。そういう特定の人に指導されなければやっていけない社会ではなくて、中にいる人達がそれぞれ自分たちの文化をつくりあげる時間と能力をもっています。すなわち多くの人たちの文化というようなものを歴史のなかから拾いあげる必要があるわけです。

しかし、これは特別なことをしなくても、今までお話ししたように、大学の先生がたが「それはたいしたことはない」と言われた点をもういちど洗いなおすだけで、ずいぶん問題が出てくるんではないかと思います。

このように文化史を広げて考えてはいかがなものであるか、これが今日お話ししようとおもった主旨でございます。

本稿は去る一月二〇日朝鮮史研究例会で井上秀雄氏の講演を、氏ならびに旗田氏の御好意のもとに文章化したものです。

文責は筆耕者にあります。

（記　外岡）

≪お詫びと訂正≫

前号、「古代朝鮮文化史をどう考えるか」の三頁中段の中頃に、涅槃経とあるのは、涅盤経の誤りでした。訂正してお詫びいたします。

井上秀雄氏著作

古代朝鮮　日本放送出版協会　一九七二年

任那日本府と倭　東出版　一九七三年

新羅史基礎研究　東出版　一九七四年

古代朝鮮史序説　東出版　一九七八年

古代日本文化の故郷　大和出版　（編著）

船遊楽

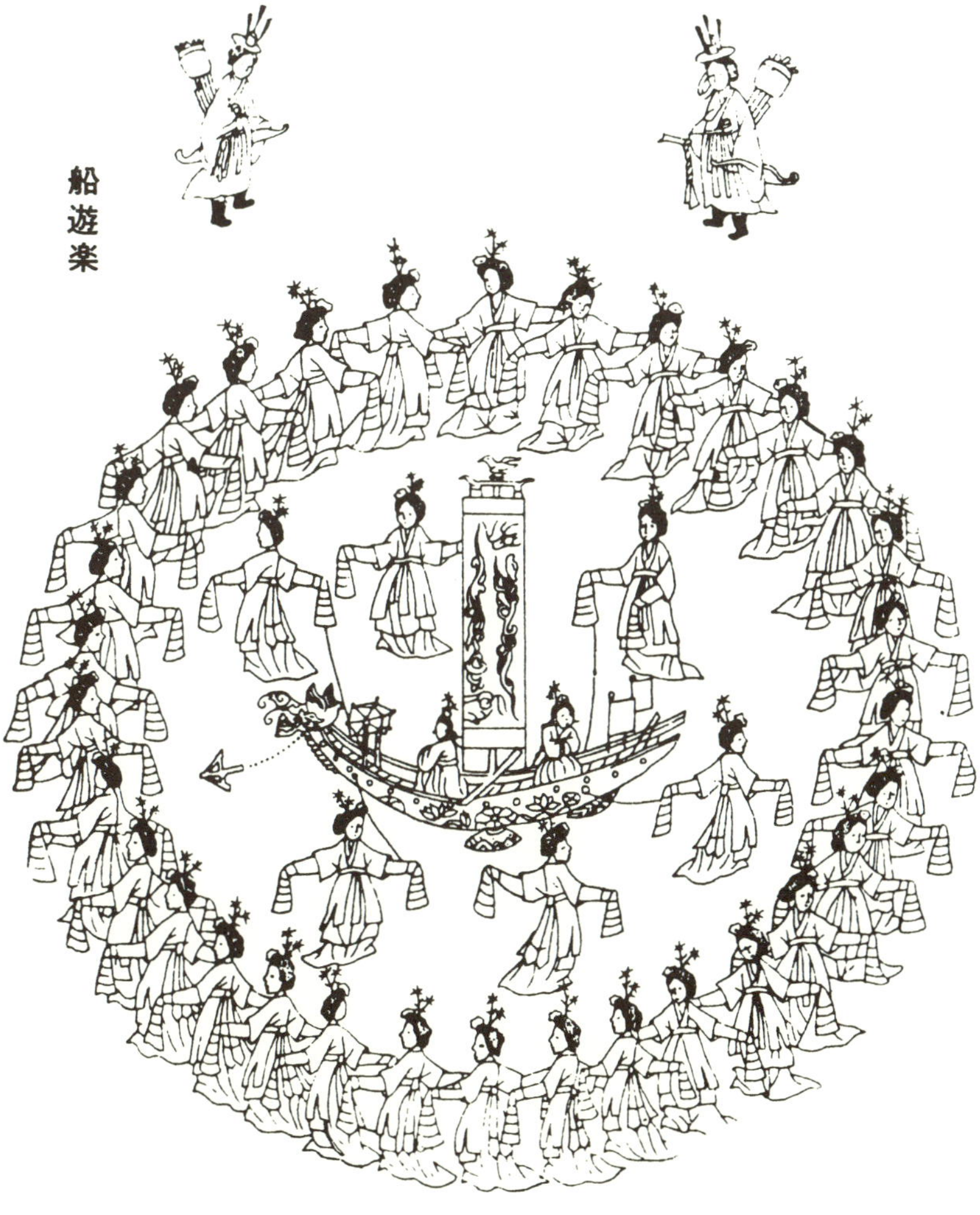

ピーコック画評（21）

後藤　直

　工藤晋は、秋田県本荘市出身のまだ若い（三十才少しの）気鋭の画家である。その油絵の小品展が今回開かれた。（個人的なことであるが、彼は私の同郷で後輩である。）

　工藤の恩師は、かの有名な抽象画の大家、山口長男氏であり、美大入学以前の恩師は、亡くなったが国画会の河村千代三氏であった。この先生も抽象画をかいていた人である。

　ものの見方、とらえ方は、それらの先生方から学んだのはいうまでもないだろうが、彼の絵の方向は具象であり、しかも二紀会に所属しているのだから面白い。

　オープン・パーティの席でも私は発言したのだが、家庭的にも恵まれ、某有名出版社の編集部に勤めているためか、最近の絵は、彼が本来持っていた荒々しさがやや欠けてきている。それはよくいえば明るくて、暖かくて大切なことでもある。

　が、彼の絵の大先輩が大声で「こんな絵をかいているようじゃだめだ、もっとダイナミックにかけ」と述べていたのも正しいと思う。

　私は「ポピー」とか「バラ」などの花の絵、しかも小品は、美大で基本からたたき込まれた絵かきなら、あれ位の色調、構成は、オーバーにいえば目をつむっていてもかけるであろうと考える。

　しかし画帳にさまざまな人びとがかいていた感想文のほとんどは「鳥海山がよい、迫力がある。」という意味のものだった。たしかに工藤晋の鳥海山はよかった。うまかった。ところが「鳥海山」のふもとで育ち、そのよさを実際身にしみつけて生きてきた私たちには、感想文にかかれていた「迫力」の意味とは違う「迫力」でなくてはならないのだ。

　つまり工藤晋の狙っている鳥海山（その角度は、象潟から眺めたすそ野が長く、日本海にそそり立つあの勇姿なのである）は、彼自身が満足しているわけはない。

　本来「鳥海山」は女性的な山である。中島健蔵氏、宮川寅雄氏、平武二氏、あるいは戸川幸夫氏もいっていたが「鳥海山」は、みどりの濃い静かな山なのである。

　そういう点では工藤はよく描いたといえる。がたとえば冬のシベリア直通の風吹きすさぶ「鳥海山」の迫力を彼は狙っているのだ。今後とも彼はそれを追求し続けて行くであろうし、その意志が失われない限り、工藤はもっともっとすぐれた絵を今後発表し、みんなを驚嘆させ、あるいは愉快にさせるであろう。私はこの後輩に、いろんな意味で期待している。

田村義也装幀展予告

（12月1日〜30日）

於ピーコック画廊

田村さんの装幀本が書店の店頭から消えたとしたら何とさびしくなることでしょう。

くじゃく亭通信

第26号

「くじゃく亭通信」編集部
〒150 渋谷区宇田川町八ー九
℡ 四六一・一八五五

定価５０円

田村義也の装丁について

安岡章太郎

本の体裁など、元来それほど重要なものではないのかもしれない。しかし今日、余りにもどうでもいいやうな本が氾濫し過ぎてゐるではないか。内容はともかく、装丁だけをとってみても、明治、大正、昭和の初期のものにくらべて、現在は甚だ劃一的であり、本に対する愛情のまるで感じられないものが大部分である。なるだけ安上りで、人の目につきやすく、カンタンに機械的につくれるものなら、それでいいといふわけであらう。勿論これにはそれなりの理由があって、本の定価が安過ぎるとか、工賃が値上りしたとか、いろいろのことが上げられるだらう。しかし戦争中、極端な物資不足の時代でも、いまよりは遙かにマシな造りの本が出てゐたことは、たしかである。粗悪な材料をつかって、やりくり算段したから、何とか本らしいものを造らうといふ意欲のある本が、いまよりは多かったと思ふ。

田村義也は、装丁家ではないし、絵かきでも図案家でもない、一個の編集者であるに過ぎない。しかし、彼ほど本について知り、つねに一冊の本をモノにしようとつとめる装丁家はゐないのではないか。気のきいた意匠やデザインを考へるといふことでは、彼より優れた人が大勢ゐるかもしれない。しかし、本の装丁といふ仕事は、ただのパッケージではないはずだ。一つ一つの著作の意図を、より良いかたちで、より多くの読者に伝へるものでなくてはならない。だから、それは本当は、

単なる意匠図案家の職域をこえた仕事であるのかもしれないのだ。

田村氏にあるとき、某物故作家の全集を刊行する企画を立てたことがあった。しかし、その作家は殆ど忘れられており、知名度が甚だ薄い。それで彼は、まづその作家を研究する会をつくり、そのための機関誌を発行して、その作家に対する関心を呼び起すやうにつとめたのである。勿論それは彼一人の力で出来ることではなかったであらう。しかし私が言ひたいのは、一つの全集本を出すために、彼がそこまで準備し、言葉の本当の意味で、Pabulic Relation の活動をしたといふことなのだ。これは装丁家とは直接関係のない仕事であらう。しかし、装丁といふのは結局、その本のＰＲなのであり、ＰＲといふのは右のやうな教育宣伝の意欲を以ってするのでなければ、ただの騒々しい行事に過ぎないものだらう。

田村義也の装丁に関する挿話や逸話は甚だ多く、枚挙にいとまがないから、ここでは一切触れずに置く。ただ、彼の装丁を鑑賞しようとする人は、どうか右に述べたことに気をとめて、意匠の底にあるものを見て貰ひたいと思ふ。

田村さんの装幀

金石範

私は田村さんの装幀で『鴉の死』が再刊（講談社版・一九七一年）になったとき、これは手造りの本だと彼にいったことがある。『鴉の死』は絶版になっていた新興書房版（一九六七年）が田村さんの持ち込みで、新たに書いた短篇「虚夢譚」を加えて再刊になったものだが、まだ当時は彼が装幀もするのだとは全然知らなかった。装幀もといったのは、彼は編集者であって、装幀を〝職業〟とはしていないからである。いずれにしても、私は自分の処女作が田村義也の装幀本として世に出たことを幸福に思っている。

『鴉の死』のカバーもさることながら、カバーを取った本体の厚いテント地の表紙の中央と背に大きく押した黒と朱の書名と著者名の文字の形。「鴉の死」の「の」の字の先端の、鴉の嘴を表徴する造形。田村さんが済州島に旅したことのある人だというせいもあろうか、この本の造りは済州島の岩盤にノミで彫られたようなイメージへと著者の私の想像を飛翔させる。「鴉の死」の荒涼とした世界とそれを突き抜けて立つ、いや、立とうとする精神の関係、作品の本質が虚飾を排した即物的な表現に凝縮して摑み出されているようで、私はその圧倒感に一種の戦慄と感動をおぼえたものだった。

これを書きながらいま『鴉の死』を取り出して見てみても、その感じは変らない。自著を置いてかくいうのは、いささか我田引水、ナルシスムの観なしとはせぬが（田村さんの数多くある装幀本のうち、自著に限って述べるのは恐縮だが、諒解されたい）、しかし私はやはり『鴉の死』の装幀は田村義也の傑作の一つであると思う。しかも、一つの新しい境地を開いたものではないかと思う。そして私は自分の著書のなかに、その傑作がいくつかあるものと確信している。

私はいままで八冊を田村さんに装幀してもらったが、そのうちの二冊の評論集を除き、六冊の小説本の装幀はカバー、あるいは箱、表紙、扉をふくめて活字体をそのまま使ったものはない。どれも試行錯誤のプロセスを経た田村さん自身の作字であり（活字体の場合も、すぐには眼につかぬ何らかの変形と操作が加えられている）、そのまま造形的な象形性をおびるに至る。それは小説作品の内容を擁護し表現しながら全く独立した世界である。いや、その自立した世界がかえって内容を照射する光源とさえなる。

私は田村さんの装幀を見ながら、楽しみもし、苦しみもし、そして悲しんだりもする。そのときはすでに、私の作品とは関係のない装幀そのものの世界へ私が連れて行かれているのだった。それは創造の世界であり芸術である。従って、田村さんの装幀には創造する者のよろこびとともに苦しみが付きまとっているのである。それが見る者に感情移入をさせるのだろう。

なんで、いまごろこんな野暮なことをいっているのか、と笑われるかも知れぬが、一般に装幀は本の内容の付属物だという考えがあるのではないか。そうでなければ、私の不明の致すところとして恥じる他ない。私は最初、『鴉の死』の装幀で衝撃を受け開眼させられたともいえるのだが、それまでは本の装幀をやはり独立した世界として見る眼を持っていなかったのである。

装幀は芸である。私は先に、田村さんは装幀を〝職業〟としていないと書いたが、つまりそれは彼の芸の世界であり、そこに田村義也の装幀の独自性がある。田村さんの装幀に接する人が自立した芸術の空間を自ら感得し、そしてよろこびを感じることができる所以の一つはまたそこにある。

田村義也装幀展

—次第書—

外岡　宏

本屋をぶらついていると、たまにハッとするほど美しい背文字に出会うことがあります。

そんなとき、私は、さっそくそれを手にとって腰紙を外し、カバーを外し、表紙と背表紙と裏表紙を眺め、表紙裏、中扉、中表紙、目次と眺めます。そしてパタンと音がたつほど強く扉を閉じ、再度表紙と背表紙を眺めてから装幀者の名前を確かめます。

こうしないと落着かないからそうするのですが、この性分というか性癖のせいで、いつか田村義也という名を知るようになり、気付いてみると、柄にもなく氏のファンになっていました。

本という商品の性質上、装幀が気にいったからといって、その本を買うとはかぎりませんし、私の狭い部屋は雑書の山で、女房からは書斎以外に本を積まないようキツく申し渡されていますから、欲しくてもなかなか買えないのが実情なのですが、美しい装幀本の魅力には格別なものがあります。いまでは、氏の作品なら八・九割の確かさで言い当てることができるようになりました。

氏の装幀の第一の魅力は文字の美しさにあります。形容詞や副詞をならべて褒めたてることは省略しますが、ひと口でいえば桃山風の氏の書体は、活字とは似て非なる世界に属するもので、いわゆるレタリング・デザインとも、筆勢を重視する書家の文字とも異なる味わいがあります。まさに装幀文字というべきで、この文字が格調をきめています。

これは私の独断ですが、田村さんは書はあまり得意ではないとおもいます。だからこれほど立派な文字づくりが可能なのだとおもいます。

第二の魅力 — というのは変ですが、魅力の第二点は、著者と渾然一体となって、氏は造形的内容を分担するとでもいうか、内奥から湧き出たエネルギーが凝縮したような、多様で力強いデザインにあります。装幀が単なる容れものをこえて、切り離すと血が出てしまう皮膚のようになっています。

私の好きな装本に谷崎潤一郎の『鍵』があります。棟方志功が板画でまとめたこの本は、まさにこうした装幀の古典だとおもいますが、田村さんの仕事もこの線上のものです。

しかし、個性的であることは両刃の剣となりますから、依頼者は職人に仕事をまかせたときのように安心しているわけにはいかないのではないか — そんな気もいたします。

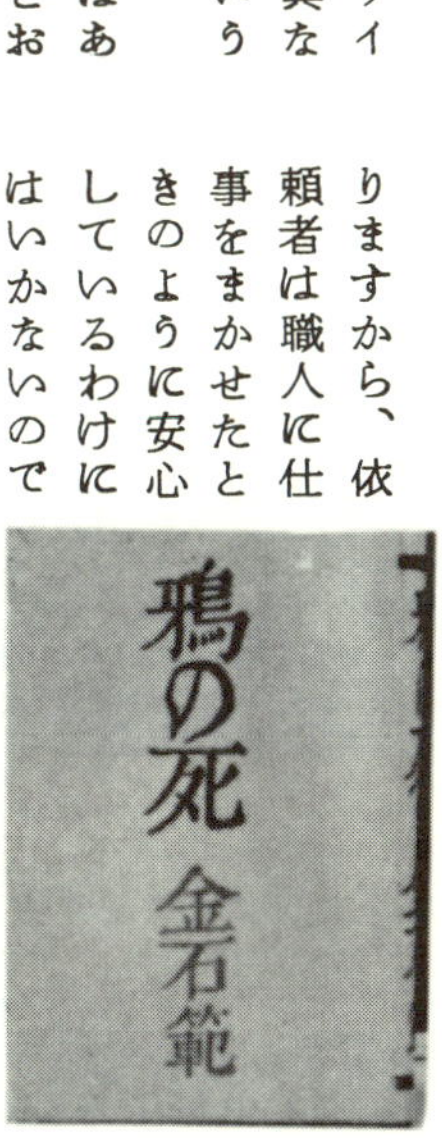

『鍵』についていえば、谷崎は心から満足し志功に深く感謝していたそうです。田村さんの装幀についても金石範は、いろいろないきさつのもとに出版された処女作『鴉の死』を見て心から欣んだそうです。伝聞はとにかく、あの繊細で皮肉屋の金泰生が『骨片』を目を細め愛撫しながらつぎの作品の構想を語る風景はねたましいほどでした。常にそうであれば言うことはありません。

それはとにかく、私は美しい本が出版されると嬉しくてなりません。そこで日頃「俺はこんな本が好きだ、こういう本をどんどん出してくれ」という展覧会を開きたいと思っていたところ高淳日氏も同様の意見をおもちで、裁判には関係ない「ヨッシャ」ということになりました。

展覧会を開くには少くとも御当人の了解が必要です。橋渡しは話しを聞いた玉井五一氏が引きうけてくれました。田村さんは頭をかきかき承知してくれました。氏の仕事について言いたいことは沢山ありますが、駄弁を労するより役立つだろうと一覧表をつくってみました。御高覧ください。

装丁とわたし

田村義也

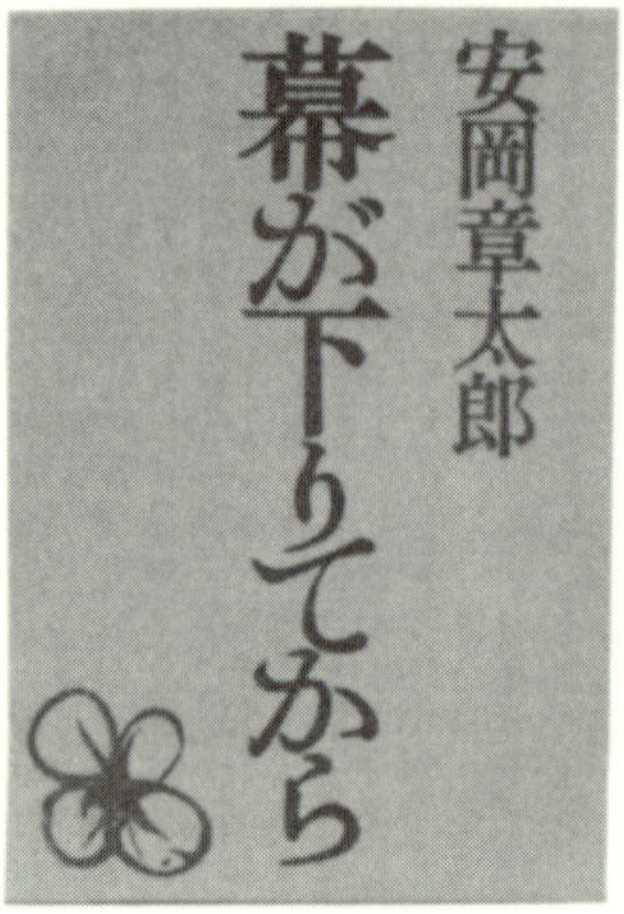

私のおやじは、特にこれといって趣味をもってはいなかったが、しょっちゅう新本屋をのぞき、古本屋街をあさるのが趣味といえば趣味だった。そして、こっそりと家にもち込まれたさまざまの本は、いつのまにやら、各部屋に横積みされ、やがて本棚が一つ増え二つ増え、とうとう床の間の両脇にまで本棚が鎮座ましますことになった。そして、また、いつとはしれぬまに廊下の隅の長押に横板が張られて小さな本棚ができるという具合であった。多くの人におぼえがあるように、本のための空間利用は、惨胆たる苦心の末の狡智をもって、ひたすら続けられていったのである。

　そんなふうだったから、玄関にあるまともな（?）本棚は別としても、他の部屋の本棚は、当然、二重三重の構造になっていて、それがまた、廊下の奥に左右向い合せになっていたりするものだから、昼なお暗き、その秘やかな一隅は、戸外で友達たちと運動したりあばれ回ったりすることが、およそ嫌いな私にとっては、格好の逃げ場所になっていた。

　その二重三重になった本棚の奥底の、どこにどんな本があるかとか、押入れのどこそこに塵埃をかぶった昔の本があるか、とか——そんなことを、中身も読まないくせに、家族の誰よりもよく覚えこんでしまうことが秘密のたのしみであった。

　そして、やがてその中に、大好きな本が、それも、この自分だけが大好きなのだと思い込んでしまう本が、しだいにできてくるものなのだ。そのうちの数点は、少年時代からずっと今日まで四十年間も、私の手もとにある。（もっとも私は、骨董品的愛書家なんていう輩が嫌いであって、本というものは、函やカバーなぞを取りはらい、できるだけ、手垢にまみれさせ、赤や青のエンピツの書き込みを入れて、読むものだと思っている。）

　このところ、いつのまにやら、装丁などというたのしい仕事をやらせてもらっているのだけれども、いつも、これら少年時代の本のイメージに、何やかやこだわることが出発点になっているような気がする。戦前のある時代には、小部数であったろうけれど、愛情のこもった本の数々が、編集者も印刷所も、製版所も製本所もふくめての、職人たちの熱心さと連携プレイによって作られていたことは確かなのだ。

　今日でも、装丁がうまくいくかどうかは、やはり当の出版社の職人——とくに編集者の動き方にかかっていることは、いうまでもない。（時たま聞くことだが、中身が問題であって、外側の造本・装丁などはどうでもよいといわんばかりの口吻をもらす人がいたりするので驚いてしまう。本という商品をつくっているくせに、何故内容にふさわしい衣裳を着せようとしないのだろうか、と呆気にとられてしまう。）

　たしかに、熱心な編集者の一言半句は、相当に装丁そのものに、影響を与えることは——特に仕上げ段階の——間違いない。いうまでもなく、本造りのいちばん中心の目的は、一体、いくらの値段の本を、いくばくの部数で、誰に向けて、作るのか、ということに帰着してしまう。原価計算のおもしろさ（?）ということにもなろうか。紙質や、色数や、印刷型式や、等々——こんなにからみ合って相関関係にあるものに最終的なかたちを与えようとするのが、装丁というものなのだろう。

　こりにこった豪華本をつくることと、書物らしい書物をつくることとは決して同じではない。お金をかけなくとも書物らしい書物、読み捨てにしない書物、いつも傍においておきたいという本をつくる方法はありうるのである。

　それから、いつも装丁の最初に取りかかるところをいってみると、本というものの必須要件は、題字と著者名がはっきりとしていることであって、その他のことは、まあ二のつぎだということである。とくに、本の背は、本の「顔」であるから、いちばん大切なところに違いない。本屋で平積みされている状態ばかり想像しているなんてのはいい気なものである。それは、ほんの僅かの期間であって、たちまち他の本と一緒に本棚に並べられてしまうのだから…。だから装丁者としては、まず、本の背をどのようにレイアウトするか、ということを考えるべきだろう。（だから、束見本というやつが気になるわけだ。見本はやはり見本だということもあって、実際の段になると、本文用紙が変ってしまったりすれば大変なことが起きてしまう。背厚が狂ってしまって、折角の本の「顔」が歪む、というお粗末なことになってしまっては大変だ。）

　もう一つは、かんじんの本の本体のことだ。カバーや函を取り去って残ったもの（ふつう表紙などといっているが）のことである。生産費の関係やら販売政策、店頭効果の側面などで、つらいところかも知れないが、派手なカバーやら函やらをとってしまった後にのこるものが、何ともわびしい姿をさらすだけ、というような本はつくりたくない。

　それから最後に、いつも経験することなのだが、さまざまな経緯があり、文字の探索があり、捨鉢などたん場の試みやらがあったりして――ついに見本が出来あがったときの安堵と憂鬱さのことだ。もう逃げられないとカンネンしなければならない。失敗したなア、と歎息が洩れる、口惜しさ、慚愧――それを免れる作品などほとんどない。とくに自分の書いたいやらしい線、いやらしい筆癖――そいつが眼の中にとびこんでくるときだ。だが言訳は無用。著者と編集者と出版社とに、あぁ、ごめんなさい！　その失敗が、紛れもなく、次の仕事へのステップになっていく。

（一九七七年三月二九日『週刊読書人』より転載）

田村義也装幀展　画廊茶房ピーコック
十二月十七日（月）〜一月三十一日（木）
お正月三日間は休みです

　田村さんの個展は今回が初めてですが、多くの方々のご協力を得て開催する運びとなりました。田村さんとしては自分をはだかにされるようで、いやだったことと思いますが、それでもテレながら――いやまったくひとを手古ずらせるテレ方で少々困りました――最後は観念して御協力頂きました。田村さんはじめ皆さまに厚く御礼申しあげます。いまは展覧会そのもののできばえの批判をまつばかりです。（高）

≪編集部より≫　外岡宏氏が苦心して作ってくださった一覧表は田村氏の事情で次号に掲載することにしました。

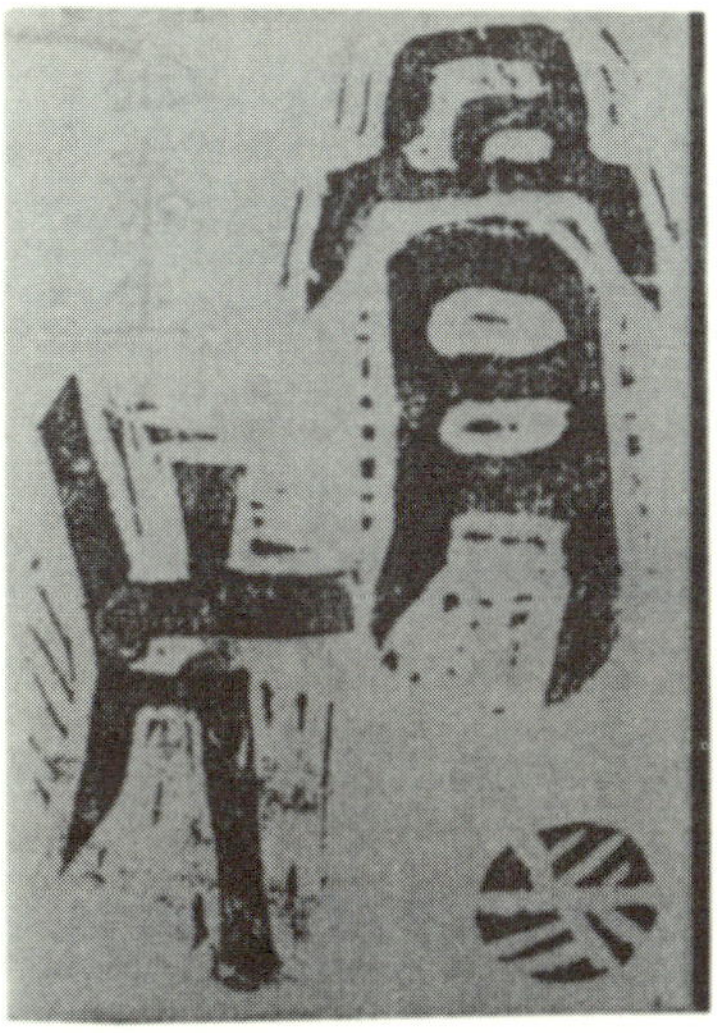

朝鮮食物文化譚（2）

鄭大聲

チョロギとチロンイ

日本料理に用いる材料にチョロギという植物がある。チョウロク、チョウロギとも呼ぶ。シソ科に属する多年草で、茎の高さは六〇センチ前後、全株に粗毛があり、葉は柄があって対生し、長卵形でやゃしわがあり、縁に小さいきょ歯がある。秋になると茎のテッペンに紅紫色の小さい唇状の花をつける。根は細い根茎を持ち先端に小さい芋《いも》状の塊茎が出来る。

この塊茎は白色をして居り、ひとつの塊茎には六〜七節のくびれがある。ために形はちょうど先の太い巻貝に似ている。夏の間に新しい塊茎は育つ。秋から春にかけてこの根を食用として利用する。

この根の色、形からチョロギという名前がついた。

由来は、朝鮮語のチロンイという言葉である。朝鮮語でチロンイ（지렁이 Jilongi）とは、ミミズのことである。

朝鮮ではこの植物のことを、ソクジャムプル（석잠풀）としているし、呼び名にミミズとの関連性はない。

日本でこれをミミズと呼び名をそのまゝ持って来て、チョロンイからチョロギになったのは、その食用にする時の形を朝鮮語で表現したからである。

朝鮮では山菜料理として根を食用にするが、家庭料理に用いられるくらいで、その一般化した料理ではない。

しかし、日本にこの植物が伝えられたのは、どうも二百五十年から三百年くらいでしかない。

料理法は根の部分を塩づけや酢づけにして用いることが多い。とくに同じシソ科の紫色の葉で赤く染めたものは、正月料理の目出度いものとして使われる。

このシソの葉で赤く染った根の部分が、ちょうど土中のミミズを連想させる形になっているところから、朝鮮語のチロンイという表現になったとされている。このチロンイがやがて訛ってチョロギになったのである。

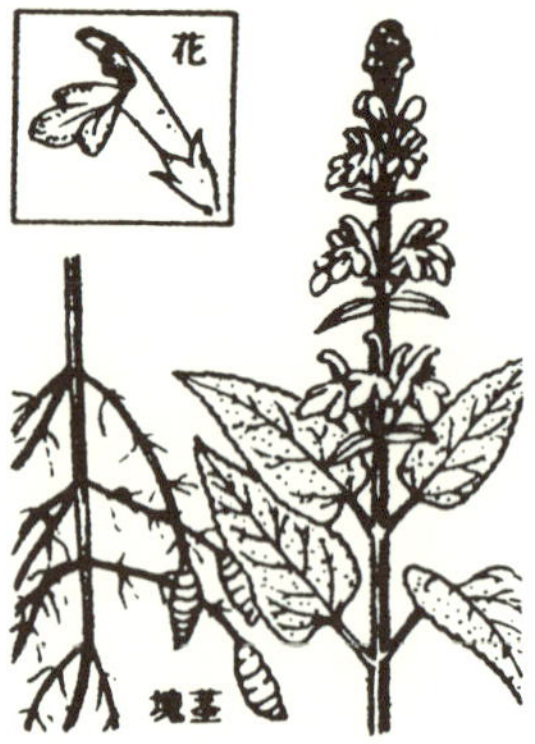

チョロギ

おそらくこの栽培植物が最初もたらされたのは、九州、中国地方であるらしく、今でもこの料理は、この一帯に根強く残っている。

塩漬け、梅酢漬、砂糖漬が日本での食べ方になっているが、油でいためて肉を煮合わせたり、スープにも用いる食べ方が朝鮮にはある。

アオイ（葵）とアウッ

徳川家の家紋は葵《アオイ》という植物の葉である。葵のマークは江戸時代の権力の象徴でもあった。

この葵《アオイ》の名称は朝鮮語のアウッ（아욱）という発音から来たものであろう、というのが筆者の主張である。

日本では葵を食べものとして料理するのはほとんどない。

朝鮮では葵は山菜として古くから各種の料理に広く用いられて来ている。

葵のスープであるアウックッ（아욱국）は食欲増進と疲労回復にうってつけの料理とされている。葉をゆがいて包みもののサム（쌈）という食べ方も普遍化しているが、何よりも貴重がられているのは、アウッジュク（아욱죽）と呼ばれる、葵のお粥《カユ》である。葉と茎の皮すじをはいで、これに味噌や唐辛子味噌（コチュジャン）をとかし、米を加えてつくられる。熱気をとり払ってくれるといわれる薬

用料理でもある。この料理は古く三国時代から有名な宮廷料理であった。

一方葵紋は京都の賀茂神社の社章であったのが、賀茂神社に奉仕する家の紋章になったともいわれる。現在も五月に葵祭が行われている。徳川家が葵紋を家紋にしたのは、その祖先が、賀茂神社の中から出ているためであろうともいわれている。

思うに奈良時代のころ、朝鮮との交流が密になり、応待の食事の中に葵の粥等が出され、大切な食べものと認識され、日本にも取り入れられ呼び名も朝鮮語そのものが一般化したものではないかとみられる。

その事実を次のようにいくつかの資料が裏づけてくれる。

葵一百七十把直八十五文（天平六年、造仏所作物帳）とあり、当時の『和名抄』（承平四年）園菜類のところには、

葵、本草云葵音逵和名阿布比味甘寒毒者也、と記されている。つまり読み方は阿布比《アフヒ》とされていた。

延喜内膳式には葵の栽培法が記されておりその収穫時期は五、八〜十月であり（内膳司供奉雑菜条）、計量の単位は一把、二把などであった。

さらに『万葉集』には

梨棗黍に粟つぎは小田葛の後もあはむと葵花咲く、とうたわれているし、梨《なし》、棗《なつめ》、黍《きび》、粟《あわ》などと共に栽培されていたことがはっきりするる。当然これは朝鮮と同じく大切な食べものであったわけである。

しかし、現在もそうであるように、いつの間にかこの葵、つまり阿布比は食べられなくなって行ったらしい。

『日本植物図鑑』には、

今我邦庭園ニハ敢テ之ヲ見ズ唯海浜ノ地ニ帰化植物ノ姿ト成リテ生存スルニ過ギズ是レ往時渡来品ノ残存種ナリ。…………朝鮮並ニ中国ニテハ蔬トシテ之ヲ圃ニ作リ、朝鮮ニテハあうく（阿郁）ト云フ……と記されている。

実際、朝鮮では葵の呼び名を（阿郁《アウク》）、阿郁子《アクジャ》、葵子《ギュジャ》、露葵《ノギュ》などとしながら、漢方薬などに広く用いられている。

日本の歴史上の一時代を画した江戸時代の徳川家の家紋が、朝鮮からの渡来植物であり、しかも、その呼称がそのまゝであるということは、はなはだ興味あることといわねばならない。（チョン デ ソン・理博）

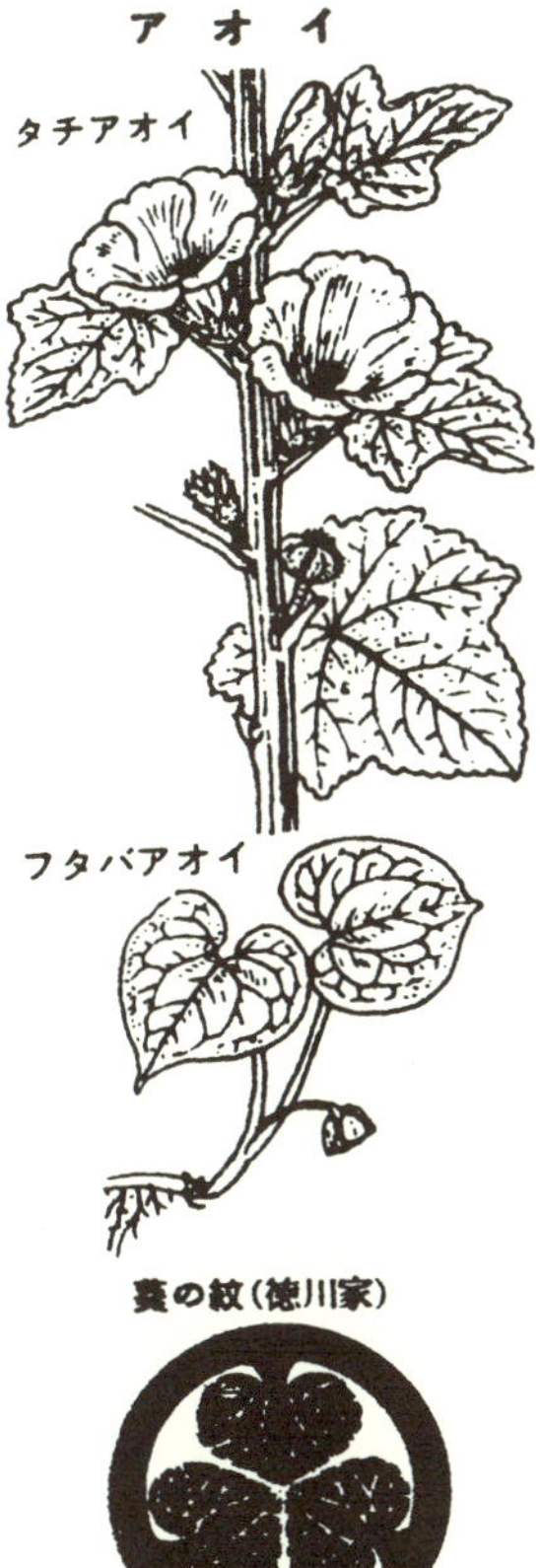

（写真イラストは、学研新世紀大辞典より転載）

≪新刊案内≫

安岡章太郎　放屁抄　岩波書店　価一六〇〇円
金達寿　対馬まで　河出書房新社　価一二〇〇円
金石範　往生異聞　集英社　価九八〇円
張斗植遺稿集　運命の人びと　同成社　価一八〇〇円
桜井義之著　朝鮮研究文献誌—明治大正編　龍渓書舎　価九五〇〇円

韓国仏教美術への旅（5）

白倉光男

九　五重塔が国立中央博物館の上に建つ

国立中央博物館は、一三九四年、李太祖によって造られた李朝最古の王宮・景福宮内にある。五月の太陽の照り返しがまぶしい玉砂利の道は、入場門から十数米歩くと右に折れ正面の博物館へと通じている。白亜の博物館の屋上には、忠清北道忠州に現存する俗離山法住寺の国宝の捌相殿（木造五層塔）、その他二棟が模築されて北岳山を背景に雲一つない空へと高々とそびえ立っていた。正面階段も慶州・仏国寺の青雲・白雲両橋を模範にして造られている。この博物館は新館で、一九七二年に旧館の背後に建てられ、同時に李王家美術であった旧徳寿宮美術館の所蔵品は今はここに一括して保管・陳列されている。入口は正面左側の奥まったところにあり、周囲の壁は城壁を思わせるように相当な高さである。陳列室を一巡してみて、明かり窓が一つも見あたらなかったのはこの高壁のためであつたと、ガテンする。

十、韓国の鉄仏

博物館は、十一室からなり、第八室が仏像の陳列室で、三国時代から高麗時代までの韓国の仏像の流れを容易にみることができる。室にはいると、旧春宮里の丈六の鉄造釈迦如来坐像がまず目につく。鉄仏はこの他に、毘盧舎那仏一軀、如来坐像四軀、仏頭一軀等が安置され、日本の鉄仏を見慣れてきた目で、これらの鉄仏を見ると、その鋳造技術は相当高度であることがわかる。

日本の鉄仏と比べて丈が大きく、表面の肌は荒れていない。大きな像でも、細部まで湯がまわり、湯が冷えてきてもあまりくずれず原形をそこなわずにいるのは、鉄を高温で溶かす技術がすでにもちえていたからだ。

韓国で鉄仏の造像が行なわれたのは、統一新羅末（九世紀）から高麗（十世紀）にかけてであり、これは中国からの影響と当時の韓国における銅の埋蔵量が少なくなり、安価な材料の採用による二つの理由である。

中国において、唐代の禁銅令により鉄仏が多く造られ、五代から宋にかけてはより一層銅の使用は厳禁されてしまった。今日でも中国各地に数多くの鉄造遺品（仏像の他、僧侶像、獅子像等）が残っている。

十一、日本の鉄仏

日本の鉄仏の製作は、鎌倉中期（十三世紀中期）から室町時代（一四・五世紀）に流行し、韓国の鉄仏の制作と少し時期がずれる。日本の鉄仏は、鉈彫の分布とほぼ同じで東国に多く存在する。坂東武士の荒々しさが、鉄仏なり鉈彫を作らしめ、東国の武士の気性が仏像の造像にも現われた。当時の日本は、銅の産出量が韓国、中国に輸出できるほど豊富であったので、鉄仏は金銅仏の代用品とは考えにくい。

栃木・鹿沼市上石川の薬師堂の薬師如来坐像は、現存する鉄仏中もっとも古い建保六年（一二一八）の造像銘を有し、像高五二糎のムクの小像である。地方仏らしく、幼稚な面相をしているが素朴で愛らしい。鋳造技術が未熟のためか、頭が少し右に寄る。上石川からほど近い西方薬師堂には、上石川像より五十九年経った建治三年（一二七七）の造像銘がある鉄造薬師如来坐像が安置される。鋳造技術は数段すぐれてきて、仕上げは素晴しく、いたみもない等身像である。

鉄仏に関して、韓国、中国そして日本の遺品を通して簡単に述べてきたが、韓国、中国の鉄仏と日本の鉄仏をよく比べてみると、彼地の鉄仏は表面に外型のつぎ目（バリ）を残したままであるが、日本の鉄仏には二、三例を除いてそのバリは残していない。国立中央博物館の鉄仏は、どれもすっかり彩色がなくなってしまっているが、韓国の仏像は鉄仏に限らず体の表面に金箔なり漆食が施されている例が少なくない。彩色を施すために、バリは取り除く必要もなかったのだ。

食はくじゃく亭にあり

―焼肉とわたし―

須藤出穂

生まれてはじめて焼肉を食べたのは、もう三十年近く前のことだと思う。

ＴＢＳラジオがまだ有楽町にあったころ、「のび行くこどもたち」というドキュメントの構成をやっていた。その仕事で、赤羽の朝鮮人小学校に取材に行き、案内してくれた李さん、李…なんという名前だったか記憶してないが、わたしと同年輩の、文理大出身のはきはきした青年だった。

冷たい風が吹きまくり、わたしたちは、凍えて疲れていた。李さんは、細い路地を入って、糊をぬってすりガラスのようにした戸をあけた。看板になんと書いてあったかおぼえてないが、入るとむっとあたたかく、肉の焼ける匂いが、胃の腑をえぐるようだった。よほど空腹だったに違いない。わたしたちは、むさぼるように食べた。

食べているときは忘れていたが、その日の取材は、わたしにとっていまも忘れ難い。こどもたちは、目を輝かして、くり返し、「祖国」と言った。「祖国」に帰って働きたい。「祖国」のために役だちたい…。日本のこどもの口からは、出るべくもないことばであった。いや、こどもどころか、わたし自身でさえ、「祖国」ということばとは縁が切れていた。大日本帝国を「祖国」とほんきで思ったことさえ、はたしてあったのか、そして、いま、わたしたちは…それが、ひどくこたえていた。

数年後、わたしは、「守礼の人」というラジオドラマを書いた。「祖国」へ行って働こうと誘われて、愛知県一の宮の中小紡績会社に就職した青年たちの話である。「祖国」にあこがれ、来てみて絶望した人々のことを書いた。

焼肉の話を、軽快に書きたかったのが、とんでもない所へ行ってしまった。

わたしは、はじめて食べた時に、むさぼるように食べたと言ったが、所詮、そういう時でないと、食味の記憶の残らない人間らしい。食欲がないわけではない。うまいものを食うことが嫌いであるはずはない。しかし、記憶の構造は変えられない。

わたしは、食い盛りのこどもたちを連れて、しばしば中野の焼肉屋へ行った。すさまじいばかりのこどもたちの食欲につられ、ひきこまれて食う。親のふところ具合とも、これは深く関係しているのである。堪能するだけ食べさせても、なんとかだいじょうぶなのである。

そのこどもたちも、それぞれ、自分で、食べものをあさるほどの年になった。どこでなにを食べたら、こたえられなかった。こんど一緒に行こうなどと一人前のことを言うようになった。

くじゃく亭の焼肉のソフトなうまさを、わたしなりに感じながら、思いはつい遠くへ行くのである。

（すどう　いずほ・劇作家）

桜井義之著

『朝鮮研究文献誌 明治・大正編』の刊行を祝う会に出席して

船橋　治

さる十一月三十日、東京神田の学生会館において、桜井義之氏の長年のライフワークである『朝鮮研究文献誌 ― 明治・大正編』の刊行を祝う会が行なわれた。

参加者は、桜井氏の交友関係の広さと、趣味の多彩さを反映して、単に朝鮮研究者に限定されることなく、多方面の方々が参加し、祝辞の内容も多様であった。例えば、旧京城帝大弓道部の友人、都立大応援部のOB等々が大勢参加していたことは、その証明であろう。

さて、桜井義之氏は、戦前、京城帝大時代に『明治年間　朝鮮研究文献誌』を刊行した。同書は、奥付によれば「昭和十六年三月三十日発行」とあり、発行所は「京城府明倫町二丁目三三番地桜井方　書物同好会」とある。この書物同好会とは、当時ソウルにおいて鮎貝房之進、今村鞆、岡田貢等の文化人を中心とした史談会的な研究会であったという。桜井氏はこの同好会の七年間の活動を通じて、この『明治年間』編を出版したわけである。

言うまでもなく、今回小舎から出版した『朝鮮研究文献誌 ― 明治・大正編』の前身がこの『明治年間』編である。そして、大正期出版の朝鮮研究文献については、昭和十五年から同十六年にかけて雑誌『朝鮮行政』に連載していたものを主体としている。勿論、明治期、大正期共に、今回の出版にあたって大幅に追加、補筆されたことは言うまでもない。

ところで氏の本書に打ち込んだ情熱は、ソウル時代から数えて四十数年の長歳月に及ぶ。その苦心も一言で述べることが出来ないほどのものと推察する。ここでは若干ウラ話になるが、本書が龍渓書舎から出版された経過を記しておく。それは、この『くじゃく亭通信』の発刊を続ける高淳日氏とも関係していることなのである。

すでに、ご存知の通り、高氏は二年程前、「幻の書」と言われた陸軍参謀本部編『朝鮮地誌略』を覆刻刊行した。これは今日第一巻のみの刊行で終っているが、その原本は桜井氏の蔵書の中にあったのである。しかし、高氏が朝鮮図書覆刻会から刊行を決意した時には、桜井氏の蔵書の多くはすでに東京経済大学図書館に「桜井文庫」として納められていた。そして、この東経大の蔵書となった『朝鮮地誌略』の高氏の刊行に協力して、世に出すことに苦心されたのが、同大学助教授村上勝彦氏であった。村上氏は筆者と大学時代の友人であり、今回の『朝鮮研究文献誌』の刊行にも又、力をかして下さったのである。それとは別に、桜井氏の原稿は一時他の出版者から出版のはこびとなったものの、その出版社が倒産したり、そのため原稿が行方不明になるなど「不運」の連続であった、という。そのような時に、偶然とはいえ、村上氏を介して小舎から刊行する運びになったのである。

原稿枚数一五〇〇枚余の厖大な書は、製作に約一年半の時間を経、四校まで著者に目を通していただいた。桜井氏の文献誌の特徴は、祝う会の席でも言われていたことであるが、「原物主義」とでも言うべき、必ず書物そのものに自分で当ることである。そのため、校正の途中で新しい本が古書市などで見つかると、原稿の訂正が行なわれる。この作風を長年維持してきたことは、氏の情熱の表れであろう。この『明治・大正編』に続いて、『昭和編』の刊行を望む声は、当日も多々聞かれたが、小舎にとっても、ぜひお願いしたいところである。

また、桜井氏は書名をあくまで「文献誌」とし、各文献の所蔵機関を示すことを最後まで拒否しつづけられた。しかし、書舎側の強い要望も聞き入れていただき、各文献の下に代表的所蔵機関を一つだけ入れていただいたが、これはかえって桜井氏に多大なごめいわくをお掛けすることとなった。出版と同時に、小舎へもコピーの依頼が何件かまい込んでいるのである。

この点のごめいわくを深く詫びると共に、桜井氏のライフワークが小舎から刊行出来たことを感謝したいと思う。（龍渓書舎編集担当）

＊読者からの便り＊

（東京・練馬区）　高　峻　石

冠省　貴翰拝見、今まで私は「青丘文化賞」が設けられていることさえ知らずにいました。このたび私に「青丘文化賞」をくださるとのこと、自分にそれを受けるだけの資格があるかどうかを考えますと、ちょっぴり恥しい気持もありますが、嬉しく思います。喜んでお受けいたします。私はすでに七〇歳の老人でありますが、今後諸氏の期待にそうような働きができるかどうか分かりませんが、「青丘文化賞」の栄誉にかけて頑張りたいと思います。青丘会の皆さまによろしくお伝えください。

（大阪・堺市）　辛　基　秀

拝復　このたびは思いがけない「青丘文化奨励賞」の授賞を知らされびっくりし恐縮しています。「大きな組織・団体」の勲賞・表彰状でないだけに余計嬉しく存じます。

私たちの「江戸時代の通信使」の自主製作もタテ型思考を否定したところを原点にしてスタートし、上映運動も又、在日韓国朝鮮人が日本人とともに鑑賞できる場をつくることを念じてすすめてまいりました。幸い上映運動はヨコにひろがる気配をみせています。近く対馬でも鹿児島の苗代川でも、自主上映いたします。先日も唐子踊りで有名な岡山県の牛窓で、秋祭りの前夜に上映しました。会場の本蓮寺での上映は、有線放送で牛窓全域に知らされ、唐子踊りの前夜、本堂は一杯となりました。本堂の前庭には、嘗ての朝鮮通信使を知る樹齢三百年をこえる見事な蘇鉄がありますが、百××年ぶりに朝鮮通信使が映像となって客殿にうつし出され、村の人々は画面の中に本蓮寺における日朝文化交流の深い縁にびっくりしておられました。無料の映画会は意義のある一夜でした。

旬日をおかずして牛窓町教育委員会から牛窓中学校全校生徒を対象に上映したいとの申し込みがあり十一月十六日上映されました。「牛窓が画面にでて来ることもあって非常に興味深く観賞したようです」と教育委員会の高橋重夫さんから便りをいただきました。

教育の現場での上映も着実にひろがり、高校全体がみる学校も相当ふえてきたことは嬉しいことです。

各地の上映のチラシパンフを同封します。今後ともよろしく、また青丘会の皆さまによろしくお伝え下さい。

東北大学　井上　秀雄

「くじゃく亭通信」第25号五部有難たく拝受いたしました。下手な話を上手にまとめて下さいました外岡氏に心から感謝いたします。またくじゃく亭の御主人の御協力と多大の頁を割いて下さったことへ感謝いたします。まだまとまった話になっていませんが文化史を国民の日常生活を基礎に考えたいという点にあるのですが、御批判いただければ幸いに存じます。

（川崎市）　清水　見耶子

いつも『くじゃく亭通信』お送りいただきありがとうございます。井上秀雄先生の御講演の筆録とても面白く拝読、次号がたのしみでございます。

又本日「円空と木喰」写真展のおしらせ誠にうれしく、土、日はコミますので平日に…との添書きでございますけれど仕事をもっておりまして、どうしても平日は出られませんので都合のよい土曜日か日曜日に人をかき分けかき分け伺いたく存じます。

今後とも御発展念じ上げます。送料の足しにと切手を少々同封致しました。皆さまもくれぐれ御自愛のほど祈りあげます。

第六回青丘文化賞

一九七九年度の（第六回）青丘文化賞授賞者は高峻石氏に決りました。授賞式は来年三月二十一日に行はれます。

今年度から新たに『青丘文化奨励賞』が設けられ第一回の授賞者に辛基秀氏が選ばれました。

ピーコック画評 (22)

田枝幹宏「円空と木喰」写真展

後藤　直

　田枝幹宏氏の『円空と木喰』写真展を観た。たとえば、永井信一、丸山尚一両氏の文章、田枝氏の写真からなる講談社発行の『円空と木喰』なる豪華本をひろげると、その世界が少しづつ分ってきて大きに参考になる。

　また「くじゃく亭通信」（号外）には、田枝氏自らが次のような文章を書いている。「――私は個性豊かな二人の遊行僧の作品を、テーマ、表現内容、手法などの角度から写真をとうして具体的に分析対比してみましたが、今回その際に収容しきれなかった仕事や、新しい視点からの対比などをまとめて展示させていただきます。――」と。

　私は、写真に関しては門外漢である。これらを頭に入れて私は、この写真展を観た。そのためか写真のもつ芸術性、それを撮る人（田枝氏）の気迫、技術といったものは一目でよく伝わってくるのだった。前述のように、金剛神像（円空）、馬頭観音像（木喰）といった具合にペアにして飾ってあり、その対比から彼らの個性の違いが一見して分るようになっていて興味深かった。

　「円空は江戸初期の臨済宗の僧で、美濃出身。出生は不明だが、一六九五年没とある。十二万体の仏像を彫刻することを目標にしていたといわれ、東日本各地を遍歴している。丸木をナタで割り、そのさけた面を生かした彫法で、その表現意欲は現代の彫刻へも大きな刺激を与えた」と丸山氏は説明している。

　同じく丸山氏は、一方の木喰については次のような解説をしている。「江戸後期の遊行僧（一七一八――一八一〇年）で、甲斐出身。千体の仏像を発願し、日本全土にその特異な仏像を残した。

　肉塊の盛上りを強調した荒彫りである。木の表からまるく彫って木目を生かした。つまり円空とは対称的な彫刻である。」

　その対称性を田枝氏は、重厚で暖かく、しかし鋭くとらえていると私は思う。円空も木喰もあの江戸時代に北海道にまで渡り仏像を彫刻しているのである。驚くべきバイタリティではないか。それを現代の写真家田枝氏は追跡し日本各地を廻わり、あらゆる角度から、その本質をとらえようとしているのである。その田枝氏の意欲に私は限りない感銘を受けてしまう。

　たまたま、この短かい原稿を書いている最中、教育テレビ『文学への招待』で、奈良本辰也氏が西行のことについて語っていた。

　要約すると「――親鸞も西行も能因も、そして芭蕉はいうに及ばず蕪村そして近代では牧水も、歌をよみ、俳句をつくり日本国中を旅にあけくれた。――それらの人びとの行動の奥深い内面を分析するとロマンチシズムとしかいいようがないのではなかろうか」というのであった。

　これを聞いて私は、円空も木喰もまさに西行や芭蕉などと同じく内在するロマンチシズムがあれだけの旅をさせ、作品をつくらせたのだと思った。私の好みは円空である。そして何かしら円空や木喰の仏像は朝鮮の仏像と関連があるような気がしてくる。しかしいまはそれは語る程の勉強もしていないからこれ以上はふれまい。

　いずれにせよ、円空や木喰が彫った仏像を撮りつづける田村幹宏氏の胸のなかにも、彼らと同じく、ロマンチシズムがみなぎっているのだと思わずにはおられないのだ。

≪編集部より≫八月に、久野健先生の講演に因んで田枝幹宏氏の写真展「古代朝鮮の仏たち」を開催しました。多くの方から好評をいただきました。東出版「古代朝鮮仏と飛鳥仏」に収録されていた写真でもありましたので、この豪華本に予想以上の予約注文がありました。続いて十一月には氏の「円空と木喰」彫刻写真展を同じく『ピーコック画廊』で開催いたしました。田枝さんの仏像に対峙するときの透徹したカメラアイは、観る者をして、緊張の中に遊行僧に似た刻苦と静謐の精神で充実させるものがあり、その表現力のすばらしさに来場の多くの方が感嘆しておられました。写真展にご協力下さいました方々に厚く御礼申しあげます。

くじゃく亭通信
第27号
「くじゃく亭通信」編集部
〒150 渋谷区宇田川町八ー九
TEL 四六一・一八五五
定価60円

「田村義也装幀展」記念パーティ御案内

多事多難を思わせる年明けとなりましたが、如何お過ごしでしょうか。扨、去る十二月十七日より「田村義也装幀展」が、東京・渋谷の画廊茶房ピーコックにて開催されております。さしたる宣伝がなされなかったにもかかわらず、会場では、熱心に展示作品を観賞する人びとの様子が見受けられます。

こうしたなかで、田村氏をめぐる旧知の関係者が幾組も久しぶりの出会いを楽しまれやがて、それらの方々の間から、この際、記念パーティを開いてはどうかとの声があがって参りました。田村氏の魅力的な作品によることは勿論のこと、逸話の多いお人柄にもよるのでありましょう。

記念パーティは左記の要領で開催いたします。著者・編集者など日頃の立場を離れ、田村氏をめぐる旧くからの友人、中期からの友人、最近の友人が一堂に集い語り合う機会としたいと存じます。

時節柄御多用とは思いますが、是非御参集下さい。

一九八〇年一月十六日

発起人
坂口謹一郎　金達寿
安岡章太郎　安田武
上野英信　多田道太郎
大庭みな子

記

一、日時　一月三十一日(木)　午後六時半～八時半
一、会場　画廊茶房ピーコック(東京・渋谷区東急本店前・同封御案内図の通り)
一、会費　四千円

連絡先
渋谷区道玄坂2・23・13
TEL 03・464・3326
「ピーコック」内
高　淳　日

◆恐れ入りますが、同封の葉書は、至急御返送下さい。
◆好評により、「田村義也装幀展」は二月末日まで延長することになりました。

朝日新聞2月6日夕刊掲載記事より

点描

多彩なファンが励ます会

田村義也装幀展

出版社の編集長という激務のかたわら、好きな本の装丁をつづけ、気がついたら、手がけた本が百五十冊にもなっていた。装丁を職業としない、一介の編集者の特異な仕事ぶりを愛するファンがそれに気づいて、手を尽くして装丁本を集め、このほど彼の初の装丁展を実現させた。その人、田村義也氏の装丁ファンは作家、評論家、作曲家、画家に及ぶが、会期途中の一月三十一日夜、ファン百三十人が東京・渋谷の会場に集まって、田村氏を励ます会を開いた。

この装丁展を思いたったのは、本好きで田村ファンの外岡宏さん(五二)と高淳日さん(五三)。外岡さんは東京・新宿のコンピューター会社の技術部長、高さんは東京・渋谷で画廊茶房を経営する友人同士。二人とも田村氏と面識はなかったが、外岡さんが図書館、書店を歩いて、三カ月がかりで田村装丁本のリストをつくった。装丁本は小説、評論、翻訳、ルポに及んだ。

初対面の田村氏は、このリストをみてびっくりした。「四、五十冊と思っていたのに、こんなにあるとは」

外岡さんは三十社以上の出版社に呼びかけ、散逸した本を集め直した。会場は東京都渋谷区道玄坂二ノ二三ノ一三の高さんの画廊茶房「ピーコック」にし、昨年暮れ「田村義也装幀展」を開いた。

田村氏が趣味で装丁を始めたのは約二十年前。二十三年に岩波書店に入り、岩波文庫、岩波新書の編集、いま「文学」の編集長などを担当、というのが"表"の顔。出版業という激務の中、深夜、土、日曜を装丁の作業にあてる。

イメージを探していたずらがきをするのがくせで、鼻紙、グラスのコースター、なんでも手近なものにかきつける。

作品にのめり込むと、徹底的に凝る。安岡章太郎氏の「放屁抄」の題字は、半年もかいてきめた。マッチの色が気にいって、喫茶店に行き、刷った印刷所を突きとめて色のつくり方を聞いた。装丁に合わせて題名を変えさせ、出版社を泣かせる……など。

この日の励ます会の発起人は坂口謹一郎、安岡章太郎、上野英信、大庭みな子、金達寿、安田武、多田道太郎の諸氏。ほかに尾崎秀樹、林光、加太こうじ、安野光雅、木村浩、金石範らの各氏もファンの一人としてかけつけた。そして欠席の大江健三郎氏が、こんなメッセージを寄せた。「美しく独自で、作者への励ましと批判の共存するその装丁をおつづけくださることを、読書を最上の楽しみとする人間として祈らずにはいられません」。「田村義也装幀展」は二十九日まで。

田村義也装幀展記念パーティ

司会　大野　力
実行委員　磯崎好子　大野　力　高淳日
島野紘一　外岡　宏

■パーティ開催の経緯

外岡　宏

本日は、みなさん、お忙がしいなかを多数ご参集くださり、ありがとうございます。実行委員を代表しましてご挨拶もうしあげます。

計数観念にとぼしいものですから、数字はいっさい省略しますが、これから簡単に経過報告をさせていただきます。

わたしは、このお店のご主人・高淳日さんの『くじゃく亭通信』というミニコミ誌に、月々なにかを書けということで、一年あまりやらせていただいております。

どういうキッカケから『田村義也装幀展』の話しがでてきたか、ということですけれども、ハッキリした動機は思い出せません。ただ、あるいはそうではなかったかとおもいますことは、金泰生さんに『骨片』という小説がございます。この『骨片』を高さんが読めということで貸してくださったことがありますが、田村さんの手になるその装幀が実に立派であるということから、在日朝鮮人の本を沢山、非常に立派に装幀しているという話しになり、いちど、展覧会を開かせてもらおうか、ということになったのかもしれません。

当時、田村さんはそんな企みが進行しているとはご存知なく、われわれ両名がここで飲んでいるということは、田村さんの人生に何の縁もなかったわけです。（笑）

高さんの話しを聞きまして、まず、金泰生さんがお手許の本を十冊ほど――在日朝鮮人作家の本を、さっそく持ってきてくださいました。昨春、雨が降っていたころだとおもいます。まだ日取りさえ決めないうちのことでした。

それではどうでもやらなくてはということで、田村さんに橋渡しを願う方を検討していましたところ、創樹社の玉井五一さんが引き受けてくださることになりました。

玉井さんの電話には、田村さんはお留守で奥さんが出られて「そういうことでしたら田村はキット喜ぶでしょう」と、まずは約束がなったようなお言葉を頂戴しました。

このように、われわれ市井の人間たちが、とにかく展覧会をしたいから、田村さん、是非とも協力してください――という形で話しが発展していくわけでございます。

しかし、開催が決定してからも、なかなか田村さんは動いてくださらないのです。高さんはまず公約してしまおうと『くじゃく亭通信』に、二度、予定を載せました。背水の陣です。

細かくたどってもキリがありませんので――このようにしてゴソゴソ始まったと申しあげておきます。

喫茶店という狭い場所で、劣悪な条件のもとで初めての展覧会を開かせていただけたということは、何をおいても、田村さんが我々の熱意を気持ちよく受けてくださったことによるものであることは申すまでもありません。

日程が決まりますと、もうあとは一瀉千里でございまして、持前えの強引さで、田村さんが沢山の装幀をしておられる安岡章太郎さんと金石範さんに紹介文をお願いし『くじゃく亭通信』のあの立派な文章もいただきました。

たくさんの方々にお世話になりました。

パネル作り――経師や糸止めは高名な写真家の田枝幹宏さんが、ご自身から申しでられてご協力くださいました。それから、田村モンカの佐藤まゆみさん、小林義和さん、草風館の草野権和さん、このお三かたもパネル作りにご助力くださいました。

パーティーは、安岡章太郎さんが、お宅を訪ねた高さんに「オープニング・パーティーをやったら」とおっしゃられたので企画しましたが、オープンには間にあわず会期のまん中のパーティーになりました。安岡さんのお言葉がなければ今日のパーティーは無かっただろうと思います。

そして、このパーティーには潮出版社の島野紘一さん、勁草書房の磯崎好子さんが個人のお立場で協力を申し出てくださいましたし、わたしの友人である大野力さんも手を貸してくれることになりました。高・外岡とも五人で準備にあたりました。

最後に、総じて考えますに、私どもが田村義也さんのお仕事――これは装幀の世界で画期的な意味をもっている大事なお仕事だとおもうわけですが――に着目して展覧会開催宣言をいたしましたことから、これにたくさんの方がたが結晶するように集ってくださり、手弁当でやってまいりました。展示にはもっと工夫が必要だったろうし、展示すべき作品であるにもかかわらず展示されていない作品もあります。ご著書が展示されていない著者もおみえかもしれませんが、パネルを作るときに集まっていない本がたくさんありました。こうした点も、素人芸の欠点とご寛恕いただきたく存じます。

挨拶は短かくと思いながらも時間をとりすぎました。このへんで退散いたしますのでご勘弁ねがいます。（拍手）

祝辞

安岡章太郎

田村さんおめでとう。今日の展覧会をみて、ずいぶんたくさん造っているのでビックリしました。

だいたい田村に装丁を頼むと、ぼくの本なんか一年ぐらいかかっちゃうんです。一冊に一年かかって、どうしてこんなにあるのかと思ったら、結局、いろんなものを平行的にすすめているわけですね。（爆笑）それでどの本も、みな同じというのは一冊もなくて、たいへん感心しました。

ぼくの全集など――全集というのは、普通全部同じ装丁のはずですけれど――一冊づつ全部ちがったヤツですね。こんなに違ったことばかりするのはどういう訳かという気もしますけれども、いろんな著者の、いろんな本があります。

ぼくは、これは田村という人は、装丁家ではなくて、編集者だと思います。それも、ほんとうの意味での編集者ネ。だから、大勢に職人として頼まれたから何でも引受けているのかも知れないけれど、というよりか、むしろ田村が自分で選んでいるんじゃないかという気もするんです。

それで、だから、田村さんと話しをしていると、自分では会ったこともない人の名前がぴょいぴょい出てきて、会うこともないうちにその人がどういう人かもわかったりするわけです。

こんど装丁展をやるについて、是非パーティーをやったほうがいいと思ったのは、田村氏が装丁している著者がどんな顔をした人か、また、ぼくの顔も知ってもらいたいと思ったので、こういう会をひらいてもらいました。

だけど、こんなに人が大勢きているので、このへんで失礼させていただきます。（拍手）

装丁家としての田村さん

金達寿

田村さん、どうも――、おめでとう。

ぼくが田村さんと知り合ったのは、いまからすると二十二年前の一九五八年に、岩波新書の『朝鮮』をつくってもらったときなんです。それ以来のお付合いですけれども、田村さんがこういう大装丁家であることを知ったのは、かなり後になってからです。

それで実は、ぼくも自分の本を是非、田村さんに装丁してもらいたいと思っておりました。

一九六八年かに『太白山脈』という長い小説が本になることになりまして、それを装丁してもらいたかったのですが、しかしどうみても、ぼくの本はみなそうですけれども、あまり売れそうにないんです。そう売れそうにないところへ、だいぶ気難かしいというふうに聞いていた田村さんに装丁をお願いしたいというようなことを言うとですね、どうも出版社に迷惑をかけるのではないかと、それで遠慮したわけなんです。

そうしたら、田村さんからはあとあとまでおこられましてね、あれだけは自分がやりたかったと、何度もそう言うんです。『太白山脈』というのは、さいわい五刷ぐらいまで版を重ねまして、だったら田村さんにお願いすればよかったなぁと、何度もそう思ったものです。いまもそう思っております。

　そういうことで、昨年は『落照』『対馬まで』とつづけて、田村さんに装丁をやってもらいました。それからまた、今年は『金達寿小説全集』というのが筑摩書房から出ることになっているので、これも田村さんにお願いするということになりました。

　ところが、出版社の編集者との打合せにちょっと立合ったんですけれども、これがなかなか大変なことなんですね。田村さんいわく、朝鮮こうぞ紙をもってこい！とこういうわけなんです。これは、ぼくも思いつかなかったことです。

　ぼくとしましては、朝鮮こうぞ紙でハコを作ってもらえるということになれば、こんなに嬉しいことはないんです。いろいろな意味でそうなんですが、それを田村さんが言ってくれたわけです。ありがたいと思いました。

　それに関連して、田村さんといろいろ話しておりましたら、その装丁の苦心談ですね。たとえば『対馬まで』を装丁するときにはひじょうに文字に苦労したということで、田村さんはいつも文字にこるという話はきいておりますけれども、とくに対馬の〝対〟という字は略字だから書きづらい。〝馬〟のほうはなかなかいい。だから、近くお前は『馬』という小説を書け！とこういうんです。（爆笑）

　そういうわけで、田村さんに装丁をやってもらうためにぼくは『馬』という大長編小説をいま構想中なんです（爆笑）。これがウマくいくかどうかはわかりませんが、とにかくその大長編小説を書いて、田村さんに装丁してもらおうと思っています（爆笑）。

　ぼくはさいきん、政治というものへの従属からやっと自分を解放したと思っているのですが、そうしたら、こんどは田村さんの装丁に従属、というわけです。しかし、政治に従属するよりは、田村さんの装丁に従属するほうがたのしいのではないかと思っております。

（大爆笑）

宮本憲一

　今日は此の場に来まして田村さんの作品を初めて全部みたのですけれども大へん数が多いのでまずそれに仰天いたしました。いったい何時のまにこういう仕事をされたのか私は大へん驚きです。私は田村さんに装丁してもらった本が一冊あります。一九七〇年『公害と住民運動』という自治体研究社から出たものです。これは全国の公害反対運動の運動家に書いてもらい、私が編集したもので、私が常任理事をしている小さな研究所から出た本を装丁して頂いたものです。この出版社は経験が浅いので田村さんに編集から造本まで世話になりこの時の田村さんの一葉の若木の葉のデザインがこの出版社の統一デザインとなっています。実はそれ以外の本も装丁して頂きたくてずいぶん本屋さんに頼むのですがどうしたことか他の本屋さんはそれぞれ装丁については別な装丁者がいるらしくてとうとう一冊装丁して頂いたきりで、いまだに私の希望する田村さんの装丁をしてくださる本屋さんが現れないのです。私と田村さんのつき合いは一九六四年出版の『恐るべき公害』という本から始まりました。私は装丁家としての田村さんを評価する能力がありませんが、こうやってみるとなるほど本屋におくとめだつであろうというそういう事はよく解ります。それ以上の評価はとても出来ないのですが、しかし編集者としての田村さんを私は高く評価しています。私は公害問題、都市問題や沖縄問題を通じて永いおつき合いをしまして、いまこれほど、執筆者が心から望むような本を作ってくださる編集者は二度と現れないんではないかという思いをしています。

　『恐るべき公害』という本は、小さな本でありますが、公害問題の最初の学際的で体系的な本なので、大きな教科書をつくる以上の苦労がありました。構成から執筆、さらには「小見出し」にいたるまで、田村さんは徹底的につき合いました。共著者の庄司光先生は明け方まで共に飲みあかし、語りあかさぬような人物は信用しないという豪傑ですので、さすがの田村さんも正体がなくなるまで酔ったこともあります。明け方までくだをまいていたはずの庄司先生が朝6時には起きて原稿を書くのをみていると、この本が完成する頃には死んでしまうのではないかという恐怖心にとらわれたこともありました。この大先生の原稿が気にくわなくて、四百字で百枚以上削除し、かきなおすという荒業をしましたが、この時も、田村さんは、短くした方がよいという大胆な命令を出しました。

『恐るべき公害』は、一九六八年一〇月に約五百五十枚の原稿として完成していたのですが、田村さんは、二百枚ぐらいへらして書きなおした方がよいというのです。私はもうへとへとにくたびれていたのですが、長い交際のうちに編集者としての彼の意見の正しいことがわかっていましたので、恐るべき庄司先生の不満を知りつつも、それから半年かけて書きなおしました。ゲーテではありませんが、修正するとは短かくすることであって、短かくした結果は、たしかによくなりました。もちろん、この書きなおしの半年間について、田村さんは、また、こちらと苦労をともにして、岩波の熱海の宿で、徹夜をしたりしました。

岩波書店の『図書』の中に「小さな本の大きな責任」と題して「恐るべき公害」の運命について書きましたが、あの本が世論をつくる一助となり、いまなおよくよまれているとすれば、それは、田村さんの編集者としての力によるところが大きいのです。

その後も『世界』や『岩波講座現代都市政策』で一緒に仕事をしました。私がこうして欲しいとか、こうありたいということを厳しく注文したり、或いは私の思念の中に立ち入って構想を現実化する編集者として、田村さんは、生涯わたくしの仕事の上で貴重な協力者だといまでも思っております。さいきんのサラリーマン的な編集者とは全くちがうタイプの方と思いますが、こういう人と仕事ができることは執筆者みょうりにつきるものと思います。また今後も田村さんを魅惑するようなテーマで何らかの形で一緒に本を作ってみたいと思います。私の知るかぎり非常に凝り性の編集者が何時のまにか時間をみつけてこういうことをやるというのは大変な驚きでして、私はその意味でもあらためて今日敬意を表して且つ大へん楽しく作品を見せて頂いています。

安田　武

田村義也がはじめて装幀の仕事をやったのは、昭和三十八年に未来社から私が出した、『戦争体験』だったと思います。『戦争体験』は、私にとって、いわゆる処女出版ですから、装幀家としての田村義也と、文筆専業者としての安田武が、この時、同時に誕生したわけです。

そして、この田村が装幀した私の『戦争体験』を見た多田道太郎が、やはり彼の処女出版である『複製芸術論』の装幀を、田村義也にやってもらいたいと、つよく希望したのです。実を申しますと、当時、私は勁草書房の編集部嘱託をしておりまして、多田道太郎の『複製芸術論』は、その勁草書房から、今日この会場にも来ております磯崎好子と私と二人の企画で刊行の運びとなったものなのです。

『複製芸術論』の装幀もまたたいへん好評でした。そこで、勁草書房が、一連のシリーズといった企画で出した、その後の鶴見俊輔の『限界芸術論』、尾崎秀樹の『大衆文学論』それから、また私の『戦争文学論』と、すべて、田村義也の装幀で刊行されました。

こんな因縁から、鶴見俊輔や多田道太郎と語らい、田村義也装幀展をやろうじゃないか、という話がたびたび出ていたのですが、実現されずにいるうち、計らずも、今回、こういう会が催されまして、海外にいる鶴見俊輔もきっと喜んでいるでしょうし、多田道太郎は昨晩、私のところへ電話してきて、今日は、前から約束してある講演が大阪であって、どうしても行かれないので、くれぐれもよろしく伝えてほしい、といってきました。

田村君、おめでとう——そんなわけで、今日は、ぼくが鶴見、多田両氏の分も含めて、あらためて、おめでとうをいいます。また、私たちがグズグズしているうちに、今回の催しを実行に移して下さった皆様の御努力に、ふかく感謝していることを申し添えます。

土井庄一郎

築地書館の土井でございます。

今をときめく田村義也君は、慶応義塾経済学部で伊藤岱吉先生のゼミにおりましてその熱心といいますか不熱心といいますか、ゼミナールに出席していた頃からの知り合いでございます。彼がまさかこういう装丁の方をやっているなどとは、まことに想像を絶する次第であります。ただ彼の作品をみてますと、何といいますか文字で勝負をしているということを強く感じます。私も大へん小さな出版社の築地書館というのをやっておりますが、二、三たいへん無理をしてお願いしております。その場合も彼は、内容を適確に文字に反映しているという事が、他のといいますか、普通のデザインとは違っているところではないか、ここに素晴らしい彼の才能があると思います。私は今後とも田村さんが文字を主体にして活躍なさることを期待しているものであります。

もう一言、田村のお祝いの会だし、田村のユニークな仕事は尊敬に価するわけですが、一人ぐらい、彼の奥さんの事を言ってもいいのじゃないか。田村は立派な仕事場など持っていないし、食卓の前で紙とゴミにまみれてやっています。それを支えているのは、いつも笑顔を絶やさない奥さんであることを、ここで言っておきたいと思います。

松島秀三

田村さん、おめでとうございます。

田村さんとは何十年か一緒に仕事をしていますが、実はこの装丁展に参りまして、大変もうびっくり仰天したしだいです。

田村さんが、美的センスに富んでいらっしゃり、いろいろの方に頼まれて装丁しておられたことは知っていましたが、まさかこれほどの量で、しかも並ぶと一大美観を呈するような、こういう一大集積をつくりだしているとは、全く知りませんでした。ただただ恐れいっております。

同じ職場にいる人間として何かを云えというお話しですけれど、私の先輩であり、恐れ多くていうことはありません。

ただ一言だけいうならば、芸術的センスに富んでいらっしゃるということは、何といいますか、気分的に、しばしば枠にはまらないという点で、岩波書店のなかでも異色ある人物だと思っております。

田村先生、本当に今日はおめでとうございます。

大田昌秀

どうも、大田でございます。

田村さん、おめでとうございます。

さきほど、田村さんが装丁をはじめると、ずいぶん長い期間がかかるというお話しがございましたが、私も、実は離島まわりをさせられて——一周しまして、それで本の装丁をしていただいたわけでございますが、これほどたくさんの装丁をなさったということを、全然知らなかったのです。

それが、こちらへ参りまして、とくに、本の装丁で、田村さんが、沖縄のことを非常にたくさん紹介してくださったことにたいして、大へん喜んでおります。

これからもお元気で、いい本を造ってくださるよう、お願いいたします。

矢野直雄

僕の所属している解放出版社は、まあ、どっちかといえば出版のしろうとばかりが集まって出版活動をしている会社です。そういった意味で、装丁の重要性などということは全く頭にありませんでした。

ところが、それぞれのスタッフが田村さんと知りあって、僕自身、『部落解放の思想と行動』その他の装丁を依頼しました。

装丁がよかったのか中味がよかったのか、その売れゆきは非常によくて『解放新書』まで出すようになり、それも田村さんにお願いしました。これも好評なんです。

そういう意味で装丁の重要性をこれからもっともっと田村さんに教えていただき、僕自身も勉強していきたいと思います。

メッセージ

献

岡部伊都子

一九八〇年一月三一日

「書名が決まらないと、何もできないよ」

田村義也さんは、そう言って座られました。「あのね、『ふしぎなめざめにうながされて』という書名にしたいんですけれど……」と言うわたくしに、「うん、それはいいよ。それでいこうよ」目の前ですぐ三行にわかれたタイトルの文字が生まれていました。

幼い時から書きづらい思いをしつづけてきた岡部伊都子の五文字が、かって見たこともない骨格の文字に作られています。著者名も書名も、独特の気韻をもつ田村文字を与えられ、それだけでも本に劇しさ勁さが備わるのです。いつもどこかにぎょっとするようなところがあって、それがすごみとなる田村さんの装幀。長い間、上野英信さんや金達寿さんの装幀を羨んでいたわたくしでしたが、大和書房の矢島祥子さんのお力ぞえで、もう四冊も装幀していただきました。「わたくしのような生ぬるい仕事の装幀はとてもお願いできない……」と、半ばあきらめていたのですけれども。

どの一冊も、ふしぎな愛着がひきだされる装幀で、深い満足感があります。一堂に展観されたどのご本の装幀にも、きっとそういった力が備わっていることでしょう。これからも、さらに妖しくせつない装幀作品が数多く誕生することを想像し、何よりもご健康でご活躍をお祈り申上げます。京・岡部伊都子

すごみ

十四、五年もの昔になるでしょうか。上野英信氏とご一緒の田村義也氏にお目にかかったのが、最初でした。田村さんは、たいへんなテレやさんなのですね。それがわかりますまではなかなか落着けなくて、気をつかったものでした。

田村さんが最初に本の装幀をなさったのはいつごろ、どなたの作品からだったのでしょうか。上野さんのご本がいつもドキッとするような装幀で届けられ、金達寿さんのご本も田村さんの装幀が多くなりました。長い間、「いい仕事をしないと、田村さんに装幀してもらえないなァ」と、劣等感を覚えながら、羨ましく拝見していました。わたくしのような生ぬるい仕事では、「とても一生」と、半ばあきらめていたのです。

ところが、一九七八年七月に大和書房からだした『小さないのちに光あれ』の担当者が「田村義也さんに装幀をお願いしたいと思いますが」と言われました。矢島祥子さんは大の田村ファン。「あら、それが実現すればどんなにうれしいでしょう。でも、ひきうけて下さるかしら」わたくしは、念願が叶って大よろこびでした。

田村さんに作られた岡部伊都子の五文字は気骨があってさわやかないい字です。幼い時から、恰好のとりにくい難しいわが名に、まこと書きづらい思いを重ねてきました。田村文字のわが名には、りんとして知的な骨があり、一種のふしぎな風格があります。わたくしはこれまでこんな形の自分の名文字を見たことがありません。

『小さないのちに光あれ』にひきつづいて、既刊の『おりおりの心』と『秋雨前線』とが、田村さんのお手で新しく装われました。

『小さな……』には勁いたんぽぽ、『おりおりの心』にはホタルブクロや蓼、待宵などの草花の絵をお母さま田村忠子さんが描かれました。この絵にも独特の力があり、それを生かした装幀でした。

『秋雨前線』は、黒と白と紅朱の、どこか花札の華麗なる陰惨を思わせるような劇画的装幀でした。この書名の字もよくて、その鮮烈な迫力が好きでした。田村装幀は、色とか文字とか絵とか、またそれらの配置や取り合わせに、いつもぎょっとするところがあり、それが、すごみとなるのです。

最新刊『ふしぎなめざめにうながされて』は、黒地に白い細かな点粒を降らし、点で唐草を描いて紅の芽をあしらったカバー。文字は水色でした。これはなかなか書名が決まらなかったのですが、ふと京へ寄られた田村さんがわたくしの言う「ふしぎなめざめにうな

がされて」を聞き、「いいよ。これでいこうよ」と決めて下さいました。もう目の前で、三行にわけて書名の文字が作られました。

この装幀は、カバーもいいのですが、渋い桜鼠の地に黒で文字を浮かした表紙の色調がすばらしくシックなのです。見返しの黒も利いています。「すてきね。きものにして着たいわよ」と、鶴見和子さんのあでやかなお声がでんわから流れてきました。言うことなしのうれしさです。

「この次もまた」と、矢島さんは発刊の予定を語られます。ありがたいことに、忽ち四冊の田村本のできたわたくしですが、装幀に負けない原稿を書く力がいつできるかとかえりみられます。劇しく勁く燃えている志の書を、たくさん装幀してこられた田村さんの、全作品を拝見する機会にうかがえなくて、残念でなりません。これからも益々お元気で、みごとな作品が生まれつづけることを祈っております。

一九八〇年一月三一日
京都・出雲路にて
岡部伊都子

鶴見俊輔

はじめから本の装幀家としての田村義也氏を知っていたのではなく、何となく、安田武氏などをなかだちとして、戦争をくぐった仲間の共通な気分でつきあいはじめたように思います。

そのうちに多田道太郎氏の複製芸術論が勁草書房から出て、それで装幀家としての田村さんの印象がはっきりしました。勁草書房の安田武、磯崎好子氏のすすめで、『限界芸術論』の装幀をおねがいしました。ところがなかなかできないので、きいてみると、ポケットから煙草の箱を出して、その上にらくがきしてある図案を見せて、こういうふうにして思いつくごとにかいてためているということでした。こんなことは、装幀を職業としている人にできることではありません。やがてそういうらくがきがたまって、一つのまとまりができて、『限界芸術論』のカヴァーができました。

このごろは仕事がいくらか早くなったそうですが、田村さんというと、時間の管理からはなれた別の部屋をどこかにもっている人という連想があります。

一九八〇年一月一二日
モントリオールにて

色川大吉

出席して、是非、懐かしい方々のお顔を拝見したく思っていましたのですが、当日、入学試験のことで、ダメになりそうですので、あきらめて、欠席御通知さしあげます。

樋口敬二

楽しみにしてきた個展を拝見して、満足しています。この中に「雪のノート」が、加えられる日が来るといいなぁ、と思っています。

一昨年から民家のスケッチをはじめました。ここ二年、クリスマス・カードは自分の絵にしています。ではいつかまた！

森崎和江

（田村氏宛手紙）

ごぶさたを致しました。

この度は私のつたない短文に過分のお力ぞえをいただきまして、なんともありがたくて、すっかり美しい書物になりましたことをよろこんでいます。たいそう気にいっていまして、やわらかでとらわれない曲線の美しさと重さをおさえて手がたく置かれている古いミシンとのかねあいの見事さをみています。それに紙質と色感がうれしくて、白とは案外な色なんだな、などと今ごろあらためて感心したりというぐあいでございます。ほんとうにとてもうれしいのです。心からお礼を申しのべます。気ままな形の随想が書きたくて、これはぜいたくな表現なのだからとおさえて来ましたので、いっそうよろこびを感じています。さぞお忙しい御日常でしょうに、ありがとうございました。私は夏に弱くてすぐへこたれますが、今はころあいの冬というわけで、ゴホンゴホンといいつつなんとかバランスよく仕事をしています。中・高校生が対象の明治期のからゆきさんを小説として書いてたのしんでいるところですが、どうなりますか。

上京いたしました折には御礼にあがりたいと思いますけれど、いつになりますか心細いまま書状で失礼をいたしました。どうぞ今後ともよろしくお力ぞえ御指導いただけますよう、ほんとうにありがとうございました。

一月二十八日

日高六郎

残念です。ぜひ参加したいのですが、どうしてもことわれない先約があります。二月に、拝見に参ります。御盛会をいのります。

鎌田　慧

（田村氏宛葉書）

ありがとうございました。表紙一杯に拡る銀は、銃口の鈍い光を想わせて戦慄させ、白い「兵器工場」は華やかなうちにすでに破滅と死を予想させて不気味です。はるかに飛翔する強烈な赤はロケットの噴射ともみえ、軍需産業の意志のようでもありながら、そのせめぎ合いは人民の抵抗の力をも示唆して見るものを励まします。

大江健三郎

当日は小生の誕生日にて、めずらしく子供らと会の約束をし、欠席いたさねばなりません。私は高校・大学と編集者田村義也氏のファンで岩波文庫、新書にその名があるものはすべて読むというふうでした。その後田村氏に自分の仕事をお世話になることになった喜び、また装釘をしていただいた喜びは、それをいいつくせません。今後も、美しく独自で、作者への励ましと批判の共存するその装釘をおつづけくださることを、読書を最上の楽しみとする人間として祈らずにはいられません。

一月二十三日

祝電

上田正昭

タムラサンノアザヤカナオシゴトニケイイヲヒヨウシ、マスマスノゴカツヤクニキタイシマス」キヨウダイウエダマサアキ

李　哲

サンカデキズザンネンデスゴセイカイデアリマスヨウオイワイノアイサツヲオクリマス」オオサカニテ、リテツ

野呂重雄

タムラサン、ウツクシク、チカラヅヨク、タノシイ、ソウテイノ、オシゴトデ、コンゴモ、マスマス、ワレワレヲ、ハゲマシテクダサイ、ゴケントウヲ、ココロヨリ、オイノリイタシマス、ノロシゲオ

小林金三

ヨシヤサン。ヨシヤヨシヤトテアタリシダイニヒキウケタノデハアルマイガ、ヒトサマヘノサービスニテツシテオノレヲタノシミ、カツナヲナストハ、ミアゲタヒト、テイネンアトニ、ヅガヲエニシタイナド、カラネンブツコクオレニハ、マブシイヨ「ケツパレ」ホツカイドウシンブン、コバヤシキン三

田村義也氏の装丁展

・雑誌『世界』の編集長もつとめた岩波書店の田村義也氏＝写真＝は、本の装丁の仕事でも知られているが、これまでに手がけた装丁を集めた初の展示会が十二月半ばから東京都渋谷区道玄坂二ノ二三ノ一三、画廊茶房「ピーコック」で開かれている。好評で、はじめ一月末までだった開催期間が二月末まで延長された。手かけた本は、最近の安岡章太郎著『放屁抄』、金石範著『往生異聞』、本多勝一編『子供たちの復讐』などをはじめ百五十冊以上。それらの本と、装丁の下がきなどが展示されている。

安岡氏によると「田村義也は、装丁家ではないし、絵かきでも図案家でもない、一個の編集者であるに過ぎない。しかし、彼ほど本について知り、つねに一冊の本をモノにしようとつとめる装丁家はいないのではないか」（『くじゃく亭通信』第26号より）という。同氏や金達寿、安田武氏らが発起人になって、三十一日に会場で田村氏を囲む記念会が予定されている。

朝日新聞　1月28日　朝刊（読書らん）記事より

新里恵二

タムラヨシヤソウテイテンキネンパーテイノゴセイカイヲイノリマス」オキナワニテシンザトケイジ

樋口敬二

ソウテイテンノゴセイカイヲヨロコビモウシアゲマス「ニガツニヒニミセテイタダクツモリデス」ヒグチケイジ

写真・左から外岡・田村両氏と高

謝辞

田村義也

お忙しいなか皆さんお集りいただき、ほんとうに有難うございます。もう十数年前の岩波新書編集部にいた頃ですが、安田武君や鶴見俊輔さん多田道太郎さんが「定年のくたびれた爺さんになってからではなく、現役の編集者であるうちに」と言われて、いわゆる「励ます会」を企画されたことがあります。とても有難いお話だったのですが、何せイワナミショテンにいる人間ですので、とてもそのようなことをお受けする訳にはいかないと思いまして、申しわけないことでしたが、固辞したわけなんです。

ところが昨年の夏七月頃でしたか、創樹社の玉井五一さんから「高さんという人があなたの装丁展をやりたいといっているが」と何度も電話がかかってくる。「それはとても困る」といっているうちに、「飯を食うことぐらいいいでしょう」と、とうとうハチ公の前で玉井さんと待ち合わせをして、つれてこられたのが、このピーコックの地下なんです。すると私が全然お目にかかったこともないおじさん達が何人も待ち伏せしておりまして取り囲まれてしまった。「やるのかやらないのか」という。「テープコーダーはどうした」等といっている。高さんという人が「こんな場所でやるのは御不満でしょうか」等と言われて、まったくもうどうしたらいいかわからなくなってしまいました。（笑）

すると、私の横にいた外岡さんというふっくらしてやさしい声の人が「田村さんの装丁した本のリストを作りましたが」といって懐から紙を出されまして、これには全くびっくり仰天しました。六、七〇点の本が年代順に書いてある。……と申しますのは、私は自分の家に自分が装丁した本は揃っておりませんし、バラバラになっている。家が狭いもんですから置く場所もない。それから、全然記録したこともないし、ましてカードなど作ってないのです。

ここにお見えになってる武蔵野美術大学教授の酒井道夫さんが、何年か前に私の家にいらっしゃって、「講談社が出す近代文学辞典に田村義也という項目があって、それを書くために来たのである。しかし一体何を書けばいいんでしょうか」といわれました。その時、「装丁したものはどれ位あるか」と言われたんだけれども、二、三十点になったかな、としかお答え出来なくて、ほんとうのところはさっぱりわからないんで、酒井さんもあきれられたようですけれど、自分がやったものを勘定するなんて、自分の年齢を勘定するのがイヤなようにイヤなもんですから……。（笑）

でも、先程申し上げました外岡さんの大へんなリストを見せられまして、もうこれは承諾せざるを得なくなりました。そして、いろんな方のお力で、装丁を展示するというあまりやられていない展覧会が開かれることになったわけです。全くこれは、ひとえに高さん外岡さん両氏の御努力とたくみなハカリゴトによるものです。いや全く申し訳ない……。（笑）しかし、外岡リストを高さんが補強されたモノ、どうしてこんなに沢山あるのか、我ながら驚いたわけですが、私も岩波書店の社員であり編集部のある役職についておりまして、さきほど同僚の松島秀三君が話をして下さったんですけれども、こんなリストが天下にバレますと大へんなことになりますが、もはやこれまでとカンネンいたしました。（笑——）

えー、岩波書店に入りましたのが昭和二三年春でしたから三十何年も前になってしまいましたが、その頃焼けた印刷機で仙花紙を刷っている時代ですが、紙型をかついで印刷所とか製本所をよく歩きましたし、実際に本を製作し、装丁というんでしょうか、いやひっくるめて「本づくり」といったものが好きなんですね。

それで、二十年ほど前に、多田道太郎さんの『複製芸術論』とか安田武君の『戦争体験』等のあたりから、編集者の仕事のかたわら著者の方に依頼された書物が、何時の間にやらたまりましてこのようなことになったわけです。

いうまでもなく本の内容があっての装丁でして、装丁がひとり歩きすることなんかある筈がないのです。校正刷を読み、著者の顔をおもい浮べ、編集者の別れ際の一言に引っかかって苦斗する。何とか内容にふさわしい本をつくりあげようとする。資材の選択から始まって定価やら部数やら読者対象やらを、考えの中に入れながらカタチを作っていく。まあ、こんなことあたりまえなんじゃないでしょうか。

というような訳で、玉井五一さんが、この展覧会を〃中じきり〃にしてひとまず幕を下ろせ、と言われるんですが、他にも身辺のいろんなことが中じきりを迫ってきてますので、ここらでもって第一巻の終りということで、今日の御挨拶とさせて頂きます。

どうもいろいろな方々に御迷惑のかけっぱなしですが、本日はどうもほんとうに有難うございました。

田村忠子

みなさまありがとうございました。

いろいろと手こずらしたりしてお困りになったと思いますけれども、でも義也は、小さいときとても可愛い子だったんですよ。（笑ー）。とてもね魅力のある可愛い子だったのよ。どうぞ皆さんこの可愛い子を今後ともよろしくお願い申しあげます。

田村久美子

私は、田村義也の装丁というものにとっては被害者のつもりでおります。装丁の仕事が始まりますと、その表題の文字などが、おみそ汁に入ったりしながら食事をしなければならない騒ぎでございますし、毎日書きかけや下書きのゴミの中で暮させられております。それに、しょっちゅう小さな紙きれが見あたらなくなり、探せ探せと家中の騒ぎになるのです。それなのに、この展覧会のことは、ちっとも話してくれませんで、お正月のお休みに、やっと連れてきてもらいました。我が家の本棚とちがってここに整然と並べられていますのを眺めておりますうちに、このひとつひとつの本に、おひとかたおひとかたの編集者の方が、私以上の被害を受けていらっしゃることを思いつきまして、その方々のお顔が想い浮かんでまいりまして、もう恥かしくて田村がこの展覧会をしていただくのが、とっても嫌だったのが私にもわかってまいりました。また今夜は、その大被害者の方々にお目にかかっておりますので、もう逃げて帰りたいような気持でございます。ほんとうに、皆さまありがとうございました。

田村義也装幀本リスト

（下段の数字は発行年月です）

多田道太郎	複製芸術論	勁草書房	62	6
安田　武	戦争体験	未来社	63	7
伊谷純一郎他	高崎山の野生ニホン猿	勁草書房	64	8
安田　武	戦争文学論	〃	64	8
尾崎秀樹	大衆文学論	〃	65	6
安岡章太郎	不精の悪魔	新潮社	67	2
山里永吉	沖縄歴史物語	勁草書房	67	4
本多勝一	極限の民族	朝日新聞社	67	6
安岡章太郎	幕が下りてから	講談社	67	6
鶴見俊輔	限界芸術論	勁草書房	67	10
本多勝一	戦場の村	朝日新聞社	68	4
安岡章太郎	軟骨の精神	講談社	68	7
エレンブルグ／木村浩訳	わが回想Ⅰ	朝日新聞社	68	11
〃	〃Ⅱ	〃	68	12
〃	〃Ⅲ	〃	69	1
安岡章太郎	もぐらの言葉	講談社	69	2
鶴見俊輔／久野収	思想の科学事典	勁草書房	69	6
鈴木　均	現代ジャーナリズム論	三一書房	69	7
本多勝一	北爆の下	朝日新聞社	69	8
広島平和図書刊行会	ヒロシマの証言	日本評論社	69	8
「学徒出陣」25周年記念手記出版会	昭和十八年十二月一日	若樹書房	69	8
中野好夫	沖縄（戦後資料シリーズ）	日本評論社	69	12
本多勝一	きたぐにの動物たち	実業之日本社	69	12
安岡章太郎	感性の骨格	講談社	70	3
日高六郎	マスコミ（戦後資料シリーズ）	日本評論社	70	4
大庭みな子	幽霊達の復活祭	講談社	70	4
ロジェ・ガロディ／野原四郎訳	現代中国とマルクス主義	大修館	70	8
新里恵二	沖縄史を考える	勁草書房	70	9
石川忠雄他	日中関係（戦後資料シリーズ）	日本評論社	70	9
斎藤　真他	日米関係（戦後資料シリーズ）	日本評論社	70	10
宮本憲一	公害と住民運動	自治体研究社	70	11
佐々木基一	映像論	勁草書房	71	1
安岡章太郎	安岡章太郎全集（全七巻）	講談社	71	1
本多勝一	殺される側の論理	朝日新聞社	71	4
大庭みな子	錆びた言葉	講談社	71	7
安田　武	遊びの論	永田書房	71	9
上杉佐一郎	部落解放と労働者	社会新報社	71	9
比嘉春潮	蠹魚庵漫章	勁草書房	71	9
鈴木　均	そっくり文明の構図	ダイヤモンド社	71	9
金　石範	鴉の死	講談社	71	10
上野英信	天皇陛下万歳―爆弾三勇士序説	筑摩書房	71	11
大宅壮一	大宅壮一日記	中央公論社	71	11
松田道雄	洛中洛外	〃	72	3
本多勝一	中国の旅	朝日新聞社	72	3
井上光晴	小屋	講談社	72	5
福沢美和	犬とわたしと白い杖	山本書店	72	5
鈴木　均	ジャーナリストに何が可能か	三一書房	72	6
大田昌秀	近代沖縄の政治構造	勁草書房	72	8
金　史良／安宇植訳	駑馬萬里	朝日新聞社	72	8
加藤周一	中国往還	中央公論社	72	8
安岡章太郎	セメント時代の思想	講談社	72	9
大江健三郎	みずから我が涙をぬぐいたまう日	講談社	72	10
本多勝一	戦争を起こされる側の論理	現代史出版会	72	11
本多勝一	冒険と日本人	実業之日本社	72	11
金　史　良	金史良全集ⅠⅡⅢⅣ	河出書房新社	73	1
羽仁五郎	アウシュヴィッツの時代	潮出版社	73	1
南　博	文化（戦後資料シリーズ）	日本評論社	73	4
大江健三郎	同時代としての戦後	講談社	73	5
李　恢成	約束の土地	講談社	73	6
安岡章太郎	走れトマホーク	講談社	73	6
〃	軟骨の精神（文庫）	〃	73	8
大庭みな子	野草の夢	〃	73	8
羽仁五郎	羽仁五郎対談集	潮出版社	73	8
本多勝一	北ベトナム	朝日新聞社	73	8
真継伸彦	青春の遺書	筑摩書房	73	8
添田知道	ノンキ節ものがたり	青友書房	73	9
杉浦明平	田園組曲	講談社	73	10
金　石範	夜	文芸春秋	73	10
畑山　博	あしみじの土	文芸春秋	73	11
城戸又一編	現代ジャーナリズム講座（全五巻）	時事通信社	73	11
青木　孝	山県狂介	中央公論社	73	11
金　石範	鴉の死（文庫）	講談社	73	12
安岡章太郎	もぐらの言葉（文庫）	〃	73	12
松田道雄	養生訓	中央公論社	73	12
石川達三	花の浮草（文庫）	文芸春秋	74	3
宮尾登美子	櫂（上・下）	筑摩書房	74	3
綱淵謙錠	狄	文芸春秋	74	3
内藤国夫	新聞記者として	筑摩書房	74	6
田辺聖子	中年の眼にも涙	文芸春秋	74	6
羽仁五郎	黙示録の時代	潮出版社	74	7
金　石範	詐欺師	講談社	74	7
石川達三	武漢作戦（文庫）	文芸春秋	74	7
本多勝一	ベンハイ川を越えて	朝日新聞社	74	8
坂口謹一郎	古酒新酒	講談社	74	11
鈴木　均	現代報道論	時事通信社	74	12
安岡章太郎	私説聊斎志異	朝日新聞社	75	1
渡辺昇一	ことばの発見	中央公論社	75	1
綱淵謙錠	妍	文芸春秋	75	2
金　石範	口あるものは語れ	筑摩書房	75	4
〃	1945年夏	〃	75	4
大庭みな子	青い狐	講談社	75	5
朴秀馥／郭貴勲／辛泳洙	被爆韓国人	朝日新聞社	75	7
李　恢成	イムジン江をめざすとき	角川書店	75	8
野坂昭如	《不安者》の予言	文芸春秋	75	8
真継伸彦	深淵への帰行	筑摩書房	75	9
鶴見俊輔	私の地平線の上に	潮出版社	75	9

加太こうじ	歌の昭和史	時事通信社	75 9
本多勝一	再訪戦場の村	朝日新聞社	75 12
伊波普猷生誕百年記念刊行会編	沖縄学の黎明	沖縄文化協会	76 4
綱淵謙錠	幻	文芸春秋	76 5
本多勝一	日本語の作文技術	朝日新聞社	76 6
宮尾登美子	陽暉楼	筑摩書房	76 7
鶴見俊輔	グアダルーペの聖母	筑摩書房	76 7
金石範	民族・ことば・文学	創樹社	76 11
高橋喜平	遠野物語考	〃	76 12
柴田道子	ひとすじの光	朝日新聞社	76 12
部落解放新書1	不可侵不可被侵 松本治一郎対談集	解放出版社	77 3
安宇植	天皇制と朝鮮人	三一書房	77 4
松田道雄	養生訓（文庫）	中央公論社	77 5
栗原幸夫	肩書きのない仕事	三一書房	77 5
土方鉄	狭山事件考	創樹社	77 6
金石範	残された記憶	河出書房新社	77 7
久保田正文	作家論	永田書房	77 7
清水邦夫	夜よおれを叫びと逆毛で充す青春の夜よ	講談社	77 8
金泰生	骨片	創樹社	77 9
上野英信	出ニッポン記	潮出版社	77 9
色川大吉	歴史の方法	大和書房	77 10
安岡章太郎	走れトマホーク（文庫）	講談社	77 10
松島光秋	高村智恵子	永田書房	77 10
上田都史	小説・山頭火	永田書房	77 10
野呂重雄	もろともにかがやく宇宙の塵	一ツ橋書房	77 10
部落解放同盟編	部落解放の思想と行動	解放出版社	77 11
高橋昌男	巷塵	文芸春秋	77 11
本多勝一	ベトナムはどうなっているのか	朝日新聞社	77 12
朝日新聞社会部	下町	〃	78 2
後藤明生	酒・猫・人間	立風書房	78 3
尹学準	時調－朝鮮の詩心	創樹社	78 4
永田耕衣	名句入門	永田書房	78 4
平井照敏	現代詩入門	永田書房	78 4
上田都史	木歩	永田書房	78 5
新川明	新南島風土記	大和書房	78 6
五所平之助	わが青春	永田書房	78 6
今井彰	蝶の民族学	築地書館	78 7
岡部伊都子	小さないのちに光あれ	大和書房	78 7
辺見京子	句集 黒薩摩	永田書房	78 7
藤田圭雄	随筆集 ハワイの虹	晩成書房	78 9
岡部伊都子	おりおりの心	大和書房	78 8
〃	秋雨前線	〃	78 8
長田弘・高島通敏・鶴見俊輔	日本人の世界地図	潮出版社	78 8
布施杜生	獄中詩・鼓動	永田書房	78 8
鎌田慧	血痕	文芸春秋	78 10
本多勝一	新版殺される側の論理	朝日新聞社	78 10
羽仁五郎	自伝的戦後史（上・下）（文庫）	講談社	78 10
坂口謹一郎	古酒新酒（文庫）	〃	78 10
本多勝一	ベトナム・中国・カンボジアの関係と社会主義とを考える	朝日新聞社	79 1
羽仁五郎	続都市の論理	技術と人間社	79 1
小松雄一郎	ベートーヴェン第九	築地書館	79 2
広瀬仁紀	野望の報酬	文芸春秋	79 2
上野英信	火を掘る日日	大和書房	79 3
色川大吉	三多摩自由民権史料集（上・下）	大和書房	79 3
大田愛人	明治キリスト教の流域	築地書館	79 3
羽仁五郎	主権ハ人民ニアリ	潮出版社	79 4
金達寿	落照	筑摩書房	79 4
鈴木均	むかし戦争があった	プレジデント社	79 5
本多勝一郎	子供たちの復讐（上・下）	朝日新聞社	79 6～7
鎌田慧	日本の兵器工場	潮出版社	79 7
中山恒明	癌を治す	潮出版社	79 7
伊藤貞彦	どこに生きる根をおくか	大和書房	79 8
内田百閒	阿房列車（文庫）	旺文社	79 9
宮尾登美子	岩伍覚え書（文庫）	集英社	79 9
阪田芳直編	中江丑吉という人	大和書房	79 9
内田百閒	第二阿房列車（文庫）	旺文社	79 10
金達寿	対馬まで	河出書房新社	79 10
山田風太郎	風眼抄	六興出版社	79 10
外間守善	沖縄文学の世界	角川書店	79 11
林光	ひとりのゴーシュとして	一ツ橋書房	79 11
安岡章太郎	放屁抄	岩波書店	79 11
藤原覚一	ある図書館の戦後史	築地書館	79 11
金石範	往生異聞	集英社	79 11
神野洋三	小説・家元	日本経済新聞社	79 11
太田愛人	羊飼の食卓（題字のみ）	築地書館	79 11
岡部伊都子	ふしぎなめざめにうながされて	大和書房	79 11
加藤周一・日高六郎・鶴見俊輔・高畠通敏	転形期－80年代へ	潮出版社	79 12
〔雑誌〕	季刊 人間雑誌	草風館	79 12
森崎和江	ミシンの引き出し	大和書房	79 12
加藤九祚	シベリア記	潮出版社	80 2
末松太平	軍隊と戦後のなかで	大和書房	80 2
羽仁説子	羽仁説子の本〔全五巻〕	草土文化	80 3
秋山清	やさしき人々	大和書房	80 3
萱野茂	アイヌの碑	朝日新聞社	80 3
木崎甲子郎編	琉球の自然史	築地書館	80 4
金達寿	金達寿小説全集〔全七巻〕	筑摩書房	80 4
尹興吉・安宇植訳	黄昏の家	東京新聞出版局	80 4

ピーコック画評（23）

『田村義也装幀展』をみて

後藤　直

『田村義也装幀展』がピーコック画廊で開かれた。こういう展示会は比較的めずらしいといわれている。

田村氏は、編集者としては広く名前の知られている人である。かって二、三人の作家から、直接「田村さんから本の装幀をしてもらった」ということをきき、私は「へぇ」と思った。

本当のところ、趣味程度、悪くいえば下手の横好き、あるいは変わったことをしたがる人だなぁと思ったのである。

ところがである、あの装幀展をみてすっかり驚いてしまった。考え方を変えざるを得なくなったのである。外岡宏、高淳日両氏が作成したリストによれば、その装幀はおよそ百五十冊にも達しているのであった。

そして、それらは安岡章太郎、大庭みな子、大江健三郎、石川達三、綱淵謙錠、野坂昭如氏らの文学作品にとどまらず、安田武、鶴見俊輔、中野好夫、大宅壮一、上野英信、多田道太郎、久保田正文、色川大吉、加藤周一、坂口謹一郎氏らの批評や研究書にまで及んでいたのである。

田村氏の、この情熱はどこからきているのだろうか。本人は前号『くじゃく亭通信』のなかで「―― 少年時代の本のイメージに、何やらこだわることが出発点になっているような気がする。―― 今日でも、装丁がうまくいくかどうかは、やはり当の出版社の職人―とくに編集者の動きにかかっていることはいうまでもない。(時たま聞くことだが、中味が問題であって、外側の造本、装丁などはどうでもよいといわんばかりの口吻をもらす人がいたりするので驚いてしまう)――」と書いている。これは誰が考えても本質的なことであろう。

また装幀してもらった人びと、たとえば安岡章太郎氏は同じ『くじゃく亭通信』のなかで「―― 彼ほど本について知り、つねに一冊の本をモノにしようとつとめる装丁家はいないのではないか」と評価し、「しかし装丁というのは結局、その本のPRなのであり、PRとは――教育宣伝の意欲を以ってするのでなければ、ただの騒々しい行事に過ぎないものだろう」と淡々と述べている。これも本質的な考え方だろうと思う。

一方金石範氏の場合は、安岡氏の書きかたとはちがって田村氏の装幀に感激して文章を書いている。「私は田村さんの装幀を見ながら、楽しみもし、苦しみもし、そして悲しんだりもする。そのときはすでに、私の作品とは関係のない装幀そのものの世界へ私が連れて行かれているのだった。それは創造の世界であり芸術である。従って田村さんの装幀には創造する者のよろこびとともに苦しみが付きまとっているのである。それが見る者に感情移入をさせるのだろう」と、これまた私は本質をついた意見だと思う。

これらの人びとの田村氏への評価をきくまでもなく、田村氏は単なる趣味で装幀をしているのだとはいわれなくなるし、私はすでに専門家といってよいだろうと考えるのである。

いうまでもなく、装幀の作業は「作品」や「批評」の中味を熟読し、その本質のところをイメージに転化させ、デザイン化(あるいは芸術化)するのだから、それはたいへんな仕事なのである。

したがって、本人が成功だと思っているもの、失敗だと思っているものもあるに違いない。逆に読者(あるいは装幀してもらった人)の意見も一人ひとり異なるはずである。本人が成功だと考えても、装幀してもらった人が嫌な気分になる場合もあるだろう。しかしこれは仕方がないことでここでふれなくてよいことかも知れない。

こうしたことをふまえて、私なりの意見を最後に述べておこうと思う。

何といっても、田村氏の装幀にかけている情熱的で、ひたむきともいえる姿勢を評価せずにはおられなくなったこと。

そして田村氏の装幀の大きな特徴は「書体」にあるように思えること。

次に私の好きなのは、金石範氏の『鴉の死』

金泰生氏の『骨片』、金達寿氏の『対馬まで』などで、たまたま在日朝鮮人作家たちの作品の装幀であったこと。

これは、あるいは彼らの作品には一段と力を注いでいるようにも想像することができる。それでも他の人びとの意見と違うかもしれないが、金達寿氏の『落照』はややリキミがあるように感じた。

しかしそんな細々なことを、あれこれ口にするよりも、編集者田村義也氏ばかりでなく、装幀家田村義也氏の今後の仕事を注目して行こうと思う。

なお、中村百氏のインド旅行の写真展であるが、「ハワ・マハール」「墓廟フマユーン」「天文台」「タジ・マハール」など人物のうつっていない作品より、人物（あるいは民衆）がにぎやかに動いている「赤い砦」「アンベール城前」「シティパレス」「モスクにて」「母と子」などがよかったように思う。

●装幀の良し悪しは箱やカバーを垣間見た瞬間で決まるものではありません。実は、読み終って、内容を思い起しながらつくづくと眺めたときが勝負なのです。良い装幀は端的に内容のシンを表現していますし、そうでないものは意匠ばかりが浮き立って見えます。そして良い装幀は、装幀者が著者あるいは内容に、共感と敬愛を寄せるとき多く生まれるようです。先頃まで渋谷・ピーコックで開かれていた田村義也装幀展に並んだ本は、そうして生まれた本に違いありません。

会場には安岡章太郎「幕が下りてから」を始め、百五十点に及ぶ装幀本が並べられるとともに、版下も幾つか展示されて田村氏の意図の動きが生のままでうかがえました。

田村氏の装幀本には、箱やカバーを取り去ってもその本独自の「顔」が残るのが特徴です。最近の本が箱・カバーなしに本棚に並んだ姿は惨めなものです。裸になった姿が惨めなのではなくて、「顔」をなくした姿が惨めなのです。

田村氏の本職は装幀家ではなく編集者です。著者に寄せる敬愛と共感が内容と渾然一体した見事な意匠に結実しているのが、田村氏の装幀者としてのセンスなら、裸の本に「顔」を残すのは、本の行末を知る編集者の親切さとでも言えるでしょうか。そしてその「顔」は時代を刻した顔でもあります。

さてこれらの好装本の中の傑作はと言えば、人それぞれ好みはあるにせよ金石範「鴉の死」一つを挙げれば誰にも異論はないはずです。畏怖すべきこの小説を知る者にとっては、この装幀もまた驚くべきものです。「鴉の死」は両者の出会いの記念碑と言えましょう。そして田村氏は幸福な出会いを続けている稀れな装幀者です。

季刊「暮しの創造」春・12号（昭和55・3・1刊）
掲載記事

週刊読書人　1974年8月12日 掲載記事

ブックギャラリー

金石範『詐欺師』

ジャケットの一部に孔をあけて表紙の絵模様をのぞかせる演出は今までもなくはない。ただ、そこにまで透明なビニールをつけたところに、この本のたしかさがある。表紙をおおうラッパーとしてのはたらきが考えられているのだ。上に書名、下に著者名、中央に円形の空洞をおき、そこから石人の顔のような、やや哀愁をおびたユーモラスな人面が浮かび出る仕組みだが、その人面は最近あまり使われない布地表紙に、黒と群青の色を押して、凹凸のある手ざわりも楽しめる。近ごろの製本屋さんのめんどうがる仕事で、こんな造本設計は装幀に愛情がなければ実現し難いものだ。意匠そのものの判断には人それぞれ好みもあろう。「詐欺師」には本づくりの情熱が感じられる。この小説家の「1946年夏」（筑摩書房）もおなじ装幀者で行きとどいた装本だった。また写真に出せないが「詐欺師」のオビの作りには配色とレイアウトに多少の工夫があり、これも昨今はとんと稀なことである。（装幀・田村義也、四六判、二五〇頁・一一〇〇円・講談社）

曽根　元吉
（仏文学者）

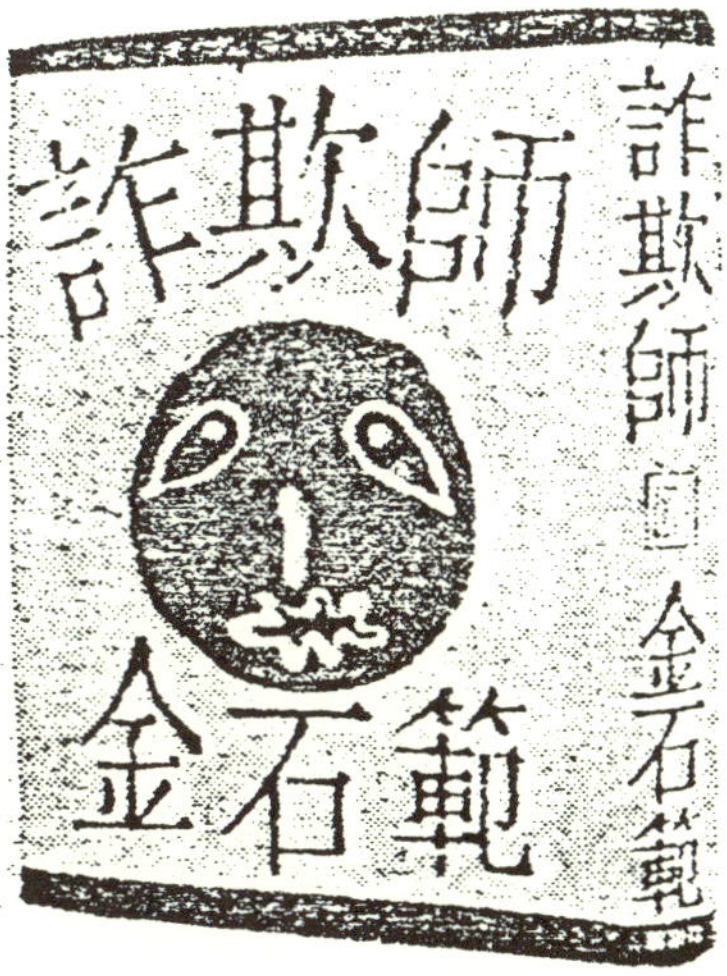

須田剋太画

金達寿展　御案内

—『金達寿小説全集』出版記念—

会場　渋谷　茶房　ピーコック
会期　四月十日から六月三十日まで
主催　季刊『直』
　　　『くじゃく亭通信』

金達寿氏の小説全集ができる—とのニュースは、「よかった!」そう思うよりはやく「なにかをしたい」という強い意欲を私たちに惹き起こしました。その一帰結として、ささやかですが、私たちはここに『金達寿展』なる小展示を試みます。
皆さんのご協力をいただければ幸いです。

講演会の御案内

古代史講演会　四月十二日(土)午后一時半
「私と古代史」—なぜ古代史か—
講師　京都大学教授　上田正昭氏
　　　作家　金達寿氏
場所　牛込公会堂(電話269-三二三八)
主催　東アジアの古代文化を考える会

「わが文学と生活を語る」講演会
五月十七日(土)午后一時
講師　金達寿氏
場所　豊島区民センター(電話984-七六〇一)
豊島区東池袋一-二〇-一〇
(池袋・三越デパート裏側)
主催　『くじゃく亭通信』

「ピーコック」からのお知らせ

「金達寿展」を上記の通り開催いたします。人間金達寿を視覚的に把えようとする試みです。御誘い合せのうえ御観覧下さい。展覧会開催期間中の左記の日時に、金達寿氏が会場に来ておられます。読者との歓談、サインなどの時間をとっていただきました。

4月16日(水)　午后3時〜6時
4月30日(水)　午后4時〜6時
5月2日(金)　午后4時〜6時
5月15日(木)　午后4時〜6時
5月29日(木)　午后4時〜6時

なお展覧会の期間中、「金達寿小説全集」(全七巻・筑摩書房刊)の講読の予約を受けています。申込先着五十名様に、著者サイン入りの、いまは絶版となりました「前夜の章」(東京書林・一九五五年刊)をプレゼントサービスいたします。また「くじゃく亭通信」の読者に限り定価の二割引にて頒布していただくことになりました。くわしくは「くじゃく亭通信編集部」或は「ピーコック」464-3326まで。

現在刊行されている氏の著作は、殆んど網羅展示いたしました。展示本は定価にて即売いたします。

≪編集後記≫

◉「田村義也装幀本リスト」は、はじめ装幀展に合せて火急に外岡宏氏と高が作成したものでしたが、今回の特集のために、佐藤まゆみさんが脱落の補充、誤りの訂正をしてくださいました。
◉連載の外岡宏「李朝の書院」、白倉光男「韓国仏教美術の旅」、鄭大聲「朝鮮食物文化譚」は今回は休載いたしました。次号から再び連載いたします。

印刷所・バルカン社☎三五二一-六八六〇

くじゃく亭通信
第28号
「くじゃく亭通信」編集部
〒150 渋谷区宇田川町八ー九
℡ 四六一・一八五五
定価80円

金達寿「氏」小論

——『東アジアの古代文化を考える会』の時期をとおして——

水戸岩雄

はじめに、あまり形のよくない表題について、すこしばかり言い訳をさせていただきたい。

わたくしがはじめて金達寿氏にお目にかかったのは『東アジアの古代文化を考える会』ができる一年ほどまえ、一九七二年十一月十五日に「文化遺跡研究会」の第一回の「文化遺跡散歩」を行い、それへ、たしか高麗神社で臨地講師として来られ、氏の話しをうかがった時である。

その時「近くこういう会ができるはずですから」と『東アジアの古代文化を考える会』への参加を誘われた。

『東アジアの古代文化を考える会』では、幹事としての二年半のあいだ、毎月、月に一回以上はお会いすることができた。というのは月一回は定例の幹事会があり、時には臨時幹事会もあり、そして飲むために集まることも多かったわけだが、作家・学者など「有名な側」の幹事十名、わたくし達市民の「有名でない側」の幹事が十名、合計二十名の幹事のうち、「有名な側」で欠席の最も少なかった一人が金さんで、「無名な側」でわたくしは皆勤した唯一の幹事だったからである。

金さんは一見大陸的でおおらかな心の持ち主にもかかわらず、細やかな配慮を忘れない方である。欠席されるときは必ず電話で断りの連絡をくれた。時には大阪からかかったこともあって、よい意味での「戦前かたぎ」を感じさせられたものである。

この会ができた頃は、まだ〃古代史ブーム〃という言葉もなかった時期で、金さんは「古代史に詳しい朝鮮人金達寿氏」と紹介されていた。しかし、わたくしが金達寿の名を知ったのは歴史家金達寿としてではなく「作家」金達寿氏としてである。

大正生れの人たちが集り、話しあったり旅行したり、まあ勉強もする『大正クラブ』という自由な集りがある。もう十数年つづいていて機関紙もあり、現在は友人の作家・宇井無愁氏が代表の地味なサークルである。この会の分科会で『歪められた朝鮮人像——朝鮮人作家の抵抗と風刺』というようなテーマの勉強会を私が主催してひらいたことがあるが、そのテキストに『朴達の裁判』をつかった。わたくしはこの時はじめて、私なりに本格的に金達寿氏の小説を読んだわけである。

したがって表題の中の「氏」には大変に偉い作家への敬意があり、「金さん」の方には『東アジアの古代文化を考える会』で酒を呑んだり冗談口をきけるようになったのちの親しさがある。「氏」と書くときは作家で未知のころの金達寿氏を思いだすときでもあるのである。

だから表題で「氏」と上下のカギで囲うのは、尊敬と親しみと、多少の恐れの距離を意味している。以下の文中に「さん」がでたり「氏」と書いたりすることがあれば、こうしたことが混迷の理由だとお許しいただきたい。

いずれにしろ、この文章は『作家金達寿論』ではなく、日本人の意識のなかに欠落していた「朝鮮文化」を掘り起しつづける「在日朝鮮人金達寿」への論評でもない。同じ環の中からとはいえないが、その環のすぐ近くにいて、彼を歓迎し手をつなごうとする沢山の市民のなかの一人が筆をとった偶感にすぎない。

巨いなる足跡

一九一九年生れの金達寿氏は六十才を越した。人の生年は必ずしもその人の歴史を暗示するものではないが、一九一九年に生れた金達寿氏は、どうしても三・一運動の起ったこの年に生れなければいけなかった人だとおもう。不肖わたくしは一九一四年の生れで、自分自身、最初の世界戦争の年に生れたという憶いがつきまとっている。いずれにせよわれわれは一九一〇年代以降の日本で、シュトルム・ウント・ドランク（疾風怒濤）の時代を生きてきた。

この時代に、在日朝鮮人作家金達寿氏が、作家としての著作活動と平行して、『日本のなかの朝鮮文化』を探求しはじめたことの意義には、はかりしれない大きさがある。

一九七〇年のはじめに奥野健男氏はこう嘆いていた。

「安吾新日本地理」は、その後の主として週刊誌の文学者たちの旅行記、ルポルタージュ、ドキュメントの開祖的な役割をはたしている。文学者や学者を旅行させ、取材させ、新しい日本風土記を書かせるのが今日の流行だが「安吾新日本地理」「安吾新日本風土記」を超えた作品はまだ生れていない。（「坂口安吾全集」第九巻・解説）

しかし、金達寿氏はつとに坂口安吾の日本古代史に関する先見と功績に着目し、一九六八年にははやくもその最初の成果を発表し、一九七〇年一月以降雑誌『思想の科学』に『朝鮮遺跡の旅』として連載しはじめ、同年の十二月には『日本の中の朝鮮文化――その古代遺跡をたずねて』と題して一冊の単行本を刊行した。また一九六九年三月創刊の雑誌『日本のなかの朝鮮文化』では以来十年余欠くることのない仕事を世に送りつづけている。氏が研究者や専門家の側からではなく、市民サイドから日本人の歴史観の歪みを鋭く指摘し、指摘に値する深さでその問題を掘り下げた功績は、文筆をもって世に立つ者の真に誇るべき仕事といえるであろう。奥野氏の悲嘆は完全に癒されているはずである。一例をあげる。

それは帰化人の問題である。

大和政権が確立される以前のものは、これを渡来人といい、それ以後のもの、つまり、時代が飛鳥から奈良へ移る以後のものを帰化人といっていいかと思います。（『日本のなかの朝鮮文化』創刊号二九頁）

この氏の発言から十年を経ずして〝渡来人〟は一部の学者（例えば黛弘道氏）を除いてほぼ承認され市民権を獲得した。歴史を見すえる眼が曇りないとき、人は何をなしうるかの証しをここに見ることができるであろう。

新書『朝鮮』

一九五八年、金達寿氏は岩波新書の一冊に『朝鮮』をくわえた。そのサブタイトルどおり「民族・歴史・文化」の「全貌をチョウカンする」ための執筆であった。

朝鮮および朝鮮人そのものがどういうものであるかということが知られていなくてはならない……

私は一人の作家ではあっても、歴史家でもなければ地理学者でもない……（しかし）かき上げたことにひそかな自負を感じた（同書あとがき）。

と氏はその意味を記した。

歴史的部分の多くを旗田巍氏の『朝鮮史』（一九五一年刊・岩波全書）に負いながらも、本書には作家金達寿が「自負を感じた」だけの重さがある。旗田氏の『朝鮮史』が学問的著作として朝鮮の歴史を知ることに役立つなら金氏の『朝鮮』は朝鮮史はいかに考えるべきかを知らしめる著作であった。

著者は本書の末尾に「朝鮮を知るために」何冊かの書物を紹介しているが、それを見ると、当時、朝鮮関係の良書や資料は少なく、なかでも朝鮮を全体的にとらえるための平易な入門書は皆無に等しい状況にあったことがわかる。本書が書き加えられることの意義は充分にあったのである。ちなみに、岩波書店はこの二冊を除いては朝鮮の歴史に関する単行本をその後もだしていない。その一冊を在日朝鮮人自身が書いた事実をいま改めて考えてみるべきだろう。

敗戦から十三年しかたっていないあの時点で、わたくし自身、まだ皇国史観を脱却することはできなかったし、またその影響をうけずに朝鮮も朝鮮人も考えることはできなかった。それだけに本書の響きは新鮮だった。

ところで、この小論を書くべく本書をはじめいくつかの金氏の著書を読みかえしてみて、二十余年の歳月の経過は無視できないように思われてきたのである。二十年間の日朝両国の史学の発展はめざましいものがあったし、何よりも重要なことは、この期間の画期的とも言える考古学の成果が、本書では充分利用できなかったことである。金氏御自身にとっても、これらの知見の蓄積は、質量ともにはかりしれないものがあることを思うと、このことが本書の瑕疵としてながく残るように思われて残念なのである。

現在もなお本書は若者たちを含めて多くの人びとに読まれているときく。昭和三十三年の初版に〃きん　たつ　じゅ〃とあったルビはいま〃きむ　たる　す〃と変ったが、それ以上の変化が本書に、改訂版、あるいは増補版を出すことを求めているのではなかろうか。都塵の片すみからの、これは一市民の熱い期待なのである。

しかしそれでよいのか

金達寿の名をしるほどの人はだれども『日本のなかの朝鮮文化』という毎号百頁に満たない季刊誌があることを知っている。あまり儲かりそうもない、したがって原稿料もそう期待できなさそうなこの雑誌を、鄭貴文・詔文の兄弟、上田正昭、司馬遼太郎の各氏と、金氏がもう十年以上もコツコツと出しつづけてきた。一九六九年三月の創刊号から一回も休刊しなかっただけでも大変だろうが、この雑誌のメルクマールになっている座談会には（十五号を除いては）必ず三氏のどなたかが出席されてきた。関係者の熱い真情なくしてはでき難いことである。

編集者たちの視野の広さは格別で、政治・歴史・考古・民俗・伝説・地理・美術・文学等々、濃淡の差はあっても文字どうり「日本のなかの朝鮮文化」を語るうえで必要なものはすべて網羅されている。

この雑誌の一つの特色は、本誌に関係する何人かの在日朝鮮人（鄭兄弟・金達寿・李進熙の諸氏）を除くと、座談会の出席者や執筆者がすべて日本人であるということである。このことは金さんが『日本のなかの朝鮮文化』を日本人の書いた文献だけを利用して探究する方法をとっていることと軌を一にしているものと思われる。

ところでこの雑誌を読む側のわたくしたちにとっても無関心ではいられない問題が、現在雑誌社の側から起っている。

一九七八年の同誌四〇号「座談会・『日本のなかの朝鮮文化』の十年」で金達寿氏がこう発言しているからである。

『日本のなかの朝鮮文化』は十年で四十号になりましたが、あともう十号、五十号をもって終りたいということになりました。

この座談会では出席者中、林屋辰三郎氏がそんな堅苦しくなくて、日朝の交渉史を十回やってほしい

と要望されただけで、誌面に現れたかぎりでは特別の議論はなかったようである。五十号という数字の区切りのためとも考えられないので、あと十号で終らせたいと考える発行者側には、勿論慎重な検討が行われたうえでの発言なのだろうが、わたくしたち読者の側からは、本誌が、いわばその歴史的役割を果し終って終刊するのだという意味には受けとりにくいのである。

かって故竹内好氏が「日本でいちばん革命的な雑誌」と呼んだその評価はおくとしても、この雑誌を仲立ちにした研究者と一般の人たちの活動（七九年三月三日朝日新聞東京版夕刊）

はまだまだ終ってはいないのではなかろうか。日本のなかの朝鮮文化……それを世間が何でもないあたり前の事実として受けいれはじめてきた（同右・司馬遼太郎氏発言）

その段階へまでやっときたのだと言うべきではあるまいか。この十年に扱われた多くの

問題を整理し、多面的に深く把えなおしていく作業がこれから始められるべきだし、この作業を通じて、より総合的に「日本のなかの朝鮮文化」像が再構築されなければならない筈である。この雑誌の存在価値は増大こそすれ消滅するものではないと思われる。

　いまや本誌は、発行者の終刊宣言だけでは終らせられないほどの特異なジャーナルとしての立場を築いたのである。例えバックナンバーの形があっても、五千部が刷られているという。営利出版でなかったから、広告は最初からとらなかったときいている。それだからこそ、この雑誌には、読むことと共に〝買うこと〟に、支持と連帯を表明してきた購読層もいることを見逃せないのではなかろうか。雑誌社主催の「朝鮮文化講演会」「朝鮮文化と遺跡めぐり」に参加することに、市民運動としての意義づけをみていた人たちもいることも考える必要がありはしないか。この雑誌を、毎号熱い期待で迎え、支えてきた多くの市民たちがいる筈なのである。

その交友のひろがり

　昨年の三月十八日、東京市ヶ谷の私学会館で〝『わがアリランの歌』を出した金達寿の会〟が二百四十余名の出席者を迎えてひらかれた。文字どうり東西から馳せ参じた、有名無名の「友情と信頼感にあふれ」た人たちの集りだった。戦前風にいえば金さんはこの年が還暦である。

幸い、『わがアリランの歌』が刊行されたのは、いいしおであるかと存じます。かれを励ますでもなく、むろん褒めるでもない一夕を、かれのためにもし持つことができれば、さほどの意味もないことですが、すばらしいような気がしないでもありません。

とは司馬遼太郎氏のよびかけの言葉である（案内状）。

　人びとであふれた会場では十数名の方がたが励ましの辞を述べられたが、わたくしには特に宮川寅雄氏の発言が強く印象にのこった。

　一九五八年に『朝鮮』という本をお出しになった時に、方々から非難を受けられて、私は義憤を感じて金さんに手紙を差し上げて、喜んでいただいたわけです。それから交際がはじまったのでございます。……もしも金さんを近くに知っていたら、私の自覚や覚醒がもっと早かったろうと思って、返す返すもくやしく思います。

氏の発言には一つの事件と多くの友情との深ぶかと印された足跡が語られているのである。事件はある意味では「歴史の倉」にはいってしまったとも言えるのであろうが、挨拶に立った金達寿氏の発言でそれをたどってみると、

宮川さんは方々からということばを使われましたが、それは方々ではなくて、実は一方でした。一方から一方的に非難されましたが、たとえば、その本に対する書評が出まして……匿名なのですね。そしたら、ぼくを非難する者がどういうわけか、それを臼井吉見さんだと書いているのです。「だいたい金達寿というのは、民族的主体性がないんだと臼井吉見も書いているではないか」というようなことを書いているのに対して……「……実は、あの評者はかくいう私である。私は、あなたの本ははっきりとした民族的主体性をもっていると書いたはずである」というお手紙をいただきまして、はじめてぼくは宮川さんにお近づきになれたわけです。

これは組織をあげての大きなキャンペーンでして、こういうキャンペーンはいまもまたおこなわれているのですが、それが正当な批判、あるいはキャンペーンというのでしたら、これはあった方がもちろんいいわけです。それでぼくも緊張することができるからなのですが、しかし、このときのそれはまったくの中傷的批判というものでして、その批判の文章が『アカハタ』という日本の新聞に出ましたので、ぼくはその『アカハタ』でやっと一度だけ反論することが出来たわけです。……

注記すると、宮川寅雄氏の匿名評は『サンデー毎日』に載ったものであり、そこには

この著書は『明るい朝鮮』をめざす隣人の、誠実な訴えを、すなおにつたえたりっぱな書物である。

と書かれていた。白を黒とねじまげて金達寿の民族的主体性を神かくししたのは白宗元氏で、掲載紙は『朝鮮民報』という朝鮮語の新

聞だった。金さんは

　私は送られてきた……『朝鮮民報』を開いて目をみはった。

と綴っているが、氏が誰にもまして読んで欲しかったのは在日朝鮮人だったはずである。金達寿氏は一九五九年二月二十四日の『アカハタ』に「『朝鮮』にたいする〝批判〟について」という反論を書き、これが機縁で宮川氏と知りあったのだ（『金達寿評論集下　わが民族』筑摩書房版に宮川氏からの手紙が「付記」されている）。

　宮川氏の発言はこの時のことをのべたものであるが、氏が公的な場で「このこと」を口外にしたのは、たぶん初めてであろう。わたくしも宮川氏の知己をえてはいるが、この話しを氏の口からうかがったことはなかった。

　中野重治氏もハガキを通じて親しく励ましの言葉を寄せている。

　只今『――批判について』を拝読、はばかりながら安心しました。

　御自愛を祈る。ところで、これからアトが大事なように思う。ぼくを利用する必要などあったら、遠慮なくそういって下さい。

金達寿氏を支える人びとの連帯は、たとえばこのようにして形成され、拡大していったのである。阿部知二、竹内好、中島健蔵氏らはこぞって好意的な批評を寄せていたが、それにしても『朝鮮』が岩波書店からの出版物でなければ、あれだけの反響はなかっただろう。ともあれ〝組織〟に真正面から対決する金さんに、宮川氏・中野氏をはじめ少なからざる日本人が手を延べて、〝良心の斗い〟を守りあえたことは倖せであった。

健康であれ

　自らを飾ることをしない人柄からか、金さんは交友十年ほどのわたくしなどにも、表裏のない人間的側面をみせてくれる。たとえば、在野の一古代史家が、朝鮮史関係のある研究会の席上で、〝画期的〟と言われた在日朝鮮人学者の著作を批評して

　在日朝鮮人が、年少の身で来日以来、貧困のなかを苦労し、大著をあらわしたことには敬意を表するが、内容まで認めることはできない。

といった意味の失言をしたことがある。貧困と学問的業績の間には相関はない。当然怒りをこめた反論が、われわれ日本人側から行われた。論争には直接加わらなかった金さんは、最後に彼をきっと睨み、厳格な表情で、

　あなたは今の言葉を忘れないでほしい。僕はあなたの言葉を一生忘れずにいます。

と宣言された。秋霜の言辞、凛然たる姿であった。古代史家のそれは「失言」でなく、悪意ある意識的なあげつらいだったのである。

　『東アジアの古代文化を考える会』が不幸な事件でいわゆる熱海会議をひらいたときも、裂帛の気合で論難されたことがある。そんなときなどは怖い鋭い金達寿氏が現れた。

　しかし、戦前の年少時からあらゆる不幸を味わられたに違いない金さんは、また、われわれが直面するどんな不幸にも、いつも自身の体験を基にして慰めてくれる男なのである。

　わたくしが自分の不注意で自宅を焼失したときも、わざわざ電話をかけてきて

　実は僕も自分で火事を出したことがあるんですよ。

と労わってくれた。こういう慰めかたのできる人なのである。その意味では、いつも他人の痛みを自身の体で受けとめることのできる苦労人なのだ。

　昨年末、ひさしぶりで上京された上田正昭氏を、岩波市民講座の会場から〝拉致〟して、何人かの『東アジア……』の会員で一夕を共にしたことがある。部長という学校行政から解放された上田氏には終電後までつきあっていただいたのだが、無類の友人おもいときく上田氏が

　金さんもときどき暴飲しよる

とぼつんといわれた。頑健とはいえこの頃よく入院をくりかえす友の身を案じる態だった。先頃の「――金達寿の会」でも、多くの人たちが心から「金さんの健康を！長寿を！」と祈ってやまなかったのである。

　わたくしの小論の〝結語〟にもこれ以外の言葉はない。

（一九八〇年三月記）

金達寿発表年譜

『〝わがアリランの歌〟を出した金達寿の会』の「金達寿年譜」と、『季刊三千里』20号の「在日朝鮮人文学の作品年譜」をもとに小説は初出誌を、古代史関係は初出誌と、単行本を附記しました。

（魏良福　作成）

小説

一九四〇年　「位置」（芸術科8）
一九四一年　「汽車弁」（新芸術3）　「族譜」（新芸術11）
一九四二年　「塵芥」（文芸首都3）　「雑草」（新芸術7）
一九四六年　「後裔の街」（民主朝鮮4〜47年5）　「祖母の思い出」（民主朝鮮4）　「李川氏についての二章」（民主朝鮮7）　「床屋について」（民主朝鮮7）
一九四七年　「嘘をつく女」（国際タイムズ7）　「李万相と車桂流」（民主朝鮮9、12）　「八・一五以後」（新日本文学10）
一九四八年　「傷痕」（朝鮮文芸1）　「司諫町五十七番地」（文学時標3号）　「濁酒の乾杯」（思潮9）　「華燭」（東洋文化・創刊号）
一九四九年　「番地のない部落」（世界評論3）　「四斗樽の婆さん」（新神奈川3〜10）　「叛乱軍」（潮流8〜9）　「大韓民国から来た男」（新日本文学11）
一九五〇年　「矢の津峠」（世界4）　「眼の色」（新日本文学12）
一九五一年　「富士のみえる村で」（世界5）　「孫令監」（新日本文学9）
一九五二年　「玄海灘」（新日本文学1〜53年11）　「釜山」（文学芸術2）　「前夜の章」（中央公論4）　「恵順の願い」（婦人民主新聞10〜12）　「標札」（新世紀11）
一九五三年　「副隊長と法務中尉」（近代文学1〜2）
一九五四年　「母と二人の息子」（群像5）　「故国の人」（改造10）　「泣き面相」（別冊文芸春秋）
一九五五年　「古本屋の話」（新日本文学4）　「炭鉱で会った人」（新日本文学11）
一九五六年　「出動」（新日本文学5）　「日本の冬」（アカハタ8〜12）
一九五八年　「朴達の裁判」（新日本文学11）
一九五九年　「まくわ瓜と皇帝」（鶏林2号）　「密航者」（リアリズム1〜61年8・のち『現実と文学』）　「委員長と分会長」（文学界3）　「壺村吉童伝の試み」（別冊文芸春秋）　「日本にのこす登録証」（別冊週刊朝日）
一九六〇年　「夜来た男」（別冊文芸春秋）
一九六一年　「日本人妻」（別冊週刊朝日）　「白昼夢」（日本読書新聞9）
一九六二年　「孤独な彼ら」（新日本文学2）　「将軍の像」（文化評論12）　「中山道」（新日本文学12）
一九六三年　「慰霊祭」（現代の眼11）　「ソウル邂逅」（文化評論増刊号10）
一九六四年　「肩書きのない男」（新日本文学3）　「太白山脈」（文化評論9〜68年9）
一九六五年　「公僕異聞」（現実と文学6）
一九六六年　「苗代川」（民主文学4）
一九七〇年　「高麗青磁」（世界2）
一九七二年　「ある邂逅」（文芸5）
一九七五年　「対馬まで」（文芸4）
一九七八年　「行基の時代」（季刊三千里13号〜連載）
一九七九年　「備忘録」（文芸8）

古代史関係

一九六九年　「朝鮮遺跡の旅」（民主文学3〜5）
一九七〇年　「朝鮮遺跡の旅」（思想の科学1〜連載）　「帰化人ということば」（日本のなかの朝鮮文化6号）
※「日本の中の朝鮮文化」（講談社・現在まで六巻）
一九七一年　「河内の朝鮮渡来人寺院」（旅11）　「上田正昭『日本神話』」（世界1）

「日本の中の朝鮮」（読売新聞１）「〃輸入〃ということば」（日本のなかの朝鮮文化11号）

一九七二年「近つ飛鳥と竹の内街道」（文芸春秋・増刊号）「朝鮮と『万葉集』」（国文学５）「飛鳥の壁画古墳」（東京新聞３）「〃帰化人〃とはなにか」（歴史読本８）

※「〃帰化人〃と渡来人」（中央公論社・『高松塚古墳と飛鳥』）

※「古代遺跡の旅」（サンケイ新聞出版局）

※「古代文化と〃帰化人〃」（新人物往来社）

※「日本の朝鮮文化」（中央公論社）

※「壁画古墳の謎」（講談社・共著）

一九七三年「有田と苗代川」（太陽３）「大和の朝鮮文化遺跡」（日本のなかの朝鮮文化19号）「古代史家としての坂口安吾」（中央公論４）

一九七四年「朝鮮遺跡の旅」（季刊・歴史と文学・春号〜連載）「姫島の比売語曾神社」（自然と文化17号）「播磨の〃新羅国〃」（東アジアの古代文化２号）「相模の朝鮮文化遺跡」（東アジアの古代文化４号）「天武帝は弟か？」（毎日新聞３）「わが内なる皇国史観」（展望８）「〃大化の改新〃について」（日本のなかの朝鮮文化22）「〃壬申の乱〃について」（日本のなかの朝鮮文化23号）

※「北九州の朝鮮文化遺跡」（小学館・『歴史の旅・北九州』）

※「飛鳥の渡来人」（小学館・『日本古代史の旅・飛鳥』）

※「明日香の渡来人」（『明日香村史』上巻）

※「古代日本と朝鮮」（中央公論社・共著）

一九七五年「奈良大和の発見」（野性時代増刊号）「〃壬申の乱〃の道を歩く」（東京新聞10）「法隆寺と聖徳太子」（文芸春秋デラックス３）「帰化人か渡来人か」（週刊読売７）

※「歴史の中心は渡来人だった」（朝日新聞社『古代史の謎』）

※「志良宣歌をめぐって」（角川書店『歌謡』(1)）

※「古代日朝関係史入門」（読売新聞社・『古代朝鮮の歴史と文化』）

※「日本の渡来文化」（中央公論社・対談集）

一九七六年「近江観音寺山と佐々木城」（サンケイ新聞１）「伊都国と加羅・新羅」（別冊週刊読売）「日本の祭と朝鮮の祭」（文芸春秋デラックス９）

※「渡来人群像」（学習研究社『飛鳥の哀歌』）

「古代朝鮮と伊都国」（朝日新聞社『邪馬台国のすべて』）

「渡来人の文化」（有精堂『日本神話と朝鮮』）

「日本古代史と朝鮮文化」（筑摩書房）

一九七七年「〃帰化人〃をめぐって（季刊三千里10号）「〃帰化人〃とはなにか」（季刊三千里12号）「ある女子中学生の古代史観」（日本のなかの朝鮮文化35号）

※「日本と朝鮮」（講談社・対談集）

一九七八年「日本にとっての朝鮮」（日本のなかの朝鮮文化37号）

※「〃壬申の乱〃と朝鮮三国」（毎日新聞社『日本史の謎と発見』４巻）

一九七九年「神社と神官をめぐって」（日本のなかの朝鮮文化42号）「神々のふるさと」（季刊三千里19号）

※「日本の中の古代朝鮮」（学生社）

※「鑑真はなぜ来たか」（毎日新聞社『人物海の日本史』）

※「須恵器・磁器および朝鮮式山城」（プレジデント社『古代日本と朝鮮文化』）

一九八〇年

※「古代日朝関係史入門」（筑摩書房）

（※は単行本として刊行されたもの）

第六回『青丘文化賞』を受賞して

高　峻　石

私は、すでに七十歳の峠を越えた老人であるが、いままでに数多くの罰をうけたことはあるけれども、賞というものをうけたことはない。このたびの青丘文化賞が最初のものであり、これが最後のものになるだろう。

私は、一九六九年十月二日に、外国人登録法違反で東京警視庁に検挙され、さらに出入国管理令違反で東京入管事務所に収容された。この過程で保釈になり、同年十二月二十五日に仮放免となった。それで私は、一九七〇年元旦に一人で酒を飲みながら、これから何をしようかと思案した結果、ものを書いてみようかということになった。それから、いままでに十数冊の本を書いたが、その内容は杜撰きわまりないもので、青丘文化賞をうけるとは夢にも思っていなかった。

しかも、この賞が在日朝鮮人の経済活動家たちによって設けられたことを聞いたとき、非常に嬉しかった。この賞が日本人社会で設けられたものであれば、私はそれほど嬉しくなかったであろう。もっとも、日本人社会で、日本帝国主義の朝鮮侵略を糾弾しつづけてきた私に賞などというものをくれるはずもないが――。同胞たちからの賞ということに大きな意義があると思い、頂戴したわけである。

人間の生き方は、さまざまであると思う。しかし、こんにち、在日朝鮮人のおかれた状況をみると、そのさまざまな生き方を追求することさえ困難であるといえよう。日本社会における朝鮮人に対する民族差別は、戦前・戦後をつうじて変わってはいない。いや、むしろ、朝鮮人に対する民族差別は、日本社会の広範な層に定着しているように見受けられるのである。在日朝鮮人は、祖国統一への念願を燃やし、民族のことばを習い、民族の文化・歴史を学びながら、せいいっぱい「在日に生きる」ことを模索するのだが、それに対する風圧はきわめて強い。

日本人のなかには、自分は民族差別をしていないという者たちがいるが、彼らが、日本政府の朝鮮人に対する蔑視・敵視政策に反対することはほとんどない。彼らは、日本政府のやり方は自分たちとは関係がないという考え方であるが、しかし果たしてそうであろうか。こんにち、日本社会において、在日朝鮮人問題が論じられるのは普通、何かの政治事件とか犯罪事件が起きた場合が多いが、それは興味本位の域を脱してはいない。朝鮮人と日本人がともに現実を直視し反省する必要があると思う。

在日朝鮮人の二・三世のなかには、「一世が、だらしなかった」から、自分たちの境遇が惨めになったと、一世に怨嗟の声を放つ者も少なくないという。果たして、そうであろうか。一世は、それぞれせいいっぱい生きてきたと信ずる。しかし、それの評価は歴史の審判にまつほかないと思う。仮に「一世がだらしなかった」と思うなら、若い世代は、それを乗り越える何かをつくりださなければ、祖国からも、日本社会からも、かえりみられない存在となりはしないだろうか。

祖国を遠く離れて、異国の地で青丘文化賞をうける私のこころは、感無量である。私は、本賞を過去の執筆活動に対するものとは思わず、「奨学」のためとみて、今後も努力したい。が、よれよれの老人という条件が、果たして青丘会会員諸氏のご期待にそえられるかどうか、この点については、あまり自信がない。「これから生きてみても、どうということはないではないか」という人もいるが、私はやることがいっぱいあると思い、毎朝五時半に起きて一時間のジョッキングをして健康をたもちながら頑張っているつもりである。

朝鮮半島を南北に距てられた五千万同胞が邂逅・合流して統一国家が創建される日がかならず来ることを待ち望みつつ、青丘会会員諸氏の事業発展をこころから祈る次第である。

第一回『青丘文化奨励賞』をいただいて

辛　基　秀

青丘文化賞の受賞式には、出席できず青丘会のみなさんには大変失礼しました。

当日の会場が、映画「江戸時代の朝鮮通信使」の上映により、例年にない有意義な会となったことを高淳日さんのお手紙で知りほっとしました。映写機とフィルムをもって代りに出席しました滝沢林三、高岩仁の両氏からは当日の会場が、非常にあたたかい雰囲気に包まれ、大変な歓待を受けた様子をくわしくきゝました。

映画は、昨年末、キネマ旬報の文化映画部内のベスト・テン第四位、本年の毎日映画コンクールの第二位に選ばれ、いまも、関東、関西の各学校、地域で上映されています。各種の賞の中でも、在日同胞からの賞は殊のほか、身にしみてありがたく存じます。

在日朝鮮人の映画青年（今や老年化しつつありますが）の中でも、昔から〝映画を我々の手でつくろう〟という話はよくかわされましたが、残念ながら実を結ばず、今日の日本のドキュメンタリー・フィルムの全般的不振と歩調をあわせたかのように、うたかたのように消えました。

ふり返ってみれば、私自身、ある時期、朝鮮総聯の組織の中で、様々の大会のセレモニーの記録のためにカメラを廻しながら考えていたのは、在日する条件の中での主体性と記録性でしたが、独自の、勇気のいるドキュメンタリー・フィルムをつくり得ず、映画をもって運動に合流できなかった悔恨のみ残っていました。

最近、活潑になってきました在日朝鮮人と日本の映画人による合作映画、たとえば「オモニ」（金慶植・中尾駿一郎共同監督）をみても、どうして、ドキュメンタリーの方法がとられなかったのかという疑問がおこります。体制批判に徹したとき、はじめてドキュメンタリー・フィルムが巨大な力を発揮することは、世界各国の近代五十年の映画運動の歴史をみても明らかです。

私たちが、このたびつくりました映画に「歴史ドキュメンタリー・フィルム」とサブタイトルをつけましたのも、明治以降の日本の朝鮮観に対する抗議の意義を込め、日本の〝正史〟から消された朝鮮と日本の平和な善隣関係の証の数々の記録にライトをあてようとしたからです。

このたびの映画製作が本格的準備にはいりましたのは、「昭和五十年」を記念する国家的行事・キャンペーンがなされていた五年前の四月、幻の名画といわれていた亀井文夫の「戦う兵隊」の一部をテレビでみてからです。中日戦争を帝国主義の軍隊の側から撮った「戦う兵隊」は、長い年月のテストに耐えるすぐれた記録映画でした。戦前・戦後の亀井文夫氏の生き方も、記録映画に関心をもちつづけた私にとって大きな存在で、このたび、「朝鮮通信使」の製作過程で滝沢林三氏とともにお会いでき、映画の試写会場でご批評をいただいたことは望外の喜びでした。

それから二年後、野間宏・安岡章太郎の両先生と大阪の詩人金時鐘氏による「差別の醜さと解放への道」の座談（朝日新聞社発行「差別」その根源を問う（下））で、朝鮮映画をとりあげた金時鐘氏の話が、私個人に及んだ「大阪にいてよんどころなく映画評論をやっている（笑い）直接映画をつくりたいだろうけれどチャンスも金もない友人（笑い）辛基秀君が……」のくだりを人から指摘され、思わず顔を赤らめました。準備している映画の製作資金は、カンパなどに頼らず、私個人でつくる。製作の時期は、天皇制元号のかまびすしい論議のなされている一九七〇年の終りまでと決め、朝・日混成チームの横のきずなを強められるスタッフを編成してでき上ったのが、歴史ドキュメンタリー・フィルム「江戸時代の朝鮮通信使」です。半年間の撮影の過程でスタッフ一同、かくされ、知らされなかった江戸期の朝鮮と日本のインターナショナルなけんらん豪華な交流の実相に目のうろこを落したのです。

朝鮮食物文化譚（3）

鄭大聲

食醢《シッケ》とすし（I）

すし（鮨、寿司）といえば、今日の日本を代表する食べものである。このすしについての研究は多く『すしの本』（篠田統著、柴田書店）がある。先年、篠田先生は惜しくも世を去られた。私は一九七五年に京都の北白川の先生の御宅を訪ねて御話をうかがったことがある。この時に、すしのルーツが話題になった。

先生は、日本には古くから『馴《なれ》ずし』があり、その古くて代表的なのが、琵琶湖の『鮒《ふな》ずし』であるといわれた。そしてこの食べものはおそらく中国の内陸地方の食べもので、それが日本に伝わったものであろうとおっしゃった。実際、前記の著書やその他の書物でもそのように述べられている。

この時、わざわざ琵琶湖からの『鮒《ふな》ずし』を私のためにごちそうして下さった。

そうおっしゃりながら、実は中国の食物については文献も調査したし、現地の生活も体験したので、そのようには考えられるが、もっとも近い国である朝鮮については、勉強が出来ていないので、不安感を持っていらっしゃるようであった。

私も朝鮮の『すし』類については、即答出来るような資料は持ち合せていなかった。

ただ篠田先生は日本の食文化、食風俗を見る上で、朝鮮を見過すのは手落ちであるとおっしゃった。『中国食物史』（柴田書店、江馬賞受賞）を書いたが、次は朝鮮の食物史を勉強したいのだが、年令でもう手がまわりかねる、ひとつ君達のような若い朝鮮の人の力で是非やって、日本のそれとの比較をして下さらんかとの話であった。

帰りぎわに先生は御自身がリストアップした朝鮮の食物関係の古書の資料を下さった。小生は漢文に強くないので、資料を読解する力が不充分ですとしながらも、それをいただいた。その文献については、その後手に入ったものもあるし、まだ見てないものもある。

しかし、『すし』についてはその後、あらゆる機会を利用して調べるようにつとめた。

海岸線のシッケ料理

朝鮮に日本の『馴《なれ》ずし』である『食醢《シッケ》』という食べものがあることを探し出したのは、その三ヶ月ほど後である。

咸鏡道、江原道の海岸線の郷土料理として古くから知られた料理がこのシッケなのである。

料理のつくり方の基本は、ざっと次のようなものである。

① 白身の魚（脂肪分のないもので大体、カレイ、明太であるスケトウダラがよく用いられる）のウロコを取り、骨をよく抜いたものに、塩をまぶす、一日くらい置いたのち、ワラの上などでひらいたものを押さえ込んで、少しかたくなったものに、粉トウガラシ、ネギのきざんだもの、ニンニクを加えてよくまぜる。

② 粟ごはんをたいてよくさましておく。粟飯だけの場合もあるが、これに麦芽《ばくが》粉（こうじ）をまぜることが多い。

③ この粟飯とこうじを①の魚とを交互に積み重ねる、三日くらい後にネギ、ニンニク、トウガラシを追加し、ツボに入れて押さえ込む、一ヶ月位のちに、ダイコン、ニンジン、カブなどの根菜類に塩をしたものと、③とをよくまぜ合せる。一週間くらい経て、根菜類に味がついたのを見はからって食べる。

つくり方は各家庭毎に必ずしも一様でない。魚の骨を抜かず、発酵作用の乳酸でボロボロになった骨を食べるのを目的とすることもある。魚の身を最初から一口で食べられる大きさにするところもある。

しかし、魚を材料とし、粟、米などのめし類と、麦芽《ばくが》、若しくは豆こうじなどの醗酵させるものを入れるという点では、裏日本の海岸線に分布する『馴《なれ》ずし』と基本的には同じである。しかも、押さえ込んで醗酵させる一種の保存食品という共通点もある。

このことを早速、篠田統氏には電話で知らせた。

食醢《シッケ》と食醢《シッケ》

シッケ料理は咸鏡道出身者などのなつかしき『郷土料理』であるのに、在日の朝鮮人の私達がほとんど気がつかなかったのは、日本には咸鏡道出身の人がきわめて少く実際にこの料理をつくれる人は、そのうちでもごくわずかで、広く在日朝鮮人社会に知られていなかったし、私の気のつくところとならなかったこともある。

もうひとつは南部地方でシッケという場合は、米ごはんと、麦芽《ばくが》粉を醱酵さしてつくられる、いわゆる『甘酒』を意味するからである。同音同義の『食べもの』の、中身が地方によって異なり、私のような慶尚南道をふるさととする者には、『シッケ』といわれれば甘酒を連想するだけで、『馴《なれ》ずし』のようなものまで、考えが及ばなかったからである。

そして現在、この『馴《なれ》ずし』のたぐいも『甘酒』も字で表わす場合『食醢《シッケ》(식해)』とするので尚さらこんがらかってしまう。

思うにこれは、ルーツとしては古くは同じものであろう。

咸鏡道あたりでつくられるシッケには、麦《ばく》芽《が》を加えず自然醱酵させるものもあるし、塩から類の一種、つまり『食醢《シッケ》(식해)』と受けとめる傾向が強い。

昨年の春、咸鏡南道を訪れた時、この料理を所望して、存分にいただいたことがある。

美味ではあったが塩味がつよく、保存食品という感を強くした。

李朝中期に書かれたとされる、料理の古書である『酒方文《ジュバンムン》』(作者、年代不詳)に記されている、シッケごはんのつくり方には、項目に『食醢』と書かれている。

つまり、魚の塩辛のものから『馴《なれ》ずし』のようなものに発展、変化していったものだと考えられるわけである。

咸鏡道より南に下って江原道になると、醱酵を促進させるため、麦芽《ばくが》がちゃんと入れてあって塩辛類の食べものという『枠《わく》』からはみ出て来る。

それが、海岸線を離れて内陸に入って行くか、もう少し下って慶尚道に至るに及んでは、魚が材料として脱落し、ごはんと麦芽《ばくが》こうじだけの醱酵食品、すなわち『甘酒』になってしまっているのである。

そしてこれを表わすのに『食醢《シッケ》(시해)』としている。

現在の食物関係の書では、双方ともを食醢としてしまっている。区別するが妥当だと思う。

いずれにしても、朝鮮に日本の『馴《なれ》ずし』のたぐいが、古くから今日までひきつがれて伝統料理としてあることが分ったのである。

篠田統氏は、私がお会いした翌年の一九七六年に、何度目かのソウル訪問をされた。

その時にはじめて、シッケのことを調べて来られたことを『風俗古今東西』(社会思想社　一九七九年発行)に書いておられる。

〃朝鮮のシッケのように魚と塩と米と野菜とこうじを混ぜて醱酵させる半馴《なれ》ずしは、日本の飛騨のねずしをはじめ、金沢の蕪ずし、秋田のはたはたずし、各地のいずしから北海道の鰊《ニシン》づけまで、ずっと裏日本に分布している。朝鮮のシッケ(Sik-he)も同じ流れとみてよいであろう。今まで滋賀県の鮒《ふな》ずしを一番古風なすしだと考えていたが、裏日本風の植物の葉が入るのが、原始的なのかも知れない〃と。

篠田先生は、この文を書かれた二年後に亡くなられた。本はその後に出た。

朝鮮の『馴《なれ》ずし』であるシッケをもっと早く知られ、味わって居られれば、日本のすしと中国との関係についての先生の見解は変わったであろうことを前の文は示している。

裏日本の石川県、富山(砺波地方)にかぶらずしという古くからの郷土料理がある。これにはちゃんとトウガラシまで入っている。同じ東海(日本海)に接する朝鮮と日本の海岸線に、材料をつくる方法の同じ食べものがあることは、偶然性で片づけることは出来ない。日本にこうじ類が伝来されたのが百済からだということは他の機会にのべるが、おそらく『馴《なれ》ずし』のルーツも朝鮮とかかわり合っていることは間違いない。

『食醢《シッケ》とすし』(Ⅱ)を続けます。(次号に)

韓国仏教美術への旅 (6)

白倉光男

十二、賢却千仏の延嘉七年銘像

朝鮮の仏教初伝は、中国の前秦の王である符堅が使者を高句麗に遣わして僧順道と仏像・経文を送った小獣林王二年（三七二）であると、『三国遺事』は伝える。

その初伝から約一六〇年経った延嘉七年（五三九）に造られた仏像が、一九六三年、慶尚南道宜寧郡大義面下村里の道路工事中に村の婦人により地中から発見された。光背の裏には次の銘文が刻まれている。

延嘉七年歳在己未高麗国楽良
東寺主敬弟子僧演師徒卅人共
造賢却千仏流布第廿九回現歳
仏比丘法類所供養

すなわち、高句麗の楽浪において、延嘉七年に東寺主敬が徒弟四〇人とともに賢却の千仏を造り流布した。この如来立像は、その第二九回目の像で、法類が供養したという。

この延嘉の年号は高句麗では正式に使用されたことはなく、一四〇〇年余経った今日ではこの像以外に「延嘉」の使用を確かめる術はない。幸い己未という干支が刻まれているので、これにより六世紀前半（五三九）の造像と判る。日本に仏教が伝わった翌年のことである。

銘文にあるように本像は賢却千仏である。この賢却千仏はどのようなものかというと、過去、現在、未来の三却に各々一千仏が出現するというその中で、現在のこのよい時に千仏が出現するということを意味している。この延嘉七年銘像は、千仏の遺品としても貴重であり、高句麗において、仏教の興隆をこめて祈願したことが本像よりうかがわれる。だがいつの日か高句麗の故地から遠く離れた現在の韓国の地で発見されたことはまことに興味深い。

尊容はというと、光背から台座まで一鋳で、鍍金は全身に施され、それが燦然と輝いている。光背にはひびが横にはいっているが、保存状態はよい。面相は面長である。特徴的な頬、小さい口もと、柔和な目もと等は森厳さを有する北魏仏の影響を受けていない。両耳は刃物のような鋭いものでそがれたように耳朶がなく楕円状であり、これは当初からのものではなく、後世に削ったものであろう。光背と本体が一鋳で造られている故か顎から頸にかけての部分が非常に短い。また痩身の体軀につけた衣文は、左右相称で、あたかも木彫仏の手法のように鋭く仕上げている。衣文のつけ方は、法隆寺の釈迦三尊の中尊のそれとほぼ同じであり、このような衣文のつけ方が日本にもたらされたことがわかる。印相は施無畏、与願印。台座は蓮台が高く、太い蓮台と円形框座が特徴的で、日本の飛鳥・白鳳仏にはこのような形式の台座はみられない。舟形光背は、火炎文でおおわれ、頭光部と身光部との区別がないのも光背として珍しい。

本像は国立中央博物館に蔵されており、韓国に現存する最古の仏像である。

十三、国破れて、仏像少なし

延嘉七年銘像の他に、高句麗の仏像はわずか数軀しか残っていない。仏教が最初に伝来して、北魏との交流が盛んであったと思われるのに、高句麗の仏像の遺品が少ないのは、金元竜著の『高句麗の美術』によると、国が滅亡した後の国情の荒廃も遠因らしいという。

高句麗では、百済、新羅のように磨崖仏や丸彫りの石造仏を造った形跡はないように思われる。しかしまだこれからの調査・研究の余地が充分に残されているので、断定はできない。

（第二四号の拙文の中で書名がわからなかった青丘記は、安部能成著の『青丘雑記』であることが最近『三千里』一九号でわかった

印刷所・バルカン社☎352-6860

くじゃく亭通信

第29号

「くじゃく亭通信」編集部
〒150 渋谷区宇田川町八ー九
☎（四六一）一八五五

定価 80円

金達寿展の開催にあたって

金達寿小説全集
刊行記念

わたしたちが待ち望んできた金達寿小説全集が刊行のはこびとなり、これを記念して、ここに金達寿展をひらくことになりました。

金達寿氏の文学は、「後裔の街」から「玄海灘」「太白山脈」にいたる巨篇をはじめ、「朴達の裁判」「公僕異聞」など、数々の中・短篇はたえず現代の日本文学に衝撃的影響をあたえてきました。

金達寿氏は在日生活五十年をよぎなくされてこられました。展示においては、執筆原稿、作品発表誌、初版本、交遊写真などの資料を通じて、金達寿氏の文学的足跡とその発展過程を跡づけたものです。

この展示会が、金達寿文学へ近づくきっかけとなり、また、その理解をいっそう深めるうえで、いささかなりともお役に立てば、と思います。

一九八〇年四月十日

直　の　会
くじゃく亭通信

≪金達寿展は四月十日〜六月三十日まで、ピーコックで開催されました≫

≪一九八〇年四月十八日　朝日新聞（夕刊）文化欄掲載記事≫

点描

〝先達〟の喜びをかみしめて

初の全集記念し「金達寿展」

この二十日に筑摩書房から「金達寿小説全集」（全七巻）が出版されるが、これは金氏（写真）にとっても、在日朝鮮人作家にとっても、初のまとまった全集ものということになる。これを記念して、金氏が参加している同人誌の一つ「直」が音頭とりとなって、東京・渋谷区道玄坂の画廊茶房「ピーコック」で「金達寿展」を開いている（六月末日まで）。

「直」は、金氏のほか、元「世界」編集長の塙作楽氏や元図書新聞編集長の唐木邦雄氏らで構成、戦後、リアリズム文学運動を展開した「リアリズム研究会」の精神を引き継いでいる。展覧会企画の意図を「直」の編集長矢作勝美氏は「金文学のファンの一人として、初の全集が出ることがまずうれしい。それに、金文学の存在を一般にも知ってもらいたくて」という。

会場には表紙、箱の装丁のゲラ刷りのほか、二十四冊の全著作、戦後の初出雑誌、「対馬まで」の原稿が並び、ファンが熱心に見入っていた。初日に姿を見せた金氏、大きな体でテレることしきり。矢作氏が「金氏は、その強い民族意識とバイタリティーで、常に日本文学に新しい刺激を与えてきた」といえば、ご本人は「今年は、兄とともに日本へきて五十年。年齢も六十歳と、区切りの年になった。この十年ぐらいで、在日朝鮮人文学もようやく認められるようになったが、かつては原稿依頼などまるでなかった。他の仲間のためにも、この出版が成功することを祈りたい」と〝先達〟としての喜びをかみしめていた。

孤独の中を生き残って

『小説全集』刊行で思う

金達寿

去る三月一八日号の『週刊読書人』にも出ていたが、筑摩書房から私のこれまでの小説全集（全七巻）が出ることになり、私はこのごろいろいろな意味で、ちょっと感慨なきにしもあらず、といったところである。まず、四月三〇日に刊行された第六巻『朴達の裁判／玄海灘』（第一回配本）の「月報」をみると、小田切秀雄氏が「孤独な闘いのなかから―小説家としての金達寿―」として、こう書いてくれている。

「かれ以後の在日朝鮮人の作家で終戦直後から書きはじめていた者の多くが、その資質をどれほども開花させることなく、中途からいずれかへ去ってしまったのは、そのひとたちの個性や責任ということもあるが、一つには在日朝鮮人作家を成長させにくいようにした在日朝鮮人政治組織のミニ・スターリン主義的な強圧とそれによる種々の制約ということがあった。そしてそれは、その本質からして、金達寿にたいして最もはげしい持続的な圧迫となっておそいかかった。かれにおいての文学的な才能と活気の横溢、という形での強烈な自由の精神と批判性こそ、〝党官僚〟的な指導部とその追従者たちにとって、最も眼ざわりな危険な存在だったのだ。金達寿は、それにたいして実によく堪え、また闘ってきた。在日朝鮮人の文化・文学関係者のうちではほとんど孤立した、文字通りの孤独な悪戦苦闘だったように思う」

もちろん、「かれにおいての文学的才能と活気の横溢、うんぬん」は私にとってすぎたことばである。しかし私はこれを読みながら、少し大げさかも知れないが、「士はおのれを知る者のために……」ということばを思いだしたりしたものだった。ああ、小田切さんはよくみていてくれていたのだなあ、と思わないわけにゆかなかったのである。

いま、東京・渋谷の東急デパート本店前の画廊茶房ピーコックなるところで、矢作勝美、後藤直、外岡宏、高淳日氏らの好意と努力により、「『金達寿小説全集』刊行記念・金達寿展」（四月一〇日〜六月三〇日）というのがおこなわれているが、それをみたときも、私は同じようなことを思わないではいられなかった。子どものころからの在日生活五〇年、ともかくもよく生き残ることができたものだ、と思ったわけなのであるが、戦後、私が戦争中に書きだしていたさいしょの長編『後裔の

＜五月二十一日　東京新聞夕刊掲載記事＞

初版本など展示　渋谷で「金達寿展」

初版本や最近の単行本などを中心とした「金達寿展」が、東京・渋谷の東急百貨店本店前、茶房「ピーコック」で開かれている。

「金達寿小説全集」（筑摩書房）の出版を機会に、四十年近い同氏の作家生活を跡づけてみようと、知人で同店経営者の高淳日さん（五二）が催したもので、日大生時代に大沢達雄のペンネームで書いた「をやじ」を掲載した『芸術』はじめ『民主文学』『中央公

金達寿展会場にて

街』を連載というかたちで発表しはじめたのは、『民主朝鮮』という雑誌の一九四六年四月号からであった。

それから数カ月、一九四六年七月二九日の朝日新聞の学芸欄（とはいっても、当時はまだ裏表たった二頁の新聞で、二面の片隅にある学芸欄は全部二五、六行の一〇段しかなかった）をみると、そこに「読書涼風」というはがき通信があって、故人となった平林たい子氏のこういうのが目についた。

「終戦後は忙しくてちっともまとまった本をよみません。この頃よんだものでは『民主朝鮮』といふ朝鮮人の雑誌に連載されてゐる金達寿といふ作家の『後裔の街』といふ小説に感心しゐます」

私が「作家」などといわれたのはこれがはじめてだったが、それからまたしばらくしてだった。人に言われて、一九四七年五月七〜一〇日の国際タイムスという新聞をみると、こちらも故人となった伊藤整氏の「文芸時評」がのっていて、こう書かれていた。

「作品としての『後裔の街』は文章としては、当代の日本の小説の良い点、悪い点の影響も感ぜられるが、その構成はまったく違ったものでしっかりと組立てられている。日本の文学者の手になった作品とすれば失敗しそうなところでかえって成功し、日本人が力を入れそうなところであっさりと手を抜いている。私がこの作品に大きな興味を寄せるのは、この作品が第二次大戦下の朝鮮の知識人の生活を、私たちにほとんどはじめて生き生きと描いて見せてくれた点にある。しかしそれと同じ程度で、この小説が日本の小説の文体と構成法とに、企図せずして多くの反省をあたえているということにもある」

これまでは手元になかったものだから、朝日新聞などでこんど必要があってやっとそのコピーを手に入れたのであるが、何でそんな三十数年前のことをここに紹介したかというと、いわば、私がともかくも生き残ることができたのは、そのような日本の大先輩（故人ということでは中野重治氏、阿部知二氏、武田泰淳氏らも忘れられない）たちのおかげであったからである。いまみた『後裔の街』を含む小説全集が出るにあたって、私はいまさらのようにつくづくとそう思わずにはいられない。

私は全集各巻の「うしろがき」（中野さんのまねである）として毎巻五〇枚以上の「わが文学と生活」というのを書きおろすことにしているので、前記、小田切さんのいったそれがどういうものであったかということとともに、そういうことどものこともかなりくわしく書きたいと思っている。あわせてまた、一九四六年一〇月、新日本文学会に入会したことでそれに巻き込まれた日本共産党の分裂による混乱のことも書かなくてはならないので、相当うっとうしい、しんどい思いもしている。

（キムダルス氏＝作家）

本稿は「週刊読書人」5月21日の掲載記事を転載いたしました。

編集部

論』『文芸首都』など作品の初出誌、生原稿「対馬まで」、年譜など約六十点が並べられている。

二十九日午後四時からは金氏のサイン会も開かれる。

金達寿さんの半世紀
渋谷でユニーク作品展

＜四月十七日読売新聞掲載記事＞

作家、金達寿さんの作品展が、渋谷区宇田川町の喫茶・画廊「ピーコック」で開かれている。「玄海灘」「太白山脈」など数々の話題作を生み、また、〝古代史家〟としても活躍を続ける金さん。その在日半世紀にわたる足跡が、作品を中心に紹介されており、一人の作家の半生がひとめでわかるユニークな企画として話題を呼んでいる。

この作品展を開いたのは同人誌「直」を発行している「直の会」（編集人・矢作勝美さん）と、会場の持ち主で、ミニコミ誌「くじゃく亭通信」を出している高淳日さん(五三)ら、いずれも金さんを囲む文学仲間。「直」の発行人で歯科医の後藤直さん(四七)らが、金達寿小説全集が刊行されるのを機に、「金さんの在日五十年展を」ということになった。

展示されているのは、雑誌の創刊号や小説の初版本、それに、話題作を執筆した当時の写真など約二百点。金さん自身の所蔵と、後藤さんらが持ち寄ったもので、三つのブロックに分けて紹介されている。昭和十年、十歳の時に来日。納豆売り、廃品回収、映写技師見習……苦しい生活の中で勉学を続けながら、文学の世界へ踏み込んでゆく少年時代。そして、同人誌に参加し、やがて長編「後裔の街」を発表したのが二十八歳の時だった。

こうした長い文筆歴を、展示された一冊一冊の本が、わかりやすく語っている。小説全集刊行記念とも言えるこの展覧会、古代史家・金ファンにも興味深いに違いない。六月末まで。

祖母の思い出

金　達　寿

私は郷里をよく想う。

そして祖母のことを思い出しては、心をいためずにはいられない。可哀想な祖母であった。

私たちの一家はとうとう倒産し、家屋敷を畳んで日本へ渡っていったが、おばあさんっ子の私と亡くなった中兄とは、祖母と一緒に郷里の洞《むら》に残されていた。祖母はどうしても骨を朝鮮の土に埋めたいといっていたのである。月に二十円、十五円という日本からの仕送りを受けて細々と暮していた。だがおそかれ早かれ、私たちは祖母を一人残してでも父母にしたがって日本へ渡らなければならない身であった。

間もなく祖母と私は、兄弟のうちでも色が黒くて小柄だった中兄を亡くした。そしてつづき、私たちは父が亡くなったという日本からの電報を受け取った。祖母はいっぺんに髪の毛を白くしたように思われた。私は祖母が毎日、皺の多くなった眼に涙をためていたことを憶えている。だがなお、祖母には不幸がつづいたのだった。しばらくしてから郷里の先山《ソンサン》に埋まるために父の遺骨が還って来た。遺骨はほかのものに託されてきたが、この遺骨と前後して、そのころ父達と同じ東京で稼いでいた叔父が自分の郷里へいったん帰って来ることになり、叔父は父の葬式が済んでから間もなく姿を現した。

印半纏編上靴の姿が珍しかったが、妙に私はなじめなかった。叔父は私の母から頼まれて私を連れに来たのである。当分自分の家へ連れて行っていてから、東京へ戻るときに一緒に連れて行くというのだった。十歳の私はやはり母のいる日本へ行きたかったのだろうか。はっきり記憶にないが、翌日叔父について行ったのだから、承知したのには違いなかった。可哀想な祖母。——祖母は、私をその母に渡さないとはいえなかったのであろう。まだ若い一人息子（父はそのとき三十七歳であった）を失い、もう一人孫を眼の前で亡くし、更にひとり孤独の寂しさを堪えなければならなかったのだ。

私は翌日、風呂敷包みを背負って叔父に従って出発した。叔父の郷里はそこから十二、三里ほど離れたところにあった。私は見送って立っている祖母を振返り、振返り、汽車に乗った。汽車が動き出すと、祖母は立っていたその場所にへたへたと坐ってしまい、地面を叩いて泣き出した。私は汽車の窓から急いで首を引き込め、眼の涙を何とか前に掛けている叔父に見せまいとした。

それまでの私には生れて初めての汽車の旅であった。何でも叔父の家に着いたのは夜であった。子供がうじゃうじゃいて、アンペラを敷いたオンドルの部屋には小便の匂いが充ちて鼻を突いた。腫物だらけの子供を膝の上にした肥った叔母は、私の初対面のお辞儀を受けると、先ず頭越しにぐうたらな叔父を叱りつけるのだった。まだあんたはいつ日本へ行くか分らないというのに、もうこんなに身

体の大きい子を連れ込んで来てどうするのかというのだった。こんな、牛のように食欲の旺盛であろう子に食わせる米がどこにあるかというのである。家は倒産し、家族は離散して不幸な目には遭っていたが、私の方からこうして人の世話になるのはこの夜が初めてであった。それまでもまだ両班《ヤンバン》の名残りのある裕福な家に生れて育った私は、自尊心をひどく傷つけられた口惜しさで、小便の匂いでむれている部屋の隅で一夜を明かしながら、明日になったら何とかして祖母の許へ帰ろう、と固く決心した。道は人に訊き訊きして何としてでも行こう……。

翌朝幸いにも叔父の家では駅へ誰かを迎えに（或いは送りにだったかも知れない）行くというのだった。腫物だらけの子供を背負わせて私にも一緒に来いという。私はこのときのことを何故か午前八時であったと今憶えている。汽車の着く時間か、出る時間が八時と聞かされたのかも知れない。私はこの駅（それはまた私が昨夜着いた駅であった）で、小便をするといい、子供を背からおろして叔母にうまく渡して逃げ出した。何でも乗って来た汽車の線路を伝って行けば知っているところへ出るだろう、というあたまであった。

私は歩いた。腹など空きはしなかった。ただ一途に祖母がなつかしかった。生れて余り遠く出たことのない私は、ただ通りすがる人人の視線が少し怖わかった。歩いた。道路だけを歩いては汽車の線路を見失いそうなので、線路をこわごわ歩いて行って工夫に怒鳴られたりして、一日中を歩いた。

ようやく私は、自分の知った見覚えのある馬山の入口にたどりついたのが分った。私は元気が出た。もう馬山からは家のある洞《むら》までは二里ほどしかないことを私も知っていたのである。兄が卒業した学校の前を過ぎて、私の洞の入口についたのは丁度陽が西の山に薄れ沈んで行く頃であった。と、ポプラ並木の下の道路上に、沈んで行く夕日の照り映えをうけて、一人の老母が出立ち、額に手をかざしてこちらを見ている。それが私の祖母らしいのだ。祖母であった！　私は息が切れるほどに駈けだした。祖母も駈けだした。祖母は途中で躓いてどっと一度倒れた。

「ハルメッ（おばあさん）」

「ダルスや」

私たちは道路の上で相抱いた。そして泣いた。

祖母はその日、なぜか私が帰って来ると思えたというのだった。祖母はそれを疑いもなく信じて、自然に、私を入れた二人分の晩御飯の仕度をしておいて表へ出迎えていたのだった。私は未だに思うのであるが、このときどうして祖母は私の帰って来ることをああいう風に自然に信じて出迎えていたのだろうか。私は未だにこれを自分にもはっきり説明することが出来ない。そして、もしあのとき私が帰って来なかったとしたら祖母はどうしたであろうか。毎日、あのように夕日の道路に出立って、額に手をかざして私の帰るであろう方向を眺めつづけたことであろうか。

しかし、私はそれから二年ほど後、連れに来た兄について矢張り祖母を一人残して日本へ渡ってしまった。そして私は日々の生活に塗《まみ》れて、遂に祖母の死んだことも知らなかった。祖母はそれから別な叔母に引取られて、そこで一生を終ったのである。やはり祖母は私が去ってから、数日はああして待ったのであろうか。それは分らない――。

（筑摩書房「金達寿小説全集」第一巻所収より転載）

≪五月二十九日　公明新聞掲載記事≫

在日50年・金氏が文学と生活を語る

在日生活五十年、還暦も迎えた作家・金達寿氏の小説全集（全七巻、筑摩書房）が刊行されたのを記念して、このほど「わが文学と生活を語る」と題する講演会が開催、併せて「金達寿展」も行われている。

金氏は激動する日本の戦後を作家として生き続けてきたほとんど唯一の在日朝鮮人。「後裔の街」でその才能が認められ、「朴達の裁判」「玄海灘」「太白山脈」などの大作を発表。それらは朝鮮人の真の叫びを伝えるとともに、彼らをとりまく戦中・戦後の日本人の姿を、骨太なユーモアとヴァイタリティーをもって最深部から照し出している。

講演会で金氏は一九三〇年十歳の時、日本へ渡航していらいの、苦い辛い近代の日朝関係のなかで生き続けてきた生活体験を語りながら、氏の文学の方法を浮き彫りにした。まず、文学を志した理由について「政治的、歴史的とさまざまな事情から、ゆがめられた日本と朝鮮、日本人と朝鮮人の関係を少しでも人間的なものにすることにあった」と語った。そこに浮かび上がってくるものは「どうしても体験せざるを得ない〝差別〟の問題」だった。金氏は青年時代に志賀直哉、ゴーゴリの作品に魅かれるなかで「人間の普遍的な真実はどういう生活をしていても変わらない感動を与える」ということを発見、この視点から在日朝鮮人の生活をつづることで、日本人と朝鮮人の姿を最深部から描いてきたという。

一方、金達寿展は六月末まで、渋谷・東急本店前の画廊茶房「ピーコック」（電話03・464・3326）で開催中。金氏の全著作の初版本や原稿、年譜、初出誌、交友を示す写真など珍しい記録を展示している。また、五月二十九日のほか期間中に数回にわたりサイン会が行われる。

「朝鮮遺跡の旅」のころ

大野　力

金達寿さんの「朝鮮遺跡の旅」と題する連載は、雑誌『思想の科学』の一九七〇年一月号から七四年一二月号まで、まる四年にわたって続いた。神奈川に始まる関東地方ひとめぐりから、漸次西へと足をのばし、四年の歳月をかけても、その旅はまだ大阪あたりを越えなかった。こうした念入りの取材旅行に補足を加えてまとめたのが、講談社版『日本の中の朝鮮文化』である。

なにせ貧乏雑誌社のこと、ろくな旅費もお出しできなかったが、そのかわり金さんには思うがままに自由にやってもらった。そうこうするうち、「東アジアの古代文化を考える会」が発足するなど、朝鮮文化に対する世の関心が俄然たかまり、金さんの旅はますます忙しくなった。この間、金さんの写真の腕もかなり上達したようだ。その初期の作品につき、「あれは本職のカメラマンの仕事を奪わないためのもの」といい切って笑うあたりが、いかにも〝わが道を往く〟金さんらしい。

（連載開始当時の思想の科学社代表）

＊読者からの便り＊

暑中御見舞い申上げます

（毎日新聞松本支局）　倉島　康

「くじゃく亭通信」愛読しています。私の好きな暑い夏は、三十五年前に朝鮮で迎えた敗戦の日、三年前に西太平洋上で味わった黒潮漂流の筏での渇きを思い出させます。いずれもハングリーな体験でした。そして今、愛する韓国に、一日も早く爽やかな涼風が吹くことを祈っております。

久野　健先生の講演会

日時　九月二十五日（木）PM六時〜

演題　「日本の石仏の系譜」——山口の菩提寺山磨崖仏を中心にして——

場所　中小企業会館九F講堂
中央区銀座二—一〇
電話（五四二）〇一二一

入場料　千円

主催　白鳳会（五六七—五五八九）

申込・問合せは白鳳会まで

ピーコック画評 (24)
金達寿展のこと

後藤　直

四月から六月末まで「ピーコック画廊」で開かれた「金達寿展」の裏話を、主催者の一人であった者としてすこしふれてみたいと思う。

三月はじめ頃、つまり「田村義也装幀展」が終了する頃から『金達寿小説全集』（筑摩書房）の発刊を記念して「金達寿展」をやろうじゃないかという話しが、高淳日氏あたりからでていたらしい。

主催は当然「くじゃく亭通信」である。しかし、私たちの文学の先輩であり、季刊『直』の同人でもある金達寿氏に関する展示会なのだから、私たちも主催になっては——、と矢作編集長から話しがあった。そこで高氏らと語り合い、主催はこの二つにすることが決まった。

ピーコック画廊の壁面を使い、いままで出版された初版本、生《ナマ》原稿、写真、文学的歩み……などを集め、それをどのように展示するか、その方法とか計画はもちろん練り合ったが、それはまずパネル作りからはじめられた。これはまさに大工仕事である。

「東アジアの古代文化を考える会」の外岡氏、写真家の田枝氏、筑摩の祝部《ほおり》、中島氏、それに高氏と私が加わって、都内某所（特に名を秘す）で、土曜・日曜ごと、四日間、さらに仕上げに何日か、この作業は手弁当でおこなわれた。仕事が終ったあとのビールの何とおいしかったことか。

たまたま私は、きき腕の右手をケガしていたため、パネル作りはほとんど手伝えなかった。

ただ金達寿氏からおかりした資料の不足分は、私が持っていたもので補充することができた。しかも「新日本文学」「リアリズム研究会」「民主主義文学同盟」「現代と文学」そして季刊「直」へとつながる金氏の文学運動の流れ、その間発表した作品の順序などは、行動をともにしてきた一人としてアドバイスができたが、高、外岡、田枝氏らの猛烈な仕事振りはただ驚きでしかなかった（ひょっとすると、中島かほるさんのジーパンスタイルのかっこよさをみて、みなハッスルしたのかも知れないが——）。

写真のパネルは金日泰氏が手伝ってくれ、その技量の高さをみせてくれた。展示日（搬入日）は李進熙氏、柏原氏なども加わりにぎやかだった。会場は、いろいろな欠点があったのは当然で、ごちゃごちゃしているなどという批判もあったが、逆にみごとだとほめてくれる人もいてさまざまだった。私個人は「まあまあ」だと内心思っている。

朝日新聞の菅野氏を高氏がオープンの日呼んでくれ、私もインタビューに応じることができた。あとでこれは「点描」欄にのった。

毎日新聞の桐原氏は偶然ある飲屋で逢ったので「金達寿展」のことを話した。彼はすでにそれをみてくれていたのだった。中島さんの働きもあり、これも五月八日付夕刊の記事になっている。ただ金氏のお話しとして「正直いってテレくさい。（略）自分のハラワタまでさらけ出し、全体を見回されているようでいい気持はしない——」を読んだとき、私はハッとしてしまった。この展示会を開いたことがよかったか悪かったか悩んだ。が金氏は「みんなの善意に感激している」としばしばいってくれたのでやっと安心したのが本音である。

読売新聞は、私の知人の木内氏に話したところ、社会部次長の津田氏とカメラマンまで連れてかけつけてくれ、すぐ記事にしてくれた。高氏と私がうつっている会場の写真がでていたので大いにてれてしまった。そのあとにも、東京新聞の石田氏、読書人の長岡氏らからもたいへんなお世話になった。これらの想像をはるかにこえた、さまざまな人びとの親切や善意、あるいは激励はどこからくるのか私は考えてみた。これはまさに金達寿氏自身の人柄のせいであることがあきらかであり、それが結論だった。同時に主催者の一人としてうれしさはこれ以上のものはなかった。その意味でも『金達寿小説全集』は大いに売れてもらわなくては困ると思っている。

韓国仏教美術への旅(7)

白倉光男

十四、仏教美術の豊庫・東国大学校

東国大学校の付属博物館には仏教美術の遺物・遺品が多数陳列されており、現在では一〇〇〇点をゆうに越えているという。これだけの仏教美術品を揃えることができたのは、この大学校がどこの宗派にも属さない仏教系大学であるため、相当数が仏教宗立博物館から寄託されたためであると、この旅のガイド役で同行してくれた大西修也氏があとで説明してくれた。彼は、この東国大学校に二年間黄寿永博士のもとで、韓国仏教美術を学んだ人である。

附属博物館小講堂で、久野健団長が、「日本の小金銅仏と朝鮮三国仏」と題して同大学校で美術史を専攻している学生達のために講演され、われわれ一行も一緒に聴講した。通訳は梨花女子大学校の秦弘燮教授である。

講演前に、附属博物館をじっくり見学した。彫刻では小金銅仏が圧倒的に多く、そのうち三国時代の仏像として、慶尚北道安東市付近から出土した金銅仏立像と金銅菩薩立像、そして慶州・皇龍寺址から出土した金銅仏立像等がある。工芸では、全羅北道南原郡山内面の智異山実相寺の境内から出土した破損の新羅の梵鐘がある。飛雲の上に乗った奏楽飛天が、左右に向い合って梵鐘の表面に陽鋳されている。飛天の吹く笙や横笛の音色がまさに耳に聴えてくるようだ。国立慶州博物館の構内にある奉徳寺の聖徳大王神鐘の表面にも飛天が陽鋳されている。

日本にも新羅鐘が伝わっていることを思い出した。それにも飛天が鋳られている。大分県・宇佐神宮の宝物館にある天復四年（九〇四）銘の梵鐘（重要文化財）がそれである。

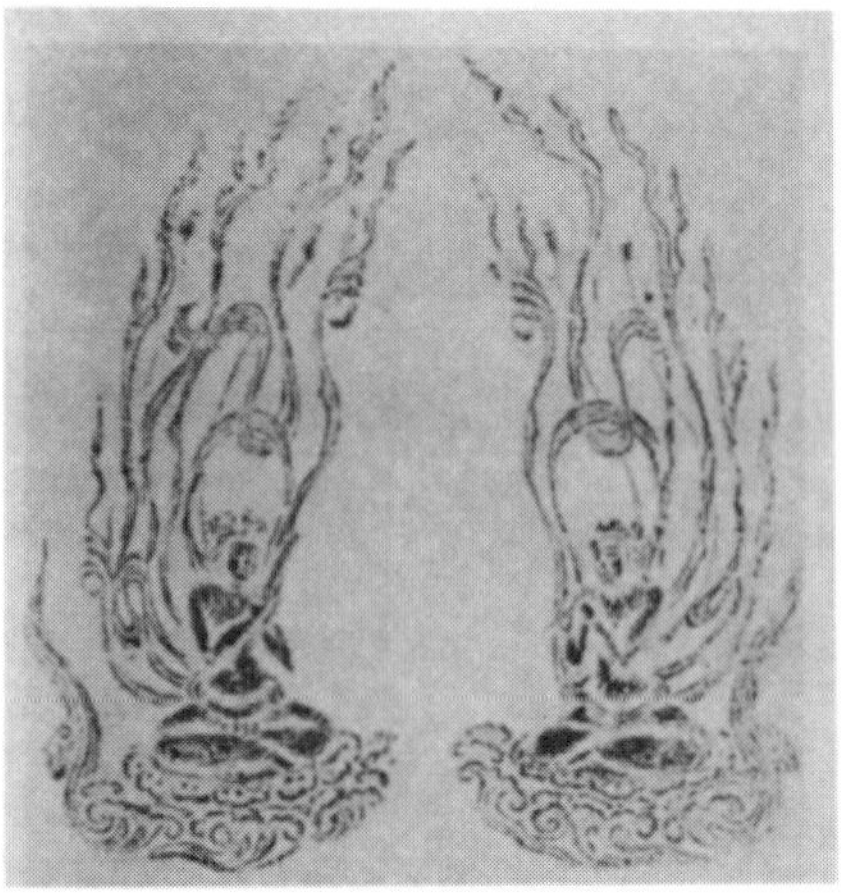

智異山実相寺出土
新羅梵鏡飛天（拓本）
東国大学校蔵

十五、仏教は竹嶺を越え、そして我々も

いよいよ本格的な旅がはじまる。昨日の東国大学校での懇談会で黄寿永博士が「今頃の季節は秋とともに、韓国では一番素晴しい気候なので、バスで韓国の田舎の風景をじっくり眺めるのもよいでしょう」と流暢な日本語で、バスでの旅行を勧めてくださるので、ソウルから豊基までの特急列車の利用を取りやめ全コース、バスで揺られることになった。

最初の目的地・浮石寺へは、小白山脈東端に位置する竹嶺を越してゆかなければならない。竹嶺にさしかかるころから折悪しく濃霧に見舞われ、視界は数十メートルまでになってしまった。これからどのような世界が前方にひろがってくるのか、この濃霧では皆目見当がつかない。われわれを乗せたバスはゆっくりと濃霧の竹嶺を越えて、昔の新羅の国へと進んでいった。

新羅への仏教公伝は、法興王一五年（五二八）であるが、訥祇王の時代（四一七～四五八）にはすでに仏教は伝来していたことがわかっている。高句麗と新羅を結ぶ陸上交通路は、この竹嶺ルート（忠州－丹陽－竹嶺－栄州－安東－義城－軍威－慶州）と、小白山脈西端を通る鳥嶺ルート（忠州－鳥嶺－聞慶－店村－尚州－善山－慶州）の二ルートがある。この二つのルートの道すじには、それぞれ寺院・石塔などが点在しており、また多数の小金銅仏などが出土し、仏教がこの二ルートに沿って伝来していたことを物語っている。一九七六年、韓国美術史上画期的な発見である鳥嶺ルートの善山から七世紀初期の観音立像を含む三軀の金銅仏が出土したことは、韓国の美術史家・考古学者・歴史家たちの注目するところとなった。われわれは、その発見の翌年のこの旅行で、じっくりとソウルの国立中央博物館で観ることができた。

現在、韓国に遺っている小金銅仏の大きさは、像高一〇糎前後の仏像が圧倒的に多く、三〇糎くらいの金銅仏の遺品は少ない。この善山から出土した三軀の金銅仏はどれも三〇糎を越え、鍍金もあざやかに残り、ほぼ完全な形で出土した。統一新羅時代の傑出した仏像である。

十六、明恵上人の敬愛した義湘

浮石寺は、義湘が勅命により文武王十五年（六七六）に創建した寺である。太白山麓にあるので、太白山と号す。義湘は唐に留学して、帰国後海東華厳宗を興し、『宋高僧伝』にも出ている新羅の高僧である。義湘といえば、必ず京都・栂尾の高山寺の明恵上人の名が出てくるほど両者の間は親密である。時代的には、明恵上人は義湘より五〇〇年あまり下った鎌倉初期の人ではあるが、明恵上人は『宋高僧伝』の義湘伝を読んで感動し、義湘の入唐求法の説話を恵日房成忍に依頼して、『華厳宗祖師絵伝』（『華厳縁起』ともいう―国宝）という絵巻を描かせた。

その義湘伝に登場する義湘に敬慕した善妙という女性が絵伝にドラマチックに描かれているのは、善妙は明恵上人にとってよほど大きな重みを持っていたにちがいない。現在、高山寺には当初の彩色があざやかに残る慶派の仏師の作といわれている善妙神立像（像高三一・四糎　重文）が安置されている。承久の乱で天皇方についてために敗けて死罪になった公家たちの未亡人の多くを救うために明恵上人は、高山寺近くの平岡の地に尼寺の善妙寺を建てた。本像がこの善妙寺に祀ってあったといわれていたが、明らかではない。現在、善妙寺という寺はあとかたもなくなってしまっているので、昔をしのぶよすがもない。

さて話を戻して、浮石寺の本尊・釈迦如来坐像は丈六の塑像で、慶州・石窟庵の釈迦如来坐像と同じく左手を膝前に置き、右手を右足に垂らす降魔触地印をし、韓国最古の建築物である無量寿殿の右手、東に向いて安置されている。本像の制作年代は、尊容からみて新羅様式を踏襲しつつある高麗初期であろう。

無量寿殿内には、祖師堂の壁面を彩った高麗の壁画が、修理の際切り取られ、額装の上保存されている。

十七、土にかえっていく磨崖仏

浮石寺を見学していた時は小雨だった天気も、栄州の邑に近づくにつれて晴れてきた。ぬかるみの道はバスのスピードを鈍らせた。途中、栄州の邑への帰り道だという小学四、五年生らしい児童に同乗してもらって今日のわれわれの宿舎まで水先案内をしてもらった。宿舎は韓式旅館で、オンドルが雨に濡れた衣服を一晩で乾かしてくれたのがありがたかった。旅館近くの食堂で食べた本場の焼肉の味が忘れられない。

翌日は雲一つない五月晴。朝食前に、宿舎の囲りを散歩する。楼閣が建っている小高い丘の上に立つと、太白山麓に広がる小さな盆地が見渡せた。

北支里の磨崖仏は、やや起伏のある田圃の中の小川にかかる土橋を渡っていくと、前方数十メートルの農家のうしろの小高い丘の岩面に刻られている。風化による破損が著しい。石仏は岩の永遠性を信じて造られるが、その岩は年とともに変わり、岩がくずれれば顔も手も膝も、そして光背もくずれ、いずれ石仏は土にかえっていく。

顔はかなりよく残っており、その面相は古新羅の仏像よりむしろ百済の仏像を思わせるおだやかな表情をし、唇にはかすかな微笑をたたえている。光背の化仏が苔むした岩肌に数軀認められる。

この磨崖仏から二百メートル隔ったところで半跏像が近年発見され、現在慶北大学校の構内に安置されている。

朝鮮食物文化譚(4)

鄭大聲

食醢《シッケ》とすし(2)

「馴《な》れずし」類と「にぎりずし」

前号で朝鮮に食醢《シッケ》という食べものがあり、それが日本の「馴《な》れずし」の系統のすし類と類似していることについてのべた。

「馴《な》れずし」は現在よく食べられる江戸前寿司である「にぎり寿司」とは異なることをはっきりさせておかねばならない。現今の街でみかける「すし店」のほとんどは新鮮な魚介類を材料にして「寿司」をにぎってくれる。このすしの歴史は浅く、江戸時代も後期の文政のころに、東両国に「与兵衛鮓」というすし屋が握ったのが始まりとされている(鮨のわかる本、大前錦次郎)。それとて古代からそれまで続いて来た「馴《な》れずし」と画期的な差があるというものではなく、保存食品的な「馴《な》れずし」を早くつくるという意味の「早《はや》ずし」であり、系統としては似たようなものであったろう。冷凍技術が急速に発達し、どこにでも新鮮な魚介類を運搬することが可能になったことが、さらに江戸前の「にぎりずし」の特徴が「馴れずし」とちがったものであることをはっきりさせたし、そのようなすし店の全国的な普及の原因となった。

「馴《な》れずし」類の味

それでは古代から、つい最近まで広く食べられていた「にぎりずし」でない各種のすし類の特徴はどんなものであろうか、とくにその味はどうなのであろうか。

「馴れずし」の場合魚と米飯を用いるが、米飯の自然発酵によって生ずる乳酸の酸味がひとつの特徴である。魚に塩を用いるので勿論塩味は感じられるが、酸味が前面に出ることが、この食べものの味である。この味が酸味であることが大切な意味合いを持っていることは後述する。このようなことから、この食べものを表わす字が「魚」となって「魚」と「乍」、つまり酢《す》の字の「乍」が用いられたのであろう。

酸味を特徴とし、その酸によって腐敗菌を防ぐことで、貯蔵食品としての役割を果たしたわけである。今日でも「酢」をごはんにまぶして巻ずしや弁当をつくって、かなりの時間が経ってからの食べものとして用いるのは、この原理を応用したものである。つまるところ、酸味のものが食べたいのが目的ではなく、魚と米飯の保存手段として考えられた結果としての味にすぎないわけである。冷凍という保存手段を持たなかった古代としては、戦争などの人馬の移動の時には効果的な携帯食糧となり、備蓄食糧となったことが容易に想像される。

このような食べものが最も古くに食され、発達したのが、日本列島に於いては古代の文化が栄えた近江を含む近畿地方と、いわゆる裏日本とされる出雲から東北にかけての日本海沿岸に主として分布している事実である。

先号で明らかにしたように、朝鮮半島の東海岸一帯(つまり日本海側)と南部地方の海岸線に「食醢《シッケ》」という「馴《な》れずし」のたぐいの食べものが分布していることは、「すし」という食べもののルーツが、朝鮮と日本との食文化のつながりの中で見直さねばならない関係にあることを示していることになる。古代に朝鮮からの渡来人が多くの文化的な足跡《そくせき》を残した地方とされるところに、「馴《な》れずし」が分布しているというわけである。

「酸し」の語源の「酸《スイ》」

「すし」という呼び名の語源について考えてみることにする。

前記、『すしの本』(柴田書店)で、篠田氏は「すし」は「酸し」だとされている。

新井白石は『東雅』で、

鮨はスシ鮓属也、スとは醋也。シは助詞也。魚を蔵するに飯と塩とを以てし其味の酸を生ぜしものなればかく名づけしなり。

としている。結局、スは酸味のことで、シはその語につく助詞だというわけである。篠田氏の考えもこれに基づかれているようである。

日本で酸味を表現する言葉は地方によって異なる。『日本の方言地図』（徳川宗賢編、中公新書）によると、

「酸《す》っぱい」味を言い表わすのに「スイ」と発音するのが、中部地方より西に分布していて、中部、近畿、四国の一部のところでは「スイ」で、近畿以西では「スイイ」となるが、同じ表現形に属している。関東北部、東北・新潟、北陸、本州の北部では、「スッカイ」、「スカイ」と発音する。島根東部、富山海岸、名古屋近辺では「シイ」、「シイイ」であって「スイ」の中に入れてある。

朝鮮語では酸味の表現をどのように発音するのであろうか。

酸味そのものの味は「シ」で形容される。「スッパイ」ことは「シダ」（시다）と発音される。地方の方言によっては別な発音も沢山みられるが、おおむね「シ」、「ス」、「セ」で形容され、そのうち、「シ」と「ス」が主流を占める。昔から変わってないようである。

さらに、これと同義語ともいえる食べものの変質して味が酸味になることを表わすのは、「スイ」（Su-i）で形容される。例えば、ごはんや、漬物が変質して酸っぱくなることを「スィダ」（쉬다）と発音する。方言もあまり変化なく「シ」で形容されるのが一部にあるだけである。

つまり、朝鮮語の「スイ」、「シ」で発音されている意味は、日本語のそれと同じように対応しているわけである。とりわけ、山陰地方と近畿地方ではっきりしている。

このようなことから酸味を表現する日本語の発音は古代から朝鮮語の発音通りに用いられていると考えてもよいのではないかと思われる。

「酸し」の語源の「飯《し》」

「すし」のし、は助詞ではなく「飯《し》」であると考える。

その根拠は、古代から今日に至るまで米の飯が必ず用いられているからである。

古くから日本語では米の飯のことを「飯《イヒ》」若しくは「飯《イイ》」と発音されて来たことは知られている。

朝鮮語で米の飯のことを「イパプ」（이밥 i-pap）と発音し、米のことを「イ」（이 i）と発音する。米の粒のことを「イプサル」（입쌀 ip-Sal）とも言う。とくに古くからの表現法で現代ではむしろあまり使われない部類に属するが、今でも米のことを表現するのにこの語を用いることは、奥ゆかしい有識なることと受けとめられる。

米は飯にして食べることが主なることであるから飯に通ずるということにもなるが、古代の日本で「飯《イイ》」、「飯《イヒ》」と発音されたのは朝鮮語そのものであったことが当然のことと して考えられる。この「イ」なり「ヒ」という音はよく「シ」に間違えられる。数字の「七」がシチなのかヒチなのか、また「質屋」はシチヤなのかヒチヤなのかといったたぐいである。つまり「スシ」の「シ」は、飯の「ヒ」が「シ」に変化したものとみるわけである。朝鮮語でも「ㅎ」（H）は「ㅅ」（S）に変えられるし、「イ」が「シ」に発音されるケースは多く、南部地方に下るにつれて顕著のようである。

このような事実から「酸し」とは、酸《す》い味のするごはんという意味、「酸飯《スシ》」だと考えるのである。しかも、この語は、朝鮮語そのものであり、古代に渡来人達が日本列島にやって来た時に、そのつくる方法を、食べる方法ともども持って来て、若しかすれば最初は「酸飯《スインヒ》」と呼んでいたものが、「酸飯《スシ》」とつまったものかも知れない。

「寿司」はあて字である。鮓、鮨で表わされる語が、ただ酸味の「ス」だけの表現が、その食べものの特徴を表わしているとなるのは、如何にも片手落ちの感が強い。

朝鮮に現在「酸飯」の表現をするのはない。酢のごはんという意味の「チョパプ」（초밥）というのがあるが、海苔で巻いた「巻きずし」のたぐいを指している。「馴れずし」のたぐいはあくまで「食醢《シック》」と呼んでいる。「食醢」は古代からあった食べもので、それに似た食べものが海を渡って伝えられ、その地である程度変化したものが、その材料と味から来た呼び名に替えられた時「酸飯《すし》」という合成語になったものと考えることも出来る。

以上「すし」に関するいくつかのことを朝鮮の「食醢《シッケ》」という食べものと比較してみた。魚という材料の得られる海岸線で生活をしている人々の当然の発想法として、魚の保存、貯蔵方法を考えついたのが、たまたま同じであったのだというとらえ方を出来なくもない。

しかし、朝鮮と日本との文化的なつながりを考える場合、よく似た食べものの分布においてもさることながら、呼び名を分析した場合の対応性は、「すし」なる食べもののルーツが深く朝鮮の食べものとかかわっていると考えるのが妥当であると考える。

「くじゃく亭通信」読者の御意見について

「ちらしずし」のルーツが朝鮮であることについて……

本通信を読まれた方から「ちらしずし」のルーツが朝鮮ではないかの意見が寄せられた。それはかなり前に〝全国すし祭〟の会場で、「ちらしずし」の説明のところに、この食べもののルーツは朝鮮であるとの記述を確かに見たとのことであった。その方の記憶の正確さは前後の関係から問違いない。

興味ある事実であるので調べてみた。

前記『鮨のわかる本』の著者であり、全国すし連合会特別講師でいらっしゃる大前錦次郎氏に直接に御逢いして伺ったところ、そのようなことは記憶していないとのことであった。江戸前すしのような現代のものにまつわる話については、いろいろと知って居られる方がいらっしゃったが、歴史やルーツのたぐいの関係などについては、実際のすしづくりにたずさわる方の中には詳しい方がいらっしゃらないのが現状のようであった。

これ以上どうしょうもなかった。

この話を食生活史懇話会を世話しておいでの平田万里遠氏に話をしたところ、またまた亡くなられた篠田統先生のことが出て来た。

つまり、篠田先生は朝鮮の「ピビンパプ」（五目飯のようなまぜごはん）に食べるのに、ごはんと具の入ったどんぶりの食器に、小さな容器に入れられたスープをかけてまぜるのは、日本の「ちらしずし」を食べる方法と同じではないかと指摘されたことがあるらしいとのことであった。

篠田先生は「ちらしずし」については、日本各地のものを可成り詳しく調べられて居り、ごはんの上にのせられる具が関東では玉子やオボロ以外は植物性でいわゆる精進料理に属し、関西では魚味が用いられるのが特徴であるとされている。この関東風の「ちらしずし」は「ピビンパプ」によく似ている。このようなことから篠田先生が朝鮮の食べものに似ているとおっしゃったことが、〝すし祭〟を担当していた方の耳にするところとなって、〝すし祭〟の会場での説明になったのではないだろうか、と平田氏の意見に筆者も合点のいくところとなった。このことはもっと調べてみたい。

先号で朝鮮の「食醢《シッケ》」東海岸から内陸に入ったり、南下して慶尚道あたりに至ると、魚の入ってない「食醢《シッケ》」つまり甘酒のたぐいになると書いたところ、慶尚道、全羅道の海岸地帯にも「食醢《シッケ》」があるとの意見が寄せられた。これは筆者の説明不充分である。慶尚道などにも「食醢」があることは知ってはいた。「食醢」の甘酒と共存することを説明すべきであったようである。西海岸の方には「食醢」はあるが「食醢」はないようである。御意見などをいただきたいと思う。意見を寄せられた方に記して謝します。一九八〇・七

≪編集部から≫

皆さんの御支援で、どうにか30号も目前に見えてまいりました。常づね御愛読ありがとうございます。これを機に≪通信≫に対する御感想、御意見など御寄せいただければ幸いです。

フィリピンの染めと織り展

於ピーコック　九月一日から十月三〇日

「フィリピンの手仕事は豊かです。やさしく誠実です。その手仕事の伝統はフィリピンの島々に散在する少数部族と呼ばれる人々の暮らしと仕事をぬきにしては語れません」

フィリピンを愛する山本まつよさんが丹精こめて集められた貴重な品々を展示しました。御高覧いただければ幸いです。

印刷発行所・バルカン社☎352・6860

くじゃく亭通信

第30号

「くじゃく亭通信」編集部
〒150　渋谷区宇田川町八ー九
☎（四六一）一八五五

定価100円

シャーマニズムと青銅器

李　進　熙

問題の提起

ついこのあいだ佐賀県の鳥栖から銅鐸の鋳型が出土しましたが、この発見は、日本の青銅器文化の研究に大きな影響をもたらすものです。

弥生文化の後期（——中期後半説もある）、考古学の常識でいえばほぼ二世紀に入ると、朝鮮の銅剣・銅鉾と性格を同じくする細形銅剣や銅鉾などの青銅器が姿を消して、そのかわりに広形の銅剣や銅鉾、さらには銅鐸が出てくるようになりますが、この銅鐸文化の中心は畿内らしいという説が実に強力でした。これは主に関西の考古学者が主張する思想で、三世紀の邪馬台国畿内論の伏線をなすものです。

（注）これまで、銅鐸は島根・広島・香川・高知をむすぶ線を西端とする地域にあって瀬戸内から畿内を中心とする文化圏をもち、銅剣・銅鉾は九州を中心とする文化圏をもつといわれてきた。

ところが、こんどはその銅鐸の鋳型が九州から出たので、ちょっとまずいことになりました。鋳型ですから畿内から持ちこまれたのだとはいえませんし、これからも出土例は増えていくはずです。

銅鐸の原型は、朝鮮の馬鐸とよばれる無文で十センチから十五センチ米ほどの小銅鐸です。ここ数年のあいだに福岡と宇佐からこの小銅鐸がみつかりました。鳥栖のものは、この小銅鐸が日本で発展して大きくなったものの鋳型ですから、畿内説にとっては、はなはだ面白からぬ問題があると思うのです。

いままで、考古学者あるいは歴史家がかならず使う方法は、朝鮮とおなじような青銅器が日本にあるとなると、すぐにそれを「……からの影響」という形で処理しておいて、日本の国内の問題を論ずるときには「共同体から国家へ」という概念でとらえてしまいます。そのさい、銅鐸は日本の国家形成の起源を考えていく材料として非常に重視されてきました。すなわち銅鐸を祭祀権の問題とひっかけて議論する傾向が非常に強かったのです。銅鐸が祭祀の用具であるという点では私の考えもおなじですが、祭祀権と権力の『権』がついていて、なにか強力な政治勢力に結びつくような考えかたがめだちます。ところが「祭祀」の中味はなんなのか、「祭祀権」とは具体的にはどういうことなのかというと、あまりそこまでは及ばなかった——及んでいません。いつのまにか大和朝廷ということになっていくわけですが、これが日本の青銅器研究の弱さだとおもうのです。

おなじことは朝鮮での研究においてもいえることで、南北の学者とも、青銅器を考えるばあい、いまでもそのルーツの問題に神経がいっていません。その青銅器を生みだした社会はどういう社会であるのか、なぜ、青銅器がそういう社会の反映として出てくるのかという方向へ考えがおよびません。戦前の日本の学者達が遺した悪しき方法論が、いまだに彼等のなかに根強く残されているのが実状なのです。

戦前の朝鮮青銅器論

戦前は梅原末治さんや藤田良策さんたちのとなえた、朝鮮の青銅器は中国の戦国時代の中原文化の亜流であるという学説が主流でした。しかし中国の春秋戦国時代の銅剣・銅鉾あるいは漢代の武器は、どのようにしても朝鮮のものとは結びつきません。それで、中原文化が満州・朝鮮と波及してくるあいだにあいうものに変ってしまったのだというようなことを言ってすましていました。

細型銅剣は朝鮮半島と日本にのみ見られるものです。詳しくいえば、それは中国の遼寧省（遼河と鴨緑江にはさまれた旧南満州の一部）と朝鮮半島と日本列島とから出土します。

琵琶型銅剣
L33.4
遼寧式銅剣

細型銅剣
L33.2
大邱飛山洞出土

ところが、この遼寧省からは、剣の中央よりやや下の部分が左右に強く突起する琵琶型銅剣が出土します。戦前の文献では満洲式銅剣と呼ばれてきましたが、最近の日本の学者のなかには、満洲式ではおかしいから遼寧式と呼ぶべきだという人もいます。常識的にはこの満洲式銅剣から変化したものが細型銅剣だろうということだけはわかっていたのですが、それを遺跡のうえからは追跡できない―そういうことでした。

朝鮮では今までに細型銅剣が百三十数本発見されています。では、戦前の知識ですが、細型銅剣にはどういうものが伴出するかというと、轡・革帯の飾鋲といったような、どちらかといえば中原文化とは無縁な北方ユーラシア文化につながる馬具が出てきます。一面では漢代の画像石にでてくる二輪車の道具である車輿具が出土することもありますが、どちらかといえばこれも北方遊牧民のつかう道具です。まるっきり全部が北方ユーラシア的かというと、そうでもない、両方の要素があるという感じですね。

中原文化にいちばん持っていきにくいもの、北方的要素とみるのに一番つごうがよいものは細文鏡です。鋸歯文鏡ともよびますが、この細文鏡がどこから出ているかというと、それは遼寧省から日本（大阪以西）にかけて、朝鮮の青銅器だけでなく琵琶型銅剣にも伴って出土します。日本で数面、朝鮮では三十数面でました。細文鏡はどうも細型銅剣とも伴出するし琵琶型銅剣とも伴出するらしいという程度のことはわかりました。

はじめのうちは、細文鏡の細い線で描いた地文が春秋戦国時代鏡と似ているから、これはどうも中原文化ではないかという説もありました。しかし中原とは縁がないのです。

この混沌状態から細文鏡の研究に非常に大きなインパクトをあたえたのは、江上波夫さんが一九三六年（昭11）に『考古学雑誌』に発表した「遼寧省出土の古銅鏡について」という論文でした。論証というよりちょっとした思いつきですが、これはどうも北方のものだ―北方の遊牧民のものだ。しかも鏡というと顔を映すものだと考えるだろうが、北アジア諸族には入浴や洗顔の習慣は無いから、化粧道具として顔を映す鏡ではないとし、そしてさらに、神と人をむすぶ媒介物であろう、あるいは避邪用であったかもしれない、避邪用として家とか身につけて持ち歩いたものだろうと推論されました。それは当時としては非常にすばらしい考えでした。

多紐細文鏡　径21.2
伝平安南道・成川郡

多紐細文鏡　径12
平壌付近出土

これにたいして中国の鏡の研究家であった故駒井和愛《ちか》さん（東大教授→早大教授）は一九三八年（昭13）、『満洲出土の多紐鏡』という論文で、細文鏡を見ると文様の反対側が凹面である――これは中国の古典にでてくる太陽から採火する陽燧あるいは反射鏡だろうというとらえかたをしました。細文鏡には二重・三重丸の重圏文や放射線状に細線文やジグザグ文のついたものがさかんにでてきますが、これも太陽の光を象徴するもので陽燧の役割をあらわしている。中国ではまだ発見されていないが、いずれ中原でも発見されるであろうという推論でした。江上さんの北方ユーラシア説にたいする中原文化説です。

ここで駒井さんが文様が太陽を象徴するとしたのは良いのですが、中原文化にひっかけたのは拙かったのです。

ところが戦後になって私の尊敬する故榧本《かやもと》杜人《もりと》さんは、一九六九年（昭44）に凹面鏡の曲率を全部測定して、これはレンズの働きはしない、レンズではなくただの反射鏡としての意味しかない、また鏡には平面もあり、少数だが凸面鏡もある、したがって凹面だけだというとらえかたはまずいと指摘しました。

榧本さんの論文がでる四年ほどまえ（一九六五年・昭40）に小林行雄さんは『古鏡』という論文を書いて、江上説と駒井説をひとつにまとめあげたような考えかたですが、細文鏡は古代朝鮮や日本など東アジアの遊牧民のあいだでおこなわれたシャーマニズムの太陽崇拝と関係があるといわれました。すなわち駒井さんの中原説は否定して江上さんの遊牧説にかえ、そのかわり江上さんの避邪説や神と人をつなぐ道具説を捨てて駒井さんの太陽崇拝説をとりあげました。

小林さんの説は細文鏡を北方シャーマニズムに結びつけた点は達見でした。しかし北方遊牧民に結びつけたとらえかたをすると、細文鏡の出てくる時期、すなわちBC二〜三世紀のころから紀元後にまたがる時期に、日本や朝鮮は遊牧をしていたことになりますが、そんなことはない。この時期は日本では北九州に水稲耕作がはいってくる時代であり、朝鮮の中・南部は完全に水稲耕作圏内にはいっていた時代です。むしろ農耕民というべきで遊牧民ではありません。そういう弱さが一面にあるわけです。

（注）日本に馬がでてくるのは五世紀の終りか六世紀の初頭に渡来人がはいってきてからのことで、もちろん騎馬民族征服説の証処にすることはできない。騎馬民族の習俗だぐらいに表現するのは良いとしても、生活自体が遊牧であったと考えるのは正しくない。

このように細文鏡ひとつにもいろいろな議論がありました。これは出土例が少ないことはもちろんですが、青銅器文化全体を総体的にとらえる視点、青銅器文化をささえている社会・文化・イデオロギーとの相互関係を見すえる視点が弱く、細文鏡だけをとりあげてあれこれと一面的に論じたことによるものです。したがって日朝の青銅器文化を考えるばあい、文献については出土記事そのものを利用するならよいが、それ以上の推論にまで乗ってしまうとあまり良い議論にはならないでしょう。

戦後の発見・水稲耕作の証し

ところが、戦後、まだあまり皆さんに気づかれていないようですが、遼寧省・朝鮮半島・日本列島にわたるこの青銅器文化をとらえるうえでたいへん示唆に富む遺跡が、あいついで発見されました。

たとえば、中国の『考古学報』という雑誌の一九六〇年一月号に遼寧省朝陽十二台営子の石室墓の発掘報告がでています。

（注）朝鮮史を考えるばあい今日の国境でものを考えるとミスを犯す。ここで遼寧省のことにふれるのは、遼河までのこの地は後に高句麗の版図となる地域だからで、遼河を境いにして遼東と遼西の文化はまったく違う。

この遺跡から古形の琵琶型銅剣・ボタン状銅器・銅製の刀子・銅斧といっしょに粗文なから五面の細文鏡がでました。ここで非常に古い形式の琵琶型銅剣と細文鏡がセットで出土したわけですが、このセットだけからは年代をおさえることはできません。ところがボタン状銅器は内蒙古の綏遠銅器のながれをくみ、系統的にはユーラシア文化につながり、時間的には紀元前六世紀まで遡るといわれるものですから、このボタン状銅器により、年代がある一定の時期にどうも押えられそうだというひとつの考えかたがでてきました。

一九六六年（昭41）には三十八度線のすぐ北の、共和国がわの黄海道載寧郡孤山里から、形の新らしい琵琶型銅剣が銅斧・桃子剣といっしょに出土しました。戦国時代に揚子江の南にあった楚の国（紀元前四〇三―二二一）で使われた桃子剣がでたということに注目してください。

また一九七五年（昭50）には全羅北道完州郡上林里から桃子剣が一括して二十六本もみつかりました。しかし不思議なことに桃子剣は朝鮮の北半からは出ないのです。中・南部からはもっと増える可能性があります。揚子江の南で造られた剣が北からは出ないで中・南部から出土する事実、私はこのような事実を基に大きく網を打っていくわけです。

一九七八年（昭53）には忠清南道礼山郡東西里のおなじ遺跡のなかから琵琶型銅剣一本とともに、琵琶型銅剣が変形して造られる細型銅剣八本がでました。細文鏡もでました。異質かとおもわれた琵琶型銅剣が細型銅剣を伴出した――ここに接点があった。また細文鏡がこの両ほうと一緒にでた、これは注目に価することです。

この遺跡でもうひとつ注目すべきことはラッパ状銅器と剣把型銅器が出たということです。

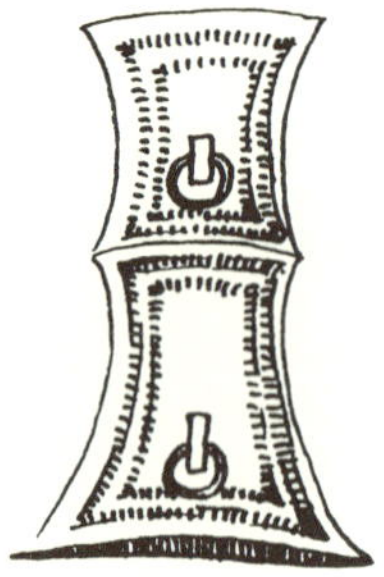

剣把型青銅器 H22,7
太田槐亭洞出土

ラッパ状銅器は高さが二十一センチ米、底の直径が九・七センチ米ほどの大きさのもので、赤い布などを着けて馬の頭に載せる飾り馬具の一種です。一九七五年の『考古学報』によると遼寧省瀋陽の古墳から琵琶型銅剣と並出します。瀋陽のこの異型銅器については中国の学者が紀元前六世紀ないし五世紀だと推定していますから、ここにも時代を推定する手がかりを得ることができます。

剣把型銅器というのは、まったくわけのわからない銅器です。外形が剣の柄のような形をしているのでそう呼ばれています。この銅器は二年まえの一九七六年（昭42）一月に太田の西六十キロ米にある忠清南道牙山郡城南里遺跡から三面出土しています。鹿の絵を描いたものもありました。細型銅剣と細文鏡二面がいっしょに出ています。

一九七八年（昭53）になると剣把型銅器がどんなものか少しは推測できるようになりますが、こうしたわけのわからない青銅器の謎をとくカギとなる遺跡が、すでに十三年前にみつかっていたのです。

すなわち一九六七年七月、太田郊外の槐亭洞からさきの城南里のものと似た細型銅剣、日本からもでた小銅鐸、剣把型銅器、細文鏡、そして真黒い色をした首の長い黒陶が出土しました。これらのものは『韓国美術五千年展』に槐亭洞遺跡の一括出土品として展示されましたから、お気づきのかたもおられるとおもいますが、この黒陶は、実は、たいへんな

黒　陶 H22
太田槐亭洞出土

位置を占めるものであります。

（注）高さ二十二センチ・口径九・五センチメートルの壺。

ご承知のように黒陶は朝鮮で造られたものではありません。戦前には山東半島に中心があるといわれていましたが、戦後は江南から山東半島にかけて発見されるようになりました。

すると、桃子剣と黒陶とは、黒陶がやや古い時期のものですが、似た時期のもので、しかも中国で造られたものです。この二つが朝鮮半島中部の太田から出土していたのです。私はこれがわかったとき、たいへん注目すべき事実だとおもいました。

以上のことを整理すると、上げる人で紀元

前七世紀、おそく見ても六世紀から五世紀にかけて、朝鮮には夥しい北方系の青銅器文化があった。その北方の青銅器文化に、後の時期に、いわゆる黒陶や桃子剣などが、江南から山東半島を経て、朝鮮にはいってきてそれが混在出土するということができます。

この要約は非常に重要です。というのは、これは朝鮮における水稲耕作の歴史、イネの起源やルートを考えるさい、強力な示唆をあたえてくれるからであります。

神とトリと巫

さきほど太田槐亭洞の出土品の話をしましたが、この近くから防牌型と呼ばれる妙な形の青銅器（または農耕文青銅器）が出土しました。環は二つあったようですが、一ぽうが欠けています。高さ七・三センチ米、巾十二・八センチ米ほどの大きさです。この青銅器は両面に絵があります。

片面の右上には水田か畠のような図があって、人間が足踏式の鋤で田を耕しています。その下には大きな鍬を振りあげる人間がいます。

農耕図のウラ側の環のあるほうにはY字形の枝があり、そのうえに鳥が二羽、むかいあって止っています。

もうひとつ、慶州から出土した飾り金具をご覧ください。これも枝状の棒のうえに、鳥が二羽、同様にむかいあって止っています。

実は、これらの鳥とよく似た鳥が、日本でも、大阪府和泉市池上の弥生遺跡から出ています。こちらは木を鳥形に削ったものです。

そうして、この種の鳥は、朝鮮では今日も現存しています。집대기 서낭（チプテキソナン）といって、たんぼの中の聖なるところへ木を立ててこの鳥をのせるのです。

では、これらのトリは何を意味するのでしょうか。

この問題に明確な解釈をくだしたノはおりません。

しかし、北方シャーマニズムの世界では、トリは天と地をつなぐ聖鳥であり、神鳥です。天と地をつなぐ聖鳥が樹上へ降りてきますと、これが神になります。神が樹木へ降りてくるのです。

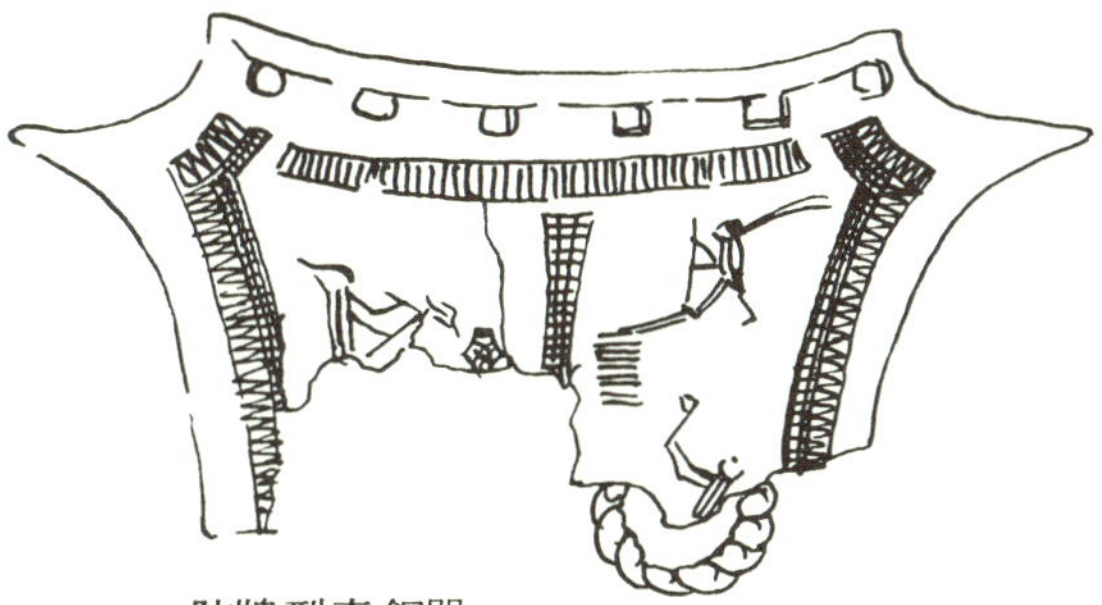

防牌型青銅器
7.3×12,8
伝太田出土

（注）鳥葬では死人は鳥に食べられて天に昇ると考える。

そうすると、防牌型青銅器の絵は、北方シャーマニズムと農耕を表わしていると見ることができます。

たとえば三国志の魏書の東夷伝高句麗の条を見ると、

大きな家をたてて、鬼神を祭り、農業神と土地・穀物の神を祀る。

於所居之左右立大屋、祭鬼神、又祀霊星、社稷。

とあり、韓伝は

鬼神を信じ、国邑は各一人を立てて天神を主祭した。これを天君という。また、諸国には各別邑があり、名づけてこれを蘇塗という。大木を立て、鈴・鼓を懸けて、鬼神につかえる。

信鬼神、国邑各立一人主祭天神、名之天君。又諸国各有別邑、名之為蘇塗。立大木、懸鈴鼓、事鬼神。

と祭天の様子を記録しています。ソトは聖域

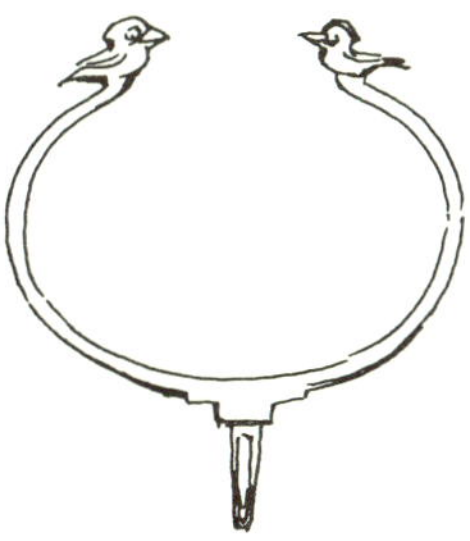

雙鳥竿頭飾

で、犯罪者が飛びこんでも罰せられないところで、松本清張さんは、日本のヒモロギの原形だろうといわれていますが、おそらくそうでしょう。

鈴・鼓を懸けという鼓がどういう意味かはわかりませんが、鈴は神おぎの儀式になくてはならないもので、朝鮮からはいろいろな形をした鈴が出土しています。

そうすると、さきほどの剣把型青銅器など

八頭鈴具　径12.3
全羅南道和順出土

は、何に使われたかは分らなくても、大体の想像でいえば、おそらく巫女が鬼神につかえるときの楽器のようなものだろう、私はそう思います。環が二つあって吊すようになっていますから、呪文をとなえながら神おぎするシャーマンの道具なのでしょう。

防牌型青銅器も同じような用途だと思います。シャーマンから切離してしまうと、盾など武器類に考えざるを得なくなります。

中国鏡の紐は中央にありますが、細文鏡の紐は中心より上にあります。これも細文鏡は持つものではなく掛けるものだからでしょう。上にあがっていたほうが安定して懸けられます。したがって細文鏡は、太陽崇拝あるいは神おぎの儀式に不可欠なものだということができます。

倭人の条には卑弥子について、

鬼道を事とし、よく衆を惑わす。

とありますが、これは卑弥子が巫女だということで、「大木を立て、鈴鼓を懸けて鬼神につかえる」ということと同じです。

日本には、妻の後を追って渡来したアメノヒボコの説話があります。この天日鉾もホコをもって天を祀るシャーマンです。

さて、これらシャーマンから古代の王がでてまいります。

新羅第二代の王を南解《ナムヘ》次次雄《チャチャウン》といいます。八世紀の金大問によると、次次雄とは、方言で巫のことをいう。人々は巫をして鬼神につかえさせ、祭祀を尚んだ。そこで巫を畏敬し、ついに尊長者と称し、慈充とした。

方言謂巫也。世人以巫事鬼神、尚祭祀。故畏敬也。遂称尊長者。為慈充。

『三国史記』新羅本紀第一

慈充は次次雄です。魏書東夷伝扶余条には、天候が不順で五穀熟らざれば、その咎を王に帰し、或は易えるべきだといい、或は殺すべきだという。

旧扶余俗、水旱不調、五穀不熟、輒帰咎於王、或言当易、或言当殺。

と、王権成立期の王の姿が書かれています。

このように、新羅・高句麗・扶余などの初期の王がすべてシャーマンだったことを文献上でたどることができます。しかし、やがて馬韓・弁韓・辰韓など七八国が食いあう征服戦争の時代となり、また、濊・貊・韓・扶余など多くの種族が武力で抗争するようになると、シャーマン的機能だけの王では守りきれず、王権に新らしい要素が必要になります。

新羅には、六村の酋長が集って国王を推戴したという伝説が残っています。はじめは有力な氏族である朴・昔・金から王がでていますが、最終的には金氏が王位を世襲化して万世一系を称え、同族中で通婚し、聖骨という制度をつくります。聖骨制はまもなくひとつ下からのクーデターで真骨制にかわり、骨品制が完成します。

高句麗では、五部（五族）の長から王をだしていましたが、のちには桂婁部一族が王権を世襲化します。

要するに征服戦争の過程で王権が確立し、世襲化し、専制化します。

そうした角度から、遺物が比較的豊かに残された新羅の文物を眺めてみましょう。

たとえば瑞鳳塚から出土した王冠は、周囲には山形の重なった五本の樹木状の飾りがあり、その内部は、四方から細い板を出して中央で交差させ、うえに三羽の鳥をつけています。

（注）この古墳はスエーデン皇太子来訪中に発掘したところ、鳥型を載いた王冠が出土したので、瑞典の瑞と、鳥を鳳凰にみた

てた鳳を組合わせて瑞鳳塚と名づけた。

金冠塚の王冠はもっと豪奢です。おなじく五本の樹木状の外冠の内側に、二枚の大きな鳥の羽根をつけたような帽子が入ってまいります。

いずれも天から神鳥が樹木に降りたったところですね。この冠をかぶる人が天神の意志を継ぐ者です。

新羅の国王がこういう冠をかぶるのは、むろん人民を搾取する権力という側面はありますが、その思想的背景にシャーマニズムがあることも見逃がしてはなりません。

これらの金冠にはハート形の小片がたくさん付いています。慶州博物館の陳列ケースをちょっと叩くと、この小片が細かい振動でゆれ動きます。あれを着けて外出すれば、どの角度から見ても、黄金色に反射し、金鶏のような偉力を発揮することでしょう。

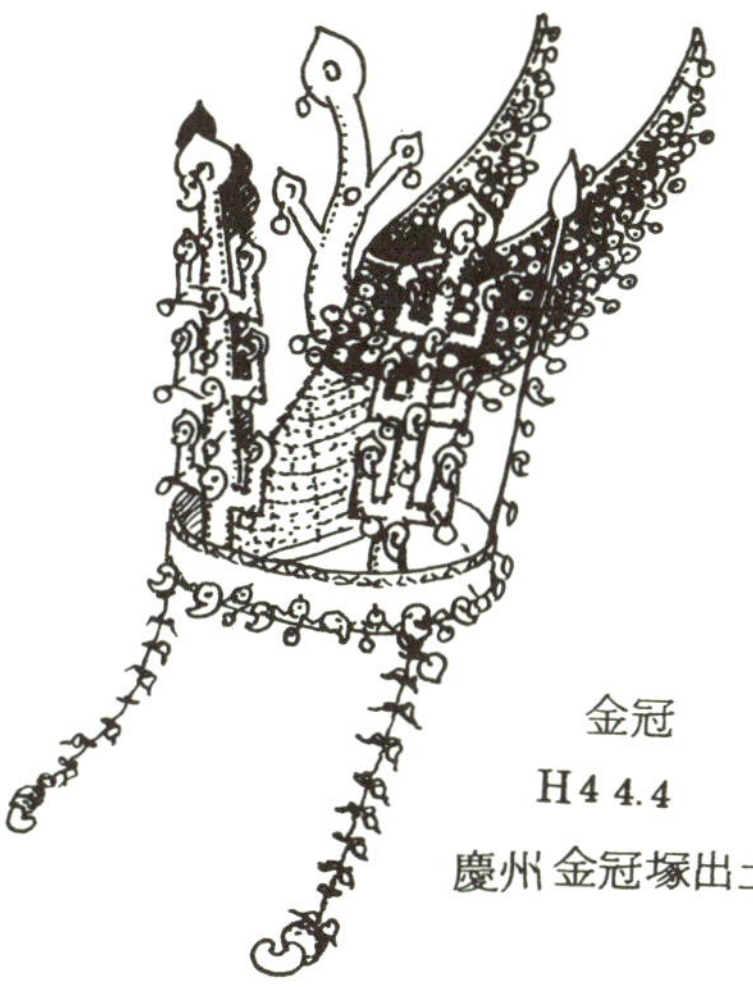

金冠
H44.4
慶州金冠塚出土

いわゆる黄金色を放つ魔力がシャーマニズムの基本であり、彼等はそれをもって天を祀り、人民を祭政一致で導いていく、そういう美意識というか、イデオロギーだったとおもいます。

日本の古墳文化も同様にシャーマニズムです。ただ、日本の冠は金銅製のため、金ピカは消えてしまいました。三種の神器の鏡や、神社にわけのわからないピカピカした鏡を置く意味もおなじです。

さきにお話しした青銅器は、全部金色でした。現在これらはまっくろですが、黒化したのは錫の分量が多かったからです。錫の分量が十四～五パーセントあると腐蝕しないかわり黒くなります。日本の博物館で青銹の出ている青銅器をみますが、これらは錫の分量が五～六パーセントあるいはそれ以下であることを示し、腐蝕が速かにすすみます。

朝鮮のシャーマニズムを、北方遊牧民のシャーマニズムと考えたり、遊牧民という言葉から騎馬民族と結びつけることが、いかに誤りであるかおわかりいただけたでしょうか。そう考えるとちょっとおかしくなってしまうのですね。

巫女の機能が、南中国から北上してきた水稲耕作と結合して農耕儀礼化したもの――これが朝鮮のシャーマニズムなのです。

五穀豊饒への祀り

統一新羅時代にはいると、朝鮮のシャーマニズムは消えていきます。それは、今までのシャーマニズムのような遅れた手段では、人民を支配することが難かしくなったからです。特に、新たに征服した百済・高句麗の遺民を支配していくには、より狡猾でより老練な支配方式に頼らざるを得ないわけですが、その有力な手段の一つは中国ですでに完成していた律令体制であり、もう一つの手段は仏教でした。

もちろん、仏教は三国時代にはすでに入っていましたから、仏教が入ったから直ぐにシャーマニズムが消えたのではありません。国家仏教といわれた華厳思想が必要でした。華厳はこれも中国がつくりあげた仏教です。

新羅は華厳思想を国家イデオロギーの中心に据えると、ガッチリと律令体制による支配を確立し、徐々にシャーマニズムを取りのぞいていきました。

そして高麗になり、さらに李朝になると、シャーマニズムは徹底的に弾圧をうけ、今日では民衆のなかの占いごととして巫女が残るだけになりました。

ところが、かつてはシャーマンこそが神だったのです。

このことは新羅*について三国史記を分析してみるとわかるのですが、第二代から第二一代までの国王は、即位するとその年か翌年の正月ないし二月に、国王の一番大事な行事として始祖廟の祀りをやります。第二二代の智證王から第五五代までの国王は、即位するとかならず一～二年の間に、親しく神宮を祀りますが、祀りで特に重要なものは五穀豊饒の祈願でした。

＊『古代朝鮮史研究序説』　井上秀雄

（注）神宮が最初にでてくるのは智證王三年二月（AD五〇二年）である。

日本の天皇家が、古代からずっと神嘗祭や新嘗祭で五穀豊饒を祀り、豊作を感謝するのも、天皇がシャーマンの系統だからです。

こうした風俗は、すでに朝鮮では消えてしまいましたが、三国朝鮮の文化を論ずるばあいには、その基本はすべてシャーマニズムである、五穀豊饒の問題である、こういうように理解できるのではないかと私はそう考えます。

今日私たちが博物館で見る青銅器の遺物は、青銅に覆われていて、金ピカものとは違った印象をうけるけれども、基本に流れる美意識というものは黄金色の美意識である。これがシャーマニズムであると思います。

本稿は本年二月一六日《美術の会》でおこなわれた講演を恣意的に要約したものであり、稲のルートの話をはじめ割愛した部分が多々ある。

筆録・外岡　宏

■編集部から

白倉光男氏の「韓国仏教美術の旅」は今回は休載しました。次号で完結します。

＊読者からの便り＊

（東京・千代田区）林　英　樹

「くじゃく亭通信」第28号　鄭大聲博士の「朝鮮食物文化譚」興味をもって読みましたが、식혜《シッケ》が咸鏡道のもので、慶尚南道にはないというのは、鄭博士の見聞の問題だと思います。私も鄭博士と同じ慶南の出身ですが、子供の頃、赤くてちょっとすっぱい식혜《シッケ》を식《シッ》食혜《ケ》べたことを思い出して、解放後はどうして식혜《シッケ》がなくなったかと残念に思っているのです。私の所は三千浦が近いから秋から전어（こはだ）のシュンになると（식혜《シッケ》は秋から冬にかけて作るから）식혜《シッケ》の전어がとってもおいしかったことを今もなつかしく思っているのです。李朝初期に慶尚道から咸鏡道に大量の移民をしたから慶尚道と咸鏡道とは人間の気質から食物も、なまりも同じものが多いから、鄭博士は식혜《シッケ》を咸鏡道特有のものと思っているようです。また、甘酒を慶尚道で식혜《シッケ》といっていると書いてあるが、甘酒を식혜《シッケ》というのはソウル言葉で、もともと慶尚道では단술（甘酒）といっているのです。今もソウルへ往来のある上流階級？は식혜《シッケ》といっても、家の中で婦女子とか子供たちはみな단술《タンスル》といっているのです。

ついでにもう一つ。いつかの「くじゃく亭通信」に外岡氏？か誰かが、鯖（魚）のことを書いていましたが…その文中に…「朝鮮では魚を灰の中で焼くということを、どこかのおばあさんにきいた…」とかがありましたが、これはききまちがいか、きき足りないかと思われます。「くじゃく亭通信」のような、ほんとにまじめな出版物に、こんなことを書かれては、それが本当だと思って、朝鮮人は魚を灰につけて食べるような誤伝になりますので、訂正した方がいいかと思います。それは私の郷里では乾章魚（乾文魚）―棒のようにかたくつるつるしたもの―を灰火（あかあかとした盛火ではなく）でゆっくり焼いて、はたくと灰がきれいにとれます。それを방이(木の棒)でたたいて軟くほぐして酒のサカナにするのです。これを誤り聞いたものと思われます。

（東京・渋谷区）渋　谷　定　輔

不順な天候つづきですが、お元気のことと存じます。先夕は、たのしい出会で、いろいろのおもてなしを感謝しております。さっそくお便りをいただきながら、富士見市に出かけており失礼しました。私の自己紹介の一端にもなればと存じ、二、三のコピーを同封いたします。

今後とも、どうぞよろしく。また―

（渋川市）小　川　弘　子

拝啓　毎回「くじゃく亭通信」をお送り下さ

いましてまことにありがとうございます。前に一度、NHKに朝鮮語講座の開設についての署名運動のお手つだいをしただけの御縁ですのにこんなに御丁寧にしていただいて恐縮を通りこして申しわけなく思っております。私はこの文字づかいでもおわかりのように半世紀を十年以上も上廻って生きている人間でございますから、朝鮮という言葉には偏見を以て教育されて来たと思っています。今でも忘れられないのは、私が十五、六の頃でしたろうか、家の近くで若い男の人に突然「朝鮮の方ですか？」と聞かれたことがありましたが、その人の表情は親しげな中に控え目な調子があり決して不愉快なものではなかったのですが、私がいやな気持で受け取りました。そしてそれでもうわべはさりげなく「いいえちがいます」と言ったのですが、あとで心の中では〝わたしは朝鮮人みたいな顔をしているのかしら〟と思い、いつも「この子はきりょうが悪くて……」と言われていたことと重ね合わされて娘心にうれしからぬ思い出として残りました。

朝鮮について考える時、まづこのことが心に浮び恥かしく思うのですが、それでも当時もそして今も、殆んどの日本人が同じ反応を示すに違いないと思います。「アメリカの方ですか？」と言われたのとは正反対の反応を、つまり日本人はまだ殆ど変ってはいないと思います。戦後三十五年の今になっても私は朝鮮について殆ど何も知っていないのです。第一に朝鮮人を一人も知らないのですから。それでも「くじゃく亭通信」のおかげでいろいろな事を教わりました。朝鮮人がいくらか身近かになった感じです。金大中氏事件、光州事件など私たちには真相はよく分らないながら心を痛めずにはいられないことが多いのですが、一方一般の南北両朝鮮の人たちは私たちと同じような喜び悲しみの中で送っているのであろうと思い、その人々が二度と戦火にまき込まれないようにと祈らずにいられません。

それにしても私たちは日本に一番近いこの半島のことを何と知らないことでしょうか。無知は無関心につながって来ます。中国中国とこの頃は中国ばやりですが、それよりも近い朝鮮半島については殆ど知らず、知ろうともしていないのが私の知る範囲の日本人に通ずる態度と思われます。

古代史を読むと日本と朝鮮の関係は一つの国のように近い時もあったようですが、それがなぜこんなにはなればなれになってしまったのかと不思議でなりません。とにかく私も署名運動のおかげで少しづつ眼が開いて来ましたので、これからもまづ知ることに努めようと思っています。いろいろな催しなどの御案内を頂いてもなかなか行けないと思いますが、御面倒でももうしばらく「通信」をお送り下さい。「通信」には一部五十円とありますし、切手代と両方では回数を重ねれば相当な金額を負担して頂いているわけで申しわけありませんので少々切手を同封いたします。お納め頂きたく存じます。

今夏は暑さがつづかなくてここ数日は夏とは思われない低温曇天がつづきます。今夜は冷やっこでなく湯どうふにして食べようかと笑っております。皆々様益々御健勝に貴誌の御発展なさらんことをお祈り申し上げます。

（東京・目黒区）水戸　岩　雄

くじゃく亭通信第二七号は、内容だけを言えば、ミニコミの概念と範疇を超えた読物でした。一流人士が数多く登場しているからと言うのではなくて、祝辞やメッセージが心のこもった内容だからでしょう。お座なりでない言葉や文章は、短かくても読むひと聞く人に感動を与えるものなのでしょう。また編集の段階でのアレンジもよく、総括すれば、田村氏の魅力が場内の空気をそうしたものにしたのでしょうね。一六頁を一気に読めるなど、小説でも仲々の量ですよね。愉快に面白く楽しく読ませてもらいました。質量共にわれわれの会のニュースを圧倒してます。

自分の原稿を手入れしている時に配達されて読み終ったら、何ともわが原稿が冗漫で貧しいので嫌になりましたが、せっかく外岡氏に力《リキ》を入れてもらったので、最終稿をお届けしておきます。（四月二十四日記）

（東京）日本・朝鮮文化交流協会

前略　くじゃく亭通信を毎号送っていただき

感謝いたします。私共は運動の方の関係から貴通信にあるような文化の香り高い活動にまでなかなか達しません。ご健斗を祈ります。

（福岡市）矢冨謙治

「くじゃく亭通信」いつもありがとうございます。内容が充実し、届く毎に今月は何が載っているかと楽しみになります。朝鮮食物文化譚（鄭大聲氏）語源史的な照射ぜひ続けて下さい。尚住所変りました。変更方よろしく。

（直方市）矢野謙一

拝啓　いつもさわやかな文を楽しみに、くじゃく亭通信を読んでおります。お手数でしょうが当分の間故郷の次の住所へ通信をお送り下されば幸いです。

（名古屋市）今井彰

拝啓　先日は短い時間でしたがお話できて幸いでした。その節いただきました「くじゃく亭通信」を読んでおりましたら気のついたことがありましたので、筆をとりました。

第26号の「朝鮮食物文化譚」(2)のアオイの項です。朝鮮では葵のスープを作るということですが、これに使う葵は、図にあるどちらの葵ですか？「葉と茎の皮すじをはいで」というのはタチアオイのようにきこえるのですが、フタバアオイの類（カンアオイ）は根が鎮痛、鎮咳、鎮静用の漢方薬として使われても、葉や茎はどうなんでしょうか。同じく引用文献「和名抄」「植物図鑑」の中の葵も、図のどちらかが不明なので、この文は最終的に誤解されるようなところがあると思います。

徳川家の紋も賀茂神社の紋も、いずれもフタバアオイがそのもとで、これらカンアオイの類（ウマノスズクサ科）は地質学的にみても、日本列島ができ上って「第四紀の氷河時代」以降には日本にも存在したといわれているので、朝鮮からの帰化植物というのはおかしいのではありませんか、帰化植物というのは、タチアオイ（いわゆるゼラニューム、ふくろそう科）のことで、この両者の混同があると思います。私自身、まだ「和名抄」…などを直接見て検証しておりませんので、間違っていたらお教え下さい。カンアオイの類は春の女神ともいわれるギフチョウの食草ですので、この食物文化譚も、単に読みすごすだけでなく面白く拝見した結果、乱筆にて感想を書きました。

（東京・新宿区）内海愛子

前略　『くじゃく亭通信』ありがとうございました。名前は、よく存知あげていたのですが、こうして送っていただき感謝にたえません。私も何か書かせていただけたらと、楽しみにしております。なお、先日、勁草書房から『赤道下の朝鮮人叛乱』と題する本を出しました。もしお時間があれば、お読みいただければ幸です。本来ならお送りしなければいけないのですが、目下、手持ちがなくなってしまったので、すみません。《通信》が続きますよう私も応援したいと思います。祈御健闘。

（東京・学生社）山口和子

本日は「くじゃく亭通信」27号をわざわざお送りいただきまして本当に有難うございます。この号は「田村義也装幀展」についてのものでございますが、田村義也のお名前だけは存じながら、社としてお願いしたこともなく、編集者のはしくれとして私自身いろいろと考えさせるものでございます。

「金達寿展」は是非、寄らせていただく所存です。今後共、貴亭がますますご発展されますことをお祈りして御礼とさせていただきます。

（東京・豊島区）中島かほる

その後おかわりなくおすごしでいらっしゃいますか。「金達寿展」が好評のうちに終了とのこと心よりお祝い申上げます。おめでとうございました。先週末、金先生の色紙「人生は和諍にあり」を頂戴致しました。高さんのお心づかいに感謝致しております。ありがとうございました。田枝さん、外岡さんのようにパネルづくりのプロフェッショナルではございませんのでかえって足手まといだったかもしれませんのに、過分のご配慮を頂きまして有難くまた恐縮に存じました。とりいそぎ御礼申し上げたくしたためました。またお目にかかれます折を楽しみに致しております。

（東京・千代田区）中　井　浩　子

くじゃく亭通信二九号、どうもありがとうございました。十月の例会御出席、御報告くださる件、御承諾くださいましてありがとうございます。簡単でございますが御案内のチラシをつくりましたので三十部ほど同封いたします。お知り合いの方々に差しあげていただければ幸です。またもしできれば「くじゃく亭通信」三十号で、お知らせとして、ひとことのせていただければなお幸です。十月二十七日当日は、資料として「くじゃく亭通信」三十号と「第三文明」十月号を参加の方々にお配りしたいと思いますので、よろしくお願い致します。

「18の会」の集まりも二十七日の会終了後八時よりというのはいかがでしょうか。安田先生もその頃は横浜の御自宅におかえりとうかがいました。またおたより致します。外岡様とアクセスへお遊びにおこしくださいませ。

（大阪・羽曳野市）鈴　木　重　貞

くじゃく亭通信29号ありがたく拝受しました。金達寿氏の小説をよみたいと思っていますが、年のせいで読書力が衰えました。この夏には北米をかけ足で二週間廻ってきましたのでその疲れも出ています。しかしナイアガラ、ミシシッピー、グランドキャニオンとアメリカは流石に大きいですね。

昼間はまだ暑いようですが爽涼の秋も近いことでしょう。御自愛を祈ります。

（東京・目黒区）後　藤　均　平

くじゃく亭通信を毎号お送りいただき多謝。ピーコックのこんどのフィリピン展には参りたいと存じます。安さんが帰日されたら、御亭で一杯やりましょう。雑文同封御読過下さい。

（京都・右京区）丸　山　修　三

前略　くじゃく亭通信第29号お送り下され有難う存じます。もうすぐ30号ですね、毎号誌面が充実して読みごたえあるものになって来て本当に嬉しく存じております。どうか今後共お忙しいなか続けられるのは大変かと存じますが期待しています。

どうも有難うございました。お元気で、

（東京・板橋区）清　水　明　子

拝啓　「くじゃく亭通信」郵送して下さり、どうもありがとうございます。またサービス券まで頂き恐縮しております。

貴通信を拝読し、とてもユニークな活動をしていらっしゃる方という印象を持ちました。

私は、早大第二文学部（夜間部）の学生なのですが、一昨年の夏、在日朝鮮人の友人につれられて三週間ほど済州島、慶州、ソウル、馬山と旅行をして来ました。それ以来、朝鮮に惹かれるものを感じ、また日本と朝鮮の関わりということにも関心を抱き、折にふれ本を読んだり講演を聞きに行ったりしております。先日の金達寿先生の講演会も、そんな中の一環として、聞きに行きました。

どうぞ今後も御元気で御活躍下さい。

（東京・国立市）石　原　美樹雄

拝啓　桜井先生の出版記念会でお会いして以来、拝顔の機を得ませんが、お変わりございませんか。

また度々「くじゃく亭通信」ご恵贈に預り恐縮に存じます。27号は田村義也氏の装幀展の特集のようで、装幀にとくに関心のなかった小生も何か自分のかかわりのない世界を垣間見るような感じで読ませて頂きました。

私の長い編集者としての経験は、教育用壁新聞の製作で、装幀とは無縁に過して来ましたし、何回か作った単行本も全く印刷所まかせでしたから本当に装幀に関しては無知識なのです。しかし13頁の下段一行目に〝第二阿房列車〟の書名を発見しましたときは、びっくりいたしました。秘書課で—私は旺文社に勤めています—社長提出新版の中に、つい先日この本を見たばかりだったからです。わが社の編集担当の者が、どのようなご縁で田村さんに装幀をお願いしたのでしょうか。そのうちに尋ねてみようと思っています。

私は日曜大工や宝石研磨を趣味でやっていますので、よく必要にかられて東急ハンズにゆきます。そのときはいつもこの辺に「ピーコック」があるかななどと考えながら歩いています。そのうちにぜひ一度おたづねさせて頂きたいと存じます。

いま桜井先生の喜寿の記念自費出版の小さ

い本を作っています。「明治と朝鮮」とほぼ同じ体裁内容で二〇〇頁たらずのものです。六月五日の先生の誕生日には皆さまにおくばりできる予定です。いずれお目にかけることができると存じます。

（東京・練馬区）星　野　　清

拝啓　「くじゃく亭通信」早速お送り賜り深く御礼申し上げます。

書物の装幀について常に興味を持っており田村義也氏の装幀本も、そのユニークな美しさに魅せられております。著者についての目録は整ったものが出来てますが、装幀者についての作品リストが無いのを残念に思っております。

田村氏の作品リストが載っていることを期待してましたが、二十七号に掲載される様ですので、次号も恐縮ながらお送り賜りますよう御願申し上げます。朝鮮関係の記事も興味深く読ませていただきました。

右とり敢えず御礼かたがた御願まで　　匆々

（週刊「読書人」）長　岡　光　郎

「くじゃく亭通信」を毎号ご恵贈賜り、恐縮するとともに感謝いたしております。朝鮮文化や美術などに関する連載稿をはじめ、一号一号の随想、また後藤直さんの「ピーコック画評」など、愉しく拝読、ご教示を得ること多々あります。特集記事もユニークで、最近では第29号の「金達寿展」（これには小生も携わっている「週刊読書人」掲載の金さんご自身の原稿も転載して下さっていますが）、またその前の「田村義也装幀展」関係など、資料的価値も大いにあると評価しております。主宰者・高さんのご熱意とご努力にはかねて敬意を抱いておりますが、いま30号を迎えられるに至り、心からお慶び申し上げます。こんごのご発展を念じます。

（東京・保谷市）山　中　光《みつ》一《いち》

鄭大聲氏の「すし」のルーツの話（28・29号）など、「くじゃく亭通信」は、地理的近さにふさわしい日本と朝鮮の生活の身近さを気づかせてくれるユニークなフォーラムとして楽しく読んでおります。

私の勤務先の国文学研究資料館では、十一月に日本文学の国際研究集会を行いますが、今回は韓国からも慶尚大学校の李相濮氏が「万葉集と時調（朝鮮の伝統的短定型詩）」を発表される予定です。

閉鎖的だった日本文学も、最近かなり国際的に関心がもたれるようになって来ましたがなお米国やヨーロッパの関心が主で、アジアの隣人同志の間での、文学などを通じた伝統と心の理解は、まだまだ緒についたとさえいえない状況だと思います。日本の朝鮮文学に対する関心は一般にさらに低いし、研究の交流にも種々の障害がないとはいえません。

彼等の古代の遺跡、遺物に対する関心、現代の商品に対する関心など、物に対する関心はようやく高まってきてはいますが、彼等の心に対する関心も大切だと思います。「くじゃく亭通信」もその一つの触媒となって、心の通い合いが広がってゆくことを期待しています。

（東京・杉並区）唐　木　邦　雄

「くじゃく亭通信」29号、有難く拝受しました。金達寿展の大成功は感激でしたが、これにたいして「通信」が示した暖い、キメ細かな心くばりも嬉しく思われました。金さんを囲んだ写真に、小生も一枚加っているのは光栄の至りですが、どうも面映ゆいですね。いよいよ次号は30号と一区切り、楽しみにしています。ところで、長い論文調のものも勉強になって結構ですが、ときには身近な話題を扱った短くて、味のある随筆風の文章も欲しいところです。その意味でも、読者からのたよりで、知人の消息を知ったときの喜びはこたえられません。

もう一つ、ＰＲ臭をつとめて排除されているのはわかりますが、《くじゃく亭》で、富山県礪波市の地酒「立山」がのめることぐらい、なんらかの形で知らせることは必要ではないでしょうか。

（埼玉・川口市）功刀《くぬぎ》　千恵子

前略、いつも「くじゃく亭通信」をありがとうございます。長い間、お送り頂いていましたのに、何のお便りもせず、心苦しく思っておりましたが、先日、美術の会で高さんにお会いした折、「もう送りませんよ」と脅かされて（？）あわててお便りした次第です。

月刊誌『第三文明』10月号に田村紀雄氏が「くじゃく亭通信」をとり上げて批評されておられましたが、「通信」の歩みを知るものとして、おもしろく読みました。田村氏は「くじゃく亭通信」は、『日朝知識人の小さなひろば』と評されましたが、その広がりの輪の中に、一読者としてでも、触れることができた事を、うれしく思いました。

色々と御苦労があったと思われますが、次号で30号を迎えられおめでとうございます。私も、しまい込んでいた「通信」のバックナンバーを取り出して、いま夢中になっている手づくり製本で、まとめて置こうかと思っています。興味深い連載の数々は、今後、私の手許で貴重な資料となってくれることでしょう。ところで昨日、渋谷から横浜に出て市民ギャラリで行われていた「アイルランド石の美術五千年展」を見てきました。

アイルランドに残された新石器時代から、初期キリスト教時代までの石刻文様は、以前より日本の原始古代文様との対比において注目されていましたが、あらためてその性格の類似性が感じられました。まったく異質の文化圏にありながら互いに広いユーラシア大陸の両端にあるという地理的条件は双方に造形の吹きだまり現象をもたらしたのでしょうか。

そう考えた時、同系文化圏にある朝鮮の青銅器時代から古墳時代にかけて残された数々の古代文様は、ますます私にとって興味ある存在として浮かびあがってきました。

（東京・大田区）朴　福　美

くじゃく亭通信、もう30号になりますわね。読む方は、あっ！きたな、ですけど、発行する方は大変なご苦労と思います。30回も。はじめの頃、わたくしも通信のお手伝いをするということでしたのに、今はすっかり読むだけになり、頂くたびに申し訳なく思います。シリーズものなど、とおしてちゃんと読まなくてはと思っていますが、内容が高度で私にはとてもむづかしいです。

ところでわたしの参加している現代語学塾自主クラスで翻訳「龍渓」に連載していた沈熏作『常緑樹』。四回で残念ながら休刊になりました。『常緑樹』は一九三〇年代、植民地下の朝鮮で自主的に農村活動家として生きた若い人々の物語です。三・一運動に投じた沈熏氏の朝鮮民族への愛と希望が、また朝鮮人像が生き生きと描かれています。韓国ではロングセラーで常緑樹祭があるほどに著名な小説だそうですが、日本ではほとんど知られておりません。現在ひととおり翻訳を終えましたが、ぜひ一冊の本として出版までこぎつけ、私達が味わった感動を一人でも多くの方におわけしたいと思います。

―　公私ともお忙しい高さん、ご自愛を。

■リトル・マガジンの会

テーマ・日朝知識人の小さなひろば
30号になった「くじゃく亭通信」
リポーター・後藤直・外岡宏・高淳日
（『くじゃく亭通信』同人）
コーディネーター・田村紀雄（社会学者）
日時・一九八〇年10月27日（月）午後六時
場所・神田駅西口アクセス（電）252―5456
参加費・資料・茶菓代とも一〇〇〇円

■金城真理子小品展

於ピーコック　一月四日―三十一日

初の個展（グループ展二回）です。久々の発表で、野の草花を中心に軽いタッチで描きました。欧州の旅で、むしろ東洋美に魅せられ感動いたしました。静の中に見る確かな物。自然の造形の中から学んでいきたいと思います。御高覧御批評いただければ幸いです。

金城真理子
（一九七四年　東京芸術大学日本画卒）

■編集部から

●林英樹氏のお便りの前半の御意見については「通信」29号にて、お答えしてありますので御一読下さい。後半は伝聞の誤りでした。林氏の言われるとおり乾章魚を灰火でゆっくり焼くことです。御指摘ありがとうございました。

朝鮮食物文化譚 (5)

鄭大聲

豆腐の道（I）

朝鮮からの豆腐

日本に豆腐なる食べものが知られるようになるのは平安の末ごろである。

奈良の春日神社の御供物の中に豆腐が出て来る（一一八三年）。それ以前からあったかも知れないが記録として出て来るのは、今のところはこれが最も古いようである。

豆腐という大豆の加工食品を考え出したのは、漢の淮《ワイ》南王劉安だといわれている。しかしこれもあまり正確とはいえない（豆腐の話、篠田統、秋山十三子、駸々堂）。

八〜九世紀ごろから中国で一般化した食品とみてよい。

日本でも春日神社で用いられていたとしても、一般にすぐに普及したものと考えるのは早計であろう。豆腐の記録がひんぱんに見られるようになるのは十四世紀ごろで、主として寺の記録である。そしてこのころは冬につくられ、冬の食べものとして生活の中にとり入れられて行った。現今のように冷蔵庫などという便利なものがなかったから当然のことであろう。非常に腐りやすい食べものなのだ。

奈良に伝えられて広まった豆腐という食べものが、必ずしも日本全国に伝播するオリジンにはならなかったようである。

朴好仁と土佐の豆腐

四国の高知県、土佐の豆腐は朝鮮人の技術によって豆腐づくりが始められ、広まったようである。

郷土料理としての土佐の豆腐は固いのが有名である。隣辺の伊予、阿波とは異なり、今でも高知県の豆腐は固く、形も長方形ではなく正四角形に近い。箸でぐさりと差し込んで、その箸だけで持ち上げることが出来る。昔、田舎では子供がお使いに豆腐を買いに隣村まで行くのに、わらの縄を持って行って、それにくくって走って帰って来ても大丈夫だったという話を聞いた。

現在、東京、関西などで口にする豆腐の柔らかさに馴れた感覚としては、土佐の豆腐が何故堅いのか、興味をひく話ではあった。今年の二月の終りごろ土佐の郷土料理の研究家である、宮川逸雄氏の案内で土佐の食べものを少し調べてみた。高知市内の鏡川のほとりに唐人町というのがあって、こゝで朝鮮人が豆腐座をもうけ豆腐づくりをしていたことがはっきり記録されている（皆山集、南路志など）。

文録と慶長に豊臣秀吉が朝鮮を侵略する。この時、四国からは長宗我部元親が出兵した。

慶尚道の熊川城の攻防戦で援助に来ていた慶州の小城主であった朴好仁とその一族が長宗我部軍に捕らえられる。

元親が帰国する時に一緒に土佐へ連れて来た。どのような約束事が双方の間であったのかは記録がないようであるが、単に捕虜としてわざわざ船で日本まで連れて来たことではなさそうである。

後述するが、この時「経東《キントン》」という名医も同行して来ている。

最初は当時の城であった浦戸城の城内に邸宅を与え丁重に遇したようである。

しかし、関ケ原の戦いで徳川が天下を握ると長宗我部は領地を没収される。朴好仁は困る破目になったらしい。

同行して来た部下の中に豆腐づくりの出来る人がいたらしく、彼等はそれを業とするようになる。

慶長六年に山内一豊が土佐に赴任して来るが、朴好仁との話し合いが出来、豆腐製造業を専業とすることを土佐藩として全的に保障した結果、一族の三十名ばかりの豆腐製造専門集団が鏡川畔に移住し、こゝを唐人町と名づける。

豆腐商を六十八座も受け持ち、土佐の城下では豆腐の営業は、朴好仁の子孫以外は禁じられた。これが徳川幕府が倒れるまで守られた。このことで徳川幕府が藩政として如何に彼等を大切に遇したかを知ることが出来る。

唐人町の変遷

「南路志、闔国第七之三」には唐人町と朴好仁一族のことが詳しく記録されている。

鏡川畔に沿って唐人町は東西六百間、南北十間、この区域に朴好仁の一族郎党が生活するようになった。朴好仁の屋敷は、

「…本町之内向八間裏行八間半屋敷唐人朴好仁拝領是ハ三十人之外也則一豊御折紙」とあり、通りに面して東西が約一キロ、南北約二十メートル弱の商店街ともいうべき一角に、豆腐座を構え、朴好仁は表八間、奥行八間半の屋敷に住むに至ったことが分る。

続いて

於当町諸役令宥免候可被得其意候若外儀之義申掛ル族於有之者何時可被越　以上

慶六二月二日　一豊　判

朴好仁へ

つまり、慶長六年二月二日に山内一豊が、朴好仁へ唐人町を与えることを折紙つきで約束したわけである。

そして彼等には特別待遇ともいえる諸役の免除を約束し、何かのことがあれば、何時でも申し出るようにとした。

破格の扱いといえるのではないだろうか、これは単に戦場で捕らえた捕虜として連れて来たという内容ではないことを意味することの裏づけになるだろう。

唐人町は後の山内容堂の時代になると、彼が自分の別宅を建てる土地としてこの地を選ぶ。つまり土佐の最高権力者の別宅だから一等地であるということだ。

そのため豆腐座は立ち退きとなって他へ移されたことが記録されている。

現在は山内容堂別宅の跡であったという石碑が残っているのでそれは容易に確認出来た。

しかも、一等地であることは昔も今も変わりない。

山翠園ホテルは高知市内では屈指のホテルで、見事に整理された素晴らしい庭園は、山内容堂の別宅の面影を残していた。

唐人町の豆腐座がどれくらい重要な立地条件のところに設けられたかということを偲ばせてくれるに充分であった。

土佐の豆腐の味

江戸時代の終りから明治の初めにかけてまでも、この地方の豆腐商の特徴として、雨の降った時には柄のない傘のようなものをかぶっていたといわれている。これは朝鮮の風習のひとつで、雨が降ると傘をさすより、頭に直接笠をかぶって雨を避けるということが、そのまゝひきつがれたものである。

朴好仁一族の製造した豆腐は評判がよかったらしい。

土佐の長岡地方に今でも残っている古調の俗謡の中に

「踊やしゅんで来たが、握飯はどうじゃいな、おっつけ唐人町から玉で持って来《こ》う」というのがある。（長岡町史）

この場合の玉とは豆腐かすのオカラのことであり、唐人町の豆腐座でつくられたオカラが美味のものであって、土佐藩の名物食べものであったことをよく示してくれる。

四国で山の刺身というと豆腐とこんにゃくのことを意味したらしい。

しかも、この豆腐の堅さは何にも増して有名である。

私も土佐市内の飲食店で味わってみたが、田舎の方の堅さはまた格別らしく、宮川逸雄も昭和四十六年に安芸市大井の藤田慎一氏によってつくられた豆腐を御馳走された時のことを、

……正直なところ「豆腐の角で頭を打って死んだ」という笑い話や「豆腐を縄で縛ってくじゅう（肩にかけ）て行く」という話は古老から聞いていたが正直正銘の自家製の豆腐を見たこともなければ、味わったこともなかったのである。

私は、仕事もそこそこに車を飛ばした。藤田邸に到着した私は、炊事場に置いてある豆腐を見て、ただ唖然とした。市販の豆腐に比べると、ゆうに倍はあるだろう、そして手で触れてみて、その堅さに二度びっくりである。これなら豆腐の角で頭を打って死んだ、という笑い話も生れるはずだと思った（土佐の料理、土佐民俗学会、一九七九年刊）。

豆腐の堅さだけが朝鮮から渡来したことの裏づけなのではない。

しかし、絹ごしのようなものが好まれず、堅いものが豆腐の本領だとひきつがれて来た伝統の中に、朝鮮からの来た人々の豆腐づくりの執念のようなものがこもっている気がした。

（続く）

ピーコック画評(25)
『くじゃく亭通信』三十号発刊で思うこと

後藤　直

『くじゃく亭通信』が発行以来三十回になるという。私も「ピーコック画評」欄を担当して、最初からかかわりあってきたので、その時間の早さに驚いてしまう。

はじめこの『通信』が発行準備段階の頃、当時編集責任者だった阿部桂司氏から「画評」をやってくれないかという話しがあった。

私は、少年の頃絵かきになりたいと思っていた程絵がすきであり、現実に油絵の具をとりだし、たまにはキャンバスに向う場合もあり、十年程前、新聞や雑誌に何度か画評まがいの文章をかいたことがあったので、喜こんでひき受けたのだった。

しかし、いざやってみると二枚半でかかなければならないこの仕事は予想以上につらいものだった。それはなぜなのか。そのことを少しかいてみたいと思う。

「ピーコック画評」について、発行者の高淳日氏は私にひとつの条件をだしたのだった。それはきわめて重要なことだった。つまり、「新鋭あるいは新人の絵(作品)をおおいに激励してもらいたい」というのである。

私は高氏のこころのやさしさがうれしかった。新人には激励がどれ程薬になるか私は十分知っている。私にもそういう時期があったからである。

批評の場合、けなすのは簡単だが、ほめるのは逆にむずかしいといわれている。批評であるからには歯の浮くようなおべんちゃらは許されない。激励するかたわら、最低限は、こうすべきでないのかという、私個人のアドバイスぐらいは必要である。

それが適切であるかどうかは、作品を描いた人が納得するかしないかにかかわりあってくる。新人とかプロとかの差別はないのだ。

そのためには、最も重要なことといえば、批評する者、つまり私自身が展示された作品をよくよくみなくてはならないのだ。それは批評する者の義務である。「よくみること」「激励すること」に私は神経質なほどこだわったつもりである。

田枝幹宏氏の「円空と木喰写真展」や田村義也氏の「装幀展」そして金達寿氏の「金達寿展」など比較的大がかりで特殊な展覧会もおこなわれたが、たとえば「森の会」グループはすでに四回ぐらいも展覧会を開いているのだから、すっかりおなじみになってしまい、彼らのひたむきさに感動すら覚えるのだった。

そして、共通していえることは、有名であろうがなかろうが、出品者はすべて一生懸命であった。そのことひとつで、私は自分の気持が洗われる思いがした。可能な限り、私は「ピーコック画評」を続けたいと思う。

『くじゃく亭通信』は、いまや全国的にひろがり数百名のひとびとがよんでいるという。毎号の「読者からの便り」をよんでみてもその反響は大きいといわなくてはならないだろう。

ところで田村紀雄という人が『第三文明』(十月号)に『日朝知識人の小さなひろば《くじゃく亭通信》』なる題名で、ひじょうに好意的な文章をかいているが、私のことにふれ「後藤の画評はスポンサーの期待に応じたものだった」といっている。

よみ方受けとり方は自由であろうが、私はその発言に苦笑せざるを得なかった。たしかに高氏の「新鋭(人)を激励すること」という条件があったが、私はそのことに同感し、そうした態度でいままでかいてきたことは何度もふれているが、あくまで私は主体的な姿勢は貫いているつもりでいる。もうひとつ私にとって高氏はスポンサーではない。私を含めみんなこの『通信』に無償で参加しているだけである。

田村氏がいう「『通信』のブレーンのひとり外岡宏」氏はいろいろこの『通信』の発展に力を注いでいることはたしかであるが、この『通信』の最初の基礎をつくった阿部桂司氏が離れていったことなどを考えあわせるとき、かえすがえす残念な気持が先走る。三十号が発刊されるいま、私は私なりにある感慨を抱くのである。

亭主敬白

「通信」も30号を出すまでになりました。皆さまの御支援、心から感謝いたします。

くじゃく亭通信

第31号

「くじゃく亭通信」編集部
〒一五〇 渋谷区宇田川八ー九
☎（四六一）一八五五

定価100円

詩画集「緩やかな季節」

詩＝菅野拓也
銅版画＝加藤清美

大岡　信

詩画集「緩やかな季節」は限定百三十部で刊行されたものだ。菅野拓也氏の十二篇の詩に加藤清美氏のエッチング十点が組合わされている。加藤氏の画は、うち三点が二色刷りで、とくに表紙の作品は表から裏にまたがる。縦三十二センチ、横四十九センチの、黒と青二色のいい作品だ。

菅野氏の詩は、四季のめぐりに、憂愁を含んだ旅の主題を重ねあわせたものだ。現代人の心にひそむ放浪への夢を、淡彩風に、時折りは風景の中に埋没してしまいそうにさえなる一人の男の姿を中心にしてうたっている。

加藤氏の画は、分類すれば、静物および人物の二ジャンルにわかれる――と書くと、書いた途端にその分類のむなしさに苦笑してしまうような、ある独特な空間がこのエッチャーの作品にはある。私の感じるところでは、加藤氏の静けさにみちた画には、つねにドラマティックな緊張感がある。それは予感的であったり、不安にみちていたり、異変の起る一瞬前を思わせたりするが、つねにある危機的な忍耐、待機の状態が感じられる。

加藤氏の他の作品でも、椅子のような家具がしきりに描かれているのを見るが、このエッチャーは、静物の心を、ある張りつめた状態、とりわけ怒りや悲哀の状態においてとらえることを知っている人のように思う。そして人間たちは、そういう「物」の磁気にさらされながら、言葉になる前の、たかまりとたかぶりに耐えている。（詩人）

「美術手帖」より転載

■大学村

菅野拓也

遅いマーガレットが
甘美な記憶をゆらす
残された春はわずかひと握りとなり
永い季節の始まりとなる
ホウの木影の広がる午後
草むらを刺す光
小屋に閉じ込めた闇
魚の眠り
すべてが過去のことに思いふけって
いる
繁みを走りながら
若い肉のエーテルに酔ったのは
いつのことか
雨が思い出したように降っては
パレットの濁流で黄金色の雲を
つくり出した
とうとう女の絵はできず
風がひとはけ吹いて
トパーズ色の大学村の
夏は寂しい

「緩やかな季節」に

安野光雅

幸か不幸か、Kは私を買いかぶった。詩画集について何かかいてくれと、白昼、思いもかけぬことを言いはじめたのである。

私が詩を介錯できる。という彼の幻想を、壊してしまうのも悪いと思って、少々のワインを口にふくみ、それをのみこみざま偉そうに、「何枚かくのかネ」といったとき、サイハナゲラレタ、私はかりそめの評論家に化けてしまったのだ。

× ×

私は身辺を片付け、木製時計の綱を引いた。ふりこ時計は、ゆるやかに時を刻みはじめた。いま灰色の部屋の中に、詩を読むべき舞台をしつらえたのだが、これは私の若さにふさわしく、人が思うほど気障な風景ではない。

しかし、エッチングもしくはエッチャーは私にとって絶句という言葉に等しい、そこに現れる極秘の空間に、私は無茶苦茶に嫉妬する。

昔々、ペンでは到底描けぬニードルの痕跡を見て、それがエッチングという技法によるものであることを知ったとき、それは、私にまだ残されている、いや、とっておきの世界だと思いはじめて以来、おいしいお菓子を最後まで残す餓鬼の心境になって、道具を一通り買い揃え、やればいつだってやれる状況にして置いてやらずにいるというのに、他のヤツメらが作品を作る。

時は過ぎ、私の体力は衰え、目はかすみ、気は焦る。そんな心情で、そう簡単に人の作品にのめりこんでいるわけにはいかないではないか。

実を申せば、私の数え子に加藤清美という女の子がいる。武蔵野美大を出てデザイナーになった。しばらくぶりに会ったら、蝶の様に変身してすごい美人になっていた。

無論ここでいう加藤清美とは無関係だけどなぜか頭の中が混乱して、嫉妬を羨望の程度に、緩める結果になった。

私は「緩やかな季節」に22頁に位置する作品が一番好きである。

立っている二つの姿がある。右側の一人はさきほどまで祭壇にむかうような足どりで歩いていたのだが、いまツツと左の人の足許へ倒れこんだ。だから、正確には立っているのは一人だ。二人とも衣服をまとっているが、それがほおずきのようにかさかさでありながら、立っている姿には若々しい精気を感じさせる。

あとは粛然たる空間、すぎ去った季節を弔うが如き鎮魂の歌の残響がある。

そういえば、「緩やかな季節」は、頌歌だといっていい。

章句の感覚は明らかに現代詩でありながら菅野拓也はこれを典雅なリズムに従える。

神曲のように、神への虞れをうたうかと見えるうち、だまされて時はすぎ、我が杜時計は、酔い覚めの時を告げる。

（画家）

プシケは何を視たか

桑原住雄

ぼくたちの眼は見えなくなっている。辻褄のあったものしか見えなくなっている。日常的な眼になりきっているからであろう。ところが、本当は辻褄のあわないことがぼくたちの周囲をとりまいている。辻褄のあわないものによって支えられ、それを足がかりとして生きているにもかかわらず、それが見えなくなっている。辻褄をあわせた次元にしがみついていないと、非合理の幽暗の海に流されるからか。非合理の海に漂よっているからこそ、舟のような形をした道理を作って、それに乗ったままでいようとするのだろうか。

しかし残念ながら、ぼくたちは久しく海を見なくなっている。ぼくたちの眼は舟だけを見ていて、その舟が漂流している海洋を見なくなった。見えなくなったと言った方がいいだろう。そして舟の形について取沙汰をすることにあけくれているのが近頃の美術のような気がしてならないのだ。

加藤清美氏の世界には、その海が広がっている。氏は舟の上から海を眺めているのではなくて、海のなかから舟を見つめている。まず海があり、そのなかに氏は全身浸っている。非定形の、捉えどころのない、ゆるやかに揺らぐ薄明の無音のひろがり——それが加藤氏の座標ではないか。

深層にひろがる内面の海に向けて下降してゆくと、やがてみえてくる風景がある。人の姿をした彫像のようなプシケたちの風景だ。プシケの口は何も語らない。ただそこに佇み、すわり、そして想念している。そうしているだけであるが、実はすべてを彼らは喋っている。そうしていることによって、一切が語られている。なぜなら、彼ら自身も、彼らのまわりも、透きとおっているからだ。エーテルのような静寂を呼吸して透明になったプシケの風景である。

海をみなくなった現代に語りかけるプシケは、原初の、創世の物語りを知っている。だが、遠い記憶の海へ向けてぼくたちをいざなう彼らの優美な仕草の意味を、ぼくたちはほとんど解読できなくなっている。

そう、日常の現実（と思いこんでいる）のなかにいるぼくたちは虚構の幻影にすぎない物質なのであって、加藤氏のプシケこそ真実の霊魂の姿なのではないか。ぼくたちはプシケの投影にすぎず、プシケこそ現実なのであり、プシケによってぼくたちの日常は遠隔操作されている。中世人が信じた遊魂は遠い昔の説話ではない。いまのぼくたちの切実な説話だろう。

低い、幽かな音声で語る加藤氏の説話に耳を傾けよう。プシケは何を視たか。

（筑波大教授）

■薔薇園

菅野拓也

いばらの回廊をめぐる
老婆の祈りに
ミカン色の光が降り注ぐ
したたる汗
花を切る堅い掌が
失われた時をたぐり寄せ
遠い夢にひたる
昼は花びらとなり
深い昼寝に陥る
道は曲がり
日だまりにただずむ廃屋の前で
道は途切れる
いつのことか破局が訪れ
バラの花片を落すだろう
海風はけもののように走り過ぎ
ユリの匂いを残す
重い陰がまつわりつき
平和な海の船を揺らす
やがて女の痛みは消え
風葬の時を待つ

なぜ詩画集なのか

菅野拓也

詩画集というジャンルに初めて魅かれたのがいつのころだったか、はっきり覚えてはいない。それが恩地孝四郎の木版であったり、あるいは滝口修造の詩であったり、昭和も初期に出版された作品を見たときのことだったと思う。

なぜ心ひかれたのかは、自分でもよくわからなかったが、少年時代から詩と絵の両方をかいていたことが無関係でないことは確かなようだ。いつかは、自分でも詩画集を手がけてみたいと考えるようになった。加藤清美氏との出会いは、昭和四十二年ではなかったかと思う。互いに通じるものがあって、すぐ出版することにした。むろん、自費出版である。

私の詩を読んで、加藤氏が絵をつくる。エッチングは銅板に刻むわけだから、そこへインクを詰め、刷ってみなくては結果は出ない。私の気に入った作品は、ほとんど彼が気に入らないという結果となり、彼は銅板を折り曲げ、捨てた。

エッチングこそ手がけたことはないが、一時は油絵を本業とし、リトグラフ（石版画）にもかなり熱中していたこともある私だったから、これは惜しくて仕方なかった。彼は私の詩を理解しようとすると同時に、しきりに反発をするという作業を繰り返していた。

詩の世界に入り込んでも、そこにとどまっていたのでは詩の説明、さし絵で終わってしまう。この場合の詩と絵は、互いに交錯しながらもそれぞれ独立した世界をつくっていなければならない。そこになれあいが生じてはならないのだった。

絵が詩を補い、詩が絵を補うのでは、小さな世界で終わってしまう。たとえそれが詩人側にとって心地よいものではなくても、である。異質の世界の交錯によって、もう一つの新しい世界が展けてくるかもしれない。

二人にとっての処女作品「緩やかな季節」はこうしてできあがったが、予想以上に好評で、三十部限定にしたのが惜しまれた。大阪フォルム画廊の要請でつぎに出版したのが「博物誌」である。

スタッフに電通のデザイナー川原司郎氏が参画したが、彼は全体をレコードと同じ形にし、白生地をイメージ通りのピンクに染めさせるなど、新しいタイプの詩画集づくりを考えてくれた。

詩には詩集、版画には展覧会という発表の形式がある。が昨今、版画は次第に会場主義に流れがちで、版画本来の身近な温か味をじっくり味わう機会が失なわれがちだ。ハンディな詩画集の形にして手元にひき寄せてこそ、版画を味わう醍醐味も生きるといえようか。つまり、版画、詩の読み方としては、もっとも理想的な形に思える。ただし、作品の数が限定され、従って目にふれる範囲がせまくなるのが作者としては残念なところだが。

〈菅野拓也の横顔〉　一九三六年生まれ。多摩美術大学油画科卒。小、中学校の教師、PR誌の編集、出版社の編集、週刊新聞「YUYU」副編集長などを経て、現在は朝日新聞記者。詩誌「風」、「ブーメラン」同人。横浜詩人会、日本詩人クラブ会員。

〔詩集または詩画集〕▽詩集「海」（昭和三十七年十月、自費出版、求竜堂製作）▽詩画集「緩やかな季節」（四十三年六月、自費出版、銅版画・加藤清美＝横浜詩人会賞受賞）▽同「博物誌」（四十六年十一月、大阪フォルム画廊刊、銅版画・加藤清美）

空想の詩画集

加藤清美

詩人の手の中で、先ず詩が出来て、画家はそれを読み、絵を描き始めることになります。画家は詩を手掛かりとして、詩人の世界の最も深い部分に立ち入ろうとするが、やがてなにも見えなくなって、結局言葉だけを頼りに自分の絵を描いてしまうことになります。そんな訳で、様々な詩画集の中で、詩人の世界と全く別の画家の世界が、異なった個性をそれぞれ主張しながら一つの本を造り上げているのは、確かに見事であるけれども、私は二人の人間のその深い部分での係りを願わずにはいられないのです。

詩に対する強い理解のもとに造られた先達

の詩画集を手本として、私も仕事をしたいと思ったのですが、理解力の不足や、自分勝手に描き続ける習慣などに阻まれて、最初の考えとは程遠いものになったのでした。

詩の世界が人の精神に与えた影響力の根強さは、歴史的なもので、美術がになってきたものとは比べものにならない程の力であるわけですが、絵が直接的な感覚で訴える為か、とかく詩が絵で塗り込められ、絵の良し悪しで選ばれる現実があり、これはいたしかたないとしても、詩画集だけに付いて回る不幸には違いありません。出来ることなら、詩がなければ意味を失い、また詩によってのみ高められるような絵であってほしいと空想するのです。

私も詩人菅野さんの力を借りて、二冊の詩画集を作ることが出来ました。今改めてそれを思い返すと、その時の空想や、困惑や、あきらめが浮び上がってきます。絵を描く者にとって、詩画集とは全く新しい別の出来事であり、大変困難な仕事であるということを、その機会が与えられてから気付いたとしたら、それは詩人の不幸ということになるでしょう。（菅野さん、ごめんなさい）

詩人は寛大で、自分の詩に付く絵を全く独立したものとして認めてくれようとします。私は詩が先生であり、絵は弟子であると思いたいのです。いつかまた詩画集を作るとしたら、どのように描けばよいのでしょうか。先生どうぞ、教えて下さいませんか。（画家）

加藤清美の横顔

一九三一年東京生まれ。日大演劇科中退。60、64、66年、東京国際版画ビエンナーレ出品。60年、春陽会賞受賞。68年、春陽会会員。69年詩画集「緩やかな季節」出版。71年、朝日新聞主催「現代の幻想展」出品。詩画集「博物詩」刊行（大阪フォルム出版部）。73、75年、銀座プチフォルムにて個展。76、77、78、79年、大阪フォルム画廊にて油絵個展。

＊カットは加藤清美氏（1、2、5ページ）と安野光雅氏（2ページ）です。

菅野拓也 加藤清美 詩画集展

画廊茶房　ピーコック
二月一日から三月三十一日まで
二冊の詩画集「緩やかな季節」「博物誌」を中心に展示します。御高覧いただければ幸いです。
なお三月十九日（木）には楽しいパーティーを開く予定です。

＊読者からの便り＊

（横浜市）天野陽子

考えてみれば、私はお隣りの国である朝鮮について、何一つくわしく知らなかったことに気づきます。まさに近くて遠い国でした。いつも「くじゃく帝通信」、うれしく拝見しております。貴誌のおかげで、不勉強の私も、あらためて朝鮮文化のすばらしさ、奥の深さを、少しづつ知らされていく思いがしております。人間は、文化を知ることによって、お互いの尊敬と親愛を深めていくものでしょうに、戦前の日本の貴国に対するふるまいに改めて恥じ入る思いです。まもなく30号ですね。この小さな、しかし強く輝く貴誌の灯をいつまでもお続けくださるよう心からお祈りしております。本業の忙しさも負けず続けてくださる編集氏の御健康も併せてお祈りしております。

（東京・立川市）浅野孝

ピーコック画廊異聞
「茜《あかね》ぐるーぷ」の喜び

ひょんなところから高淳日氏との出会いがはじまった。小生主催の月例勉強会〃東京三昧会〃へ顔を出されたのは、いつだったろうか。高氏が文化的センスの持主だということは失礼だが小生にとって意外だった。

そのうちピーコックでいろいろの文化的催しをされており、「くじゃく亭通信」を送って頂いたりしているうちに、これは一寸毛色のかわったマスターだなと思うようになった。

例会のメンバーには女性も数人いる。トレーナーあり、コンサルタントあり、OLあり、茶道の先生もおりで多彩だが、その中の一人が油絵をやっている。そして、茜《あかね》ぐるーぷというのを主宰している。なにしろヤングガールの集まりだけに、卒直にいって金はない。毎回の展示会には会場に頭をいためる。

会員の一人として高氏の文化人たることを発見した彼女は、若者の心臓で高氏にピーコック画廊の借用を申し込んだものだ。何しろ有名人の個展ばかり開いているピーコック画廊だ。小生はこの橋渡しにいささか二の足を踏んだが、高氏が何のためらいもなく引き受けてくれたことも小生の意外とするところだった。

かくして、ぐるーぷ〃茜〃展は、八月一日から一ケ月もピーコック画廊の壁面を占領した次第である。彼女たちの喜びようは一通りではなかった。因みに、その彼女は小生の元秘書だったことを付加えておく。

（滋賀・大津市）永井不二夫

先日、同人誌「古代文化を考える」の総会の折、大変お世話に相成り愉快な一夕を過せましたことを御礼申上げます。調子に乗りすぎ失言申上げたことと存じますがお許し下さい。その際頂戴した「くじゃく亭通信」の朝鮮食物文化譚の記事のなかに、嘗て私と同じ所で勤めていた篠田統氏のことが書かれていたので同氏のこと、なつかしく思い出されました。

同氏から聞いた「すし」の話として、近江の「鮒ずし」は「馴れずし」の一種で米の乳酸発酵による保存食であり、中国古代に盛んに行われていたこと、それが今、日本に残っていて、中世から人々に好まれたが製造に一ケ年もかかることから、それの簡易代用品として酢酸を用いた「一夜ずし」が徳川時代につくられたことなど思い出していたら、記事の中に篠田氏の死去されたことがあり、今昔の感にうたれました。

これも遠い三十年程前のことです。長生きすると遠いむかしが懐しいものです。高さんも御自愛の上、益々ピーコック店を文化発展の中心となるように御努力下さい。

（東京・北区）荻原綾子

一九七六年につつましく、そのくせ〃寸鉄をおびた〃という感じのスマートな「くじゃく亭通信」が生まれました。〃東アジアの古代文化を考える会〃の毎月のニュースと「朝鮮文化社」発行の小雑誌とを結びつける小さな橋が一つかけられたようなさわやかな感じをうけました。それからもう三〇号になると聞き、全く個人の手で〃志のために〃最初から赤字を覚悟しての市民の声を、ミニコミに載せ続けた意欲には頭の下る思いです。喜びも苦しみも様々な出会いもあったことと思います。つねづねの心からの声援も、はがき一枚のメッセージすら書き得なかった筆不精についてはお許しを願うほかありません。

「くじゃく亭通信」の御亭主（？）の高淳日氏と氏を支えている編集スタッフの方々が営利宣伝を避けつづけて市民意識と市民運動とのかかわりを大切になされた態度は立派だったと思います。拙い私の声も紙面の片すみに一度は載せて戴ける光栄を思いながら、日常の中に埋没している平凡な生活の怠慢をおわびせずにはいられません。

三〇号がどうぞこの通信誌（使？）に相応しい号でありますように！

今後の発展を祈ります。

（東京・三鷹市）森一道

前略　先日のリトル・マガジンの会では大変有意義なお話しをして下さいまして、どうも有難うございました。そこで感じたことは、小雑誌や小通信は楽をしてやるよりも、無理をして続けることこそ大事なことだということです。「くじゃく亭通信」も第30号を迎えたということで、素晴しいことだと思います。今後も第50号、100号をめざして、ゆっくりとお進み下さい（切手少ないですが何かに使って下さい）。

（千葉・八千代市）鷺山　愛子

拝啓　澄みきった青空に心洗われるような秋の日が続いています。御無沙汰しておりますが、その後いかがおすごしですか。その節は田枝先生の木喰彫刻の写真を頂戴し、ありがとう存じます。

「くじゃく亭通信」をはじめて読んだ時、大変なつかしく思いました。なぜかと申しますと、急に今まで疎遠になっていた友人のことを思い出し、その頃の自分自身をふりかえったり、あれこれと様々な思いがよぎったからです。その友人とは、十年程前、私たちが同じ東京にいた五年間、一番身近かに親しくつきあった女性で、彼女は私が油絵をはじめてからの最初の友人でした。同じ研究所で知りあった後、二人でスケッチ旅行に行ったり、彼女の家にとまりこみで絵をかきにいったりしているうちに、悲しいことも、うれしいことも相談しあえるようになりました。そんな彼女が、中学を出てから働いてきた道の哀しさや、当時の情況の不安や、わずらわしさをお酒を飲みながら語っているうちに、彼女が韓国籍であることを話してくれたのです。たがいに悩みを語りあいながら、その頃の私自身が大学卒業後、きちんとした就職もせずに宙に浮いたような存在だったので、彼女との出会いで活気づいたような日々でもありました。その後、私が就職のために千葉に来てしまってからも、何年かは彼女も千葉に遊びにきてくれたり、私も相談事をもちこんだりしていましたが、自然と会わずにいる日が続き、ここ三、四年程全く消息をきかずにすごしていました。私が千葉に来る前に、おたがいに所属していた、働きながら絵をかくグループの仲間も散りじりになり、残った友からも彼女の消息として埼玉にいるらしいこと、もう絵をやめてしまったらしいことなど、気になるうわさが色あせて聞けるだけです。あの頃、私の知っている韓国人は彼女ひとりだったけど、その後、偶然にも何人かの活躍している人に出会ったこともありました。もし彼女の消息がつかめて本当に絵をやめてしまったのなら「くじゃく亭通信」というものがあることを知らせたら、もう一度描きはじめるのではないか……という気がするのです。そのためにも、これからも是非発行し続けていただきたいと思います。

（韓国）鄭　文　基

一月二十二日付薦青魚に関するお手紙興味深く拝読しました。同人誌に紹介された*慶尚南道監察使安玹が大量の魚を紹修書院に学生用として毎年献上する制度を設けたとのその魚と東国歳時記にある薦青魚は下記により同じで青魚即ち「にしん」であろうと推測されます。

(1)かつて朝鮮半島沿海に、寒流の周期的強弱によって、にしん群が東海から南海を経て西海まで周期的に進出してきたことがありました。一九一五年ごろ東海産と西海産の青魚は大型であり南海産青魚は小型であった（茲山魚談にも同様の記載あり）。その当時私はSeoulの中学生でしたが、西海産の青魚をよく食べさせられました。大型で脂が多く美味でした。その頃Seoulでは青魚のことを俗に「肥儒」というていました。貧乏書生の栄養食となって彼等を肥らせたという意味があります。

(2)当時東海では迎日湾が青魚の主産地で、肥料にするほどとれました。次は慶南の鎮海湾と全南の光陽湾でした。そして西海では黄海道の海州・竜湖島沿海と忠清道の沿海が主産地でした。

(3)西海産青魚は一九二〇年頃に、東海産も一九三五年頃にその姿を消してしまいました。前者は海流の変化が後者は乱獲が主因でした。

（以下省略）

＊慶尚南道監察使→慶尚道監察使

加藤鼎氏宛の鄭文基氏の書信の抜粋を紹介いたしました。（編集部）

朝鮮食物文化譚(6)

鄭大聲

豆腐の道(Ⅱ)

朴好仁のその後

朴好仁達が披擄人として長宗我部によって土佐に連れて来られた当時は、それなりの待遇をするとし、扶持米も与え、浦戸城内に屋敷を構えさせ、政治顧問のような立場で意見もどしどし出していたようである。

最初から豆腐づくりの〃技術者集団〃として来たのではなかったらしい。

しかし、土佐地方に、いやひょっとすると四国地方には、どうやら豆腐という食べものが、この頃までには普及していなかったようである。前記の宮川逸雄氏もそのことに興味を持って居られて、文献上では朴好仁以前のものには豆腐は出て来ないと確認されている。少なくとも「皆山集」にはそう記されている。最初から豆腐づくりをしようと思っていたわけではないが、土佐に来てみて、食べものに豆腐がないことでおそらく食生活の不便さに気づいていたにちがいない。

のちに長宗我部が失脚するに及んで、一時生活に困り、生計の手段として、土佐地方にはなかった大豆の加工食品であるところの豆腐という新しい食べものを世に出すことのきっかけになったようである。

山内一豊が豆腐座を認め、長宗我部元親との間でかわされたであろう約束内容の待遇を、ひきつづき保障する確約は与えた。

朴好仁には好赫という長子がいた。土佐に来て十二才の時、長宗我部の児小姓になる。後に名を改め長次郎とするが、年寄になってからは長左衛門と名乗っている。

この長左衛門が末だ長次郎のころ〃山内との約束通りの扶持米を出さない事態が起った。ちょうどこのころ連続して凶作がつづき、民、百姓の食糧が思うようにならなかったためか、取締り役であった辻清兵衛が独断でそれを実行した。

激怒した朴好仁はひとことのあいさつもせず与州(伊予)へ転封されていた加藤左馬助嘉明のところに出かけてしまう。

そのくだりを「南路志」から引用すると、

一、朴好仁義御入国之砌御扶助可被成下之旨山内内記様より御内意被仰聞候処其節御国打続耕作損毛ニ付万民困窮故ニ御座候哉御仕置後辻清兵衛殿御手別而難渋仕段朴好仁承憤を含御暇をも不申上伜長次郎残置浦戸より与州へ立退加藤左馬助嘉明様へ参上仕候処ニ土州へ罷戻候様ニ被仰候へとも直ニ芸州弘嶋江罷越候……まだ続くがこれくらいにする。

この事態に驚いた藩公の一豊は使者を与州へ送り、土佐に帰って来るように伝えるが、朴好仁は怒りを解かず、今度は芸州は広島の福島正則に身を寄せる。

どうして朴好仁がこのような時に加藤嘉明と福島正則のところへ行くことになったのであろうか。

朝鮮で朴好仁が長宗我部と共に日本に来るについての話し合いの席上に加藤嘉明と福島正則などが同席して居て、すでに顔見知りであるばかりでなく、その時の約束ごとの立会者たるべき立場に置かれた人達であったからである。

おそらく朴好仁としては、長宗我部元親との間で交わした約束が、彼の失脚によって山内一豊にひきつがれたことは致し方ないにしても、土佐藩の辻清兵衛がそれを履行しなかったことを生き証人達に知ってほしかったにちがいない。

山内一豊はあわてて、残された長次郎を呼んで、父親の言うことは何んでも聞くから土佐へ連れ戻すよう迎えに行ってくれないかと説得する。

しかし、重臣達は、朴好仁の憤り方が尋常ではないので、迎えに行った長次郎までも帰って来なくなるおそれがあるとして長次郎を行かせるのを取りやめる。

結局、朴好仁はそのまゝ土佐へは戻らず、芸州広島藩の福島左衛門太夫正則によって、丁重な待遇を受けることになる。扶持米を受け、屋敷も与えられ子供も二子をもうける。兄の主殿は正則の児小姓に召された。

このくだりをみると

……一豊様被為間召長次郎御城へ被為召朴好仁存分之通可被仰付間呼迎へ参候様ニと御意被成下候処内記様被仰候ハ朴好仁憤甚之上迎ニ被遣候者却而長次郎をも戻し申間敷旨被仰上依之迎ニ参候儀差止メ申候由……

朴好仁の憤りの行動に藩主をはじめ重臣達が如何に狼狽したか想像して余りある。

このところで少し気になることは、長次郎である息子を迎えにやらせた場合、若し長次郎までも帰って来なければ困るということはどういうことだろう。

約束事を破ったことの体裁の悪さを世間で批難されるのが面子《メンツ》上困ることだったのか、それとも豆腐座の存在と運営にかかわる問題だったのであろうか？

筆者の想像の域を出ないが、豆腐という食べものがなかったと四国、土佐地方に、せっかく、豆腐座をもうけて新しい食べものが開発されたことが挫折するのをおそれたのも、長次郎をひきとめた要因のひとつではなかったかと思われる。なぜなら、父親の朴好仁の方がいなくなって困ることは、どちらかといえば面子上の問題ではある。しかし、息子の好赫、長次郎がいなくなることはそれほど体裁上の問題が出るとは思われない。

それよりも実質的な損得を考えての判断が作用したのではなかったであろうか。

豆腐づくりの技術はそうむつかしいものではない。

こゝで簡略に豆腐つくりの工程を記すと、大豆を充分水に浸漬させる。これをつぶす（石臼でひく）、蒸煮する、しぼって布で固める。固める時に「にがり」を用いる。

当時の情勢からするならば、「にがり」などを用いる凝固の工程がむつかしい技術に属したかも知れない。

政治的な面子もさることながら、新食品「豆腐づくりの技術」を失いたくなかったことが長次郎ひきとめの理由であったかも知れない。

やがて、いささかのほとぼりのさめたころに、長次郎は父朴好仁を見舞うという形で広島の父を訪ねている。

……親為見舞芸州一功に罷越候ニ付辻清兵衛殿より往来関所之手札被下私迄所持仕候……

このとき、どのような親子の対話があったかは知るすべがないが、朴好仁の土佐藩に対する不信は解き難いものがあったこと。また一方では望郷の念が歳と共につのることも作用することなどから推して、ここで父子の間では故郷の朝鮮に帰る問題が話し合われたであろうことは確実である。

かくして当然の帰結として朴好仁は故郷の慶尚道へ帰ることを決意する。（続く）

《編集後記》

「通信」30号が出たところで合本にしたらどうかという声が、30号の出るまえからきこえていました。手作りのミニコミ誌を合本にして残しておくのも悪くはないと考え、いまその作業に入りました。合本の装幀は、田村義也さんが引受けて下さいました。100部ぐらいの限定で、どれくらいのコストになるか分りませんが、二、〇〇〇円内外で御希望の方に実費頒布しようと思います。お申し込みを受付けています。

《青丘文化賞》さき頃開かれました選考委員会で第七回・一九八〇年度の授賞者に、金学鉉氏が決まりました。授賞式は三月二十一日に行われます。

なお、昨年度から新たに設定された《青丘文化奨励賞》は、本年度は授賞対象者なしで見おくることになりました。

韓国仏教美術への旅（8）

白倉光男

十八　竹嶺ルートを南下

北枝里磨崖仏を見学してからいったん栄州に戻り、栄州邑外の洛東江にほど近い可興里の三尊石仏を見学する。石仏は道路から五・六メートルにあって車窓から容易に撮影できる。母岩とは別石に彫られている。

中尊の如来は坐像で、厚手の納衣をまとい、手印は施無畏与願、髪は素髪である。尊容は北枝里の磨崖仏に似てふっくらとしている。ほぼ同一時期の製作になるものであろう。左脇侍の菩薩立像は、わずかに腰を左にひねっている。右脇侍は直立して脇侍に類例のすくない合掌印をしている。三尊ともに円形の花文頭光をそなえている。いずれも眼をくりぬかれて尊容を損っているのが痛ましかった。

栄州邑からは安東・義城を通り、一路慶尚道を南下する。透明で美しい自然を眺めながら、いま、どこを通っているのか知りたいが、標識も看板もハングルで書かれていて皆目見当がつかない。したがって窓外の景色を地図と対比し、土地の歴史や風俗に思いをはせる醍醐味は味わえない。隣国の文字が読めないことの悲しみがこみあげてきた。

バスのガイド嬢とも言葉を交すことができなかったわけだが、そんなある時、食堂のお婆さんが、

「あんたがた、どこからおいでなすった」と、名優東山千栄子ばりの清々しい言葉で声をかけてきた。今日の日本では、めったに聞くことができない発声である。戦前北九州に住んでいたそうであるが、彼女の声が今も耳の奥にのこっている。

可興里三尊石仏　中尊3.2ｍ

十九　そして軍威へ

舗装道路からそれて、日本ではほとんど無くなった「断腸の道」に揺られること一時間、いくつかの村里を通りすぎると前方がひらけて、右手に小高い崖が見えてきた。バスを降りて小さな雑貨店を過ぎると、その崖に穿たれた窟が遠望できる。軍威の三尊石仏との出あいである。

この石仏は一九六三年に発見され、美術史上重要な位置をしめる仏像である。中尊は方形の台座に結跏趺坐し、素髪の頭部は体軀にくらべて大きい。目鼻だちにはあどけなさが残っている。左脇侍の宝冠には化仏、右脇侍の宝冠には水瓶が刻まれているから、中尊は阿弥陀如来、脇侍はそれぞれ観音勢至菩薩である。全体の造りがブロック状で洗練されていない。石窟庵の釈迦如来像より古様を見せていた。

軍威石窟阿弥陀三尊　中尊2.9ｍ

夜は大邱に一泊した。後にこの大邱の会社から私の会社に技術研修に来日した二名の技術者と「韓国への旅」を語りあう機会をえたが、彼等がたいへん喜んでくれる様子をみて、韓国に旅してほんとうに良かったと心の中でつぶやいた。

（おわり）

本号でひとまず拙稿を閉じます。読者の皆様・「くじゃく亭通信」編集部の皆様の暖かいご声援に心から感謝いたします。

李朝の書院（8）

塩釜

外岡宏

　忙がしさにかまけているうちに早くも一年が過ぎてしまった。

　そのあいだ、とくに「魚の話」については、たくさんの貴重な御意見を頂戴することができた。

　私は、書院を理解する手がかりの一つになればという軽い気もちから「魚」の話題をとりあげてみたのだが、皆さんのお話しを聞くうちに、魚には、つい昨日まで繰り返されていた庶民の生活のさまざまな喜びや哀しみが深く刻みこまれていて、日本人も朝鮮人も、この身近かな歴史を己が目や耳で確かめてみたくなる不思議な魅力が秘められていることを知らされた。

　名前調べだけでも話題は尽きないのだから、魚に対象を絞った日朝通史のようなものも書けそうだし、そういう本ができたらさぞ楽しいだろうと話しあったこともある。

　しかし、それはそれとして、早く本題に戻ることも大切なので、魚に縁のふかい塩にも軽くふれたうえで先に進むことにする。

　朝鮮では鋳鉄を水鉄、塩釜を塩盆というそうである。水鉄塩盆は鋳物製の塩釜である。周世鵬は嘉靖二十六年二月二十八日に巡視中の醴泉からつぎのような指示をだした。
　書院の儒生の定員は十名だが、噂さを聞いて訪れる有名儒生を考慮すれば数十名になり、かなりの食塩が必要になる。そこで水鉄塩盆二坐を鋳造するように、その費用として木綿百匹（匹＝二反）を購入して送らせるから、適宜鋳鉄を買って、速かにキズの無い丈夫な釜を鋳造しなさい――。
書院に寄せる周世鵬の細やかな心遣いが表われた文章といえよう。
　しかし一見明快なこの文章は、注目すべき幾つかの史実をふくんでいる。
　まず第一に二坐の塩盆からどれだけの塩が造られたかを推定しみよう。『経国大典』の「魚塩」の項に
　塩盆ノ税ハ盆毎ニ年四石の塩を徴収スル
という条文があるから、この記事を手掛かりとして仮りに税率が五十パーセントであるとすると二坐の生産能力は十六石になる。塩の比重を二・二とすると重量なら六・四トンで、これをさきの四十人に分配すると一人一日あたり約五百グラムの勘定になり、日本人の平均摂取量の実に三十倍という数字が出てくる。この推測が大きすぎることはないだろうから「細やかな心遣い」だなどと素朴な言葉をはいてはいられない。塩も魚同様、有力な一つの経済力だったのである。

　つぎに「木綿百匹を買って送らせるから、適宜鋳鉄を買って――」という記事に目をむけてみると、この指示が書かれた「嘉靖二十六年」つまり一五四七年とは、日本では足利将軍義輝の時代であり、この時代に朝鮮では木綿が栽培されて綿布が織られていたという貴重な史料の一つでもあることを知る。
　日本におけるもめんの歴史はひじょうに新しく、文献によれば室町時代の一五二一年（大永一）に、武蔵熊谷で綿種を売っていた（≪見聞集≫）というが、実際にはもっと時代が下るものではないかと思われる。
という『世界大百科事典』の山辺知行氏の文章と並記すると、その史料的意味がはっきりするだろう。木綿が貨幣的に流通していたらしい表現にも無視できないものがある。
　塩盆は書院のある豊基郡の東に位置する盈徳に置かれたらしい。『地誌略』は盈徳
　土地山谿重畳シテ耕地ニ乏シト雖ドモ魚塩ノ利アリ
と評している。
　水鉄つまり鋳鉄は蔚山の北十キロ米、東川が足許を洗う達川山の達川鉄鉱で採掘されたものだろうか。『地誌略』は
　水鉄　達川山ニ産ス
と記すが、この地方こそ魏書弁辰伝に
　国々から鉄を産出する。韓・濊・倭が、みな鉄を取っている
と書かれて、古代史家の血を沸きたたせた舞台にほかならないのだ。

ピーコック画評(26)

『博物誌』の感想

後藤　直

『博物誌』（詩は菅野拓也、銅版画は加藤清美、そして装幀は川原司郎……限定七五部）という本?を、「くじゃく亭通信」編集部から「画評にとりあげるように」と手渡されたとき、それは丁度レコードのＬＰジャケットという感じで、ある種のとまどいが頭をよぎった。

なかを開くと「魚」「虫」「雨」「鏡」「貝」「石」「鳥」「樹」「果実」「水」「花」「土」の十二のテーマで、左に菅野氏の詩がかかれ、右に加藤氏のエッチングが刷られているのだった。一九七一年となっているからこれは十年前の作品である。

「魚」の詩をすこし引用しよう。

若さを脱いでしまった女の／十月は寂しい／突然の陽のかげりに／光る魚／ポプラが海草のようになびくとき／漂う虚な沈黙／風はゆっくり時を押し流す／ああ流される季節……とつづく。その右ページには加藤氏のエッチングが、シュールがかった構図で「机の上に、魚と鳥の頭、そして人間の頭部も描かれている。

十二編とも長くて十五・六行、短かくて六・七行の詩である。そして加藤氏のエッチングもほぼ同じパターンである。

むかしでいえば画讃ともいうべき、このような詩と絵（版画）の組合せの作業は、以前にも何度か私はみているので、驚きはしなかったものの、加藤氏の版画は以前から知っているし、それと菅野氏の詩がうまくかみ合っていて、きれいな印象がまず残るのだった。が「ひとつのメルヘンの世界を構成している」とか「メタフィジカルな雰囲気だ」というのは月並みな表現になるであろう。もっと別の何かが訴えてくる不思議な状況がそこにはあった。

よく音楽の場合、「詩がさきで曲はあとか、あるいはその逆か」と論議するのをみかける。私はどっちでもかまわないと思っている。この種の「詩と版画の組合わせ」でも同じことがいえよう。

二人の個性が相乗作用化し、当初お互いに考えてもみなかった創造性がそこに発揮され、見、よんだ人びと、あるいは自分たちへ感動として還元されればそれにこしたことはないであろう。

たとえば「石」「貝」「樹」などは、詩と画面は一瞬関係がないように思えるが、それはそれで文句のつけようがない。つまり仮に「石」の詩が「樹」の画でも私はよいと思うのである。

Ｈ賞という詩人たちあこがれの賞も存在するが、どだい詩を批評するほど私はやぼではないつもりだ。本来詩は批評してはならないと考えている。あくまでも詩人たちは、もくもくとして自分の創造力を高らかにうたいあげようとしているからだ。また詩の言葉は、その詩人が発見したもので、他人の発見ではないからだ。だから私は詩に関しては思想がどうとかもいいたくはない。詩はあくまで詩独自の世界を抱いている。菅野氏の詩もまたしかりである。

私の知人に渡辺武信という詩人がいるが、彼はＴ大建築科出身である。そして詩をかき、映画批評などもやっている。同じく知人の日登敬子なる詩人はＫ大出身でデザイナーをし、いまはオートバイの機械の研究に熱中している。彼女は『博物誌』と同じような作品を何度か発表している。このように詩人たちはむかしから自由なのだ。自由奔放に生きている。あの「エーゲ海……」とかいう小説で芥川賞をもらった版画家のかつての夫人は、いまも詩をかいている。当時はイメージの展開の上でお互いに影響しあっていたことは想像にかたくない。

最後になったが、私に語りかけてくるものは、淋しさ、悲しさ、さまざまであるが「自由な世界がここにある」ということだった。これこそが、菅野、加藤両氏の『博物誌』の最も素晴しいところであろう。

くじゃく亭通信

第32号

「くじゃく亭通信」編集部
〒150 渋谷区宇田川八ー九
☎（四六一）一八五五

定価100円

李朝の書院

(9)

書院を構成する人々 I

外岡　宏

今回のテーマは人間である。

まず、白雲洞時代の紹修書院では、どのような人間集団がつくられていたか、という問題の検討からはじめるが、例のごとく『紹修書院謄録』からの抽出である。

本題にはいるまえに、ひとこと、なぜこうした作業が必要なのか、その理由の一端をのべておこう。

⑶（「通信」第18号）でふれたように、豊基郡守周世鵬は中宗三十八年（一五四三）八月に白雲洞書院を創設し、

常に院中を往来し、諸生とその読むところを講じその観るところを述べその疑誤を正し、あるいは夜分に至るもやめず……欣然として諸生と楽しみを共にした。

と『竹渓志』に自ら書きのこす「師弟同行・卒先垂範」の教育を実施したというが、彼自身による教育は、わずか一年と九カ月で終結している。すなわち一五四五年五月、周世鵬は成均館司成兼知製教を拝命して서울《ソウル》にひきあげてしまう。

したがって、白雲洞書院が彼の言うごとく周世鵬を師、十名の常養儒生を弟とする教育関係のうえに成立していたならば、ここでその基本的形態は分解したはずである。

学校が時計台のあるゴチック風建築のような「物」であるなら、学長や教授がかわり、時には不在でも、それは存続するが、松蔭の刑死をもって松下村塾は消滅した。学校とは本来そのような存在である。

そのごの白雲洞書院をみると、一年後の一五四六年一月には塩魚の資を設けた安玹が慶尚道観察使に任命されて来道し校門をくぐるが、彼は教育者というより行動派の能吏タイプの人物で、はからずも『謄録』に記録が残されているように文字どおり席の暖まる間もなく道内を巡って民政に尽力したひとであり、翌年二月には、はやくも漢城府左尹就任を命じられてこの地を去っている。とても「師弟同行」教育をおこなうだけの時間などはなかったろうし、儒生の目にエリート中のエリートの颯爽たる姿を印象づけるだけが精一杯だったろう。

安玹のあと一年八カ月たつと、後世朝鮮の朱子と仰がれる李滉（＝退渓）が豊基郡守に任命されるが、彼もわずか一年二カ月後には病気を理由として退官してしまう。彼こそ無二の教育者たるべき人ではある。しかしここでは彼も周世鵬・安玹同様に極めて責任感の強い能吏で、生命をかけて任務を遂行する硬骨漢でもあった点に着目すべきだろう。政務のために夜を徹する日々はあっても、悠々と後進を指導する日があったとは考えられないのである。

このように、書院にとって「師」にあたるべき人物はまことにアワタダしく変転した。もちろん、周世鵬が遠い任地から通信教育をほどこしたというような証拠があろうはずはなく、それどころか、むしろ彼はちょうど李滉が退官する年には、黄海道にいてその地に後年首陽書院の賜額をうける崔冲（高麗の学者。「通信」16号二頁参照）祠を建てている。極言すれば「生みっぱなし」である。

ではホントに生みっぱなしだったのだろうか。周世鵬が去ったあとの白雲洞書院では、いかなる教育が、いかなる教育的人間関係のもとでおこなわれたのだろうか。

彼の退去でその基本的関係の変質はあった

のか、無かったのか。

もし、彼が去っても教育構造が変らなかったとするならば、周世鵬を師、儒生を弟とする見方は正しくないことになる。近代的意味あいでの師弟関係の概念を適用してはいけないのかもしれない。事実はかならずしも明確ではないが、この問題は教育史上に相当のウエイトを占めるべき問題のひとつだといえよう。

渡部学教授は、書院史をダイナミックに把握するために、成立時の三つのタイプを提示された。紹修・陶山・隠屛（紹賢）の三書院がそれである。

(1)紹修書院（周世鵬）　官助型
(2)陶山書院（李滉）　蔵書養拙型
(3)隠屛精舎（李珥）　現実的地域社会型

武蔵大学人文学会雑誌第十一巻二〜四
『十六世紀朝鮮書院の三類型』

この視点は私の問題を立体的に展開するうえで多くのヒントをあたえてくれる。先生の概念を粗っぽく扱って恐縮ながら、もしこの分類を援用すると、「師弟同行」型は、むしろ李滉が官界を離れて故郷に「若い儒者の向学熱に感動させられ、止むを得ず、彼らに入門を許した」（鄭飛石著・渡辺学監修高島淑郎訳『李退渓小伝』）陶山書院（当時は陶山書堂）にこそあてはまる概念で、紹修書院はズバリ官助型そのものということになる。

いまは先生の学説を紹介する場でないから詳細にたちいることは避けるが、

(1)創設者本人の意識とは別に、そのメカニズムを客観的に分析すること。
(2)官助型という規定に満足せず、その発展を与える教育史上の客観的価値を把握すること。

これを、お説に触発された暫定指針として採用しておきたい。

では、書院の人間集団を分析する目的にはいろいろな側面があり、この一例をもって尽くせるものではないことを記したうえで本論にはいることにしよう。

白雲洞書院の人間構成

この見出しを、はじめ「書院の組織」としてみたが、どうも響きが固いし、組織そのものより構成集団の社会的身分＝階級のような面にもふれてみたいので、人間構成とした。

まず『謄録』の『順興文成公廟白雲書院斯文立議』（一五四七年二月）を見ると、観察使安玹ほか五名の名による、いかにも草創期らしい院規が記されている。『立議』には組織そのものの記事はないが、つぎの五つのグループを抽出することができる。

(1)院長　一名
(2)常養儒生　十名（定員）
(3)来接有名儒生　若干名
(4)廟院直　十名ほどか
(5)廟院奴婢　十余名ほどか

とりあえずは現代の常識的語感で解釈しておけばよいだろうが、李朝社会の身分階級を

白雲洞紹修書院規　中宗三十八年建
祀　安珦

一、一曰謹礼、二曰礼賢、三曰修宇、四曰備廩、五曰点書。
一、斯文統検、有司監掌。
一、別択業文信慎者一人、為院長、又択一為貳、共主院事。
一、春秋大享、例卜季月上丁、上丁有故、改卜中丁
一、備三献官六執事。
一、致斎日、献官点朧蔵書、省視墻宇罅漏、会計米穀什物、受禧日、衆斯文共察之。
一、邑宰子弟、不得留滞貽弊。
一、邑宰子弟、不得擅便書冊。
一、禁射帿遊宴。
一、復守直四家、人不得役、官不得奪。
一、凡入院之士、司馬則如入大学、其次初試入格者、雖非入格、其一心向学、有操行而願入者、有司稟干斯文而迎之。
一、別置入院録、凡入院之士、必自録姓名、且記其来寓年月。

両班・中人・常民・賤民の四つに大別すれば(1)院長(2)・(3)の儒生は両班、(4)の廟院直は一応常民、(5)の廟院奴婢は賤民に対応させることができる。院直は耳なれない言葉だが、一口でいえば庶務・労務・事務を司どる男たち

である。したがって、この表から、院長をカシラに十名の学生と二十余名の従業員をかかえた学校が想像されてくる。

では、資料の許すかぎり具体的に彼等の姿を描写してみたい。

院長

院長の規定は『斯文立議』第八条にみえ、

一、院長一人ヲ常定シ、専ラ祭祀・儒生供饋ナドノコト、及ビ所属セル人物・寺刹・田畑・財物・器具・院舎ナド大小ノコトヲ掌ラシメ、措置検挙セシメルベク、必ズ謹信ニシテ人に嫌ワレザル人物ヲシテ相承スベシ。

と記されている。

安珦廟にたいする祭祀権が院長にあたえられている意義は大きい。しかし分掌規定の内容はいわば事務長的で、現代の学長・総長にもとめられる学校の象徴・学問的権威という要素がストンと欠落している。

言葉の語感にまどわされないで、その実体を正確に理解しなければなるまい。前頁に示した『白雲洞紹修書院規』にも副院長の規定が追加されたほかは格別の規定はない。これを要するに院長は管理者であって指導者ではないことを理解すべきである。

では院長はいかに選ばれるか。柳洪烈氏は、白鹿洞・白雲洞・西岳の三書院ならびに平壌の仁賢書院の院規を参照してとことわりながら、

書院の最高監督者は院長というもので、之は生員進士中（小科級第者）、学徳共に優れ廉明にして衆人の推服する者一人を選んで当らしめるのが普通である……。院長は院中儒林の合議の上選定して官府の認許を得るのが原則で、その職務とする所は院内一切の法律行為を代表し、官府と連絡を保つて、院中百般の事務を監理し、書院の円滑なる運転を計るものである。

青丘学叢第三十号
『朝鮮に於ける書院の成立（下）』

と書いている。院長は儒生中より互選されるのである。

他の書院たとえば筆巌書院の『旧院規』は

一、院長ハモチロン京郷ノ高徳尊者ヲ薦望ノコト

としているから、すべての書院がそうであったとしてはならないが、すくなくとも白雲洞書院の院長が互選された事実には前文にふれたように重要な意味がかくされている。

ここで簡単に儒生の資格にふれておけば、政府は官僚体制を維持するため三年毎に科挙を実施した。文官の試験には「中国の経籍について試験する生員科《センウオンクワ》（明経科）と詩・賦・表・箋・策問などについて試験する進士科《チンサクワ》（製述科）にわかれ、これを生進科と通称した。……そしてその合格者には、それぞれ「生員」および「進士」という称号があたえられた。こうして小科に合格した生員・進士には、はじめて初級文官に任命される資格と、ひきつづき中級官吏登用試験に応試する資格があたえられた。また、同時に国立大学の成均館に入学することのできる資格もあたえられた」（『韓国通史』二六〇頁）。

柳洪烈氏は院長の候補者にたいし「学徳共に優れ廉明にして衆人の推服する者」、「才行徳智兼備せる者」、といった見事な形容をしておられるが、要は生員進士あるいは「仮令司馬（生員進士）に非ずとも、才行徳智兼備せる者」であるから、一般的には、院長に人格を求めることはできたとしても、周世鵬が理想とした「師弟同行・卒先垂範」をおこなえるだけの師の役割をはたすことはできなかったと見るべきなのである。

ついでにいえば『白雲洞紹修書院規』の第二条の、

一、『斯文』ノ統検ハ、有司が監掌スル。

の「有司」の意味が紹修書院関係の資料でははっきりしないが、西岳書院規を参照すると柳洪烈氏のいわれるごとく

院長の下に有司二人ありて、之も生員進士中の才器あるものを選任し、専ら院事を掌らしめ、任期を通常一年とし、臨遆の際には一年間の用余書冊貿納等の事を計報したのである。

に相当するものであることがわかる。

何かが間違っている

金学鉉

近ごろ、とくに「何かが間違っている」と思われてしようがない時がある。自分個人のことは一応たなに上げておくとして――「昨今のウリ（わたしたち）をとりまく世の中の動きを眺めると、どうしても「何かが間違っている」としか思えない出来事があまりにも多く見受けられる。身近な例をとりあげてみよう。去る二月十四日の日本の新聞紙上にはソウル紙報道として、「韓国大統領の就任式前後に、政治犯に赦免措置」（毎日新聞）という見出しで、次のように伝えている。「ソウルの各紙が十三日伝えているところによると、実質的に次期大統領として選ばれることが確定した全斗煥大統領は、三月三日の大統領就任式後に大幅な内閣改造を行うとともに、政治犯をも含めた大々的な赦免措置をとることを検討中といわれる」

さらに同報道は、三月下旬に予定されている総選挙が終わったあと、現在政治活動が禁止されている旧政治家などに対する部分的政治活動の解禁措置を実施することも検討中で、いわゆる「国民和合政治」のため、拘束中の反対制活動家や政治家に対するなんらかの緩和措置が実施されることは確実とみられていると伝えている。この記事を読んで、確かに、いつか同じような記事を読んだ記憶があると思った。しかし「いつか」ではなく、たびたび経験していることに気がついた。暴力・権力でもって自分に反対する人々を獄にぶちこみ、国民を黙らせて政権を奪い取ると、きまって催す「恒例」の行事である。「政治犯」「赦免」「特赦」「緩和措置」「国民的和合」……こういう言葉にはつね日頃ならされてきているとはいえ、まことになさけない「年中行事」の繰り返しである。

政権が変わり、権力者が変わるたびに韓国では特赦風が吹く。そして、しばらくたつとまた弾圧が厳しくなって、全国の獄があふれてくる。どうも李朝以来の輝かしい伝統的（？）行事のように思えてならないが、それにしても、こうもあらゆることが倒錯してくると、生の価値判断にまた、おかしな現象が生じてくる。裁かれるはずの者が裁き、なんの罪もない人間が殺され、国のため国民のためでなくとも、ただ当りまえのことを口にするだけでこらしめられ、罪をかぶせられる国、その国がウリナラだ。「理性」「論理」「正義」「倫理」などの言葉に「反」の字が上にこなければ、こういう人類の長い歴史の遺産である言葉が役に立たなくなっている。われわれの「恨（ハン）」の世界は、「反」の世界とどうも密接につながっているようだ。

もう一つ例をあげよう。同じ十四日の毎日新聞には「北朝鮮が米韓演習の中止要求」という小見出しで、次のような「外電メモ」記事が載っていた。「十三日午前の平壌放送によると、朝鮮民主主義人民共和国（北朝鮮）の申し入れによる軍事停戦委第四百五回本会議は同日、板門店で開かれ、席上、北朝鮮側首席委員が、今月初めから行われている〈韓米合同軍事演習（チームスピリット81）はわれわれを攻撃するための試験戦争、予備戦争だ〉と激しく抗議し、同演習の即時中止を要求した」（朝鮮通信＝共同）。

記事の全文であるが、私がここで言いたいのは、朝鮮側の抗議の正当性とか軍事演習の危険性などについてではない。「軍事停戦委第四百五回本会議」という、驚くべき数字の意味を考えてみたいのである。「四百五回」の中味はなにか。同族殺し合いの南北戦争が百数十万の死傷者をだしてもとの線におさまり、休戦協定が結ばれたのは一九五三年七月二十七日である。協定の第一条第一項には、「軍事境界線を確定し、敵対する軍隊の間に非武装地帯（ＤＭＺ）を設けるために、双方は、それぞれこの線より二キロ後退する。非武装地帯を設けて緩衝地帯とすることによって、敵対行為再発へみちびく恐れのある事件の発生を防止する」となっている。いわば双方の「武力統一」は完全に挫折し、「対話による統一」が模索されるようになったのである。その後の歩み方は周知のとおりだが、「停戦委」では統一とは直接関係のない、双方の協定違反をなじりあうために「四百五回」も会談してきたわけだ。素人考えでは、非難するための会談ならどちらか一方が出席を拒否してもよさそうなものだが、忠実に非難を繰り返したのである。

　三十八度線の壁ができて今年で三十六年目、線を引いた米ソをいまさら非難してもはじまらない。壁を忠実に守っているのはウリだ。なんのための、だれのための四百五回本会議なのか。この壁はまたいろいろな壁をつくりだした。「在日」の社会にも厚い壁は厳然と存在する。思想（実は思想でもなんでもないが）の壁、本国の権力に忠誠をつくす（しかし、自分自身の保身のための）組織の壁、こういう壁は同族間に高く厚い不信の壁をつくっている。しかし、その壁は本音の壁ではなく、声高な建前の壁だ。十年一日の如く、「在日」の壁の世界に変化はない。変化のないところに進歩もくそもあったものではない。三六年プラス三六年イコール七〇年……。

　何かが間違っている。原因はいくらでもある。外なる原因は数え切れないほどある。朝鮮戦争後三〇年も過ぎてみれば、統一ができないことを外的原因だけに求めることは恥としか見えない。三十八度沿い、全長二四〇キロにわたって高さ五メートルのコンクリートの城壁が民族の分断固定を誇っている。ウリ自身の醜い顔が壁にうつる。韓国の詩人安章鉉（アン　ジャンヒョン）はうたっている。

　狙うのは
　まちがいなく敵だというのに
　敵ではない
　それは　わたしだ

　砲弾は飛んで行き炸裂したのに
　敵の心臓を突き破ったというのに

　死んだやつも
　倒れたやつも
　それは　わたしだ

　みんなが本音を言えばよい。声高な建前論を引っこめて、口を大にして、飲屋でささやくような本音を語ればよい。ところが本音を吐くのが恐い。しかし、本音を引っこめれば引っこめるほど統一は遠ざかって行く。金芝河が言っているように、半島には二つの既成独裁政権と二つの民衆的アンチ・テーゼがある。この二つの政権の本質な敵対、分裂であり、矛盾であり、これに抵抗する民衆的アンチ・テーゼはその本質が統一であり、コイノニア（親交）、自由、民主化であり、春である。「アテネの春」と「プラハの春」、双方の春の訪れをうながすための韓国における民主化運動はいま風前の灯である。強権がいつまでつづくのか、だれにもわからない。しかし、李承晩のように、朴正熙のようになることだけは確かであると、ウリナラ歴史は証言している。信じてただ待てばよいというのではないが、みんなが信じていることと、信じていないことは大きな違いである。何かが間違っていると自覚し、そして、その間違いがどこにあるかということを考えてみるのも、現在の重苦しい時代を生きるうえでは、一つの清涼剤になるかもわからない。春がそこまで来ている。凍てる大地を突き上げて出てくる新しい芽は美しい。

≪略歴≫

一九八〇年度（第七回）青丘文化賞受賞。
一九二九年韓国原州生まれ。ソウル大学中退、日本中央大学大学院博士課程修了（西洋哲学専攻）。桃山学院大学助教授（韓国・朝鮮文化論）四月一日赴任予定。
　著書『荒野に呼ぶ声——恨と抵抗に生きる韓国詩人群像』（柘植書房）
　編訳書　咸錫憲『苦難の韓国民衆史』（新教出版社）、金成植『抗日韓国学生運動史』（高麗書林）、宋敏鎬『朝鮮の抵抗文学』

朝鮮食物文化譚(7)

鄭大聲

豆腐の道(Ⅲ)

朴好仁故郷へ帰る

広島は福島正則の芸州藩で落ち着いていた朴好仁は、一六一七年(元和三年)に朝鮮からの通信使(二度目の刷還使、団長、呉允謙)と共に、芸州で生れた二人の息子達を伴って帰国の途についた。

一、元和三年之頃従朝鮮国王信使副使来朝此時朴好仁義朝鮮へ罷越戻り申度旨正則様江奉願芸州ニ而出生之伜弐人共御暇申請召連右之船便ニ而朝鮮へ被戻候

かくして朴好仁は二十余年の日本の生活にピリオドを打って故郷へ帰った。

しかし、長次郎などの唐人町の豆腐座を営んでいた人々は帰国せず、そのまゝ豆腐商を続けることとなる。

長次郎は秋月長次郎と名乗るが、この秋月の姓はどこからとられたのか?

朴好仁が慶州の近くの秋月《チュウォル》というところの城主であったところから、その城の名をとったとされている。現在も秋月というところがあるのか一度詳しく調べてみたいことではある。

ともあれ、この秋月一族が以後幕末まで土佐地方の豆腐製造を一手に独占することになった。前述したように、山内容堂が別宅を建てる時に、唐人町の立ち退きで豆腐商が店を移したことは記録に残されている。

香美郡土佐山田町には、この時に移転した豆腐商の子孫の人々が一部居住しておられる。電話帳の秋月姓は、高知市内にも多いが、ここにもみられる。

安芸の「かし豆腐」

筆者が土佐の豆腐を調べることになったもうひとつの動機(ある意味ではこの方により興味をひかれたが……)は、土佐に郷土料理で「かし豆腐」というものがあるということを知ったからである。

樫《かし》の実でつくった「豆腐」で、「かし切り豆腐」とも呼ばれている。これが土佐の安芸市でつくられ、売られているということを知った。

これは朝鮮語で「묵《ムック》」(muk)と呼ばれる食べものである。

ムックはそば、緑豆、樫の実のどんぐりなどのデンプン質を固めてつくった食べもので固さは「わらび餅」や「くず餅」の程度である。粉を水でよくといて熱してから餅箱などに流しこんで冷まして食べるが、厚さはちょうど豆腐くらいである。

日本でも東京の上野、大阪の生野あたりの朝鮮食品店では、そば粉のムックはいつでも買い求めることが出来る。また、ちょっと大きな朝鮮料理店ならば、注文すると料理としても食べることも出来る。麵類のそばと同じ色をしている。一方、緑豆の粉からつくったムックは清泡《チョンポ》といって高級なムックに属する。清泡は透明で、見ばえがきれいだし、腰が強く出来上がる。色はやゝ緑がかって淡い色をしている。これは日本では口にすることは出来ない。

朝鮮では秋に木の実、とりわけ樫の実など、どんぐり類のデンプン質を利用して、このムックをつくることが古くから行われている。

筆者も戦前の京都で食糧難の時に、山でこの実を拾い集めては、母親の手でムックをつくって食べたことが何度もある。当初はムックとはどんぐりでつくる食べものの名称かと思ったくらいである。

先ず、どんぐり(とちの実でも同じ)の実を乾燥、皮をはぐ、中身の部分を粉にする、粉のアク抜きをする(水にさらす場合もあるがカマドの灰で灰汁をつくりその汁でアクをとることもあった)。アク抜きしたものを釜

で煮て、餅箱で冷ます。これを適当に切って皿にとって食べる。

アク抜きをしてあるが、タンニン質の味が残って少しにが味のするのが特徴である。緑豆の清泡やそば粉のムックにはにが味がないので、それよりは食べづらいともいえる。

豆腐座と「かし豆腐」

これと同じ食べものが土佐にあるというわけである。しかも名称は「かし豆腐」、「かし切り豆腐」、といって「豆腐」という食べものになっているわけである。

この食べものは朴好仁一族が土佐に豆腐という食べものと、それをつくる技術を広めたこととかかわっているとみてよいであろう。

もとより、樫の実、とちの実のたぐいの木の実は大古の昔から人間の貴重な食糧であった。今でも飛騨の高山、美濃をはじめ、東北地方の一部では食用として利用されている。

しかし、飛騨などの場合は「とち餅」と呼称されている。つまり餅の類の扱いであるのに対し、土佐の場合は「豆腐」の一種として扱われているわけである。

朝鮮から来た人々によって土佐にはじめて豆腐座が設けられ、新しい食べものである豆腐が普及した。当然のこととしてこの人達の食べもので、そのほかの食べものや料理が知られ、普及したであろうことは充分に考えられる。

「かし豆腐」を食べる時の形、固さが豆腐に似ていることもさることながら、豆腐座の人々がもたらした食べものであるということから、土佐では「豆腐」という名称をつけて呼ぶようになったと思われる。

現在、土佐の安芸でこれをつくって居られるのは一軒だけであった。正確には一人といえるかも知れない。

安芸市栃ノ木の小松藤代（七四才）さんがその人であった。

小松のバアさんは毎年十一月から翌年の三月頃にかけて、山からかしの実を拾い集めては、「かしきり豆腐」をつくって、安芸市の日曜市で売って居られる。前記の宮川逸雄氏はこれを高知市内の料亭で郷土料理として提供して居られた。

つくり方は朝鮮の方法と変わりなく、アク抜きは水にさらす方法である。

小松さんの話によれば、ずい分古くから安芸地方に、このつくり方があったらしい。幼い時に祖母達がこれをつくっていたのを記憶されていたので、代々ひきつがれてつくり方は伝承されて来たようである。いつごろから始まったのかはっきりしない。近年、これを食べる人が少なくなって来たので、つくることがすたれてしまったが、三、四十年前までは盛んに食べられていたようである。

土佐のニンニク

この「かしきり豆腐」の食べ方が朝鮮のそれと同じなのである。

しょう油やニンニクの「ぬた」で味をつけて食べているのである。

朝鮮で「ムック」を食べる時には、しょう油に炒りごまか、ネギ類の細かくきざんだものを用いる。ニンニクの若葉を用いることもありうる。つまり食べ方も朝鮮そのものなのである。しかも、ニンニクの食用はつい最近までは、日本で一般化したものではなかった。禅宗が酒とニンニクを食することを禁止したことによって、正統の日本料理にはニンニクを材料とするものは一切ない。

土佐の名料理の「かつおのたゝき」の特徴はニンニクの「ぬた」を用いることである。それだけではない。土佐ですきやきといえば野菜はニンニクの葉が用いられる。私が訪れた二月下旬の高知市では、葉食用の若ニンニクが日曜市や八百屋さんにあふれんばかりに並べられていた。土佐は日本では有数のニンニクの産地にもなっている。

土佐の食風俗にニンニクがこれほど多用されるようになったのがいつごろからか？

朴好仁一族が新しい食べものの「豆腐」をもたらし、彼等の食生活を通じて少なからず朝鮮の食文化が土佐の地に根を下ろしたことは間違いないであろう。

土佐の郷土菓子に「ケンピ」というものがある。どう考えても日本語ではないようである。朝鮮の「ケンピョン」とつくり方が酷似している。いずれ別の機会に取り上げたい。

＊読者からの便り＊

前略　森　禮　子

昨夜は、「くじゃく亭」を使わせて頂き、そのうえ、お酒まで頂戴致しまして有難く、また恐縮に存じました。厚く御礼申しあげます。

　また御料理が結構で、お招きした方々は旅行でお世話になった「主婦の友」の韓国通の方々でしたが、お肉はもちろんのこと、キムチ、ソルロンタンなど、これだけの味のものはソウルにもないと、喜んで頂きました。私もお招き甲斐があって嬉しく存じました。ほんとうにありがとうございました。

　折を見て、また食通の方々に御紹介したいと思っておりますので、よろしくおねがい致します。

　末筆ながら、奥様にもよろしくお伝え下さいませ。いつもいつも御親切を頂き、心から感謝致しております。

　とりいそぎ一筆御礼まで。　かしこ

（作家）

《別信》

「くじゃく亭通信」30号お送り頂きましてありがとうございました。号を重ねるごとに充実して、ミニコミ誌として注目されていますこと、たいへん嬉しく、心からおよろこび申しあげます。「シャーマニズムと青銅器」興味深く読ませて頂きました。くじゃく亭のお粥の味も忘れ難く、また伺いたいと希っています。まずは御礼まで。

（奈良市）徐　龍　達

　いつも「通信」お送り下さり、まことにありがとうございます。このたびは「料理談義」までお寄せ下さり、わが胃袋氏も大いに刺戟を受けた由にて次回上京の折には、必ず立ち寄り心ゆくまでとのことでございます。どうぞ猪瀬喜恵子店長にもよろしくお伝え下さい。

　なお、桃山学院大学で70万円ほどの予算が取れましたので、『定住外国人の人権』を七千部印刷し学内外に配布いたしました。ご参考までに一部同封いたします。韓国・朝鮮人の人権問題が、まだ一部の日本人が取り組んでいるにすぎないけれども、ぼつぼつこの社会の課題として認識されてきたことは、全くご同慶の至りかと存じます。

　以上、取敢えず御礼かたがたお知らせ申しあげます。くじゃく亭ならびに同通信のご発展を祈りつつ……。

（桃山学院大学教授）

（浦和市）渡　辺　泰　子

「年内はやっております」という女店員さんの声に安心してピーコックの「法隆寺」スケッチ展は（12月の）30日か31日に行けると思ったのですが、30日の夕方出かける前にもう一度確認の電話をすると7時で終了とのこと。「あ、ダメだ」と悔しい思いがしました。外岡さんにボヤキの電話をして、仕方がないので本を注文することにしました。中村百さんの写真展も、田村義也装幀展も大変印象的だったので、今回も是非見せていただきたいと思っていました。

　いつも「くじゃく亭通信」ありがとうございます。先日、高さんが「東アジアの古代文化を考える会」で上福岡三中の林賢一君のことに触れた時、高さんを大変身近かに感じました。こういうことについて一緒にお話しできるかどうか、正直言ってわかりませんでしたから。このことについて、出立直前の中村昌枝さんとも話しました。彼女は知らなかったようでした。高さんともじっくり話してみたいと思います。「東アジアの――会」でも朝鮮ブームみたいのがありましたね。在日の方もたくさんいらっしゃったみたいですが、最近はどうなんでしょう？

　一月三日秩父を歩きました。目的は和銅遺跡。日本で初めて銅が発見されたということ以外に何の予備知識もなく、「皆野」で下車、石室開口の大塚古墳を経てから「黒谷」へ向いました。聖神社の所から山道へ入り、しばらく上ってから舗装道路と別れて脇道を下ります。元日に降った雪なのでしょうか、山かげに一面、雪が残っている中を、脱いだコートにまた一度腕を通して歩きながら、「銅の鉱石を見て、銅だということがどうしてわかったのだろう」と考えました。人の全くいない雪道に少々不安になりながらたどりつく立札。『帰化人の金上元が……』（帰化人という言葉がまだ使われているのですね）「あ、やっぱりそうだったのか」。立札をみてそう思いました。銅の発見・選鉱・精錬をはじめとして多くの渡来人が古代の日本の文化を築くのに貢献しているのだと、この時も強く感じました。

遅ればせ乍ら「通信」の費用へのカンパを同封いたしました。近いうちにお話を伺いに参りたいと存じます。

PS　帰宅してから『日本の中の朝鮮文化I』のページを繰ったのは言うまでもありません。

（京都市）　後宮　美智子

京都に住んでやっと一ケ月経ちました。モタメディ夫人のお話、お聞き下さいましたそうでありがとうございました。外岡さんからテープをおあづけ頂いています由、十一月五日から数日、北沢の家に帰りますので、その折、頂戴に上ります。

京都へも一度お出かけ下さい。お子様方に奈良や京都で、日本が如何に朝鮮半島の影響を受けて成長して来たかという事を教えて上げて下さいませ。「くじゃく亭通信」のお礼を書くと印刷されそうですから、絶対に書きませんけど、誰方よりも感謝しています。

（東京・世田谷区）　中山　清隆

はじめまして、ハガキにて失礼いたします。小野寺洋子さんからお聞きおよびのことと思いますが、小生、朝鮮考古学を少しずつ勉強しているものです。先日、江坂輝弥先生から『くじゃく亭通信』という冊子があることを教えられて、興味ある記事が多く、是非とも拝見したくお願いかたがた筆をとりました次第です。本来ならばお目にかかって御挨拶してしかるべきでございますが、『葉書』でということですので、とりあえず書面にて失礼いたします。いずれお目にかかっていろいろとお話しをたまわりたいと存じます。それではよろしくおねがいいたします。

PS　できましたら、李進熙氏の「青銅器」の論文がのっていた号（最近号かと思いますが）から、お送りいただければ幸いです。

（町田市）　磯谷　季次

小著、朝鮮終戦記を拝送しましたところ、ご多忙中早速ご連絡をいただき恐縮に存じます。くじゃく亭通信を拝見致しましたが、これだけのものを定期刊行されることはご苦労のこととお察しします。宇田川町には、私の家内の妹たちが料理店を出しております。彼女は私の終戦記に出てくる咸興市党部日本人部に家内とともに働いていた者です。

サービス券をいただいたので、いつか今度はお客としてお邪魔するかもしれません。健康にご留意のうえご活躍をお願い致します。

（筑摩書房）　土器屋　泰子

その後いかがおすごしでいらっしゃいますか。今日、写真をいただきました。ありがとうございます。でも、写真というのは何だか気恥ずかしいものですね。

あの旅行はとても楽しかったので、「丸八《まるはち》旅行会」というのをつくって、またどこかに行きませんかと、金達寿さんに申しあげました。積み立てでもしようかとか、会長は李さんでとか、じょうだんがどんどんふくらんで、いかに楽しい旅行だったかを再確認したような気持でした。

金達寿小説全集のことでは、いろいろとご迷惑をおかけし、ほんとうに申しわけございませんでした。今後、充分注意していきたいと思いますので、これからもよろしくお力添えたまわりますよう、お願い申しあげます。

向寒の折柄、くれぐれも御自愛下さいますように。　十二月十一日

（埼玉・大里郡）　大隅　道子

一筆ごめんくださいませ。昨今の寒さは格別ですが、お変りございませんでしょうか。先日は「くじゃく亭通信」ありがとう存じました。一月いっぱい決算で、桁はずれの忙しさ……、ようやく終ってじっくり拝読させていただきます。韓国文化かじりはじめの私には、何もかも勉強です。「上州路」の関口さんが先日退院しましたので、二人でお店の方へお伺いしてお話承りながら焼肉など……と楽しみにしています。

（清水市）　金　弘　茂

拝啓　心温まる皆様と、二日間楽しく同行できまして、私こそ感謝しています。

この頃は予想外の事がよく起るのですが、魚にも見放されてしまい、折角の漁の楽しみを味わえず残念でした。

怒りや悲しみを、内に深く秘めながらも過日のような集いは楽しく、本当に印象深い思い出となりました。

先輩、先生方の御健勝をお祈りし、再会を楽しみにしております。

（名古屋市）　梅　津　濟　美

拝啓　『くじゃく亭通信』いつもお送り下さいまして、篤く御礼申し上げます。私この四月から中京大学というところに変わります（名古屋大学は三月で定年になるのです）。もし今後も貴通信をお送り下さるのでしたら、表記自宅へお送り下さいますよう、お願い申し上げます。

敬　具

（東京・出版ニュース社）　三　浦　隆　子

前略　本日くじゃく亭通信31号拝受いたしました。色々お心づかい頂き恐縮でございます。挿絵もほどよく配置されて、大変読み易うございました。秩父の我が会報も負けずにやらねばと思いました。近々お話を伺いにおじゃましたいと存じます。とり急ぎ御礼まで。

（大阪市）　岡　本　文　弥

風雅なくじゃく亭通信を楽しく拝見、お礼申し上げます。若いときから、白秋、朔太郎、犀星などに親しんで来ましたが、〝分る〟というわけでなく、何となくその匂いや色彩を自分なりに楽しんでいるという程度です。

〝大学村〟も〝バラ園〟もそんなふうに味わいました。犀星たちの初期の〝感情〟という、小さな雑誌の表紙がいつも恩地であったと思います。薄いけれどいい雑誌でした。

三月末までにまだ二度上京します。ピーコックへは行けたらいいと思っています。求龍堂に勤めていた娘さんで（今は名前も思い出せず残念）、たくさんてがみ貰ったひとがあります。戦後、青森の方の米軍基地(三沢？)へ勤めたまでは分っているのですが、その後どうなったか、今でも時々思い出します。

京城の郊外に清涼里という所あり、松山で松風が吹き、小さな流れが音を立て、白衣の女がせんたくしている。点々とある家がみな小料理屋（？）で、そこで酒食しました。尼さんの内職という噂もききました。カチ鳥がないていた京城放送局へ、一週間連続放送に行ったのです。アナウンサーが私の名前をカンポンプンミと呼びました。一緒に写真うつした京城の美妓二人、一人は早く死んで一人は終戦で東京へ帰って、今は〝老人〟となりました。めでたし、めでたし。

(注)　菅野拓也さん宛のお手紙です。

＜編集部＞

≪新刊紹介≫

金学鉉『荒野に呼ぶ声』――恨と抵抗に生きる韓国詩人群像――

柘植書房　価二、三〇〇円

李錦玉・作　朴民宜・絵

朝鮮のむかしばなし『さんねん峠』

岩崎書店　価九三〇円

日本のおとなたちが、西欧に目を向けて、最も近い関係にある朝鮮を無視して久しい。従って童話の世界に、朝鮮が入ることは先ずあり得なかったと言ってもよい。そんなおり、朝鮮のむかしばなし「さんねん峠」が出た。この本のあとがきに、内田庶氏（児童文学者）は言う。「おびただしい数の西欧の童話や昔話が出版されるなかで、日本の出版社から朝鮮の昔話が紹介されることに大きな意味がある」と。明るい大らかな朝鮮のむかしばなしを、日本生まれの二世の女性二人がコンビで出されたことを、初めてのことだとし、ユニークだと指摘されている。一読をお勧めしたい。

（高）

松の実がゆ

くじゃく亭料理談義　2

寒河江　幸正

「くじゃく亭」では、客の注文があれば、「まつのみがゆ」を供している。その原料となる「松の実」はすべて朝鮮などから輸入されたもので、日本では生産されていない。

この松は、チョウセンゴヨウ（Pinus koraiensis）と言い、主に智異山、金剛山や北朝鮮地方に原生林として繁茂し、更に鴨緑江沿岸からウスリー、シベリアに分布する。本州の栃木、群馬の諸高山から赤石山脈を経て飛騨地方にまで他の針葉樹と混生している五葉松も同種とされているが、種子が利用されている事は聞かない。朝鮮の原産地では、樹高30m、胸高直径1.5mに達する喬木で、その毬果は長さ12cm、巾6cm位の円錐状卵形で種子は長さ15mm、巾10mm、厚さ7mm位で翅は無い。比較のため日本産「アカマツ」と共に図示したが、その種子の大きさが顕著である。

多くの松の実は樹脂臭が強く、生食には向かないが、この「チョウセンゴヨウ」の種子は樹脂臭が無く、美味である。「朝鮮食品学」鄭大聲著によれば、「松の実のかゆ」のほか、菓子類の副材料として高級食品のイメージの強い貴重食品であると記されている。漢方薬としても滋養強壮剤として利用されていると聞く。

くじゃく亭で食べた「まつのみがゆ」は、珍らしさも手伝って美味であった。

作り方を聞いたところ、輸入の松の実を充分に水を吸わせた白米と共に細かく粉砕し、これを炊きあげて粥とし、それを漉して粗粒を除去したものに独得の味をつけたものの由、丁度味のついた「おもゆ」の様な感じだった。悪酔を防ぐ効果があるので朝鮮ではお酒を頂く前に賞味するとか――。

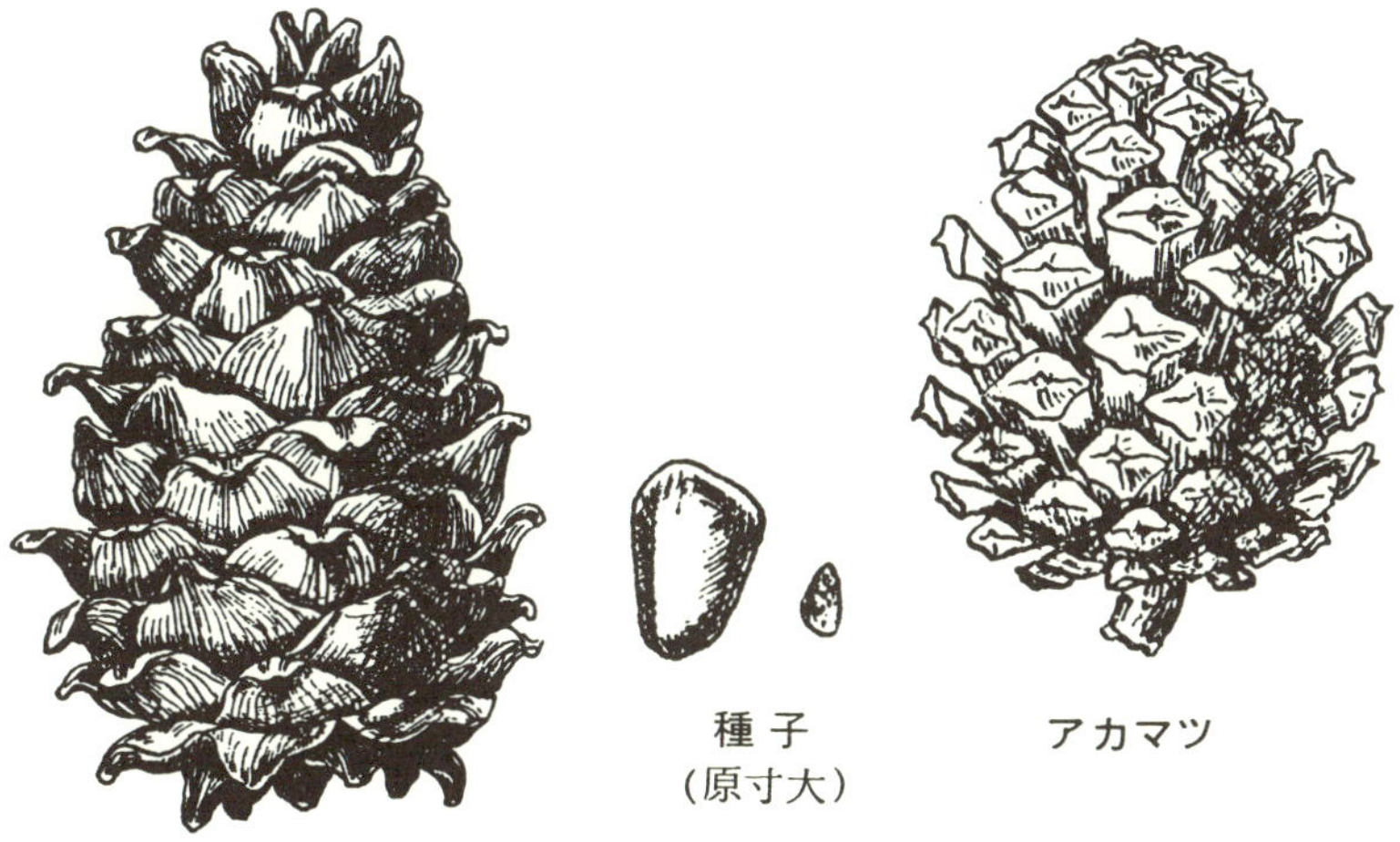

チョウセンゴヨウ　種子（原寸大）　アカマツ

「チョウセンゴヨウ」は木材としてはその材質もさる事ながら、大径木もないので殆ど利用されてはいないが、朝鮮では建築や土木用材として重要視されており、一般に「ホンソン」（紅松）と呼ばれている。

園芸的には、その喬木性を利用して大規模庭園用として用いられる。日本でも勿論植栽は容易である。変種に「朝鮮カムロゴヨウ」「フイリチョウセンマツ」等がある。

ピーコック画廊　4月1日～30日

具興植・安斉和美二人展　後援　工芸学会

横顔・具興植

一九二六年慶尚北道に生まれ、窯場のある風景の中で幼年期を過す。一九三七年渡日、波乱に富んだ半生を送る。

一九六八年、四十二才で信楽に漂着。シガラキは新羅であるという信念で古新羅、古信楽再現に情熱を燃やす。伝統的器形を踏襲しているが燃焼度は非常に高い。ドイツその他で受賞多数。

横顔・安斉和美

一九四八年神奈川県生まれ、多摩美大在学中より松原兄弟に師事、藍染研究に入る。

一九七三年、インド国立タゴール大学に留学し、インド各州の染織を学ぶ。日本古来の藍染技術とインド技術の接点を模索し続ける。

ピーコック画評(27)

後藤　直

「金城真理子小品展」をみた。金城さんは日本画家である。本紙三十号で、金城さんは「欧州の旅で、むしろ東洋美に魅せられ感動いたしました。静の中に見る確かな物。自然の造形の中から学んでいきたいと思います」という文章を寄せているが、その覚悟のほどがよく伝わってくる展覧会で、しかもその絵とその意志は、静かななかにも燃えたぎっているのがよくわかった。

さて、こんど出品した絵は、ほとんどがスケッチ風で、日本画の「絵の具」をさらっと流す程度であった。画廊の階下に飾っている「小像」(Ⅰ〜Ⅳ)は「線」のみの独特な絵で、むしろ小像ではなく、何か大きなイメージを湧かせる調子がそこには存在していた。その意味では「鶏頭」「葡萄」は、オーソドックスな日本画というべきであろう。

「散る」「野の花」「少女」「梢」そして「春のきざし」「初夏」「晩秋」は、それぞれの題名にふさわしい雰囲気がこめられていた。私は若葉のにおいがしてくるような「初夏」、しみじみとした風景の「晩秋」が素晴しいと思ったが、本人は「春のきざし」をある意味で成功しているし、好きだというのだった。しかし、東北の冬のなかで育ってきた私には、やはり冬から春寸前の時間というものの微妙な差を考えてしまうのか、ややもの足りなさが残った。が実際に何度か現実のきびしい冬をみていれば、金城さんは簡単に、そのことは理解できるだろうと思う。

今回はアメリカで描いた作品がかなり飾られていて「チューリップ」(シカゴ)「リバーサイドパーク」(ニューヨーク)などが柔かいタッチで描かれている。

面白いことに「ササリート」(Ⅱ)(サンフランシスコ)と「セントラルパーク」(ニューヨーク)の二点は非売品になっていた。金城さんにとって他人に渡せない何か強い想い出があるのだろうか。

「ササリート」は淋しい感じがする。実際私がみたサンフランシスコの、ベイブリッジの光景とよく似ていて、そこもまた淋しかった。逆に「セントラルパーク」は、私の場合悪い想い出しかないので、金城さんの絵は美しすぎるという感じだ。この絵は美しいため、「ワシントン広場」などという題名にしてもおかしくないだろうと思った。

「ササリート」(Ⅰ)(サンフランシスコ)は、ボストンなどの郊外の海岸に散在するヨットハーバーと同じく、うら淋しいアメリカの、ある一面がうまく表現されている。

「アクアテックパーク」(サンフランシスコ)これも港の絵である。港とか海が多いのは、多分金城さんが生まれ育った環境からきているのだろうか。「ジョセフィヌ」(サンフランシスコ)は、墨絵のようなスケッチ風の絵で黒人の女性が一人描かれており、私を最もひきつける何かがあった。

いずれにせよ、これだけ力量がある金城さんである。しかし、プロの道はきびしい。当然とはいえ、悩みながら精進して大きくはばたいてもらいたいものである。

たとえば、岡倉天心の弟子、菱田春草は、対象や形態を従来「線」でとらえていた日本画を「面」で描くという新風を吹き込んだことでも有名な絵かきだったが、春草は「面」ばかりでなく、「線」もまた何と上手だったことか。

春草とは別に「面」が強調されると、現在の日本画のように、油絵と何ら変らない風潮が強力に押しだされてくるのも当然であろう。絵をかく方法は多様であってよく、自由であり、何がいいか、だめかなど問題にすべきでないかも知れない。

しかし、あえて金城さんの絵は、やはり日本画の伝統のひとつである「線」で勝負してもらいたいと、私は思わずにはおられなかった。同時に、前述のように、本紙にかいた金城さん自らの意志「静の中に見る確かなもの」の発見に努力されることを願ってやまない。

現代の窯ぐれ・具興植

佐々木　晶

一二〇〇年の歴史と伝統のある日本六古窯の一つ、信楽の長野に現代の朝鮮〝窯ぐれ〟が住みつき、古新羅の再現に力をそそいでいると聞いたのはいつのことだろうか。

初めて具興植の赤信楽の大壺を目にしたとき、その造形美、土と炎のおりなす美しさに思わず息がとまった。

具興植は赤信楽と古新羅を得意とするが、私は緑釉したたる古新羅なるものがあるのを具さんの作品で初めて知った。どうして同じ信楽の土を使っているのに他の信楽焼と具さんのものはこんなに違うのだろうか。

「土と炎の按配や」

あっさりと言うが、三十キロ四方ある信楽高原盆地の土のことごとくを調べ尽しているのである。師とする人もいない。強いて言うなら、付近には朝鮮から伝わったと言われる古い穴窯の跡があり、そこから陶片を拾っては研究したとか。

是非窯場が見たいと我ままを言った。

信楽の多くの窯場は観光化され、大きな登り窯、陶器店の並ぶ中にあって具さんの陶房はまことに小さい。隣りに観光客で賑う大きな宗陶園という窯場があるが、具さんの小屋のような陶房に気がつく人はほとんどいないらしい。気がついて入って来る人は本当に陶器の好きな人だという。だから具さんには固定ファンが多い。

具さんの造形作業は信楽の長い伝統をふまえたものでロクロは直径三十センチほど。その小さなロクロの上で粘土が積まれ、みるみるうちに大きな壺が仕上って行く。

具興植五十四才。慶尚北道慶山郡で生まれた。具さんと陶器との出会いは、オモニの友人が焼き物屋に嫁いでおり、その人の家で大人たちの粘土細工を見ているうちに自分でも作ってみたくなった。大人たちに邪魔扱いされながら茶碗を作ってそっと窯の中に入れてみる。焼き上ったその茶碗を手にしたとき、興植少年の胸はおどった。日本でいう〝灰かぶり〟が無作意の作品に流れていたのだ。この朝鮮の土の肌に灰釉、自然釉の天工が作り出したこの作品を日本人が五円で買いあげて行った。その時から土と炎のとりこになった。しかし、具さんが本格的に土と再会するのには、長い長い道のりが必要だった。

八歳の時、父親が日本に出稼ぎに行った。十一歳の夏、父を頼って日本に来た。日本の暗い時代、朝鮮人にとってはつらい日々の始まり、二・二六事件の半年後のことである。京都市立竹田小学校四年に編入したが、身体が大きく、負けず嫌いな興植少年に、二言目には「チョーセン」とはやす日本人には腹が立った。悪童五人を向うに廻し、大立ち廻りをして学校は止めてしまった。父が養豚と農業をしていたので食べ物には不自由はしなかったが、生来の器用さから仕事は何でもやった。何をしても一ケ月で一人前になった。喧嘩も滅法強く、正義感、熱血のかたまりだった具さん、「知らん間に極道の世界に入っとった。負けたことあらへんから、いつの間にか子分六十人を連れて西や東の助っ人稼業。あっという間に十数年が過ぎとった。今でも背中にクリカラモンモン背負うとります」

と笑う。その世界から足を洗ったのは奥さんの献身的な支えがあったから。信楽の隣り、瀬田の生まれの奥さんは、親や親戚の大反対

具興植さんのこと

金　達　寿

信楽（しがらき）とは、古代朝鮮の新羅（しらぎ）が訛ったものという。つまり、日本最古窯の一つである信楽焼の元は、新羅の渡来人によって開かれたものだったのである。

現代朝鮮からの渡来である具興植さんの作品を見ていると、どうしても、信楽焼のそのルーツのことを思い浮べないわけにはゆかない。それには千年をへだててなお尽きることのない、血のつながりが脈打っているようである。

を押し切って具さんと一緒になった。せっかちで頑固で負けず嫌いで大酒飲みの具さんを、売れもしない、生活の不安定な焼き物一筋の道にふんばらせているのは、この奥さんの力あってこそ。

「私はこの人が朝鮮人であっても、極道もんであってもちっともかめへん。ここまで来るには様々な波風嵐があったけど、そんなもん時が来れば納ってしまうし。子供らかて自分が朝鮮人だってことに誇りを持ってます」

さわやかに笑う。

この極道もんだった具さん。人の身代りに何度も家族に伏せて〃別荘入り〃もしている。だが、心の底に陶工への血が眠っていたに違いない。

「助っ人稼業で全国を歩き廻っていても、そこに窯場があれば必ず窯をのぞいては土の具合や焼きかげん、技術を研究してましたなあ。自分の目で判断し品定めをするのがひそかな楽しみでした。信楽に来たのも偶然なんですわ。ここに住みついてしまうとは思ってもみなんだが、魚獲りに来て、ついでに窯のぞいているうちに、自分の作った物を焼いて貰ったのがきっかけです。自分の名は伏せて出来上った壺を〃これはいいもんです。買っておくように〃と山庄の仲買人にすすめたところ、滋賀県の無形文化財高橋楽斉、上田直方の作品の陳列棚に並べられてびっくり。数日して行ってみると、もう売れてしまっていて。それから自信がつきました。それと亡くなられた小山冨士夫先生、小山先生の励ましは忘られしませんわ」

四〇歳になってからの土と炎との格闘の毎日。壊れて捨てられた登り窯を借りて、その中に自分の手で穴窯を築いた。二本の腕とヘラだけが頼りの〃窯ぐれ〃が始まったのである。

具さんの作品は造形感覚もみずみずしく、一つ一つに味わいがある。燃焼度は非常に高く、一、三三〇度の熱で溶けて流れた灰、みごとな自然釉のおりなす美しさにただ見とれる。

信楽は新羅に通じる、と故郷朝鮮の陶器、古信楽の再現に情熱を傾ける。赤信楽のみごとな大壺は、加藤唐九郎氏も舌を巻き、第三文明展で入賞し、全国を廻った。ドイツ、その他の国々でもいくつかの賞を手にする。

「それにしても、在日朝鮮人で陶器の味を知る人が少ないのが淋しい。一人でも多くの同胞に見て貰いたい。それが望みです」

（財団法人工芸学会
機関誌〃用〃編集委員）

具興植
安斉和美　二人展

81年　4月1日(水)から
4月30日(木)まで

午前9時より
午後11時まで

場所　渋谷区道玄坂2－23－13
電話　03－464－3326
画廊茶房　ピーコック
後援　財団法人　工芸学会

くじゃく亭通信
第33号
「くじゃく亭通信」編集部
〒150 渋谷区宇田川八―九
☎（四六一）一八五五
定価100円

田枝幹宏氏の「縄文の幻想」写真展に寄せて

江坂輝弥

田枝さんが縄文土偶に関心を示すようになってから、もう二十年以上の歳月が流れ、機会あるごとに撮影した縄文土偶写真の作品は恐らく一〇〇〇枚を越しているのではなかろうか。そのうちの氏がこれはと思う愛着ある作品を厳選しての展示であり、かならず見る人々に心うつものがあると思うのである。

田枝さんは一九五九年六月平凡社刊の『世界考古学大系　1．日本1　先縄文　縄文時代』刊行にあたって、一九五八年にこの巻の図版用の土器、土偶撮影に御足労願い、私と東北地方、九州地方などへ撮影旅行に歩いてもらい、この時以来、土偶に異状な関心を持たれたのであった。

同年十二月には当時、自身で撮影し、平凡社刊の図書には使用しなかった土偶写真で、『日本の土偶』という写真集を紀伊国屋書店から刊行されたのであった。

かつて鳥海青児画伯が、拙著「土偶」の装幀に人面を表現したかに見える縄文土器の把手のエッチングなど数葉書いて下さった時に、「土偶は非常に完成された姿であり、古墳時代の埴輪のように絵にすることは大変難しい」と話され、土偶のエッチングは一枚も書いていただけなかったのである。田枝氏がこれを乗り越えて、土偶をどのような被写体として、写真芸術写真として捕えたか、その評価は見学に来られるであろう、他の写真家の諸先生に伺いたいものである。

縄文土器文化の土偶はそのほとんどが女性を表現したものであり、その起源は後期旧石器時代に製作された女性像にまで遡ると思われる。スイスのモラヴィア地方のヴェストニイチェ遺跡では骨製、牙製のヴィナス像と呼ばれる豊満な女性像とともに、粘土で製作した同型の女性像が火災を起した後期旧石器時代の遺跡で素焼状になって発掘されている。

従って、ヨーロッパでは約二万年ぐらい前に粘土製の土偶も存在したが、素焼にしていないため、たまたまこの火災にあって偶然に素焼状になったもの以外は、またもとの土に化したと見るべきであろう。そして骨製、牙製のヴィナス像は北ユーラシア大陸に広く分布し、シベリア地方からも発見されている。また、小石に頭髪、乳房などを線刻した例もある。

わが国でも大分県下から後期旧石器時代の岩偶が出土し、愛媛県上黒岩《かみくろいわ》遺跡などからは縄文土器文化初頭の一二、〇〇〇年前の線刻女性岩偶が発見されている。

素焼にした女性土偶で最古のものは関東地方の茨城県花輪台貝塚などで発見の約九、〇〇〇年前の小土偶であろう。

女性の出産という神秘性から、彼らが自然界に求める食料の豊産などを祈って作成されたものが、旧世界の後期旧石器時代からの伝統を引くわが国の縄文土偶ではなかろうか。

インドのモヘンジョダロ、メキシコの古代文明の土偶など、農耕祭祀の土偶には男女両神があり、時代は降るが韓国の新羅土偶にも男女の像があり、セックスした姿を表現したものもある。韓国の新羅土偶については李蘭漢氏の「新羅土偶」という名著が一九七六年、ソウルで三星文庫としてハングルで刊行されたものがある。近く日本文のものも女史により新たに執筆されたものが出るとのことであり、期待したい。

（慶応義塾大学教授）

仏像と田枝さん

永井信一

仏像彫刻を研究するものにとって、仏像の写真は欠かせないものになっている。千言万語をついやして説明するよりも、一枚の写真が大きな説得力をもっている。しかし写真がすべてであるかというと、決してそうではない。「写真」が「真」を「写」したものでないことは、日常われわれがしばしば経験しているところである。飽くまで自分の眼で見たものがすべてであって、自分の眼でとらえたものに、どこまで写真が迫っているか、そこに写真の価値の判断が生れてくる。絵画のような平面のものとちがって、立体である仏像彫刻となると、どのような角度からレンズをむけるかで、いろいろな写真がとれる。無限にある視点を一つにしぼって、シャッターを切るというカメラ・マンの仕事は、なかなか気の張る商売ということができよう。

最近は、美術書が手をかえ、品をかえて、次々と出版され、どの本にも仏像の写真があふれている。カメラ・マンは出版社の求めに応じて、奈良や京都ばかりでなく、全国にわたって仏像を追って歩いている。カメラ・マンなら誰もが仏像の写真をとれるというものでない。そこで経験の豊かな、腕の良い少数のカメラ・マンに仕事が限定されてくる。同じ仏像の写真でも、こうした一般向けの美術書と、学術書のそれでは要求されるものが異なってくる。美術書の場合、写真の良し悪しが、売り上げにはねかえってくるから、一枚の写真とはいえ、出版社の命運をかけてのせるということになる。編集者もカメラ・マンも必死である。執筆者と編集者とカメラ・マンの、一つの仏像にたいするとらえ方が合致し、三者の考えが一つにならなければならない。しかしこうしたことは理想的なことであって、実際にはなかなかそうはいかない。三者のうち、誰かが妥協しなければ、一枚の写真さえ、本にはのらないのである。

三者がとことん納得のいく、良い写真をのせたいという信念をそなえていたら、良い美術書はできるであろうが、いまの出版界の事情からみて、そんなことをしていたら出版社は片端からつぶれていってしまうであろう。

一冊の本に、これは良い写真だというものが二、三点あれば、その本は一応良い本とみなしてよいであろう。

田枝さんの仏像の写真についていえば、古いものほど、良い写真がたくさんのっている。久野さんと共著の「日本の彫刻」のシリーズのなかの、東北地方の仏像などとくにすぐれている。写真が、久野さんの名文章をひき出している。仏像の本当の魅力は、この写真や文章のもっと先にあるといった実感をみるものに味あわせてくれる。とらえようとしてもとらえられない、仏像の美を、なんとかカメラにおさめたいという執念に心を燃やしている。一つの仏像を写真にとらえたカメラ・マンの自己満足といったものは、そこには少しも感じられない。それが証拠には、東北の山の中でも、韓国の田舎でも、インドでも必要とあれば、彼は何度でも同じ仏像をうつしにいく。また優れたカメラ・マンは誰よりも仏像をよくみている。それは一流の彫刻作家の眼と共通している。私は彼等がうつした写真よりも、写真ではとらえられないものを直接彼らからきいて、いろいろと教えられることが多い。

もちろん田枝さんもその一人であることはいうまでもない。田枝さんは美術史家の眼をあまり信用していない。こと仏像に関しては自己の眼だけに絶対の信頼をおいている。彼はえらい先生には文句がいえないので、ときどき私を相手に、あんな仏像のどこがそんなにいいのかなあと議論をふっかけてくる。彼と同感のときもあれば、こちらから大いに反論することもある。しかしなんとなく納得いかないといった顔つきで、私をこまらせることがある。

（女子美術大学教授）

レンズの眼ざし

宇佐見英治

精神の眼を限度を超えて見開けば限度を超えたものが見えてくるということ――そういうことはどうもありそうにない……

――本郷隆『石果集』――

じつをいえば、このエッセイを書こうとする前に、本書に掲げられた写真が出来上っていた。私はヨーロッパの先史芸術にかねがね強い関心を寄せていたが、自国の縄文時代の土器や土偶に格別思いをひそめたことがなかった。戦後のジャーナリズムが縄文芸術の検討を騒ぎ立てたときにも、私は一種の天邪鬼《あまのじゃく》からあまり注意を払おうとしなかった。現代日本の芸術が陥っている停頓と衰弱を救うために、縄文中期の装飾土器がもつ爆発的エネルギーや生命力《バァイタリティ》を呼び戻そうとする主張はもっともではあるが、あまりにも論理が見え透き、また単純すぎる、私にはそう思われた。それに遺物をとおして過去を科学的に復元する地道な熱情がなく、またそういう関心に必要な古代憧憬が私には本質的に欠けていた。私の考古学的な知識は冥《くら》く、ただ土器や土偶の形体が発する放射力に折々眼を光らせる程度であった。

だから正直にいって、田枝幹宏氏が撮られたこれらの写真を見なかったら、私がこの文章を書こうとしたかどうか怪しい。数年前、版元から本書の執筆を薦められたとき、私は当然のことだが躊躇した。ともかく写真だけは見せてほしいといって、私は厚い焼付紙のたばを持ち帰った。

しかし預かったこれらの写真をつぶさに見ていると、写真に撮られた土偶ののっぴきならない眼ざしが次第に心をとらえ出した。すべて偉大な芸術作品は見る者を射すくめるような視線をもっている。われわれは自分が芸術作品を見ていると思っているが、もしほんとうに魅惑されたなら、われわれの方こそ作品から見つめられていることを不意に感じるものだ。こののっぴきならぬ写真の眼ざしは私に何かの答、というよりも諾否を迫っているようであった。そしてそれが闇のなかに聞こえる謎の声のように心に憑《つ》き出した。私はともかく自分の言葉で応えてみたいと思い、いつかそれを書こうと思った。

すべてわれわれを魅了するものは、行動に駆り立てる。魅惑は世界の向こうからの問いかけであるが、われわれがそれに与えうる答は、ただそれへの問いかえしでしかない。私は田枝氏の写真に促されて、その後いくつかの遺跡を訪ね、書物を漁《あさ》り、また遠近《おちこち》の考古陳列館に通った。私はできるだけ多く土偶や土器を見、またそれらが掘り出された土地や現場に立って、まわりの空や湖や段丘を見たいと願った。

こういうことは本来なら跋文か序文で書くべきことだ。それをここに記したのは他でもない。自分の執筆の直接の動機がこれらの写真にかかわっており、また写真と現物の印象のちがいや一致について、まず語っておくことが必要だと思ったからである。じっさい写真に促されて現物を見、その美しさを改めて発見したというような経験は、現代ならだれにも多少あることではないかと思う。逆にわれわれはじっさいは、とてもあんなものではないとか、現物は写真ほどのものでないとか、しばしば写真に対する不信の声を聞く。結婚の見合写真から彫像を撮った芸術写真にいたるまで、われわれはつねにレンズに対し半信半疑の気持をもっている。われわれは絵画のモデルや画家のモティーフの現場をさほど見たいとは願わない。しかし写真の場合には、いつもこの半信半疑があって、当の被写体をこの眼で確かめたいと思う。もっとも、そう思うときにはすでに写真が半ば成功していることの証左だが。というのも写真を見て何の感興も覚えなければ、だれも現物を見確かめようとは願わないのだから。それこそ一昔前《ひとむかし》の民衆的絵画――ガルディニの風景画や北斎や広重の版画――から写真が受けついだ功徳というものだ。当人がじっさいに行けるにせよ、行けないにせよ、憧れに火をつけ、行動へと身を起させること、それだけでもたいしたことではないか。

しかし、写真に誘われて、仏像や社寺や他の芸術作品を見にゆくときには、事情はややや複雑である。われわれは写真家が撮った像の魅力の源が一方では本物から来るにちがいないことを信じている。何かの機会に或いは進んで、汽車や自動車に乗ってわれわれは当の寺院や彫像を見にゆく。もしそのとき写真とそっくりに像像《ママ》見えたら、写真は任務を終えたといってよい。犯人の認証写真や標本写真がそうであるように、ただ認知の意味しかもたない写真がある。空には写真と同じように層雲が流れ、その下方には寺院の雄大な棟がのび、鴟尾《しび》が光にきらめいている。屋根は波の勾配をもって軒を反らせ、堂内の暗闇を抱えている。前方には少し赤ばんだ白砂の庭があり、刈りそろえた灌木の茂みが見える。要するに写真とそっくりだ。だが見る者がそう思ったとたん、写真は魅力を失い、単なるアナロゴン（類同代替物）となってしまう。

しかし、優れた芸術写真の場合はそうではない。たとえば仏像を見るとき、われわれはほんの一時《いっとき》写真家がとらえた像の視線に出会うような気がする。しかしたちまちそれは消え失せ、われわれは像が（大抵は）写真ほどよくも充分にも見えないことを実感する。われわれは像が写真とちがうものだということを改めて感じ、歩いたり、見上げたり、立ち停ったりしながら、像のまわりに視線をさまよわす。しかしあまりにあらわに眼前に差し出された像は、こちらの視線を吸いこむばかりで、肝腎の形は像の内や四周に逃げ隠れしてつかめない。われわれは見ているのか、ただ像の存在を体感のように感じているのか、わからない。土偶の場合もそうだが、私は彫像を見るとき、見るということが意外にむずかしいことをよく感じる。

優れた写真は、そのようにものを見ることのむずかしさを教えてくれる。それはわれわれのさまよう視線を撮影者のヴィジョンに合体させ、何よりもものが眼によく見えるという楽しさを感じさす。写真家は人工的な照明を用い、また外光で撮るときにもそれを人為的に工夫して、本来被写体のものではない架空の環境を作り出す。私が半ば知り、深くはうかがいえないさまざまなトリック。田枝氏のような優れた写真家はそれを周到に駆使し、当の土偶が古ぼけた外観のなかに秘めている眼ざしを数千年の闇のなかから引き出す。じっさい写真家の撮った優れた彫像写真を見るたびに、われわれは像が一つの面貌でなく、思いがけない数十の面貌をもっていることを知らされる。ものが百人百様に見えることを他ならぬ写真機が教えてくれるのだ。と同時にわれわれの肉眼はそこに百人が百人かかっても見えないものがあることを知り、ものの眼ざしがその不可知の部分から来もすれば、そこへ帰ってゆくのを感じる。

優れた写真は、そのようにわれわれの不用意な肉眼が感じられないものを感じさす。それは当の対象自身さえ気づかなかった魅惑や恐怖をあばき出すのである。

研究室の整理番号を付した薄いボール箱から土偶がとり出されるとき、土偶はまだ眠っているように見える。もしそれを手にとって見改める人が考古学者であれば、土偶はたちまち知識のシステムに照合され、寝呆けづらをしながら一定量の情報を語り出すだろう。しかし写真家のアトリエに招かれるときには、土偶は化粧室に入って粧いなおすかのようだ。彼女は髷《まげ》を結いなおし、頸や胴に香油を塗る。すると何万年来の夜の夢が彼女を包み、蛇が起き上り、星々が呼び合う。毒水が流れ、獣たちは牙をむき、木に吊されて彼女は失神する。しかし化粧室の鏡のなかで彼女がふたたび眼を覚ましたとき、彼女はいま現代という抽象的空間に来ており、隣室で好色な写真師が彼女の裸身を写そうと待ちかまえているのを感じる。どんな媚態が気に入るのだろうか。

四千年前に群れの長老が見てくれたように、彼女の乳房はいまもはちきれるような吸引力をもっているだろうか。むっちりと緊った胴はいまもあのころのようにモダーンでありうるだろうか。

私はこれらの土偶の写真を見ながら、ふとこんなことを思う。それほどこれらの像はあらがいがたい魅力をもっており、モダーンにさえ見える。私は魅惑する像のこの視線は写真家のものなのか、現物自身のものなのか、それともいずれでもないものから放射されるのか、いまはそんなことは問題でない。

（明治大学教授）

《本稿は、淡交社刊『縄文の幻想』の第二章から転載したものです。》

田枝幹宏

《略歴》一九二一年岡山県に生まれる。一九四三年日本大学芸術学部写真科卒業。以後美術写真作家として現在に至る。

一九五九年『日本の土偶』紀伊国屋書店
一九六一年『円空の彫刻』紀伊国屋書店
一九六三年『古代中国の美』美術出版社
一九六四年『日本の彫刻』美術出版社
一九六四年『金銅仏』竹内書店
一九六五年『木喰の彫刻』講談社
一九六六年『日本の面』筑摩書房
一九六七年『朝鮮美術』美術出版社
一九六七年『世界の美術館・ニューデリー博物館』講談社
一九六八年『世界の文化史蹟・インド仏蹟とヒンズー寺院』講談社
一九七〇年『日本の仮面』社会思想社
一九七一年『アジャンター』平凡社
一九七三年『ロータリー美術館』ロータリーの友編集部
一九七三年『李朝の美・民芸』毎日新聞社
一九七四年『縄文の幻想』淡交社
一九七四年『肥前陶磁の系譜』名著出版社
一九七四年『縄文土器』平凡社
一九七四年『韓国の古美術』大韓民国文化公報部
一九七四年『運慶の彫刻』平凡社
一九七五年『法隆寺献納金銅仏』講談社
一九七五年『碌山荻原守衛全作品集』講談社
一九七六年『鉈彫』講談社
一九七六年『釈尊物語』六興出版社
一九七七年『江戸庶民の染織』毎日新聞社
一九七七年『美濃のやきもの』講談社
一九七八年『円空と木喰』講談社
一九七九年『釈尊の生涯』平凡社
一九七九年『古代朝鮮仏と飛鳥仏』東出版社

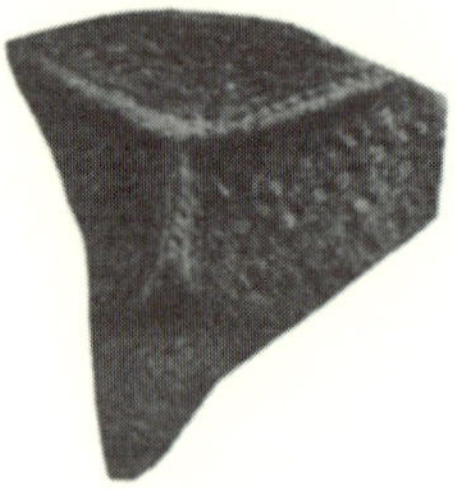

凝結された民族の生命力

田枝幹宏写真集『日本の土偶』評
（朝日ジャーナル書評欄より）

岡本太郎

人間が人間の像を再現するというのは、いったいどういうことなのだろうか。またいつから、どのような機会、動機によって、おのれの姿に似せて自己像をつくるようになったのか。その意味は何であろう。

「日本の土偶」に集められた数々のイメージを眺め、精気のこり固まったような人間像、そのすさまじい印象にうたれながら、私はまたしてもそんな疑問にかりたてられる。

偶像のもつ神秘感

一部の社会学者が強調するように、すべて宗教的、また呪術（じゅじゅつ）の功利的、神秘的な意味をもって出現したとは考えなくていいだろう。もっと偶然の遊びであったのかもしれない。しかしそういうことは論議しても、歴史の深み、文化の始源の神秘をあばき出すことはできない。時代、生活、すべてがかけ離れてしまった今日、この場所から類推することは無謀であろう。しかし私は人間像をつくる立場、その感動から問題を考えてみたい。

創造する、つくりあげるという情熱、そのプロセスによろこびがある。像を作っている間はなんでもない。ただの土くれ、石のかけら。それに対して製作するものは支配者だ。相手は単なるマテリアルであるにすぎない。

しかしいったん作りあげられて、自分の手から離れたとたん、それは他者になってしまう。そして別の生命をうけて輝きはじめる。それは偶像のもつ神秘である。

人形はある意味で、人間よりも更に人間的である。生命はないが、しかしまさしく生きている。そういう矛盾自体が、人形の本質である。もちろんことさらに神秘を目的とし、意識して作られる神像、呪術の対象、手段であったりする偶像もあろう。いずれにしても、自分自身でありながら自分の外に、自分をのりこえるものとしてある。それは人間の精神、生活を反映し、それをひき上げて行く、透明な光り輝く座標。つまり人間の歩みに絶対なものであったという風に考えることが出来ないだろうか。

すばらしく新鮮な人間像

縄文（じょうもん）の土偶がどのような意味でつくられたかわからない。しかし私はいまこの本の一ページ一ページからわき上ってくる生命感に眩惑される。いったいこんなすばらしく新鮮な人間像が、古今を通じてあったというのだろうか。しかもこれがわれわれの国土の深みからぞくぞく発掘される。

私は民族の誇りなんて言葉は甘っちょろくてナンセンスだと思っているのだが、縄文文化にふれるときだけは、全身の血管が民族的な誇りと共感で、じわじわ熱くなってくる。これ一つをテコにして、現代日本人の運命的な西欧文化へのコンプレックスをひっくりかえすことが出来ると思うし、そうしたい。その意味でこの写真集はまったく強力な切札だ。

私の知る限り、かつてこのような焦点のきびしさと迫力で縄文土偶を写し、きりとった本はない。何ごともめったにほめない私だが、この本はどんなに絶賛してもなおほめ足りないのである。

写真集としてばかりでなく、それと細かく対照した解説が極めて親切である。

すべての日本人に、ここに凝結されている民族の生命を眺めかえしてもらいたいし、また外国人には奈良や京都の写真集よりも、この驚くべき一冊をつきつけたいと思うのである。（Ａ５判変型　図版一二二枚　本文三二ページ　昭和三四年　二八〇〇円　紀伊国屋書店）

田枝幹宏さんと朝鮮

外岡　宏

　田枝さんに初めてお会いしたのは、『古代朝鮮仏と飛鳥仏』の出版記念写真展をやろうという相談の席でのことである。ピーコックの地階のラウンジに降りていくと、すでに著者の久野健さん、出版社の東社長が来ておられたが、まもなく、淡茶のスーツを上手に着こなした温厚な紳士があらわれた。一見ひかえめに見えるこの人が、本書の写真を写した田枝幹宏さんだった。カメラマンという言葉より写真家という言葉のふさわしい人だな、とおもった。一九七九年の春の一夜である。以来二年、不思議に馬が合って、十年来の知己のごとく付合わせていただいている。

　田枝さんはたいへんテレ屋である。年下の私が微笑ましさを感じるほどテレ屋である。そのころ、「撮影あれこれ」と言った題で撮影のエピソードをお話し願ったことがあるが、大勢の前では旨く話せないというので、私との対談という形をとらせていただいた。あまりの仰々しさに、聞き手役の私が途中で恥かしくなったほどだ。

　しかし話題が豊富で語り上手である。調子を抑えた口調で洒脱な話しを展開して人を倦ませない。田枝さんの取材に、悪童三人が岩手県までついていったことがある。その帰りには、運転者へのおもいやりもあってか、一ノ関から蓮田まで、六時間の東北自動車道を、大人の話しで語りきってくれた。座談の名手であり、その技は非凡だ。ただ、テレ屋だからひかえめに見えるのだとおもう。

　ところで『古代朝鮮仏と飛鳥仏』は待望の書だった。私もかつて飛鳥白鳳仏の源流を尋ねて訪韓したことがある。十年ほど前だ。久野さんは本書でこの問題に正面から取りくんでくださっているし、田枝さんの大版（B4）の写真は実に鮮明で美しい。一見してお二人の仕事が一朝に成ったものでないことを知った。そこで大いに話し合いたくなったわけだが、田枝さんに関する私の知識はあまりに乏しく、うまい話題が出なくて弱った。そこで苦しまぎれに

　手持ちの朝鮮美術書で一番美しい本は美術出版社から出た『朝鮮美術』だ。

と言ってみたところ、意外なことに、

　あの本なら半分はボクの写真です。

という言葉がかえってきた。

　この本はスイスのFRIBOUG社が編集したもので、日本版も図版はスイスで印刷された。いわゆる国際出版のはしりの本だ。著者は金載元氏と金元龍氏、写真の一部（主にカラー）はスイスのハンス・ヒンツ氏が撮った。

　なぜ私はその事実を知らなかったのだろうか。帰宅してから調べてみたが目次にも奥づけにもその名は無い。しかし、よくよく探してみたら、著者の序文に

　そのほかの大部分の写真は、一九六四年秋に、とくに本書のために来韓された日本の田枝幹宏氏によって撮影されたものである。

という記事があるではないか。いったい私の目はどこについていたのだろう。

　考えてみれば、この序文の記事は田枝さんの過去を記した記念碑である。

　田枝さんはこの仕事が契機となって、朝鮮美術の追求者となり『李朝の美・民芸』『韓国の古美術』、『古代朝鮮仏と飛鳥仏』を手がけるようになるわけだが、一九六四年秋という時点は、日韓条約が批准される一年まえで、自由な往来ができない時代だ。入国は特別招待状で可能になった。当時四十四才の田枝さんは、おそらく日本の美術写真家では戦後最初に韓国の土を踏んだ人なのである。「とくに本書のために」という九文字は単なる形容句でなく、戦後史そのものを表わしている。

　更には、この旅は幼稚園・小学校を過した（群山）土地への三十数年ぶりでの回帰でもあった。北へも南へもどしどし渡航して良い仕事を残していただきたいと思う。

＊読者からの便り＊

（東京・小平市）　永井信一

御芳書ならびに《くじゃく亭通信》拝受致しました。ユニークな編集内容、鮮明な印刷、一読して深い感銘をうけました。小生戦前にいまのソウルの中学（旧制）を卒業し、彼の地に故郷のような懐しさを抱いており、韓国人の友人も少なくありません。外岡氏よりの御依頼の原稿、近日中に郵送致します。今後ともよろしく。

（東京・練馬区）　宇佐見英治

御書状と「くじゃく亭通信」や、また御招待券をありがとう存じました。数日仕事にとりまぎれ御礼が延引いたしました。「くじゃく亭通信」は立派なものですね。渋谷の方にはたまにしかまいりませんが、そのうち寄らせていただきましょう。田枝さんの展覧会が始まりましたら、御案内をいただきたく思います。御清栄を祈ります。寸楮御礼まで。

（東京・文京区）　土屋義行

又寒さが戻ってまいりましたが、その後いかがでございましょうか。いつも一方的都合ばかりで、御無沙汰いたしております。不勉強ながらも、あの様なお話、又雰囲気に入っていれば、いつかは少しは勉強する気になるのではと甘えてばかりで申し訳ありません。この様な、なまけ者の私に高さんをはじめ諸先輩に御指導を戴き、誠に恐縮に存じております。今後共よろしくお願い致します。

尚勝手ながら「くじゃく亭通信」の合本の購入を申込みたいのですが、お手数とは思いますが、よろしくお願いいたします。昨日は外岡さんも風邪で休んでおられました。お身体を大切に。

（横浜市）　遠藤純子

くじゃく亭通信32号お送りいただきありがとうございました。豊富な内容、まずはくいしん坊のつねで料理談義、食物文化譚の豆腐の話と、何やらうしろから読み進んで、金学鉉氏、外岡氏の文は背をはり、腹をすえて読みました。他では触れ難い文を毎号たのしみにしています。

「邂逅忌」ではお目にかかれるかと楽しみにしておりましたが、お会い出来ず残念でした。といっても、私の方も旅先から直行して会も終る頃に着き、今年は少々希薄な参加の仕方となってしまったのでしたが。

丁度その少し前に、くじゃく亭のお店の御様子を「週刊朝日」の高史明さんの御照介で拝見し、何やらこちらまで心たのしく思ったことでした。

近いうちに具興植氏の作品展、見せていただきたくピーコックへ参上するつもりです。とりとめもなく書きましたが、どうかお元気で御活躍下さい。奥さまによろしく。

（京都市）　後宮美智子

楽しみに致してました「くじゃく亭通信」只今拝読、素敵に印刷されていて嬉しゅうございました。あんなに「困る、困る」と思ってましたくせに何だか嬉しくて、くり返し読んで遠くの息子達夫婦にも読んでもらいたいと思ったのは、一体全体どうゆう心理かしら。

三月二十九日は京大・上田正昭先生、金達寿先生とバス二台分の旅行は、百舌鳥近郊の百済・新羅の遺跡をまわり、楽しい勉強をさせて頂きました。朝一厘咲き位だったさくらも、帰りには大分ひらいていました。池ノ上小学校（注・東京代沢）のさくらはどの位でしょうね。南漢山城の山ざくらは今年はまだでしょうか。知らせてくれる人もなくて。

では、お大切に。　かしこ

（東京・北区）　荒竹清光

「くじゃく亭通信」ありがたく拝読致しました。どの論文も味わい深いものばかりです。先日ピーコックを訪ねたのですが、高さんに会えずに残念でした。「二人展」にも是非参上したいと思っています。

ところで、私は授業で、よく朝鮮人差別問題を話すのですが、先日、日本名H君が話の途中でサッと手を上げて「私のお父さん朝鮮人です」と云ってのけたのです。ざわざわしていた教室も一瞬静かになりましたが、後は全く平常。そして、「差別」について話しが一段と活溌になりました。少しずつどこかで変っていかねばなりません。

（私立調布中・高教諭）

（横浜市）名取義一

前略　いつも「くじゃく亭通信」をご郵送下さり感謝々々。その度に韓国文化に就いて教えられ、思わず唸ることさえあります。「朝鮮食物文化譚」などでも〃豆腐の道〃、いわゆるトーフ・ロードは中国からと思っていたら、実は朝鮮からとのこと……。ああ。

朝鮮料理といえば「週刊朝日」＝三・二七号＝の〃この店、この一品〃欄に「くじゃく亭」が取上げられていて、以前「樽の会」の人々と一緒に焼肉を食べたのを懐しく思い出した次第。しかも、かつてソウルでご馳走になった〃松の実がゆ〃があるとは……。

（青山・NHK文化センター）関谷　則

「くじゃく亭通信」いつもありがとうございます。NHK文化センターの朝鮮語講座は、他の語学講座にくらべて受講生が少なく、毎期心細い思いをしております。今度、高さんにお願いして「くじゃく亭通信」の発送名簿を見せていただき三百通程のちらしをお送りしましたところ、手ごたえがあり、鄭大聲氏からはわざわざ激励のお葉書をいただきました。これに力を得て更にがんばりますので、今後ともよろしくお願いいたします。講師・内容とも自信のある講座です。もし問合せがありましたら、（〇三）四七五－一一五一へお願いいたします。先ずは御礼まで。

（平塚市）橋本敏彦

前略　遅ればせながら、特に次のことどもについて御礼申さねばなりません。

『金達寿小説全集』についてたいへんお世話になりましたし、その機会に〈ピーコック〉で久しぶりに金さんを真近に見ることができました。圧倒的な生命力漲る感じでした。

古代の仏像の美しいのを観させていただきました。そして、その時代や民族などによる変化の様子、優れた研究家によって教えてもらうことができました。そして≪くじゃく亭通信≫では、李進熙さんの「シャーマニズムと青銅器」、この講演会に行けませんでしたので、この文章については、外岡さんにお礼申しますが、掲載してくださいましたことについては貴兄に――。「通信」創刊号から頂いている一人ですが、これまでの最高のものです。

（松戸市）鉄矢由支子

東北の古代仏を訪ねる今回の「美術の会」の旅は、期待以上に充実した素晴しいものでした。有難うございました。皆様の勉強熱心な御様子に日頃の自分がむちうたれる様でした。遅ればせながら皆様の後からついて行きたいと思います。どうぞよろしく御願いいたします。御仲間も皆様良い方ばかりで本当に楽しい旅でした。細いお心遣い身にしみて感謝致します。

「朝鮮食文化セミナー」の開催案内

題　日本のなかの朝鮮食文化（第一回）
　高知の豆腐と食風俗
講師　理学博士　鄭　大聲
日時　七月二十七日（月）午後五時半～七時
場所　モランボン調理師専門学校
　新宿区四谷三－十二 tel 359－六二四一
　地下鉄丸ノ内線四谷三丁目下車
会場費　五〇〇円（資料代と記念品代含む）
(注)　参加希望者は、七月二十日までにハガキでお申込み下さい。

―展示写真頒布のおしらせ―

田枝幹宏《縄文の幻想》写真展開催の期間中、展示写真（ただしカラー写真にかぎる）を有料配布いたします。作品御希望のかたにはレジで予約を承わります。頒布価格は左記のとおりです。

八切（15cm×20cm）　一、五〇〇円
六切（19cm×24cm）　二、〇〇〇円
四切（24cm×29cm）　二、五〇〇円

予約は八月末で締切り、九月十五日以降お渡しいたします。なお、価格には送料は含まれておりません。

朝鮮食物文化譚（8）

鄭大聲

香辛料、胡椒と唐辛子について（I）

まえがき

各国、各民族料理にはそれぞれ何んらかの特徴がみられ、それなりにその地域性なり民族性が象徴されているようである。

香辛料の「唐辛子」が各種調味料に用いられ、出来上がった料理に「辛《から》い」ものが多いのが、朝鮮料理の〃特徴〃とされている。たしかに朝鮮の食べものには唐辛子がよく用いられている。少なくとも日本のそれと比べたときにはより顕著なものとして対照することが出来るだろう。

何故、朝鮮料理には唐辛子が多く用いられるのでしょうか、と私はよく質問を受ける。同時に、少し朝鮮と日本との歴史的交流について詳しい方々からは、日本に唐辛子が先に伝来し、それが朝鮮に渡ったものであるのに何故、日本の食生活にはとけ込まず、朝鮮にはあれ程普及したのであるのか？

甚だしきに至っては朝鮮ではあの〃辛い〃唐辛子が食生活に取り入れられることによって食味が変り、そのためそれ以前にあった「茶道」のような嗜好飲料がたしなまれなくなったというのは本当か？　と聞かれる始末である。

あらかじめこれらの疑問に対して結論を出しておこうと思う。そしてその結論がどのようにして引き出されたものかを説明して行きたい。

唐辛子は胡椒の代替役

結論とは、思うに朝鮮の食生活と日本の食生活の対照的で大きな差とは、料理材料に片や朝鮮には肉類が用いられていたということである。古代より肉食禁止の仏教がいく度も制限を課するが大陸の遊牧民族との交流の中でこれは守られず、肉食は広く庶民にまで浸透していたことである。

片や日本は七世紀から明治の初めまで、肉食が公然とは一般化しなかったということである。

もうひとつは調味香辛料の用い方に差があった。とりわけ胡麻油などの植物性油などが料理づくりに多く用いられたし、また今も用いられていることである。つまり料理の味つけの方法に異なったところがあるのだ。

このようなところが朝鮮と日本の食生活の差異点として底辺に敷かれているのに注目するのが肝要かと思える。

肉を料理するにはあの血なまぐさい匂いを何んとかしなければならない。また生の肉は腐敗しやすいのでそれも防がねばならない。

これにうってつけの香辛料は「胡椒」であった。肉料理を多とした西洋でこれがもてはやされたことは云うまでもないが、朝鮮でも同様であった。

また辛い味をまろやかに和してくれるのは塩と油である。香辛料の刺激をストレートに伝えないようにつつんでくれる。

十四世紀ごろから初めて胡椒の味を知った朝鮮の一部の階級では、高麗、李朝と続いて胡椒を多く消費するようになるが、それが十六世紀末の「壬辰倭乱」つまり豊臣秀吉の朝鮮侵略による戦いで中断し、ちょうどそのころ伝来された「唐辛子」がその代替役、ピンチヒッターのような形で定着して行ったとみるのが妥当なのである。これが結論である。

すなわち、朝鮮に唐辛子が広く普及定着するのは胡椒という香辛料が先にあったからで、胡椒が食生活に取り入れられていたのは肉食をするという日本とは異なる生活がそこにあったためなのだ。唐辛子の普及は十七世紀ごろから始まるが、朝鮮民族が辛味を知ったから茶を飲まなくなったのではない。

茶道は李朝の「崇儒排仏」の政策の中で消えて行っただけのことである。

唐辛子の普及と茶道の衰退とを関係づけようとするのは何んら根拠のないことである。

胡椒の伝播

この「結論」を理解してもらうには胡椒のことから話した方がよいだろう。

朝鮮に胡椒が知られるようになるのは中国を通じてであるらしい。

「胡椒《こしょう》」という呼び名に「胡」がつけられて居り、その呼び名をそのまま踏襲していることでそれが裏づけられる。

文献上胡椒が朝鮮に最初に輸入された記録は、高麗末期の昌王元年（一三八九年）のことで、琉球国中山王　察度が使臣の王之を派して硫黄、蘇木などと共に胡椒三百斤を進貢したのがそれである（高麗史）。

しかし、胡椒がひんぱんに輸入され、やがて庶民の食生活にまで利用されるようになるのは、後の李朝時代に入ってからのことである。

そしてこの李朝時代の胡椒の主たる輸入先は日本であった。

李朝、世宗朝になって日本との貿易が盛んになって来る。

その理由はそれまで日本の〃無法海賊船〃ともいうべき「倭寇」の鎮圧に成功したのを背景として自由な対日貿易が出来るようになったこと。また朝鮮側が欲しがっていた漢方薬や染料の材料になる蘇木（蘇方木《スオウ》ともいう）を日本側が有利な条件で売ることが出来る事情があったこととされている。

この南方産の蘇木と共に同じ南方産の胡椒が朝鮮に輸入されるようになって来る。

最初は蘇木と共に偶然的に輸入されるような形であったものが、世宗朝（一四一八〜一四四九年）に至っては目的意識的に継続して輸入されるようになって来る。

世宗初期十年間に日本人によって進上された胡椒の量を表にしたものが次である。

年別胡椒進上表（1418〜1427）

年	進上回数	進上量（斤）
世宗即位年（１４１８年）	3（ 3）	27（400）
世宗元年（１４１９年）	1（ 0）	150（0）
世宗２年（１４２０年）	0（ 3）	0（1,200）
世宗３年（１４２１年）	2（ 7）	39.9（3,800）
世宗４年（１４２２年）	0（ 1）	0（300）
世宗５年（１４２３年）	19（51）	692（56,070）
世宗６年（１４２４年）	3（ 7）	45（5,050）
世宗７年（１４２５年）	1（ 2）	10（1,100）
世宗８年（１４２６年）	0（ 3）	0（1,000）
世宗９年（１４２７年）	1（ 4）	5（1,500）
計	30（81）	968.9（70,420）
年平均	3（ 8.1）	96.89（7,042）

（）内の数字は蘇木である。

「世宗実録」による。「李朝前期対日貿易研究」（金柄夏）一四一頁の表参考。

進上とは何もたゞでくれてやるということではなく、求めに応じてそれに見合うものと交換したのが大部分であったらしい。多くの場合、織物がこの支払いに当てられている。

世宗初期十年間の全胡椒量は量としては大したことはないが、このころを境として朝鮮で胡椒が知られるようになり、積極的にそれが求められるようになって来たことを示している。

日本のどの地域からこの胡椒が朝鮮に入ったかをみると、そのほとんどが九州と対馬島に偏在している。

これはこの当時の朝鮮との交易関係の特徴でもあるが、九州、対馬島、琉球地域ではこの胡椒にしろ、蘇木にしろ自分達はほとんど消費することなく商品として中継貿易の大切な品物として扱っていたわけである。同時に本土の方へこれらの南蛮品が普及する余裕のなかったことを示してくれる。

世宗中期以後になると胡椒の輸入量はより一層多くなってくる。

朝鮮側の胡椒の必要性が増大していくからである。

（続く）

ピーコック画評(28)

――太田善広個展をみて――

後藤　直

五月は自ら「風物詩を求めて――」と銘を打つ「太田善広個展」がピーコック画廊で開かれている。

私はそれを三度みた。回を重ねるごとによくみえてくるから不思議である。

特にみどりの処理のうまさと丹念なかき込みが、画面をより充実させているようだ。

会場には前回の「具興植信楽焼展」の壺などが数点まだ飾られていて、そのなごりをとどめているが、陶器のもつ渋さとはまた違った太田氏の年輪がうかがわれるような、いい展覧会であった。

太田氏の追求するひとつのテーマは「睡蓮」である。「睡蓮」の絵は大半をしめているからそのことはすぐ分かる。

いわゆる「睡蓮」は、洋の東西を問わず画家たちは好んで描く。がこれは簡単なようで実際はとてもむずかしい題材であろうと思う。

太田氏は、冒頭にもふれたように、得意のあのみどりで、前方には水の輝きと睡蓮、そして背景の若葉の木立とをうまくマッチさせていて素晴しい。まさにみどりのハーモニイである。

私はそれ以外の絵「堂影」「凛」も好きである。そこには冬だけがもつ寒々としたきびしさが表現されていて効果をあげている。

「静」は沼と林を描き、山の深い静寂さを表出した絵である。「道」ははるか遠くまで連なる道路の光景である。それらはそのものずばりで面白い。「桑畠の有る風景」は、その桑が生きている。「江の島風景」は、空が充実していた。

秋口を描いた「里見風景」、「横瀬の秋」、初冬だろうか「切り通しの有る風景」、そして春まだ浅い「冬木立と残雪」、これらにはすべて荒涼とした四季の特色がにじみでている。

しかし概して大きいキャンバスになれば、力がやや分散するきらいがあるようだ。やはり私は、あの「睡蓮」シリーズが好きである。

それにしても太田氏の絵には、誰しもまねのできないいぶし銀のような味合いがあり、またかりに誰から文句をいわれようと、そうした雑音を無視し、こつこつと描こうという意欲がみなぎっていて自然にひきつけられてしまう。氏の目標「風物詩を求めて――」に一層のみがきをかけてもらいたいものである。

田枝幹宏　**縄文の幻想**　写真展

―七月一日～八月三十日―

「古代朝鮮仏」、「円空と木喰」につづく一年半ぶりの田枝さんの写真展です。豊かな乳房を突きだした人形《ひとがた》文の美くしい壺や、土偶の既成概念をゆする太古の美女のヴァリエーションをぜひ御高覧ください。

於画廊茶房　ピーコック

▼編集後記▲

「くじゃく亭通信」30号合本の作業は順調に進んでいます。田村義也氏の装幀になりますので、いまのところワクワクしている最中です。

バックナンバーの在庫が無いために合本とは言え、すべて新たに刷り直すことになりました。ことのついでに紙質も少しばかり上等のものをと、また総目次も入れることにしようと、次第にはじめの計画よりも希望が膨み、そのために一〇〇部限定で頒布価を割り出したところ三、八〇〇円ということになりました。31号の予告で二、〇〇〇円内外とお知らせしましたのに……。少しでもよいものを創りたいという意図が、これまでに御予約下さった方々に却て申し訳ないことになってしまいました。

更めて御予約をお受けいたしますので、御希望の方はハガキでお申し込み下さい（高）

くじゃく亭通信

第34号

「くじゃく亭通信」編集部
〒150 渋谷区宇田川町八—九
☎（四六四）八九一〇

定価100円

昇華された憂悶

日高暢子ナイーブ展に寄せて

針生一郎

日高六郎氏夫人暢子さんには、今年の前半胸の霽れない日がつづいた。六郎氏がメルボルンの二つの大学から客員教授として招かれ、国際交流基金の経済援助で渡航するはずだったが、オーストラリア政府が夫妻にヴィザをださなかったからである。しかも、それは一九七四年、パリ滞在中の暢子さんがフランス警察に逮捕され、身におぼえのない日本赤軍との関係を追求されたせいらしい。単なる憶測が国際警察のファイルに保存され、一国政府が外国人市民の人権をふみにじる根拠となることに、夫妻はあらためて戦慄した。むろん、六郎氏の所属する京都精華大学や友人たちがオーストラリア政府に抗議し、七月になって現地有力紙が政府を批判しながら問題をとりあげたため、日本でも新聞雑誌に報道されたように、事件はいまなお係争中である。

こうして、眼にみえない国家の壁とむきあうさなか、暢子さんは愛犬二頭の死にもみまわれ、その憂悶を昇華するはけ口を、かねて趣味とする絵画に求めた。今年のはじめ、数人の仲間たちと六郎氏送別会をひらいたのち、ヴィザ拒否の事実を聞いて心配していたわたしは、夫妻の電話をうけてその絵を見に鎌倉のお宅にでかけた。壁にならんだ二〇点ほどの画面には、国境を暗示する有刺鉄線や海流のまわりに、あどけない二頭の愛犬や、夫妻とおぼしい憂愁をたたえる男や女の像が点在し、幻想と抒情にみちたナイーヴな筆致と色調をとおして、作者の悲しみと怒りが惻々とつたわってくる。

雑談のなかで、「ほんとに、あの会議あったのかしらねえ」と、暢子さんが夢みるような表情でつぶやくので、「え？ 何の会議？」とたずねると、「パリのわが家であったという、赤軍の会議」という答えが返ってきて、わたしはそのとき彼女の童女のような無垢さに感動した。じつはわたし自身、七月はじめ国際交流基金の派遣で、韓国版画ビエンナーレに国際審査員の一人としてゆくはずだったが、韓国政府にヴィザを拒否されたので、みえない国家の暴力への怒りはひとしお身にしみる。

それはともかく、だれでも芸術家になれる反面、あらゆる芸術家は本来アマチュアでなければならないと信ずるわたしは、素人と玄人といった概念で作品に接したことがない。これらの作品には胸をうつ切実なモチーフがあり、既成の約束ごとにとらわれない自由で真率な表現があることを、わたしは貴重なものと感ずる。このささやかな展覧会を機会に知友あつまって暢子さんに拍手を送り、あわせて夫妻の健闘を祈ろうと、よびかけたい気持で一文を草した。

日高暢子油画展　於画廊茶房ピーコック
九月一日〜九月三十日

『朝鮮社会運動史事典』のこと

金石範

『朝鮮社会運動史事典』（高峻石監修、文国柱編著）が今年の五月に、社会評論社から出版された。四百字詰め原稿用紙で二千枚近い大冊だが、研究者にとっても、そして朝鮮問題に関心のある人々にとっても極めて貴重な案内役を果たしうる、この種の書物では、在日朝鮮史運動史をも網羅した全体的な体系を持つ唯一のものである。

編著者である文国柱氏のまえがきによると、一九四八年八月ソウルで出版されて間もなく発禁・絶版になった李錫台編『社会科学大辞典』中の朝鮮関係事項だけを取って日本語訳にしたものが、本書の土台になっている。土台というのは、それだけでこの書物の全体をなしていないということの謂だが、原辞典中の説明不十分なものに関しては、編著者が〈追補〉として新しく書き加え、さらに一九八〇年の今日までの史実を項目別の書き下しで収録することで、本書を現代の要求に十分に応えうるものたらしめている。〈追補〉を含めて文国柱氏の直筆になるものが全体の五分の三を占めているところからも、本書が原辞典からの翻訳にとどまらず、すぐれて一つの著作であることが分かるだろう。

事典といえば、即効的効果を求めて項目を拾い読みする類のものと考えやすいのだが、本書はコンパクトな一冊本の体裁を維持しながら、朝鮮経済史、社会史、政治史等々、それぞれの体系下にまとめられた一つの独立した専門的な著述の統一体をなしている。因みに、文国柱氏の執筆による「済州島の四・三闘争」（一九四八年）を見てみると、この一項目だけで、内容もさることながら、原稿用紙五十数枚が費されており、雑誌掲載の場合をとっても、論文では優に中篇にあたる分量のものである。

ところで、専門的な書評のほうは社会科学者に委せることにして、私はこの書物を手にしたときの感想の一端を記したい。

私は事前に本書が出ることを人から聞いていたが、実際に書物を手にしたときは、正直いって（年長の先輩にあたる人に失礼ないい方になるかも知れぬが）いささか驚いたのだった。これはいわば文国柱氏の処女作だが、彼はいままでものを書くというような気配をこれっぽちも示したことがなかったのである。書物の内容の素晴しさ、出版の意義もさることながら、原典からの翻訳以外に全体の五分の三を書き下した筆者の情熱とその実力のまえで、私の驚きはやがて感動へと変化し、そして、そのような彼を知らなかったおのれの不明に深く恥じたのである。

文国柱氏は一見女性的とさえ見える柔和な感じの人の世話をいとわない人柄で、近年は健康を害して酒も口にしていないと聞いていた。それに彼には生業がある。時間的に見ても、そうのんきな立場にない人のはずであった。ところが、いつの間にか大冊をものにして、われわれのまえにその貴重な成果を、召し上れと差し出してくれたのである。着手してから二年足らずの仕事だというが、しかしその時間の凝縮の度合いとそれの筆者の心身に与えた緊張と苦しみはかなりのものだっただろうと想像できる。

文国柱氏はまえがきで、原辞典の編者李錫台が李承晩警察による拷問で殺され、執筆者の多くが犠牲になったと書いているが、その先人たちへの、そして朝鮮革命（何と幻のように響くことばか）への熱い思いが、この大冊の完成を支える情熱となったのだろう。それは禍多く幸少なきこの民族を憂い、愛する者の熱い心の所産でもある。紙数も尽きたが、しかしこれ以上、そういった話を進めるのは苦しい。

最後に、文国柱氏の大きな労苦と大きな成果に心から敬意を表したい。

李朝の書院

⑽ 書院を構成する人々 II

外　岡　宏

寝不足でうとうとしていると、
「一頁分の原稿を、できれば週末までに」
という電話。この酷暑に、なんとも話が急である。
　そこで、前回、先を急いで吟味を欠いた〈生みっぱなし〉問題を、多少ではあるが敷衍して、責を免かれさせていただければとおもう。

周世鵬は書院を創設した。
いわば新しい革袋の誕生だ。
ところが、
革袋にふさわしい新しい葡萄酒の
　仕込みも忘れたかのように、
彼はそそくさと転動してしまった。

というのが、その粗筋である。
　周世鵬が書院をじゅうぶん完成させることなく放置した事実は記憶に価いする。しかし、良く考えてみると、この事実は、もっと多角的に分析しなければならない重要な内容を秘めているように思われる。本稿はそのために一つの傍証と一つの視点を提供するものである。まず次の一文を見よう。

近来、書院を建つるは
志学の士を養うべく、
益浅からずとなすも、
ただし師長を設けざる故、
儒生相聚まりて放意自肆
矜式《キョウショク》する所なく、
蔵修の効を見ず。
国家設立の本意は、必ずしも此の如からず。
故に議する者、
書院をそしりて以てやむべしとなす。

宣祖十一年（一五七八）、栗谷・李珥の筆になる文書（『朝鮮教育史』一九〇頁、渡部学。講談社版）だが、書院創設後三十八年にして、多数の書院ははやくも
　師長を設けざる故
　蔵修の効を見ず
と指摘される惨状を呈するにいたるのだ。同時代最高の英知によるまたとない証言は、一体なにを意味するのだろうか。ここには周世鵬一個人の軌跡を超越する問題が横たわることが暗示されている。

しかしこれは周世鵬が二度にわたって書院を生みっきりにした責を免ずるものではない。
　彼には時間が不足だったのか、
　容器だけで事たれりと考えたのか、
　策は講じたが不発だったのか、
いずれの理由も能吏の所業には適わしくない。
新しい視点が必要だ。

その視点とは朱子学である。
朱子学は周世鵬の思想の原点である。
もし、この朱子学が、
思想をこえて、信仰に達していた——
と仮定してみたら、どうなるだろう。
晦軒安珦を育んだ竹渓の地は、
ほとばしる鮮烈な冷水そのものが、
志学者を心底から揺動かし、
疑人化した自然の精が、
人間の師範以上の師となるだろう。
ここに彼の教育哲学の躍動がある。
克己を貫いた彼の人生が、
それを雄弁に物語っていまいか。

というわけである。もしこうした信仰にちかい信念を持ちあわせていなかったならば、周世鵬の軌跡は違った線を描いていただろう。
　しかし、彼ほどの実務家が安珦幼学の聖地の霊力を、なぜそれほどまで重視したかという疑問はいぜんとして解消しない。
　この点について、私はつぎのように考えている。では周世鵬に第三の道があったろうか。理想の教師が存在しないからこそ、彼は、学生同志の切磋琢磨に大きく期待して、新しい形態の学校を創設せざるを得なかったのだ。したがって、彼の行動を〈生みっぱなし〉という次元でとらえてしまうと、こうした問題の本質が大きく削ぎ落され、歴史が凋びたものになる恐れがあるわけである。

＊読者からの便り＊

（三鷹市）松浦英穂

いつもいつも「くじゃく亭通信」ありがとうございます。30号合本が出来あがる由、御目出度うございます。過日は珍らしいメニューを組んでいただきありがとうございました。松の実がゆ、九節板逸品でした。

愈々夏、スタミナつけに又仲間でまいります。たまには新宿へも御出掛け下さい。戸井昌造先生を御誘いして一杯やりませんか！

暑くなります、御身体大切に。

（大阪・羽曳野市）鈴木重貞

「くじゃく亭通信」33号ありがたく拝受しました。貴画廊では個展、写真展など、次々に催おされる様子、「縄文の幻想」展も諸氏の文章によってそのすばらしさを想像しました。何分にも一寸拝見にゆくわけにも参らず残念です。「朝鮮食物文化譚」も毎号興味ぶかく拝見して居ります。

梅雨うっとうしい折柄御自愛を。

（東京・渋谷区）海見絢子

前略　もうそろそろ…と待たれていた「くじゃく亭通信」が届きました。とても嬉しいお便りです。そして、あとからは豊かな内容、お書きになられる皆様の深い論文等に感動でいっぱいになります。余りに知らないことが多くて……。「くじゃく亭通信」は、私にとって大きな教えがあります。本当に有難うございます。

また、十一月には絵のことでお世話になります。画歴も浅く、ささやかな作品になると思いますが、宜敷くお願い致します。近々ご挨拶に伺うつもりでございます。最後になりましたが、30号合本予約申込み致しますので、宜敷くお願い致します。季節柄ご自愛下さいませ。

（東京・中野区）大和岩雄

前略　御無沙汰しております。「くじゃく亭通信」毎号お送りくださり、ありがとうございます。「縄文の幻想展」は時間をみつけてみたいものと思っています。

別便にて拙著『日本古代王権試論――古代韓国との関連を中心に――』（名著出版・刊）を送りました。御批判いただければ幸いです。

（埼玉・大里郡）大偶道子

一筆ごめん下さいませ。毎日うっとうしい梅雨でいやになりますね。それを吹きとばすような明るい紙面の「くじゃく亭通信」いただきありがとう存じます。今回は田枝先生の「縄文の幻想」特集――たいへん魅力ある写真展のご様子、ぜひ拝見させていただきたく楽しみにしております。「食と文化のセミナー」も韓国文化を知る絶好のチャンスとよろこんだのも束の間、実は二十四日から中国へ旅立ってしまいますので、本当に残念です。

群馬のタウン誌『上州路』で八高線特集をやります。私が「高麗川」を担当いたしました関係で金達寿先生の執筆なさっている「朝鮮文化遺跡の旅」を必死に勉強しています。全電通発行の『あすど』へ連載なさっているもので、たいへんみのりのある内容と感謝しながら毎号期待しているのです。金先生におついでがございましたら、よろしくご伝言下さいませ。暑さもこれからが本番、どうぞご自愛下さいますように。かしこ

（東京・清瀬市）山本晴之

暑中御見舞申し上げます。「リトルマガジンの会」での高さんとの出会いが、朝鮮語との出合いにもなり、いまNHK文化センターに通っています。講座の友達とまたお店にうかがいたいと思っています。尚、「くじゃく亭通信」30号合本を申し込みたいので、よろしくお願いします。たいへんたのしみにしております。

（東京・千代田区）水上静

前略ごめん下さいませ。『朝鮮語のすすめ』（渡辺吉鎔著）ありがたく拝受いたしました。書評をするようにとのお言葉ですが、未熟な私には大変むづかしいことでした。それでも「『朝鮮語のすすめ』を読んで」という、つ

たない一文を認めましたが、ごらんになって没にして下さって結構でございます。

ところで、済州島「4・3事件」に関する研究書には、どんなものがあるでしょうか。ご教示いただければ幸いに存じます。

私はこのところ毎晩「ピカソ展」のカタログの解説を朝鮮語に翻訳しようと取り組んでいます。ソウルにいる友人を想い起してのことです。勿論、私がいつか訪韓した時、そのカタログとともに贈りたい一心からです。

それではこれにて失礼いたしますが、今後ともよろしくお願い申しあげます。

（原文は朝鮮語文）

（鹿児島市）　時崎信彦

拝啓　南日本新聞にて「くじゃく亭通信」のこと拝読致しました。早速ですが御伺い申し上げます。

㈠　韓国の「鶴亀体操」につきまして20年前から懸命に探して居りますが、韓国の80才から100才位の老人の方々で、この鶴亀体操の事、詳しく御存知の方が居られましたら是非御紹介いただけませんか。

㈡　鶴亀体操は韓国で昔から伝統的に、ある土地で伝わる健康体操であり、この体操は一回終る迄の時間が五時間以上で半日以上時間をかけて行う体操と云う事です。

㈢　20年前在京中、写真入りで新聞に載ったのを拝見致しましたが、今は手元に新聞を持って居りません。在韓体育協会や新聞社その他に懸命に問合せましたが判明致しません。私はこのまま鶴亀体操の事が解らずにおわるのかと大変残念に思って居ります。もしこの鶴亀体操の事が詳しく解りますと中国の太極拳法以上に健康法に最良ではなかろうかと、大変大変期待と希望を持って探して居りました。

㈣　「くじゃく亭通信」にこの私の鶴亀体操の質問を掲載していただけませんか。

㈤　次に、ソウルの練神教と云う韓国借力士《ママ》の養成所の学校が有ると云う事ですが、この所在地を知りたいのですが――。この練神教寺院の事は15年位前、日本テレビで拝見致しました。玆での修業方法は、先ず呼吸法を60種目修得して順を追っての修業と云う事でした。どうしてもこの練神教寺院のアドレスも是非是非知りたいです。出来ましたら、練神教寺院へ直接行きまして現地修業したいと思います。

以上、宜しくお願い申し上げます。

（「思想の科学」編集部）清水澄子

前略　いつも「くじゃく亭通信」をお送りいただきありがとうございます。

さて、早速ではありますが、『思想の科学』八月号、「地下水抄録」欄にて、貴誌の紹介をさせていただきましたので、一冊お送りいたします。

四月号以降、表紙・構成ともに以前と変わり、いわゆる「地下水」紹介のスペースが小さくなりました。そのため、このような簡単な紹介になってしまい、御期待に添えなかったかもしれませんが、その点御了解ください。

まずは用件のみにて失礼いたします。

（共同通信山口支局）平井久志

暑中御見舞申し上げます。

記者となって七度目の夏を当地で迎えています。いつも「くじゃく亭通信」ありがとうございます。NHKの朝鮮語講座も予想通りのところで問題化しましたが、呼称よりは中味で両民族がもっと理解しあいたいと思います。呼称の中にその問題点が表出することも事実ですが。

（浦和市）　渡辺泰子

夏休みになったら母を連れてくじゃく亭で食事でもと思ってましたが、七月中は九時～五時勤務で、八月中はちょこちょこと出勤のあいまに青森・福島を訪れようと思い、渋谷に出かける機会が作れません。

さて、「くじゃく亭通信」をいつもありがとうございます。合本の表紙に、韓国製のよい紙が手に入りましたか。合本申込みが遅くなってしまいましたが、まだ大丈夫でしたら一部お願いします。暑さの折、御自愛の程を。

（東京・新宿区）　熊田久恵

先日は失礼申し上げました。いつもいろいろな会のあとの会合は失礼しているのですが、なんとなく皆さんとビールを飲んでたのしゅうございました。少しアルコールがはいって馬鹿な事をしゃべって、次の日後悔してしまいました。モランボンの講演会の資料で「くじゃく亭通信」のことを知り、是非どんなものか拝見してみたいと思っておりました折り、小野寺さんが「送ってほしい」とおっしゃっているのをききながら、「私も是非――」と云いたいのを、よく存じ上げない方だからと遠慮しておりました。旅からもどって、二通もお送り下さったのを知り、ただ感謝申し上げるばかりです。鄭大聲先生の「朝鮮食物文化譚」ぜひ通して読ませていただきたく存じます。田枝先生の写真展お伺い致します（かくれたファンのひとりとして）。本当にありがとうございました。お暑い折、どうぞお身体大切に。乱筆にてお礼まで。

（東京・港区）　山本　保

毎々「くじゃく亭通信」ありがたく、特に食物文化の事が掲載されるので、ますます興味深く拝見させて頂いております。お礼を申し上げますと同時に、今日は一言「くじゃく亭」のPRめいたことをつけ加えさせて頂きます。先月、私の会社時代のお馴染、若き日の女性達（失礼！　今も若いでした）との夕食に「くじゃく亭」へ誘ったところ、彼女達の想像していた焼肉店と大違い、雰囲気・味は勿論、お値段もお気に入り、お蔭で私まで流石とおだてられ、気をよくしました。処で料理のお相手の酒ですが、近頃私はビール、水割りより清酒が身体に合うのは、やはり年のせい？さて過日、暑い時は焼肉で、と飲み仲間と此処でメートルを上げました。出た酒をロックにしてみて、程よい旨味あり、後味に甘さ残らず、辛からず、軽いのど越しも良かったが、これは高さんが御自分で見つけて惚れ込んだとのこと、よく聞くと金沢の地酒、三年原酒「ナイタンディ」!!　私はいささかまごつきました。この酒のメーカーは、私と五〇年近く今も心易くおつき合いしているメーカーです。現社長も原料米や酒の熟成に心を砕き、燗と限らず、夏冬ともロックで飲む清酒、酔後の吐く息の臭気少なく、酔心地、醒め心地よくという、難しい現場的課題に取組んで地味な研究を重ね、昨秋から漸く市販に踏切った品でした。私も親しいおつき合いの高さんに、この酒がみとめられたことは大変嬉しいことでしたが、「くじゃく亭」のファンの方々にも広く認められ評価されるようだと本当に嬉しいのにと思った次第です。台風去ってもまだ暑いが、朝夕は凌ぎ易くなるでしょう。清酒も秋の味覚とともにうまくなる楽しみを待っている処です。御自愛祈ります。「通信」の御礼まで。

（「樽の会」名誉会長）

（東京・杉並区）　唐木邦雄

くじゃく亭で、富山の地酒「立山」をチビチビやりながら、焼肉を賞味することをもって、これまで最高のぜいたくとしてきましたが、こんど石川の「福正宗」それもオールド『昼も夜も』が、〃夏も冬も〃賞味できるという朗報を得て、思わず快哉を叫びました。今宵も、二、三人が「昼も夜も」を一本傾け焼肉を食べながら談笑している、そんな風景を女房ともども羨望しながら一筆しました。

じつは過日、高さんから「福正宗」を試飲する集まりにくるよう声をかけられたとき、舌のこえたお歴々に伍して、味ばかの私などと躊躇したのです。それにお酒の大家山本保先生のような専門家以外、酒のほんとうの味なぞわかりっこない、よき友との心と心とのふれあいから、しぜんと酒はうまくなるものというのが私の考えでした。しかし日頃、酔えば必ず、高さんよ、商売熱心にやれ、などとハッパをかけている手前、参加せずばなるまいと駆けつけた次第です。

正直いって、これはいけるという感触を得たのは他でもない、二千円の会費を持ちよってのこの集まりが、たいへんいいムードを醸しだしたことです。私など、このメンバーで今後とも亭主に苦言を呈し勉強させようではないかと口走ったところから、〃くじゃく会〃という妙ちきりんな会まで生まれそうな気配に、いやはや口は災いのもとなる哉と苦笑しています。

（東京・小平市）永　井　信　一

私はいつも旅にでると、夕食の前にその土地の地酒を求めます。いまや日本全国どこへいっても酒の味が同じようになって、土地柄を感じさせる地酒と出会いをとげることはきわめて稀になりました。しかし先日、くじゃく亭の主人から、グラスにそそがれた冷酒をすすめられ、それを口にしたとき、本当に久し振りで〃美酒〃という言葉を思い出しました。

このナイト・アンド・デイという酒は、つつましやかに個性を秘め、人に媚びる気配もなく、その一種の風格をそなえた味わいは、酒の味の画一化のすすむ現代の風潮に、貴い一石を投じたものといえます。酒の味を失った日本に、亡国の兆を感じとり、ひとり憂いておりましたが、この酒を知って心強く思った次第です。こうした酒をうみだした金沢という日本の古伝統を大事にする北陸の町が、いっそう奥ゆかしく感じられます。

（東京・豊島区）　外　岡　　宏

楽しい試飲会でした。日本酒といえば、アルコールがツンときたり、すこし飲みすぎると頭が痛くなるものだと思っていましたが、ソフトな酒もあるものなんですね。感心しました。酔いざめ、またすこぶる好調。まことに結構でした。一位には《ナイト&デイ》を推します。《黒おび》かとも思いますが、きき酒には酔いすぎましたので、この比較は次回にさせていただきます。ご馳走さまでした。醸造元に一言——。容器などのデザインは結構ですが、ネーミングを再考すること、旨い酒なので飲みすぎないようラベルに注意書きを添えること……。

（東京・新宿区）　井　原　龍　起

「金沢の銘酒の試飲会があるけれど……」と、小生の敬愛する麗人の言葉も終らぬ中に、垂涎の仙禽のごとく、その日からの禁酒の誓も彼方に追いやり、初めて「くじゃく亭」に伺った次第です。紳士、淑女、そして酒仙も見受けられた試飲会は、焼肉に供すべく銘酒を選定するということでしたが、未熟な小生、いささかにキャリア不足。酒の品評は、胸中堅く辞退申し上げ、痛飲、舌上美の一時を楽しく過ごさせていただきました。

高さんとも初対面でしたが、画廊喫茶「ピーコック」のオーナーと伺い、過ぎし青春を懐しく想いました。「ピーコック」がオープンした頃、イギリスパンと香り高い珈琲に魅かれ、よく通ったものでした。

試飲会の銘酒はいずれも趣き深く、最後まで羽をひろげずに居座った小生の顔色は、羽ばたくことも不可能なピーコックでした。

（東京・世田谷区）　梶　田　やう子

夜空に秋の気配を感じるころとなりました。過日は金沢の福正宗（三年原酒）試飲会の集いにお招き頂きありがとうございました。久し振りで小又ちゃんも見え、思わず〃ヤッホー〃と声をかけたい感じで、先ず第一回目のグラスにひと味違った、しゃれたにおいを感じ、一位ランク続いて次々発表、惜しくも一敗地にまみれました。このように、お酒の楽しみはもとより、読む、書くの中では得られないバラエティに富んだ皆様のお話にすばらしい味わいを感じました。

今後も企画マンとして新しいもの、古いもの共にチャレンジなされ、酒を愛する、いやいや、くじゃく亭を愛するメンバーを楽しませて下さい。御発展を祈ります。

（東京・練馬区）　杜　　寮　子

先日は遅くうかがってすみませんでした。仕事が終ったのが八時で会は六時からとうかがっておりましたので、皆さんピーコックにでも移って静かにお茶でも召し上っている頃かと思って電話しましたら、まだくじゃく亭にいらっしゃるとの事、皆様にお目にかかりたい一心で飛んで行きました。十本の三年原酒『ナイト・アンド・ディ』はすでに空で、ごきげんなお顔の十二名の御様子で、いかにおいしく試飲会をなさったかが分りました。一人一人のユニークでユーモアあふれるスピーチは本当に楽しゅうございました。帰りは外岡様と池袋まで御一緒させていただきました。又楽しい集いのときはお知らせ下さいませ。御体御大事に。皆さまによろしく。

仏像の図像学
——仏さまと乳首——

外岡　宏

これは菩薩や天部を含まぬ狭義の仏像彫刻の話である

この春、ユネスコによるボロブドール遺跡修復事業を記念して、東博の東洋館で《インドネシア古代美術展》が開かれた。私が永らく待ち望んだ催しだった。

南海の仏たちは、想像していたより遙かに繊細・端正で優しく、その瞑想的な姿を眺めていると、彼我遠く大洋を隔てながら、血のように濃い黒潮の絆で、つよく結ばれていることを、ひしひしと感じさせられた。

と、そのとき、

——日本の仏像にも乳首がありますか——

Tさんの声が聞えた。

ほら、あの阿弥陀さんも、ボロブドールの石仏も、みな乳首があるでしょ——

彼女の指さす石造の阿弥陀如来（プラオサン様式、9C、ソノブドヨ博物館蔵）は、なかでも私が心ひかれた一体だ。方形の蓮華座に禅定印をむすんで結跏趺座した尊像には、偏担右肩で露出している右胸はもとより、布に覆われた左胸にも乳首が明瞭に刻まれている。

もちろん、無いでしょうね——

そう答えるのは簡単だ。しかし、躊躇が即答をひかえさせた。

言うまでもなく、現存する日本の古代仏には乳首がない。飛鳥・白鳳の仏像はもとより、天平・貞観・藤原の仏像にも、乳首を見ることはできない。しかし、朝鮮に目を向ければ、石窟庵の本尊と、仏国寺の二体の金銅仏に、はっきりとそれを認めることができるからだ。

無いとは思いますがね——

そんな言葉で間を稼ぐことにした。

『三国遺事』の著者僧一然によれば、この三体は共に景徳五十年（七五一）に金大城が造らせたものである。

中国も実例はそれほど多くはない。典型的な例は天龍山石窟(1)だ。長広さんが

中国仏像史を通じて裸体人像の写実とその表情を最も強く発揮したのは、天龍山の盛唐彫刻であった。

と指摘したこれらの像は、玄宗時代（七一二—七五六）に造られたものである。

朝鮮と中国で造られた乳首が、なぜ、日本では造られなかったのか。とにかく、おちついて考えてみることにした。

石窟庵・天龍山・ボロブドールの如来は、いずれも八世紀に大権力が創造したモニュメントである。したがって、それを日本で探すとなれば東大寺だ。こう推理して精査を試みた。やはり乳首は発見できなかった。

しかし、まだ絵画を調べてはいない——

そこで、まず大仏蓮弁に絵かれた華厳世界の線刻画に目を遣ることにした。すると、おお、釈迦の胸には見事に乳首が刻まれているではないか。また、東大寺から流失したボストン美術館の絹本着色画『法華堂根本曼荼羅図』の如来の胸にも、可愛い乳首が描かれていた。

わずか二例ではあるが、これらの絵画は、如来の乳首がタブーでなかった時代のあったことを証明してくれるものだ。奈良の大仏さまには乳首があった——。時にはこんな空想にひたるのも悪くないだろう。

乳首よ、汝いずこより来りいずこに去るや。乳首の図像学も案外おつなものである。

Tさん、ありがとう。玄海灘を隔てる壁が、ことり、一枚倒れた音が聞えましたか。

(1)ハーバード大学フォッグ美術館所蔵の砂岩製如来座像

慶州石窟庵の如来座像

講談社現代新書『朝鮮語のすすめ—日本語からの視点』（渡辺吉鎔・鈴木孝夫著）を読んで

水上　静

ひと昔前に流行した、いわゆる「ハウ・ツウ」物に代る、マスコミ・出版社側のより一層たくましい「売らんかな」商法の産物である「すすめ」物として、世に出された数ある商品のうちのひとつである。

「おすすめもの」（ここでは朝鮮語）がどんなものであり、それがどのように現時点での一般社会に適応しているか、という核心部分——読者が最も期待しているところ——は全体の三分の一——第四章「朝鮮語はどんな言語か」、第五章「韓国流コミュニケーション」——にしかすぎない。

第一章「朝鮮語のすすめ」は、有名私立大学の言語社会学者であり言語文化研究所教授の執筆によるもので、戦前戦中の、今にして思えば「恥かしさと無念さ」に充ち充ちた悪しき朝鮮史観の反省から出発した、典型的戦前型日本人の告白的「前座」ともいうべきもの。世代的には当然とはいえ、本論ともいうべき第二章以下の渡辺吉鎔氏の戦後世代——韓国人である吉鎔氏に則していえば休戦世代ということになろうか——的感覚の論調とは異質的なものがあり、巧まずして日朝現代史の一端をのぞかせている。

第二章「朝鮮語の発想・日本語の発想」・第三章「朝鮮語の特色と朝鮮語」は時と場合に応じつつ、日朝の物の見方・考え方の相違や、そこから派生する言語表現の異同などを手際よく展開している。このあたりからサブタイトルである「日本語からの視点」という著者の主たる論点がうかがえるのだが、逆にというか当然、読者である大多数の日本人からの疑問・反論なども、このあたりから出るのではないだろうか。読み進めていくうち、しばしばひっかかる疑問や反感は、私にはいちいち例を挙げて反論する知識も準備もないし、読者個々人の教養や感性によってその反応も異なるはずなので——事実、ある中年の韓国人知識人は、どぎつい性表現を用いたのしり言葉の紹介部分を、ことさらに韓国人の品性を貶め、日常生活でめったに使われない卑語を興味本位にさらけ出すなどは、一般教養書の精神に悖る破廉恥なことだとしてひどく憤慨しておられた——興味のある方はご一読を「すすめ」たい。ただ総括的な意味で一言いえることは、日本語であれ朝鮮語であれ、ともに数千年来の歴史——それは互いにひどく拮抗あるいは融合したもの——があり、民族性にも個々人の心情にも千差万別の喜怒哀楽が泌みこみ織りこまれた言語であり、特に日本民族は北から南から西からと、いくつもの民族の波状的な渡来とそれによる混血から形成されたもので、日本語に及ぼした朝鮮語の影響のみを強調してやまないヒステリックな論調は——日本の言語学者のほとんどが朝鮮語を閑却してかえりみないと慷慨している点に関しては全く同感ではあるが——「日本語からの視点」という観点からはフェアではないし、一端の現象——わずかばかりの言語生活例や著作物等々——のみを挙げつらねて、日本語論・日本文化論を云々しようとするのはいかがなものであろうか。その勇気と大胆さには敬意を表したいくらいではあるけれども。

著者は在日十五年だそうだが、在日半世紀にもなんなんとする同胞（著者にとっての）諸氏の意見・心情なども、この本の中に反映させてもらいたかったと思う。

とはいえ、現代韓国出身の一知識人——生まれたのは日帝下の朝鮮だが、育ったのは解放後の李承晩・張勉・朴正熙氏らの、いわゆる「韓国的民主主義」治世下の韓国人——の日本論の一端を知ることができたのは幸いであった。

なお、これを機会に日本人読者の「朝鮮・韓国」をもっと良く知りたいという希望を満たすに資する書籍のひとつとして、『すすめ』中にも引用されている、李御寧著『恨の文化論—韓国人の心の底にあるもの』（学生社刊）を挙げたい。著者は梨花女子大学教授。永らく新聞の論説委員などで健筆をふるってこられたという方である。

（了）

朝鮮食物文化譚(9)

鄭大聲

香辛料の話（その2）
胡椒の種の要求

朝鮮側の胡椒の必要性が増大していく理由のひとつは上流階層の調味香辛料としての需要の拡大にあるが、もうひとつは中国の明との関係に於いてこれを交易品として売っていたことがあげられる。朝鮮もちゃっかりとこれで稼ごうとしたわけである。

このようなことから胡椒の用途と需要はふくらんで行くが、すべて輸入に頼るためこの見返り品の綿布や大蔵経、金銭の負担も莫大なものとならざるを得なくなる。

このような事情からか成宗十二年（一四八一年）ごろから胡椒の種を求める動きが活潑になる。

成宗王が調味・薬剤になる胡椒の「種」を求めるように指示する。翌年四月に日本国王の使僧栄弘に接見し宴会の席上で正式に依頼し、四月十二日付で正式書類にその意思を明らかにしている。

この成宗十二年から十七年の間の六年間に十二回に亘って胡椒の種を求める要請を行ったことが記録されて居り、そのうちの一回は明国に対してで、そのほかは全部日本国に対してのものであった。

如何に熱心に胡椒の種を求めても熱帯産の植物であるからにはどうしようもない。

日本側は胡椒の産地は南蛮であり、日本では産出せず、琉球から中継によって入手していることを伝えるが、朝鮮側は日本が琉球に頼めば求められるのではないかと考えて催促を迫る。

この間にも胡椒の輸入量は増えて行く。成宗十四年（一四八二年）四月の中央政府の倉庫の在庫量は七百余石というぼう大なものであったことからも、このことがよく推察される。

胡椒の種をめぐる対馬島の宗貞国と朝鮮との次のような交渉は興味深い。

朝鮮の政界に比較的明るかった対馬島の宗貞国は、平国幸を使者として朝鮮に送り、胡椒、蘇木、丁香、椰子などの南方物産の種子を求めるため、南蛮に船を派遣するからこの費用を朝鮮側に出してくれるよう要請する。

すなわち、大型船を建造し、使者、船員数百人を乗せて、三年から五年をかけての胡椒の種を求める航海を計画したのである。そこでこの費用を銅銭一萬婚（十萬両）を出してくれるよう請願することとなった。

この異例ともいえる要請を朝鮮政府は真剣に検討する。そして要求額どおりではないが多少減額してこの費用を下賜する（金額ははっきりしない）。

三年後の八月になって対馬島主は宗職経を特別使者として朝鮮に送り、費用が不充分で南蛮船を造ることが出来なかったことを詫びて、この企画は立ち消えとなる。

結局、香辛料を求める大航海は実現しなかったが、このプロジェクトを企画した対馬島主にしても、これに金を出した朝鮮政府も、如何に薬味香辛料としての胡椒の種を求めるのに熱心であったかが分かる。

ちょうどこの頃、ヨーロッパではコロンブスがスペイン女王の命を受けて、胡椒などの香辛料を求める大航海を打ち、トウガラシを発見し、新大陸をみつけたことを考え合せる時に、この話はより一層面白いものになる。食物に加える香辛料に対するあくなき欲求で両者は共通するばかりでなく、これが胡椒からトウガラシへと移行した点で偶然とは云え甚だ似かよっているからである。

やがて種を得ることがいろんな意味で容易でないこと、求めることが出来ても南方原産である胡椒は朝鮮の土地には合わず栽培が困難であることに気がつき、種を求める動きは漸次下火になって行く。

そして胡椒は朝鮮の上流社会を中心とした階層の食生活に広がりをみせながら消費量は増大し、輸入を続けることによってこれをまかなわざるを得なくなる。

　この熱心な胡椒の種を求める動きは、その百年くらいのちの唐辛子を容易に受け入れる素地のひとつになっているとみてよいであろう。

　同じ南方産の多年生植物でも胡椒とは異なり、春と夏の間は成長してその間に実をみのらせる唐辛子は、充分に栽培、収穫が出来る作物であったわけである。

　莫大な輸入代金、あるいは物品を節約出来るのみでなく、胡椒より刺激性は強く、あらゆる食べものに応用出来た。胡椒の辛味成分は脂溶性のものでどちらかといえば動物の脂などだけに合う。唐辛子の辛味成分のカプサイシンは水溶性のもので、動物の脂味以外のものにまで適応範囲が広い。つまり、あらゆる食品に取り入れが可能であった。

　さらに唐辛子は辛味成分が果皮に含まれていて種子にはない。逆に果皮の青いまゝのものを利用すれば、香辛料としてだけでなく野菜となり得る条件をも有していた。

　胡椒を食生活に取り入れていた朝鮮の食味にこれが比較的スムーズに受け入れられたであろうことは充分に理解出来る。

　日本は琉球国を通じて胡椒を朝鮮に輸出していたが、これが日本の食べものに直ち大量に取り入れられた形跡はない。室町後期から江戸時代の料理に、粉末胡椒、割胡椒として汁物、鍋物に用いられていた程度で朝鮮のそれほどではなかった。

　つまり十五〜十七世紀ころまでは輸入したものを一部だけ食用などに利用はしたらしいが、ほとんどは交易品として朝鮮に輸出していたのが実情のようである。それには矢張り日本の肉食をする風習が公けにはなかったことと関連してみることが妥当であろう。その結果が精々用いても汁物と鍋物程度に終り、各種料理には取り入れられず、消費量も微々たるものとなったのであろう。

　料理の調味に胡麻油などの植物性油を全くといってよい程用いなかったことも大きく関係している。刺激性をまろやかにしてくれる油が料理に用いられたならば、容易に胡椒は使用されていたに違いない。しかし、野菜類の和《あ》えものなどにも植物油をふんだんに用いる朝鮮料理とはちがって当時の日本料理には油がほとんど使われなかった。

　こうした料理に胡椒をあまり用いなかった日本と、どんどん使用する朝鮮との差がそのまゝ十七世紀ごろの唐辛子の伝来と普及につながって行く。

　この間、文禄、慶長年間の豊臣秀吉の朝鮮侵略によって貿易関係は当然のこととして断絶し、胡椒は日本を通じては朝鮮に入らなくなってしまう。わずかに明を通じての交易品はあったが微々たるものであった。

　後でも述べるが朝鮮側の文献「芝峯諸説」（李睟光、一六一六年著）に〝とうがらしには毒がある。日本から初めて渡って来たので倭芥子《ウエゲジャ》という。このごろ時にはこれを植えることもある〟と記している。

　明らかに一六一六年以前に日本から渡来したものであり、毒のあるものとして最初は相手にされなかったものであることがうかがわれる。

　朝鮮と日本との交易の断絶をもたらした「壬辰倭乱《イムジンウエラン》」は終り、徳川家康による朝鮮との修交が行われ、胡椒などの交易が再開されることになる。

　しかし、キリシタン弾圧政策に続く一六三九年（寛永十六年）の鎖国令により、オランダ船以外の一切の南蛮船は日本に入航出来なくなってしまった。

　日本に胡椒の来る道が閉ざされたわけである。オランダ船による一部の入荷は期待出来ないことはなかったが、量は多くなかったし、この頃になると日本でもぼつぼつ胡椒を食用に使いはじめ消費されてくる。

　朝鮮での輸入量の落ち込んだ胡椒に代わる別な香辛料の登場は、このような事情からみて必然的なものとなっていた。

　たとえ、胡椒があったとしても、豊臣秀吉の「壬辰倭乱」によって疲幣した国力ではそれを求める力は弱かったであろうし、栽培可能なトウガラシにその代替を求めたとしても無理からぬことであった。（続く）

ピーコック画評(29)
「田枝幹宏氏の＜縄文の幻想＞展」をみて

後藤直

田枝幹宏氏の「縄文の幻想」写真展をみた。少年時代から、縄文の土偶は不気味なものというイメージが私の脳裏を支配している。鋭い線とか複雑な溝、そして細かな穴などは、表現し難い迫力があり感服してしまうのだが、より具体的なもの、つまり線が紋様となり、さらに装飾物、道具、土偶の形態にふくらむと私にはグロテスクなものに映じてならないのである。

独特なリアリティをかもしだしている田枝氏の写真展をみても、縄文の土偶はなぜあのようなフォルムでなくてはならないのか、その疑問はいっこうに消えない。

歴史学や考古学の知識がゼロである私であるが、なぜ北方（私の出身地からも縄文土器は出土している）に集中しているのかという素朴な疑問なども次から次へと浮んでくる。

私は展覧会場で『縄文の幻想』（文・宇佐見英治、写真・田枝幹宏――淡交社刊）を買い求めてそれを読んでみた。

読み終え、宇佐見氏の縄文土偶へのイメージの展開の素晴しさをいやという程みせつけられた感じである。詩的で清冽な文体、また柔軟な学問的追求と分析の深さにただ驚くよりほかなかった。

これを裏打ちしたのが田枝氏の写真であるのはいうまでもない。私は宇佐見氏の文章をよみ、一方で田枝氏の写真のたしかさを改めて発見できたように思う。

かつて同じ会場で開いた「円空と木喰」写真展でもそうだったが、田枝氏はロマンがみなぎり格調の高い作品をものにする作家である。そうしたものが宇佐見氏の『縄文の幻想』という中味の濃い文章を生む源泉となったことは想像に難くない。

にもかかわらず、縄文土偶のもつ、おどろおどろした一種の呪縛から私は解きはなたれそうにないのである。

≪編集部≫より

◎お中元にいただいた金沢・銘酒福正宗の三年原酒≪ナイトアンドディ≫があまりにおいしかったので、くじっく亭に置いたらどうかと考え、八月十七日、酒にうるさい「樽の会」の方々に試飲していただいた。幸い冷酒（ロックにするもよし）で、焼肉によく合うという御託宣を頂戴した。早速くじゃく亭のメニューに加えたことは言うまでもない。試飲会には「樽の会」のメンバーの外に田枝幹宏、永井信一、外岡宏、井原龍起の各氏も飛び入り参加、夫々感想を「読者からの便り」に寄稿願った。亭主として商売冥利、厚く御礼申しあげる次第である。

◎この度社会評論社から「朝鮮社会運動史事典」を出された編著者・文国柱氏は、私と同郷（済州市道頭里二区洞）の出身の先輩である。実業に携っておられる多忙の中を、しかも日頃健康に勝れない氏が、かように立派な業績を打ち樹てられたことを、心からお慶び申しあげる。この本が出されたことで、出版前後のこと、書きつくせなかったことなど、何か一文をとお願いしたが、いろいろの事情で固辞され、やむなくページ立ての関係で急遽、外岡氏に「仏さまと乳首」を頂戴した。

◎はじめてこの「通信」を手にされた方へ
＜くじゃく亭通信＞発刊して34号になります。ささやかなミニコミ誌ですが、日本と朝鮮の関係を文化の面からとらえようとしています。ご愛読、ご叱正の程を。

＜特別史跡＞山の上碑・古墳建立一三〇〇年記念シンポジウム
「古代東国の謎に挑む」
日時…十月三日（土）PM一時半～四時半
場所…群馬音楽センター大ホール
参加費無料
京都大学教授　上田正昭氏
同志社大学教授　森浩一氏
埼玉大学教授　原島礼二氏
群馬県考古学会会長　松島栄治氏
群馬県立歴史博物館副館長　梅澤重昭氏
日本考古学協会会員　田島桂男氏
主催・高崎市、高崎市教育委員会
申し込み先　高崎市高松町一　高崎市教育委員会社会教育課文化財保護係
電話　〇二七三―二三―五五一一　内線三九九

くじゃく亭通信

第35号

「くじゃく亭通信」編集部
〒一五〇　渋谷区宇田川町八ー九
☎（四六四）八九一〇

定価100円

しっとりした雪の絵

―戸井昌造画展によせて―

向井承子

私の部屋に一枚の絵がある。色のない、黒白濃淡の世界である。週刊紙大の画面に老婆がひとり、桑の枝から桑の葉を摘みとりながら、ほっそりと坐っている。農家の納屋だろうか。うすくらがりに窓からさしこむのか陽光が老婆の白髪を照らす。短かく刈った白髪の毛筋は一本一本きらめき、これ以上やせられないほどに細い肩が無雑作な衣類をまといつつ光の中につき出す。老婆の手から桑の葉がこぼれ出し膝を覆いつくして盛り上がる。桑の葉のにおいは納屋中にたちこめているだろうし、納屋の二階には、葉を摘んでいるところから想うと　マユになるにはまだ日のかかるカイコの群が刻まれた桑の葉を、まるで雨のような音を出しながら喰んでいるのかもしれない。戸井昌造氏作「桑っくれの老女」。今春、新宿東陽画廊での彼の個展に飾られていたのをむりにも、と譲っていただいたもの。戸井氏のご家族も手放したくない絵だった、と彼に聞き、申しわけない思いでいる。が、なによりも、すでに亡くなったという老女の、労働に一生をかけた姿は身をひきしめてくれる。ことさらに意識するのではなく、働くのが人間のあたり前の姿のように手先を動かす彼女は秩父事件で〃暴徒〃とよばれた人の子孫であるという。

戸井昌造氏との出会いは、数年前、雑誌に載せた私の小文にさし絵をいたゞいたのが初めてだった。出産をテーマに現代医学文明批判を願って書いた小文は、数字のデータや医学用語も入った、いま思えばもっと書きようもあったものだったのに、いたゞいた絵には、白装束に身を包み燈明に安産を祈る女の姿を描いた絵馬があった。たゞの文明論に土俗の怖さを添えた感覚に、私は驚き入った。

戸井氏の絵には、一見なにげなくみえる風景画が多い。畑、谷あい、山、林、農家……。だが、どの風景画からも、私はいつもその絵に住みついた人間を感じさせられる。戸井氏が秩父の山々を、まさにとりつかれたように歩きまわり、聞き書きを重ね、大作「秩父事件を歩く」三部作にとりくんでいると知っているからではない。歴史的にしいたげられ、怒りを表現し得た人、し得なかった人への思いは戸井氏の内側に当然あるとしても、それ以上に戸井昌造氏の天性は、人間を愛し祭りを好み、人と群れ生きる。ひとことでいうと人間が好きなのである。とことん人間が好きだからこそ、歴史に埋められてしまった百姓たちの憤りを掘り起さずにいられないのだろ

（次頁下段へ）

「古代史にみる朝鮮観」を書いた全浩天氏に問う

大和岩雄

一

全浩天氏の『古代史にみる朝鮮観』を読んだ。「ゆがめられた朝鮮観の克服」を意図して書いたという。その意図はわかるが、「ゆがめられた朝鮮観」は、全浩天氏にもありはしないか、その点を書く。

「第五章　広開土王碑文をめぐる朝鮮観」は、四五頁をとり、碑文に関する論文・著書を五〇以上引用している。しかし、李進熙氏の論文・著書は、まったく無視している。李説は、認める認めないは別として、無視できない問題提起である。それなのに、李進熙氏の名前を、まったく無視しているのは、政治的配慮からと思うが、どうであろうか。こういう配慮は、『古代史にみる朝鮮観』をゆがめている。

広開土王碑文に関する日本人の論文ばかりとりあげて、在日朝鮮人の論文をまったく無視している書き方は、李進熙氏と或る組織の関係を知らない人が読めば、こう思ってしまう。

全浩天氏は「日本人の朝鮮人蔑視観は根深い」と書いているが、在日朝鮮人の論文を蔑視して、日本人の論文ばかりとりあげている全氏は、自分自身が日本人の立場に立っているのではないか、と。

二

全浩天氏は、『日本書紀』『読日本紀』の新羅蕃国視、つまり朝鮮蔑視の思想は、当時の日本支配層及び歴史編纂の官僚知識人の朝鮮観だと書く。一方、『日本書紀』などの歴史編纂などに関係した知識人の多くは、朝鮮からの渡来人だと書く。ということは、どういうことになるのか。

百済亡命人が、日本支配層の新羅蕃国視の片棒をかついでいるのではないか。知識人として。

そこで聞きたいのは、日本に「帰化」(『日本書紀』風に書けば)した官僚知識人の問題を、全浩天氏はどうみるのか、ということである。

それは、現在の、在日朝鮮人の二世三世の問題と無縁ではないからである。

う。

雪の絵がなぜか多い。どの雪もなぜか湿っている。さわると水がしとっとふれてきそうである。さらさらに肯き合わない暖かい雪は道祖神の頭に帽子のようにつもり、桑の根もとにやさしく包む。私は北海道育ちだから、こういう柔らかい雪をみると、雪どけをふと思い浮べる。畑の土は雪の下で耕やされるのを待って黒くふくれている。秩父にも冷たく谷を吹き抜ける吹雪もあろうに、戸井氏の雪はなぜ春を連想させるぬれた雪なのだろうか。

〈作家のことば〉

わたしはここ十年あまりの間、秩父ばかりを描いてきた。いままでわたしの知らなかった山村の自然と生活が、わたしの眼をみはらせ続けたからである。

秩父を描き続けた余得だろうか、山里に積る雪の、ふしぎな美しさにハタと気づいたことも確かである。雪は、墨一色のわたしの絵にふさわしいモチーフに違いなかったし、わたしの制作慾をかりたてた。

今回わたしの、特別に白く漉かれた和紙に、わたしなりの技法で雪景色だけを描いてみたくなった。わたしの感じた雪を共感してもらえれば幸いである。（一九八一・一一、戸井昌造）

◆雪を描く・戸井昌造展◆

十二月一日～二十九日

於画廊茶房ピーコック

常養儒生

はなしを常養儒生に移そう。

「常養儒生」とは書院が養成する正規学生をいい、テンポラリーな「来接有名儒生」とは明確に区別されている。

定員は十名と意外に少なく、司馬・初試入格者のうちから選ばれた。とくに年令上の制限はない。

紹修書院謄録には儒生名簿のたぐいが含まれていないので、彼等の実態を知ることはできないが、嘉靖26年（一五四七）7月27日の文房具を支給する記事中に「常養儒生」とおぼしい六名の名をみることができる。

―生員李禊のところに名紙一巻・筆十八本・墨十八丁などを封印のうえ送るから、李禊・権応参たちには、それぞれ名紙四張・筆三本・墨二丁を、南継・李郭瀚・韓祐・金俊たちにはそれぞれ名紙三張・筆三本・墨二丁を、秋になったら支給して、受領したむねを報告せよ―。

という文章がそれだ。　配分計算は、紙一巻が二十張に相当するなら、過不足なく成立するから、定員には四名不足ながら、この六名を「常養儒生」とみて大過はないだろう。

入院規定はすでに(9)（《通信》32号二頁）に掲げてあるが、柳洪烈氏の名訳があるので引用させていただく。

書院に入院する儒生の中で、司馬は大学たる成均館に入館すると同様の手続を取り、初試合格者又は不合格者でも向学に熱心にして操行あり入院を切望する者は有司が儒林の承認を受けた後入院を許す（前掲書）。

李朝の書院
(11)
書院を構成する人々 III
外岡　宏

これによれば入院資格には、

①司馬＝小科合格者

②小科の初試合格者

③初試不合格者のうち向学心にもえ、品行卑しからざる者

の三段階があった。

科挙《クワゴ》には初級文官試験である小科《ソグワ》と中級文官試験である大科《テグワ》があり、三年ごとにおこなわれる試験で、小科二〇〇名、大科三三名が全国から選ばれた。

司馬はこの小科の合格者で、二〇〇名中一〇〇名は生員科《センオングワ》（＝明経科、中国の経籍試験）で一〇〇名は進士科《チンサグワ》（＝製述科、詩・賦・表・箋・策問試験）である。小科の一次試験は道別におこなわれて郷試《ヒャンシ》ともよばれ、各科七〇〇名、計一、四〇〇名が選ばれた。

司馬は大学に入学すると同様の手続きで入院できるが、②と③は儒林の承認がでたのち入院を許可する仕組みである。

なかなか弾力的な規則だが、これは周世鵬の思想とみるより、成均館の規則に準じたもので、渡部教授によれば「成均館の学生定員は二〇〇名で、生員・進士を入学させるのが原則であったが　定員不足の場合には四学生徒……から選びとってこれを補うことになっていた」（四学《サハク》とは、両班の子弟を教育するためにソウルに設けられた学校で、東西南中の四枚があったことからそう呼ばれた）。

では、これら常養儒生の年令はどれほどかということになるが、規定も資料もなくてお手あげだ。しかしそうも言っておれないから手許の資料から秀才中の秀才に登場ねがうと、

	郷校	小科	大科
李滉（退渓）	12才	27才	34才
李珥（栗谷）	才	23才	29才
柳成竜	才	23才	25才
申維翰	才	才	33才

といった数字が出てくる。李滉・李珥は李朝最高の名儒、柳成竜は壬申倭乱の総理で《懲毖録》の著者、申維翰は吉宗の将軍襲位を祝賀に来日した朝鮮通信使の製述官で《海游録》の著者、いずれも試験合格の年令である。李珥については、13才で進士の初試に当たり天才の声名が挙がったという話しがある。

＊読者からの便り＊

（京都市・右京区）日 高 暢 子

わが家の居間のガラス戸越しに夕陽が東山に色を染めながら沈む眺めは絶品です。

紅葉にはまだ少し早いのですけれど日が短かくなりもう午後六時ちかくに東山の上に満月が美しいこの頃です。

ビザ待ちそしてオーストラリアの大学側が政府への交渉中のかまくらでのユーウツな日々のかり住いから京都へ引きあげた私だったらと思うと、ピーコックでの個展が今更ながら大きな心の支えになっていたことが新たに思いおこされます。こんなに美しい自然の眺めも目に入らずおち込んでいたことでしょう。

高様はじめ皆様の優しい笑顔に包まれて一ケ月もへたくそな画を並べることが恥かしいのと重ねて嬉しくほんとうに心に沁みる思い出となりました。ありがとうございました。

ピーコックが仲だちとなってなかなか会う機会もなくなった友人知人たちからもたくさん京都へお手紙をいたゞきました。この思い出をこれからの日々の心のメッセージとして送りたいと思います。

肌寒くなってまいります故お風邪など召しませんようにどうか皆様の生活の陽だまりのようなピーコックを育てゝいって下さるようねがいます。お世話になりました皆様にもくれぐれもよろしくお伝え下さい。

（東京・世田谷区）道 下 寿 子

一筆申しあげます。紅葉の美しい季節になりました。30号合本のお報せ嬉しく拝見致しました。整理が下手なため散逸の恐れがあり又、思い出して前の記事を探す時は大童でしたが、これで安心です。遠方の友人にも読んで欲しいと思いますので五冊申し込みを致します。

水準の高い充実した内容は教えられる事が多くいつも楽しく読ませていただいております。ますますご活躍の程を。　かしこ

（金沢市「福正宗」）福 光 博

拝復　爽秋の候　貴台様にはますますご清栄のこととお慶び申し上げます。この度は貴店様にて弊醸ナイタンデイをお取扱い賜り、また試飲会を開催していただきましたこと、醸造元としてこれほどの喜びはございません。そして貴紙「くじゃく亭通信」に記事としてお扱いいただきましたこと、誠に光栄でございます。ナイタンデイをお知りになられたきっかけや、試飲会までの経緯を、辻幸様や山本先生にお聞きいたしました。商品を生み出した者にとって、その商品が自分たちの手をはなれてからどのような評価をいただくか、それが最も気がかりな事です。このたびのように貴台様から私共の身にあまる評価をいただいた時、本当に酒造りをしていてよかったと目頭が熱くなりました。心からお礼申し上げます。

今後はこれを糧にしてさらに心をこめた酒造りをする所存でございます。どうかこれからも末長いご支援を賜りますようお願い申し上げます。（……略）

末筆ながら貴台様の益々のご発展をお祈り申し上げます。　敬具

（東京・杉並区）青 山 満

前略　本日は「ピーコック」で楽しい一時を過させていただき誠にありがとうございました。「くじゃく亭通信」のエピソードの中に「読者からの一声が嬉しい」といったようなお話がありました。このことに私も感ずるものがございます。といいますのはPHP運動を三島さんなどと続けさせていただいていますのも、ある日突然の参加者の方からの声によるところ大なのですから。今後いろいろご無理申しあげることが多いかと思いますが何とぞよろしくお願い致します。

（狛江市）小 林 さとる

先夜「樽の会」にて「くじゃく亭通信」を送ったから感想を寄せろと強迫（？）されたように記憶（泥酔した女房のお守りをしたのですこぶる不確かですが）。どの号のどの頁を眺めても内容どころか文字の読み方もわからぬ門外漢であるとしみじみ感じたというのが

正直な感想で、転居後、日の浅い多摩川ぞいを釣竿かついだり、ジョギング姿でうろうろしていましたところ、我家と目と鼻の先きに「兜塚」という古墳があり、その脇の高札に「本古墳は狛江古墳群の一つで、内容物は不明であるが、亀塚（ボクにはまだ見当らない）からの出土物には高句麗系の土器が見られ、この辺には帰化人の集落があったと推定される」旨、書かれておりました。そういえば狛江という地名からしてその筈です。犬好きのボクはコマ犬の高麗ぐらいしか知らずそれも女房子供の意見に負けて猫を三匹飼っているていたらくですが、この辺を我物顔でのさばり歩いているのは、たしかに猫族ばかりで、ボクの釣りの収獲（クチボソばかりですが）もあっというまに消え去るので猫餌とでも町名変更すればいいと思うぐらいです。近ごろはまったく名称と実体は逆さまというのが常なのでしょうか。貴通信の内容はいつまでも焼肉と同様一級品でありますように。

（東京韓国研究院図書館）西川　孝雄

「くじゃく亭通信」ご恵贈下さいましてありがとうございました。私どもの定期刊行物「韓」及び「北朝鮮研究」は現在休刊中で、近く新たに改題して発刊の予定です。刊行しだい御送り致しますので宜しくお願い申し上げます。

先づは右御礼まで　草々

（湖北社）久　源太郎

拝啓　日頃は、「くじゃく亭通信」を恵送くださり、有難うございます。当方は相変わらず、細々と本を出していますが、つづき物の〃現代日本・朝鮮関係史資料〃が、6輯まででストップしてしまい、困っているところです。刊行の折にはお送りしているのですが、実のはなし原資料が見当たらないことと、その筋からの牽制があることなどで停滞しているわけです。出版王国などといい気になっている向きもあるようですが、大多数の出版従事者は四苦八苦の中で仕事をやっているのです。貴誌に紹介される書籍も、同じような状況の中から生れてきたものがほとんどだと理解しています。今後とも御鞭撻のほどを。

湖北社出版物

現代日本・朝鮮関係史資料　全10輯

第4輯　朝鮮解放運動史・朝鮮労働党編　定価二六〇〇円

第5輯　朝鮮における日本人の活動に関する調査　定価二二〇〇円

第6輯　在日朝鮮人管理重要文書集　定価一八〇〇円

◇

≪新刊紹介≫

沈熏「常緑樹」　龍渓書舎刊価二三〇〇円

梶村秀樹＋現代語学塾常緑樹の会訳

現代語学塾で教材としてとり上げたものが教材を離れてからも読み続け、五年を過ぎて日本語訳になったもの。「常緑樹」はセマウル運動とか権力と結びついたとかの批評もあるが一九三〇年代から今に至るまで読まれたロングセラーでもある。辛く、きびしい植民地の時代にも時として希望と勇気を与えた存在であった。又新聞の懸賞小説でもあったから小説として充分に楽しく面白い読み物である。

「朝鮮料理のつくり方」　農山漁村文化協会

金鎮植・鄭大聲共著　価一二〇〇円

朝鮮料理はキムチと焼肉というイメージで日本人の間にでき上ってしまっている。かようなとき、この本が出たことは、日本人の味への限りない挑戦に新たなレパートリーを開いてくれるものと思う。

題名の「つくり方」だけでなく朝鮮料理の知識として伝統と特徴が語られ、巻末には読者の便宜を図り朝鮮料理の材料の入手先を列記してあるのが親切だ。ただ残念なことに装幀の趣味が内容の価値と不釣合いだ。そんな気持ちでパラパラと頁をめくるとイラストも余り上等とはいえない。本というのは内容がよければ外装などは附け足しで、どうでもよいというものではない。このことでは「通信」26・27号で強調すぎる程強調してあるが参考にしてもらえれば幸いである。残念ながらわれわれの祖国の文化的伝統への衿恃をそこなうものだと云わざるを得ないものがある。

（3）

十月十九日、松の実がゆの試食会を致しましたところご参加の皆さまから次のお便りをいただきました。　編集部

生まれてはじめての松の実がゆ

松の実がゆのコースによる試食会にお招きいただき有難うございました。バラエティにとんだメンバーで心おきなく歓談できたのも嬉しかったです。生まれてはじめて食べたというか啜ったというか、松の実がゆのおいしさは格別でした。そのうま味をどう表現していいか、今のところぴたりの言葉が思いうかびません。

思わぬ収穫は、カルビ肉をバラバラに焼くのではなく、肉片をかためお互いの水分で蒸し合わせて焼くように、高さんから教えられたことでした。

高さんよ、といつもの説教癖で申訳ないのですが、飲みものはほどほどに、サービス過剰はあきまへんでと一言。とはいいながら私もたっぷり頂戴して大はしゃぎ、汗顔の至りと反省しきりです。だが翌朝はケロリ、やっぱり酒を飲む前に賞味すれば二日酔いにならぬという松の実がゆの効果があった！　と女房と話し合ったものです。

（「樽の会」幹事長　唐木邦雄）

〃松の実がゆ〃と〃蓮の葉粥〃

秋たけなわの一夜、くじゃく亭試食会に誘われて、世にも乙なる風味〃松の実がゆ〃をお相伴させて頂いた。「チョウセンゴヨウ」の実を白米と一緒にすり合せ煮込んだものを、丹念に漉して仕上げたポタージュ風の粥で、こくのあるなめらかさに、松の実の微かな芳香が加わって、えも言われぬ逸品である。幼い日どこかで出会った味と香だと、遠い昔、故郷京都で、祖母が好んで作った胡麻豆腐の舌ざわりや、夏を過ごした須磨の松風に思いを馳せながら、まったりとまろやかな粥の味を、存分に堪能させて頂いた。

松の実を使った粥や菓子は、朝鮮でも高貴な食べものとされるらしいが、最近の私は、なぜか高貴な料理にご縁がある。北京を訪れたこの八月、辻野実日航北京支店長に招かれた料亭『彷膳』の席で、二年ぶりに溥杰氏（旧満州国皇帝溥儀氏弟君）ご夫妻とお会いし、はからずもご一緒に宮廷料理の卓を囲む栄に浴した。

現在は北京市民の憩いの場として親しまれている旧離宮『北海公園』の、静かな湖面に張り出した宮殿の一画が、宮廷料理専門の料亭に変身したわけだが、室内の調度品から食器類まで、すべて清朝時代の宮廷のしきたりをそのまま再現し、高貴な雰囲気に包まれて、皇帝一族が日常食された料理を賞味する仕組みである。初体験の珍種の料理もさることながら、現在は中日友好協会の仕事もされながら、北京郊外の私邸で、奥様と二人静かに余生を送られる溥氏の、懐かしげに語られる紫禁城（故宮）で暮された子供の頃の想い出話しが、私には一生一度の豪華絢爛なご馳走に思えて、夢み心地で耳を傾けていた。菓子類を品よく盛った大皿に、黄色の小さな円錐形の一品があるのを、「これこれ」と嬉しそうに手にされて、溥氏はこんな話を始められた。

――昔ある皇帝が狩に行かれ、農家で休憩の折、農夫が捧げたとうもろこし粉の大きな円錐形万頭《まんとう》を食されてひどく気に入られ、宮廷にご帰館後も再三それを所望された。料理方は頭をかかえ、下世話なものをそのまま御前に供するのは恐れ多いと苦心の末、特上の粉を何種類も混ぜて形だけ似せた小型の菓子を作って出したところ、「こんなまずいものではない」と、ひどく帝のお怒りをかった。と……。まさに中国版〃目黒のさんま〃である。以来この菓子は宮中のメニューに加えられたという。

また七夕の宵の祭事に出される、薄緑色の〝蓮の葉粥〟を思い出されて、「戦後、その色と香が懐かしくて、蓮の葉を刻んで粥の中に入れて炊いてみましたが、色も香も出ませんでした」と失敗談を披露された。宮中の〝蓮の葉粥〟は、吟味して何年も地下に貯蔵した古米を長時間炊きこみ、粥が煮上る直前に新鮮な蓮の葉をその上にかぶせてむらし、色と香だけを粥に移して葉は取り去るのがこつとかで、「北京で再会した昔の宮中の料理長から、後になって聞いた秘伝です」と首をすくめて楽しげに笑われた。

情趣豊かな伝統料理には、それぞれのお国柄、長い歴史や逸話が籠められている。それが料理の素晴しいこくとなって、頂く者を心ゆくまで楽しませてくれる。たまには、浮世の雑事を忘れ、くじゃく亭の〝松の実がゆ〟の風雅な味と香りに包まれながら、朝鮮の風土や歴史を静かに偲ぶのも、また一興ではなかろうか。

（田村高廣氏夫人・舞踊家　花柳　駒）

豊潤な味に驚き

松の実がゆは朝鮮の伝統ある古い食文化を代表する珍味であろうと思います。朝鮮の松は日本にない独特の景観をつくり出していますが、食生活の上にもこのような豊潤な味わいを生み出したことは誠に驚きでもあります。

（女子美大教授　永井信一）

消えゆくプレーンな味覚の再興

今度の試食会とあわせて、三度、松の実がゆを頂戴しました。なんの変てつもないようでいて、じつに細やかな味の飲みものですネ。わが舌が、そろそろその旨味を記憶しはじめたようです。舌のなかで味覚の一番鋭いところは舌先ですが旨味を一番強く感じるところは両奥の部分でしょう。松の実がゆは、いわばこの私の泣きどころを刺激してきます。まだその働きは強くありませんが、だんだんやみつきになっていく予感がします。〝おふくろの味〟の資質があるからだと思います。阿伊染徳美さんのお母さんのつけものにもそんな魅力がありました。生活の中からプレーンな味覚がへっていく今日、楽しいメニューが増えたことを嬉しく思います。朝鮮料理といえば味の強いものと思われがちです。一人でも多く試食して欲しいですね。（東アジアの古代文化を考える会「美術の会」世話人　外岡　宏）

朝鮮風のポタージュ

一夕、高淳日君に『松の実がゆ』を試食してみないかと誘われ、学友の星野安三郎君（立正大学教授）や森泉章君（青山学院大教授）と連れだって、『くじゃく亭』に寄った。

松の実を食べたことはある。ビールやウィスキーのおつまみにはいいものである。しかし、これで粥をつくるとは知らなかった。汁の具合や色合いは、いってみればポタージュである。たいへんおいしい。

十数年前スペインはアンダルシャ地方をドライブした折、田舎町のレストランで魚のスープを食したことがある。それ以来の、久しぶりのうまいスープであった。

モンテーニュは、「食卓でうまくもてなすことは、少なからざる技術を要することだし、また少なからざる快楽である」と書いているが、『くじゃく亭』主人の高君がたいそうもてなし上手なので、いっそう美味だったのかもしれない。酒の前に食すると、体にもよいし、酒もうまいといわれたが、なるほど、牛飲馬食の翌くる日、頭も胃袋もまことに快適であった。『松の実がゆ』は朝鮮古来の馳走だそうだが、この味と効能には、古代人の生活の知恵が籠っている、と私には思えた。

（青山学院大学教授　小林　孝輔）

宿酔なく爽快

拝復　先日は福正宗（ナイタンデイ）の試飲会並びに松の実がゆの試食会にお招き下さいましてありがとうございました。紳士淑女を囲んでの試飲試食の味は格別でした。当夜は相当に飲んだのですが、宿酔も残さず爽快でした。松の実がゆの効用と思われます。そのうち暇をみてお邪魔しようかと思っています。おめにかかれる日を楽しみにしています。御礼かたがた一筆したためました。

（大正大学教授　森泉　章）

天竜山石窟
蒸発仏の行方

花柳駒

ー駄目で、もともとーと余りあてにせず、出国間際に中国側へ申請を出して日本を発ったが、瓢箪から駒が出て、旅程最終日に思いがけなく天竜山石窟の見学が実現した。

何しろ「悪運の強さでは人後に落ちない」と自負される江上波夫団長までが、「遂に、あの江上も死んだか。と云われるな」と呟やかれる程の天竜山は難所で、断崖沿いの急勾配の曲りくねった狭い礫路を、標高約二千メートルの山頂まで、ジープで一時間半もかかってやっと辿り着いたわけである。それだけに感慨もまた一入、ツアー一同夢み心地で絶壁をよじ登り、命がけで窟から窟へ飛び移ってやたらシャッターを切りまくった。

『峯頂石窟のある処は砂岩石より成れども、其下方は粗鬆《そしょう》なる粘板岩にして、処々断崖をなし、岩片流沙の如く殆ど足を留むべからず、千辛万苦わずかに石窟のある処に至る……』

大正七年、初めて当地を単身調査された関野貞氏の報告書の一節が、天竜山の峻険さと岩肌の脆弱さを語り尽している。

山頂のすぐ下、左峰右峰二つの嶺に沿って鑿たれた石窟は二十四を数えるが、荒廃した窟内に、北斉から唐まで、仏教芸術の粋を具現して見事に刻み出された三壁三龕形式の仏像彫刻は、溶けた蠟細工さながら輪郭を崩し、その殆どが頭部や手足を捥がれており、光背だけを壁面に残してそっくり削ぎ取られた無残な仏像の傷跡も随所に見られる。目を覆う惨状とはまさにこのことであろう。

消失した仏像・仏頭の多くは、関野論文で日本でも関心の高まった戦前のある時期に、中国在住の一日本人古物商の手によって運び出され、国外に持ち出されたと伝えられている。中国古美術の蒐集で知られる根津・出光・山口諸コレクションの中にも、そのいくつかが含まれていることは、衆知の事実である。

帰国して数日後、思いたって私は根津美術館を訪れた。館内には、『天竜山』と標示のある仏頭七点、仏手一点が展示されていた。奇妙なことにその中には、天竜山石窟のものとは到底思えぬ複数の仏頭が混じっていた。脳裡に焼き付いたあの岩肌の色や感触とは似ても似つかぬ、様式も全く異質な大きすぎる仏頭が目の前にあった。

第9窟　如来倚像（北斉、後補）約7m

総数二十四と太原県志に明記された天竜山石窟は、三層楼を失い現在露座になっている約七メートルの如来倚像を有する第九窟以外、天井まで三メートル余が上限の小石窟群である。しかも仏像の殆どは龕装飾の下部に彫られており、私達の今回の所見によっても、九窟の四像を除けば、最大の立像で、やっと等身大の大きさであった。仏像の表面は一様に肌理が荒く脆げで、同じ砂岩でも雲岡の滑らかで硬質な素材とは大きな差異が認められた。

――蒸発仏の所在を、可能な限り押さえてみよう――。生来の好奇心が私の中で頭をもたげたのはその時である。

それからの二ヶ月、私は天竜山に取り憑かれて明け暮らした。自分のフイルムと、ご一緒した山田氏に拝借したフイルムとを合せた二百枚のプリントを、戦前現地を調査された諸権威の論文・写真と引き比べて、窟順や、窟内彫刻の種類と配置を正確に把握すべく作業を行った。その結果、戦前は確かに存在し、いまは消失してしまっている仏像や仏頭、装飾類の大半を漸くチェックすることができた。それはまるで、幼児がはめ絵パズルに没頭する様に似て、捗捗しい作業ではなかったが、何より感動したのは関野論文の正確さで、窟順や内部の見取図、仏像の位置関係など殆ど誤りなく記録されている。この七月訪中した関西大学天竜山調査団報告が、朝日新聞紙上で、写真や記事の内容を何ケ所も取り違えて記載していることからみても、当時関野氏が、悪条件のもとで如何に適格な調査をされていたか胸をうたれる。

作業が進むにつれ、様様な興味深い事実が判明した。第十七窟後壁右の半跏菩薩像が、左足首を付け替えられて、スイスのリートベルグ博物館に今も健在であった。その他同館に展示の首のない座像は、現在四窟左壁に残された円形蓮座にぴったり収まり、現存する後壁中尊と形態・衣文の線條とも瓜二つの座像であるが、大正七年当時すでに首を失って天竜山に在った。同館所蔵の他の六点も出所が解り、偽品が混入していないことがほぼ確認できた。山口コレクションの如来頭部は、第八窟方柱前面中尊の頭部で、大正七年以降日本に運ばれている。同所の高さ六十一センチの菩薩立像は、昭和初期の写真の第六窟左壁に酷似した像が写っており、寸法・様式からみて、同像、又は反対壁の立像のいづれかと考えられるが、二体ともいまは天竜山から消えている。

スイス・チュリッヒ　リートベルグ博物館蔵
第4窟左壁　趺座像（初唐）53.5cm

はめ絵パズルはまだ当分完成しそうにない。各窟の年代、仏像の流れや様式など、専門的事項については、諸先生の論文を参照して頂きたい。ただ私がここ数年見学した、雲岡・竜門・敦煌・鞏県・ベゼクリク等他の中国石窟寺院と大きく異なる天竜山の特色を挙げると、全石窟の設計プランが非常に統一されていて、その大部分が整然と三壁三龕方式で貫かれていることであろう。北斉皇建年間の開鑿から、八世記中葉の終焉まで約二百年間仏像や装飾に時代的な様式の変化はみられても、創建当時のプランは正確に踏襲されて、各時代の窟が規則正しい方式で次次と刻み継がれている。その点、僅か四〇年足らずの短期間に様様な変化を見せる北魏雲岡石窟とは、大きな思想的相違が感じられて興味深い。また天竜山は、山頂近くに造建されたという立地条件もあろうが、他石窟のように、古い年代の窟壁の余白に、後世、新たな仏像や装飾が彫り加えられた形跡も殆ど見られず、並列した各窟が、まるで教則本のように、各時代の特色と地域性を明確に表現する貴重な石窟といえる。岩質が脆く風化の速さが懸念される。何とか早急に、中国式復元ではなく、現状のままの完全保存が成されることを願ってやまない。

不思議な後日談を紹介する。今回のツアーには、高知大助教授金子修一氏（中国史）も参加されたが、氏が各地で撮影された沢山のフィルムの中で、何故か天竜山だけぼんやり暗く、被写体が見えないものばかりだった。感度を間違ったにしては、同じフィルムの続きで写された帰途の山道は、影像が鮮明に戻っている。実は私自身、今回の旅行で使用した二十数本のうち、一本だけ何も見えないフィルムがあった。天竜山で撮影中、手持ちがなくなって金子氏から拝借した一本がそれであった。

非常に因縁話めくが、前述の、天竜山から彫刻を盗み出して売り捌いた日本人古物商が、奇しくも金子某なる人物だったのである。

（リートベルグ博物館写真他女子美大永井信一教授に沢山の資料を提供して頂きました）

参考資料「支那文化史跡」常盤大定・関野貞共著
「中国の彫刻」水野清一著
「中国の石窟寺」長広敏雄編

朝鮮食物文化譚 (10)

鄭大聲

香辛料の話（その3）
「高麗《かうらい》胡椒《としょう》」と「番椒《タウガラシ》」

トウガラシの由来と伝播については朝鮮側と日本側とでは文献上それぞれちがった受けとめ方がなされている。

前号で述べたように李睟光著の「芝峯類説」（一六一六年）には日本から来た倭芥子《ウェゲジャ》と記しているし、それより百年以上下る「増補山林経済」（洪萬選の山林経済を増補したもの、増補者不詳）にはトウガラシのことを「南椒《ナムチョ》」と表しこれの栽培法を記している。〃或いは南蛮草とも称する。乾いた土に適し、二月（旧暦）に下種し、四・五月の間に雨に遇ってから移植栽培する。風の当るところに種をおけば実が多く得られる。また、実の形の短促なるのもあり、唐椒《タンチョ》と称する。〃とあって日本からのことについては言及がなく、南蛮草、唐椒と表題からとしては日本以外のルーツを示唆するかのようである。

日本側のトウガラシに関するいくつかの文献を見てみよう。

ほとんどの文献が「高麗《こうらい》胡椒《としょう》」としているのが注目される。

「大和本草」（一七〇九年）。昔は日本に無く、秀吉公朝鮮を伐つ時彼国より種子を取来る。故に高麗胡椒という。

「物類称呼」（一七七五年）、番椒、たうがらし、京にてかうらいごぜうと言ふ。太閤秀吉朝鮮を伐給ふ時種を取来る。

『成形図説』　唐芥《タウカラシ》

南蛮胡椒、高麗胡椒、或は曰く豊太閤朝鮮を征れし時に此の種を携来ししよりこの名ありといえり。

「和漢三才図会」（一七一三年）。番椒《タウカラシ》、番は南番の義也、俗に南蛮胡椒と言う、今唐芥と言ふ。

「倭訓栞」。たうがらし、番椒也、秀吉公朝鮮征伐の時種を得たりと高麗胡椒というと具原氏の説（大和本草）也。

「大和事初」。高麗ゴゼウ、豊臣氏の時はじめて渡り来れり高麗ごぜう、といふ。

「対州編年略」（対州は対馬島）、慶長十年（一六〇五年）此朝鮮より蕃椒渡る。

このほか奈良の「多聞院日記」の文禄二年（一五九三年）の記録に「こせう」の種を持って来て植えて、失敗したことが出ているがこれは「胡椒」ではなく、高麗「こせう」のことだと川上行蔵氏（料理原典研究会主幹）は解しておられる。前年の一五九二年に秀吉が朝鮮に兵を出していることだし、胡椒はすでに百年以上も前から知られていたことからの判断として、きわめて正しい判断といえる。「胡椒」でない「とうがらし」の種を区別出来なかったものとみてよい。

この「唐辛子《とうがらし》」の由来と伝播についてのこんな朝鮮と日本との関係は次のようにみるのがよかろう。

作物の伝播力

南蛮原産の渡来食品であるから南蛮船でもたらされたにはちがいないが、かりに年代的に日本の九州地方に早く伝来されたものであったとしても、日本ではすでにこれを食用などに利用することなく、先号と先々号でのべたように「胡椒」と同じく朝鮮向けの交易品に優先させていただいたということである。

もうひとつ九州地方で栽培されたとしてもごく限られた地域におていのみであって、京や大阪の本土へは全く伝わることがなかったということである。

少なくともこのことが秀吉の朝鮮侵略の前のトウガラシの普及の状態であったのではないかと考えられる。大体、農作物のような作物が新しく伝来されて、それが民一般に広まるにはかなりの年月が必要である。

それを裏づけるのに「とうもろこし」の例

がある。とうもろこしも、「とうがらし」と同じころに南蛮《なんばん》から渡来したものであり、関西では末だに「なんば」と呼んでいるくらいである。しかし、この「とうもろこし」が昭和の十六〜七年ころ東北の日本海側である秋田地方の農家は作物として存在を知らなかったということ（宮本常一氏の「食の文化」講演会、一九八〇年十二月十日）からも充分に察しがつく。二十世紀のコミュニケーションが発達した時代においてさえ、二・三百年前に日本に渡来した作物の存在すら、知らなかったのである。

概して新しいものが伝播されるのはこんなものである。「サツマイモ」もそのよい例である。

明治以降の統一政府が出来てからもこのようであったのが、ましてや幕藩体制をとった徳川時代においては、物々の交流と伝播、それも異国渡来の「毒気の強い」刺激性のとうがらしは、そう簡単に広まることはなかった。

えてして考えがちなのは、ある年にある地域に何かが伝ったとの記録があるとそれが吸い取り紙にインクがにじむように一挙に広がるのではないかと思い込むことである。

そう簡単に食文化というものは広まらないが、たゞ時の政府が政策でとり入れるとか、大量の人々の移動と交流のある戦争のような時には事情は異って来る。人は自分の知らない新しいものをみつけるとそれを持ち帰ってくることが多いし、これが伝播の原動力となってくれる。

このようなことが「唐辛子」の場合によく当てはまるのではないかと思う。つまり、「唐辛子」は南蛮渡来の新香辛料として日本に伝わるや直ちに京や大阪に送り込まれるよりも、交易品として朝鮮向けに売られたか持ち込まれたであろうということである。これを買い求めた朝鮮側にも日本から渡って来た「倭芥《ウェゲ》子《ジャ》」と呼ぶ地域があって全朝鮮ではなかったとみるべきである。

初期の「唐辛子」栽培と食生活への導入は九州の一部の地域と朝鮮のある地域にだけ先行してなされていたものとみてよいだろう。

これが豊臣秀吉の「壬辰倭乱」という戦争、つまり人馬の交流が広範囲に亘って行われるなかで、朝鮮にも広まったであろうし、それを九州のある地域以外の兵達がもの珍らしく、京、大阪をはじめとする本土へと持ち帰る重要なモメントになったことは疑う余地がないのではないだろうか。

そしてこれが「高麗胡椒《こうらいこしょう》」と呼ばしめた大きな理由になったと思う。

しかし、それではどうしてこれが「唐がらし」となって「唐」の字が用いられるようになったのであろうか。

「唐辛子」の語源

「日本食物小史」（江馬務著）には中国から来た辛子であるから「唐辛《とうがらし》」とされている。これは次のような理由で正しくないであろう。

豊臣秀吉が文禄、慶長年間に朝鮮を侵略、兵を送った時、帰りに可成りの朝鮮人を日本に連れて来ていることは周知の通りである。

主として技術を持った人達を住まわせたところの町を「唐人町《とういんまち》」と名づけている。

薩摩の陶器《やきもの》の技術者の町、土佐の高知市の豆腐座のあった町、佐賀の唐津城内の町はみんな、この時期に朝鮮から来た人々の住んでいた地名である。

日本にとっては「唐」とは別に中国だけを意味するものではない。

「壬辰倭乱」の戦争にかかわってこのところ朝鮮から来たものをなべて「唐《とう》」という字をあてて表現していったとみてよい。

そして「高麗胡椒」が「唐辛子」と呼びならわされるようになったとみるべきであろう。ただ「蕃椒」「南蛮」としたところは矢張り朝鮮由来でないルーツとみなければならない。

もうひとつ考慮しなければならないのは、すべて同じ品種の「トウガラシ」の伝播ではなかったということである。

南蛮から日本の九州に渡って朝鮮へと伝えられた「倭芥子《ウェゲジャ》」と、秀吉の朝鮮侵略時に日本各地から出兵した兵達が朝鮮から持ち帰った「高麗胡椒《こうらいこしょう》」は、同じ品種の唐辛子ではなかったと考えてよいであろう。

日本でよくみかける「鷹の爪《ツメ》」のような小粒ですごく辛い品種、朝鮮で用いられている大粒で辛味のうすい品種、この互いの伝播交流があったとみられる。これが両国の文献上、「倭芥子」、「高麗胡椒」などという記載になっているとみるのが妥当である。

ピーコック画評(30)
一つの随想

後藤直

ピーコック画廊では、いままで画展、写真展、装幀展、記録展などが「月」単位で開催されてきたのはご存知の通りである。

出品者たちは、観る者にその都度新鮮な何かを残して行った。それが世間的にいって著名な人であれ、新鋭といわれる若い人たちであれ同じであった。

それこそが、画廊のもつ最も根本的な使命であろう。

喫茶画廊だといって、一段低く見、軽蔑する人たちもいる。そうでない人も多くいる。また銀座あたりの一流画廊とピーコック画廊を交互に使っている人もいる。

それぞれ自由であり、ここで論議するような問題ではない。要は、どれだけ自己にきびしくせまるかが肝心なところである。絵なら絵は、そうしたひたむきな姿勢が、上手下手を問わず、キャンバスに反映され、観る人びとに感激や感動を与えるのだと思う。

ピーコック画廊では、おおむね、いま述べてきたことが果されていると私は考えるのだ。

そして今月は、そうしたひたむきな人たちの、なつかしい絵や写真が飾られている。画廊の持主、高氏が、いままでの展覧会で印象に残った作品をいくつか買い求めたり、出品者が記念に置いて行った何点かの展示品なのである。

石橋正秋の「海」、由木浩子の「花」、戸井昌造の「冬木立」そして小林千恵子の「リンゴとカボチャ」、前田恵美子の「花」……など、この欄を担当してきた私にとっても、どれもが鮮やかに印象に残っているなつかしい作品ばかりであった。

どの人びとも、いまも一生懸命に絵を描きつづけているという。この人びとの作品のもっている新鮮な内容が、ますます磨かれるよう期待して止まない。同時にピーコック画廊が、今後ともよい作品で飾られるよう願うものである。

《編集部から》

◆毎日、あわただしい日々を送っていると、しぜん、ものを考えるということから遠ざかっている。思えば「ピーコック」店も改装して五年にもなり、大分にあちこちの汚れが目立ち、いささかくたびれた感じもする。ここらで店内の再改装をと、あれこれ考えを回らすのだが、どうにも旨くまとまらない。こんなとき一人旅をと思いたち信州路を歩いた。晩秋の高原は、黄金色に美しく映えてなつかしい青春の頃の歌声を想い起させてくれた。

井戸尻、尖石の考古館を見学し諏訪大社に詣でた。この旅行では天候に恵まれたのも幸いしたが何よりも嬉しかったのは信州人の親切さとマジメさであった。宿泊したホテルでの従業員は一様に誰もがキチンとした挨拶を交してくれたし(あたりまえといえばあたりまえのことだが——)、ものを尋ねてもよそものを見るウサンくささは微塵もなく、親切に答えてくれるのは有難かった。信濃境駅のことは忘れることができない。考古館への道を、切符を売る小さな窓越しに尋ねたところ、応待の駅員は、わざわざ改札口を廻り駅舎の外まで出て来て親切に教えてくれたのには驚きであった。

タクシーにも何回か乗り継いだが、どの運転手も乗客を正しく客として扱ってくれ、車内での会話にはづみがあって、車から降りるのが惜しい程の思いであった。

こんなことですっかり信州びいきになって近いうちに信濃路の旅を再現したいと思っている。

改装の構想もまとまり、いま設計の作業に入ったが明年春には「ピーコック」も装いを新たにしていることだろう。

◆はじめてこの「通信」を手にされた方へ

《くじゃく亭通信》発刊して35号になりますが、一読されてどんな感想を持たれたことでしょうか。とるに足らない貧弱なミニコミ誌ですが、日本と朝鮮の関係を文化の面からとらえようとしています。お気付きの点ございましたら何卒御叱声の程を。

くじゃく亭通信
第36号
「くじゃく亭通信」編集部
〒一五〇　渋谷区宇田川町八ー九
☎(四六四)八九一〇
定価100円

階段のある喫茶室

唐木邦雄

階段のある喫茶店——渋谷のピーコックにはじめて訪れたときの鮮かな印象である。

その後、渋谷へ出ることがあれば必ずここへ足を運ぶことになるが、いつも展覧会を開いている雰囲気が魅力であった。黒っぽい服の女性の応待するしずかな物腰も忘れ難い。

さらに高さんと知り合うようになってから何回この階段をトントンと登ったことであろう。珈琲はあまり性に合わないので、しぜんとカウンターのところで地下へ逆もどりしてもっぱらビールかウイスキーということになる。ふしぎと居心地のよさが手伝って長っ尻となり、高さんとの駄べりに花を咲かせてしまう。その割に勘定のほうはほどほどなのであまり上客とはいえない。

高さんとの最初の出会いは確か東京大飯店で行われた後藤直さんのドクター開業十周年記念パーティの折だったが、一九七七年に『くじゃく亭通信』七号を送ってもらった礼状と引き換えに高さんから届いた便りに、

「前略　『くじゃく亭通信』についてのご高評ありがとうございます　阿部氏からもお便りを差し上げることと存じますがとりあえず　今までに出た『通信』を揃えてお送りいたしますのでお目通し下さい　次号からは順次お届け致しますので　ご愛読賜われば幸いです　二伸　写真展についてのご批評頂ければ幸甚です」

とあり、間もなく一号からのバックナンバーが届けられた。そのすばやい行動力に舌を捲いたことが、親交を結ぶ大きな機縁となったことも確かである。

こうして私たちの樽の会でも、ピーコックはもちろん、私の旧い友人、徳永清さんの作製になるあんどん風の門燈が玄関にたつくじゃく亭も、何回か例会場として使用させてもらうことになった。酒を愛する高さんのこと、樽の会のあり方に共感して、会員に加わるのに時間はかからなかった。

ピーコックでのいろいろなパーティに参加させてもらったが、一九八〇年一月の「田村義也装幀展」記念パーティ、六月の『金達寿小説全集』出版記念「金達寿展」のそのまた記念パーティの、異常な盛況さに驚嘆し、興奮した記憶は、いまも生々しい。

数々の懐しい思い出を秘めたこのピーコックが、こんど高さんの遠大な構想によって改装中という。どんな高尚なムードに溢れたものに変身するか、楽しみにしている一方で、柄が悪いうえに懐の淋しい私などには、容易に近づけなくなるのではないかと危惧、つい〝高さんとこ、珈琲高くなるぞー〟と酔余の放言が生まれたらしい。それが高さんに伝わりとんでもないと叱られた。まずはおとなしく改装開店の日を待つことにしている。

（樽の会幹事長）

わが〝アジア講談〟の旅 1

「おたあ」との出会い

韓国映画の徳川家康

大野力

近年、アジアと日本の人物交流史に、興味を抱くようになった。それを他人様にも及ぼそうと、厚かましくも始めたのが、わが〝アジア講談〟である。可能な限り、実地見聞と資料探索によって物語を構成し、フィクションは加えないよう努めている。毎年一回と心がけている。その第一回公演（一九七六年）の演目の一つが、「おたあジュリア物語」である。ここではまず、その「おたあ」との出会いから、語ることにしよう。

「おたあ」のことを知ったのは、韓国への初めての旅の中でだった。一九七三年といえば、金大中氏の拉致事件を想起されるかもしれない。その年の秋、インドから始まったある雑誌の連載レポート「アジアの旅に昭和を問う」の仕上げ取材のため、ソウルへ飛んだ。そのわずか一週間ほどの初旅で、たまたま私は、「おたあ」なる瞠目すべき人物と出会う機会を得たのだ。

言葉といえば、ハングル文字の発音がどうにかなぞれる程度の、一人旅だった。出発前に、紹介状を得ていた人びととのインタビューは、日本語で応じてもらうことができたが、それ以外となると、人との交わりの思うにまかせぬ旅なのは、当然である。まだ、夜までつき合ってもらえる友だちも持っていなかった。いきおい、夜がひまになる。そんなとき、ある映画の新聞広告が目にとまった。作品名に「……………徳川家康」とある。ここで「……………」とは、ハングル文字を指しているのだが、それはともあれ、まずもって「徳川家康」という漢字の四文字が目に飛び込んだのは、いうまでもない。そこでゆっくり読むと、どうやら「ジュリアと徳川家康」という題名らしい。

「徳川家康が登場する映画か。これなら言葉の分からないオレにも、大体の筋は追えるかもしれないな」

そう思って、さらに広告文字を追うと、中に「全編日本〝オールロケ〟敢行」とあるのではないか。これもまた初耳であって、興味を誘われずにはいない。かくて翌日の夕方、鐘路の繁華街のその映画館へと出かけた。

戦火に拾われた孤児

館内では、映画が始まるとき、観衆一同がみんな起立するのに驚いた。韓国の美しい風景が写し出され、メロディが流れる。それはどうやら国歌らしい。隣の若夫婦は、初めちょっとモソモソしていたが、それでも子どもを抱き上げて起立する。自分一人が坐ったままでもいけないと思って、その隣に習い、遅ればせながら私も立ち上がった。

やがて着席。続いてはニュース映画なのだろうが、それは当時の朴大統領のスピーチから始まる。ついでセマウル運動の模範例なのか、植林事業、新工場の操業開始、体育に励む青少年たちといった場面が展開。ごく普通の大衆娯楽映画館であるはずなのに、それがかくも国家目標に向けてぴーんと張りつめているとは……。おそらく場内〝たった一人の日本人〟として心さびしくもなるのだった。「ジュリアと徳川家康」は、こんな思いのあとに上映された。

小舟に乗った若い女性が、波また波の海原を送られ、沖の小島へと向かう……。そんな出だしの重々しい場面の意味は、すぐに呑み込めなかった。男声のナレーションが入るのだが、それはもちろん朝鮮語だから、私には分かりようがない。

ところが画面が一転、鳴り物入りで正面いっぱいにワイドスクリーンが繰りひろげられるや、それは疑いもなく、秀吉の朝鮮出兵場面である。船、船、船……。無数の八幡船が帆を連らねて、朝鮮海峡を埋めつくすかのようだ。

「こんな大軍に攻め込まれたら……」

〝侵される側〟の恐怖感に、思わずぞくっとする。そして果たせるかな、その上陸後のシーンは、朝に一城夕に一塁といった具合の殺戮、放火、婦女じゅうりん……。私は一瞬、少年のころ見た、「国難来る」とかいった元軍襲来の映画を思い起こした。そこで対馬を襲った元の兵士たちと、この秀吉軍の粗暴ぶりとはなんとよく似ていることか。だが、あの時の恐怖感が、ここではまったく方向を変えている。目前で演じられているのは、まさに〝日本人の恐ろしさ〟なのだ。

ついではこんな場面も――。戦陣を見回る先鋒の将・小西行長の目に、勝利に酔って、ふんどし一つで踊りさわぐ男がとまった。見るとその輩下兵士は、首飾りのようなものをしている。わけを聞くと、敵の耳を斬りとって連ねたものという。戦功の証しのつもりで得意がるその男を、行長はきつく戒め、いかにも苦々しい顔つき……。のちに京都に、それらの耳を集めた耳塚（事実は〝鼻塚〟）が作られたという話につながる場面である。

「こんなことがあったのか」

初めて知る秀吉軍の残虐行為をまざまざと見せつけられて、びっくりもし、胸を衝かれもする……。

さて、そんな戦火の中で、行長の部下が一人の幼女を拾い上げる。親兄弟を失い、廃墟の中に泣き叫んでいたのだが、着衣や所持品から察すると、由緒ある朝鮮貴族の血筋らしい。そこで行長は日本へ連れ帰り、小西家で育てることにする。拾い上げられたとき

「おたあ、おたあ」

と、まだ十分には回らぬ舌で言っていたことから、「おたあ」と名付けられた。小西家がキリスト教徒であったことから、のちに入信し、信者名を「ジュリア」と言った。それが「おたあジュリア」である。

団体〝買〟春宿の一室にて

成長した「おたあ」は、関ケ原の役で小西家が破滅したあと、徳川家康に引き取られる。そこで〝大奥随一の美女〟と注目されるのだが、そのうち若き「おたあ」に、家康のキリシタン禁令の強圧とからんだ愛欲の手が伸びる。だがこれをきっぱりと拒んだため、彼女は伊豆の神津島に流され、生涯をその地で果てる。日本の女優でいえば、松原智恵子によく似た「おたあ」、また山村聡にそっくりの「徳川家康」といった役者立てで、斬り合いもあれば、ヌードがかった場面もある大衆向け映画だった。

物語自体の史実吟味は、あとの機会に譲る。初めは退屈まぎれのつもりだったこの映画が、強く私を捕えたのには、さらにその夜のこんな経験が、内面で結びついたからでもある。

「安い」というふれ込みの友人の勧めに従い、そのとき私が泊まっていたのは、いわば連れこみ宿だった。最初、部屋に入ったとき、セミ・ダブルのベットが、いかにも〝実用本位〟の素っ気なさで置かれているのに驚いた。わけを聞くと、

「コレノホウガ、ヨククッツケマスヨ」と、ボーイが笑いながら日本語でいう。一夜、泊まって、事情がすっかり呑み込めた。そこはもっぱら日本人団体観光客が、キーセンと枕をともにする場所として、繁盛しているのだった。夜、廊下でひとしきり、男女の大声が飛び交う。数分もたち、各カップルが入室すると、一転してピタリとばかりに整理がついて物音が消える。「おたあ」の映画を見て帰ったあとも、そんな夜だった。

「コンヤ、ヒトリデネルヒト、アナタダケ、ホカノヘヤ、ミンナ、ニホンジンノダンタイ、キーセンツレテイマス。アナタヒトリ、ドウシテデスカ。オカネナイデスカ。ゲンキガナイノデスカ」

そう問いかけてきたボーイを帰し、持参の韓日辞典を引き引き、改めて映画の広告文の意味を探る。するとそれは、ほぼつぎのように読めるのではないか。

★日本の地に種子をまいた――
　花のつぼみのような、韓国女人の魂
★鉄鎖きびしい「徳川」の権勢にも――
　彼女の純潔は屈することなく！

全館、〝買〟春宿と化して日本人観光客が占領する中で、いま見てきたばかりの映画のこんなアピールに接するとき、私にとって「おたあ」は単なる歴史上の人物では済まされなくなる。まさしく、今の状況に鋭く突き刺さる存在として、身に迫るのだった。こうして私は、「おたあ」に取りつかれたのである。

『一つの夢想』

金容権

六〇年代、七〇年代を通じて在日朝鮮人の状況は大きく変容してきた。この背景にあるものを思うままに列挙すれば、資本主義の高度成長にともなう社会生活の変化、北朝鮮への帰還事業、韓日条約による在日同胞の法的地位の多様化、および世代の交替などを挙げることができる。

経済の高度成長は五〇年代末から唱えられたが、在日朝鮮人にいやしくもそのおこぼれが「均霑《キンテン》」されるようになったのは六四年のオリンピック景気の前、すなわち六一年から四年ごろであったと実感する。また五九年末から開始された帰国事業には、祖国愛に燃えて青春を捧げようとして帰って行った若人も少なからずいたが、大半は職にもありつけないで極貧の日本の生活に希望を見い出せず一家を挙げて、あるいはまず家族の誰かが「先兵」として帰って行った者たちであった。生活苦から脱することができ、子弟の将来も予定されているという喧伝に希望を寄せたからであった。また、在日同胞の日常生活をすみずみにまで監視し、差別・弾圧していた「悪しき日本政府」から自分たちをいつも見守ってくれていると思われた共和国からの呼びかけであっただけに、帰国することによって確実に現実を解決してくれるものとして受けとめていたのである。民団に属する同胞すらそれを信じて帰国した者もいた。

しかし六二年を境に、帰国者はピタッと減ってしまった。これは経済の高度成長の在日同胞への「均霑」時期と符合する。在日朝鮮人もより好みさえしなければ、求人難の日本社会で簡単に職に就くことができるようになったのである。六一年までに七万人以上が帰国して行ったが、その後の帰国者の大半は祖国へ帰って家族と合流するための人だった。

経済の高度成長の「均霑」によって、同胞青年ことに長男を除いた男女はドンドン都会へ出て行った。当然彼らは単身者として出て行ったわけであるが、当座はいくばくかのお金でも稼いで、自分と親元の生活のたしにでもなれば、という軽い気持からであったろう。が、そのうち親元の方よりも実際の職場がある都会の方が生活の根拠になって行く。

あたり前のこととして、当然そこでは男女の出会もあろう。こうして今や男女をならした日本人との結婚率は五〇パーセントを越え、その生活根拠はますます根深くなりつつある。かつて一世たちは日本での生活をあくまでも客地生活と見立てていたのであるが、二世、三世たちの孤立した都市における生活はいわば二重の客地生活であり、自然定住志向が強まって行くであろう。

ところで親元の住むいわゆる朝鮮部落は、北朝鮮への帰国や高度成長、あるいは世代の交替によってこぼれた歯のようにさびれていった。既成の組織は半ば朝鮮部落を単位にして成り立っていたから、部落の衰退に比例して組織の活動力も低下していった。同胞社会の流動化、意識の多様化に、既成組織は年ごとに対応できなくなっている。こうした状況を前にして、既成組織以外からもさまざまな「在日論」が展開されるようになった。議論はおおむね、在日朝鮮人の今後の行方ことに二世、三世は今後一体どうなるのか、どう生きていくべきなのか、という点に集約され、そのなかのトーンは在日と本国のどちらに力点をおいて生きていくのか、人生を考えるのかという点であったと思う。しかしそれらはあくまでも論でしかなかった。論議に目を触れた人は確かにその瞬間は自分を取り戻すこともあろうが、また日常の現実に埋没してしまうのが成り行きであった。

単なる論議から、状況に対応できる少しでも手ごたえのある現実性のある方策はないのか——これがここ二、三年私の念頭にこびりついていた夢想であった。状況化したなかにあっても、在日朝鮮人あるいは韓国人として認めているならば、食うためにそれぞれが自分の仕事に全力を尽していたとしても、時には自分を取り戻して祖国のこと民族のこと、それに在日同胞のことあるいは家族および自分の将来について考えたり、漠然としてでも思ったりすることはあるはずである。ぼくが夢想していたことは、こうした民族性の痕跡を担保にしたもので、つまり在日同胞がそれぞれ思い思いにぼんやりと考えたり、苦悩したりしている非日常性のコンセンサスを束ねる実際的な場を築く試みである。一年に何日か共同生活ができる、いわば「同胞の半日常的な生活共同体」である。その夢想について次のようにデッサンすることができる。

〈場所〉

たとえば暖い房総半島の比較的地代の安い山間部の辺地を確保する（万単位の坪数が望ましい）。

〈施設〉

在日朝鮮人の墳墓の地を設けて管理する（世代交替が進行しているなかで一世の墓地確保は重大な問題になっていると思われる。）

五〇人前後収容できる養老院を設置する。

五〇～百人前後の大学予備校生を募集する。

墓参に訪れる人および、同胞と語ったりして生活したい人が利用できる二、三百人程度収容できる施設を設ける。

山地・荒地などを開墾して農園を作り、可能な限り野菜などは自給自足する。

〈運営〉

管理・運営等は人格的にすぐれた二、三〇人前後の人びとによって行ない、また彼らが予備校生へ教授を行なう。予備校生や老人が中心になって可能な範囲で墓地の清掃および農園作業を行なうが、短期の生活者もこれに参加する。

年間予算等については基本的に自主的に賄い、場合によっては賛同者から寄付をあおぐこともある。

施設の備品はできる限り各家庭の不用品を提供してもらう。

大雑把にこんな内容のことを夢想していたのであるが、まず人材と費用とをどのようにして集めるかである。可能な限りの衆知を結集して夢想から脱却したいと思っている。

しかし以上のような夢想を荒唐無稽だといって一笑に付す方もいると思う。だが、在日同胞社会が状況化して一つの大きな曲り角にある現在、いろいろな意見や「思想」的に粉飾された論、政治的意図のある方策なども結構であるが、民族的かつ現実性のある手ごたえのある確かなものを同胞は今求めているのだ。こうした施設は在日同胞にとって命の洗濯所となり、豊かなオアシスになるであろう。またこの試みが一応所期の意図を達成し、さらに二、三の同種の施設が増設されたならば、大きな力となって立ち現われるであろう。

こうした試みの大前提には「在日性の諸問題」と「統一」という背景がある。統一、すなわち三八度線の壁がなくなることの如何はすぐれて政治力学的な問題だと思う。つまり三八度線がなくなるという事態には民衆の力は直接関与しないということだ。ましてや在日同胞にとってはますますそうであろう。（そのことについての関心が稀薄化している現実こそ「在日性の諸問題」の一つである）

しかし統一をもっと幅広く考えるならば、三八度線がなくなった一時点よりもなくなった後の統一建設がより重大なことで、そうであるならば、統一後には真の民族的人材が必要となるであろう。これには一人一人の個人の力も大いに発揮できるはずである。統一の時点には分断がすでに半世紀を経ているかも知れない。南北を客観的に見渡せる条件にあった二世、三世の役割はそれだけ大きくなる。

しかし日本に生まれ育った二世三世は、ややもすれば物神崇拝に陥って相対的に貧しい本国に背を向け、在日の方へと急速に傾斜しがちである。かって絞首刑となった李珍宇はこの事実を喝破してこういっている。「私は、今、こう思います。私は祖国が立派になったから、祖国に対する愛、朝鮮人としての自覚が、高まったのではない、自分が何のために生きなければならないかを知って、自分の価値を見出したからこそ、祖国の状態如何にかかわらず祖国を愛するのだ」と。この金言を胆に銘じ槓杆《レバー》にして、この夢想を今後じっくりと煮つめていきたい。

◎青丘文化賞・青丘文化奨励賞

一九八一年度、第二回青丘文化奨励賞は、金容権氏に授賞が決りました。授賞式は三月二十二日PM五時、くじゃく亭で行はれます。

なお、青丘文化賞（第八回）は、授賞者の選考をみましたが事情により残念ながら決定を取消すことになり従って本年度は授賞該当者なしということになりました。

沖縄が誇りとする書家

謝花雲石のこと

―書に刻まれた沖朝の交流―

記・外岡　宏

壷屋のいろいろな形をした焼物の前に立っていると、朱や緑の線が軽快に交叉する明の赤絵、飴色をした初期李朝の温かな三島扁壷などがその後から顔だしてきて、焼物の歴史に無頓着な人へも、黄海をかこんだ国々の濃密な血のつながりを静かに語りかけてきてくれる――。

　こんな話題、ほかにありませんか。

大野力が毎年年末に独演する《アジア講談》の席で、私が、こう持ちかけると、奥のほうに座を占めている仲井真格さん（沖縄センター）から、

　謝花雲石をごぞんじですか。沖縄県庁の表札を書いた書家です。もっともこの人は朝鮮へ行って朝鮮人から書を習ったので、日本の書道界と対立してました。沖縄に独自の書風を残してくれた人なんですが。

という声がかえってきた。〝朝鮮人から書を習ったので日本の書道界と対立した〟という説明に、いまひとつ不透明な部分はあるが、熱を帯びた声で〝実に良い字です〟と強調されると、一度それを見たいものだと思い、紹介文をお願いした。待つことしばし、つぎのお便りが届いた。

　先日は簡単に引き受けたものの資料が手に入らず、とうとう今日になりました。これだけの資料ですので私が書くよりも外岡様の方で自由に紹介していただく方がいいと思います。東京と沖縄は意外に遠く手紙ではなかなか、さりとて電話では詳しく話してくれません。全くやきもきしました。……不思議な縁で謝花雲石が一人でも多くの人に知られることこそ私の望む所です。どうぞよろしくお願い申し上げます……。

そこで仲井さんにはじっくりした取材をお願いし、今回は氏の御意向をうけて、同封の《沖縄県史》「人物編」の『謝花雲石』、沖縄県立博物館編集の《謝花雲石展》目録を綴って雲石のプロフィルを紹介させていただくこととした。

　謝花雲石（じゃはなうんせき）一八八三―一九七五。本名は寛剛、那覇西村に生れる。沖縄県立中学を三年で中退し就職。一九一一年（明44）二八才で朝鮮総督府土地調査局に就職し土地整理事業に従事。かたわら海岡・金圭鎮に師事して書道を学ぶ。一九一九年（大8）帰沖、後進の指導に当る。尚順、山城正忠とならび戦前沖縄の三筆とよばれたが、「日本に書道なし」と発言するなど、終生日本の書道結社に加わることなく独自の道を歩いて書境を深めた。一九六七年沖縄タイムス芸術選賞受賞、同六九年勲五等瑞宝章授章、同七二年第一回沖縄県芸術文化功労賞受賞。那覇市松尾で逝去、亨年九三才。主要作品＝新旧沖縄県庁表札、恩納ナベ記念碑、玉城朝薫二百年祭記念碑、明治山之碑、山城正忠歌碑など。

　京城に移った雲石は、たまたま街で書道塾の看板をみつけて、もと朝鮮王の書の師範をつとめた金圭鎮に師事、重大な影響を受けることになるが、「ふらりとはいった」という大城立裕氏の記事が正しければ、この出会いは偶然の賜らしい。

　金圭鎮は雲石に王義之の《書法源流》の思想を語り伝えた。雲石はつねづね〝私の唯一の師は王義之の《書法源流》です〟と断言していたが、その理解によると、書道のありかたをのぞこうと思う人は、六朝の昔からさらに秦・周の昔にさかのぼる大森林を見なければならない。書体は中国古代の象形文字から発達して篆・隷と推移してきた。推移の過程にはそれ相当の人間史的な経緯や背景があり、こうして生れた楷・行・草は、したがってその源流たる篆・隷を会得しなければ究められるものではない。

　篆書・隷書の筆意をしらないと楷行草はかけません。書道の真意がわかりません。日本の書道は常道にはずれていますよ。篆隷を知らず楷行草だけが輸入されています。

という認識である。この、書道に関する根本的な姿勢を、金圭鎮は《源流》に即して著し

た自著《書法真訣》を用いてがっちりと若い沖縄の青年にたたきこんでくれた。これが、″朝鮮人から書を習った″という言葉の意味であり、雲石の日本書道批判の第一点である。

もちろん、日本人が篆書や隷書を識らなかったということではなく、遠くは空海が唐代の法帖をもたらしているし、近くは大正時代に中国から来た楊守敬が日下部鳴鶴らにこれを示して刺戟をあたえたことがあるが、伝統に影響をおよぼすことはなかったのだ。

大事な点だから別の断面からこの問題を眺めてみると、雲石ははじめは画をやりたかったらしい。そこで京都四条派の画家清水東雲の門を叩いたが、思うように筆が動かない。書道をやれば画がよくなるときき、金圭鎮の門下生になったら、書のほうが面白くなってしまった。師匠は″君は書道をやっているそうだが、君の画はもう南画になってしまった。昔なら破門だが、今日はこれでいい。君の気の向くようにやれ″とはげましたという。

書道から出た画はみな南画になるらしいです。日本では書をはなれて画をやるからいろいろ派がわかれるが、中国では篆・隷の書道から初めるのですべて南画になる。

書家はまたたいてい画家で、多年書を書いていると書が型にはまって萎縮する、それを緩和するために竹・蘭・梅・山水などの画を描く、というように書画両道をやったようです。

この言葉から、謝花雲石が筆勢におぼれることなく、建築的かつ雄勁な書を残すことができた秘密を窺うことができないだろうか。ここには書道の枠をこえて日本美術全体にたいする冷静・適格な批判、それも真に建設的な視点が息吹いている。しかし″篆隷を知らず楷行草だけが輸入された″という言葉が、もしそういう意味をこめているならば、この批判に胸襟を開く既製団体はまず無いだろう。一言でいえば剃刀文化と図太い大陸系文化の対決の様相をおびているからだ。

「日本」の名誉のために書き添えれば、琉球でも、来訪した中国の冊封使たちが立派な篆隷の書を書いたにもかかわらず、中国系の教育をうけた程順則・鄭家訓のような書家さえ、篆隷を残さなかった。篆隷を「坊主字」とよび、冊封使たちが楷行草を書かないのは、琉球に能書家が多いからだと噂したという話が残っている。金圭鎮は中国の李少南に学び《源流》にのっとった《書法真訣》を著したわけだが、なぜそうしたことが可能だったかについては、ぜひとも仲井さんに調べてもらいたい点の一つであろう。

謝花雲石のもひとつの主張は″書道は身をおさめる一つの道具であって、これで身を立てるとか、処世の道具にするというものではない″というものだ。

これはみせびらかして公開すべきものではない。これに名誉欲や物質欲がでたら、書はかけません。書はそういう道具ではありません。……私はこうして時に流されて書を書いているが、それも、自分ひとりで知っていてもいけないから、ひとりでも多くの人に、書の真意を知ってもらいたいとおもいましてね——。

純粋である。しかしこの素朴な言葉ほど書壇を強く笞うつものはあるまい。″これが金先生の著書です″と雲石が沖縄タイムスの記者に取り出した本の第一頁にはこうある。

書は心画なり。柳公権曰、心正しければ筆正し。比一語以て之を尽すに足る……。

雲石の心はまさに金圭鎮の心だったのだ。

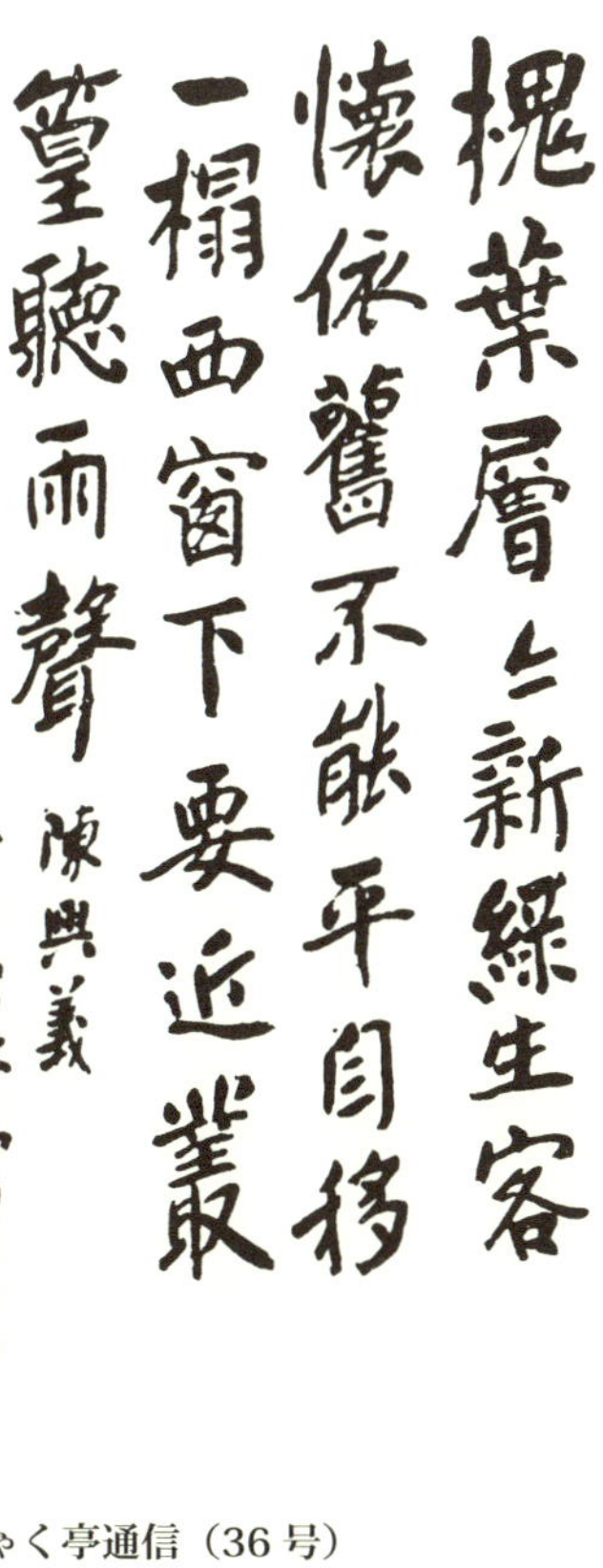

＊読者からの便り＊

（東京・新宿区）　熊田久恵

あけましておめでとうございます。お店を改装なさるとか、新しく発展されるよい年を迎えたことになりますね。昨年後半はくじゃく亭を大分利用させていただきました。人生につかれ果てた友人達（何かの事故で新聞に名前がのる時は老女ダレソレと書かれると自嘲する年令ばかりです）は〝焼肉料理〟というと若い人向けの煙がもうもうしたにんにくの臭う雰囲気を想像して二の足を踏むのですが、くじゃく亭にご一緒すると皆さん、お店のファンになります。経済的な事情でお昼のサービスランチばかりですがデザート、コーヒーまで頂戴してかえりはピーコックでおしゃべりというコースがきまりです。一度ご一緒すると次は別の方を連れて行かれる人もおられます。それでは今年もよろしく。

（東京・中野区）　宮川寅雄

通信いつも有難とう御座います。前号の花柳駒氏の天竜山の話大変面白く拝見、もし同氏が他にこれについて書かれているのでしたら御教示下さい。又書かれることを希望します。「仏教美術」誌などに写真たくさん入れてお書きになっては如何。

（東京・杉並区）　森禮子

お変りございませんか。主婦の友新年号より、おたあジュリア連載はじめました。

（東京・八王子市）　高橋禛一

いつもいつも「くじゃく亭通信」御恵送に感謝しております。NHKで朝鮮語講座を、のおよびかけに自分の持論でもあって賛意を表したのが御縁であったか、と存じます。この度びの35号の大和岩雄さまの「全浩天氏に問う」を拝読。全浩天という方を、またその全文を存じあげないのですが李進熙さんとはながく御交誼をいただいているので考えこまされました。しかし、「或る組織」といったことばには私の無知無学、どういうことかもと考えこまされたりいたします。大和岩雄さまについてもどういうお方か存ぜず、三〇年ほど以前、私が「歴史評論」という雑誌の編集をしていた頃御厄介になった書店に同じお名前？の方がおられたような気がしたり、ともかくもっとこの点を深めたい気持です。この号を拝読していて「松の実がゆ」とやらを一度いただきにあがりたくなりました。また、唐木邦雄さんとは、むかし図書新聞におられた唐木さんのことでしょうか。

（神奈川県・葉山）新倉進

いま、「くじゃく亭」通信35号を読み了りました。引き続き充実した内容の結集で一気に読ませていただきました。

☆「松の実がゆ」というものの存在をはじめて知りました。皆さんの文章で、味覚は私の現実のものでないのに一緒に味わっているような感じがしました。

☆大和岩雄氏、相変らず一言ありました。

☆戸井画伯、――この方の秩父事件への取り組み、別の箇所で承知していました。画の方のことはよく知らないのですが……。私が当会（東アジアの古代文化を考える会）へ入会したころより前に当会初期のメンバーとして活躍されたときききました。

☆信州びいきになった話、いい話でした。御健勝のほど祈ります。

私は当年度は大体、月2回（月曜日）、会の事務所へ出て、帳簿整理だけ担当しています。身体の方はまず健康です。他事ながら御安心ねがいます。

（東京・江東区）　野口和子

モノや人や出来事の、ぼんやりとした出会いの記憶が、何かをきっかけにこんどははっきりと印象づけ直されることがある。

ことしも一月早々ピーコックで先輩のHさんと待ち合わせたことも、そんなきっかけの一つだ。その席で高さんをご紹介され、さっそく「くじゃく亭通信」を送っていただいたことにもよる。

それまでピーコックには、知人たちに一、二回さそわれて押しかけただけだったし、

「くじゃく亭通信」のことは、新聞記事で読んだ気がする、といった程度だったのだが。35号の第一面をみると、たまたま個展が終わったばかりの戸井昌造氏の名前がある。すると、私の記憶はいきなり一年半ほど前にさかのぼり、戸井氏の名刺のゴシック活字に結びつく。井出孫六氏の出版記念会の二次会でいただいた名刺だ。

当日同席されていた李恢成氏の、イスからはみ出しそうな姿や、「何とかいい仕事をしたいと悪戦苦闘中です」との、ハガキの太々と大きな字までが、イモづる式に思い起こされた。

「レッスンプロはだめ。これからはトーナメントプロとしてやっていきましょう」

年明けに、ピーコックの階下のフロアで語ったHさんのそんなことばを反すうしてみる。私自身、いつまでも「モラトリアム人間」ふうにキメ込んでいるわけにいかず、おそまきながら「悪戦苦闘中」の仲間入りである。

それにつけても、ピーコックと「くじゃく亭通信」のことは、もう忘れるわけにはいかない。

（埼玉県飯能市）清水雅子

昨年の北上の旅は大変楽しかったです。その後は不勉強でしたが11月には小浜の羽賀寺に行ってまいりました。やさしい笑みをたたえている柔和な十一面観音さまにお会い出来て幸せでした。今年はぜひ韓国の仏さまに会いたいと思っています。

ピーコック改装について

三島　平八郎

高さんから、ピーコックを改装したいと云われ、開店当初のイメージに戻したいと希望された。そして、客席の数も大巾に減らして、ゆったりお茶を飲み、食事をしてもらう店にしたいと云われる。私が経営的に採算のことを心配しても、人間一生の間、仕事から離れることは出来ないのだから、自分のやりたいような店をやって行きたいと云われて、やっと、高さんの気持が判ったような気がしてまいりました。

改装の設計は内外共、『白』を強調したデザインに致しましたが、果して、高さんの御希望に沿えるようなものに出来上りますか心配です。開店後の経営的なことは、高さんの手腕にまつと致しましても、せめて、くじゃく亭通信の読者の皆様に御支援をして頂きたく御願い申し上げます。（三笠建築事務所）

『ピーコック』の改装にあたって

高　淳　日

いまの地にピーコックが創業開店してからあしかけ十五年になる。東急本店が設立開業した翌年のことで、デパートと向かいあった場所とはいいながら周辺は今日ほどの賑やかさはなかった。この年月の間にビルもたくさん建ち並んだわけだが、開業した頃のピーコックの建物はヨーロッパ風の小さな城のようだと批評してくれた人がいたほど、上品な白い建物は当時の周囲の事情からみて際立って美しく見え、私自身大いに満足したものである。美濃部さんが東京都知事に当選就任されて間もない頃であり知事公舎が近くの故もあってか、一人でコーヒーを喫みに立ち寄られた。独身時代の知事は散歩に出られた折、よくピーコックに見えられたものである。

当時、喫茶店で喫むコーヒーの値段は、渋谷地域では五十円が普通で、七、八十円は高いほうの部類に属していた。モーニング・サービスなら三十円で打ち出していたように思う。銀座では高いといわれた店が一五〇円、いまの物価からみるといくらぐらいになるのだろう。この時代、ピーコックも、銀座の一流店並みの値段で出発した。渋谷では一番高いほうの店ではなかったろうか。

こんど五年ぶりにピーコックは大改装しようとしている。63年のオイルショックの時は、街の様相はまるで第二次大戦前夜のようで、駅やビルの灯り、街のネオンサイン、イルミネーションは消え、世の中は、それこそまっくらな状況であった。こうなれば喫茶店などで茶を喫む客は半減するだろうと、65年秋にこう判断して翌年初頭、いままでの高踏的な雰囲気の店から大衆路線への店へと切り換えた。そのための改装工事には略一ケ月を要したが――。経験という意味からいえば別な路線の貴重な体験だったから、それもプラスになったといえないことはないが――この判断と実行は失敗だった。

大衆的なものにするためにこのときの改装は、ある程度俗っぽい趣味にした（何と大衆をバカにした発想だったことか）。自分の好きでもない色を承知のうえでインテリアに使った。配色もゴテゴテとしたものになり、表示のカンバンなどはその悪い見本だった。こうして自分の好みにさからった店を創ったことは、その後の私の心の中に始終、釈然としないものを持ち続ける結果となってしまった。生涯やらねばならない仕事であるならば、自分の気持ちに合った店にしよう。と決心したのはこういう事情があってのことである。

日頃、お世話になっている建築家の三島先生に依頼して昨秋から設計に入った。年末ようやく図面ができ上り、いま業者に見積りを依頼したところだが二月初めには着工の運びとなろう。

今回の改装は第三回目の工事となる。この機会に初心にかえって十五年前と同じ雰囲気の店にしようと心に決めたのだが、ではおまえの初心とは一体何だ！と問われれば次のように答えよう。

喫茶店に限らずおしなべて飲食店は、限られたスペースと時間で、客席をいかに効率よく回転するかというのが儲けの中心課題になる。従って真夏であるなら、その店に入った瞬間、涼しい冷気でいっとき気持ちよくさせ、しかしものの十分も経てば寒くてその場から外へ飛び出したくなるような強い冷房にしておく。BGMもボリュームを上げて長居をすれば騒々しい音で頭が痛くなるようにする。座席は長い時間、座っていればお尻が痛くなるような固い椅子を用いる。かように客の出入りを激しく、席の回転を良くするというのが飲食店経営のコツというものらしい。これ程、客をバカにした話はないだろう。創業当初このようにアドバイスしてくれるプロがいたが、その人はそれでも〝お客様は神サマ〟だと言っていた。私はお客様を〝人間として〟迎えるには、このアドバイスの全て逆を行こうと決心したのである。これが私の初心である。

〝喫《チイ》茶《チャ》喫《チイ》〟という言葉をある先輩から教わった。目標に向って進むとき、途中、分れ道に到って、どの道を選ぶかで迷ったら元の位置に戻ってお茶を喫み気持ちを落ちつけて、ゆっくりと考え、然る後自分の判断を決めるという意味だそうだ。昨秋、店を改装しようと考えたとき、どういう方向に向うべきか、随分と迷った。こんなときは旅に出るに限ると、茶を喫むつもりで信州路の一人旅を思い立ったのである。

信濃境駅に降り立って駅舎の前から見た富士山はすばらしかった。このあたり富士見町というにふさわしい眺めで、雪衣を頭からかぶり、肩からすそに伸びた富士の姿には言いつくせぬ気品があった。周囲の峯々を見下すような傲慢さは微塵もなく、優しい姿には凛然とした格別の威厳があった。偉容とはこんなときの姿をいうのだろう。

富士としばらく向い合っているうちに心は決った。気品のある店にしよう。初心に戻るのだ、そして白い建物だ！

この筆を走らせている今はまだ着工前である。果してどんな店になることか、自分のイメージがどのように実現するか、いまはただ時の経つのを待つだけで、かすかな興奮を覚えている。三月初旬には新装オープンとなろう。諸者の皆さま、渋谷へお出での節はぜひお立寄りくださり、変容したピーコックを御高覧の上御批評賜り度いと衷心より願うものである。

（一月二十日）

仏さまと乳首＝後日譚

（外岡　宏）

くじゃく亭通信34号に『仏像の図像学』なる拙文を寄せたところ、日ごろ敬愛する両先生から貴重な御教示を頂戴いたしましたので、ここに紹介させていただきます。

御無沙汰いたしておりますが、お元気に御活躍の御様子なによりと存じます。

本日、くじゃく亭通信の玉稿　拝読、小生かって書いた明王寺の菩薩立像のことを思い出しましたので、コピー同封いたします。：：：（略）

久野　健

「五　聖観音菩薩立像　岡山　明王寺蔵

カヤ材　像高一六六糎

岡山県明王寺の聖観音菩薩像は、かねがね古様をもつ彫像として注目していたが、今回調査の機会にめぐまれたので、その結果をここに紹介する。：：：（略）：：：

次に本像の作風をみよう。この観音像は、直立の姿に、下半身に腰裳をつける菩薩形としては通有のものであるが、各部をみると、きわめて特色ゆたかなものであることが分る。

頭部からそれをみてゆくと、宝髪を飾り紐の如きものでしばり、宝髻を茸形に作っているのも珍しい。天冠台の下に出ている髪毛は、耳の前上で、左右とも曲線をえがくところは、法華寺の十一面観音像や、山形県宝積院の十一面観音像等と共通し、本像の制作年代の推定に役立つ。

やや笑みをふくんだ面相も、前方につき出した小さな顎等も古様である。また、胸にはっきりと乳首を表現しているのも、あまり例がない。腰裳をたくしあげたようなつけ方、裳の上辺に一部みえる飾帯、また天衣や裳の随所に刻まれた旋転文、彫りの深い衣文線、側面の衣文の自由な刻み方等の特色は、平安初期彫刻にしばしば見られるもので、先に述べた頭部や胸部の特色とともに、本像が九世紀ないしそれを去ること遠くない頃の制作らしいことを物語っているようである。」

〈美術研究〉

◆

仏像（如来）の乳首のことですが、マツラ派の釈迦像に乳首のまわりをロータス文様で縁どったものがあります。ガンダーラ経由の北方伝来の仏陀より南方伝来の仏陀に多くみられるのではないでしょうか。推測ですが石窟庵の本尊の乳首は古代朝鮮美術にみられる南伝美術の影響のひとつとみなすこともできるでしょう。南伝は北伝にくらべ実証的なデータがすくなく積極的に論証することが難しいのです。：：：（略）

永井信一

ピーコック画評(31)

「矢作雅子のやきもの」展に寄せて

後藤　直

「矢作雅子のやきもの」展が、二月十五日から二十日まで、「ギャラリー・スペース3」（東京・吉祥寺本町一ノ二〇ノ一）で開かれる。

矢作雅子は、八一年二月、四九才の若さで病没した新進気鋭の陶芸家であった。したがってこれは遺作展ということになる。

展覧会に合わせ、「矢作雅子のやきもの」という、充実した内容の小冊子が雅子さんの夫君、矢作勝美や、雅子さんの友人たちによって編纂された。

そこには、雅子さんの数多い作品の写真や何人かの追悼文が載せられている。そして雅子さん自らの草花のスケッチが表紙になっていて素晴しい。

「呉須花紋隅切皿」「呉須絵麒麟皿」「呉須人物紋隅切皿」などにみられる繊細で、気品に満ちた図柄は、凝縮した清冽な世界をかもしだしている。これは、年齢に似ず可愛らしかった雅子さんの、生来の性格にも由来するだろうが、それよりも、死の寸前まで持続させた、あの気迫、あのエネルギーはどこに秘められていたのだろうか、あまりにも立派で驚嘆に値する。

矢作勝美は「ご挨拶にかえて」（「矢作雅子のやきもの」）なる愛妻への追悼文をかいているが、そこには「雅子は絵をかくことから出発し、ながいことグラフィック・デザインの仕事をやっていた（中略）やきものの仕事は、ほんの五ケ月ほどの短い期間であったが、雅子にとっていちばん充実したときであったと思う。自分の体が病魔に蝕まれていたことも気づかず、気づいたときはすでに遅かったといえるが、やきものは病魔と引き替えに創りだされたように思えてならない――」と。

また「なにか生きていることのあかしのようにして」やきものに熱中したことにもふれている。そして「とくに草花が好きで、こよなく愛し生命が尽きるその寸前まで描き続けた」としるしている。

丁度一年前、雅子さんの通夜の席で、私たちは遺作となったスケッチブックをみせてもらい、あまりのひたむきな姿勢に胸を打たれたものである。

病気との壮絶なたたかいを経、若くして他界した雅子さんの痛恨の気持を、私たちは言語ではいい現わせない。そうした意味でも、今度の遺作展は、まさに鎮魂歌を捧げるようなものであると考える。矢作雅子の作品は、いつまでも私たちの心に生きつづけるだろう。多くの人びとにみてもらいたいと思う。

〈編集後記〉

◎大野力氏のアジア講談は益々快調です。くじゃく亭で一杯やりながら氏の講談を聴く会を計画しています。

◎韓国の大学で日本語を教えて二年近く、最近帰国した中村昌枝さんは韓国滞在中に組紐の手芸メドウプを習得し、近くその作品展をピーコックで開く予定です。一部作品は現在くじゃく亭に飾ってあります。

◎くじゃく亭の試食会に参加希望の方はお申し出下さい。旧朝鮮の宮廷料理の一つ〃九節板〃を味わう会を予定しています。参加費六〇〇〇円。

◎水戸岩雄氏が一月二十三日逝去されました。東アジアの古代文化を考える会の会報を創刊号から22号まで編集担当をされた創立当初からの旧い会員でした。はじめて知り合ったのはたしか磐城地方の遺跡めぐりの旅の車中でしたか。「日本固有のもの、一つだけ例をあげるとしたらどんなものがあるか」と問いましたところ氏は「縄文美術と、そしてあえて一つ追加して天皇制」、前者は情熱をこめて、後者は少し諧謔味を帯びて言われたのを鮮明に想い出されます。氏は古代史への情熱だけでなく河上肇への畏敬の念頗る大でした。長寿されて河上肇の研究書を出されるのを期待したのですが惜しまれてなりません。亡くなったS教授の周辺から会の三悪人（？）と名付けられたうちの一人が逝いていまはさみしい限りです。氏のご冥福を心から祈ります。享年六十七才。

くじゃく亭通信
第37号
「くじゃく亭通信」編集部
〒一五〇　渋谷区宇田川町八ー九
☎（四六四）八九一〇
定価100円

藤本巧さんの『韓くに古寺巡礼』

飯沼二郎

藤本さんは、いつも、のんびりと、ニコニコしているけれども、そのような対話のあいだに、私はいつのまにか、写真についての目を開かせられた。たとえば、高い山の上から写真をとるばあい、ケーブルカーで登って撮った写真と、自分の足で汗をかきかき登って撮った写真とでは、ちがうという話しなど、なるほどと、うなずかされた。

また、美しい絵になりそうなばあいは、写真をとるのをやめる、と藤本さんはいう。ふつうの考え方とは正反対だけれども、たとえば、志賀直哉が、興がのって筆がすべり出したら、筆をとめるといっていたことを思い出させられる。藤本さんの写真集『韓びと』あるいは『韓くにの風と人』などをみると、いわゆる「美しい風景」は一枚もないけれどもそこに登場する一人ひとりの韓国人の表情にすごしてきたその生涯がはっきりとにじみ出ている。

藤本さんは、十年来、年に二・三回は韓国に渡って、写真をとりつづけてきた。「どうして、韓国の写真ばかり、とるのですか」と質問したら、すこし考えてから、例の重い口調（と、いっても決して暗くはない、明るいけれども、軽くないという意味）で、「韓国が好きだからでしょうね」といわれた。では、なぜ、韓国が好きなのかと聞いてみても、藤本さんは、笑いながら、「別に理由なんか、ないんです」と答えられた。ちょうど、なぜ女房が好きなのかと聞かれて、「好きだから好きだ」と答えるほかはないような感じである。

このようにして、藤本さんが、何の目的もなしに韓国をとりつづけて、いつか、二冊の写真集になった。上記の『韓びと』と『韓くにの風と人』である。これは、「俺が、俺が」と自己主張のつよいこんにち、めずらしく、人に知られずに、ひっそりと、林の中で咲いた花のようにおもわれる。と、いって、自己主張がないということではない。むしろ、藤本さんは全く自己というものを主張しないだけにそれだけ、対象とされた〝韓くにびと〟の喜び、悲しみ、たのしみが、純粋に鮮明に確実に、みるものに伝わってくる。そして、さらに、それらをとおして、名もなき〝韓くにびと〟たちにたいする藤本さんの純粋な愛情が！

つつましい、これらの二冊の写真集は、ほとんど自費出版のかたちで、少部数、世に出された。その出版のかたちそのものが、いかにも、その内容にふさわしい。しかし、そのために、このすぐれた写真集が、ほとんど世の中に知られず、埋もれている。私は、偶然この二冊の写真集をみる機会があって、その真価におどろいた。（「真価」などというとこのつつましい写真集に、なんとなく、ふさわしくないような感じもするが、その内容のすばらしさは、それが世の中にひろく知られていないだけに、やはり「真価」ということばに、ふさわしい）。

十年にわたる藤本さんの〝韓くにびと〟にたいする「無私」の愛情のあらわれである無数の写真が、今度、ひとまず三冊に編集されて、世に送られることになった。上記の『韓くにの風と人』が、今回の三部作の第一部として、あらためて出版される。第二部『韓くに古寺巡礼』と第三部『韓くにの工人たち』は、今回、はじめて出版される。第二部『韓くに古寺巡礼』は七月下旬に刊行の予定で、序文は金達寿氏、跋文は富士正晴氏、装釘は粟津潔氏というそうそうたる顔ぶれである。

また、九月すぎ頃には「ピーコック」で、写真の原画展も計画されているという。私はまだ、韓国に行ったことはないけれども、この写真集『韓くに古寺巡礼』には韓国の山の中にあるお寺のたたずまいと、そこにおける坊さんの生活が見事にとらえられている。

この文章を書きながら、はなはだ矛盾したことを感じている。藤本さんのつつましい芸術が、ジャーナリズムの波に乗って、もみくしゃにされたりしないで、今までどおり、つつましく彼の芸術を愛する人にだけ、ひっそりと支持されていくことを願うと同時に、また、その真価を知るだけに、できるだけ多くの人の目にふれることをも、願わずにはいられないのだ。

（京大名誉教授）

〈ピーコック〉画廊催事案内

八月　高橋孝一油画展「日高郷の景観」

九月　藤本巧写真展「韓くに古寺巡礼」

絵はがき「日高の景観」原画展によせて

中島正之助

埼玉県日高町と云うより、都会の人々には高麗川、高麗神社、聖天院等で知られ、歴史と自然の風景に恵まれたところです。

観光協会はこの自然と歴史の里の絵はがきを作製する計画を立てたところ幸いに、高麗に居住し、多くの風物や埴輪、壷などを画いておられる高橋孝一氏に油絵で、高麗風景を画いて頂くことが出来ました。

高橋先生は十五年前に東京から高麗に居住され、この高麗の風景に魅せられて「高麗百景」を完成すべく精進されておられる方です。先生はこの絵はがき作製のために、約二カ月半にわたり、三十数枚の絵を描かれました。その中より十一点を選び、十枚一組の美しい絵はがきを完成する事が出来た次第です。

この絵はがきには、渋沢栄一が十九才の春安政五年三月十六日、郷里埼玉の血流島を発ち江戸へ向う途中に登った日高の峠附近の風景や、（表紙絵）徳川時代に八王子千人隊が、日光東照宮へ往来した日光街道杉並木の今に残る風景、源義経が鎌倉から奥州へ逃げのびる時に歩いたと云う鎌倉街道の旧道等が、高橋先生の努力によって立派に描かれ、往時をしのぶことが出来、喜びにたえません。

高橋先生がこの『絵ばがき』完成を機会に原画展を催されることをお聞きし、先生のこの風景画を通じて多くの方々に高麗の歴史とみどりと清流の自然を想起して下されば発行者として幸甚の至りと思います。

高橋先生は見晴しの良い山の中腹に山小屋風のアトリエを造られて山歩き釣りを趣味とし、歴史をさぐりつつ高麗文化の里を画き続けておられる方です。先生はかつては中央の或る画会に所属しておられましたが思う所あって無所属になられ、先生の言葉に依りますと、「かえって絵が多く画けるようになったし、又一点一点気の済むまで描きこむ事が出来るので、生命《いのち》の通った絵が出来る」とのことです。

そのお気持と熱心さでわが町日高の景観を後々迄残しておいてもらいたいと思っております。又アトリエにうかがいますと埴輪と山と壷の絵の多いのに驚かされます。いつか先生からどうして埴輪や壷を多く描かれるのかお尋ねしたいと思っております。なお先生は画業のかたわら日高町の文化財保護委員長、町史編さん委員や、埼玉の県西美術人協会審査員、日高町美術家協会副会長などを務めておられることも紹介させていただきます。

（日高町観光協会長）

李朝の書院
(12)
――三綱の変――

外岡　宏

儒教では、君臣・父子・夫婦という基本的な人間関係を三綱とよぶ。三綱が安定していれば、社会はそれなりに平穏だ。しかし時には三綱が対立して、「忠ナラムト欲スレバ孝ナラズ、孝ナラムト欲スレバ忠ナラズ」といった事態がくる。こうした三綱の異常を〈三綱の変〉という。私は、三綱の変は儒学者がその理論を試さざるをえない一つの正念場だと思う。

そこで江戸の名儒新井白石はこの問題にどう取組んでいるか、『折たく柴の木』にある一例に即して考えてみたい。

正徳元年（一七一一）七月、信州松代の商人伊兵衛の妻むめという女が、名主のもとに、

夫が商いにでたまま半月も戻りません。水死体があると聞いて、さっそく行ってみましたが、うつぶせでわかりません。胸騒ぎがします。どうぞ顔を見せてください。

と哀願してきた。そこで役人の了解をえて引上げてやると、女は、紛れもなく夫だと言いきった。しかし幾日も水中にあった屍で、他人には見わけがつかず、女の父と兄の挙動に不審な点もあるので取調べたところ、口論のすえに父と兄が婿を絞殺し川に投げこんだ事実が判明した。

さてこの事件で、父と兄の婿殺しの罪は明白である。ところがむめに関して役人から、

婦ソノ父ヲ告《ツグ》ルノ罪ヲ犯スニ似タリ

という意見がでてきた。

律には「祖父母・父母を告グル者ハ絞ル」苛酷な刑罰が用意されているからだ。

法官は、告訴こそしていないが告訴と同じ結果をまねいてしまったのだから女の戸籍を抹消し婢に落す（＝奴罪）べきだといった。

林家の統帥で筆頭儒官である林大学守信篤は、この女が父の夫殺しを知っていて告訴したばあいは死罪、その事実を知らずに告訴したばあいは奴罪にすべきだといった。

では白石はどういったか。彼は、女は願いが適って屍を見て、はじめて夫の死を知ったのであるから、「此婦のごとき、断ずるに罪を以てせん事、萬々其理なし」と考えた。しかしこの弁護は容易ではない。そこで友人室鳩巣と密かに相談のうえ答申をまとめた。

この事件は三綱の変である。常理では推しはかれないものがある。したがってつぎの三条を慎重に勘案して結論を出すべきである。

一、よろしく正すに人倫の綱を以てすべし。
二、よろしく拠るに喪服の制を以てすべし。
三、よろしく度《はか》るに事変の権を以てすべし。

彼は諄々と長文の答申書を書いた。

右の三条は答申文からその骨組を抜粋したものだが、このように抜き出してみると、白石の論旨がかなりくっきりと浮かびあがってくる。彼はここに正す・拠る・度るというタテ糸で貫かれた総合的な視点を提示した。

第一点の人倫の綱をもって正せという意味は、三綱のあいだには尊卑のランクはなく、忠・孝・愛の尊さはあい等しい、もし父子の関係が大事であるならば、夫婦の愛情もこれに劣らず大事であるということで、当時の、ともすると愛情より孝、孝より忠を高しとする風潮を退けているところがおもしろい。

喪服の制とは「人ノ妻タルモノハ夫ニ従ヒテ、父ニ従フマジキ義アル事」という文献を示して、直接女を弁護しようとしたものである。出典が服喪の仕方を説く『儀礼・喪服伝』であるところから出た表現である。

第三の事変の権とは、権が「正道に達すべき便宜の方法。臨機応変の手段」（『広辞苑』）という意味の言葉だから、対象に応じたケース・バイ・ケースの判断の必要性を説いたものといえよう。

儒者の思考パターンには直情的な二者択一論があることが多いが、白石の立論は柔軟で人間味にあふれている。事変の権の思想にはプラグマティズムの香りさえ感じられる。

白石は儒教のなかにありながら「儒教」を超えようとした思索家である。彼には教条主義的発想は微塵もない。なぜ彼にはそれが可能だったのか、この一例からもその秘密の一端がうかがえるような気がする。

わが"アジア講談"の旅 ②

なぜ「おたあ」なのか

大野力

新聞記事の手がかり

韓国への初めての旅で、映画「ジュリアと徳川家康」に強い印象を受けたのは、一九七三年秋のことだった。その「おたあジュリア」を題材の一つに、私が「アジア講談」を始めたのは、一九七六年秋である。その間、三年の歳月があった。心に深く焼きつけられはしたものの、その三年後の公演（？）に当たって、再び問題意識がよみがえったというのが実際の所だ。資料探索も、その一九七六年の春から始まったのである。

一つだけ例外をいうと、韓国への初めての旅から帰って間もなくのこと、私は偶然に、あの映画に関する新聞記事に出喰わした。偶然というのは、時期的にはそれは、古新聞の記事に属したからである。職業柄、私は一定の期間、新聞等を保存しているが、そんな中から、たまたまこんな記事を見出したのは幸運だった。

「朝鮮貴族の生まれといわれ、朝鮮の役の一五九二年、小西行長が養女にと日本へ連れてきた"ジュリア"は、徳川幕府の禁教令に触れて一六一二年、当時民家がわずか八軒しかなかった神津島へ流刑された。同島で約四十年間のきびしい流人暮らしののち、六〇歳で生涯を閉じたと伝えられるが、当時文化の遅れた島民に教えるなど、そのやさしい人柄が慕われ、今日まで、島ぐるみで遺徳をしのんで来た」

このように「おたあ」の概要を述べた「朝日新聞」一九七三年四月二三日付の記事では、さらにその神津島で毎年五月、韓国からの信者も加わって"ジュリア祭"を催すということ。そして例の映画のロケにあたっては、村当局が五〇万円を支出、韓国からの撮影隊の宿泊費や車代にあてたということ。また島民二五〇人が小西行長とその息子の"首切りシーン"に、それを見守る群衆役で無料出演していること。さらにはこれが韓国の映画会社として初めての日本ロケ作品であること――つまり映画「ジュリアと徳川家康」のつくられ方が、すでにいち早く報じられていたのである。

朝鮮語による映画をたった一度見ただけの私だが、ことがこのように運んでいるなら、日本国内でもかなりの資料は得られるだろう。そう思うことができた点において、この一片の新聞記事はうれしく、また心強い手がかりであった。このようにして、ウロ覚えの三年前の映画の印象を辿りながら、資料探索へと乗り出したのだった。

もとより歴史家でも作家でもない私にとって、このような三百数十年も昔の人物像を描き出すなどは、まったく初めてのこと。それでも何か、やらずにはいられない衝動に駆られていた。

"空白の部分"の解釈

調べてみると、「おたあジュリア」については、よく分かっている部分と、よく分かっていない部分とがある。よく分かっている部分とは、信頼性の高い資料に裏づけられている部分であり、よく分かっていない部分とは確たる証拠の得られていない部分である。そのよく分かっている部分については、誰が描写しても、本筋において変わりようがない。解釈が分かれるのは、よく分かっていない部分のほうである。ここではそのよく分かっていない空白の部分の、もっと代表的な一つを取り上げよう。

その空白の部分とは、たとえばなぜ「おたあ」なのか――である。信者名の「ジュリア」は説明がついても、肝心の「おたあ」のほうには、名付けの由来の確たる証拠がない。しかもそれは物語の主人公の名前だ。あるいは三歳、あるいは五歳ともいわれる幼女として見出されたその主人公の名が、なぜ「おたあ」なのか。誰しも気になるところだろう。だが、確たる資料がないとすれば、これは推測で埋めるしかない。それが人によってまちまちになるのは当然であり、同時にその〝まちまちさ〟の背景に目を向けることも、無意味ではなさそうだ。それは物語をつくる私としても、一つの重要な着眼点であった。

古くは「おたあ」を「オオタ」あるいは太田姓にしてしまった作品もあるようだが、それは別としても、「おたあ」の「お」を地位の高さによる敬称ととらえ、「本名は〝たあ〟である」などという説明に出喰わすと、これはいかにも日本風解釈と思えてならない。それではなぜ「たあ」であるのかが、いっこうに明らかでない。

それらに比べれば、田村襄次氏による「おたあジュリア調査報告書」（平田都氏との共著『おたあジュリア』一九六九年、中央出版社・所収）のつぎの説明は、朝鮮語の世界に踏み込んでいて、ぐっと説得力がある。

――ここで、かの女が日本へきて、なぜ「おたあ」と呼ばれたかについて考察したい。……中略……これについて、もっとも適切と思われる説明をカトリック信者の金享植氏よりきいた。それによると、平壌と慶尚道方面においてのみ、「いらっしゃいませ」というのを「オタア」という。正確には「オスィプシオ」というのだが、この地方のみにおいてかくいわれている。ジュリアにおける「おたあ」は、この挨拶語が、日本へきてかの女の姓となったと考えると、確信をもって述べられた。――

「オタア」朝鮮語三説

勝手な日本流解釈でなく、朝鮮語の発音から照明を当てた点において、これは一歩前進である。だが、「いらっしゃいませ」の意味の「オタア」は、いったいどっちからどっちに向けて語られる言葉か。ことが朝鮮語である限り、これは朝鮮人から日本人に向けて語られたはずだが、その内容が「いらっしゃいませ」とは、思えばどうも腑に落ちない。そして実際にある小説の中で、小西行長軍に拾い上げられたとき、その幼女が「オタア、オタア（いらっしゃいませ）」と口走ったなどと描かれているのを見るとき、なおさら納得し難いものが残る。

これに対して、『主婦の友』に「おたあジュリア」の物語を連載中の森禮子氏は、現在の韓国の関係学者の一致した意見として、「おたあ」の名は、「拾った」を意味する朝鮮語の「オトッタ」の訛りと述べている。加えてこの「拾った子」には、「かわいい子」の意味もあるという。こうした〝本場〟の説に、とりたてて異論を称えるほどの確信を、私は持ち合わせていない。だが、あえて一つの疑問をはさませてもらえば、なぜに日本人の側が「拾った」という意味を、わざわざ朝鮮語を使って名付けたのだろうか。客観的な状況の説明としては筋が通っているかもしれないが、命名者の心理においては、直結しにくいという印象を拭えない。あるいはこれは「オタア＝オスィプシオ」説の否定に、思い入れを傾け過ぎた結果でもあるまいか……。

さて、この森禮子氏の紹介する説は、ごく最近になって知ったものだが、それではわが南海亭ターリー（筆者の芸名？）は、いまから六年前の公演において、どのように説明づけただろうか。それはこうだ。

――いわゆる壬辰の倭乱の中で、秀吉軍の急襲を受けた彼の地の人びとは、「ウェノム　が　ウァッタ。ウェノム　が　ウァッタ（倭奴が来た――日本の奴らが来た）」と叫んだに違いありません。小西行長軍の兵士に拾い上げられたとき、父母の叫んだその「ウァッタ」がこの幼女の口に残っていたとみるのは決して不自然ではありません。そして幼女の口に泣きながら叫ばれた「ウァッタ」が、行長らには「オタア」と聞こえたのでありましょう。このようにとらえるとき、その「おたあ」の名一つにも侵略の歴史の爪跡深く、胸に痛く響くのであります」

じつはこの「ウェノム　が　ウァッタ」起源説は、当時の私の朝鮮語教師・李白氏のものである。私が「おたあ」の由来について質問したとき李先生は、即座に、そして明快直截に、この「倭奴」説をもって答えたのだ。その断定的ともいえる毅然たる口ぶりに、朝鮮民族の妥協なき意志と心情の深さをうかがい知って、心打たれる思いだったことを今も記憶している。さて読者のみなさんは、どの説を取られることだろうか。

わがふるさとの味〔1〕

鄭　敬　謨

(一) 辛明太

「ピリッとさわやか日本の味―辛明太《からしめんたい》」という宣伝ポスターを見たことがある。辛明太がなぜ日本の味なのか、思わず苦笑してしまった。昔咸鏡北道明川《ミョンチョン》という所に太《タイ》姓を名のる漁夫がいて、冬場の東海に出ては大変に味のよい白味の魚を大量にとってくるので有名になった。明川の太氏がとってくる魚だということでこれが名太と呼ばれるようになったと―ものの本にはそう書いてある。

私はソウルに生れてそこに育ったが、私の子供の頃のソウルでは明卵《ミョンラン》、つまり明太子の辛し漬けはさほど一般的な食物ではなかった。姉の嫁先がたまたま咸鏡道で、そこから毎年冬になると樽づめの美事な辛明太が送られてきて、となり近所にお裾分けをすると大変よろこばれ、また珍しがられたのを覚えている。

思い出す人もいるだろうと思うが、終戦直後のあの頃、配給の魚といえばほとんど毎日が同じものばかりで、今日もこれかと、うんざりさせられた白味の「干魚」があった。さよう、スケソウ鱈である。白味の魚をあまり好まない日本人は、失礼にもこれを見下す傾向があるように見受けられるが、スケソウ鱈の朝鮮名は明太《ミョンテ》である。私がやっている語学塾の塾生に聞いてみたら、大抵は明太《めんたい》を固有の日本語だと思い、明太子がスケソウ鱈の子であるのを知ってなかった。ぴりっとさわやかな現代の珍味「辛明太子」は、名前からが朝鮮語であり、ショウシンショウメイ朝鮮人の食物であるが、いつの間にか「日本の味」に変化《へんげ》しているのにはちょっと参ってしまった。

そんなことをも念頭において「失地回復」のキャンペーンだろうか。最近在日同胞の企業が大新聞の二ページ見開き広告等、度胆をぬかれるようなPR作戦で「朝鮮の味」辛明太の宣伝を始めている。辛明太の味は、辛さも辛さながら、ぱさぱさでなく、ぐじゃぐじゃでなく、舌の上にのせたときの、とろーっとしたテックスチャーが決め手である。普通の日本の店のものよりは、やはりソウル土産《みやげ》にたまに貰う本国ものが断然おいしい。変に日本化した味ではなく、本国固有の朝鮮の味で、この「失地回復」のキャンペーン、大成功を収めてほしい。

(二) カルビー焼《クイ》

普通カルビー焼《クイ》といえば、本国で育った私なんかには骨がついたままのあばら焼きが当り前である。スペアリブなら日本でも高級レストランでは欠かせない料理であるが、肉を骨ごとしゃぶるのを客が嫌うせいか、日本の普通の焼肉屋で骨つきカルビーにお目にかかることは稀である。ところが、カルビーは骨のまま噛りついて、骨膜まできれいに剥がすように食べるのが一番おいしいのであって、一旦この「ハーモニカ吹き」の味を覚えたら骨ぬきで肉だけのカルビーでは物たりなく思うだろう。

ソウルの南に水原という町があって、今なら地下鉄で三・四〇分で行ける距離であるがここに―店の名前を忘れてしまったが―有名なカルビー屋があった。今でもあるはずだ。この店の特異な点は、客に出す一日分のカルビーの数に制限があって、その制限数が売り切れたあとは、どんなお客が行っても食べさせてくれないことだ。その理由は、この店では客に出す前に、カルビーを少くとも二十四時間、じっくりヤクニョム（つけじる）の中に漬けておくためであって、その舌をとろかすような美味の秘密も実はこの事前処理にあるからである。さあ客がきた、その場で味つけをし火の上にのせるというのでは、カルビーのほんとの味は出ない。

二十四時間も薬味に漬けておくと、当然肉は黒ずんでくるが、その黒ずんだ肉がおいしいのを、どうも日本人は知らないらしい。ある焼肉屋の腕のいい朝鮮人「板前さん」から聞いた話であるが、日本人のこの「無知」のために普通の焼肉でも薬味漬けを施す事前処理ができず、仕方なしに見場のいい（？）、黒ずんでないピンク色の肉に、その場で味つけをして客に出すということであった。

名のある店で、ほんものを食わせるカルビー屋であれば、特に上客がきた場合はよーく吟味した上で、牛の左側のリブの肉を出してくれるだろう。牛の左側の方が肉がやわらかい。何故かってそれは当然だ。つぶされた牛はほとんどは田畑で働いていた農牛であり、鞭打たれることの多い右側の肉は堅くならざるをえない。

年末お歳暮の時期になると、私が子供の頃は、贈りうる最上の進物はカルビー一側《チャク》、つまり肋骨がずらずら着いたままの片方全部のあばらであった。牛一頭で二側《チャク》あるが、右と左とでは値段にも違いがあり、わが家から注文をうけた肉屋さんが、左でしょうか右でしょうか、念を押していたのを覚えている。

（三）キェージャン（蟹の醤油漬け）

連想ゲームか何かで、もし「珍味の代表」というヒントが与えられたら、特に欧米人の場合、大抵はキャビアを頭に浮べるのではないだろうか。私自身は、オードブルの上にぱらぱら申し訳程度にふりかけられた黒い粒を幾つか口にしたことがあるだけで、キャビアの味を云々する資格はないが、朝鮮の珍味の中で名にし負うキャビア級のものを一つあげろと言われたら、それはもうためらうことなく、キェージャンだと言うに決まっている。甲羅の差しわたし七、八センチ程度の、川でとれる蟹の醤油漬けであるのだ。

先ず甲羅をあけると、つやつやした漆黒のジャンが現われてくる。ジェリーよりは柔かな半流動体だ。キェージャンはお酒のさかなにも、ご飯のおかずにもなるが、推してくるような重みをもって口の中に拡がる。これの濃厚なうまみに、果してキャビア如きものが太刀打ちできるのかどうか。少くとも私には疑わしい。

キェージャンにする蟹の旬は、刈り入れは終わったが霜は降りてない頃の秋である。水の澄み具合が違うせいか、蟹の味にも微妙な差があって漢江ものよりは臨津江ものが値が張るのであるが、この頃になると、縄をよじって数珠つなぎにした蟹をかついで売り屋さんがやってくる。縄一本分二十匹を一ドゥルムといい、売り買いはドゥルム単位だ。五、六人位の家族だったら大体四〇匹漬けるのではないだろうか。

蟹はまだ生きているので、先ず水に入れ、泥を吐かせてきれいにする。それを適当な大きさの甕《かめ》につめ、その上から沸騰する醤油を満遍なく注ぎかける。この段階で蟹は死ぬのだが、甕にたまった醤油を出してもう一度沸騰させ、蟹に注ぐ。これを恐らく二〇回位はくり返すのではあるまいか。そのあと甕の口を厚い朝鮮の障子紙で密封し、約二ケ月の間日陰の中に置いておくと、キェージャンは出来上がりだ。

醤油に漬かった蟹が、じっくり甕の中で醗酵している間に、キムジャン（キムチ漬け）の大行事が終わり、キムチの食べ頃とキェージャンの漬かり終わった頃がちょうど一致することになるわけだ。おいしく漬かったキムチがあり、熱い炊き立ての御飯があり、トゥックペギ（茶椀位の大きさの陶器のうつわ）の中で沸くチゲがあり、一杯の酒があり、そして蠱惑的な色と味のキェージャンがあれば外で吹き荒れる木枯しのわびしさも、しばしは忘れることができるというものだ。

◎くじゃく亭でも近々キェージャンをメニューの上にのせることに致しました。
◎蔘鶏湯《サムゲタン》もメニューに加える予定です。
◎この他にもくじゃく亭では新しいメニューを加えていきます。

＊読者からの便り＊

（東京・世田谷区）　磯　村　英　樹

早速「くじゃく亭通信」お送りいただきありがとうございました。

神は女を作ると／最後にその胸に／てのひら一杯づつの肉を盛り上げた。

だから美しい乳房はちょうど／てのひらいっぱいの大きさだ。

女たちは／乳房をてのひらにつつまれると／神の手の最後の感触が甦り／うっとりと目を瞑じる

乳房を見ていると／神のてのひらのうつくしさが／神が女の仕上げの最後にこめた／やさしいこころがよくわかる

にはじまる「乳房と神」という詩は二十数年前に書いたものですが、その後も乳房をテーマにいくつかの詩を書いています。昨年亡くなった堀口大学師に乳房の詩の絶唱のあることは周知ですが、できるならば来年の三回忌までに『乳房の虹』という小詩集を編んで供えたいとおもいその資料として『仏像の図像学――仏さまと乳首』を読みたかったのです。

「天竜山石窟蒸発仏の行方」の写真「第４窟左壁趺座像」の美しい乳房にも見惚れました。

「朝鮮食物文化譚」も面白く拝読しました。ビルマ人が青い小さな猛烈に辛い唐辛子だけをおかずにご飯を手でたべていたのを思い出しました。「ニンニク」についても教えていただきたいとおもいました。

（茨城県・茨城町）　横　山　佳　子

先日は開店前のお忙しい時間に不意にお邪魔いたし、勝手なお話をいたしましたが快よくお相手下さいましたこと心から御礼申しあげます。又「くじゃく亭通信」早速お送り下さいましてありがとうございました。

さて大伯父覚立と金玉均のことについてはあれから障害者の研究会で韓国へ行くことになり五日程ソウルに滞在いたしました。そこで一人だけ金玉均について伺うことができ、いささか私のイメージもふくらみました。しかし何といっても雲をつかむようなたよりなさで、あせらずに少しづつ勉強して細いくもの様な糸が一本の綱により合わさることを願いたいと思っております。

お国の様子は私にとってはいままで余りに無知であったこととあらためて恥じております。朝鮮古代史は何かと目にふれましたけれど近代史はあまり目にする機会がありませんでした。日本人にとってはタブーのところがあったのでしょう。しかしそこを明らかにすることはこれからのお互いのために重要なことですね。私もいささか関わりのある一人の人間とし謙虚に学び考えて行きたいと思っています。

くじゃく亭通信への投稿をもう少し私のイメージがふくらみ事実の裏づけが出来上がるまでさしひかえさせて下さい。せめて金玉均のことが私なりに把えられるまで――。

いずれお目にかかり、お店のおいしい食事をしながらお話出来たらと願っています。

（「商業界」編集長）中　村　雄　昂

拝啓　くじゃく亭での二回に亘る「食べ食べ会」大成功でした。前の回は女性の大トラが出る程でみんな大喜び、次の回では食文化論の花が咲いて様々な話題が出され大変有意義であったと思います。

先日は女房が面倒なお願いをしてすみません。橋本という女性など近所の奥さん連がここ四、五年、熱心に読書会を開いているのですが、一月ほど前から高史明さんの「生きるということ」を読みはじめ、そのことは「ピーコック」のオープニングパーティで高史明さんにお目にかかった折、申しあげたのですが、その後も高さんの本を何冊か読み大変に感動しております。二人の高さんからお話を聞きたいということでお手をわずらわすことになりました。近々お訪ねすると思いますのでよろしくお願いいたします。

（東京・渋谷区）　渋　谷　定　輔

先日はひさしぶりにお目にかかれてうれしく思います。大田幸夫氏を紹介できたのもいい機会でした。ピーコックの一階も始めて見せていただき、今度使わせていただきます。

カリフォルニアワインに魅せられました。

（ロンドン・シーハーズヒル）前田　恵美子

日本を発つ時にあわただしく出発してしまいましたので御連絡もしないで本当に失礼致しました。九月の末にこちらに来ました。もうすっかり落ち着いて楽しく生活して居ります。街並が美しく緑と赤いレンガ造りの家がよくマッチして、どこでも絵になります。ミュージアムも多く、又暗い陰うつな冬も音楽会やお芝居でのりきれるのでしょう。

こちらヨーロッパにお出かけの際は是非御一報下さい。三年ぐらいこちらに居る予定です。

（東京・品川区）安田　美幸

先日はお仲間入りさせて頂きとても楽しうございました。又〝くじゃく亭通信〟を早速にありがとう存じました。天竜山の逸文とともに料理談義、面白く拝見いたしました。私とても食いしん坊なもので……。

皆さま博識な方ばかりで浅学の身にはいささか心細くはございますが、この後ともよしなにお導きの程おねがいいたします。かしこ

（東京・大田区）山田　佳代子

前略　一月九日の美術の会の集まりで無理にお願いしました「くじゃく亭通信」早速お送り下さりまことにありがとうございます。

田村さんと同行しました天竜山、何も分からずにただフィルムにおさめただけの私ですが、あの講演をうれしく聞きました。

（このハガキ裏面の写真は大同・雲崗で写したものです）

（京都市・左京区）日高　暢子

久しくごぶさた申しあげております。おげんきでいらっしゃいますか。先日、李順子さんの歌をききもうカンゲキいたしました。そのうちピーコックで皆様を囲んで順子の歌がきけたらなど思いました。私はチマ・チョゴリを着ていき、音楽会にいらしていた方がどなたも着ていなかったので順子さんの親せきか何かと思われたようでした。では又。

（東京・東久留米市）舘　雅子

「くじゃく亭通信」毎回、たのしく読ませて頂いております。前号の向井承子さんは私の友人です。私どもの〝くるめがわ〟誌、今度、市民運動として表賞されます。

（東京・杉並区）山本　修

いつもくじゃく亭通信ありがとうございます。毎号興味深く読んでいます。ところで日頃感じていることを卒直に述べさせていただきますと、お国の38度線は、引かれた当時の国際状況から止むを得なかったとして、お気の毒に存じますが、あれから37年、もうそんなことも言っておられません。南北が話し合いの結果、72年の共同宣言を出されたときは私たちも大変感動いたしました。それからでも十年が経っていますが統一はどうなったのでしょうか。政治が不條理なものであることは分りますが、それにしても民族の大事業を為し遂げられることを心から念うものです。そこで本国の状況は別としても在日の皆さんだけでも統一した行動をとられることを念うものです。と申しますのはＮＨＫが「朝鮮語」講座を開設しようと決めていたのが講座名を「韓国語」としないならツブすという圧力に躊躇して、実現一歩手前でオジャンになったそうですね。ＮＨＫがもっと主体性を持って取組んでくれればよかったのですが。――残念でなりません。

深い事情も知らないで勝手なことを書き列べましたが何だか原則論にこだわっている間に益々統一の機運が遠のいているように思えてなりません。私たちがお国の言葉や文化の勉強がし易いように早くなって欲しいものです。

朝鮮食物文化譚(11)

鄭大聲

酒の道 (1)

渡来した麹による酒づくり

朝鮮と日本が酒の道でもつながっていることが多くの人によって論ぜられてきた。

例えば「日本食物史」（足立勇著、大谷書店）に「…酒の醸造については、応神天皇の御代、百済から仁番《にほ》、またの名を須須許理《すすこり》という人たちが来朝して、良酒を製造して献上した。天皇はこの酒にうかれなされて、

須須許理が醸《か》みし御酒《みき》に、われ酔いにけり。事《こと》慰《な》ぐ酒《し》、咲《え》ぐ酒《し》に、われ酔いにけり。

とお歌いなさった。かような説話も古事記にみえている」として、日本書紀の伝える応神、仁徳朝のころに朝鮮半島から多くの技術者が日本列島に来たことと結びつけてみている。

「また韓人仁番《にほ》によって酒を作ることが教えられて良質の酒が産出した（紀）。」（日本食物小史、江馬務著、星野書店）。このほか多くの食物史の書物はほぼ同じようなとらえ方をして、日本の良質の新しい酒づくりの技術が朝鮮から来たものであることとしている。

新しい良質の酒とはどんな酒のことなのか。それは麹によってつくられる現行のような酒だというわけだ。それまでは「口噛《くちか》み酒」といって乙女が蒸し米を口でかみ壷にはいた。唾液中のアミラーゼという酵素の力によってでんぷんが糖分になり、さらにこの糖分が空気中の酵母《こうぼ》という微生物によってアルコールに発酵させるという方法をとっていた。かみ酒と呼んで、このことから酒をつくることをかみ、かむとし、醸《かも》すという語もこれからきたものだといわれる。この口《くち》かみ酒は近年まで沖縄地方でみられ台湾ではつい最近まであった。南方系の酒づくり法といえる。出来上がりの酒はどろっとした感じで、アルコールの度数は低く酔いもゆっくりしたものだという。

このような酒のつくり方が普通とされていたところに麹法という大陸起源の新しい酒づくり技術が朝鮮半島から伝来して来たのだ。

麹という微生物を穀類にはやしたもので酒をつくる技法はヒマラヤ山脈を分岐点とした東南アジアの文化で、それより向うにはかびなどが生《は》えた麹を用いての酒をつくるという文化はない。ヒマラヤ山脈より向うの酒づくりは穀類の場合、麦を材料とする。これを発芽させると麦の中にアミラーゼが生成される。この力を利用してアルコールをつくる。これを麦芽《ばくが》と呼ぶ。ビールはこれでつくられる。酒づくりを大きく文化圏で分けると「麦芽文化圏」と「麹文化圏」とすることが可能だろう。この麹文化圏に日本列島が組み込まれるようになったのが、どうやら応神天皇の頃のようだ。

須須許理《ススホリ》と曽々保利《すすほり》

百済の国の須須許理《すすこり》、またの名を仁番《にほ》といわれた酒づくり技術者の呼称についてみよう。古事記では応神記の条」で「須須許理《すすこり》」と表わされ、「新撰姓氏録」の酒部公の条で、仁徳天皇の代に造酒の方をもつ兄《え》曽曽保利《そそほり》、弟《おと》曽曽保利《そそほり》という同名の兄弟が渡来したことが記されている。

須須許理の朝鮮語よみは須須許理《ススホリ》である。曽曽《そそ》も曽曽《スス》と発音する。よみ方の許理《ホリ》が保利《ホリ》という字に当てられたものだろう。このことは本居宣長が「古事記伝」で、…須須は曽曽と通い許は保と通えり…としているそうであるが正しいだろう。しかし、朝鮮語よみを当てはめることによって初めてその正当性が解けるのだ。表記法はことなるが、これで須須許理も曽曽保利も同一人物であることが分る。ただ、応神、仁徳という時代のずれのあることは残る。

さらにこの名は酒づくりとことなるところにも出てくる。

「奈良朝食生活の研究」（関根真隆、吉川弘文館）には、漬物類に「須須保理」、「須須保利」、「須保利」と名のついたものが出

て来る。青菜類に塩と米や大豆を入れた漬物である。おそらくこれも同一人の名からとられた漬物で、須須許理の名から来たものであるにちがいない。

このことは百済から来たスヽホリが実在しその人名にちなんだ食べものが新しく伝えられていたことを意味するだろう。

酒そのものの研究は時代をさかのぼっていろいろと研究されて来たが、新しい酒造法をもたらしたとされる須須許理そのものの研究はあまりなされてない。

一方では朝鮮半島から大陸技法の酒づくりが渡来したという通説すら否定する見解もみられる（日本の酒の歴史、加藤弁三郎編　加藤百一著の部分）。これらの論拠には古事記そのものの記述に信ぴょう性がうすいことを上げている。

記紀など古代の文献の信ぴょう性に疑義のあることは論をまたない。だが酒については朝鮮との関連を言葉や酒づくりの技法などの上から見直す必要はあろう。わざわざ百済から来た者が酒をつくってみせたとか、よき酒をつくれる方があるとか記されているからには。

この問題について調べたことのいくつかを上げてみよう。

「酒《さけ》」の呼称について

酒《さけ》という日本語をもう一度考えてみたい。酒づくりが渡来した技術にあるものであれば、それにかかわる用語には渡来して来たところとの関係が残っていることがあってもよい。酒などの食品に限らず、新しい文化がどこから渡来すれば、当然のこととしてその呼び方は持ってきた人たちの呼んでいた呼称がそのまま使われることが多い。肉料理のビフテキは英語のまま日本語化したし、カステラ、ボーロもその例だろう。近年、キムチという朝鮮語はもう日本語化してしまっている。

酒《さけ》も朝鮮半島から来たとするならそのあたりはどうなのであろうか。

「酒」という語が朝鮮語由来だとした人はすでに居られる。

明治時代に白鳥庫吉博士はさけは朝鮮語の発酵するさまの 석（Suk）、삭(Sak）と比定して日本語のサケはこのサクの同音のものとみとめている。（国学院雑誌、四巻四号）。「日韓両国語の比較研究」（宮崎道三郎）でもそのことは研究されている。

朝鮮語で発酵したことを「サガッタ」と呼ぶ。原形は「サク」である。酒やしょう油が完全に発酵し終わるとサガッタとするわけだ。つまり麹のようなカビの力（酵素の力）によってある物質が完全に分解し終わったような現象を指してこのような表現をする。

日本の古語では酒をサカと呼んだといわれる。

……まず考えねばならないのはサケ(酒)の古形はサカという形だということである。複合語にむしろ古形が残るという言語変化の一般原則によれば、サカヅキ（酒杯）、サカツボ（酒壷）、サカビト（掌酒）などに見られるサカの方が古形だと考えられる。……（日本語の世界　1　大野晋著　中央公論社）。次いでこの本では音韻の変化の基は「サク」Sakだとされている。しかし、サカが朝鮮語の発酵する意のサク（Sak）と関係があるとかないとかは一切言及されていないし、むしろサケという単語に類似する語形を直接的に外国語に求めるのは困難とされている。しかし、このことは新しい酒づくり技術が朝鮮から来たとされる事実を照らし合わせてみなおす必要があろう。

サカがどうしてサケになったのであろうか。これについても大野氏は「日本語をさかのぼる（岩波新書）で万葉語のa《ア》の発音は後にe《エ》の発音に変化することを説いて居られる。そして酒《サカ》↓酒《サケ》、天《アマ》↓天《アメ》、菅《スガ》↓菅《スゲ》、爪《ツマ》↓爪《ツメ》、胸《ムナ》↓胸《ムネ》、などの例が多く上げられている。

酒《サケ》と呼ばれる呼称は古代には酒《サカ》であったことはまちがいのないことだと思う。しかし、これがどうして朝鮮の酒づくりの現象の言葉である〝発酵する〟Sak－ta と結びつかないのだろうか。

サク（Sak）がサガ（Saga，Saka）になり、それがサケ（Sake）になったものであろうことを酒づくりの別の用語についてみれば分るのではないだろうか。次号はそれをみる（続く）

ピーコック画評(32)
金登美さんの絵

後藤　直

新装改築なったピーコック画廊は、壁面はもちろん、全体が「白」を基調としている。

私は内心、かかげた絵の浮き上がるのを心配した。しかし、実際の画展をみると、それは単純な危惧に過ぎないことを知った。

この七月は、金登美さんの画展が開かれた。そのオープニング・パーティに呼ばれた私は、いつものそうした雰囲気とは、やや違うものを感じていた。

集まった約三十名のうち、私を含め三人の日本人以外は、全員在日朝鮮・韓国人であった。

それも女性が圧倒的に多く、美人揃いなので、私のアルコールの酔い方は早かった。加えて、画廊の主人高さんが、集まった一人一人に「あいさつ、自己紹介を」と提案した。誰も異論はないのであるが、トップに指名されたのは私であった。私はしゃべるのは、苦手中の苦手ときている。何を発言したが覚えていないのだから、相当にアガっていたに違いない。

他の人々は、それぞれに、金登美さんの生い立ちとか、人柄を語り、ある人は涙を浮かべその人間性と絵の素晴しさをほめたたえた。

金登美さんと私は、直後には一・二度しか逢っていない。しかしかなり以前からつき合っていたような、そういう優しい人柄であるのがよく伝わってきて、不思議でならなかった。

細やかで、奥深い色彩は、努力以前に、この人が生まれながら持っているものの反映ではないだろうか。とつくづく考えさせられる。作品は、紫を主体とした花の絵が多かった。（題名はたとえば《白い壷と花》などとしなくとも、全部《花》でいいのかも知れないと私は思った。）

なぜ紫なのか、私には大きな興味があった。

紫は品位があり、それは純潔を誇る朝鮮民族の女性のイメージをかきたてる。というのは飛躍し過ぎだろうか。

心理学者は、紫を使うのは「病的だ」と悪い評価を下してしまった。これは何となく人々の気持の内部に巣喰うことになる。それならば「赤」を使えば必ず情熱的なのかといいたくなる。誤った固定概念は打破しなくてはならないだろう。

色彩はそんな生やさしい尺度では計れないものである。私たちは、絵をみるとき、まず純粋に、美しいものは美しいという根本的なところへ立ち帰る必要があると思う。

紫についてもっと語りたいものの、それはいずれかの機会に廻わそう。

金登美さんが、私との会話のなかでちらっともらした言葉をかいて今回は終りにしたい。

「いままで長いこと、自分は故国へ帰るのをためらっていた。しかしやっと行きたいと思うようになった。本物の紫の花の色をみるためにも……。」これをきいたとき、なぜか私は胸のなかに、熱いものが湧いてくるのを禁じ得なかった。

今年になってからの　ピーコック画廊の催し物

一月、二月　改装工事のため休み
三月　金城真理子日本画スケッチ展
四月　高橋孝一「はにわと壷」油画展
五月　森の会グループ油絵展
六月　中村国利「山手線の四季」写真展
七月　金登美小品展(油・水彩・ガラス絵)
八月　高橋孝一「日高郷の景観」油画展
九月　藤本巧「韓くに古寺巡礼」写真展

＜編集後記＞

◎ピーコックの改装工事と続いてくじゃく亭の部分改装のため37号発行が大巾に遅れました。両店ともお蔭さまで順調に推移いたしております。序での折お立寄り下さい。

◎田村義也氏が講談社・ブックデザイン賞を授賞され五月十二日ホテル・ニューオタニで授賞式と祝賀会が行われました。私事ですがピーコックで氏の装幀展を開いた御縁でしょうか、小生も御招待の栄を受けました。

くじゃく亭通信
第38号
「くじゃく亭通信」編集部
〒一五〇　渋谷区宇田川町八ー九
☎(四六四)八九一〇
定価100円

李朝の書院

(13)

——(続) 三綱の変——

外　岡　宏

前号で『折たく柴の記』から、白石が〈三綱の変〉とよんだ疑獄（岩波文庫本一九三頁）をとりあげたさい、文末に白石の立論は「柔軟で人間味にあふれている」と書いたが、この論評は正鵠を射たものだろうか。思考が柔軟だという点は、まあよいとしても、はたして彼の思想に、ほんとうに人間味があるといえるだろうか。筆をすすめながら、じつは、この点がどうも気になっていた。

加藤周一氏は、日本の思想史上、白石とならぶ巨才は弘法大師・空海ぐらいだろうと評価している。二百五十年もまえに生きた、それほど優れたひとつの魂の機微にかかわる問題だ。また朝鮮史上の賢人と比較するのなら、それ相応の吟味も必要である。そこでもう一度白石に登場願うこととした。しかし正攻法は手にあまる。ここでは〈三綱の変〉に的をしぼって、そのミクロな分析を試みてみようとおもう。

罪を以てせん事萬々其理なし

白石の文章を読めば、松代の商人の妻むめの不幸な事件の顛末を聞いた白石の心に、ピッと「女には罪なし」という直感が走ったことは、じゅうぶん推測される。あれこれ考えあわせた結論ではあるまい。この予断もないのに「人間味あふれる」答申などできない。

しかし、そう感じたのは、白石ひとりだけではなく、白石が「我おもう所に同じ」と書きとめたように、白石から事の次第をきいた室鳩巣がその一人だし、川越の藩主・喬朝も、女の無罪を強く感じたからこそ、将軍の親裁を仰ぐべく決断したのだろう。

さらには法官は「父を告るの罪」でむめを処罰することを主張してはいるが、彼等も法理論上の立場から、有罪説を唱えるのであって、情においては忍びないものがあったはずである。

つまり、この事件は素朴な人間感情からすればシロ、法理論上はクロということがはっきりしていた事件だったのだ。

だから、この矛盾をどう解決するかという法理論の展開の仕方が、問題の本質になる。この点をはっきりおさえておかなければならないとおもう。

白石は家宣の諮問に、

ひそかに憂うるところは、かの父子・夫婦のためのみにあらず、君臣の大義よりてかかれるところなり。

と答えているが、信篤も、君臣の大義に心を痛めたからこそ有罪論を強く唱えたはずだ。

白石の偉大さは、法の、自然な人間感情を逆なでするような誤用や、法を哲学的に裏づけている儒学の偏向にたいし、臆せず正面から学問的に取組んだところにある。

白石の答申で私がもっとも惹かれた点は、三つめの「よろしく度《はか》るに事変え権を以てすべし」の項だ。臨機応変の処置が、けっきょくは道理を実現するという大胆な考えを吐く勇気は相当なものだ。さきの引用文にも見られるように、白石は封建制の支配者側から発言してはいるが、法家や儒家の固陋な思想を突きやぶる発言に、人間性の回復を要求する新鮮ないぶきの輝きがみえる。

論敵　林信篤

赤穂浪士の処置について発言しなかった白石が、なぜ、市井の事件には深入りしたのか、という批判がある。思想家としては要領がよすぎるというのだろう。

この批判に答える鍵のひとつとして、徳川幕府の筆頭儒者、大学頭・林信篤への対抗意識が考えられる。『折たく柴の記』で、白石はいたるところで信篤への敵意をあらわにしている。あまり敵意が激しいので、これをもって白石の品性を云々する人もいるくらいだ。〈三綱の変〉の答申は、全文が「断ずるに父を告るを以てすべし」とした信篤への反論で構成されている。これは注目に値する点だ。下種《げす》のかんぐりかもしれないが、白石を奮起させた張本人は信篤その人だったかもしれない。

私はむしろ、幕府の中枢の人達が、この事件のような、市井の小事件を重視した点に興味を感じているのだ。

某　敢て請ふ所あり

白石はむめの無罪を論じたのち、つづけて彼女を尼にすることを提案する。この末尾の部分は彼の思想をよく表わしていて、なかなかの名調子だから、全文を引用してみよう。

もし某が議のごとく、此女罪せらるゝ事なからむには、某敢て請ふ所あり。哀々たる寡婦、すでに其託する所を失ふ。青松の色、歳寒に改る事なからむこと、いまだ必とすべからず。某ひとり其婦節を失なはむことを惜むのみにあらず。ただ恐らくは、官法を毀ふことあらむことを。我国の俗、父を喪し夫を喪して、僧となり尼となるものすくなからず。微《ヨウヤ》くに人をして風ぜしむるに、父と夫とのため尼とならむ事を以てして、尼寺に送り入れて、剃髪授戒せしめ、父と夫との財産を併せて其寺に施し入れて、彼《カノ》飢寒の患を救はむには、官法婦節ふたつながら全からむ

この文章は、白石の「人間味」を端的に証明するかのような、涙さそう名文だ。

むめは喬朝のはからいで「みづから尼とならむ事」を望み請い、鎌倉の東慶寺へはいったという。しかしこの説明は額面どおり受けとってよいものだろうか。仏門に帰依することを、むめはほんとうに自分から望んだのだろうか。重要な問題が提起される。

なぜ尼寺へ入らねばならないか

すでにのべたように、白石は、女の処罰は道理に反することを巧妙に論証し、弁護は主文でつくされている。なぜ、あらためて「敢て請ふ」必要があるのだろうか。

当時は、たとい志操堅固な女性でも、寡婦の身で婦節をまっとうすることは、実際上困難だったという素朴な解釈があるだろう。

同様に、女一人では経済生活が成りたちがたく、賎業に身を落す恐れがあったかもしれない。

あるいは、頭の中では白石の理論が理解できても、立場上賛意を表明しにくい人びとを納得させるための政治的配慮だと、みることもできよう。

しかし、信篤と正面からわたりあう白石の性格の強さ、自説への自信の強さを考えあわせるならば、また別の視点を設けることも可能である。

それは、個人の幸せとか、個人の自由とかの観念は、近代的思想であって、おせっかいで干渉がましいあれこれの指図は、むしろ封建制社会の通念だったということだ。現代人のわれわれでさえ、子供が大学へ行かないといえば気をもむし、独身の男女をみれば結婚させたがるねばっこい遺産を、意外に多く背負っている。無罪放免するなら、放免したあとの空白な生活も固めてやる必要があったのだ。

ただ、ここで、儒学者である白石が「我国の俗」という枠内でのことながら、仏教の力を利用していることは面白い。人間の幸せという観念の発達については、国文学でとりあげられる近松ものの登場人物の分析と軌をいつにするものがある。

こうした思考の限界を、パターン化してとらえると、ひとつの処世美学ができあがる。人間の幸せという観念はなくとも、美しく生きるという観念がある。私はこれは封建社会の時代精神のひとつだとおもう。白石もその例外ではなく、さきに引用した文章も、その底流にこの美学が働いているといえよう。

つまり、女を尼にするにあたり、女の自発的な意志は必ずしも必要ではなく、必要とするなら、口説いて納得させればよい。それを人道という。

＊読者からの便り＊

（朝日新聞・京都支局）　橋本雅夫

前略　京都大学名誉教授の飯沼二郎先生から貴紙を紹介され、購読したいと思っている次第。紙面から韓《から》の国の文化がビンビン伝わって来るようです。京都で在日韓国、朝鮮人の取材活動を続けている一記者です。購読料等お知らせ下さい。貴紙の隆盛を期して。よろしく。

（京都市伏見区）　小林茂

京都在住の日高暢子様より「くじゃく亭通信」34号をいただきました。拙ない写真ですが三枚同封いたします。いずれも済州島での写真です。寒風の中で麦の草取りをしているおばさんたちの姿も撮りました。飛行機に乗るよりも距離感がわかるので、釜山から済州島へは船で渡ることにしました。釜山港を夜七時頃出航して翌朝八時頃に済州市に着きます。釜山港の待合室では大きな風呂敷包みを背負った人々でごったがえしていました。済州の港に着いて日本人が一人で島に渡るのが奇妙に見えたのか、パスポート記載のカメラのレンズ群が目にとまったのか、私は公安室に連れて行かれ、旅行の目的や所持品を調べられました。その時は前夜、同じ船に乗り合わせウオッカを酌み交わした金青年が事情を説明してくれ三十分ほどでフリーになることができました。

済州島ではもっぱらバスに乗りましたが、どこへ行っても素晴しい光景で韓国一の山、漢拏山が見えます。青い裾野と白い雪の組み合わせはいまでも忘れません。家々は黒くゴツゴツした火山岩で囲まれわらぶきの屋根は風で飛ばされないように縄で縛られていました。畑や田んぼの区劃もすべて火山岩で区切られていました。積み上げられた石と石との間から中を覗くとあさつきのような食用草を摘む母娘の姿も見えました。

済州島南端の漁師町、西帰浦では思い切って贅沢な夕食をしようと思い漁船が出入りする港の食堂で会話の本を手引きに刺身とビールを注文。そんな時必ずといってよい程、日本語を話せる人がいてあれこれ世話をしてくれました。この時も何十年ぶりに日本語を喋るというおじさんがいて、韓国の最南端で日本語を聞いた驚きに感動して食べた刺身が何だったか覚えていません。

わずかの間の済州島でしたが私には深い印象を与えた島でした。在日韓国人の二世の私の友達の郷里も済州島です。そういうことも手伝って済州島への旅になったのですが友人はまだ一度も行ったことがないのです。

このたびの渡韓以後、朝鮮半島は私にとって好きな場所になりました。韓国の空港では韓国語、英語、日本語の順でアナウンスされます。日本の空港でも日本語、英語、韓国語とアナウンスされるようにならなければならないと痛感いたしました。

（東京・世田谷区）　中山浩

週刊朝日の「わたしが好きなこの店・この一品」の高史明さんの文章に魅せられて私もくじゃく亭の松の実がゆを頂きました。酒を飲む前に、このかゆを胃袋に流し込むと少々の飲み過ぎにも宿酔を防止できるとか、朝鮮人が酒に強いのは、さてはかような秘密兵器（？）を保持しているからと存念しながら金沢銘酒ナイタンデイを相当に呑みました。牛レバーの刺身は胡麻油を主としたツケタレのせいか、或はレバーそのものの新鮮さからか、あの独特の臭味は皆無で適当な歯ごたえがあって一段と酒がすすみました。魚の白身や肉を玉子の衣でまぶした鉄板焼（＝チジムとメニューにありました）、他にレモンの汁をふりかけて食べる牛タンの塩焼は、淡白な味で絶妙でした。朝鮮料理の脂こさや辛さとは関係のないくじゃく亭の味を発見した次第で、次は蔘鶏湯に挑戦のつもりです。

わが"アジア講談"の旅 3

おたあと「耳塚」

大野　力

韓国映画の中の「耳塚」

ソウルで見た映画「ジュリアと徳川家康」の中に、こんなシーンがあった。

娘姿のおたあジュリアがただ一人で、墓のようなものにお詣りしている。草の生い茂った坂道の曲り角で、あたりに人家はない。丁度そこへ、野武士風の男が数人、通りかかる。しゃがみこんで祈りを捧げるおたあに対し、何やら野卑な悪態をつく（このへんは韓国語なので言葉の意味は聞き取れなかった）。揚句の果てには、乱暴に及ぼうとする。男たちに取り囲まれ、逃げ場もなく困惑する少女おたあ――。だがそこへ運よく、身なり姿も凛凛しい若侍が現われる。早速、荒らくれ男たちを追い払ってしまう。難を逃れたおたあは、ほっとしてその若侍に礼を言う。言葉少ない、若侍は立ち去る――。

いかにも芝居仕立てたっぷりの場面だが、それでいて妙に印象に残った。そこがどうやら噂に聞く「耳塚」らしかったからである。秀吉の兵士たちが、削ぎ取った朝鮮兵士の耳を糸でつなぎ、首飾りにして踊り騒ぐ場面がすでにその映画の冒頭にあった。それらの耳は、やがて日本に送られ、京都の某地の「耳塚」に納められた――という話を、ごくあいまいな知識として、私は何かの機会に聞いていた。おたあ参詣の場面はどうやらその「耳塚」らしいのだ。

おたあの育ちの中で、「耳塚」参詣の事実があったのかどうかは、定かではない。堺の小西家に育ったおたあは、京都にあった教会にも足を運んだことがあるという。だからまったく可能性のない話ではない。だが他方、おたあが「耳塚」を詣でたという確たる証拠は、何一つ残されていない。いまはこの場面は一応、映画づくりにおけるフィクションと見ておいたほうがよさそうだ。そう見定めたうえで、しかし講談の中では、"まんざらあり得ないではない"話として、触れることも許されるのではないか。いや、むしろそれは、おたあをめぐる時代背景の、重要な一つであるはずだ。――そう考えて私は、わがアジア講談の中に、この「耳塚」参詣の場面を加えることにした。

さてそうなると、おたあ一代記に直接、関わりがあろうとあるまいと、とにかくやはりこの「耳塚」なるものについて調べねばならない。そこで京都へ出かける用事の途次にその「耳塚」へと足を向けるのだった。

観光名所として知られる三十三間堂の北、ほぼ一〇〇メートルほどの所に、豊国神社がある。いうまでもなく秀吉を祀った神社である。それに隣接する方広寺は、大釣鐘に刻んだ「国家安康」の文字が、大阪冬の陣への徳川方の言いがかり（家と康を分けた）となったことで有名だ。「耳塚」はその豊国神社や方広寺のすぐ近くにあった。

京都「豊国神社参拝の栞」

「耳塚」を見つけるのに苦労しなかったのは、李進熙氏の著書『李朝の通信使』（講談社）に、こんな文章を見たからである。

「京都は私の好きな街のひとつだが、方広寺の周辺はできるだけ避けて通ることにしている。方広寺の前に、豊臣秀吉の朝鮮侵略とその残虐行為にまつわる耳塚があるからである」

映画「ジュリアと徳川家康」の中には、ある城内の客間でおたあと朝鮮通信使とが語り合う場面があって、事実確認は困難ながら、それもおたあの物語においては、一応、押さえておくべき一つの側面であった。たまたまそんな関心から、『李朝の通信使』という題名に飛びついたのだが、しかしその中に描かれている「耳塚」の条《くだ》りは、私の胸にさらに強烈な衝撃であった。

「あせりと怒りが極度にたっした秀吉は、ついに"戦に勝ったあかし"として"敵兵"の鼻を報告の書面にそえるよう命ずる。しかし、敗戦のつづくなかで"敵兵"の鼻をうることは想像すらできないので、"敵兵の鼻"

に仕立てあげるための老人や婦女子襲いがはじまる。こうして一五九七年九月、十五個の大樽に塩漬けされた鼻が京都にとどけられるのだが、その数は五万をくだらなかったという」

そしてこれに続いては一例として、吉川蔵人（毛利家輩下）が差し出した〝敵兵〟の鼻数「合参千四百八拾七也」を、目付役の熊谷直盛が確認したという「鼻請取状」までが示されるのだ。

ところで、こんな予備知識のうえで「耳塚」の現状を知るべく、まず豊国神社を訪ねると、そこで手にする「豊国神社参拝の栞」には、なんといまだにつぎのように述べられていて、一瞬、愕然たる思いに襲われる。

耳塚（史蹟）　豊国神社正面石段下約三十米の所、小丘陵上に五輪塔（高さ約五米）がある、豊太閤征韓の役に総大将加藤清正公が首級の代りに鼻を持ち帰ったものを、異人とは云え国難に斃れたる兵士の霊を厚く弔うべしとして葬り御身塚と云われたものが訛り耳塚と云われる様に成ったと伝えるが他に異説もある。

――なんと厚かましくも恩着せがましい文面か。豊太閤〝征韓〟とは何事か。〝国難〟に斃れたるとは……。〝兵士の霊〟とは……。この白々しさは何事か。だがこのあたりの背景も、李進熙氏の筆はぐさりと決っている。

「戦前の軍国主義のもとでは、戦争のもっとも残忍な一面をしめす耳塚がいわゆる〝赤十字と武士道〟精神の宣伝材料とされるのだった。〝敵兵〟といえども手厚く葬るのは大和民族の〝慈仁博愛〟精神のあらわれで、赤十字事業の先駆をなすものだといって石碑を建てたり（一八九八年）、英文付きの『日本人の博愛』といったパンフレットまでばらまくのである」

文化庁管理下の「史蹟」

最初に目にしたその「耳塚」の姿は、草はぼうぼう、外柵も朽ち果て……といった有様であり、敷地内の一角には古新聞や古週刊誌がうず高く積まれ、壊れた子ども用三輪車などとともに、ゴミ捨て場の観さえあった。その荒れすさんだ風景が情けなく、私は「おたあジュリア物語」の講談の中で、この現状の荒廃ぶりを訴えた。（昭和五一年秋）。そしてこれが機縁で、間もなくある在日韓国人の訪問を受けることになる。

たまたま京都に出かけた旅先のホテルでのことだ。在日大韓民国居留民団京都府地方本部の役員という一青年が、何枚かの関係書類を持って訪ねられた。来意は「荒れ放題の史蹟」（京都新聞51年4月5日号）である「耳塚」を整備し、そこに石碑を建てたい。そのことを「耳塚」を含む方広寺の所有権者である近畿財務局財務部を通じ、文化庁長官にあてて「現状変更等許可申請書」で申し出ているのだが、いっこうにらちがあかない。すでに石碑用の石材は、韓国輸出石材生産業組合によって寄贈され、日本に届いている。また碑文は、韓国の学界を代表する文学博士・李殷相氏によって書き上げられている。日本の役所のOKさえ得られれば、日本側になんら負担をかけることなく、韓国側によって立派に整備充実され、史蹟としても美化されるのだが……。その実現に協力してもらえないだろうか、というものであった。

しかし、在日韓国人のこの要望に対するカベは厚かった。たとえば近畿財務局京都財務部長の回答書によると当該財産は国有の「史蹟名勝天然記念物」として、文化財保護法により文化庁長官の管理下にあるが、その文化庁が「現状変更を許可することはできない」と答えているので、申請書は返却するというのだ。もう六年前のことになるこれらの経過を、いま詳しく書く余裕はない。だが李殷相氏の韓国語による碑文がズバリこう述べているのが、その不許可とどうからむのか。気になるところである。

「この塚は西暦一五九二年からの壬辰の乱で豊臣秀吉が三〇万名の大軍をもって前後七年間、朝鮮各地を侵略した。その間一五九七年からは首級のかわりに朝鮮の軍民男女老少の鼻を削ぎ……（後略）」（傍点筆者）

この話はまだ〝昔話〟ではない。

≪編集部から≫

大野力氏の『アジア講談の会』を行います。詳細は12ページをごらん下さい。

わがふるさとの味〔2〕

鄭　敬　謨

(四)　サンナムル（山菜のあえもの）

視覚や聴覚とちがって、嗅覚は回想が難しいと言う。かってかいだ臭いもリアルに思い出すことは困難だというわけだ。しかし私には、毎年春先きになると、あたかもそれが鼻の先にあるかのように嗅覚を刺戟し、ああ食べてみたいなあ——と思うものが一つある。朝鮮式のサンナムル（山菜のあえもの）であるのだ。

乙女たちの草笛のメロディー

（採譜　筆者）

日本語で何というのか知らないが、メ、ネンイ、タルレ、スムバグィ等、野原から摘んでくる野生の山菜を、先ず熱湯に入れてさっとゆでてから、それに胡麻油、胡麻塩、コチュジャン（唐辛し味噌）、お酢、お砂糖で味つけをするだけの、それこそ見てくれのない素朴なものであるが、その味を鼻腔の中にふわーっと拡がる春の香りを思い出すと——思わずため息が出てくる。氷の解けた漢江をゆっくり往き来する帆かけ船、陽炎《かげろう》の立ちこめるその川岸に沿って、果しもなく続くふるさとの早春の草原が、彷彿として眼前に現れてくる。ひばりも鳴いていたなあ。ナムルをつみながら四寸《いとこ》の姉たちが吹いていた草笛は、あれは確か、たっぷり水気を含んだしだれ柳の細枝から、中の芯を引き抜いたあとの樹皮であったなあ。その草笛のもの悲しい素朴な旋律も聞えてくる。視覚の思い出が余りにも鮮かで、その勢いでサンナムルの嗅覚の思い出も一緒に蘇ってくるのかも知れない。

ソウルの一角に、今もあるかどうか確めることができないが、精進料理のもてなしで有名な神興寺というお寺があった。酒も肉気もないだけに、却ってサンナムルの饗宴のあとは爽快な思いをしたものだ。何年か前、大阪にお住まいのある一世のご婦人に、サンナムルにまつわる纏綿《てんめん》としたノスタルジャーを訴えたら、「一度うちにいらして下さい」というスタンディン・インビティションを受けたことがあるが、押しかけて行くだけの勇気もないまま、今年も嗅覚の思い出だけで、春は過ぎ去ろうとしている。

(五)　ホーバングニップ（カボチャの葉っぱ）

庭先の夾竹桃の幹を勝手によじ登り大きな実をならしているキウリの蔓を見て、ふと故郷の家々のカボチャの蔓を思い出した。カボチャは好物ではなかったが、垣根に咲くその黄色い花は、幼な心に詩情を誘ってくれた。花は強い香りを放ち、さまざまな蜂がそれを訪れる。

想像力がまだすり切れてなかった子供の頃は、寝どこに入って眼をつぶると、たちまちにして自分が蜂に変身し、羽根をふるわせながらカボチャの花の中にもぐりこむことができた。ざーっと大粒の雨が降り出しても広い葉が傘になり、葉蔭にかくれた花で、蜂になってその中にもぐっている僕は、雨に濡れる心配はない。すごーく安らかな気持ちになって、そのうちすうとねこんでしまったりした。いまはそのような鮮明な想像力が働かない。

そのカボチャの葉っぱ、この日本のどこかに食わせてくれるところはあるまいか。サニー・レタスにご飯を包んで食べる「サンチュ・サム」なら、東京でも大低の焼肉屋さんは出してくれる。サニー・レタスはサンチュそのものではないが、しかしまあ味に「見劣り」は、無いだろう。カボチャの葉っぱは、よーく煮て軟くし、サンチュと同じような食べ方をするのであるが、サンチュに比べたら、より鄙びた田舎風の食べものだと言える。

サム（包み）の中に込める具も、サンチュの場合は、赤い辛し味噌に豚の三枚肉などをまぜて胡麻油で炒めたうえ、甘味をきかせるというふうな味つけが施されるが、ホーバングニプ、つまりカボチャの葉っぱの場合は、大低は豆の粒々がそのまま残っているような田舎の粗味噌が味付けなしで使われるだろう。サムになるご飯も、銀しゃりでは似つかわしくなく、麦めしであった方が、むしろ風情がよろしい。

田植えの頃は、もうすでにカボチャの蔓も垣根を覆うほどに茂っているし、葉っぱのサムを食べる場所も従って田んぼの畦道ということになるわけであるが、何もぜひ田んぼの畦道の上で——なんてな利休ばりの「ぜいたく」を言うつもりではなく、カボチャの葉っぱ、一度くらいどこかでありつけないものか願っているものの、このささやかな願い、なかなか叶えられそうにはない。全く同じ種を国からもってきて植えても、日本で育つと、普通はウブ毛程度の葉っぱのトゲが、まるで剛毛のように堅くて、食用にはならないとか。ちょっと不思議な感じだ。

(六) 嬰鶏白熟《ヨンゲペクスク》と蔘鶏蕩《サムゲタン》

ソウルは殊に北方一帯が峨々たる岩山に囲まれた町だけに、ちょっとだけ郊外に足をのばすと、至るところに渓谷があり、岩間を縫って流れるせせらぎに出くわす。城北洞、牛耳洞あたりの、瞬時にして都塵を洗い落すに足りる谷間の清流を想い出す人もいるだろう。

そのような渓谷には大低、夏場だけの天幕屋が並び、脚下に清流を眺めながら一杯の酒を汲み交す客を待っているわけであるが、座を定めた客が先ず酒の前の腹ごしらえに注文するのは恐らく嬰鶏白熟《ヨンゲベクスク》であろう。嬰鶏とは書いて字の通り雛どりであるが、先ず鶏冠《とさか》が成鶏の三分の一程度、嘴《くちばし》の黄いろさが完全に抜けきってない雛がよい。薬雛《ヤクピョンアリ》ともいう。

夏の嬰鶏白熟は腹のたしというよりかは、あくまでも補身《ポーシン》のためであるから、もし脂のり過ぎたジャンボーサイズが器いっぱい、どてーっとのっかって出されたら、客は眉をひそめるに違いない。トサカとクチバシの吟味は大事である。

白熟(水炊き)であるからただ白湯の中で煮るだけで味つけはなく、塩胡椒の加減は食べる方に任せられる。宴の前のアペリチーフのようなものだから、一羽を一人で食べることは、まああないだろう。

これを書きながら、眼の前にちらついてくる故郷の山河を想い出すのであるが、いかに脚下にせせらぎが流れているとはいえ、一歩外に出れば暴炎の酷暑である。その暑さの中で煮えたぎる白熟の汁を吸い、湯気の立ちこめる肉を食らうわけだ。ところが暑を以って暑を制するというのだろうか、汗をふきふき平らげる嬰鶏白熟の味の爽かさはまた格別である。

白熟よりはもっと補身《ポーシン》に力点がおかれた薬用に近いものが蔘鶏蕩《サムゲタン》である。国の人たちはこの中にほとんど神通力のようなスタミナの存在を信じているのであるが、それも宜なる哉と言うべきであろう。

筆者は今でこそ、身心ともに煮ても焼いても喰えそうにないタフな印象を人さまに与える仕儀に相成ってしまっているのであるが、中学生になりたての頃は、頭が、かーかーし、手足の方が冷え込むという、曲型的な脆弱体質であった。

親馬鹿もいいところであった両親は、十日間立てつづけに毎日一羽ずつ薬ピョンアリ(雛)をつぶし、蔘鶏蕩をつくって筆者にのませた。汁を吸い肉を食う私を心配そうに見ていた母の顔を思い出す。秋も終りかけ、遠くの山脈が濃い紫色を帯びるようになる初冬の頃である。その冬は風邪を引かなかった。手袋をしなくても、手も足も冷えなかった。薬雛《くすりびな》の腹の中に込められた高麗人参一根、干しなつめ三個、糯米一つかみの「神通力」に一驚を喫したものだ。

◎前号でお知らせ致しましたようにくじゃく亭では蔘鶏蕩、キェージャン(蟹の醤油漬け)をメニュに載せました。只今の処、予約制で調整致しております。どうぞ御試食の程を。御予約は四六四—二九〇一へ

『天竜山』を追う

花柳　駒

めくるめく数々のドラマとの遭遇を重ねたこの一年だった。都内の美術館に展示された複数の仏頭に、素朴な疑問を抱いたことが端緒となった『天竜山石窟蒸発仏』の行方追究は、いってみれば自分の意思とはひどくかけ離れた、遠い他次元からの指令による筋書きを辿るように、確実に着々と進み捗って、好むと好まざるとにかかわらず、私の生活全体がその中に組み込まれ、動かされて行く毎日となっていた。

日本に現存する『天竜山招来』の彫刻類（仏像・仏頭・浮彫り・装飾類等）四七点と出会い、商品としての人為的修整により、甚だしく原形を損い、別物のように変貌した数点も含めて、とにかく、三〇点については、ずばり間違いなく、どの窟の、どの壁面の、どの部分から持ち出されたものであるかの割り出しに成功した。参考資料としての破壊前の写真も、一尊づつ衣文の細かい刻みまで写し出した未公開のものを合せて、一五〇枚が手許に揃った。

欧米各地に散逸した彫刻類については、その行方に関するマリリン・李女史の論文が二〇年程前に発表されているが、これも現在の有無を各地に照会し、リスト漏れについても確認する必要がある。残念ながら、自分で外国まで出向いて調べ歩く、経済的・時間的余裕は持ち合せていない。やむなく窮余の策として、商用で外地に赴く知己を探し、商社マン、写真家と相手かまわず事情を説明して、旅先での調査を懇請した。どこのコレクションにしても、蔵品のすべてを展示している例は少ない。従って、その所蔵品をチェックするには、それなりの紹介者や、内容を熟知する係員との接触が必要となり、手数のかかる頼まれ事となる。

蔣介石政権が中国から台湾へ追われる際、多くの重要文物が持ち出されたと聞いている。もしや『天竜山』もその中に、という懸念が、ずっと私の中にあった。これは折よく、仕事で台北に招かれた主人に、現地での聞き込みを頼み、美術品に造詣の深い財界の有力者や、その道の権威の大学教授に取材を続けてもらった。その結果、石仏類は殆んど持ち出されていないという感触だったが、一件だけ、―台水の東南、宜蘭県頭城で、数年前〝天竜山仏頭〟を見た――。という伝聞情報が得られた。しかしこれも追跡した末、木彫仏であったと解り『天竜山』が台湾に渡った可能性はほぼ消えた。祖国を捨てる政権にとって、高価な書画や陶磁、宝玉や金銅製品と違って、重いばかりの石仏の搬出など、埒外のことであったろう。

外地とのコネ探しに奔走していた時期、ハワイ生まれの三世夫人と二〇年ぶりに再会した。積る話の切れ目を待って、ホノルルの美術館が所蔵しているとされる、〝第16窟天部像頭部〟と、〝同窟飛天浮彫り〟について、何とか写真を入手したいと切り出したが、「ワタシ、毎週そのミュージアムへ、お花教えに行っている……。」と、信じられない返事が返ってきた。

いつの間にか私の手許には、破壊前の窟内諸像と、持ち出された彫刻類の資料写真、二五〇枚が集まっていた。ほんの生来の好寄心がきっかけで、始めたはずの『はめ絵パズル』が、多くの方々のお力添えもあって、予想外の成果を生み、同時進行的に私の中に、一つの明確な目的意織が、指標となって表れ始める。―集めた資料は、すべて中国側に提供する―

昨年、すでに始まっていた修復工事の状況を思い浮かべる。

「破壊前の資料がなく、敦煌壁画などを参考に工事を進めている――」。通訳氏の説明の声が、記憶の中で私をせき立てている。

あの系統立った独自のプランで貫かれた石窟群の、風格ある優美な洞内が、不統一な極彩色の造像で飾り立てられてしまっては、もう取り返しがつかなくなる。一刻も早く資料を携えて、再度の天竜山行きを果たさなければ間に合わない。広大な中国大陸の直中に、孤立無援、崩壊寸前の姿を曝す石窟寺に、とことん情を移してしまった一異邦人の、これは愚かな感慨であろうか。

二月初旬、三日間の休暇で帰国された辻野実日航北京支店長に、早急な訪中の許可申請について、方策をご相談する。宮川寅雄日中文化交流協会理事長にもおめにかかり、お力をお借し頂きたい旨ご説明したが、早速、北京文物局へ、依頼のお手紙をお出し下さり、敦煌壁画展で来日された郭労為文物局外事処処長にご紹介下さった。

思えば昨年の現地見学は余りにあわただしかった。その峻険な山上の石洞の連らなりに固唾を呑み、窟内の破壊のすさまじさに絶句するだけで、過ぎてしまった三時間だった。東西が記憶の中で交錯する石窟壁面の確認や、岩質のより詳しい所見、それに日本国内だけで八点も宙に浮いている、まぎれもない『天竜山様式』の彫刻類の出所を判定するために、削り取られた岩壁傷跡の採寸も必要である。まだまだ未収集のデーターが山積している。それにもまして、前回上れなかった　断崖上に聳える未公開の、第16、17窟への限りない憧憬——

旅行者の受け入れに規制の多い中国の、しかも許可の下りにくい〃天竜山〃へ単身入る困難さは、百も承知の上である。諸先生のお力に縋って、ただ待つしか方法は残されていなかった。

殆ど追究を諦めていた、昭和初期以来行方不明の仏頭四点が、イタリヤで発見された。辻野氏の知人で現地在住の坂本鉄男氏のご調査によって、李女史の論文に〃イスメオ所蔵〃と記載されていた〃菩薩頭部〃を含む五点が、ローマ東洋美術博物館で確認された。リストにあった〃イスメオ〃は、外務省の建物で、仏像とは無関係のオフィスビル　。しかしその近隣の同博物館に、予想外の数の『天竜山』が現存したのだ。国際電話の向うから、吉報を告げられ仲介役辻野氏の声も弾む。

〃第6窟右壁中尊〃、〃第8窟後壁脇侍〃、〃第17窟後壁中尊〃、〃同左壁脇侍〃と、ふるえる手で、空白の個所を埋めてゆく。

やっと入国は許可されたが、現地太原市からの受け入れに関する返事は届かない。遂に見切り発車で、私は天竜山に向けての出発を六月二〇日と決めて準備を開始した。

第18窟後壁王尊像(昭和11年)

第18窟後壁の現状

太原までとにかく行って、資料だけはお渡ししたい。たとえ現地調査が叶わなくても、根気よくまた出直して再挑戦すればいい。

生まれてこのかた、信仰とは全く無縁な私が、遠い他次元からの『声』を確かに聴いたと思い始めている。名指され、託された役割を、只ひたむきに勤め果そうと、まめまめしく働き続けている。まるで、素直で無欲な小間使いのように……。

—完—

（お詫び）

◎本誌第35号『天竜山石窟蒸発仏の行方』（筆者寄稿）の文中及び掲載写真中「第4窟左壁坐像」（リートベルグ博蔵）は、その後の調査で、同場所に該当しないと判明しました。お詫びして訂正させて頂きます。

朝鮮食物文化譚(12)

鄭大聲

酒の道(2)

麹

古代にいわれたところの新しい酒づくり技術のポイントは麹である。穀類にかびを生《は》やしてつくる麹というものがなければ酒は出来ない。若し日本に麹が伝来したものとするならば当然のことながら麹という目に見えないかびを生《は》やしたものでつくることも、利用することも初めてであろう。つまり、麹を知るまではそれを用いていた生活はなかったであろうから呼び方もなかったと考えてもよいわけだ。とすればそれをもたらした人々が使っていた用語がそのまま定着した可能性は高い。

朝鮮語では漢字で「麹子《クッジャ》」、「麯子《コッジャ》」または「麯子《コッジ》」と表わされる。固有語は누룩《ヌルック》(押さえるの意)と呼ばれている。

このコッジという語が定着してコウジへと変化したものだろうと考えたい。

後で触れたいと思うが麹づくり法は、朝鮮の今日のものは日本の今日のものとはことなっている。しかしかびを生やすということにおいては同じである。

かびのような微生物の力を利用した食品加工業が発達した今日では、人間は微生物の力の偉大さを認識しているが、古代においては神秘的な存在であったにちがいない。

人間がかびというような目にみえないものとの初めて生活上のかかわり合いを持ったのはおそらく麹であったろう。それも酒づくりという日常生活に肯定的な意義を持ったところであった。何故ならかびなどの微生物は概して食品や衣服、非衛生の原因となる否定的なかかわりが多かったからである。したがって肯定的な利用され方をした時にはじめて名称がつけられたとみてもよいだろう。

かび

かび(KaBi Kapi)の呼び名も酒づくりと共に朝鮮語が渡来して来たとみてもおかしくない。

朝鮮語でかびのことをコムピ(Kompè)、コムペ(Kompe)、カムピ(Kampè)などと呼ぶ。子音のkとpはかびの語を形成する骨となっている。

麹のことを古代「かむたち」と呼んだ。新井白石は「東雅」でこれを指して「かびたち」つまりかびが生えることとした。「かむ」がかびなら、コムピ、コムペ、カムピの発音のkとmの構成にかかわって来る。

日本語のカビという語も朝鮮語のカムピなどの変化したものとみるのにそんな無理なことではあるまい。しかもこのサケ、コウジ、カビの三つが揃って新しい酒づくりの技術となるからなおさらのことである。

サクがサカになったことはすでに白鳥庫吉博士が指摘されたことではあったが、コウジ、カビについては私の到達した見解であった。このことを元大阪外大の金思燁客員教授に在任中意見を求めたことがある。金博士は古代日本語と朝鮮語との関係に詳しい方だ。酒づくりの技術的な内容から説明のつく、コウジ、カビについてはまさにその通りで、非常に大切なところに着目していることを指摘して下さった。

これを別な角度から見るともうひとつの視点が出て来る。それは日本のこうじを表すのに麹という漢字のほかに糀という国字のある事実である。

麹と糀

今、日本の酒に使われるこうじはすべて米の蒸したものにかびを生やした米こうじである。朝鮮のこうじは小麦が材料になることが多く、粗くつぶしたものを練って固めたものにかびを生やす。米が材料になることもあるが粉にして蒸し餅をつくってかびを生やす。このことから朝鮮・中国などのこうじを餅こうじとも呼び、日本の米粒そのままので固めてないばら麹とことなるものとしている。

朝鮮や中国では今でも餅麹である。一部の江南地方では米麹が使われている。

新しい酒づくりの技術が日本列島にもたらされた時の麹は、麦からつくる餅麹つまり今の中国の華北、華中、朝鮮半島で使われていた麹であったろう。そしてその物体を表す字として「麹」という字が使われたのではないか。何故ならこの字は今の麦のこうじの実態をそのまま表わしているから。麦を米に代するものが麹で、酒はこれによってつくられる。この字はまさに中国や朝鮮で酒づくりに使われるこうじそのものの実態を表わしている。

　日本にはこうじを読む字に「麹」、「糀」がある。現在のこうじの実態を表すには「糀」が適している。しかし、この字は漢字ではない。いわゆる国字で日本で創られた字だ。峠、榊、辻などと同様に、意味するところの字を合成したものなのだ。糀は当を得た字で今の日本の酒づくりに用いられるこうじの実態そのもので米に咲く花だ。いつごろから使われたのかは私はよく知らないが江戸時代も終りごろからであろう。

　では何故「糀」という字が創られたか。「麹」という字では実態がともなわなくなったからであるにちがいない。米を材料にしたこうじをつくり、それを蒸し米に加えて発酵させる日本酒づくりに「麦」が関与するなんの工程もない。麦とは無関係につくられている。朝鮮、中国などの酒づくりには必ずこうじのところで麦が関与している。

　このことを逆にみれば、「麹」という漢字が実態を表わしていた時期があったことにならないか。それはこの「麹」という漢字が日本にもたらされた時、または酒づくり法が伝えられた時ではなかったか。日本のこうじ法による最初の酒づくりはこの麦でつくった餅麹であったとみてもおかしくない。これがいつごろ、どうして米のばら麹になったかは今のところ調べようがないが、私は中国大陸か朝鮮半島とはことなる日本列島の微妙な気象条件とによるものではないかと考えている。

こうじづくり法

　中国、朝鮮の麦による麹づくりは大体七月とされる。朝鮮の七月は旧暦でも夏で暑い。小麦を粗びきでつぶし、水で固く練って厚さ三〜五センチ、直径三〜四〇センチの円盤状の餅麹を型枠に布を敷いてこれを足で踏みしめる。この作業は藁のむくろの上で行なう。出来上がりの円盤状で真中の少し凹んだものは暗所にむしろで囲って置く。夏の適温でかびが生える。これを米の収穫される秋までおいて、それ以降こうじにかびが充分に生えたものを利用するという段取りになる。朝鮮の夏は暑いが湿気は少なく日蔭はしのぎやすい。湿気の多い日本とはこの点が少しちがう。日本で朝鮮と同じく麦のとれた後にこうじづくりをすれば梅雨時と重なってかびの生え方がうまくいかないようだ。私は昭和一七、八年から昭和二二、三年にかけて京都で身内のものが小麦で朝鮮式麹をつくり、酒をつくったことを手伝って体験している。小麦の餅麹は充分出来るし、いわゆる「濁酒《どぶろく》」もよく出来た。しかしつくる時期は日本の夏は適してないように感じた。秋口の涼しいころの方がよく出来ることを記憶している。

　このようなことが影響したのかどうかはいまのところ断言は出来ないが、なんらかの理由で日本列島では餅麹からばら麹へと変ったとみられる。

　日本の古代の餅麹を米の粢《しとぎ》だったと考えている方もいらっしゃるようだが、朝鮮で古くから用いられた米からの餅麹はしとぎではなく、米の粉を練って蒸して完全に熱を通したものである。

　麹法による酒づくりが行われた最初の麹は、読んで字のごとき麦からの餅こうじであったと考える方が妥当であろう。

　酒、麹、カビの語は外来語として古い時代に日本列島にきたものであり、酒づくり法をもたらしたとされる百済すなわち朝鮮とかかわっているとみられる次のような事実がある。

（続く）

講演会の案内

「古代日本と朝鮮の酒づくりと漬物づくり」

講師　鄭　大　聲

日時　十一月十三日（土）午后六時〜七時半
場所　モランボン調理師専門学校
新宿区四谷三丁目℡三五九―六二四一
地下鉄丸の内線四谷三丁目下車

参加希望者は電話でお申し込み下さい。

ピーコック画評(33)
人柄にじむ高橋孝一の絵

後藤　直

高橋孝一画展がピーコック画廊で開かれている。これで二度か三度目である。

高橋氏とは、以前一度お逢いしたことがある。プロ作家のなかには、自分より上手で、偉い画家はいない、というふうな子供じみた態度をみせる人を、たまにみかけることがある。氏はそうした俗物作家とはまったく正反対の人柄であることは誰しも認めるところであろう。とにかく朴訥な感じの、おだやかな人だった。

高橋氏の絵は、氏そのものと接っしているような感じを受ける程、生真面目の一語につきる。

高橋氏は、現在自ら住んでいる埼玉県の日高町あたりの風景をテーマにしている。

今度ピーコック画廊で展示している作品は、日高町の観光協会の絵ハガキになった、いわば原形の絵である。

「高麗神社」「将軍標」「聖天院の山門」「金剛寺渕」などの作品の題名でもわかるように、これらの絵からは、古代朝鮮の渡来人たちがきり開いた、あの高麗郷を思いださずにはおられない。

その歴史的ないわれ、その内容は、金達寿の「日本のなかの朝鮮文化」(講談社刊)をひもといてもらえれば、一段と理解が深まると思う。

今回の高橋氏の作品のなかで、明るいパノラマといおうか、おおらかに風景を描いた「白銀平の展望」「巾着田」や、林と土とを対比させた、ごつごつした印象の「鎌倉街道」などになぜか私はひかれるのだった。

描き方は、色彩が美しく、ていねいで、独特なリアリズムというべきであろうか、それはまさに驚きであった。

《編集後記》

◎八月十九日東京新宿文化センターで行われた「アリランの夕べ」はホール満席に近い多勢の同胞、日本人の聴衆に深い感銘を与えたコンサートであった。久しく感じることのなかった清潔さのある感動に浸ることができた。もっと土臭い催しを期待したのは私のような年輩だからだろう。しかし参加した若い人たちにとっては予期以上のものがあったようだ。開催を推進し実行した関係者に敬意を表したい。特にサブタイトルの「歌よとどけ!ひとつの心　ひとつの歌」とあったのは政治色を抜いた当夕の雰囲気を表してすがすがしいものであった。片方が他の片方を非難し合う時代は過去のものになろうとしている。在日に生きる同胞の新しい文化がこのような形で育つことを期待したい。

◎「通信」郵送過程での手違いから料金不足などの事由で一部の読者の方に大変ご迷惑をおかけ致しました。深くおわび申しあげます。

アジア講談の会

高崎宗司『朝鮮の土となった日本人』の出版を祝して

演目　「光化門の月」ほか
演者　大野　力(南海亭ターリー)
日時　10月14日(木)　午後　六時半より
場所　くじゃく亭
会費　五千円(定員三十名につき参加希望の方は編集部へお申込み下さい)

〈趣旨と解説〉

民芸運動の創始者・柳宗悦は、朝鮮の名もなき工人の作品に対する感動から、〝民衆の工芸〟に開眼した。その柳夫妻が打ち込んだのに、光化門(景福宮)の保存活動がある。このとき柳は、時の朝鮮総督府の横暴に対し、憤激をもって闘う数少ない日本人であった。そして、このように朝鮮の工芸を愛し、文化遺産の保存に力を注いだ柳を支えた人に〝朝鮮の土となった日本人〟浅川巧がいた。浅川の協力なしには、柳の民芸運動もあり得なかっただろう。

この演目は一九七七年秋に「光化門と柳兼子」と題し公演されたものだが、物語の裏づけや豊富化には、高崎宗司氏の浅川研究に負う所が大きい。その著作が上梓された機会に著者をまじえ「くじゃく亭」の焼肉とこの一席をサカナに、大いに語り合っていただくことをもって、ささやかな祝意としたい。

くじゃく亭通信
第39号
「くじゃく亭通信」編集部
〒一五〇　渋谷区宇田川町八ー九
☎(四六四)八九一〇
定価100円

青丘文化賞受賞について

許　萬　元

　このたびは思いがけなくも青丘文化賞をうけることになり、盛大な楽しい祝賀会まで催していただき、私はこのうえなき光栄と思っている。自分の狭い学究生活に閉じこもって同胞の皆さんと広く接する機会もなく、また青丘会の存在さえ知らなかった私に、青丘会の皆さんが私の研究内容にまで関心をよせ、あたたかい手をさしのべてくださったことは私にとっては思いもよらないことであって心から感謝せずにはいられない。

　当日、諸先生から私にあたえられた身にあまる賛辞には、いささかくすぐったい感じがしないでもなかったが、しかしこのたび哲学研究者としての私に文化賞があたえられたことには重要な意義があろう、と私なりにうけとめている。近年、わが同胞のなかに、哲学を本格的に勉強してみたい、という方々が急速にふえてきている。こうした現象も、今日の周知の状況が生み出している必然的現象であって、「哲学研究を軽視すると、かえって俗悪な哲学の奴隷となる」という認識が同胞のなかに広まりつつあることを示しているであろう。なんと結構なことではないか。このたびの私の受賞がこうした研究者たちへのよき励みとなれば幸いであり、またそうなることを願って、私もできるだけ協力していきたいと思っている。

　このたび、青丘会の性格、経過および今後の方針などについての簡単な報告をうかがったが、私は青丘会の皆さんの貴重な活躍に心から敬意を表せずにはいられない。異国の困難な条件のなかであらゆる文化活動に従事している同胞の若い方々にあたたかい手をさしのべ激励しあうことがどんなに貴重なことかはかり知れないのである。こうした青丘会の活動はいつまでも続けてもらいたいものである。

　時ははやいもので、私も今年五〇才になるが、人間五〇才をすぎると回顧的になりやすいというが、私も今年にはいっていままでの自分をふりかえりながら今後のことなどを考えたりした。年々知りあいとなる日本の学者や学生などが幾何級数的にふえていくにつれて複雑な人間関係にまきこまれ、多くの雑務にしばりつけられてしまっている自分自身の姿を発見して、私はいまさらながらおどろいている。しかし、このままずるずる流されてはたいへん。今年からはなんとかして、自分の研究時間も十分にとり、同胞の皆さんとも広く接していきたい、と思っている。急に思うようになるかどうかは別として、ともかく皆さんの理解と協力だけはお願いしておきたい。

学林図書室のこと

姜在彦

　大阪環状線の鶴橋駅からほど近い同胞密集地域に、三都ビルの一室を借りて、「韓国・朝鮮関係書専門」と称する学林図書室ができたのは七九年七月。その趣旨は、①同胞の多い大阪でこそ同胞の力による朝鮮関係の図書室が必要である、②インテリだけでなく広範囲の利用者の要望に応えるべきである、③同胞にとっては祖国を知るための学習に寄与でき、日本人にとっては韓国、朝鮮と日本との関係を正しく把える契機となりえること、④最後にそのためには既成の組織・団体には属さないことの四点に示されている。

　運営を担うのは、七人のボランティア学生・大学院生・青年である。約八千冊の蔵書を揃え、週末の三日間に貸正しやコピーサービスを行ない、訪れた人は様々の情報を得たり提供したりで、日に十人も訪れれば結構忙しいものだという。また『学林通信』を年一回発行したり、ウリマル講座、講演会の企画など地道に活動を続けている。

　もちろんボランティアとして奉仕しているかれらに資力があるはずはなく、財源は一般会員の年間六千円の会費と、賛助会員（一口五千円）のカンパを充てているがミィーテング等もできる広い部屋を確保したいのと、朝鮮関係の図書を全て揃えるのがかれらの夢である。

　単に知識の提供者になるのではなく、日本の中の朝鮮、あるいは自分自身の位置づけを二世自身の手で成していくための拠点づくりをめざしている彼らは、そのために学林はどうあるべきか、自分自身は？…と果しもなく語り合うという。時には部外者（日本人のこともある）もまじえて、アルコールメーターとふところを気にしながら――。「在日」のあり方にきまった形はない。世代交替という過渡期に立って、誰もが暗中模索を続けている。立場、思想の相違をのりこえた同胞間のコミュニケーションの場をめざして何とか図書室を育てていこうと、彼らも力投中である。

　日本生れの若い世代にとって、「在日」とはたんに日本に在留しているということ以上に、特別の意味をもつ。しかし情感的な思いつきだけで「在日」を語ったのでは、それは宙に浮いた論議のための論議におわってしまうのではなかろうか。何よりも重要なことは、韓国・朝鮮人であることを踏まえたうえでの「在日」こそ、問われなければならないし、おのずからそのルーツをなす祖国を知るための知的努力を積み重ねてこそ、そのような論議は真に豊かな実りを結ぶことになろう。

　同胞が密集した地域社会に根をおろした新しい型の文化運動として、青丘会が学林図書室の活動に着目し、表彰したことの意味は重い。

　所在地―大阪市生野区鶴橋一の一の三三
　　三都ビル二一五号（鶴橋駅裏、南へ二分）
　電　話―〇六―七一二―六四六九
　開室日―金、土、日曜日（除、第三日曜）
　　午後〇・三〇～七・三〇

青丘文化賞・青丘文化奨励賞

　一九八二年、第九回青丘文化賞、第三回青丘文化奨励賞は左記の方々に授賞がきまり過ぐる三月二十一日授賞式が行われました。

青丘文化賞　許萬元氏　李恢成氏（受賞辞退）
青丘文化奨励賞　李良枝氏　学林図書室運営委員会（団体）

　青丘文化賞・青丘文化奨励賞の今後の円滑な運営を計るため左記のメンバーをもって、選考委員会を構成し、毎年十一月に授賞者の選考・決定を行うことになりました。

　選考委員会顧問　金達寿氏
　常任選考委員　金石範氏
　〃　姜在彦氏
　〃　李進熙氏

　なお青丘文化賞・青丘文化奨励賞の母体である青丘会は本年七月二十二日発足十周年を迎えました。

藤間 清、その水彩のひととき

田辺 徹（美術評論家）

　終戦後間もなく藤間清を知ったとき、彼はすでに自由美術家協会の会員であった。そういう彼を紹介して下さった芸大の新規矩男先生は、藤間君はフランス語も及第点を取っていますよ、とつけ加えた。芸大の卒業試験の話だが、考えてみれば親切な先生だった。藤間清が閉口して頭を掻いたのはいうまでもない。彼とはそれ以来、長い間、本の仕事をいっしょにしたが、こういう経緯もあって、わたしにすれば藤間清は始めから絵描き以外のなにものでもない。今回そういう古い友だちの絵が、久しぶりでみんなの眼に触れるという。

　みせてくれたのはすべて水彩で、山また山だ。よくみると、甲斐駒や八ヶ岳、浅間山など四、五ヶ所にわかれるようだが、そういう旅の思いもさることながら、わたしは藤間清が明るく、のびやかに水彩を楽しんでいるのが嬉しかった。セザンヌのような筆触がかさなり合う薄いブルーの山肌がうつくしい。その前に明るい前景が拡がり、ダイナミックな雲が流れている。山を描いているときは、山に魅かれるその気持が、彼の神経質で、押しつぶされたような心の鬱積を取り払ってくれるのだろうと思った。しかし、ときどき、ひとつのピークとその左右に短かく張る尾根のあたりに、暗く凝縮した芯みたいなものをつくっている時があって、そういうとき、油絵の藤間清がちらりとみえる。二十年代、最初の個展をやったころの彼がみえるのだ。

　当時、藤間清はレジェに強くひかれていたが、その抽象の画面は、重苦しく内向する色彩の塗り重ねが、生理的な暗さをみせていて、レジエのラテン的なめいせきとはむしろ反対の世界にいた。そういう意味では、藤間清の絵は、第二次大戦の苦難のなかを歩んだ自由美術家協会の作品のひとつの典型であった。そして私たちの世代は、日本的なフォーヴの体質に飽き足らず、重苦しい色感に屈折しながら、抽象主義的な表現主義に進んだ自由美術の仲間たちの困難な仕事に大きな共感をよせていた。かつてパリの近代美術館で、佐藤敬の近作一点をみたとき、周囲の作品に較べてあまりに暗く、そのときの佐藤敬はほとんど自由美術の仲間のようであった。そのあと美術館の前のベンチで持参のサンドイッチをぼそぼそ喰べながら、かつて、新制作派の寵児であった佐藤敬のパリ生活の孤独を思い、また藤間清がその頃いつも熱心に話してくれた鶴岡政男や麻生三郎のことを考えたことを思い出す。いま、藤間清が自然のなかに開放され、山に心をあづけている絵をみていても、このような彼の、あるいは彼の世代の屈折した暗い画面を考えないわけにはいかないのだが、こうして久しぶりに水彩の明るさのなかにいる彼をみるのは楽しい。アメリカのハドソン・リヴァー・ソサイアティあたりの水彩画の大きく、豪放な造形に較べると、その画面は日本の自然と同様に優しく、温和しいが、ときに、ものの形態を超えて、ファンタスティックな面白さを見せている。ときどき、こういう展覧会をやってほしいと思う。

＜編集部より＞

　本年二月、ピーコック画廊で開かれた藤間清水彩画展に御寄稿下さいました。

ピーコック画廊の催事メモ

82年十一月一日～十二月三十日　田崎とみよ書展
83年一月四日～三十一日　金城真理子スケッチ展
二月一日～三月三十日　藤間清水彩画展
四月一日～五月三十日　斉藤勇二遺作展
六月一日～七月三十日　渡辺俊文写真展
八月一日～八月三十日　高橋孝一油画展
九月　未定
十月一日～十月三十日　大滝文子作品展
―彼女たちの夢―

わが"アジア講談"の旅 ④

おたあと「耳塚」

大野　力

おたあがその存在をきわ立たせるのは、"家康を振ったただ一人の女"というところにある。ここでその"振った"には、二つの意味があろう。一つは、時の最高権力者であった家康の、キリシタン禁制令を拒み通したこと、もう一つは、通常の男女関係で言われるような、家康の愛欲への拒絶である。もちろん世俗的には、後者の愛欲レベルのほうに関心が高かろう。おそらくは両者は、相互にからみ合うはずだが、ここではもっぱら下世話な関心の側面に、焦点をあてることにする。

ソウルで見た映画「ジュリアと徳川家康」の中にも、おたあと家康との寝間の場面が出ていた。だが、じつのところは多少とも、疑問を感じないではなかった。家康の肉体年齢についてである。おたあがそのとき、みずみずしい娘盛りであったことは疑問の余地がない。そのおたあに愛欲の目が向けられたとしても、あり得る若さ、あり得る美しさだったろう。だが一方の家康は、すでに老境に達していたはずだ。たとえ"英雄色を好む"の言い伝えが該当する人物だったとしても、すでにその年齢は、男女の交わりなどには及び得ない境地に達していたのではあるまいか。もしそうだとしたら、おたあが"振った"点に関わる家康の愛欲説は、根拠を失うことになる。そしておたあの純潔説も、この面については、取り立てて言うまでもないことになる。

おたあの家康に対する純潔説の根拠としては、ムニョス神父のマニラ管区長あて「日本の布教において一六〇六年に起こった最も注目すべき出来事に関する報告」書に、こんな記述がある。

「これまで彼女は、他の婦人たちと同じように皇帝（註―将軍のこと）の欲しい時に呼び出されて奉仕する彼の妾であろうと思われていたので、（教会は）彼女に聖体を授けようとはしなかった。しかしこの機会に、"もし皇帝がこの女たちをしばしば呼び出すように私を自分の室へ呼んだとしても、私はそこからのがれることは簡単なことです。もしそれができない場合には、皇帝の要求を承諾するよりも死ぬことを選びますと言った」

この文面からは、一六〇六年の時点において、将軍が何人もの女たちをしばしば寝室へ呼びつけていることと同時に、おたあがそれに対し、死をもって拒む覚悟を持っていることとが明らかだ。だからそれは確かに、おたあの固い純潔への意志を伝えるものとはいえよう。だが、そうはいっても、それを実際に家康に迫られての、拒絶の事実の証明と読むわけにはいかない。"振った"事実があったのかどうかは、確認のしようがないのである。そこでここは少しく、傍証固めといこう。

特別扱いの愛憎

おたあが神津島に流された一六一二（慶長十七）年は、彼女が小西行長が拾われたとされる文禄の役から、丁度二〇年後になる。拾われたのが三、四歳だったとすれば、その年には二三、四歳になっていたはずだ。ムニョス報告書に書かれた一六〇六年は、それより六年前だから、そのとき彼女は十七、八歳だったろう。一方の家康は一五四二（天文十一）年の生まれだから、おたあ流刑の年には七〇歳に手が届いている。ムニョス報告書の時点では、六四歳である。家康の欲情がおたあに降り注がれたとすれば、時期的にはこの間のことと思える。年齢的には、七〇歳の坂を目前にした老人が、二〇歳そこそこの若い女性に、言い寄った恰好になるのだ。

晩年の家康は、五尺一、二寸（一六〇センチ足らず）の短い背丈に、でっぷり太ってぐっと腹が出っ張り、下帯も自分では締められず、侍女が三人がかりでふんどしを締めさせたという。どう考えてみても、情事向きの風采ではない。だが、とはいっても、そこは天下に並ぶものない権勢者である。その"天下人"の威光に触れては、呼ばれて断る女性の一人とてもなかった。さて問題はその家康が、はたしておたあを慰みものにしようとしたのかどうか、である。あるいはそれが年齢的にあり得たのかどうか、である。

幕府が、まずはその直轄領内においてキリシタンを禁令したとき、家康の住む駿府の城内には、三人の御殿女中信者がいた。改宗の説得に応じないこの三人を、怒った家康は牢に閉じ込め、さらに監守の女中たちから、さまざまな方法で改心を迫らせる。その様子は、コーロス神父によるイエズス会一六一二年度報告書に、つぎのように述べられている。

「この三人のうち最も重立ったのはジュリアであった。彼女は高麗生まれの娘で並みはずれの判断力と思慮分別をもち、そのため特に王（註—家康のこと）と宮廷のすべての人人から尊敬されていた。それ故、彼女の固い決心を知ったとき、王は憤慨して、ルチアやクララはかまわないが、ジュリアが自分の命令に服さないのをゆるすことができない。：彼女は今まで受けた恩恵がどれほど多く、またどれほど大きいかを覚えているはずだ。高麗戦争の哀れな捕虜外国人であったのに：：」

ここで「ルチアやクララはかまわないが：：」と言っているように、おたあに対する家康の態度は、あたかも愛憎の両面を現すかのように、そのきびしさも優遇と見られる面をも合わせて、随所に〃特別扱い〃をきわ立たせるのだ。流刑の時期、方法においても、ジュリア（おたあ）には、特別の配慮が払われた。それは状況証拠として、確かにおたあに対する家康の深い未練を物語るかのようである。そこにはあるいは、みずからの欲情に対するおたあの毅然たる態度への、潜かなる敬慕の思いがあったのかもしれない。そんな気持ちが生ずるほどに、家康の特別扱い —— 執着ぶりは芸が細かい。それらは単に禁教令に従わないためだけとは考えにくいのであり、そこには何か、家康の胸中における底深い衝撃のほどがうかがわれるのである。

七〇歳過ぎての性病

その晩年の家康の性的能力について、ズバリさぐりを入れてみよう。まずは家康はその生涯を通じて、築山殿と朝日姫という二人の正妻と、十人以上の側室を持ったと記録に残されている。そしてその間の子どもは、男十一人、女五人とのことである。そのうち、のちの徳川御三家を築く息子たちは、みな晩年に生まれている。各出生時における父・家康の年齢は、つぎの通りであった。

九　男	徳川義直（尾張）	五八歳
十　男	徳川頼宣（紀伊）	六〇歳
十一男	徳川頼房（水戸）	六一歳

今風に言えば、定年前後のころの子どもたちである。天下制覇の野望だけでなく、その性生活面でも、きわめて精力的だったといえる。さてその家康に、徳川頼房に続く子どもの記録はない。だから子どもを生ませた実績は、それにとどまるのだろう。しかしそのことは、必ずしも家康の性生活が枯淡の境地に入ったことを意味しないようだ。たとえば万事に慎重居士だった家康も、晩年に至って一つの盲点をさらけ出している。それは性病である。

いつ命を果てるやも知れぬ戦国武将たちは、戦場の勇姿に語られる華々しさとは裏腹に、じつはその私生活では、刹那的な快楽に不安の身を委ねる日々が多かった。諸大名は、その享楽本位のすさんだ性生活のために、ほとんどが性病にかかっていたという。用心深さで知られた家康も、その例外ではなかったのだ。当時の名医・曲直瀬（まなせ）道三の診療簿『医学天正記』によると、家康がじつに七〇歳を過ぎて性病にかかったと記録されている。家康の七〇歳といえば、丁度おたあが島送りになった年だ。家康の不慮の性病罹患とおたあの流刑とが、なんらかの関連性を持つのかどうか —— それはもちろん不明ながらも、不思議な年数の符合である。こんな事実に触れると、おたあ流刑の年においても、家康はまだ生臭い本能的欲望の世界から、解脱してはいなかったことが分かる。おたあはその家康の前に、溢れる若さの身をもって、なお澄み切った清純の光を放つのである。この最高権力者と流刑者と —— 内心の声に畏敬されたのは、はたしてどっちだったろうか。

＜新刊紹介＞

大野力氏（南海亭ターリー）の「アジア講談」が一冊の本になりました。

発掘アジア歴史講談　時事通信社
定価一四〇〇円

朝鮮食物文化譚(13)

鄭大聲

酒の道(3)

京都府田辺町と古代の酒づくり

京都府綴喜《つづき》郡田辺町の佐牙《さが》神社のことに注意するようになったのは、酒の古語がサカで、それは朝鮮語のサガッたという発酵する意味から来るものではないかと気がついたからである。

近くには酒屋《さかや》神社があり、さらに酒屋連《さかやのむらじ》墳もある。

田辺町教育委員会の古川章課長の案内で現地へ何度も足を運び調べたことの要点を整理する。京都駅から近鉄線で奈良に向って急行で約三〇分のところに田辺町がある。

佐牙神社について

佐牙神社は酒の神を祀っている。たゞ神社の名称の佐牙をみただけでは一般には酒づくりの神と関係があるのかどうかピンとはこない。しかし、サカ、サガが酒の古語であると知れば納得は行く。

全国に酒にかかわる神社は数多い。佐加《さか》、佐《さ》香《が》と名のつくところもいくつかある。この神については前述の「日本の酒の歴史」に詳しく整理されている。

しかし、田辺町の佐牙神社についてはその「延喜式内佐牙神社本源紀」なるものに曽々《すず》保利《ほり》のことが直接記述されている。

その一部分を引用すると

：：仁徳皇御宇唐国より来朝する所の人あり其名を曽保利弟と云曽々保利と云ぅ二人あり。天皇詔して曰く汝等何の才あるや、答えて云宣しき酒を造る事を以てす。仍ち是を山城の筒城《つつき》の里に住居せしめ、足彦大兄王に命して筒城の長岡の埴安を取りて甕瓮《いかしがめ》を作りて酒を製し是を天皇に献る。仍て酒看都子《さかみつこ》を賜り其妻山鹿姫に酒看都女《さかみつめ》と姓名を賜ふ。其遺跡高木天神山是也、亦々酒殿を建る所、今酒屋神社の地是也。

継体天皇筒城に皇居したまふ時此殿にて御酒を製し奉れり。

敏達天皇御宇二発己年　詔して中臣酒屋連此地に住居して佐牙の神を祭り神殿を新に建て勧請す。時に別所に大宮売命並埴安厳瓮姫の神を祭り給ふ。是を酒屋の神社と号す今在興戸村。

欽明天皇御宇造酒司の官人より毎歳春秋に祭事を執行官幣を佐牙酒屋の両社之奉納せらるゝなり。：：（後略、原文のまゝ、ふりがな筆者）

神社は何度も焼けているし、そばを流れる木津川の水害をこうむって移転もしている。建立しなおすごとに神社の由来である「本源紀」が書きつがれたようであるが、この「本源紀」は文治元年（一一八五年）四月二十日のものに、永正一一年（一五一四年）九月十五日付の書き加えのあるものとなっている。これを大正九年に書き写しが行われ保存されているものだ。

曽々保利のくだりは「新撰姓氏録」からのものであろうが、そこに記述されている人がこの地で酒をつくったとしているところは注目すべき事実だとせねばなるまい。

佐牙神社は現在綴喜郡三山木《みやまき》町にある。「三山木村字宮津鎮座」と石碑と並んで立てられている案内板は、田辺町教育委員会、文化保護委員会のものである。それにはこの神社の祭神が佐牙弥豆男神《さがみつおのかみ》、佐牙弥豆女神《さがみつめのかみ》の二神であることが記されて居り、敏達天皇二年（五七三年）に初めて之を祀られ、以後造酒司の奉幣があったとつたえられる、とされている。「本源紀」の内容を要約しているわけだ。

「本源紀」によれば正長元年（一四二八年）の八月二日に和泉川（今の木津川）が大洪水となり、川辺の佐賀の荘にあった佐賀神社は断滅したが、御神体は他所に遷座してあったので、三年後の永享三年（一四三一年）に小高い今のところに再建したとされる。旧佐賀神社の跡は佐賀垣内《さがかいと》と呼ばれるところに今でも記念碑とともに残されている。周囲はいちめん水田ですぐそばに木津川がある。　水害を受けたのも当然と思われる環境であった。

佐賀荘という地名は酒づくり人達の集落であったことを意味するだろう。

酒屋神社について

佐牙神社よりやゝ北方に位置するところに酒屋神社はある。「本源紀」にあるように酒殿の神を祭り、酒殿の建る所というから、酒をつくる場所であったのだろう。

これについては「田辺町史」では次のように記されている。

：：「酒屋」と言っても、今日のように一般人に酒を売る商売ではない。「屋」は「処」の意であるから、酒を造るところであって山上に酒器を収めた酒壷なる塚があり、摂社に壷神社があって、酒造地であることの証拠となる。而してこの酒はむろん人間がのむけれども、人間がのむより神にささげるを重しとし、この酒をつくる人を「さかひと」（酒人または掌酒）と申した。壷神社は埴山毘売命《はにやまひめ》（またの名を埴安比売命）であり、埴（粘土）を司る神であるから酒器を造るためにこの神を祭ったのであろう。：：：

二度ほどこの神社には行ってみた。こんもりと繁った木立の中の静かなそのたゝずまいは何かしら古い時代をしのばせるに充分ではあった。鳥居は弘化三年（一八四六年）に北尾孫兵衛なる人が建てている。

前方に不違《ながわず》の池といわれるのがあった。昔は大きな池のようであったが、道路拡張のためその面積は縮まっている。そこに大きな石がある。大体高さ四尺、幅三尺、厚さ一尺と言い伝えられる大石の面に酒《さか》づき型をした凹みが四つある。

神社の背後の小高い山のてっぺんには「酒壷」と称する塚の形をしたものがあった。土地の人々の間では古代の酒器がこゝに埋蔵されてあると信じて、七五三の縄を張りめぐらして聖地としていた。明治の中期頃に盗掘に見舞われ、埋蔵物は持ち去られたらしい。

酒屋神社は興戸《こうど》という地名のところにあるが、この地名についても「酒人《さかうど》」の「さ」の省かれた話だという説も町史には紹介されて居り、さらに、昔はこの地を酒屋村と呼んだことは山州名跡志（正徳元年、一七一一年刊）に記されているという。

佐牙神社は酒をつくった神を祭る神社で、酒屋神社はそれをつくる場所、つまり醸造所のあったところと考えて大きなまちがいはなかろうと思う。

酒屋連《さかやのむらじ》墳について

佐牙神社、酒屋神社の両神社は東に流れる木津川を見下す小高いところに南北に位置する。旧佐賀神社のあったところのさらに東側つまり川筋のそばあたりに飯岡《いのおか》という土地がある。距離にして一キロ少々というところか。小高い丘には有名な飯岡古墳群がある。

この古墳群には「七井戸十塚《なないどとつか》」と呼ばれる七つの井戸の跡と十の墳墓や塚があることが知られている。そのうち二つの塚は酒づくりの人の墳墓であると伝えられる。

そのところを「京都府山城綴喜郡誌」（明治四一年刊）には

曽保利曽々保利の旧墳

草内村字飯岡大永二年（一五二二年）三月領主飯岡左馬助定基氏より伝えたりという同村旧記に録したる墳墓左の如し。
として
神魂《かむたま》の丘　酒部友夏の塚（神魂の丘を築きたる人也）
酒屋連墳、池辺王墳（葛野王夫子）
が他の墳の記述と並んでみられる。
こゝではっきりとこの墳を曽々保利、つまり百済から酒づくり技法を初めて日本にもたらしたとされる須々許理の墳としている。
飯岡村旧記には地図がついている。筆で書かれた地図には酒部連友夏の塚、酒屋連墳と二つが、木津川の西岸に南北に位置して画かれている。字が酒部友夏の塚と少しちがうが同じものを指している。

（続く）

ピーコック画評(34)
「田崎とみよ書道小品展」
――若々しい九十五才の書――

後藤　直

昨年の十一月、ピーコックの社長高淳日氏を通じ『田崎とみよ書道小品展』の案内状を戴いた。

それには「九十五才を迎えた母が、もっとも大事にしておりますのは書の修業でございます。（略）つね日頃、この母を自慢したい気持でいっぱいの私たちですが晴がましいことを嫌う母は、自分の作品をお見せすることなどとても賛成してくれませんでした」それが「≪子孝行≫のつもりで、とやっと説得することができました」という文章がつづられていた。署名は、京二・八重子としてあった。多分田崎さんの息子さんご夫妻であろう。

さらに十一月二十四日の読売新聞に、この書道展のことが、田崎さんの写真入りで掲載された。

新聞の記事の一部を引用すると、「結婚式の署名ぐらい書けるようにしたらと孫の書道塾通いを勧めたら引きこまれて」書をはじめたこと「題材は≪般若心経≫などの経典が多い」ことなどがしるされている。そして「長男はアメリカ滞在、二男は仙台で大学教授、都下の娘たちも≪引越しておいで≫といってくれるが、住みなれた高田馬場を離れたくない」とあった。

私はこの部分を読み「高田馬場の田崎さんとは、もしかしたら、あの自分の知っている田崎さんのおばあさんでないか」と思い息をのんだ。

人生には、大きなうねりであれ、小さなうねりであれ、波長がぴたりと合致する場合がままあるものだ、世の中は狭いことの証しである。私の母（旧姓戸蒔ヨシ）の実家は高田馬場にあった。なぜだか分らないが、私は母の実家の向いの家が田崎さんであるのを幼心に覚えていた。

現在、秋田にいる母へすぐ問合せの電話をかけた。母は驚きの声をあげた。それは、まさしく私の記憶と一致していたのだ。田崎さんの娘さんと私の母は六十年も昔の少女時代遊び相手だったのである。

やがて私はピーコック画廊で、この書展をみた。書に関してずぶの素人である私も、「仙華」「人生感意気」「憂起在心」「日々好日」「道心」「澄心」「洗心」などなどの書に接していると、そこに青年のような堂々とした筆の勢いを感じた。そして息子さんたちが誇りとしている九十五才の、元気なおばあさんの姿を想起し、加えて私ともまんざら無関係でなかったことに満足したのだった。

それにしても、田崎とみよさんが百才になったとき、再びこの書展を充実したかたちで開いてもらいたいと思ったのは私ばかりではないだろう。

編集後記

38号を昨年十月一日に発行して、いまようやく39号をお届けいたします。大勢のかたから問合せがありましたがいろいろの事情で大巾に遅延いたしましたことを深くおわびいたします。とくに執筆者にはタイミングを失した掲載の非礼を深謝するばかりです。

マンネリになっていくのをどのように克服すればよいのか、ひとりそんなことを考えていると仲々手がつかずに月日が経つばかりでした。しっかりした編集の方針をきめてかからねばと思っています。読者の皆さん、どうかご意見をお寄せください。

くじゃく亭通信
第40号
「くじゃく亭通信」編集部
〒一五〇　渋谷区宇田川町八ー九
☎（四六四）八九一〇
定価100円

アンニョンハシムニカ

NHK・教育TVの朝鮮語講座開講を喜ぶ

外岡　宏

「朝鮮語」か「韓国語」かの呼称をめぐって激しい論争や舞台裏での駆け引きが噂され、ときには実現が絶望視された時期さえあったNHKの朝鮮語講座は、来春から、〈アンニョンハシムニカ〉という意表をつく講座名を名乗って開催されることになった。

朝日新聞に高淳日氏の投書『NHKに朝鮮語講座を！』が掲載されてから数えても十年が経過した。異例の歳月をかけたうえでの決定である。

ニュースを聞いた瞬間は、正直なところ、意外感が頭のなかを駈けぬけただけだった。しかし一呼吸おいてから、ウンやったな——よくぞ開講に漕ぎつけてくれた。いやあ、たいした苦労だったろうな、といった思いが湧きあがってきて、ひさしぶりに、市民としての共感《シンパティー》というか充実感にひたることができた。なにはともあれ〈おめでとう・ご苦労さん〉の挨拶を送りたい。おくればせだが私もこの機会を利用し、腰をすえて隣人の言葉を勉強したいとおもう。

さて、講座の放送は確定した。ではこの講座の成功の見通しはどうかというと、残念ながらそこには予断を許さない多くの難問がひそんでいる。つまり、開講と引き換えに手渡してしまった呼称問題のツケが、後になってからたくさんの利子をともなって舞いもどり、高額の勘定書きを突きつける恐れがじゅうぶん予想されるからだ。

しかしこの引き換えによって、こんどは時間ができた。もう、心ならずもタイム・テーブルに追ったてられ、舌たらずの議論を強いられる心配だけはなくなった。あわてると喧嘩になる話も、膝をまじえてじっくり論議を重ねれば、あるいは解決の糸口をつかめるようになるのだから、これからは時間を気にしないで話をかわしていこうではないか。

ただ、日本人だけを講師とする外国語講座は、技術的にみて、いまどき異常すぎはしまいか。他の語学番組を引合いにだすまでもなく、日本人が美しい外国語を話すことは至難であり、まず絶望的なのだから、この不自然な状況だけは、一刻もはやく解消しなければならないだろう。

では、「朝鮮語」か「韓国語」かの選択問題が解決しなければ、ソウルやピョンヤンから外人講師を招くことはできないだろうか。進んで壁につきあたったら、一歩退いて問題の山容全体を眺めてみよう。そうすれば呼称問題以外にも重要な要因が存在し、別の方向からの解決の可能性がほの見えてくるはずだ。

たとえば、この講座は好学心に豊む日本人だけのものでなく、在日朝鮮人・韓国人が、二・三世のために熱望している母国語教育の場を提供するものでもある。一・二世の親たちは、これは若しもの話だが、この放送を聞かせるなと言われたら、ボリュームをギリギリに絞ってでも、子供たちに母国の美しい標準語を聞かせたいほど、放送を熱望しているのだ。とくに都会ならまだしも、地方での語学教育は文字どおり不可能なことである。さらにいえば、クオレの『最後の授業』をもちだすまでもなく、国語教育は青少年の風化をくいとめることができる最良のクサビである。この親たちの熱望を無視して政治はありえない。状況をできるだけ柔軟な眼で読みとって、おたがいの妥協点をさぐろうではないか。

かなり厳しいスタートではあるが、諺にいわれるイギリス人のように――というより、私の頭のなかにはプログマティズムの哲学者デューイの言葉が浮かんで離れないのだが、目標にむかって歩きながら、相互理解の道を探っていこうではないか。

私はこう考えている。

紙数の関係上ごく簡単なスケッチにとどめざるをえないが、このさい私見を述べておくのがフェアーだろう。

論点を要約するとつぎの三点になる。

一、呼称は「朝鮮」をつかう。「韓国」とすることは避けるべきだ。第三の呼称はありえない。

二、一般に日本語あるいは言葉そのもののアイデンティティーにたいする認識が微弱である。仮に「朝鮮」という言葉が、韓国人の一部に不快感をあたえることがあっても、言葉を簡単に換えることはできない。言葉に責任をもつということは、自分自身が傷つくことを覚悟しなければならないばあいがあることを意味する。風見鶏のように右顧左眄することは厳に慎むべきである。

三、議論をおこなうにあたっては、事前に目的・相手・範囲を明確にしておく必要がある。とくに政治的色彩の強い問題では、この準備がたいせつである。

抽象的な表現になって恐縮だが、この三点のなかでは、第三点がとくに重要である。今回のばあい、我われの当面の目標は放送をつうじて隣国の言葉を学び、言葉をとおして相互理解を深めることにある。放送番組のタイトル問題をキッカケにして、政治的色彩の強い二者択一問題を解決しよう、などとは露ほどもおもってはいない。その意味で、NHKが直接的呼称をさけたことは、評価はできないものの、万やむをえない措置として認めなければならないのだ。

一・二補足しながら終らせていただく。

なぜ「朝鮮」をつかうかといえば、「朝鮮」ないし「朝鮮語」は、六百年の伝統をもった日本語であり、これにかわる新らしく適当な言葉がみつからないからである。もし我われが「韓国」ないし「韓国語」を採用すれば、こんどは共和国がわの顔をさかなでしてしまうことは説明するまでもない。韓国サイドから「朝鮮」はまぎれもない差別の言葉だ（李度珩氏）というはげしい発言がある。しかし、一九四八年八月十五日大韓民国が建国されてから、わずか二十五日後の九月九日には朝鮮民主々義人民共和国が建国されている。また三・一独立運動の宣言書も、

われらはここにわが朝鮮国が独立国であること……を宣言する。（朴慶植訳）

としている。差別された名称だから捨てたいという気持もあろうが、汚された国名を時に命を捧げても守る立場もあるのだ。

では第三の呼称はどうかといえば、まず、「韓国・朝鮮語」や「朝鮮・韓国語」は両国政府が絶対許しえないキメラであり、「韓《から》」や「コリヤ」も、これまた両国国民の神経をさかなでする名称であることにかわりはないとおもうのだ。

つまり現在の言葉に欠点があったにせよ、言葉をかえるからにはそれ相応の吟味がなされなければならないが、これに耐えるだけの言葉は、まだ誰からも提案されたことはない。いや、あえていえば、それは両国が平和的に統一をはたし、五千万国民の合意によって名づけられる輝かしい国名をおいてほかに無いのではないか。それまで、言葉を政治の踏み絵とすることは絶対やめていただきたい。

「アンニョンハシムニカ」雑感

安宇植

数日前のことである。いつものように朝刊に眼を通していて、うっかり見落とすところであった小さな記事に気がついて、思わず笑ってしまった。それは、NHKが来年四月から開講を予定している朝鮮・韓国語講座の名称が、「アンニョンハシムニカ」と決まったことを伝えたものであった。

NHKが来年から朝鮮・韓国語講座の開講に踏み切るらしいという話は、仄聞によってすでに知っていた。また、おそらくこの仄聞を裏がきするものであろうが、講座名を朝鮮語とするか韓国語とするかをめぐってさまざまな意見が蒸し返されていることも、新聞の投稿などを通じて承知していた。それだけではない。この講座名をめぐる意見対立のはざまにおかれたため、NHKがこれまで永らく講座の開講を見合わせてきたということも。そこで、かねてから、講座の開講に向けてNHKがどのようなウルトラCを用意するかを、秘かに興味をもって見守ってきたのである。いわばそのウルトラCが「アンニョンハシムニカ」であった。そして、この意表をつくような粋な決定に思わず笑いだしたという次第である。

それにしても、朝鮮・韓国語に限っては講座名をめぐってなぜことの処理がスムーズにいかないのであろうか。朝鮮半島が南北に分断されている現実がこれに決定的な作用を及ぼしていることは、改めて述べるまでもない。が、同時にここには、「国語」意識もまた少なからず作用しているように思えてならない。日本人の間にも見られるものだが、朝鮮・韓国には単一民族であり、言語も単一民族語である。したがってその単一民族によって構成される国の言葉、つまりは「国語」という考え方である。学校の教科に「国語」とあることはその事実を端的に裏がきしている。

しかしこの、「国語」意識が普遍性をもたないことは常識であろう。日本語でいう英語やフランス語、あるいはドイツ語がその国や社会の構成員にとって共通語を意味するものではあっても、単一民族語でないことはいまや常識ですらないのである。このような事実に照らしてみても、「国語」意識が単一民族観によって支えられていることは明瞭であろう。

では朝鮮・韓国人は厳密な意味でこんにちなお単一民族といえるであろうか。もとより軽々に結論づけることが可能な問題ではない。が、第二次世界大戦後の四十余年間に、いかなる理由があったにせよ国土と民族が分断されてきた事実を否定するわけにはいかない。言葉を換えていえば、国土と民族が南北に分断され、そこに体制を異にする社会がつくられた事実は、民族の単一性を保障する基盤に影響するということである。それは南北の言語だけを取り上げてもいえることである。表語や発音に限らず、言葉の概念にまでそれは影響しているのである。これは言葉というものが人間とともに生き、変化していく属性をもつことを考えてもいえることである。しかもその人間は、環境によって支配されているのである。このことは朝鮮半島の南北に限らず、在日朝鮮・韓国人六六九、八五四名（昭和五七年末現在、法務省）をふくめ在米七〇〇万、在ソ七〇万、在中一八〇万朝鮮・韓国人の母国語を比較してみてもいえることである。

以上の事実は、タテマエや観念としてではなく現実の問題として朝鮮・韓国語の単一民族語観に「」《かっこ》をつけて考えねばならぬことを示唆している。また、それなればこそ国土と民族の統一のすみやかな実現が望まれるわけだが、それはそれとしてNHKが日本人を対象に来年四月から開講する「アンニョンハシムニカ」が、さきに述べたような現実を踏まえ、共通語としての朝鮮・韓国語を教えねばならないことだけは明瞭であろう。またこのことは、朝鮮・韓国人にとってもプラスにこそなれ決してマイナスにはならないのである。

インド・パキスタン旅日記

永井信一

マトラへの道の途中、アクバル廟にて

八月十四日（日）
ボンベイ　プレジデントホテル七時起床、東京よりインド航空で一五時間余、夜中の二時過ぎ当地着。連日の大雨でボンベイ市周辺水害多しという。風雨強くエレファンタ島行取止め。インド門前の船着場に渡し舟のかげなし。プリンス・オブ・ウェルズ博物館、ジャイナ教寺院、サイレント・タワーなど見学。

八世紀末頃イランを追われし拝火教徒の子孫この地に定住し、今なおその信仰に生きる。市中のファイア・テンプル、サイレント・タワーの近くの木々に群をなす禿鷲は、そのことを物語っている。

八月十五日（月）
六時二〇分発国内便でオーランガバード着。ホテルをチェックインしてオーランガバード石窟見学。小乗・大乗の寺院、石窟をなして山の中腹にあり。窟よりの眺め雄大にして小タジマハールと称するビビ・カ・マクバラの白いミナレット緑の曠野の中に見ゆ。午後はエローラ石窟へ。仏教窟一〇（石窟番号）、一二、ヒンズゥ教窟一六、ジャイナ教窟三四をみる。雨期のため岩山より流れおちる滝は、清流あり独流あり、その眺めまさに壮観。雨にぬれ岩肌に生気よみがえり、三四窟（カイラーサナート）の景観とくに印象的。乾期には味えないものあり。今回はとくにジャイナ教の彫刻に注意を払う。パチャキの女人禁制の聖人廟。インド式水車小屋。

八月十六日（火）
早朝ホテルの庭を散策、新婚の楢崎夫妻はサイクリング、大塚さんはジョッギング。

緑一色のデカン高原をアジャンターへ。約二時間半。途中シンロッドの町で休憩、早昼をバスの中ですませ石窟の見学。何度訪れても十分見学したという気持になれない。他にほとんど見物客なく、各自マイペースでみる。二六窟をとくに詳しくみる。雨に打たれながら和田さん、清水君最後まで写真をとっている。オーランガバードの人口の半分以上はイスラム教徒なり、彼等の生業は主として織物、そのひとつヒムル織の工場を訪ねる。夕食に地酒のラム酒、砂糖きびが原料　けだしインドの美酒なり。食後プールサイドで夜風に涼をとりながら歓談、月天にあり。

八月十七日（水）
オーランガバードより空路ボンベイへ。市郊外のカンヘリー石窟見学。ボンベイ湾北の地域に古代石窟寺院の著名なるもの多し。カンヘリーはそのうちボンベイ市より最も近きところにあり。ジャングルの中の清流をいくつかわたり石窟の入口に到着。石窟の数一〇九、B.C.二世紀よりA.D.五世紀にわたり築造されしものなり。スツーパ、仏、菩薩、奉献者などの像、地域的な特徴をそなえる。

特筆すべきは岩山の上よりみた眺望、緑のジャングル、カーペットをひろげたようにみえる。センチュリーホテルで夕食、スリランカ航空でカラチへ出発す。パキスタン入国許可のおりない高さんをひとりインドへおいていくは忍び難きものあり。インドのみ日印協会三角専務理事の尽力で許可をえたものなり。彼のひとり旅の安全を祈りひとりひとり握手して別れる。夜半カラチ着。

八月十八日（木）

午前中自由行動、清水君らと動物園へ行く。

午前博物館へ。副館長の解説で見学。ガンダーラ彫刻の数は少いが、質においてまされるものあり。雨の中アラビヤ海を望む海岸へ

新聞によると最高気温三八度なり。

八月十九日（金）

パキスタン航空国内便で、インダス河上空を北上イスラマバードへ向う。はじめ雲厚く視界がきかなかったが、次第に青空がひらけてくる。ホテルで小休ののち、ミニ・バスに分乗し、スワット渓谷へ出発す。ガイドはザイディ氏、ラホールの人、好青年なり。往時のムガール・トランク・ロードを西へ、アトックの辺りでインダス河を渡り、一路北進、やがて山道にかかる。眼下にひろがる沃野を眺めながらマラカンド峠を越え、漸く陽の傾くころスワット溪谷に入る。山紫水明あたかも桃源郷に入りたる心地す。沿道にシンゲルダール・スツーパあり。釈尊入滅後舎利の一部を安置、この地方の支配者たりしウッタラセーナ王の建立せしものという。この伝説がもし真なりとせば、現存する最古のスツーパなり。規模壮大なるは、アショーカ王ならびにカニシカ王の時代に改造せられしためなり。

更に行くと道路わきに凝灰岩の磨崖仏あり。丈六ほどの坐像、頭部は欠失せり。そこからわずか崖をのぼると仏像如きものと、動物を浮彫りにしたものあり。とっぷりと日の暮れたころサイズ・シャリフのホテル到着。

山国らしい簡素なホテル。飲水は自然の水。雷鳴とともに夕立あり。

八月二十日（土）

ボーイにドアをノックされ起床。朝食後スワット博物館見学。入口正面に仏足石あり、刻銘はカロシュティ文字。陳列されしガンダーラ彫刻中、舎利容器を持てる人物の顔付きに極めてローカルな趣あり。館を出て近くのブトカラ遺跡を見る。メイン・スツーパの周囲に数多くの奉献スツーパの基壇のこれり。その側面に緑片岩の浮彫り原状を存す。基壇下の隅に男子の頭部の浮彫りあり。スツーパを奉献せしものの肖像ならむか。メイン・スツーパ正面に虎の丸彫りの石像散在す。ジャータカの捨身飼虎を立体的にあらわせしものなりという。スワット河を渡り、ディール博物館へ。小さな館なれどカタログあり。写真も許可。スワットはアレキサンダー大王がはじめてインド軍と戦を交えしところ。のち仏教さかえ紀元前二世紀にさかのぼる寺院の遺跡珍しからず。古来中国とインドとの重要な交通路で、法顕ら中国の入竺求法僧の記録にもスワットの記録あり。九世紀以降異民族の侵入により仏教衰び、多くの寺院破壊さる。スワットの見学には最少二泊三日を要すと現地で求めしガイド・ブックに記せり。長年憧れていたこの地を一泊のみで去るは後髪をひかるる思いあり。ペシャワールの途次、タクティ・バハイの遺跡にいく。ガンダーラの山岳寺院址として最大のもの。ここより発掘せられし彫刻はおおかたペシャワール博物館にあり。山頂の寺院址よりスワットの連山がパノラマのように望視せらる。溪をへだてて見える廃墟は、巡礼者の宿坊の跡なりという。

『インドの想い出』本多　京

八月二十一日（日）

ペシャワールから西、スレイマン山脈を前方にみながらカイバー峠へ向う。沿道にアフガン難民のキャンプあり。橋の手前でバスをおり、ガイドの説明を聞こうとしたとき、パターン族の男駆けより、直ちにここよりひきかえせと怒りをこめてわめきたてる。パキスタン政府とパターン族の間に目下緊張した空気ありとはガイドの言なり。やむなくそこを立ち去り、ペシャワール大学のひろいキャンパスに車を乗り入れ、樹蔭の下で輪になってガイドからパキスタンとパターン族について

レクチャーをきき、彼およびパキスタン人のパターン族に対する友愛の情を解せり。

ペシャワール考古学博物館見学。ペシャワールはガンダーラ国の中心地。館のガンダーラ美術は市周辺の仏教遺跡より出土せしもの。まさにガンダーラ美術の宝庫にして、世界でも最も特色を備えし博物館の一なり。オールド・タウンのオイッサ・カワニィ・バザールへ行く。ペシャワールは古来シルク・ロードの要衝、文明の十字路、中央アジアの人種のモザイクをなす。茶屋、荒物屋、香辛料の店、床屋、着地屋、ハルブザ売り、インコ売り、その他生活用品を売る店、行商人など数限りなし。雑貨屋でマサカリの形をした竹で編んだ団扇を買う。窯元によりマハバド・カーンズ・モスクへ行く。丁度夕の祈りの時刻で、モスクのなかは大勢の人の群。ひとたび祈りがはじまるや粛然として全員メッカにむかい床に額をつけて礼拝す。モスク門前のキャラバン・サライの骨董屋をひやかし、露店でハルブザを買い車に積みこみホテルへ。

パキスタンでは旅行者といえども禁酒の制ありと聞いていたが、ホテルのバーでビールが飲めるらしいということを耳にし、早速バーと称する穴倉のような部屋へ行く。室内蒸し暑く、テーブルに数脚の椅子あるのみ。

ボーイ大きな紙片を持ち来り、これに必要事項を記入せよという。清水君汗を流しながらペンをとる。ビールに渇をいやし、秘め事をなせしような気分で穴倉を出る。何故かくもきびしく飲酒を禁ずるか、理解に苦しむところなり。

八月二十二日（月）

インダス河の新しく架設された橋を渡り、タキシラへ向う。タキシラは英国の考古学者ジョン・マーシャル卿が二十年余りの歳月をかけ発掘調査せし、ガンダーラ旧跡最大の遺址なり。そのずっしりと厚い調査報告書をはじめて見たのは大学の研究室においてであった。巻頭にありしマーシャル卿の肖影いまも鮮やかに眼底に残れり。酷暑のため数ある遺跡のうち、ジューリアン、モーラ・モラドゥの仏教寺院址、およびシルカップの都市遺跡の三ケ所にしぼって見学す。もちろん博物館も。アレキサンダー大王この地に進攻せし以前、タキシラに仏教大学ありしという。リグ・ヴェーダの作者、ビンビサーラおよびアショーカ王はこの大学で勉学せしならむとザイディ君の話なり。遠くに雷鳴をききながらラワルピンヂへ。建設途上の首都イスラマバードを車中より眺め空港へ。空路一時間ラホールに着く。上翼のプロペラ機にして地上はインダスの流れ蛇行し、水量豊かにして田畑水をかぶりしもの少からず。この辺りはパキスタンの穀倉地帯なり。耕地整然と区画され、灌漑用水路縦横に走る。前回この国を訪れしはソ連のアフガン侵攻の前年なり。そのときにくらべ、眼につく点は、空港ビル、橋、農業施設の新設せられしもの多きことなり。

街路樹の美しい夜のラホールの街を通り、ホテルへ。ホールで結婚式のパーティあり。

八月二十三日（火）

五時半ホテル出発。正午頃ハラッパ着。

ハラッパはインダス文明最大の遺跡なり。博物館をみて遺跡見学。猛暑今回の旅行において最高、一時間余り炎天下を歩く。足もとに土器の破片散在し、これを拾わんとすれば番人走り来りてノーと声をかける。

レスト・ハウス芝生の木蔭でラホールより持参せしボックス・ランチをひらき昼食。

帰りはまた同じ道を低速難行、途中タイヤパンクす。修理の間夜道にたむろして待つわれわれの頭上を螢が飛ぶ。炎天下の悪路行、実に十五時間余、されど一同元気なり。

八月二十四日（水）

イスラム最大の寺院バドシャヒ・マスジドおよびラホール城見学。昨日にもまさる暑さ。ザイディ君ラホールの人なれば、説明も一段と詳細にして熱を帯びる。ラホール考古学博物館見学。釈迦苦行像はじめ著名なガンダーラ仏多し。売店でコーラを飲んでいると、若者に声をかけられる。イラン人にして動乱のため国を追われ、この異国にとどまり、建築設計を業とし、生活に不足なきも、帰郷の念おさえ難しという。中東の難民を受け入れ、しかも自国の発展に力をそそぐパキスタン国民の心意気に敬服す。夕刻インド航空でデリー着。T・C・Iのマルコス氏、高さん予定通り旅をつづけ、只今ホテルでみなさん方をお待ちですと報告。ロビーで高さんの出迎えをうけ、ホテルに入る。高さん、インドは一人旅に限ると言わんばかりの得意顔。シタールの演奏をききながら夕食。

八月二十五日（木）

インド航空国内便でアグラ着。アグラの空港は軍用にして民間の使用を禁ずるも今回は特別なり。ヤムナ河畔のタジ・マハール見学。世界一美しき建築というインド人の言葉に偽なし。インド人の巡礼者の群、跡を絶たず。その衣裳・風俗多様にしてインドの多民族国家なるを実感す。アグラ城へいき　城内を見学。夕食後ホテルの一室でインドのマジックに興ず。全員魔術師の妙技に酔い、しばし旅の疲れを忘れる。満月に三・四日早く、夜のタジ・マハールを見ることを得ざりしは残念なり。

八月二十六日（金）

アグラ市内を出て踏切をこえた道のわきに馬の石像あり。アクバル大帝の愛馬の墓なりという。ラワルピンヂ近辺にアレキサンダー大王の愛馬ブセファルスを葬りしスツーパあり。また斑鳩法隆寺の近くに聖徳太子の愛馬の塚と称するものありしを思い出し、伝説とはいえ興味深きことなり。マツラ博物館見学。マツラはガンダーラとともに仏像発祥の地として近年とくに脚光を浴びつつあり。

デリーのカニシカホテルの封筒、便箋およびシールにカニシカ王の肖像を印刷せり。しかるに当博物館、カブール博物館のカニシカ王の彫像いずれも頭部を欠失す。なにを根拠に王の顔を描きしか不可思議なりと話をすると、日本語のうまいマルコス君が、キューレターのウェスナウス氏に通訳して質問せり。彼われを別室へ案内、カニシカ王時代のコインを示し、この浮彫りの王の顔から復原せしものならむという。工業団地を通り、デリーに到着。

八月二十七日（土）

午前中市内観光。デリー博物館見学後、サリーの店、スーパーマーケットなどへ寄る。紅茶、香辛料、カレーなど土産を買う。揚村氏エローラの学術書を手に入れてくる。彼は岩石学の専門家にして、石窟寺院、遺跡などで彼より多くの新知識をえたり。ホテルのロビーでトランクをひろげ、帰国の準備。

八月二十八日（日）

午後インド航空で成田着。インドよりきびしい東京の暑さ。帰宅直後高夫人より感謝の電話。

忘れないうちに
—インド・パキスタン記—

清水眞澄
（成城短期大学助教授）

八月十二日から約二週間ほど、「インド美術とガンダーラの旅」という旅行に行ってまいりました。解説は女子美教授の永井信一さんで、メンバーは、福岡、大阪、静岡、群馬と各地から参加され、じゅうしまつのように可愛らしい娘さんから、ハラッパで出土した地母神のようにたくましい方まで色々でしたので、大変楽しい旅でした。特に、高さんとは初めてお会いしたのですが、インドのホテルではいつも同室でしたので、色々お世話になり、感謝しております。高さんはきれい好きなので、ホテルに着くと荷物をひろげ洗濯をして、パンツ（我家ではおさると云いますーさるまたの意）なんかを、ぱっと部屋に干します。私もヨーロッパ旅行中いつもやっていたので気持いいやら安心するやらで、すぐにお人柄も分り、何年もおつき合いしているような気分になってしまいました。だいたい私はお弁当をふたで隠して食べるようなのは好きでありませんので、高さんがまず吊した「ホワイトモンキー」がとても嬉しかったのです。

ところでインドは雨期がまだ明けていませんでしたので、時々降る激しい雨の中を、ボンベイ、デリー、マツゥラの博物館、オウランガバード、エローラ、アジャンタ、カーンヘリーの石窟、タージ・マハルに代表される回教のモスク、街中のバザールなどを大忙しで見て回りました。広いインドを、象にさわった盲人の話にたとえて、尻尾や耳だけでインドの話をするのは……と書いているインド通の人の話はさておいて「インドっていろ所は」としたり顔をしてご免蒙むってしまうのも無邪気でいいのではないでしょうか。というわけで、思いつくままに記してみたいと思います。

　ボンベイの博物館は、一階に仏伝などのレリーフやヒンズー教の諸神像、二階がインダス文明、チベット、ラマ教の関係品、三階が武器、織物、中国、朝鮮、日本の美術品で一部屋泰西名画もありました。自然系もあったようですが、私は見ることが出来ませんでした。どの部屋にも普通の四倍ぐらいある大きな黒い扇風機がおいてあり、それがカラカラと回っている風景は、あまり見なれないのんびりとしたものでした。ここは写真撮影は禁止です。外に出ると、お腹を叩いて口をおさえる女の子の物乞い達やコブラをカゴに入れて見せる見せ物の少年、土産物を売る男達がたくさんバスの回りに集まって来ましたが、都市ではよくある光景であることはこの後すぐに分りました。博物館の中の素晴しい美術品とまったく違う世界がそこにあることが不思議な気がして、ぼんやりと眺めていると一きわ激しいスコールのような雨が降ってきて、そんな想いを一ぺんに消してしまいました。

　アウランガバードはボンベイから飛行機で四十分デカン高原にある小都市です。現在はエローラ、アジャンタ石窟へ行く拠点として有名で、新らしい大きなホテルも近年建てられています。私達はボンベイの次にこの都市にやって来て、近郊に広がる緑波打つ草原、そこに点々と見える牛や羊の群の大きくのどかなインドの姿にはじめて接しました。午前中に行ったアウランガバードの石窟は、ホテルからバスで一時間ほど乗った所にあり、そこからは、わずかな起伏が続く雄大な高原が見渡せます。管理人が自転車に乗ってあわててやってきました。東西二群に分れた一一窟のうち、我達は東側の第七窟を中心に見ました。六・七世紀の説法する倚像の釈迦を中心に歌舞する女性像や薬叉像があり、これを見にインドに来たのだという実感がすこしずつ湧いてくるような気がしました。（続く）

地質学的インド旅行記

揚村洋一郎
（王子工業高校教諭）

ボンベイ

私達がボンベイに着いたのは、まだ薄暗い夜明前である。あまりの涼しさにこれがインドかと思わされるほどである。ちょうど雨期なのだ。雨は容赦なく私達に降りそそいでいる。大変な歓迎振りだ。なんとなくピーンとこない。それは気候学的にはサバナ気候(Aw)・ステップ気候(BS)（どちらも強い乾燥を伴う）を想像していたので、乾いたインドというイメージが強すぎたためかもしれない。

　空港から入国手続を終えて出るとすごい人ごみである。なにか芸能人でも見るような強烈な視線を浴せられた。一様に目だけが鋭く異様な感じである。バスを待っている間、子供が話しかけてきた。「ワン・ルピー」「ワン・ルピー」とさかんに手を出す。「ない！」と言うと、それでも10分ぐらいは粘られた。よく見ると、ズボンはびしょ濡れでハダシである。体は大丈夫なのだろうかと心配させられる。空港からホテルまではすぐである。なかなかいいホテルだ。早朝、電話で起された。窓を見ると、雨はまだ止んでいないがいきなり、海とヤシの密林がとびこんできた。亜熱帯のボンベイという雰囲気がピッタリである。二〜三分間しばらくみとれていた。よく見ると道路は排水口がないため至る所で雨水が溜っている。朝食を済ませて、さっそく、プリンスオブウェルズ博物館へ見学に出かけた。その前にインドの門を訪ねた。よく教科書に出てくる風景である。独立運動の精神的支えになった勇将シヴァージーの像が門をにらみつけるように建てられている。イギリス植民地政策に対する配置であろうか。この頃には、天候がさらに悪化して雨、風がかなり激しくなってきた。

　博物館の建物は、さすがの歴史を感じさせる。展示物の考古学部門は質が高い。きめ細かく、整理展示されている。それに比較して自然史に関するものは、やや劣っているようだ。それでも石器類の展示の中でその大きさに驚いた。チャートで作られた磨製石鍬や石斧などは、日本のものと比べて大型のようである。

　生物分野の中では、大型のハエに驚かされた。体長25㎝以上はあると思われるお化けみたいなハエがインドの森林地帯にいるのかと思うとぞーとする。足の毛がトゲの様に見える。しかし、何かユーモラスな感じがする。

　昼からは、あいにくの雨でエレファンタ島の見学が中止となった。自由時間である。村中さんと棚橋さんの三人でホテル付近の散歩へ出かけた。小さな路地に入ると二～三人の子供達に取り囲まれた。露店でヤシの実を一個買って飲んでみた。生ぐさい味でとても飲めたものではない。ほんの二口で止めた。ヤシの実を売っている露店商の際には、きまってヤシの飲みがらを積み重ねてある。よく見ると、割って中の白い脂肪分を取り出している。これがコプラというやつかと思ってその手捌きをじっと眺めていた。

　露店商でもう一つ気になるのは、いろいろな香料を葉でまるめて売っている店が多いことである。これは「パーン」といってビロウジの実と香料をキンマという植物の葉でくるんだものをかみながら、時々ペッと唾を吐き出す。その唾が真っ赤や黄色でとても気持が悪い。人々は唇を赤く染めながら、口の中でモグモグとやって、あちこちで吐き出す光景は、見ていて気分のいいものではない。

オランガバード

　オランガバードのホテルを出発して、二時間半、平担な地形からやや起伏の高い台地の縁の部分にさしかかった。乾燥地形の特徴を示すメサの出現だ。ジョッキ型、テーブル型、三角形の様々な形をしたこの残丘は、平担地に残されながら、アメリカの西部劇を思わせる風景である。地形学上は、地形の輪廻でいえば準平原とでも言おうかまったく見事である。オランガバードの石窟に近ずくにつれてこのメサは玄武岩を主流にした砂岩放解石、フッ石などによって構成されていることが解ってきた。石窟もすごいが、ガイドの説明はそっちのけで、私はさっそく採石することにした。石窟の上部は、変成作用を受けて様々な色をした緑色片岩や輝石があちこちにみられる。さらに凝灰岩の中には、断層に近接する小褶曲がみられ節理の発達した箇所もみられ、硬さは砂岩の方が硬いと思われるが、この部分に彫刻がほどこされている。他の部分はもろいのであろう。さらに貫入した部分には水晶やメノウなどもみられ地質だけでも充分に楽しませてくれる。地面に落ちている物を拾うだけでも楽しい。二・三人の同行者も色とりどりの石を拾っていた。オランガバード石窟は、いわゆるメサと呼ばれている残丘の凝灰質砂岩を掘り抜いているようだ。さて午後からいよいよエローラ石窟見学である。なんと言っても　僕はこのバスの中が楽しい。

　今までは地図の中でのインドであったが今、このデカン高原の中にいるのだと思うと何か愉快になってくる。思わず、鼻歌が出てきそうな感じである。途中、ひぼしレンガを積み上げた古い城郭で休憩した。とたんに絵葉書売りや土産売りにしつっこくからまれる。まったく、ゆっくり見物するひまもない有様だ。この城壁はヒンドゥー王朝の首都として築かれたものだが、入口の扉には、象による攻撃を防ぐため鋭い釘を打ちつけてある。

　親切丁寧に説明してくれるガイドさんに耳を傾けるが、子供がしつっこく土産品や焼トウモロコシを売りつける。私達はここを二十分ぐらいできりあげて、エローラへと向った。バスの窓からまったくといっていい程手をつけていない原地形に感動しながらしばらくカメラのシャッターを切り続けた。約一時間程でようやくエローラに到着した。

　どうやら、また雨が降ってきた。隊長永井先生の説明が始まる。大柄でがっしりした体つきのうえに目が鋭い、飾らない人柄なのだろうか、服装も我々地質屋と似たような格好だ。「まず仏教窟から見てみますか」と私達を先導する。私は第10窟の入口にまず注目した。上下の堆積作用を受けた——凝灰質砂岩を削り取っているが、風化作用のためか上部から波状に侵食され、岩質の内部には、凝灰岩の貫入した部分が見うけられる。

　この窟院の奥には、玄武岩の一枚岩をみごとに彫刻した仏像が腰かけていた。七世紀の建造物だという。二階に登ってみた。すると永井先生御夫妻が先にいらしていた。馬蹄形に彫り抜かれていた天井の装飾を指して説明してくれる。私のような仏教美術史にはまったくといっていい程無知な者にもよく解る説明だ。他の仏教窟を小走りに見てから、いよいよエローラ中のエローラと言われるイスラム教窟のカイラ・サナータ寺院である。ガイドの説明も余り聞かないままに周囲の岩石を採りまくった。

私は正直なところ、仏像彫刻にはまったくといっていい程、関心がなかった。むしろ、この凝灰岩の掘りやすい砂岩をよく選び、ガスの噴出している気泡の少ない箇所をよく選び出して彫り出していることにその設計者の知恵と綿密な土木技術の水準の高さに頭の下る思いだ。圧倒的なボリュームだけでなく、いかなる小さな彫像にも左右対称に構成されている。その見事さに思わずカメラを向けるのも忘れてしまっていた。(続く)

人と神とが交わり暮らすインド

横井　節子
（神戸製鋼所勤務）

インドから帰って、二ケ月になる。旅行中下痢、軽い腹痛と、インドの洗礼をもろに受け、パン、果実と紅茶の生活が続き、インドは、一度でもうこりごりと思っていたのに、先日、インド人の家庭に招かれて、ボンベイで食べたベジタリアンの料理を御馳走になると、なつかしさでまた訪れたくなってきました。

インド最初の地、ボンベイに明方三時半到着、空港の人混みは異様な雰囲気を漂わせていました。

ボンベイは、インド第二の都市、インドの中でも最も西欧化された都市である。町は大きくてすばらしい家並が続くかと思えば、隣り合せに汚い漁村があり、牛、リキシャ、車と変化に富んでいて好奇心旺盛な私には、とても楽しい町に思えました。

雨が降っていても傘をさしている人はほとんど見かけなかったのは、なぜだか不思議に思うのです。

エローラ、アジャンタの偉大な仏蹟のすばらしさは、仏像のわからない私でも感激しました。特に、色々な宗教の石窟に特色が見られたエローラが印象深く心に残っています。

パキスタンは軍事政権化とは言え後進国からの脱皮が進められているのに驚かされました。

スワット渓谷への途中、マラカン峠での雄大なパノラマは、今でも目を閉じると瞼の中に浮び、カイバール峠まで行けなかったのが残念でした。ペシャワールのバザールではムンムンとした熱気が感じられ、タキシーラの遺跡、タクティバヒ、ハラッパの遺跡には何千年の昔が偲ばれ、インダス文明の高度に驚きあきれるばかり、ラホールの東洋一のモスクには何とも言えぬ荘厳さがありました。

パキスタンで出会った人々、人なつこい子供達の愛らしさが目に焼きついています。女性には、ほとんど出会わないこの国には、トーストにバターを付けないで食べたような感じがしました。

インドから帰って毎日、時間を気にする生活に、オーランガバードのホテルで、ノンビリ芝を刈っていたインド人の生活を思いおこさせます。どちらが幸福とは言いがたいような気がするのです。

ボンベイで出会った人々の暖かい心づくしの歓迎ぶりは大いに学ぶものがあります。

聖なるものと、穢れたものの同居し、古代と近代がまざりあい、華々しい過去と永遠の未来が熱っぽく混わるインド。人と神とが交わり暮すインド。またインドへの旅の誘いを心から待ちうけています。

ガンダーラで

小寺　弥
（主婦）

日通航空からガンダーラ美術の旅の案内を戴き計画していたエジプト旅行を急遽変更して参加致しました。女学生の頃からペシャワールの地名とカイバル峠に何となく憧れていたのと、かてて加えてシルクロードブームの尻馬にのって参加する事にしました。

門外漢の私共にもよく理解できる永井教授の名解説で毎日毎日が愉しい旅でした。カイバル峠の手前で屈強なパターン族のオッサンにどなり返されて、生きた社会学も学びました。ペシャワール大学構内でのインテリガイド氏のパキスタン状勢の説明にも心打たれました。

ペシャワールのバザールで中古品のみを並べている店主に新品を希望しましたら「じゃ案内しましょう。」と店主自ら約五、六十メートル離れた所に連れていかれました。そこは身体がやっと通れる位のくらすみの路地を、ずーと這入ると突当りに十坪位の倉庫があり、新中古商品を立てかけた所でした。

裸電球のカビ臭い室にチャドリを着けて子供を抱いた婦人を、狭い階段の通じる二階に追出して、さて商談となりました。先ずジュースの接待です。次々に商品を並べていかに素晴しいかを力説します。こちらも値切らにゃ損々の意識が強過ぎて、それにバスの集合時間も迫ってついに交渉決裂！

又いつの日かペシャワールを訪れたいと思っています。

インド・パキスタンの旅行前夜

秋山須美子（主婦）

「只今」「お帰りなさい」

「ニヤリ」「……？」

「又買っちゃった!!」

曰くインド紀行、曰くインダス文明、曰くガンダーラへの道、曰く何々等々、ツンドク高さ5㎝―8㎝―10㎝……忽ち30㎝は軽く越える。然し今回はツンドカないで、熟読している。これがインド、パキスタン旅行の半年程前からの我が家である。主人のインド、パキスタンに対する知識は、英会話と共に深くなりつゝあったが、私の方は如何？。本当にインドへ行くのかしら、会社の方のお休みがとれなくてお流れになるのでは……と、知識の取得を一日延ばしに延ばし、銀行の預金通帳とニラメッコの明け暮れに、七月十六日の説明会がすみ、旅行費の払込みをすませた途端、夢は現実となり、その晩から初心者はどの本から読み出せばよいか、主人にお伺いをたて猛勉強？は始まったのである。英会話の方は主人にオンブ、いざとなれば江戸弁でペラペラと相手を煙にまくだけよと居直り、地名を覚え、川の流れと地形がやっと頭に入ったと思ったらいよいよ当日、勇んで日本を離れ、かくして待望の旅行は始まったのである。しかし悲しいかな一夜漬の知識は夢と消え、無の状態で、インド・パキスタンの偉大な文化に接し、たゞたゞその素晴らしさに酔うばかりであった。大ていの旅行は、帰ってくると暫くはその地方は敬遠するのが今までの例であったが、今回は又行きたいとの思いや切である。

永井先生御夫妻や、添乗の大塚さん、その外のすばらしいお仲間の方々にすっかりお世話になり、今回の楽しい旅をより楽しく終生の思い出と何時までも胸にきざまれる事と思う。皆さん、有難うございました。

《編集後記》

◎女子美術大学教授永井信一氏のコーディネートで「仏教美術の源流を探ねて」のインドパキスタンへの旅に（八月十三日～二十八日の十六日間）参加してまいりました。総勢二十九名のなかで私一人が在日の外国人で「朝鮮」籍なるがゆえに出立まえから何かと面倒なことがありました。インドへの道は、出発一週間まえに、ようやく開かれたものの、ついにパキスタンへの入国ビザは手に入らないまま日本を出国したのです。したがって十六日間のうちメンバーたちがパキスタンへの旅を続けている一週間は私一人インドに残置、おかげでその間インドの一人旅を楽しむことができました。予定外のサーンチ、カジュラホ、バラナシ、そしてサールナートと飛行機を乗り継いでの未知の地を訪ね歩いた想い出は、出国まえの不快な体験を忘れさせて、充分に余りありました。いずれ「通信」誌上に紀行文を載せるつもりですが、かようなわけで、この40号は永井氏をはじめ旅行に参加した方たちから寄稿していただきました（高）

一九八三年度　青丘文化賞・青丘文化奨励賞

去る十一月二十一日の選考委員会で左記の方々に授賞が決りました。

青丘文化賞　姜　斗　興　氏

青丘文化奨励賞　金　賛　汀　氏

〃　呉　充　功　氏

ピーコック画評(35)
「魅惑的な大滝文子の絵」

後藤　直

大滝文子の『彼女たちの夢』展が、この十月ピーコック画廊で開かれた。

これは、多分日本画の素描であろうが、私には、はっきりと断定はできない。何せ素描を越える存在感があるように思えたからである。

ほとんど全部の作品が、髪を風になびかせている若い女性の顔である。それらの表情は生きているように見えてくる。

「目ざめ」は、何のめざめかを暗示させるなまめかしい雰囲気がある。「追想」は、まさになつかしい思い出にふける女性の顔であった。「あ・うん」は、対になっている小品だが、神社の高麗犬を連想させる。そうした意図が作者にあったかどうかは分らないが、見ようによっては、新薬師寺の伐折羅の怒号にも似ている。

「私の予見」や「腕」は、女性だけがもつしたたかさとか、たくましい一面をかいま見る感じだった。

三枚一組になっている「夢の歩行」は、頭部だけでなく、そのものずばり髪をなびかせて歩く裸像であるが、極端に単純化した構図は、なかなか面白く達者なところを見せてくれた。

全部で十点しか出品していないが、鋭い線と、淡いブルーと黄色を基調とした画法は、油絵には決っして見ることのできないもので、そのなかから、やるせない大人のメルヘンの世界といったものをかもしだしている。

何よりも、画面の目や筋肉が生きているのがよかった。それらは、大胆さと繊細さが同居する一本の線で描かれ、あたかも動きだすように見えるのだから不思議である。

解釈によっては、大滝の作品は、エロチシズムの世界であり、「あ・うん」のように女性の情熱的なものの表現であり、作者の個性や姿すら必然的に浮び上ってくるような楽しさがあった。

最近これ程、単純でありながら魅力に満ちた絵も珍らしいのではなかろうか。

いずれにせよ、大滝文子の絵は、ピーコック画廊の白い壁面を飾るにふさわしい展覧会であった。

青丘会発足十周年を祝う会

去る十月二十一日、霞ケ関東京会館において、金達寿、金石範氏らの参席のもと、家族をまじえた青丘会十周年祝賀パーティがなごやかに開かれました。共同のニュースで北海タイムズ、山形新聞、山陰中央新報などに写真入りの記事がのりました。（一部省略）

……会員は現在十人。会員がポケットマネーを出し合い、少しずつ積み立てた金を基に、毎年三月、同胞の作家や研究者、文化的功労者を対象に『青丘文化賞』『青丘文化奨励賞』を決め、賞金（文化賞三十万円、奨励賞二十万円）を贈っている。文化賞は、第一回（一九七四年度）の作家金達寿氏以来、作家金石範氏、歴史研究者朴慶植氏らこれまでに八人、奨励賞は映画製作者辛基秀氏ら三人と一団体が受賞している。

文化賞が生まれたのは、同胞の作家たちが日本の文芸賞候補に挙げられながら結局落とされた際、日本人の在日朝鮮人文学への理解に失望や憤りの声が仲間から上がったことがきっかけ。やがて『同胞社会に若い人たちの励みになる賞がないのなら、自分たちの手で』と一九七三年七月、青丘会を結成……中略……

時には南北朝鮮の政治的対立が会の運営に影を落とすこともあった。立場の違いや誤解などから、受賞を辞退する人も出た。しかし、南北朝鮮を祖国に持つ人々が国境を越えて一つの文化事業に取り組むのは珍しく、関係者の間には『大金持ちじゃない人たちが、こんな仕事を十年間続けてきたこと自体が貴重だ』との声もある。受賞者の金達寿氏は祝いの会で『青丘会に力づけられ、在日朝鮮人にしかできない新しいものを生み出している』と謝辞を述べた。……

くじゃく亭通信

第41号

「くじゃく亭通信」編集部
〒一五〇 渋谷区宇田川町八ー九
☎（四六四）八九一〇

定価100円

青丘文化賞を受賞して

――私のこれからの仕事――

姜　斗　興

今日まで私が手がけてきました研究といいますと、古代の我が三国に存在した吏読という記写体系と、日本古代の万葉仮名との関係についての究明であります。つまり、文字言語を通じての両者間の関係であります。

朝鮮三国の吏読が、万葉仮名に影響を及ぼしたのではないかとする考え自体は、五〇年以前に土田杏村氏が述べております。氏の論述を詳細に検討してみると、論拠はすべて推論によっており、具体的な根拠は提示されないままに終っております。私はがっかりしたものでした。

手はじめに、『三国遺事』所収の郷歌に用いられた吏読文字の中の表音表記の「沙」・「佐」の文字を手がかりに、日本側の古文献について、その存在を検証してみましたが、これがかなり広範囲において確認できることが分かってきました。幾つかの吏読文字を、日本側の資料の全般から検証し、一定の見通しを得た上で、三国側の金石文と文献資料の全般から一覧表を作成し、日本側の金石文と、文献資料の全般と対比検討する作業を重ねました。

この間には、漢字の字音についての知識を得るための学習が必要で、中国の音韻学という難題に相当時間を取られたと思います。古代朝鮮語や、古代日本語についても同じことが言えます。

けれども、当面する段階での障壁を一つずつ除去していくと、幾世紀間にも及ぶ両国の記写体系は、ぼう大な資料と現今では消滅してしまった音韻体系の相違のために、気付かなかったものが、日本の推古遺文を例にすれば、吏読との間に実に80％以上の共通性の存在することが判明しました。このような共通性は各時期によって比率こそ異なれ、推古期以前の古墳期や、又は古事記においても、確認できます。

吏読と言いますと、韓国では今日これを郷札文字と呼称してますが、漢字の音と訓を用いて朝鮮語をその語順のままに表記しようと考案された記写体系のことで、原理的には日本の万葉仮名と共通しております。けれども朝鮮語は音韻的には、日本語とは比較にならない程、複雑であります。ですから漢字を用いて朝鮮語を表記した吏読文字は、日本の万葉仮名よりはるかに難解であります。つまり、日本語の方がはるかに表記しやすかったことになります。

6世紀頃日本へ渡来した百済の書記者が表記した万葉仮名を見ますと、ミコトのことを「弥巳等」と表記しております。今日から見るとこのミコトは mikötö のような音節に推定されるのですが、つまり、第二音節と、第三音節の母音/tö/は、当時の日本語の音韻構造がらみて今日の/to/とは異っておりましたが、その事実を精密に書き分けていたことになるのです。朝鮮語のような複雑な音韻を漢字で表記していた書記者からすれば、当然のことであったと言えましょう。だが、そのことは、表記者の漢字の字音に対する正解な知識が前提となっていることを見過ごすことはできません。以上で私の仕事については大略お分り頂けたのではないかと思います。

ところで、古代の我が国や、日本は独自の文字を持ち得なかったのです。漢字は漢語を表記するための文字であります。漢語は朝鮮語や日本語とは語序（順）を異にします。ですから、漢字を用いて朝鮮語を、その語序のままに書き続けるには、独自の工夫が必要です。勿論、漢字の六書には「仮借」という用法がありまして、外国人の名前や地名を表音表記する習慣がありました。しかし、これだけでは、朝鮮語を表記することは不可能であります。これを可能にしたのが吏読つまり郷札文字なのです。

漢字は偉大なる文字と言うことができます。一字で一音節語である漢語の意味と概念を表しております。まさに驚異的な文字であり、文字の一つの極をなすものであると言えましょう。反面、その結合による概念構成を計らない限り、意味の数だけ文字の数が必要となり、ここにその量的肥大の抑制することが課題となって参ります。文字と言うものは、ある段階で質的転換を行わない限り生き残ることが不可能となるからであります。それが抽象化であり、記号化なのです。文字の運命は考案当初の要請者である支配階級によって決定されるのではなく、時代の進展と共に増大する人民大衆の側の要請に応えたものであるか否かによって決定されるのです。

文字は文化の頂点を形成するものであります。ところで、文字の創始と、創案はすべてアジアが発祥地であるということです。この点において西洋文化はさしたる貢献がなく、フェニキア人を通じてアジア文化の恩恵を被ったことに留意すべきでありましょう。

漢字が偉大な文字であり、一つの極をなすものであることについては既に触れた通りでありますが、アジアにおいては、漢字と対極をなす文字があります。それが朝鮮文字であります。つまり、ハングルであります。ハングル（訓民正音）とは周知の如く、大いなる文字の意であります。漢字が象形・指示・会意・形声・転注・仮借という構成と用法に関する六つの側面を兼ね備えているのに対して、ハングルは発音器官を形どった文字そのものを音声記号とした極めて簡潔な文字でありま す。一例をあげますと、この文字の制定者達は牙音ㄱ、象舌根閉喉之形、ㄱ字のことをこのように記しております。つまりㄱ字は、舌根で喉を閉鎖した状態を形象したというのであります。これによって、発音器官や調音点を形象した文字であることは明白です。さらに、当時及び、その後の解説書等を見ますと、初声・中声・終声とか、牙音ㄱ・舌音ㄴ・唇音ㅁ・歯音ㅅ・喉音ㅇ。といった術語が見えますが、これは中国語音韻学の術語であります。中国唐代の音韻書である『韻鏡』には上述の術語以外に半舌・半歯という二語を用いております。また、『礼部韻略』、『三韻通考』、『東国正韻』、『洪武正韻』等はその一部に過ぎませんが、このような音韻書の存在によってハングル制定のはるか以前から、またその後も、我が国では中国の音韻学についての研究や、自国語の音韻についての認識を深めていたことが分ります。

既述しました音韻学の知識が前提となって、吏読やハングルが制定されたのであります。漢字使用圏は広大であります。けれども、自国の言語をその語順のままに漢字を用いて表記することに成功したのが吏読であり、その要因が漢字の字音に対する正確な知識であったのです。今日我々は世界の文字史に輝く誇り高き独創的な文字を所有する稀有の民族でありますが、それが可能であった要因は右に見た通りであります。

私の今後の課題の一つは、ハングル出現以前の段階における音韻史の解明を試みることだと思います。例えば、高句麗音韻組織の研究といったテーマが考えられます。世界中の言語学者が資料との関連で不可能と判断しているのですが、しかし研究の使命とはもともとそうしたところにあるのではないでしょうか。

『火山島』を英訳なさる方はありませんか

高橋一清

金石範さんが、八万もの同胞が虐殺されたふるさと済州島の惨劇、「四・三事件」をめぐる青年群像を描いた『火山島』は、昨年（一九八三年）夏、文芸春秋が刊行した作品です。発売以来、半年あまりたった今日でも、書店からの注文は切れることなく続いています。四百字詰原稿用紙で約四五〇〇枚、日本語訳のトルストイ『戦争と平和』とほぼ同じ長さの大長篇を、みなさんがどのように読んでおられるか、出版を担当した者として、大いに関心あることです。

発売当初、『火山島』のよく出る地域は、大阪市と北九州市でした。おそらく、済州島の出身者が数多く生活しておられるところと察します。日ごろめったに注文をいただかない書店からも、「お客さんに前金をもらっていますから」と、強い引き合いがありました。深い沈黙の中で、一字一句が読まれている――そのような印象を受けました。

ところが、去年の暮ごろから、そうした特定の地域からだけでなく、全国各地より広く注文が届くようになりました。『火山島』が、一民族の悲劇を扱った物語としてでなく、文芸的に秀れた作品として受けとめられ、読み始められたような感じを抱きました。反響が直接伝えられるようになりました。「こんなに夢中で読んだ作品はめずらしいことだ」と、読後感を興奮して伝える読者の電話を、何本も受けました。

実際、この作品は、金石範という作家が、生涯の使命としている題材を、長年の文学体験の蓄積から生み出した小説方法によって書き上げたもの、作品の持つ重み、作品にかけた創意工夫はなみなみならぬものです。そして、それは在日朝鮮人文学の水準を高めただけでなく、日本文学の大きな収穫として、末永く文学史に明記されていくものと思います。『火山島』は、国境や時代をこえた、普遍的な人間の営みを扱った広く大きな物語ですが、その舞台となる朝鮮については、その衣食住のことまでが、実に細やかにいきいきと描かれています。これを読むことで、日本人の朝鮮の知識が豊かになり、認識も一層深まっていくことでしょう。「家」のこと、「家族」のことを述べる個所では、日本人も同じ儒教道徳を体した者として、また、巫祭の場面などは、私たちのどこかに残されているシャマニズムに触れてきて、程度の差こそあれ、心情的に共感を得ることでしょう。このように『火山島』は、小さな民族の範囲をこえ、東洋人のある共通性のなかで書かれている作品のように思われた。

もっとたくさんの方たちに『火山島』を読んで欲しいと思ううち、いつしかヨーロッパやアメリカの人たちが、これを読んだら、朝鮮人について、いや東洋人について、大きな発見と理解が得られるのでは、と思うようになりました。そのこと、いささか唐突ですが、どなたか『火山島』の、まずは英語訳をなさってみませんか。すでに読まれた方はおわかりと思いますが、日本語で書かれてある文章ながら、表現を通じ朝鮮人独特のものの考え方、感じ方が現われるよう。金石範さんは表現に手を尽しています。翻訳にあたっては、こうしたニュアンスを正確にとらえて表現して欲しく、そのためには、やはり朝鮮人の方がそれにあたられるのが、最もふさわしいと思うのです。東洋を理解するための興味深い物語として、そして、世界史の一行として当然記述されるべき民族の惨劇を伝える物語として、『火山島』は、他の言語に移され、もっともっと世界中の多くの人たちに読まれるにふさわしい作品と思うのです。

そうした作業がなされたあと、この作品が起こすだろう大きな反響は、想像に難くありません。日本でより、かえって大きな評価を得るのでは、と思うのです。そして、ひょっとして「N――賞」（断わるまでもないでし

（次頁へ）

ょうが、「直木賞」ではありません）——。そのとき、金石範さんは「Ｎ——賞」の好みによって「亡命作家」と紹介されるかも知れません。

（文芸春秋　出版部）

（『火山島』全三巻。Ⅰ・Ⅱ各二五〇〇円、Ⅲ三〇〇〇円。四六判、衣装、函入り。装丁・田村義也氏）

（続）地質学的インド旅行記

揚村洋一郎
（王子工業高校教諭）

正面の階段を昇って前殿の天井を見上げるとわずかに漆喰が残っている。完成当時はどんなものであったろうかとしみじみと考えさせられた。

成城大学の清水真澄先生は写真撮影に全く余念がない。永井先生は彼方の丘を指して、あの山の上から写真を撮りたいものだが——と残念そうにしておられた。さらに私達はバスに乗り次の32窟を見て帰路につく。

バスの中では日本から持参したライターやボールペンでいろいろな土産物と物々交換した話で持ちきりだった。田村さんはライターと小物入れの石つぼを見ながらニコニコ顔。村中さんも日本のタバコと石つぼを交換してご満悦。清水先生はスナックの名入りの百円ライターを出して、これで交換出来るかな——と車内の皆を笑わせた。楽しいメンバーだと安心した。

街道沿いの並木はカジュマルである。故郷の小学校を思い出した。六人がかりで手をつないでやっと結びつくガジュマルの巨木が校庭にあったが、この樹の蔓にぶらさがって新芽を食べたのを思い出したのだ。

道の両側は見渡す限り、無耕作、放牧地のようだが、村が近づくにつれて必ず沼が存在することに気づいた。村人はこの沼で食器を洗い、洗濯をするとのことだ。次々と通り過ぎていく村々で子供達がさかんに手を振っているのが印象に残る。

ホテルに着いて、さすがに疲れて、しばらくは夕暮れてゆく地平線にみとれていた。雨もあがり一面平担な地形を見て、さすが雄大だと思はずにはいられない。日本だったらポスターや電柱、看板などがこの景観を一変させるだろうと思ったりもした。

夕食が始まる。村中さんが迎えに来てくれた。ホテルではチカパテイーの手うちを披露してくれた。これがまたオツな味であるが私はインド料理がどうにも好きになれない。それにひきかえ隣りに座った大阪の楢崎夫妻は、すごい食慾である。さらにおかゆが出た。楢崎さんの美味しいカレーライスの作り方の話をききながら食事はすすむ。

八月十六日、早朝いよいよ次の目的地であるアジャンタに向けて出発した。風景は相変らず変化の少ない平坦地を走る。並木になっているカジュマルの木の根元には白くペンキで塗られている。これは幹線通路を示す目印であるとのこと

アジャンタ石窟は紀元前二世紀に仏教僧が住みついたことに始まり一八一九年、イギリス軍人に発見されるまで、まるで歴史の冷蔵庫のようにひつそりと千年以上も眠り続けていた。バスは途中、小さな町で休息をとった。車の停車した所には、チャイハナと呼ぶ喫茶と食事の店があった。永井先生は早速にミルクテイを喫む。みかけは悪いがなかなかの味だそうだ。この店には一段高くなった所にカマドがあり、日本でならヤキソバを小さくしたようなものを鍋いっぱいに積んである。まあまあの味であったが、衛生感覚としては戴けない。食べるには少々勇気がいるというものだ、女性達はインド更沙であろうか服地屋に全員入り込んでしまった。私も六十五ルピ程度のものを買う。心配された天気もこのころになると回復、車はさらに二時間走った所でトイレ休憩である。トイレは無い。露天の大地への還元である。男女、場所を異にしたもののさぞ困ったであろうと思いきや、皆さん、すがすがしい顔で戻ってきた。

休憩の間、植物に目をやると日本でいろススキの仲間のチガヤ、アメリカセンダングサ、

エノコログサ、イタドリなどなじみの深いものもある。メドハギに似たものもあるが群落としてはニワホコリやチカラシバなど路傍植生がやはり多い。他にまったく不明なものが七～八種、低木類はハギ種やイヌエンジユの類が多く、周りには高木は殆んど見当らなかった。

午後0時三十分、深いメサの台地を降りワーグラ川沿いに入った。イヌエンジュや不明の森林を縫って我々はついにアジャンタの石窟に近づいた。道路を切り取った露頭には玄武岩の風化した状態がつぶさに見られて雨烈の侵食がはげしいことを物語っている。

ついにアジャンタに到着した。車中でホテルから持参したランチボックスをあける。中味はサンドイッチ、ビスケット、チキンのテリ焼、リンゴ、ゆで卵、バナナなどだ。サンドイッチにはビーフが入っている。この国はたしかヒンズー教の国だったはづだがと考えてしまう。

さてバスを降りると待ちかまえていた様にタドタドしい日本語で「コレ安イヨ」「イクラ」と、会話と結びつかない言葉が現地人から盛んにかけられる。「コレアゲル」「ニッポンノトモダチ」といいながらなにやら水晶をにぎらした。よく見ると、アメジスト（紫水晶）である。質はよくないが、この附近でよく採石されるものらしい。日本では到底考えられない。アジャンタはワーグラ川が侵食した河岸崖地を堀ったもので地質全般には玄武岩台地と考えられる中に、凝灰岩の貫入がみられる。

第一窟のすばらしさに圧倒され、これが黒姫かとしばらくみとれてしまう。天井の四隅を指しながらササン朝ペルシャの使節だと聞かされた時は、時代のスケールの大きさに、むしろ困惑してしまった。第二窟を出たとき突然栗鼠《りす》が現れた。人間を全く怖がらない。いかにも生物を大切にするインドならではと思う。

さらに私たちは26窟の涅槃中の悪魔マーラーの誘惑と闘う仏陀の姿をみるまで実に感動的で充実した時間をすごすことができた。不思議に思われるのは、このようなすばらしい仏教遺跡を持ちながら仏教誕生のこの地が、どうして仏教が衰え、ヒンズー教世界へ発達していったのか理解できない。インドの仏教教義が極端に発展したが故に、むずかしくなり民衆からかけ離れてしまったのだと言われているが――。

エローラでも、アジャンタでもストゥーパの壁面や仏像はイスラム教徒によって顔を削られたり手足をもがれたりしたものが多く目につくが、しかしこのような破壊をただ漠然と「イスラム教徒によるもの」と一概に断定してよいものだろうか。疑問が残る。イスラム教徒ではなくアウラングゼーブという一人の狂信の皇帝（ムガール王朝最後の帝）によって破壊されたと考えるべきだとも言われている。それにしてもこのようなみごとな遺跡は世界の文化遺産であり、後世に残すために充分な保護管理が必要であろう。とくに風化対策には早急な検討が必要だと思う。（終）

インド・パキスタン旅の印象記

永井道子

◉夏のインドは涼しく、おまけに水害にあう。

暑さを覚悟して行きましたが、まだ雨期だそうで涼しく驚きました。雨が降りつづき道は川のようで、そこをバスが走るので、下段に積んだトランクの中に水が入り、着替えなどがびしょびしょになりました。

◉緑がいっぱいのインド、観光客も少い。

私が前に行ったのは冬で、白茶けた大地の荒寥とした景色でした。さすがに夏は緑が多くエローラ、アジャンタも別のもののようでした。エローラ石窟を背景に流れる滝は、その音とともに壮観だったし、カーンヘイリー石窟より見た原生林の樹海もみごとでした。

◉動物園にもいなかった動物のこと。

いろんな動物がいましたが、残念だったのはスワットで清水先生の部屋にいたサソリを見なかったこと。どんなに恐しかったかと同情しながらも、うーん、声をかけて下さったらな―。またオーランガバードでヒムル織を見ていたら大きな蚊がいました。与論島で十五センチのゴキブリを見たと云った友達に、私も云いました。「インドで五立方センチの蚊を見たのよ。」

⦿やはり暑かったパキスタン。

パキスタンへきて久しぶりの太陽を見たと喜こんだのも束の間、その暑さといったら！日本では冷いのに、ハラッパで顔を洗った井戸水はなまぬるく、かなり下まであったかいのだなと感心したり、情けなかったり。

⦿けたの違う雄大な景色。

スワットへ行く途中のマラカンド峠の眺めは声も出ないほどでした。私達の通った下に二筋の道があり、下はアレキサンダー大王時代の、次はムガール朝時代の道だそうで長い歴史を一度に見る思いがしました。それとタクティバハイ、タキシラなど小高いところからの眺めはどこまでもつづき、広くて大きいのは海ばかりではないなと思いました。

⦿飛行機と景色

私は飛行機の離陸する時が大好きです。イスラマバードからラホールへはプロペラ機でした。いざっと身ぶるいし、ヨーイドンと走りだし、フワッとうかぶ、これで羽がバサバサと動けば、云うことなしの最高。低空飛行なのでよく見えます。豊かな耕地。曲りくねった川、散在する家々、人の営みはどこも同じなのだと日本の風景を重ねて見るようでした。

⦿終りにもうひとつの収穫　面白く個性豊かな方々と御一緒したこと。愉快な旅でした。

1984年(昭和59年)2月8日　水曜日

朝日新聞（夕刊）

自由席

「信濃の風土」を版画に刻み

長野県の版画教育の草分け、岡谷市東銀座二丁目、増沢荘一郎さん(六九)＝写真＝の作品展「ふるさと信濃」が、東京・渋谷の画廊で開かれている。昨年十二月、朝日新聞に掲載した「行革前線――長野からの報告」のカット版画を中心にした展示作品十五点は「素朴で、温かいものが胸に広がってくる」と好評だ。

岡谷市内の小学校教師で油絵が専門の増沢さんは昭和二十五年、絵筆を彫刻刀に持ち換えた。

疎開で帰郷していた童画家が、教師たちに版画を指導した。当時、増沢さんは子どもの絵の硬さにいら立っていた。「心の動きがない」。ノミを握って、ハッとした。版画では微細な線まで彫り込めない。既成のイメージを捨てて、心の中の思いを板にぶつけるしかない。「これだ。硬さを突き破れる」。板とノミを、教室に持ち込んだ。

同じ思いの同僚約二十人とともに燃えた。二十九年、同市内で第一回版画教育全国大会を開いた。十年前、教師を退職するまで、教室での活動がやむことはなかった。

退職後も、信濃の人びとの働く姿、風土を刻み続けた。健やかな人生を願って、そっと一体の男女が道端に寄り添う道祖神。薪を背負って雪道を踏む女性。安曇野の娘が、そそり立つ雪山を背に畑を耕す。虚空に鋭さを競う八ケ岳の峰に烈風が……。

画廊の主、高淳日（コウ・スンイル）さん(五六)は、作品を前に目をしばたいた。「四歳の時、朝鮮・済州島を出て以来、一度も帰国していない。島にもきっと、これと同じやさしい村びとと、厳しい自然がある、と思うと、望郷の心がいやされる」

作品展は二十九日まで。会場は、東京都渋谷区道玄坂二ノ二三ノ一三（電話〇三―四六四―三三二六）。

個人的感懐一つ二つ
増沢荘一郎版画展を観て

唐木邦雄

数日来ののどの不調も、どうやら峠をこしたとみて、二十日の午後、渋谷に出かけ、ピーコック画廊で催されている岡谷市在住の増沢荘一郎さんの版画展を拝見した。

展示された十数点の作品はすべて、ふるさと信濃の風土から材を取ったものである。有難いことに、作品の一つ一つは、雑用に追われて信州を訪れることのほとんどない私に、親しく語りかけて、少年時代からの思い出の一齣一齣を生き生きと蘇らせてくれた。

町並みの変りようの烈しさに目をみはらせる松本にあって、松本城の懐しい偉容は貴重な存在で、心をなごませてくれる。この城にほど近い丸の内に陣取り、毎日新聞松本支局長として活躍していた倉島康さんが、長野支局長に転じて淋しくなったなあと思っていたところ、小野の弥彦神社の宮司である立沢節朗さんが、駅前のビルに新しく開設された中日文化センターの事務局長として敏腕をふるうことになったのは頼もしい。

つい先ごろ頂いた便りに、「立春も過ぎたせいか、何となく日一日と春の近づいてきたような気がします。連日日中気温がマイナスの中で生活していますと、2度、3度Cという日はバカに暖かい日に感じて、ほんの僅かな暖かさにも春を体で感じます」とあった。

松本はまた稔り多い三年の春秋をすごした街であり、存分に青春を燃焼させた追憶は尽きない。今は知らず、かって松本城の濠にかき船が浮かんでいた。かきの季節が到来すると、数人の仲間と連れだって広島産のかき料理で一本三十五銭の酒を飲むという、当時の学生にしては贅沢に打ち興じたものである。店の経営者も従業員も広島県人であった。帰り際に「また来んさいネ」という優しげな声音が妙にほろ酔いの耳底をくすぐった。その声音の誘惑に勝てず、またぞろかき船に足を向けたことも再々であった。

作品「善光寺」を観ていて、ふしぎと小学校時代の修学旅行のとき、本堂の地下の堂々めぐりを思い出した。真暗闇の中を恐る恐る手さぐりで歩くうち、大きな錠に手がふれると、好運に恵まれるという仕掛けであった。ひと廻りすると急に面白くなり、他の団体にまぎれてもう一度試みたのはいいが、坊さんに見付かって叱られた。この本堂の前の大通りを、長野放送局で寮歌放送をすませた帰りに、肩を組んで寮歌「春寂寥」や「夕暮る」を放吟濶歩したことも忘れられない。

安曇野に佇つ信濃乙女の構図、いうまでもなくわが愛誦してやまない安曇節の舞台である。禄山美術館は、一昨年の夏、小林孝輔青山学院大学教授の穂高の山荘「風外荘」に遊んだ帰りに寄った。ただ見学の小学生たちが館内を傍若無人に駆け廻り、どうにも気が散り、落着いて鑑賞することができなかった。

爽かな感動に浸らせてくれるひとときを、とりとめもない個人的な感懐ですませ、作品の出来栄えについては、畏友後藤直さんの論評におまかせするにしくはないと失礼した。

ピーコック画評(36)
素朴なぬくもりが伝わる版画展

後藤　直

増沢荘一郎の版画展「ふるさと信濃」をピーコック画廊でみた。

朝日新聞に連載された「行革前線ー長野からの報告」のカットになった版画、およそ十五点であるというが、それらは、驚く程素朴な雰囲気が漂う作品ばかりだった。

長野県人が何人か集まれば、異口同音に、そして誇らしげに歌うあの「信濃の国」の内容がそのまま聞えてくるような感じである。

信濃の風土、風景は、私自身が育った東北の片田舎の、それをも想起させられなつかしい。

二月八日付け朝日新聞（夕刊）の「自由席」欄で、この版画展はくわしく紹介されている。それによれば「小学校教師で油絵が専門の増沢さんは昭和二十五年、絵筆を彫刻刀に持ち換えた」とある。そして「既成のイメージを捨てて、心の中の思いを板にぶつけるしかない」と、その教育に情熱を傾け、退職した現在も版画活動を続けている。とかいてある。

長年にわたり、こつこつと描き刻んだ増沢氏のオーソドックな手法は、少しも派手さがない。それがかえって私たちの胸を打つ。私たちが忘れかけている人間の本物のぬくもりが伝わってくるような気がする。

「信濃の子ども」「禄山館と作品（女）」「安曇野」そして「信濃の道祖神」などは、人物が生き生きしている。

「木曾妻籠宿」「松本城」「塩田平未完の塔」「白壁の土蔵のある街」は心に残る作品であるが、「湖水の見える里」「善光寺」「囲炉裏のある生活」がとくに印象深く、増沢氏の力量がうかがわれた。

それはきびしい自然、純朴な風土、そこに生きている健康的な人間像、そうした素材を、長年にわたって肌にしみ込ませた人のみが、作品に打ちだせる味なのかも知れない。

今回、ピーコック画廊にかかげられた作品は小品ばかりである。私はいつか、増沢氏の大きい作品をみたいと思う。

《編集後記》

◎戦前戦中、大阪でのこと、募集貼紙に「内地人に限る」とあるのをよく見たものだが、過日、日本で発刊されている民族系の新聞に〝韓国籍にかぎる〟旨の募集広告がでているのを見た。民族系企業の広告である。さきの貼紙の文面とはいくぶん発想の違いはあるにせよ差別意識は歴然としている。このような広告で広く人材を集めようとするのはどうであろうか。朝鮮籍、韓国籍に拘泥わらないで若い人材を育成する推量がほしいと思う。さらに在日の狭い社会で、新たな38度線を引かないようそれぞれの側《サイド》で気を配り、そしていま存在する「在日38度線」をとり除くよう地道な努力が求められねばならないと思う。

◎今日なお一世の人々のなかには、子女の結婚相手を選ぶとき国籍を（総連か、民団かという形で）問題にする人たちがいるという。若者たちのなかには、これとは対照的に自分の意志で日本人を配偶者に選ぶケースが増えていることは統計のうえで明瞭に表われている。このことにかぎらず在日の二世三世の社会では一世の時代から比べて明らかに様変りしつつある。にもかかわらず在日の民族企業が、国籍にとらはれるのは時代錯誤というより他ない。

◎NHKがこの春から始める新しい語学講座の名称に「朝鮮・韓国」の呼称を避けて『アンニョンハシムニカ』講座にしたのは一つの見識だと思うが、これとて「在日38度線」を意識した結果である。講座開設に際してのプラスとマイナスの一面であるが、講座進行のなかで「在日38度線」がなくならないまでも、薄まることを期待したい。（高）

くじゃく亭通信

第42号

「くじゃく亭通信」編集部
〒一五〇　渋谷区宇田川町八ー九
☎（四六四）八九一〇

定価 100円

歴史の〝始まり〟としての「ハングル講座」を支持する

大野　力

英語でならば、同じく「コリアン」で事足りるのに、日本語となると朝鮮語か韓国語か―。ことは俄然ややこしくなる。ＮＨＫの「アンニョンハシムニカ？　ハングル講座」は、そのややこしさの集中的表現とも言えよう。そして、このややこしさの理由を探って辿りつくのは、〝言語の国籍性〟をどうとらえるかの問題である。

手許にある韓国の小学校（国民学校）教科書には、表紙にハングル文字で「国語」と印刷されている。韓国の「国語」であるからには、それはやはり「韓国語」でなければならないのだろう。日本で「国語」が通用しているのと同様に、それは〝言語の国籍性〟に立脚する立場のものである。

ところが他方には、〝言語の超国籍性〟に注目する立場があり得る。国籍よりももっと広い民族文化としての言語という観点に立てば、それはもともと「朝鮮語」であったし、現在もそうであるべきというわけである。世界的な視野で見るとき、英語の広まりの例を持ち出すまでもなく、この見解にはかなり広い妥当性がある。アラブ諸国にはアラビア語が共有されていると言われるし、アジアにおいても、マレー語を公用語とする独立国は四カ国（マレーシア、シンガポール、インドネシア、ブルネイ）に及ぶとのことだ。言葉は必ずしも、国家の枠内に閉じ込められるものではない。

だが、仮にいったんはそのような〝言語の超国籍性〟を認めたうえにも、では〝言語の国籍性〟を主張する立場を否定できるかと言えば、それは簡単ではない。そこでは言語が、脱植民地支配後の、国民統合のシンボルとされているのであり、その歴史的事情には、軽視できないものがあるからだ。

インドネシアでは、マレー語ときわめて近似的な言語であるにもかかわらず、そこでの共通語をインドネシア語と呼んでいる。それは普及中のピリピノ（フイリッピン語）と同じく、多種族国家における国民統合のシンボルなのであり、そこにあえて〝言語の国籍性〟創出が意図されているのだ。それらの「国語」が〝多様性の統合〟を目指すものなのに対しては、長い固有の伝統を持つ「朝鮮語」に対する「国語」としての「韓国語」の主張は、分断状況下における〝歴史の転換〟を、その意図に含むものと言えよう。だがそこにもまた、新生の国づくりへの意思が込められていることを、否定するわけにはいかない。

朝鮮語か韓国語かの問題は、外国人である日本人には決め得ない。歴史的文化的には、「朝鮮語」のほうに順当性があるが、そう呼ばれることを嫌う〝国論〟が一方にある以上、それを無視する態度は憚られる。その単一の呼称は朝鮮半島に住む人びと自身によって、共通見解が得られる日を待つしかない。それはおそらくは民族の分断から統一への道と表裏一体をなすのだろう。そしてこのように問題をとらえたとき、現状が何語でもない「ハングル講座」であることは、それ自体が私たち日本人への鋭い問いかけであるはずだ。改めて現状の分断状況への日本人の関わり方が歴史への振り返りも含めて、より深くとらえ返されるのである。

「ハングル講座」という言い方には矛盾がある。「ハングル講座」を学ぶことは、同時にその矛盾と対面することでもある。そのような意味を含めて、いまはより多くの日本人によって、「ハングル講座」が支えられることを期待したい。その開講を歓迎し、支持してゆくことは、かって「国語」を強制した隣国に対する日本人なりの、〝歴史の転換〟の営みであるはずなのだ。そこからは、新たな歴史の始まりであるこの開講を記念する催しが企画されてもいい、という思いが胸中に湧きもする。

酒税法の不合理

青山学院大学教授
小林孝輔（「樽の会」会長）

ことし、四月末ごろの新聞は、五月一日より酒税が引上げられ、街でビールや日本酒やウイスキーが値上げになる、と書き立て、ビールの売価の五五％が税金だとか、世界第一の税率だのとうらめしげに書いている。（朝日四・二三「今日の問題」）だが酒税法自体の不合理さについては、どの新聞も一行も書いていないようである。記事のつくりかたとしては、はなはだ不十分である。

× ×

酒税法は、アルコール分一パーセント以上を含む飲料類（これを法律上「酒」という）を製造すること、販売することを免許制とし、そして製造者、販売者に納税を義務づける。つまり、この法律は、酒類製造免許法であり、酒類販売法であり、酒税法なのである。一人三役の法である。

ベルグソンは人間は笑う動物だと書いたが、私にいわせれば税金を払わされる動物だ、といいたい位のもので、国は折あらば徴税せんものと虎視眈々であるように思われる。徴税の本質は人民の財産権の侵奪にほかならないが、その目的が憲法秩序の保守費用の調達のゆえに、違憲性が阻却されるのである。だから逆にいえば、そのような目的合理性をもたないような課税・徴税ならば違憲となる。

酒税法という法は、右の点からすれば、どうみても合憲とはいいかねる。すでにほうぼうに——一般誌や法律誌に——書いたことなのでくわしくは述べないけれども、ほんとにおかしな法律である。ざっと、要点だけを挙げてみよう。

一、だれに売ろうというのでもなく、ただ自分のたのしみのために、自分の持合せの米穀で酒をつくる——これが酒税法違反になる。自分の米で、餅をつくる。おはぎをつくる、団子をつくる、せんべいをつくる。けれども酒にしてはいけない。私が調べ、聞いたかぎり日本だけの制度である。

日本でも封建時代から明治なかごろまでは、当然自家醸造は自由だった。一八八〇（明治一三）年に自家用造酒が免許制になり、日清・日露の大戦争ごとに、財政補助のため、強化されていった。明治の新政府づくりには莫大な資金を要し、新生小国家が既成の大帝国相手の戦争したのだから財政はピンチになったろうし、たいした産業もない当時、酒税こそは、もっとも頼りになる財源だったかもしれないが、密造を「公私経済ヲ傷リテ淫逸ノ因ヲナス」「弊風」として強権的弾圧まで為しえたのは、人民の基本的人権とか幸福な生存権といった思想が皆無の明治憲法体制だったからである。いまはちがう。

二、自家用の免許制はおかしいが、販売用だからといって、その免許制がすべて合理的とはならない。たとえば、酒造経営の基礎が堅固であるか、酒造に必要な技術をもっているか、設備が十分か、が税務署長の許可基準になっている。自家用製造者にいわせれば、もちろんよけいなお世話だ。販売用製造者には、他の食品業者同様、保健衛生の観点から関係官庁の許可制は必要だろうが、税務署長がこれを管掌するのはおかしい。いわんやどんな規模で造ろうと、ウマクない製品が出来ようと、署長の干渉すべきことではない。マズイ酒なら買手がなくなり、潰れるだけのはなしであり、これがわが資本主義的。自由主義的憲法体制のたてまえでもある。

三、自家用に、無免許で造った酒は。貰って持っていても罰せられる。無免許製造のものとは知らない所持者も違反になる。そのほか、おかしなことを指摘すればきりがない。酒造者はすべて（つまり、自家用酒も）製造の場所、数量、製造の始期と終期、製造方法、製造酒の置き場、移動場、製造酒の詰めかえ等々を、税務署長に申告または届出なければいけないことになっている。

新聞に、しょっちゅう大会社、大資本家の脱税とか申告洩れ――この両者がどう違うのか、どうもよく分らない――が報じられている。そのたびに税務官庁の当事者は人手不足で眼が行きとどかないというけれども、酒税法などをみると、そのかれらも、随分と要らぬところに（というより、違憲色濃厚な）おせっかいをしている。

酒税法の立法理由は、米穀の適正需給の確保、税負担の公平、国庫の充実という。どれもほとんど説得力をもたない。ありていにいえば、酒税担当税吏に仕事と給料を与えるために酒税法は存在するのではないか、とさえ思われる。もしそうだとすれば、こういう人に税金を支払うということは逸民を助成することであり、社会的犯罪にあたる。みずから良民たるを放棄することである。「私は公道維持のための税の支払をことわったことはない一度もないが、それは私が悪い臣民でありたいと思うと同時に、よき隣人でありたいと思っているからである」とソーローはいった。

—○—

「人物・近代朝鮮思想史」（金哲央著・雄山閣出版）

出版記念会にて

（一九八四年六月二六日）

川村仁也　玄源錫―司会

発言者――朴庸坤　良知力　白宗元
福島要一、裵秉斗、上原淳道
金萬有、全鎮植　稲葉三千夫
呉永石、藤間嘉雄、嶋根昭

参会者――約百二〇名

今日は私の未熟な本のために、こんな大勢の方に集まっていただきまして、誠に恐縮に存じます。こんなことは二度とやるつもりはありませんが、まず、恥かしいという感じが先立つばかりでございます。

私は、ご存知のように金日成主席をはじめとする現代朝鮮の思想の研究と普及に勉めている者ですが、この過程で現代朝鮮の思想を形成する条件となった、それに先立つ思想についても関心をもたざるをえませんでした。

それは、一つには学生時代から哲学史に関係の深い方々の御指導を受けたことも関係があると思います。例えば真下信一先生、先生はご存知のように「哲学する」ためには「現代」の研究と共に哲学史の研究が必要だと強調され、数十年前に翻訳したヘーゲルの哲学史の改訳に執念をもやしておられます。また私どもをマルクスに近ずけて下さった淡野安太郎先生、デカルトの世界的権威である桂寿一先生、ヘーゲルのことを話し始めると、よだれをだらだら流して話がとめどもなくなるような金子武蔵先生、などの先生方に教わり、また名古屋大学では真下先生、藤野渉先生。中世哲学の権威である服部英次郎先生、さらに日本の思想史、科学技術史の研究に大きな仕事をされた三枝博音先生……といった、そうそうたる先生方の影響を受けることができまして、それなら、おれは一体何者なんだ、おれのアイデンティティはどこにあるんだろうか――と朝鮮の思想史を模索しだした訳でございます。

その頃は、朝鮮戦争のショックから立ちなおり、同胞青年と共に文化運動をやっておりましたが、丁度、共和国への帰国船が来始めまして、同胞社会はわき立ちました。その時、私はある日本の高校に勤めながら大学院に籍を置いていたのですが、「このままでは駄目になってしまう、日本で教育を受ければ受けるほど民族から離れ、バカになってしまう」と決心しまして、ここにいる朴庸坤さんや崔水鐘君（彼は帰国後、金日成大学のフランス語科建設に大きな役割をはたしました）と一緒に総聯中央に身のふり方を相談した訳です。

ところで、その時、総聯でも困ったと思うんですね、プライドは高いくせに、第一、国語が全くできない、こういういわば奇型的な人間を、よくここまで育てて下さいました。これは祖国と総聯組織があるからでありまして、私は深い感謝の念を禁じえません。また、こういう鈍な人間を直接間接に、たえず励まして下さいました皆様に深く感謝申し上げる次第です。

朝大に来て、幸いにも私は授業のかたわら金日成主席の労作の翻訳事業にもたずさわることになりました。金日成主席の思想は、例えていえば現代の大きな思想の流れともいえると思いますが、平壌の中心を流れる大同江の流れは、ご存知のように、河をはさんで、こちらには人民大学習堂があり、向う岸にはチュチェ塔が立っていますが、この大同江の流れは一体どこから来たのか、少くとも思想史をしている者として、その流れをさかのぼって見る必要がある。上流までは行けないとしても、せめて中流くらいは調べなければ：：と考えまして、実学派とか独立、開化の思想を調べ始めた訳であります。

この時、大きな刺激を与えてくれたのは、一九六〇年に、はじめて共和国で出版された「朝鮮哲学史」（上）でありました。

ところで尊敬する中野好夫先生は、かってこんな歌（？）をよまれたことがあります。

金もいらなきや名もいらぬ
酒も女もいらないけれど
はげた頭に毛がほしい。……

私は、とうてい、まだこのような悟りの境地に到達できていませんが、今後とも少しずつ、金日成主席の思想をはじめとする現代朝鮮の思想を研究すると共に、朝鮮の近代思想史を勉強していきたいと考えています。

今度の本は、全く粗雑なデッサンに過ぎず、これからはもう少し突こんで崔漢綺など二三の人に焦点を合せて調べると共に、もう少しくわしい朝鮮思想史の流れを描いて見たいと望んでいます。とくに、朝鮮人が歴史の各時期に人間というものを、どのように把えていたか調べて見たいと考えています。

さきほど朴さんの話にありましたように、いつも遅れがちな私であります。今後とも変らぬご指導とご鞭撻をお願いいたしまして、本日の感謝の言葉とさせていただきます。

どうも有りがとうございました。（文責－編集部）

国際交流で思うこと

高千穂商科大学助教授
梶原　豊

吉祥寺から渋谷に戻る「井の頭線」の沿線に、駒場留学生会館がある。

車窓から、この会館をながめるとき、何時も思出すのは、「あの部屋にいたアムジャツド君はどうしているのだろうか」「ポンキイ君は」「ロン君は」「チョウ君は」といったかっての留学生諸君の顔である。

私は、いわゆる「六十年安保世代」の一人であり、社会が騒然として、落ちつきのない時代に大学生活をおくっていた。

学園の内外は、アジ演説と怒号、学生と機動隊との対峙といった姿が、連日連夜続き、私たちは、落ちついて机に向っていた日の方が少なかったのではないかと思うくらい、授業の思出に乏しい学生生活を送らざるを得なかった。しかし、混乱のなかで送った学生生活のなかで、私たちはアジア諸国、中近東出身の留学生との交流をしていたのである。

当時、明治大学、早稲田大学、東京外国語大学などにアジア研究会、あるいは東南アジア研究会と称する文化団体が活動していたが、これらの団体は研究活動の一環として、留学生諸君との交流を行っていた。私たちは、彼等と共に勉学する仲間として、生活環境、文化、習慣のちがいからくる不便を、少しでも少なくするようにと、学生としてできる最大の努力を積み重ねていた。

その仲間の部屋が、車窓から見える「あの部屋」なのである。現状の居住者は、何代目の居住者かはわからぬことだが、彼等の先輩であるかっての留学生諸君は、それぞれの母国で、第一線のリーダーとして活躍しており、時に来日して、連絡をくれる何人かの友とは、飲み、かつ語りあかすこともある。

ところが、悲しいことに、母国の混乱したヴエトナム、カンボジヤ、ラオス、パキスタンなどの友人のなかには消息不明者が少なくないし、母国を捨てて、かっての宗主国に生活の場を求めたものもあると聞く。

すべてがハッピーなことばかりではないが、あの時代の留学生諸君との交流は、私にとっては実に貴重な体験となっている。

私自身が留学生として滞在したヨーロッパにおいても、現地の方々との交流は思出深いものであり、文化を理解する最善の方法だったと考えているが、異文化を理解するうえでは、人と人との交流の輪を拡げることが、お互いを理解するうえで、最も重要な役割を果すものと思う。

学生時代の留学生と交流。留学生として行ったヨーロッパの人たちとの交流の何れにおいても、そして、知人、友人との交流の場においても、私たちは飲み、食い、かつ語るという「食」を通じてのコミユニケーションの機会が実に多かったし。いまもそうである。

これからは、人蔘酒を飲み、蔘鶏湯を食いかつ文化を語り、明日を語る。これからの国際交流の場の一つに、くじゃく亭を加え、ここでのコミユニケーションを発端に輪を拡げてゆきたいものだと念うものの一人であり、かつ実践している一人である。

江南の名物料理 〝焼酎鶏〟を賞味する

磯村英樹

他人の作ったものを賞味するだけの世のグルメ種族を一歩脱け出て、自ら庖丁を揮って作りかつ食べ、それを詩や随筆に書くというシンガーソングライターのような詩人狩野敏也氏が、中国南部の名物料理「焼酎鶏」を作ってくれるというので、珍らしいものには目のない食通連が舌なめずりしながらくじゃく亭に集まった。

焼酎鶏には本来黒緑肉種という外見も肉も内臓も骨まで真っ黒な放し飼いの鶏を用いるらしいが、日本では入手困難なので、安曇鶏《あずみどり》という日本の地鶏が使われた。

料理は狩野氏といずれ劣らぬシンガーソングライターの作曲家石神鉄雄氏がコンビを組んで庖丁を揮った。

まず松の実粥で胃壁の調整をし、台湾のカラスミに葱をのせたり、ピータンと卵を蒸したりの前菜をつまみながら韓国焼酎の名酒真露や高麗人蔘酒の盃を傾けるうちに、大きな土鍋に食べよい大きさに切った地鶏の肉と生姜《しょうが》の薄切り、枸《く》杞の実、塩少々を入れてコンロに掛け、一升壜の焼酎がなみなみと注がれる。水は一滴も加えない。火をつけてことこと煮ながらこの料理独得の香辛料「当帰《とうき》」の一握りを加える。狩野氏の詩によれば当帰はセリ科の多年草の根を干した漢方薬で、当《マサ》ニ夫ニ帰ルベシの略、つまり冷え症で子がなく里へ帰された娘に、母がこれを煎じて服ませて病を癒し、夫の許へ帰すことができた故事に因んだ名らしい。漢方の煎じ薬で親しい香りの草根である。

鶏が煮える間に、紅鮭の中落ちの身でつくったはんぺんの吸物、ボラの冬菜《トンサイ》蒸しが出る。いずれも両氏の手になる料理、冬菜は白菜にニンニクを加えて醗酵させた中国の調味料である。

やがて、鍋の焼酎が沸騰しはじめると酒精の蒸気に火をつけ、気分を出すために部屋の灯が消された。紅蓮の焔が鍋から高々と上り鶏より先に焼酎のまわった男女のてらてらの貌を照らす。狩野氏の詩はそれを次のように書いている。

「鍋の中から燃え立つ炎の向うで、呂さんが舌なめずりしている。林さんが手ぐすねをひいている。陳さんが鍋をのぞきこんでいる。悠々数千年にわたって生きとし生くるありとあらゆるものを胃の腑に詰め込んできた漢民族の顔たちが、そこにある。」

アルコールの焰が燃えつきれば出来上りである。鶏の旨味がスープに浸出し、香辛料の風味と相俟って、得も言われぬ極甚の滋味のスープができ上っていた。香辛料の泌みた鶏肉も美味い。鍋は当帰の香りを好まぬ人のために、代りにカレー粉を入れたものと二つ仕立てられた。筆者はもちろん、当帰入りの方のお代りをくり返えした。最後にご飯を入れておじやにした。これもお代りした。腹ごしらえには膨湖島の名物料理南瓜のビーフン、デザートは葛切に似た愛玉子《オーギョーチ》であった。舌に載せると溶けてしまう愛玉子は、南支産のイチジクに似た果物の種子をしぼったもので、戦前は浅草の国際劇場の横あたりで売っていたが、記憶している人は少ない。現在、千駄木に本来の愛玉子より硬いのを食べさせる店があるらしい。

狩野氏の詩によれば、漢民族は、酔鶏《ツイチイ》、酔《ツイ》蟹《シェ》、跳ね蝦《ティヤオシャ》など老酒や高粱酒に漬けたり浸したりの料理を食べ、更に人の胎盤や鼠の胎児を入れたリキュールを飲み、果は罠の中の大きな酒壺に生きた虎を追いこんで虎酒まで作ったという。

焼酎鶏と高麗人蔘酒に満ち足りた筆者は、適度に酒精が体にまわって、日頃のつつしみ深さを忘れ、その持ち味を解放したほろほろ美人の酔娘《ツイニャン》？を賞味したい欲求を覚えたが、妄想をふり払って家路についた。当ニ妻ニ帰ルベシ矣と。（詩人）

愛玉子譚

新井克彦

ソカイ先で、ジャガイモをおろし金《カネ》でおろし、すいとんのようにして喰べた。透明なベロンとしたものを見て父親が、オオギョーチのようだ、といったのが妙に記憶にのこっていた。先日、永六輔さんに手紙を書いた折りオーギョーチのこと知ってたら教えて下さいと書いたら、さっそく返事をいただいて、谷中の愛玉子《オーギョーチ》という店を教わった。

地下鉄日比谷線の千駄木で降りて、団子坂と反対の坂をのぼって行く、谷中小学校をすぎると道がすこし右に曲がって、お寺さんが多くなる。桜木二とかいう交叉点の手前の左がわにペンキの看板が大きな字で「愛玉子」とあった。小さなラーメン屋のような店だ。

中華ものとオーギョーチのメニューが壁に貼ってある。さっそくオーギョチを注文すると、やがてガラスの容れものに入ったカンテンのようなものが来た。

すこし黄色い冷めたい甘い水にサイコロ形のものが入っている。寒天とちがってほのかな香りがする。

父親の話だと、関東大震災の前頃、浅草のロックのまわりになん軒かオーギョーチの店が並んでいた。松竹劇場横のテント張りの店は、だいぶあとまであったようだ。

谷中の「愛玉子」の店のテーブルにあった切抜きの記事によれば、愛玉子（オーギョーチー）クワ科の植物で別名アイギョクイタビ又はカンテンイタビ。台ワンに自生する。高砂族（とむかし呼んだ）のひとつのパイワン族の主食だった。台ワンでいう涼水《リヤンスイ》という冷果のひとつ。

実をふたつに割り、なかの実をけずりとり綿布《サラシ》の袋に入れて水のなかでもむ。しばらくするとフノリ様のものが出てくる。冷やすとかたまる。

日本では谷中のこの店がただ一軒という。店名は藤山一郎氏の命名とのこと。

もっとくわしく知りたい方は

『愛玉子』台東区上野桜木町二の十一の八
デンワ　八二一―五三七五

分断体制克服のための史論

高崎宗司

姜萬吉著・宮嶋博史訳『分断時代の歴史認識』（学生社）の書評

この本の著者である姜萬吉（カン・マンギル）氏は、一九三三年生まれの歴史学者である。韓国の高麗大学の史学科を卒業して、六七年から母校の教壇に立っていた。七〇年代前半までは、主として朝鮮朝後期の経済的発展の様相を明らかにすることを通して、日帝時代にうえつけられた停滞史観、ひいては植民史観を克服することに努力してきたが、七四年に、南北に分断された朝鮮の統一に貢献する歴史学の創造を提唱し、歴史学界のみならず、韓国の論壇に大きな波紋を投げかけた。

しかし、こうした姜氏の歴史論は、政府からはにらまれることになり、八〇年に高麗大学を逐われる原因にもなった。

『分断時代の歴史認識』は、姜氏が七四年から七八年にかけて発表した論文を集めた、同じ題名をもつ原書の抄訳である。全体は三部、十一篇の論文から構成されている。

第一部「分断時代史学の反省」では、今日の韓国の歴史学が、「分断体制を既成事実化し、その中に安住することを警戒して、それが清算されねばならない時代であることを徹底して認識するとともに、清算の方向を模索」しなければならないという課題を負っているにもかかわらず、「分断体制自体に無関心であったり、あるいは分断体制を完全に現実的条件として受け入れてしまって、むしろそれに便乗し、この不幸な歴史を延長させることに貢献」したりしていることを批判している。

また、第二部「歴史と現実」に収められた四篇の論文は、いずれも「統一民族国家の樹立に貢献できる史実」――たとえば「兪吉濬の韓半島中立化論など――を具体的に発掘し研究したものであり、第三部「歴史と民衆」に収められた三篇の論文は、歴史における民衆の役割などについて論じたものである。

以上のように、本書は、統一を希求する著者の問題意識が溢れ出てくるような熱気に満ちている。

それゆえ、この本は、韓国の民主化運動、統一運動に関心をもつ日本人にとっては、その歴史的意味を知るうえでも必読の文献と言えるが、そうしたことに直接的な関心をもたない人にとっても一読の価値があると思われる。

なぜなら、姜氏が本書で繰り返し批判している韓国の「国史学における現在性不在の問題」は、そのまま日本の問題でもあるからである。そしてそれは、歴史学という枠を超えて、読者に対してどう生きるべきかを問うものとなっているが、朝鮮半島分断の責任の一端を負う日本人には、より具体的に突きささってくるのである。

読者は、本書を通して、単に韓国における一歴史学者の歴史意識を知ることができるばかりでなく、歴史意識の何たるかについても考えさせられることであろう。

ところで姜氏は、本書の原書を刊行（一九七八年）した後にも、精力的に論文を発表し続け、つい最近には、『韓国近代史』『韓国現代史』の二冊を刊行された。「統一民族国家の樹立に貢献できる史実」の発掘、研究は、さらに一段と進められている。

この隣国の優れた歴史学者の最近の業績が、本書に引き続いて翻訳・紹介されることを望みたい。

なお、姜氏の最近の労作のうち、「独立運動過程の民族国家建設論」と「左右合作運動の経緯とその性格」が、それぞれ、在日韓国人政治犯を救援する家族・僑胞の会編訳『転換時代の発想――李詠禧・姜萬吉氏著作選』、韓国の新聞を読む会編訳『韓国の新聞から見た韓国と日本』第五号に邦訳されている。あわせて読まれることを御勧めする。（『読書新聞』より転載）

書評

鄭大聲著

「朝鮮の食べもの」（築地書館）

生活文化の奥への絶好のガイドブック

大野 力

ソウルである若い女性を紹介しながら同行の熟年男性氏がこう説明するのだった。「この人は年ごろには珍しく、カツオブシの味が分かるんですよ。母親が日本人だったからです。」

そこでハッとしたのが、朝鮮の食文化に関心を抱いた始まりである。獲れる魚に寒流もの、暖流ものの相違があるためだろうか。あるいは、肉食の伝統の深さ浅さのゆえか。ともあれこんな近くの国同士なのに、日常生活の大元のところで、意外な違いが数々、見い出されるのだ。

本書は、そんな興味と関心にフタの出来ない私にとって、絶好のガイドブックの役を果たしてくれる。食べるのはスプーンで……という食礼に始まって、肉料理の伝統と蒙古襲来。胡椒やとうがらしの使用と日本の関わり、キムチの歴史と効用など、話題はさらに各種の野菜、果物、魚、酒、飲料へと広がって興趣尽きない。そこにはヨーロッパをも含めた視野の広がりの上に、科学と歴史の目が縦横に注がれており、しかもそれが一種のぬくもりに包まれているのは、母国の食文化への深い愛着のためだろう。一冊の本になってみると、本通信に連載中とは別の味わいがある。

北京・東京往復書緘

在北京　鈴木 博

拝復　昨一日（七月）貴信拝受、久しぶりの《くじゃく亭通信》楽しく拝見しました。こちらはああいろごくブライベートな読みものがまったくないので息抜くひまが、ありません。

江上波夫先生の本の広告が出るたびに《東アジアの古代文化を考える会》はどうなってんだろうと気にかけているのですが。総会は人事抗争もなくぶじ終ったんでしょうか。小生はふがいもなく、老成してしまったのか昨年のような同窓会のほうがのんびりしていて性に合っているようですが。

8月にこちらにいらっしゃる由、北京で会える日をかみさんともども楽しみにしております。シルクロードいらっしゃるようですが老婆心でかきそえますとタオルを余分にお持ちになり毎日、ホテルを出発するまえにおしぼりをつくりビニールの袋に入れて持って出かけると何かと便利です。手洗い用の水はほとんど外にはありません。またポータブルのマホービンをお持ちになり好みの飲みものを毎朝詰めて出かけるのも悪くありません。これまたお茶は出ても水はなしビールはあまり美味いものがありません。青島のビールがあるはずなのですが手に入るかどうかわかりません。

北京にお着きになりホテルにおちついたら連絡をください。朝８〜11時半、昼２〜５時は事務所（電話86−２７２７）へ、日本語でＯＫ。それ以外は宿舎の（86−２８５８）へ。日本語で多分だいじようぶとは思いますが、通じないようでしたら英語でミスター　スズキ　プリーズとおっしゃってください。いつでも脱け出せますので電話ありしだい飛んでまいります。

さて北京放送の日本語部部長は延辺出身の朝鮮族の人です。もうひとり朝鮮族のかたがいらっしゃったようですが、よそのセクションに移られたそうです。金さんというとても日本語のうまい人で、やはり朝鮮族かと思っていたらあとでわかったことですが日中混血の日本帰りの人でした。

日本語部の事務所の向いが朝鮮語部の事務所で。日本語部の部長夫人は朝鮮族出身です。ほかにもたくさんの朝鮮族のかたがいらっしゃいます。宿舎には共和国（北朝鮮）から研修に来ている人が２人いるのですが、いつも二人一緒でちょっと、はなしかけ難くいまだに目礼を交す程度です。

北京には焼肉いや朝鮮料理の店が十数軒あるそうですがわたしが知っているのはこのうち三軒、しかしその所在を知っているだけで入ったわけではありません。延吉麺館というのは観光ガイドにものってるぐらい有名だそうですが日本語部の部長の言うには名まえ負けだそうです。もう一軒、海蘭江か海浪江というのが実力ナンバーワンだそうです。ビール二本、生ヤサイの盛合せ一つ、150gr の冷麺二つで五元＝六〇〇円ぐらいということです。もう一軒はとても朝鮮料理とはいえぬ奇妙キテレツなものが出るそうで実はここが、わたしの宿舎からいちばん近いので行こうと考えていたのですが部長が行かぬほうがいいというのでまだその奇妙キテレツを味わっていないのです。

仕事と現代史の勉強のかたわら焼酎の研究と喇酒をやっています。限りなく水に近づけようとしている日本の清酒とは逆にいろいろのものをぶち込んで味や香りを複雑にするのが中国の酒の特徴のようです。なかには舌にピリッと来ないと酒を飲んだ気がしないという人もいるぐらいです。因みに酒の辛みは中国語では「辣」といいます。うまいのは「香」55～65度もある焼酎――中国語では白酒――をビールを飲みながら生で飲んでいます。ちょうどウイスキーのストレートをビールを水代りにして飲むようなものです。

ＮＨＫ朝鮮語講座の発足、まずはめでたし、北京の日本語放送でも中国語講座をやっているのですが、いささかマンネリ気味です。それで申しわけないのですが、ＮＨＫの中国語講座のテキスト、入手できるようでしたら四月号からの分、お持ちいただけませんか。こちらの中国語講座の改善に役立てたいと思います。また実際の放送二、三回分、カセットに収録していただけるとありがたいのですが。

鄭大聲氏の新刊≪朝鮮の食べもの≫が築地書館から出るそうで、これもまたあれば持ってきていただけませんか。そのほか朝鮮関係のおもしろい本あればぜひお願いします。

当地のテレビではやたらに共和国の紹介や映画をやるのですが当然のことながら日本人の関心とはかなりずれていてあまり役に立ちません。黒田勝弘氏の≪韓国社会をみつめて≫は友人が送ってくれたので回し読みしたところ中国人――この場合、漢族――の間でもかなり好評でした。

以上勝手なお願いですがよろしく。東アジアー の会のみなさんにもよろしくお伝えください。それでは北京での再会を楽しみに待っております。

追伸　先日、大同まで出かけ雲崗の石窟などみて来ました。切手はそのとき求めたものです。

東京　高　淳日

前略　早速のご返信ありがとうございます。

小生の中国行きについては先便でも申しましたように日本政府がはたして小生の再入国許可をおろしてくれるのだろうか。また中国側で入国ビザを出してくれるだろうか。この辺の問題が残っているのでまだ確定したわけではありません。昨年のインド・パキスタン旅行の折も出発間際まで、このことで随分ヤキモキさせられました。あのときはついにパキスタンには入れずじまいでした。ガンダーラの仏教遺蹟に心を踊らせていたのですが、これへの願望は閉ざされてしまったのです。

今回の再入国の問題については昨年の実績からたぶんだいじょうぶだろうと思いますし、社会主義圏である中国への入国については、小生の外国人登録証の国籍欄の記載が朝鮮となっていますので昨年のようなことにはならないと確信しています。

日本人であるあなたにとっては朝鮮籍である小生の再入国のための手続きがいかに煩瑣であるか、ご存じないだろうと思いますのでここにちょっと書き留めておきます。その後の事情が多少でも変ってはいないかと一応、念のため池袋にある東京入国管理局東京出張所に電話で確めてみましたところ次のような書類を揃えて提出するようにとのことでした。

一　旅行理由書

二　（商店経営者ということで）営業許可書の写し（保健所長発行のもの）

三　税務署長が発行する納税証明書

四　旅行社の≪旅行引受書≫と≪旅行日程

表》

五　既交附の再入国許可書
六　外人登録証
七　再入国許可申請書二通

五の再入国許可書があらたに附け加えられているのが昨年と異なる点でした。インド旅行の折に交附された再入国許可書の有効期限が六ケ月でいまは勿論、期限切れになっているものを今回の旅行の申請によって、あらたに有効期限を設置記載してもらう。こうすることで日本への再入国が可能となるわけです。つまりこれがないと、日本を出たきり日本には戻れない勘定です。

というわけで以上の書類をとり揃え提出しましたのであとは追っての連絡を待つのみです。

在日朝鮮人が海外に出るためにはこのような面倒な手続きが必要となりますが、どうしてわたしたちにかような枠をはめこむのでしょう。このことからどうしても日本列島収容所という意識が生じてくるのは無理からぬことと思えてくるのです。指紋押なつ問題とともにこれにも注目してもらいたいと思います。

手続きのうえで万事ＯＫということになれば８月13日早朝、成田からの旅立ちで、その日の午後には天安門広場に立っているでしょう。この時点で電話連絡をいたします。中国での第一夜は北京で過すわけですが貴兄と久しぶりに杯を交わすことができると思うと心はやや宙に浮いた気分です。しかし依然再入国とビザの問題が解決されるかどうか気になるところです。

ご依頼のＮＨＫの中国語講座のテキスト、カセットは必ず持参いたします。小生も中国旅行を年初から計画していたもので四月から始った中国語講座で勉強にとりかかりましたが、全く歯が立ちません、それで中国語のほうはあきらめましたが、本年度から始った「ハングル講座」が段々と面白くなってきたのでこのほうに力が入りいまでは小生の欠かせない日課となっています。中国旅行の二週間、「アンニョンハシムニカ」が聴けないのが心残りです。

ところで中国にいる貴兄が、まだ市販されてもいない《朝鮮の食べもの》の本のこと、どうしてご存知なのか驚きです。七月下旬、著者、鄭大聲氏のお招きで築地書館社長土井庄一郎氏、同担当久保田正秀氏、装丁家・田村義也氏らの席に、小生も加わり新宿のさる店でこの本の打ち上げが行われたばかりです。小生も加わったというのはこの本のあとがきに《前年の夏から「くじゃく亭通信」に「朝鮮食物文化譚」という朝鮮と日本の食文化のつながりのようなものを、思うままに気楽に取り上げた小文を、頼まれて書いたのがきっかけ》になったと書かれていますがこれだけでなく、それ以上に著者と編集者が夫々仕事熱心からくる拮抗が生じ、その間の調整仲介という多少の関はりがあったからです。土井氏はより多くの層の人に読んでもらいたいという本作りの情熱をかけて著者に迫る、著者鄭氏は原稿の一切の改変を拒む、両者の激しい衝突の過程で田村義也氏の装丁という予想外の結実をも生み出しました。ご存知のように一流と思しき在日朝鮮人の著書の殆んどは田村氏の装丁になるといっても過言ではありません。《朝鮮の食べもの》が田村氏によって美しい着物を着せてもらえたのは、本の内容と著者に相応しいと確信しています。じじつこれまでに出た鄭氏の著書のなかでも際立つて立派な内容と外見を備えた本であることは間違いありません。ご一読をお勧めいたしますのでこれも必ず持参するつもりです。

それでは暑さの砌りご自愛の程祈り上げます。北京での再会を楽しみにしつつ。（七月九日）

編集後記

大阪寺田町に、《青丘文化ホール》が開設された。辛基秀氏が私財を投じて、独力での創業である。氏の努力に心から賛辞を贈りたい。東に実業人たちで運営される文化団体《青丘会》があり、西は神戸の《青丘文庫》とともに、これで青丘と名のつく文化事業が、私の知るかぎり三団体となつた。在日朝鮮人の社会で、政治の季節から文化の季節へと移りかわりつつある。目立たない存在かも知れないが確実に文化の芽がめばえている。このような芽が全国的に拡がり育っことを期待したい。

朝鮮食物文化譚(14)

『朝鮮の食べもの』(築地書館刊)を書き終えて

鄭大聲

六月末に築地書館から『朝鮮の食べもの』という本が出た。今までにも朝鮮の食品や料理についていくつかの本を出したが、今回の本を書いた動機はいくつかある。

基本的には食べものにこめられた民族の知恵つまり文化を知ってもらいたかったことである。すでに『朝鮮食品学』(講談社)、『朝鮮食物誌』(柴田書店)、『朝鮮の料理書』(平凡社東洋文庫)を出したし、共著で『朝鮮料理』、『朝鮮がゆ、クッパプ』(いずれも柴田書店)、『朝鮮料理のつくり方』(農文協)なども著した。これらはそれなりに評を得て版を重ねている。

しかし、ひとつひとつの料理をとり上げてその科学性なり文化性にスポットを当てるのも無意味でないと考えた。そうすることの方が食べものの知恵をよりよく理解出来るのではないかと思ったわけである。

でもこの本を書きはじめはそうでもなかった。本誌『くじゃく亭通信』に一九八〇年より気軽に書き始めた『朝鮮食物文化譚』が発端であった。築地書館の土井庄一郎社長の目にとまり本にまとめてみたらと熱心に勧めて下さったのである。朝鮮と日本の食文化のつながりを主題にした本誌連載の小文は別の機会にゆずることにして、料理中心の食文化を書くことにしたわけである。

本の題名は『朝鮮の食卓』にしようということでほぼ合意が出来ていた。

私も書きながら常に『朝鮮の食卓』というタイトルを意識していた。食卓に乗る食べものの種類のバランスを考えたし、ひとつの料理に費す枚数も考慮した。装幀の段になってタイトルを『朝鮮の食べもの』にすることとなった。ゲラを読み直して校正していると書き足りなかったところが少しづつ気になり出したが、もうどうしようもない。

昨年から大阪の国立民族学博物館で『東アジア食事文化の比較研究』に参加しているがちょうど六月から朝鮮半島の食事文化が主になることもあって、それに間に合うようにと出版を急いでもらうことにした。

本が出版されてみると私が予想したより好評なのでいささか気をよくしているが、ひとつは装幀がよいからであろう。原稿を書いているときから、築地書館の土井社長は田村義也氏に話をつけておられたようである。多くの友人たちからは、装幀がすばらしいとの感想をいただいている。

また、研究会のチーフである民博の石毛直道助教授が身に余る推せん文を心よくひきうけて下さった。本が注目されたのも石毛先生の名文によるところ大である。

それにしても。書きつくせなかったところが多いので、出来れば「続・・・」を書く機会をつくりたいと思っている。朝鮮の調味料、塩辛、餅、菓子、あるいは救荒食物などを知恵という観点から書いてみたく思っている。

しかし、それをする前に片づけなくてはいけない約束ごとがある。それは『朝鮮食物文代譚』を早くまとめることである。築摩書房と話が出来て仮題『食文化の道』がきまっているからだ。これから書かねばならぬが下準備はほゞ出来上がっている。これが終るまでに『続』の構想はまとめたいと思っている。

かように『くじゃく亭通信』にかかわって、二つの本を書くようになったしだいである。

一方では共著の形で『朝鮮料理全集』(全六巻)に取り組んでいる。朝鮮料理のすべてを網羅し、そのつくり方や味わい方を紹介し、民族の知恵と文化を日本の人びとに知ってもらおうと思っている。すでに半分くらいの原稿が出来上り、本年末から来年にかけて第一巻が出れば、続いて二年くらいの間に完成したいと思っている。

在日の私達同胞、とくに三世、四世のためにも必要だし、料理店経営して居られる人の新しい展開へにも役立ちたいと念じている。

食べものにこめられた民族の知恵をこれからも追求したい。

ピーコック画評(37)

日韓美術交流を望む

後藤　直

七月二十一日の、サンケイ新聞朝刊に「韓国華芸の創造ー日韓いけばな親善にふれてー」というタイトルで、孤蓬遠州流挿花家元、大胡田一知が、写真入りで四段抜きの文章を寄せている。

大胡田のペンネームは、龍田肇である。私とは、二十年前「リアリズム研究会」で知り合って以来の友人である。彼はおそろしく口の重い男である。しかし文学について語るとき、情熱的でいきいきしていた。彼は、いけばなのことは、あまりふれたがらなかったが、千葉の彼の家へ遊びに行ったとき、大きな表札に、大胡田一知の名前が黒々とかかれていて、家元の存在を知らされた感じだった。

さて、彼はソウルの朝鮮ホテルで開かれた「韓国の社団法人、華公会による第四十二回華芸展」に賛助出瓶し、「いま華公会は、自国のいけばな創造にむかって想像以上に真摯な努力を払っている。日本のいけばなの亜流などではない。自国の芸術創造、あるいは芸術運動の《華芸》といってもよい。」「だからこそ、その作品群は民衆と民衆の生活への融合があり、開放的な明るい雰囲気に満ち満ちているのだろうと思う」とかいている。

彼はさらに「韓国の人びとは、日本いけばなについての知識は十分であった」ことに驚き、いずれにせよ両国の「心」を表現し合えたのは意義深かったと述べている。

ただ私には、そんなに素晴しいことを、なぜもっと早い時期に実現しなかったのか疑問が残る。

ところで、日、韓の文化交流を促進すべきものは、いけばなの分野も含め、それは数え切れない程ぼう大なものに広がるだろう。果していままで交流はどれだけ行われてきたのだろうか。

野球、バレーボール、サッカーなどのスポツ。医学、物理学、気象学などの自然科学は別として、歴史。考古学。文学（詩、小説、評論）。音楽（クラシック、流行歌）。美術（陶芸、彫刻、油絵、写真）などなど枚挙にいとまない。

しかし、もろもろの日韓（日朝）の問題は、戦後（いや戦前から）の国際的な政治や思想を度外視しては語れない状況にあるのも事実である。

たとえば、日本の教科書問題は、両国間で決着はしていない。そこから発生するギクシャクしたものはかくせないのである。

また、たとえば、つい最近開かれた「国際ペン東京大会」では、韓国代表の女流詩人と在日作家李恢成との間に、文学と政治の問題で激しい論議が交わされたことが、各種マス・コミで紹介された。ことは深刻である。

さらに、たとえば「ＮＨＫに〈朝鮮語講座を〉」と、高淳日が朝日新聞「声」欄で提言してから十数年、さまざまな運動が起り、やっとのことでこの春から「アンニョンハシムニカ」講座が開かれる運びとなった。それはよかったことには違いはない。が現実には、名称は韓国語講座、朝鮮語講座にはならなかったのである。

これらは、まさに南北問題、国際間の緊張、あるいは政治的な主義主張の落差からくる反映であり、本質は宙に浮き、から廻りしている姿の何物でもないだろう。現実のきびしさとは、このことである。そして、そのことであらゆる立場の人びとが、表現し難いじれんまに陥入っているのだ。

しかし、昨年、今年と二度にわたり「日韓理解への道」という読売新聞の企画で開かれたシンポジウムは、いろんな意味で大きな意義があったように思う。こういうものが困難な問題の実破口になりはしないかと思うのである。

大胡田一知のいけばなもそうであるが、美術の交流などは、多分それ程政治とはかかわりなく、行われてよいのではなかろうか。知らないのは私だけで、日韓美術交流は、すでに盛大に行われてきているかも分らない。いずれにせよ、「くじゃく亭通信」の「ピーコック画評」を担当してきた者として、日韓美術交流を強く望むものである。

くじゃく亭通信

第43号

「くじゃく亭通信」編集部
〒150 渋谷区宇田川町八―九
☎（四六四）八九一〇

定価100円

青丘文化賞を受賞して

文国柱

一九一九年生　済州島出身　専修大卒　元朝鮮共産党・南朝鮮労働党・朝鮮労働党党員・本名文玉柱
一九八四年度第十一回青丘文化賞受賞

ものを書いて賞をいただくということは、私にとって夢にも思ったことのない意外なできごとで、感謝を申しあげるまえにいくぶんはじらいを禁じえません。そもそも私のような浅学のものが「朝鮮社会運動史事典」を書くようになった経緯はこうです。

解放後、わが国の民主主義国家建設を念っていた愛国者たち五〇余名が、社会科学の理論水準の低さと貧困を憂いその解決を急務と思ったかれらは、解放直後の混乱と多忙の中で各自が分担執筆し一九四八年、「社会科学大辞典」がソウルで刊行されました。これを入手した高峻石先生が、私にこの辞典のなかから朝鮮にかんする問題だけを抜粋して訳してみないかと勧められました。そこで自分の能力をかえりみずに翻訳いたしましたところ一冊の本とするには、内容的にも分量的にも満足のおけるものではありませんでした。分量からいっても今回、授賞の対象となった本の五分の二程度しかなりませんでした。単行本とするために、すでに抜粋した項目のなかで内容の不充分と思はれる事項はさらに追補し、また必要と考えられるものは新たに項目を設け、それに内容を充当したものが「朝鮮社会運動史事典」であります。これは実に仔犬が虎の怖さを知らないように、操觚の世界を知らなかった私の無謀な冒険であったというほかありません。夢中に書き、先学の助言もえて出版にまでこぎつけましたが、あとで「事典」という書名の重さとそれにともなはなかった内容の粗末さにたいする責任を痛感すると同時に読解に苦痛をおぼえるほどの悪文にただ申しわけないと思っているのが、いつはらざる私の心境であります。もとよりこのままに放置するわけにもまいりませんので何れ機会を得て内容の充実をはかりたいと思っています。

私事に亘り恐縮ですが少年時代、新聞配達をしながら編入した中学校の退学をかわきりに失敗と挫折をくりかえし、加えて罰には恵まれてきた私にとって、このたびの授賞は、格別に感無量です。この感銘は生涯忘れることができません。

青丘文化賞を受けたことで、将来これにむくいることをせねばならない責任の重さを感じております。とは申しますものの、非才のうえに、目下痼疾にとりつかれ、二年前に草した文章の推敲の気力さえなく放置したままでありますが、これを機にもう一度奮起いたさねばと思った次第です。

最後に青丘文化賞関係の皆さまに心から感謝を申しあげます。

文国柱編著『朝鮮社会運動史事典』のこと

金　石　範

『朝鮮社会運動史事典』（高峻石監修、文国柱編著）が今年の五月に、社会評論社から出版された。四百字詰め原稿用紙で二千枚近い大冊だが、研究者にとっても、そして朝鮮問題に関心のある人々にとっても極めて貴重な案内役を果たしうる、この種の書物では、在日朝鮮史運動史をも網羅した全体的な体系を持つ唯一のものである。

編著者である文国柱氏のまえがきによると、一九四八年八月ソウルで出版されて間もなく発禁・絶版になった李錫台編『社会科学大辞典』中の朝鮮関係事項だけを取って日本語訳にしたものが、本書の土台になっている。土台というのは、それだけでこの書物の全体をなしていないということの謂だが、原辞典中の説明不十分なものに関しては、編著者が〈追補〉として新しく書き加え、さらに一九八〇年の今日までの史実を項目別の書き下しで収録することで、本書を現代の要求に十分に応えうるものたらしめている。〈追補〉を含めて文国柱氏の直筆になるものが全体の五分の三を占めているところからも、本書が原辞典からの翻訳にとどまらず、すぐれて一つの著作であることが分かるだろう。

事典といえば、即効的効果を求めて項目を拾い読みする類のものと考えやすいのだが、本書はコンパクトな一冊本の体裁を維持しながら、朝鮮経済史、社会史、政治史等々、それぞれの体系下にまとめられた一つの独立した専門的な著述の統一体をなしている。因みに、文国柱氏の執筆による「済州島の四・三闘争」（一九四八年）を見てみると、この一項目だけで、内容もさることながら、原稿用紙五十数枚が費されており、雑誌掲載の場合をとっても、論文では優に中篇にあたる分量のものである。

ところで、専門的な書評のほうは社会科学者に委せることにして、私はこの書物を手にしたときの感想の一端を記したい。

私は事前に本書が出ることを人から聞いていたが、実際に書物を手にしたときは、正直いって（年長の先輩にあたる人に失礼ないい方になるかも知れぬが）いささか驚いたのだった。これはいわば文国柱氏の処女作だが、彼はいままでものを書くというような気配をこれっぽちも示したことがなかったのである。書物の内容の素晴しさ、出版の意義もさることながら、原典からの翻訳以外に全体の五分の三を書き下した筆者の情熱とその実力のまえで、私の驚きはやがて感動へと変化し、そして、そのような彼を知らなかったおのれの不明に深く恥じたのである。

文国柱氏は一見女性的とさえ見える柔和な感じの人の世話をいとわない人柄で、近年は健康を害して酒も口にしていないと聞いていた。それに彼には生業がある。時間的に見ても、そうのんきな立場にない人のはずであった。ところが、いつの間にか大冊をものにして、われわれのまえにその貴重な成果を、召し上れと差し出してくれたのである。着手してから二年足らずの仕事だというが、しかしその時間の凝縮の度合いとそれの筆者の心身に与えた緊張と苦しみはかなりのものだっただろうと想像できる。

文国柱氏はまえがきで、原辞典の編著者李錫台が李承晩警察による拷問で殺され、執筆者の多くが犠牲になったと書いているが、その先人たちへの、そして朝鮮革命（何と幻のように響くことばか）への熱い思いが、この大冊の完成を支える情熱となったのだろう。それは禍多く幸少なきこの民族を憂い、愛する者の熱い心の所産でもある。紙数も尽きたがしかしこれ以上、そういった話を進めるのは苦しい。

最後に、文国柱氏の大きな労苦と大きな成果に心から敬意を表したい。

○

《編集部》第34号（一九八一年九月一日発行）から文国柱氏の青丘文化賞受賞を記念して再録いたしました。

青丘文化賞を受賞して

慎　英　弘

私は、小学校3年生のときに、両眼の視力を完全に失った視覚障害者です。

一般的に、障害者はその障害故に、行動の側面と情報の側面において、大きな障害を受けています。行動の障害とは、簡単に言えば足が不自由なために、行きたい所へ自由に行くことができない、あるいは、目が見えないために一人で行動するのが困難であるということです。情報の障害とは、例えば、足が不自由なために、自由に本屋へ行けない、あるいは目が見えないために、本や新聞など文字情報を自由に得ることができない、または、耳がきこえないために音による情報が得られない、ということによって情報収集が極端に困難な状態にあることをいいます。文字情報に関して言えば、視覚障害者は、健常者の一千分の一の情報量しか得られない状況にあるといわれています。

そんな状況にある私が、研究者の道をめざして生きるには、口では言えない苦労があることは想像に難くないでしょう。私は、何もここで、自分の苦労話をするつもりも、自分の努力が人一倍大きかったことを主張するつもりはありません。障害者が研究者として生きていくためには、自分一人の力ではどうにもならないことを知っていただきたいのです。

私が、一つの論文を書くには三つの過程を踏まなければなりません。そのすべてにわたって第三者（ボランテイア）の協力がなかったらなにもできないということです。第一に、資料調査。図書館で資料調査をしたり古本屋を歩いたり、すべての調査活動にボランテイアの協力を必要とします。第二に、その資料を読むこと。文字がまったく見えない私は、ボランテイアが資料を読んで下さるのをきいて、点字でノートをとったり、そっくりそのまま点訳したりすることによって初めて、資料の中味を検討することができるのです。第三に、論文の執筆。私は自分で点訳した資料を読んで、点字で論文を書きますが、それを普通字に直さなければなりません。それも、ボランテイアの協力によって口述筆記という形で原稿用紙に書いてもらうのです。

したがって、今年度の青丘文化賞に選ばれた私の『近代朝鮮社会事業史研究――京城における方面委員制度の歴史的展開――』（緑蔭書房）も、このような過程を踏んでできあがったものであり、ひとり私だけの努力でなく多勢のボランテイアの協力があったからこそ、結実したものなのです。

在日同胞七〇万人の中には少なからず障害者がいると想像されます。それらの人達は、在日の健常者の同胞にほとんど知られることなく生きていると思われます。日本社会では近年、障害者運動が盛んになり、また国際障害者年を契機にその運動はますます高まり、障害者の社会参加が各分野で実現されています。ところが、在日同胞の障害者は、同胞社会の外にあって、独自の小さな集団をつくったり、あるいは、日本人障害者の運動の中に関わって生きている状況です。私の青丘文化賞受賞の意義は――もちろん、私が選ばれたことは光栄のひとことでは尽くし得ないほど名誉なことと思っていますが――在日同胞の中にも障害者がいることを70万同胞に強く印象づけることになるだろうということです。

祖国の南北分断は、在日同胞間の対立をも惹起し、その結果、在日同胞の障害者の問題は、祖国統一問題の陰に押しやられてしまっているといっても言い過ぎではないでしょう。統一の実現が我が民族の悲願であることは、言うまでもありません。しかし、そのために在日同胞の障害者が、在日同胞の社会の外に置きざりにされている現状はあまりにも残念でなりません。今後、私をはじめ一人でも多くの在日同胞が在日同胞の障害者問題に取り組み、在日同胞の中に同胞の障害者の問題を考える場をつくっていかなければならないのではないかと考える次第です。

――――○――――

一九八四年度第十一回青丘文化賞受賞者が次のとおりきまりました。

文　国　柱　氏

慎　英　弘　氏

授賞式は来る三月二十一日、くじやく亭で行われます。

＊読者からの便り＊

（群馬県渋川市）小　川　弘　子

「くじゃく亭通信」毎回お送り下さってありがとうございます。戴きっぱなしでお礼状もさし上げないのに律気にお送り下さるので恐々縮々の次第でございます。ＮＨＫではすでにハングル講座が始まり講座開設要望の署名運動からの「くじゃく亭通信」との御縁もこれで終りとなったと思っておりました。

　今回同封されました＜大野力氏「ハングル講座」の曲折を踏まえて＞を拝見してあれはもう八年前のことになるのかなと思い、今考えるとこんな田舎でずい分変った署名運動をしていると思われたろうとわれながら感心いたします。私がこの署名運動を知ったのは朝日新聞の記事からですが、あの中に中野好夫先生のお名前がなかったら署名集めはしなかったかもしれません。中野先生は、むかし小石川のある女学校の先生をしていらした時から私は〝首ったけ〟の先生で今でもそれは変らないのですから。

　それともう一つは丁度その頃息子から聞いた韓国青年が同じタンカーに乗り組んでいても話は英語でするという事を聞き何と情ないことだろうと思った。そのコトがなりふり構わず署名集めをした原動力だと思います。さらには私も〝若かった〟ということでしょうか。

　ところで、「通信」42号の中に金哲央とおっしゃる方が中野先生の……はげた頭に毛がほしい……という歌（？）のことを書いていらしてふき出してしまったのです。おチャッピイの女学生たちに〝狼〟と仇名をつけられていた毒舌家の先生でもねえ……と思っておかしくなるとともに二、三年前に私の作った歌を思い浮べたのでした。

　窓ガラスも震う美声に周遊歌
　　歌う中野先生髪黒かりき

　ある年の送別会（昭和七年頃）に琵琶湖周遊の歌をおうたいになった先生のことです。その頃でもフサフサというおぐしではありませんでしたが……。

　私もハングル講座が始ったら勉強しようと思っていたのにおはずかしいけれど今はその元気がありません。仲間でもあればいいのですがまず見つからないでしょう。無関心、なぜ韓国（あるいは朝鮮）語なんか？という反応が眼に見えるようです。私は若い人たちが学んでくれることと、この講座開設の基礎となった署名の何万分の一かを集めたのだということが望みであり喜びであると思っております。現在私の朝鮮半島とのかかわりといえば韓国製の〝白容箋〟という白い紙に初心者の習字をし、韓国製の墨を使っているということ、「くじゃく亭通信」を読ませて頂いているということぐらいでしょうか。

　では皆々様のますますの御健勝を祈り上げます。

（東京・町田市）實　吉　達　郎

お年賀状有難う存じました。大へん珍らしい写真が入っていますね。八戒でも出そうで。（研究によると八戒が敦煌発見の降魔図の中に描かれている由です。）

「くじゃく亭通信」毎回送って頂き有難うございます。今までのお礼に一度無料で書かせて頂きたいのですが、応募規定などございますか。

（東京・足立区）佐久美　玲　子

私事ですが大和書房を退職致しました後、大学に戻りのんびりした時を過しております。本当はのんびりなどしておられず学業（？）に打ち込まなければいけないところなのですが生来のナマケモノゆえついついゴロゴロとしています。

いつも「くじゃく亭通信」送って頂き有難うございます。古代史には元々暗いので、もっぱら朝鮮料理の記事の方を楽しみに読ませて頂いております。年間の購読料など決まっているのでしょうか。とりあえず少々同封させて頂きますのでよろしくお願い致します。

時節柄御自愛の程御祈り申し上げます。

　寒中に松の実粥の珍味を思いつつ。

（東京・国立市）石　原　美樹雄

くじゃく亭通信毎回興味深く拝見させて頂いております。

昨年夏、城大医学部の同期生の出版祝いを

貴亭にて催させて頂き蔘鶏湯、カルビなどで皆さんに喜んで頂きました。支配人の東さん直々のサービスで恐縮しました。拝眉の機を得たいと存じます。ご健康を祈り上げます。

（国分寺市）長崎悦子

美しいお年賀状有難とうございました。年末年始パキスタンに行って来ました。モヘンジョダロー、ガンダーラの古代遺跡の上に立つと遠い昔に吸いこまれそうなロマンを旅人に与えて呉れました。写真は〃スワット河のほとりにいて〃撮りました。

五月の連休に中国に行く予定です。引卒して下さる講師は永井信一先生、いまからたのしみにしております。

又お目にかかりまして――さよなら。

（札幌市）池田久利

昨年十月より札幌に転勤しました。札幌東急プラザで、中に主テナント、東急インその他飲食店が十六店程入店しております。札幌は魚貝類をそのまま食べるか、鍋もの中心の居酒屋が多く、中華とか天ぷら等専門店は少ないようです。焼肉もジンギスカン料理が多く、食生活の面で東京とは一味違う特色があります。景気が東京に比べて一段と悪く全体に不調というのが実情です。ご発展を祈ります。

（東京・渋谷区）桑原才介

個食の時代だという。生活の個人化が進んだ結果、食品の分量が小さくなったばかりでなく、孤食の情景が一般化した。最近の子供の描く食卓風景には家族が抜けて一人ぼっち、なんともさみしいかぎりです。家族団らんの温かなひとときをつくりだす、それは今飲食店の大切な課題のひとつ。

今年も外食文化の発展のため、そんな提案を続けていくつもりです。どうぞよろしく。

（市川市）上山範子

「くじやく亭通信」ありがとうございました。とても楽しく拝読いたしました。御礼の手紙がこんなに遅くなつてごめんなさい。紫式部日記の中にも（遅くてはわろからむ）と道長の言葉が記されているように、返事の遅いのはいけませんね。（実は留守がちにして有りましたので）。そのうち是非伺わせていただきたいと思っています。それからピーコックはとても好きなので嬉しゆうございました。もうずいぶん昔からピーコックは友達との待ち合わせによく使わせていただきました。でも一度うつかり改装中工事の折に約束したりして、その日に限って友達が遅れてきたりして私あの前でウロウロしたこともありました。

ピーコックも高さんの御店なのでしようか。ステキです。

先日の「食べ食べ会」は、とても楽しゆうございました。よい仲間に入れていただき幸せです。これからもよろしくお願いいたします。

（東京・渋谷区）大滝和子

私も昨年十月あこがれの国、中国に旅して西湖の十六夜月を眺め感激しました。又いつの日かシルクロードへ……と夢見て居ります。

（福生市）清水孝子

私はインドとブータンを回ってまいりました。高さんのベゼクリク千仏洞のすばらしいお写真をみて、また中国に行きたいという思いが強くなってきました。

（水戸市）竹原素子

くじやく亭ニュース、通信ありがとうございました。興味ぶかく読みました。サンゲタンという珍味、いちど味見してみたいものです。読んでいてよだれがにじみ、おなかグー、友だち（塙さんも）と、ぜひくじやく亭に参上いたします。

宮川寅雄先生、ほんとに惜しいことでした。「直」のエッセー、とても味わいがありましたのに。

（川崎市）清水見耶子

ごぶさたしておりますが御元気に御活躍の事と存じます。ベゼクリク千仏洞、すばらしい写真でした。

東アジアの古代文化を考える会、一寸欠席しておりますが、又そのうち参加を――と思っています。

（東京・杉並区）小野寺洋子

ばらまきの　短き稲は　二毛作

長江の牛　夕日見あげる

唐木さん急逝

二月十二日の午后、田中昂氏から唐木さんの訃報が入った。急いで東京医大病院にかけつけたが、すでに唐木さんは白布に覆はれて霊安室に安置されていた。何ということだ。私はただ呆然として佇む、一昨日本誌のためにいまは亡い宮川寅雄先生の追悼文をお願いし、話を交わし合ったばかりなのに――――。唐木さんはこの日の朝九時すぎ書きあげた原稿を届けようと自室で立ち上った瞬間倒れた。這うようにして、ようやく居間に戻ったが耐えがたい背中の激痛が救けを求める。柔げようと智恵子夫人は、けんめいの介抱をつづけたが痛みは嵩じるばかり。救急車の到来で病院に向う。だが途中、酸素吸入の力が尽き午前十時すぎ不帰の人となった。胸部大動脈瘤が破裂し胸腔内に充満した血が心臓の動きを止めたのである。

唐木さんと親交の深い方たちの弔詞と本誌に載った唐木さんの文章を掲載して故人を偲びご冥福を祈る。享年六十八歳。合掌（高）

弔詞

「直の会」代表　後藤　直

唐木さん、あなたの訃報に接し、ただただ驚くばかりでした。

暮には、私たちのグループの一人、宮川寅雄さんが亡くなられ、その涙のかわかぬうちに、唐木さんが急逝されるとは、本当に残念でなりません。唐木さんはつき合いがよすぎます。

唐木さんは、私たちがつくっている小さな雑誌『直』の中心メンバーとして、発足以来約八年間、毎号一度も休むことなく、すぐれた内容の文章を書き続けて来られました。

それは、青春時代から軍隊生活、それに戦後の苦しい時期を描いた見事な「自分史」でした。

そこには、ジャーナリストとしての誇りと、長い間「時代」や「物」をみすえた、きびしい姿勢がありました。

それに、唐木さんのどの原稿もていねいで字がきれいでした。これはあなたの誠実さの証明であります。

そして、多くの読者から高い評価を受けていたのは、何よりもその文章に、唐木さんの人間味あふれる、すがすがしさがこめられていたからだと思います。

あなたは、とにかく優しい人でした。おしどり夫婦で有名だったことでも、それは説明されるでしょう。

個人的にも、私はいろいろお世話になりました。有難とうございます。

淋しくなりますが、気持をあらたにし、雑誌『直』を続けて行きます。どうか私たちを見守って下さい。

唐木さん、さようなら

二月十四日

回想の唐木邦雄氏

「樽の会」会長　小林孝輔

三月一二日朝、唐木邦雄さんが急逝した。またここに、私は最愛の友人の一人を失なった。年を老るということはさまざまな意味において寂しいが、知人葬送の機会が次第に増えることこそ最大の寂寥である。生死事大無常迅速というほかない。

日誌をみると、はじめての図書新聞の寄稿は一九五七年六月一五日だから、唐木さんとの最初の出会いは、五七年の春である。するとおよそ二八年のつきあいということになる。

別のところにかって書いたことだが、六〇年の安保運動がともかくも終息して、世間一般がいわゆる〝虚脱〟状況にあった。ある日――六一年の初秋である――、唐木氏より電話があった。

「気の合った者同士で、酒をたのしむ会をつくろうではないか」

ということである。

かくて、酒友たちがあつめられてできたのが、『樽の会』である。以来、この酒の会は、さる二月七日の第二八二回例会まで連綿とつづくこと二四年、おかげで、私は多くの知己を得、人生の幅を拡げることができた。これひとえに、幹事長役を引受けて会の持続を図ってくれた唐木さんのおかげである。

唐木さんは、直情、清廉にして親切な正義漢だった。東大は平泉歴史学の門下にもかかわらず？つねに透徹した前向き姿勢をくずさなかった。

十数年もむかし、最も警戒すべき政治家は中曾根だといい切った。その人が首相になったとき、「なんたることか！」と嘆じた。「なんたることか」は、悲憤慷慨居士唐木さんのおはこでもあったが。

若い人たちを愛し、積極的につき合った。が全学連や全共闘の運動家たちについては、当時の多くの言論人たちの評価とちがってあきらかに、ある種の警戒心をもっていた。いま、そのうちの何人かが、臨教審の有力メンバーになったり、その他体制側の侍女になりさがっているのをみるとき、酔人唐木さんの、きわめて醒めた一面を、畏敬の念をもって想い出さずにおられない。

〝世に、記憶力の減退を難くひとは多いが、批判力の減退を難くひとは本当に少ない〟とラ・ロシュフコオはいったが、唐木さんは静かな人だったが、酔うと社会・政治・文芸・人物について、辛辣な批評をした。その批判の眼は老いを知らなかった。頭はシャープだった。さむらいぶりな批評家のくせは、根がナイーヴで、シャイなものだから、酒に託しないでは、きびしい評言や毒舌をよく口に出しえなかったようである。〈なるほど、こういう見方もあるか〉と、しばしば感心させられたものである。

ああ、いまや、その人はいない。その言をふたたびきくことはできない。葬儀の日、私は告別の辞を、いつの日か天国でまた樽の会をつくり、酌み交わそうよ、と結んだ。けれど、あの善意高潔の人、唐木さんは確実に天国に行っているだろうが、私にはとても天国への自信はない。とすると、葬送の日こそまったく、お別れだったかもしれない。それを思うといっそうかなしい。（二・一六）

ペンと酒の人・唐木邦雄君

名取義一

ある新聞に――課題は〝友情〟――投書しようと、この冒頭に「葬式に出ては、また亡友が皆を会わせてくれる、という感慨に……」と。その二月十二日正に午前十時ごろ、畏友――酒友・唐木邦雄君が、彼岸の人になっていたとは、これは、もちろん同君のことを意識していたわけではない。全くの偶然である。

実は二月七日の「樽の会」＝有楽町・大雅＝の例会に、早めに出席すると、彼は「ヤア、今日は小林さんが欠席なので、また〝あいさつ〟を……」とのこと。で、拙文の載った「民主主義」誌と、横浜に新しくできた近代文学館（隣りは大仏次郎記念館）のカタログを手渡し「春、ここを見て横浜・中華街で……ともかく考えて」と一言。

一、二年前から――私見だが――体調をくずして、時に声が出せず、同例会で「拡声器がいるゾ」との野次が飛んだほど。やはり死因の胸部大動脈りゅうが徐々に悪かったのか。なのに、このときは、一見元のとおりで少しも異常さが見えなかった。そして五日後に……ああ。無常迅速。私が彼を知ったのは、もう二十年以上も前か、『毎日』時代の親友・故沢開進君の勧めで「樽の会」に入り、銀座の「ふみよ」の例会でのこと。その折か、後日にか、彼は「ボクは信州人です。実は『毎日』を受けて落ちました」と言うので「エーツ、ボクの両親も信州人ですよ。すると、同じころ東日（当時は）を受けた人ですね」と、これから親しくなった。しかも彼は、戦時中、見習士官で千葉・国府台からビルマ戦線へ、私は後年、見習士官で華北・老河口作戦に。お互い野戦での苦労を語り合ったもの。だが、酒席で軍歌を唱うことはしなかった。

彼と私は、ペンを剣にかわせられたが、復

員後は、剣を捨てペンを持っての〃一筆居士〃に徹しようと努めた、と言えよう。まあウマがあったのである。

また忘れられないのは、沢開君が生前「この会を続けることは、一つの文化をつくることだ」と言ったのを、二人が「そう思う」と共鳴したことだ。

ところで、同十三日夜の杉並の大円寺のお通夜＝精進落ち＝では、いつしか親類、東大（新聞部）、旧制松本高校、ビルマ戦友会、樽の会、直の会……というグループに別れ、それぞれ故人を偲んだのが、私には印象的であった。彼の友情―律義さを象徴しているナ、と感嘆した次第。

ともあれ、愛妻、知恵子さんとともに〃樽の文化〃をつくった人と、敢て賛辞を呈したい。合掌。家内は写経を。

なお九十一歳とか、の母上が信州から急ぎ上京された由。つまり逆縁であったのだ。

（二月十四日）

1979年11月３～４日
越後湯沢温泉旅行にて

唐木邦雄君のみたまに

大木　卓

山たけき信濃に生いし君なれば
　雄々しき声も　いまはなつかし

悲しみは胸をふさぐも　いとせめて
　良きおもいでを　尊しとせむ

みたまはや　とわの苑生のうまざけに
　えひてうたいて　遊びたまうや

唐木邦雄さんの書信と遺稿

㈠

思いがけなくも、「くじゃく亭通信」第七号ご恵贈にあずかり、有難うございました。後藤さんが、絵画にもご造詣が深いことを知って驚きました。近々〈韓国写真展〉拝見しがてら、ピーコックに寄せてもらいたい、と思っています。御健斗を祈ります。

（一九七七年八月一日第８号「読者からの便り」）

㈡

「くじゃく亭通信」29号、有難く拝受しました。金達寿展の大成功は感激でしたが、これにたいして「通信」が示した暖い、キメ細かな心くばりも嬉しく思われました。金さんを囲んだ写真に、小生も一枚加わっているのは光栄の至りですが、どうも面映ゆいですね。いよいよ次号は30号と一区切り、楽しみにしています。ところで、長い論文調のものも勉強になって結構ですが、ときには身近な話題を扱った短くて、味のある随筆風の文章も欲しいところです。その意味でも、読者からのたよりで、知人の消息を知ったときの喜びはこたえられません。

・もう一つ、ＰＲ臭をつとめて排除されているのはわかりますが、≪くじやく亭≫で、富山県礪波市の地酒「立山」がのめることぐらい、なんらかの形で知らせることは必要ではないでしょうか。

（一九八〇年十月二五日第30号「読者からの便り」）

㈢

くじゃく亭で、富山の地酒「立山」をチビチビやりながら、焼肉を賞味することをもって、これまで最高のぜいたくとしてきましたが、こんど石川の「福正宗」それもオールド『昼も夜も』が、〃夏も冬も〃賞味できるという朗報を得て、思わず快哉を叫びました。今宵も、二、三人が「昼も夜も」を一本傾け焼肉を食べながら談笑している、そんな風景を女房ともども羨望しながら一筆しました。

じつは過日、高さんから「福正宗」を試飲する集まりにくるよう声をかけられたとき、舌のこえたお歴々に伍して、味ばかの私などと躊躇したのです。それにお酒の大家山本保先生のような専門家以外、酒のほんとうの味なぞわかりっこない、よき友との心と心とのふれあいから、しぜんと酒はうまくなるものというのが私の考えでした。しかし日頃、酔えば必ず、高さんよ、商売熱心にやれ、などとハッパをかけている手前、参加せずばなるまいと駆けつけた次第です。

正直いって、これはいけるという感触を得たのは他でもない、二千円の会費を持ちよってのこの集まりが、たいへんいいムードを醸しだしたことです。私など、このメンバーで今後とも亭主に苦言を呈し勉強させようではないかと口走ったところから、〝くじゃく会〟という妙ちきりんな会まで生まれそうな気配に、いやはや口は災いのもとなる哉と苦笑しています。

（一九八一年九月一日第34号「読者からの便り」）

(四)

生まれてはじめての松の実がゆ

松の実がゆのコースによる試食会にお招きいただき有難うございました。バラエテイにとんだメンバーで心おきなく歓談できたのも嬉しかったです。生まれてはじめて食べたというか啜ったというか、松の実がゆのおいしさは格別でした。そのうま味をどう表現していいか、今のところぴたりの言葉が思いうかびません。

思わぬ収穫は、カルビ肉のバラバラに焼くのではなく、肉片をかためお互いの水分で蒸し合わせて焼くように、高さんから教えられたことでした。

高さんよ、といつもの説教癖で申訳ないのですが、飲みものはほどほどに、サービス過剰はあきまへんでと一言。とはいいながら私もたっぷり頂戴して大はしゃぎ、汗顔の至りと反省しきりです。だが翌朝はケロリ、やっぱり酒を飲む前に賞味すれば二日酔いにならぬという松の実がゆの効果があった！と女房と話し合ったものです。

（一九八一年十二月一日第35号「料理談義」に寄稿）

(五)

階段のある喫茶店――渋谷のピーコックにはじめて訪れたときの鮮かな印象である。

その後、渋谷へ出ることがあれば必ずここへ足を運ぶことになるが、いつも展覧会の開いている雰囲気が魅力であった。黒っぽい服の女性の応待するしずかな物腰も忘れ難い。

さらに高さんと知り合うようになってから何回この階段をトントンと登ったことであろう。珈琲はあまり性に合わないので、しぜんとカウンターのところで地下へ逆もどりしてもっぱらビールかウイスキーということになる。ふしぎと居心地のよさが手伝って長っ尻となり、高さんとの駄べりに花を咲かせてしまう。その割に勘定のほうはほどほどなのであまり上客とはいえない。

高さんとの最初の出会いは確か東京大飯店で行われた後藤直さんのドクター開業十周年記念パーティの折だったが、一九七七年に『くじゃく亭通信』七号を送ってもらった礼状と引き換えに高さんから届いた便りに、

「前略　『くじゃく亭通信』についてのご高評ありがとうございます。阿部氏からもお便りを差し上げることと存じますがとりあえず、今までに出た『通信』を揃えてお送りいたしますのでお目通し下さい　次号からは順次お届け致しますので、ご愛読賜われば幸いです、二伸　写真展についてのご批評頂ければ幸甚です」

とあり、間もなく一号からのバックナンバーが届けられた。そのすばやい行動力に舌を捲いたことが、親交を結ぶ大きな機縁となったことも確かである。

こうして私たちの樽の会でも、ピーコックはもちろん、私の旧い友人、徳永清さんの作製になるあんどん風の門燈が玄関にたつくじゃく亭も、何回か例会場として使用させてもらうことになった。酒を愛する高さんのこと、樽の会のあり方に共感して、会員に加わるのに時間はかからなかった。

ピーコックでのいろいろなパーティに参加させてもらったが、一九八〇年一月の「田村義也装幀展」記念パーティ、六月の『金達寿

小説全集』出版記念「金達寿展」のそのまた記念パーティの、異常な盛況さに驚嘆し、興奮した記憶は、いまも生々しい。

　数々の懐しい思い出を秘めたこのピーコックが、こんど高さんの遠大な構想によって改装中という。どんな高尚なムードに溢れたものに変身するか、楽しみにしている一方で、柄が悪いうえに懐の淋しい私などには、容易に近づけなくなるのではないかと危惧、つい〃高さんとこ、珈琲高くなるぞー〃と酔余の放言が生まれたらしい。それが高さんに伝わりとんでもないと叱られた。まずはおとなしく改装開店の日を待つことにしている。

（一九八二年三月一日　寄稿）

（六）

　数日来ののどの不調も、どうやら峠をこしたとみて、二十日の午後、渋谷に出かけ、ピーコック画廊で催されている岡谷市在住の増沢荘一郎さんの版画展を拝見した。

　展示された十数点の作品はすべて、ふるさと信濃の風土から材を取ったものである。有難いことに、作品の一つ一つは、雑用に追われて信州を訪れることのほとんどない私に、親しく語りかけて、少年時代からの思い出の一齣一齣を生き生きと蘇らせてくれた。

　町並みの変りようの烈しさに目をみはらせる松本にあって、松本城の懐しい偉容は貴重な存在で、心をなごませてくれる。この城にほど近い丸の内に陣取り、毎日新聞松本支局長として活躍していた倉島康さんが、長野支局長に転じて淋しくなったなあと思っていたところ、小野の弥彦神社の宮司である立沢節朗さんが、駅前のビルに新しく開設された中日文化センターの事務局長として敏腕をふるうことになったのは頼もしい。

　つい先ごろ頂いた便りに、「立春も過ぎたせいか、何となく日一日と春の近づいてきたような気がします。連日日中気温がマイナスの中で生活していますと、2度、3度Cという日はバカに暖かい日に感じて、ほんの僅かな暖かさにも春を体で感じます」とあった。

　松本はまた稔り多い三年の春秋をすごした街であり、存分に青春を燃焼させた追憶は尽きない。今は知らず、かって松本城の濠にかき船が浮かんでいた。かきの季節が到来すると、数人の仲間と連れだって広島産のかき料理で一本三十五銭の酒を飲むという、当時の学生にしては贅沢に打ち興じたものである。店の経営者も従業員も広島県人であった。帰り際に「また来んさいネ」という優しげな声音が妙にほろ酔いの耳底をくすぐった。その声音の誘惑に勝てず、またぞろかき船に足を向けたことも再々であった。

　作品「善光寺」を観ていて、ふしぎと小学校時代の修学旅行のとき、本堂の地下の堂々めぐりを思い出した。真暗闇の中を恐る恐る手さぐりで歩くうち、大きな錠に手がふれると、好運に恵まれるという仕掛けであった。ひと廻りすると急に面白くなり、他の団体にまぎれてもう一度試みたのはいいが、坊さんに見付かって叱られた。この本堂の前の大通りを、長野放送局で寮歌放送をすませた帰りに、肩を組んで寮歌「春寂寥」や「夕暮るる」を放吟闊歩したことも忘れられない。

　安曇野に佇つ信濃乙女の構図、いうまでもなくわが愛誦してやまない安曇節の舞台である。碌山美術館は、一昨年の夏、小林孝輔青山学院大学教授の穂高の山荘「風外荘」に遊んだ帰りに寄った。ただ見学の小学生たちが館内を傍若無人に駆け廻り、どうにも気が散り、落着いて鑑賞することができなかった。

　爽かな感動に浸らせてくれるひとときを、とりとめもない個人的な感懐ですませ、作品の出来栄えについては、畏友後藤直さんの論評におまかせするにしくはないと失礼した。

（一九八四年四月一日第41号　寄稿）

≪編集部から≫次の葉書は『樽の会』の前日二月六日に出されたものです。唐木さんからの最後のお便りでありました。

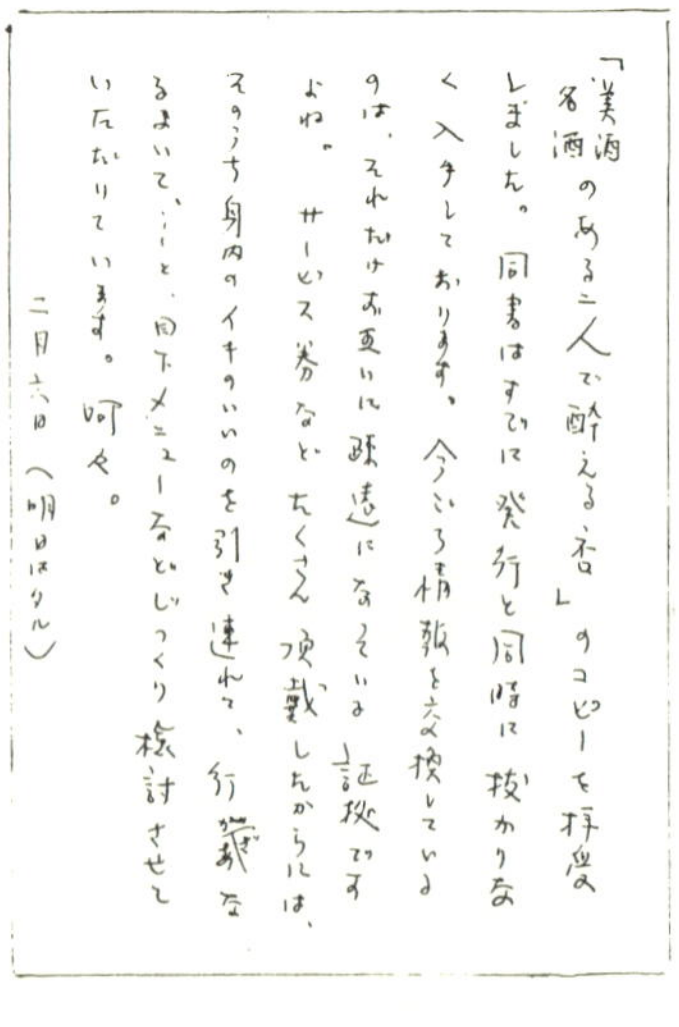

「美酒名酒のある二人で酔える店」のコピーを拝受しました。同書はすでに発行と同時に抜かりなく入手しております。今ごろ情報を交換しているのは、それだけお互いに疎遠になっている証拠ですよね。サービス券などたくさん頂戴したからには、そのうち身内のイキのいいのを引き連れて、行かざあなるまいて、ちょっと目下メニューなどじっくり検討させていただいています。呵々。

二月六日（明日はタル）

シルクロード・中国の旅㈠

ああ天池特曲

永井信一

敦煌近郊　白馬塔

旅立ちというと、いつもそうですが、団の責任者としてチヨッピリ不安をともないます。和気藹藹としたムードで旅することが、事故を防ぐ最上の手段で、たとえアクシデントがあってもそれなりに対処できます。日程が半に達し、最後まで良い旅ができそうだという見透しがついたときの気分は最高です。

そうしたとき旅の疲れも忘れて美酒を汲み交わしたくなるものです。私は食事と酒は現地主義を貫いています。インドのラム酒、イランのシャラップ（ブドウ酒）、シルク・ロードのアク、それぞれすぐれた文化を築いた土地や民族にはうまい酒があります。まして中国となると、酒の種類・質・量となると天下に冠たるものがあります。

今は亡き宮川寅雄さんが北京飯店の食堂で「中国のウイスキーは駄目だよ。ブランデイはマーマーだね」と言われたことがあり、この畏敬する大先輩の言を守り、ウイスキーだけは未だ口にしていません。中国語で烏威忌と書き、文字をみただけで手がでません。

中国に葡萄酒がはじめてもたらされたのは唐の時代で、高昌国から伝わったといわれます。むかしから中国本来の銘酒がたくさんあるのに、もの珍しさから葡萄酒が愛されたようです。ちうど今の日本人が酒の味を忘れてワインを飲むようなものです。田中元首相の訪中以後日本ではモータイ酒が俄然有名になりましたが、中国にはあれより上等でうまい酒はたくさんあります。前に訪中して宴会を開いたとき隣席の中国人に、北京の市民はどんな酒を晩酌にしていますかときいたところ、二鍋瓶という酒で、モータイ酒より強いが、値段はずっと安いという返事でした。今回北京の友誼商店でこの酒がおいてあるのをみて懐しく思いました。

ウルムチのホテルに着いて、先ず売店で地酒を求めたところ、天池特曲という酒ビンを出してきました。値段はモータイ酒の二倍以上、アルコール度はそれよりはるかに強く、部屋でひそかに試飲しながら、はるばると遠く旅にきた甲斐があったとひとり悦に入ったものです。うまい酒があると他人にもすすめたくなるのが酒好きの特性です。そこでみなさんにもと思いましたが、酒好きの善男善女にこの強い異国の酒をグイグイとやられては、どうなるかわかったものでなく、旅の安全を保証しかねません。そこで私はこの美酒をひとりで飲むことにし、ビンを大事に持って歩くことにしました。しかしいくら頑張ってもこの強い酒はなかなかなくなりません。とうとうトルファンのホテルを後にすることになり、一大決心をして残りの酒をトイレにすててしまいました。ところがどうでしょう、部屋中酒の強烈な香りが充満し、一瞬陶然となり夢心地のようになりました。ウルムチの地酒にまつわる、哀切極まるお話の一節であります。

シルクロード「中国旅行の記録」写真展

昨年八月、永井信一先生の引率による「女子美術大・シルクロードの旅」一行20人の旅行記録写真を二月二十五日から三月末日まで、渋谷・ピーコックで展示いたします。

どうぞご観覧くださいますようご案内申しあげます。

（編集部）

ピーコック画評(38)
「写真展・中国」

後藤　直

最近、日本から中国へ旅行する人々が急速に多くなっていると聞く。

人間は本来、壮大なものへの憧れがあるからだろうか。それとも、文化の遺産やその起源を探訪したいという血が騒ぐためなのだろうか。

いずれにせよ、かの地を実際に歩き、そうしたもろもろの対象物を、自らの目で確かめることは、有意義であり結構なことである。合わせて、お互いの国の文化交流と友好が深まれば一段と喜ばしいと思う。

さらに述べるなら、山脈も河の流れも、そして平野も砂漠も、日本とは比較にならぬスケールの大きい風土。加えて気象の変化のすごさ。そこではぐくまれた何千年もの歴史のなかで、えいえいと築かれてきた人間（民族）の生き方、考え方は、表現し難い魅力があり、同時にその文化や文明も遠大で、私たちの感情を昂らせずにはおかない。

なかでも、私たちの胸をとらえて離さないのは、東アジア地域、ことに日本へ多大な影響を与えた「シルクロード」への旅であろうか。「シルクロード」このロマンテックな響をもつ言葉を噛みしめながら、はるか遠い歴史をしのび、それを洞察しようとする旅行者たちの貪欲なまでの眼は、フイルムにその映像を残す作業から始められるのは当然であろう。

女子美術大学の有志約二十名が中心になり、八月十三日からおよそ二週間、四十度の猛暑の中国を旅行してきた。そのときの成果である写真の数々が、いま「ピーコック画廊」に展示されている。

それぞれの思いを込めて、人間や自然、建物、道路、市場などの被写体に焦点を合わせたことと思う。この写真展はなかなか素晴しい。私は半分はうらやましい気持でそれを眺めていた。

「ペゼクリク千仏洞附近」（高淳日）の砂漠は美しかった。「トルファン・ウイグル娘」「火焔山の前で」（永井信一）、「陽関ののろし台から」（永井道子）。「万里の長城」（揚妻武夫）「黄河をさかのぼって柄霊寺へ」（揚妻和子）。「炳霊寺」（揚村洋一郎）などは、撮る人の優しさが伝わってくる。

「トルファンの大切な用水路で」（斉藤玲子）は人々の表情が生き生きしている。「トルファン賓館、夜の舞」（舟木まみ）は、一行を踊りで歓迎してくれた人々を見事にとらえている。「ナンを焼く少年」（佐野弥生）「トルファン老人の笑顔」（片桐裕子）などは、表情がよかった。「ウルムチのバザールについて」（小野ヨネ）は、寝ころび野菜類を売っている光景とか、豆付の字まではっきり読み取れる写真で面白かった。

「北京故宮」「天山眺望」（檜垣真美）は、プロの腕前があると思われた。「炳霊寺」村山博子、「天山山脈」「ウイグル老人」「敦煌への道すがら」（内ケ崎友美）も印象に残った。また「トルファンから柳園まで」（宮崎ゆき）は汽車と平原の構図が素晴しい。

その他「陽関」「柳園からの漢代の城壁」（栗原恭子）は、スケッチで私の興味をそそった。なかなか達者な人だった。

いずれにせよ、すべての作品が、広くて荒涼とした自然を見事にとらえ、そこに生きている人々の表情も見逃さず撮られている。人々の顔の明るさが不思議なくらいである。

「ピーコック画廊」に掲げられた写真は、多分ほんの一部に過ぎないだろう。展示されていない他の写真をみたくなってくる。

この旅行グループの皆が、おいしそうに西瓜を食べていた写真も展示されていたが、そうした思い出とともに、この人々の胸に中国の旅は、いつまでもなつかしく残ることだろう。

くじゃく亭通信
第44号
「くじゃく亭通信」編集部
〒150　渋谷区宇田川町八ー九
☎（四六四）八九一〇
定価 100円

始作折半
―青丘文化賞を受賞して―

金泰生

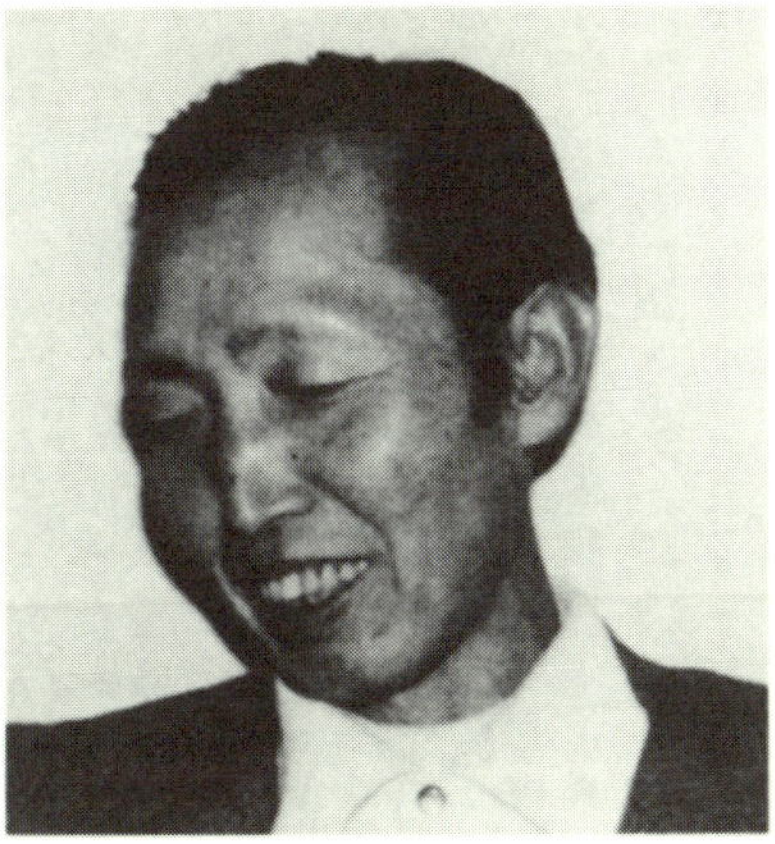

一九二五年済州島に生れ、三〇年渡日
一九四七年明大農学科入学、四九年結核発病・中退、一九五五年「文芸首都」に加わり編集同人、習作を発表
一九六〇年以降、同胞団体の雑誌編集に従事、創作から遠のいたが一九七〇年から徐々に執筆再開現在に至る。

写真には、車が通れば人は路傍に体をすくめて避けねばならないような狭い道が写っている。道の両側に人の背丈とあまり差のない低い家屋が、地にしがみつくように並んでいる。その道をチョゴリにチマ着の老女が一人、背を見せ腰を屈めて歩いて行く。かってわら屋根だった家々はトタンやスレートぶきなどに変り、道はコールタールで簡易舗装されていたが、老女のほかには人影もない片田舎の森閑とした風景である。

旧婚旅行を兼ねて韓国へ旅すると知らせてきた日本人の友人に、私は電話で気軽く故郷の写真を所望した。半ば冗談に告げたことばを真剣に受けとった友人は、ソウルから済州島まで三日間の日程をさき、数枚の写真をもたらしてくれた。私は何日か写真の風景と向いあっていた。けれども、その風景は容易に私の感覚に定着してくれなかった。逆にいえば、故郷の〈新しい風景〉は私を受け容れてくれようとしないのである。それは、私の存在を無視し、私の心を拒んでいるかのように思えた。今みる写真の故郷の新しい風景は、別れて久しく会うことのなかった人と唐突にめぐり会い、その面影の変貌にとまどう心情に似た思いを私に抱かせる。眼をつぶると記憶の深部から浮かび上がってくるのは、幼い日に心に刻みつけた故郷の風景である。

私がこれまで抱きつづけてきたイメージと重なるのは、村を貫いて循環道路へ通じる写真のなかの一本の狭い道だけであった。私は想像のなかで、写真の道を歩く老女の足もとの舗装を一気に引き剥がしてみる。コールタールの舗装をひっ剥がし、積りつもった時間の表層を掻き破ってみる。するとそこに、小石をちりばめてでこぼこの地面が顔を覗かせ、あの日の道が鮮やかによみがえってくる。――半世紀あまりの昔、私はその道を母に手をひかれて歩き、海を渡って日本へ辿り着いてきた。

解放後、八年間の療養生活からやっと脱け出し、一九五五年ごろから習作めいたものを書きはじめた私は、友人知己から君はどうしてそのように過去のことばかりにこだわるのか、と呆れ顔によく言われた。それもまるでへどを思わせる〈過去〉を、と。

しかし、それは一部に好意を含めた批判であり指摘であったとしても、かれらは明らかに何かを錯覚していた。少くともその指摘は、私自身の意図とは若干すれちがうものであった。私は過去を書くことから文章表現の一歩を踏みだしたことは事実だったにしても、だからといって単に〈過去の再現〉そのものを自己のテーマとして選んだわけではなかった。自分にとって〈過去〉が含みもっている意味を問い返すことが当面のモチーフであっても、回顧的にそこへ立ち返り、徘徊、詠嘆することではなかった。

それまで確かに私は過去にこだわっていたが、逆にいえば〈過去〉こそがんじがらめに私を捕捉して、容易に自由をあたえてくれようとはしなかったのである。ある時期、それは私の内部で私の生きようとする活力を食い荒しながら肥大し、ふくれあがるのに比例して、私は一種の精神的無力症におちいってゆく苦痛をあじわっていた。単なる時間的な過去をいうのであれば、単純にそれを〈現在〉の自分から切り棄てることも可能であった。だが、私の意識に根をおろしてしまったかのような〈過去〉は、そうされることを決して許そうとしなかった。だから私はそのようなとらわれの縛めから自分を解き放つためにも、それから逃避をはかるのではなくして、まずしかとそれに向いあい、その内容をいま一度さだかに見届けねばならなかった。それはいわば、眼に見えない〈過去〉にたいして、へその緒を切りとる精神の自立作業になぞらえてもよい。私の意識の深層に潜在して、生きようとする活力まで拘束してやまないと思える〈過去〉の内容とは、ただ私ひとりだけに属するものではなかったからである。

あの故郷の道を歩き、母とも別れて、日本に渡った日からもう半世紀あまりの歳月が過ぎた。そして私は今なお、この日本でめぐり会い、やがて世を去った近親者、親しい友の夢を見ておどろくことがある。かれらとの夢のなかでの唐突な邂逅と対話は、いちようにつらく重い。時には、とっくに脱け出たはずのこの現実の中に、どうしてまた迷いこんでしまったのかと窒息しそうになることがある。

夢から覚めて、私はたったいま夢で別れてきた人達の生の意味と、かれらが夜がねばならなかった時代の重さを否応なく考えさせられる。私に先立つかれらは夢を媒介として、そうした問いを突きつけてくる。そのことによって、私の意識の深部でかれらは確固として生きていることを思い知る。なぜあのように生きねばならなかったのか。あのようにしか生きられなかったのか。その問いは、何十年という時間のもつ消去作用の力に屈して私がかれらを記憶からぬぐい去ることを頑強に拒みながら、執拗につづく。

私がかつてかれらと共有した生の姿と、その思いをもし忘却しつくすとすれば、私はかれらに二重の死を強いることになりはしないか。かれら自身の死に加えて、私の内部におけるかれらの死という二重の死を。明らかにあの人たちは私の内部で二重の死を遂げることを拒否している。拒否することで私自身の怯懦な生きざまをも問いつめている。

私には、私を拘束しつつ、なおも私を衝迫してやまない意識内部の〈過去〉の実体と、その意味を問いかえし、形をあたえ、私から解き放つ作業が不可欠だった。そのような作業を自分に課し、果たすことなしには、にっちもさっちも動きのとれない精神状況に追いつめられていたのだった。

日本で私の少年期を見守った縁者も、祖父も、友人たちも戦中に死んだ。後日、父も、母も、日本で別個の生を閉じた。人の死は個別にみる限り、一人の死は一つの死にすぎなく、二人の死はあくまで二つの死でしかありえない。貧しく名もない人の死は、時代とは何の係わりあいもないできごとに見える。しかし、在日の状況を負い、生きて、生涯を閉じた私の意識内部の〈過去〉の人たちは、世代を異にしながらその死は一つの時代のものとなった。それぞれ形を異にした生も共生となり、苦しみを異にした死さえ同死の意味をおびたものとなった。一つの時代とその歴史を共有しながら、かれらはなお私の内部にも生きつづけている。私は自身のためにも、かれらを私の内部から蘇生させることを願った。その願望は、私が現在を書くための方法を探る契機とも重っていたのである。

その試みの一歩として『骨片』（七七年、創樹社）と、『私の日本地図』（七八年、未来社）を書いた。そして数年の空白を置いて、ようやく『私の人間地図』（八五年、青弓社）、『旅人伝説』（八五年、記録社　影書房）をまとめることができた。遅々たる歩みであり、ささやかな収穫であったが『骨片』を除く三作は、もともと「地図」三部作として構想されたものであった。これらの「地図」はそれぞれの欠落した空白部を相互に埋め返しながら、テーマの共通性と一筋の意図をつらぬくひとつの「歌」ともいえる。

ひとつの願望とそれが果たされて現実のものとなる間に、どれほど測りがたい距離が横たわっているものであるか、私は改めて考えさせられている。私がひと跨ぎすれば届く距離にあるとかつて錯覚したものは、未だに遥か彼方に手つかずで残されている。私はやっとささやかな基礎作業をおえ、いまひとつの出発点に立っているに過ぎない。

高淳日氏から八六年度の青丘賞を私に、という内示連絡があった時、受話器を耳にあてたまま複雑な感慨が胸をよぎった。あえて私でなくとも、それに価いする業績をもつ人たちが他にも数多くいるはずなのに。日暮れてなお牛歩する私は、辿る路上で肩を叩かれた思いが強い。立ち止まるな、眠りを貪るな、ひたすら己れの道を歩め、という声が聞える。それは励ましよりも、叱責に近いひびきを帯びた声として聞えてくる。

目下、私は長年の宿題だった長篇「人間の市」にようやく取りかかったところであるが、進度は思うにまかせない。ものを書く行為が人間の生によりそえる営みとなりうるためには、他者の心に届く自己のことばをもたねばならない。それは私にとってつねに変らぬ困難な課題のひとつである。しかし、表現の成立する場はつねに困難の向う側にしかないのも自明のことなのである。始作折半、シジャキチョルバニタ。今日も自分にそう呟きかけている。

青丘文化賞を受賞して

姜　徳　相

一九三二年　慶尚南道威陽生れ
一九三四年　渡日
一九五一年　早稲田大学文学部卒
一九五七年　早稲田大学大学院修士課程修了
一九六〇年　明治大学大学院博士課程修了

青丘文化賞が文化や学問研究の面で貢献度の高い在日同胞に贈られる賞であり、何人かの同胞有志の寄金によって運営されていることは知っていた。文化賞ができたいきさつもすこしは知っていて、つくった人たちのあたたかい思いやら同胞愛に共感をもっていた。

そして過去十一回誰がなんで受賞したのかもだいたいは知っていた。あの人はこの本、この人はこの研究、どれもが衝撃的意欲作であったりこつこつとつみあげた、ちみつな研究成果で、なるほど選者はよくみていると、そのいきとどいた的確な選定、評価に感心していた。また、なかには受賞を辞退する人もいて、その理由になるほどそんなものかと感じいったこともあった。

そんな私に十一月のいつの日か、高淳日氏から「今年度の受賞者にえらばれました。受けていただけますか」との電話を受け、はじめはびっくりした。今年は受賞にふさわしい仕事はなにもしなかったのに、なにが受賞の対象になったのか、わからない。思いがけないとまどいがあったし、おもはゆいようにもかんじた。

しばらくして、多分三十年間、経済史だ、民族運動史だ、在日史だと虫くいのように歴史研究をくいちらしてきたこと、そういった歴史雑学へのご苦労さんの意味かも知れないと思った。そしてさらに、私の歴史研究が浮気虫のようにあっちこっちにとび一つの鉱脈をどんどん掘り続けるタイプではない。くいちらして放置している。それをそろそろ整理しまとめなさい。「朝・日貿易史」「三・一独立運動史の研究」「大正デモクラシーと朝鮮」、「呂運亨先生評伝」等々、手をあげた以上一つの答えをだしなさいという選者のおしかりと激励がこめられていると思った。

まことに勝手な拡大解釈だが、青丘文化賞の水準を高く守るためには是非ともそうしなければならない。また、わが身におきかえてみても、五十をすぎたいま、関心をもち続けたテーマを完結するための持時間との大競争がはじまっているのも現実である。

一年に一冊書いてあと何冊か、その思いはなぜか強い。要するに真に光栄だと思うにはまだ私の努力が必要なのである。

受賞を機会に最近やたらにふえた身辺雑事、忘年だ、打ちあげだといって飲んだくれる尋常でない毎日を大整理して、良書にふれる日常をとりもどしたいと思う。井戸掘り作業に徹したいと思う。

在日に生きるものとしての課題はかぎりない。朝鮮と日本の相互規制、一国内在史観の克服、日本史そのばけもののような皇国史観（近現代史も）が朝鮮かくしでなりたっている。その欠落を埋める仕事は在日の我々でなければできない。こういうことをいうと、世間から浮きあがってしまうが、しかし、たしかなことだと思っている。

なお受賞をいちばんよろこんでくれたのは私の家業である中華屋の店先で「いらっしゃいませ」「ありがとうございました」といって、私の「無駄使い」を支えてくれたワイフであった。賞金は全部ワイフ行きである。

選者のみなさん、青丘会のみなさん、ありがとうございました。期待に応えたいと思っています。

◇

一九八五年度青丘文化賞について

昨年十一月二十四日、伊豆長岡温泉「南山荘」にて本年度の授賞者の選考会がもたれ青丘文化賞は次の二氏に決まりました。なお青丘文化奨励賞は、該当者なく見送りとなりました。授賞式は三月二十一日に行なわれます。

第十二回青丘文化賞　金泰生氏
　　　　　　　　　　姜徳相氏

青丘会は一九七二年発足、一九七四年に青丘文化賞を、一九七九年青丘文化奨励賞を設定、毎年授賞者を選んで参りました。今回で文化賞は十五氏（うち二氏辞退）、奨励賞は二つの団体と四氏（うち一氏辞退）の方々に授賞いたしました。

これまでの受賞者は次の方々です。

青丘文化賞

一九七四年度（第一回）　金達寿氏
一九七五年度（第二回）　金石範氏
一九七六年度（第三回）　李進熙氏
一九七七年度（第四回）　姜在彦氏
一九七八年度（第五回）　朴慶植氏
一九七九年度（第六回）　高峻石氏
一九八〇年度（第七回）　金学鉉氏
一九八一年度（第八回）　金時鐘氏（辞退）
一九八二年度（第九回）　許萬元氏
一九八三年度（第十回）　李恢成氏（辞退）
　　　　　　　　　　　　姜斗興氏
一九八四年度（第十一回）　文玉柱氏
　　　　　　　　　　　　愼英弘氏

青丘文化奨励賞

一九七九年度（第一回）　辛基秀氏
一九八一年度（第二回）　金容権氏
一九八二年度（第三回）　李良枝氏
　　　　　　　　　　　　団体　学林図書室
一九八三年度（第四回）　金賛汀氏（辞退）
　　　　　　　　　　　　団体　麦の会

＜編集後記＞

永い間、ごぶさたいたしました。43号を昨年三月に出して以来、発行できずいまやっと44号をおとどけすることができました。その間おおぜいのかたから問い合わせやら、励ましをいただきましたが、全く私の怠慢からでありました。あえて言うならば昨年は個人的には何かと煩雑でとても「通信」編集の気分が起らなかったことはたしかでした。何かを行うことでそういうものからの脱却を図らねばと、ようやく腰をあげたしだいであります。どうかこれからもご鞭撻のほどお願い申しあげます。（高）

シルクロード・中国の旅㈡

中国寧夏回族自治区かけある記(1)

沢野　勉

55プラスワンの民族構成
——中国の回族はいま

内モンゴルの鉄鋼の町として有名な包頭から、中国西北部、黄河の中流にある寧夏回族自治区の中心都市、銀川（インチュアン）までは、夜行列車で九時間ほど——。

寧夏回族自治区は、古くは寧夏省とよばれたが、解放後に甘粛省に合併、一九五八年に自治区として独立した。年間の雨量は百ミリから二百五十ミリと少ない乾燥地帯だが、黄河の水を灌漑水路として、コメ、ムギなどの農産物も多くつくられている。ヒツジの牧畜も盛んだ。

中国にはたくさんの少数民族がいる。その数は五十五とされ、それに圧倒的に多い漢族を加え、五十六の民族からなるのが中国という国家である。少数民族のうち、もっとも多いのが、おもに南の方に住むチワン族で千三百万人を越える。二番目が回族で約七百二十万人で全国各地に住んでいる。少数民族の中で、チワン族、回族、ウイグル族、モンゴル族、チベット族の五つがそれぞれ自治区をもっている。自治区といっても、その地域には漢族ももちろん多く、この寧夏回族自治区には、回族は全人口三百八十九万人のうち三分の一の百二十三万人とのことだ。

中国の回族は唐宋時代に渡来した、商人や兵士のアラブ・ペルシャ人が起源という。一方、貿易商人として南方の海路で広州や福建省に来た者もあった。古くは回回（ホイホイ）とよばれたが、解放後、回族という呼称でよばれるようになった。回教（イスラム教）を信奉し、各地に清真寺とよばれる寺院を建てた。漢族中心の社会で、長いこと少数民族は地位も低く、ある意味で蔑視されていたが、解放後は政府が少数民族保護の政策をとるようになり、しだいに平等に扱われるようになったということだ。

ただし文化大革命の折には、古い建造物などの破壊も行われ、この銀川の回教寺院も壊されてしまったという。そのあと、復元されて、現在のような玉ねぎ型の屋根をもつ立派な建物がつくられた。

民族自治区といっても、漢族の力は結構強く、数の上でも断然多い。ただ、宗教的な面で、回教徒の活動は十分に保障されているようだし、何より食べものの上で、漢族の世界と明確な一線が画されているのが特徴であるといえるだろう。

回教徒と羊との深い結びつき

回教では豚肉を食べない。食べる肉といえばもっぱら羊である。豚の禁忌のほか、貝類やエビなどの甲殻類、馬、ろばなどの奇蹄類なども食べないが、何といっても豚肉に対しては強い禁忌である。

回族の入る飲食店は「清真飯店」という看板が必ずかかっている。列車の食堂車にも同様に、テーブルに「清真席」という札が載っていて、ここのテーブルには豚肉料理を出さない。

豚肉を食べない分、回族の食べるものとしては羊が欠かせない。考えてみると、回族の遠い祖先たちが西から移動して、乾燥したこの土地に住みついたこと自体、羊という食べものを手にしたことによる、といってもよいだろう。何しろ羊は自分で動くから、食糧そのものが動いてくれるわけで、痩せた土地の僅かの草を食んで、貴重な蛋白源を提供してくれるという点では、こんな素晴らしい資源はまたとないといってもよい。

人類は羊という動物を手なずけたことで、ここまで発展してきたともいえるだろう。羊の家畜化は犬について古い。群をなして移動するこの動物の習性を知り、はじめは待ち伏せして捕えていたのだが、やがて人間はこの羊に〝寄生〟して、羊と共に移動することによって生きるようになった。（次号に続く）

旅での発見

永井道子

はじめての中国でした。実は行く前、観光ではなく学究の旅ときかされ、北京へついた晩、早速莫高窟のスライドと、お話で、毎日こうかなと少々恐れをなしていましたが、それきりで、普通？の旅となりほっとしました。どうも私は仏像などを学問的にみるのが苦手です。質問に答えてくれる人が近くにいるからとか、いろいろいいわけをしていますが、実はやる気がないのです。感覚的に好きなのはありますが、要するに展覧会の絵を見るのと同じです。

それで、敦煌の莫高窟では、最初は熱心に見ましたが、二日目になると正直いってあきて、ひととおり見てすぐ外へ出てしまいました。同行のA氏も一緒で「俺は、おちこぼれだ」とつぶやいていたのが同感でおかしかったです。この話を帰ってから友達にしたら「もったいない！」と言われました。そして壁画も仏像もすばらしく、またあの中でお坊さんが瞑想にふけるのもなるほどと思い、いつまでもいたかったそうです。どうも私はその前に酸欠みたいになってしまうのです。閉所恐怖症なのでしょうか。でも、もったいないとは思いません。鳴沙山の砂が軒から音をたてて流れおち、風に舞い、そしてまたもとに戻り、この砂はいつまでもなくならないという不思議さ、その下にこうした所を作ることの驚き。考えてみると、私が感激するのはいつも外で空のある時です。博物館もあまり好きではありません。今度の旅でも、ウルムチからトルファンへ行く途中、三六〇度何もない石ころの砂漠になった時、声も出ない程感動し、時々現われる蜃気楼に目をみはり、ベゼクリクの赤みをおびた土にかこまれた千仏洞も、まっ青な空の下に絵の様でした。その他、心に残るものにはすべて空がありました。これは大発見です。根っからネアカなのでしょう。私がもし瞑想にふけるとしたら、あの広々とした陽関にすわりたいものです。

敦煌での一日（番外編）

片桐裕子

敦煌四日目。前日まで敦煌賓館の食堂は、大勢の観光客で埋っていたのに、その日の朝我々のグループ以外に食事をしているのは、二・三のグループだけである。それも午前中莫高窟へ行くグループは皆無。どうしても、もう一日莫高窟を見学したいというメンバー八名は、他のツアーのバスに便乗することを諦めて、自力で莫高窟へ辿り着かなければならなかった。八時出発の陽関行きメンバーを見送る。何となく不安そうな顔でバスから手を振ってくれる。「さらわれないようにね」とN夫人。そう、なんたってうら若き？美女八名である。が、内心は「おそうんじゃないぞ」と言いたい面持ちで出発していった。

敦煌の町から莫高窟へは一日二便のバスが出ている。午前中の便は早すぎて見合せ、敦煌県博物館へ行くことにする。

ホテルのフロントで場所を確認するが、メモ用紙に書き示してくれたのは、線一本。その線に斜め向い合せにまる二つ。それで終りである。何となく理解していざ出発。

実際敦煌の町は、メインストリートが一本。その中程にロータリーが一つ。そんな町である。そこで博物館なるものが見つからない訳がない。ところが、メインストリートのほぼ東端に位置するホテルを出て、西に向って往けどくらせど、それらしき建物がないではないか。これ以上先はもう町を出てしまうという西端まで来て、首をかしげて廻れ右である。

白い制服のおまわりさんを見つけて尋ねるが、このおまわりさん、判っているのかいないのかまるで要領を得ない。途中二度程尋ねるが見つからず、とうとうホテルの前まで逆戻りである。そこで国際旅行社の人らしきおじさんに尋ねて、やっと辿り着くがなんのことはない。そこはホテルとほんの目と鼻の先であった。朝の散歩を約一時間楽しんでしまった。

「入場費是多少？」「一毛」入場料一角（約十銭）なり。莫高窟蔵経洞の経巻、敦煌具内各時代の墳墓からの出土品、漢代長城遺跡の出土品などをおよそ三室に展示している。

午前中を使って各自見学を済せ、自由にホテルに帰る。朝、食堂で作ってもらったお弁当を各室にて頬張る。

ひと休みして、午後の行動開始である。昨日のうちに求めた敦煌－莫高窟往復（一・四元）のチケットをにぎりしめ、十四時十分発というバスに乗り遅れないよう、早めに出発する。こちらでバスに乗るのはひと苦労。と散々脅されていたのではあるが、それにしても早すぎて、バスを待っている人など見あたらない。本当にバスは来るのだろうかと待つことしばし。十分程前より、ボツボツ人が集まり始める。しかしどちらの方角から来るのだろう。あっ、バスが向うから走ってくる。と同時に、なんと待っていた人達がバスめがけて走り出すではないか。こうなったらこちらも走るしかない。何のために走っているのだろう。判らないけれど、〃郷に入ったら郷に従え〃を実行して土地の人と争いながらバスに突進。人々をかき分け、蹴散らしながら乗り込む。皆無事席を確保するが、まだ十分にシートは余っている。何のためにかけ乗ったのだろう。ともあれ、無事乗り込めてひと安心。一昨日、昨日と通い慣れた道を莫高窟へ向けて走るが、我々の貸切バスより結構乗り心地はよい。町なかを出て走ること三十～四十分、向って左に三危山、右に鳴沙山。その裾に莫高窟防風林の緑が見えてくる。この風景もこれが見納め。

一人四元の入場料を払い、荷物を預け（バック類は一切持ち込めない。カメラは当然）、日本語を片言話すガイド嬢に従う。

「どこ見ますか。」

現在公開中の約四十窟のうち、昨日までに見そこなった窟を出来るだけ多く見ることにする。階段を登ったり降りたり、狭い道路をかけ廻り、帰りの時間を気にしながら、それでも六窟は見学することができた。最後にどうしても二八五窟をもう一度。後ろ髪引かれる思いで、十七時少し前バス乗り場に向う。何度も何度もふり返りながら。

地元の親子づれ、多分香港からの観光旅行者、そして日本人が数人。往きとは違って、立錐の余地もないぎゅうぎゅうづめバスに揺れながら、又いつか敦煌にこれるだろうかと感傷的になっていると、この混雑をものともせず、車掌さんが切符の確認に廻って来た。

バスはそろそろ敦煌の町にさしかかっていた。

肉マン譚

佐野弥生

☆一九八四年八月二十五日

今朝も北京はよく晴れて、暑い一日になりそうだ。私と、友人のKは、万里の長城へ向かう他の十九人を前門飯店の玄関先で見送っていた。二週間の中国の旅も明日で終わる。万里の長城は二年前の三月に来た時に行っている。それよりもKと二人で北京の街を一日ゆっくり歩こうと、昨夜決めたばかりである。異なる季節の、緑の中の長城も魅力的ではあったが、私にはもっと大きな目的があった。Kの持ってきたガイド・ブックにでていた肉まんのことである。「小さいけれど、とてもおいしくて、熱々のをほお張ると中から熱い肉汁がぴゅっとあふれ出てくる」とある。店の名前は「慶豊包子舗」。前門飯店の北西、宣武門大街と西長安街の交わるところの角にある小さな店で、いつも店の前には長い行列ができているという。店はここからそれほど遠くなさそうだし、そんなにおいしい肉まんを食べずに明日東京へ帰ることは私の食い意地が許さない。絶対に！

皆の乗ったバスが見えなくなると私達はさっそくホテルを出た。瑠璃廠（文房具、美術工芸品をあつかう古い店並）に続く古い通りを歩く。石の瓦屋根が美しい。小さな印材屋で何本か印材を買う。瑠璃廠は改修中で、どこもごたごたとしている。栄宝斎で、朱肉入れ、複製画、グリーティング・カードなどを買う。

地図で見ると今、私達がいるのは前門西大街で、ここから西へ少し行くと宣武門大街に出る。その大通りを北進すると目指す「慶豊包子舗」が見つかるはずである。十一時を過ぎてかなり暑くなってきた。カメラや雨がさ（先日、ひどい夕立にあって苦労したので）が重く感じられてくる。買いこんだものもかさばって持ち歩きにくい。のどが乾く。東京のようにジュースの自動販売機がどこにでもあるはずはないが、飲み物を売る店が見当たらない。たまにあっても、あまり清潔そうでなかったり、混んでいて、すぐには買えそうもなくあきらめる。水筒を、今日に限ってホテルに置いてきた私のばかさ加減、目的の大通りになかなか出ない。一ブロックが地図で考える以上に広い。足には自信のある私やKも、少々疲れてきた。Kは帽子をかぶっていないので、よけい暑そう。昼食時で人がたくさん道にあふれてきて歩きづらい。すわって休みたいが、満員の食堂からはみ出した人が多勢道ばたで丼かかえて食事しているので場所がない。私もおなかがすいた。ふらふらする。

あった。包子《パオズ》（小さな肉まん）があった。店の中で何人もの女性がものすごい早さで、包子を作っている。それにしても長い行列。列に加わる前に水分を取らねば私はおそらく包子を目前にして日射病で倒れる。Kも同じ事を考えていた。店の近くで飲み水を売っているのをKが探してきた。私が先に行列に並び、その間Kがその水売屋さんで休んでくることに決定。おいしそうな包子が湯気を立てているのが時々かすんで見える。ここで倒れたら〃大使館もの〃である。無理を言って別行動を許してもらった、邵さんや董さんに申し訳がない。Kが戻ってきた。〃すごい店だったよ〃という。本当、すごい。病気になるかもしれない。ずらりと並べたコップへ、若い女性がひしゃくでバケツの中から、じゃばじゃばと水を汲み入れている。時々バケツの中へ消毒薬をたらす。コップ一杯〇・二角。（日本円約二十銭）一気に飲む。生き返える思い。これで病気になっても本望。私が休んでいた間に順番がかなり前に進んでいた。包子十五個で〇・三二元（日本円約三十二円。一個二円）信じられない値段。中国の人は皆各自ビニール袋やお弁当箱、お皿を持参で、それらに買った包子を入れている。手ぶらの私達はどうすべきか。熱々のを十五個も素手では持てない。ここで栄宝斎での買い物の紙袋が役に立った。苦労して買った大事な包子をかかえて、さっきの水売屋さんに再び入る。店の奥の露地に入り、みかん箱みたいな椅子にかけさせてもらって、二人でもそもそと包子を食べる。美味。満足。我々をじっと見ていた店主らしき太ったおじさんが、急に思い出したように「ガクセイ？」と私達に問う。学生かと聞いているらしい。私もKも三十代である。彼の日本語はそれ以上続かなかった。おそらく昔はもう少しは日本語を知っていたかと思われる世代である。あやしきも、すばらしき、そのコップの水を私はさらに二杯も飲んで、包子を六個食べて（Kは五個しか食べられなくて、今もってそのことを話す）残りは友へのおみやげとして帰路についた。実は、近くの民族飯店から前門飯店までタクシーで帰るまでの間もたいへんな苦労をしたのであったが、その話は紙面の関係上、割愛する。ホテルへ戻り、部屋へ入り、先ず何よりも先に私は抗生物質を飲んだのである。

お知らせ

ご愛顧いただいていますピーコックは、一月二十七日から二月十日まで改装工事のため休業いたします。前回一九八二年二月に改装して満四年が経ちますが、建築して創業以来第四回目の改装となります。五年に一度ぐらいの改装がこの種の営業には普通のようですが、近頃はその周期が全般的に早まりつつあるように見受けられます。時代の変化に対応するにはこの面でも仲々多忙です。新しい店が果たしてどのような感じの店になるか、どうぞご期待ください。こちらへお出での節はお立寄りのうえ御批評賜われば幸いです。

追悼詩

さびしい鶴

——亡き金《キム》鶴《ハ》永《ギョン》に——

丸地　守

どこから舞い降りてきたか
さびしそうな鶴よ
西荻窪の画廊スナック「グレル」はいま
あなたの好きなシューベルトの「アルペジョーネ」の旋律で満たされている

音もなく扉を開き
いつともなくスタンドの一本の鉄の棒に足を
　からませ
両ひじをたて
くびれたあごのあたりをこぶしでおさえ
ときに額に掌を当て
冷や汗を拭き
忘れた頃　すっと
オンザロックを飲み干し
語るでもなく、叫ぶでもなく、笑うでもなく
氷の溶けるのを眼で追っている鶴よ

この危げな一本の鉄の棒が、唯一
存在のよりどころであるか
度の強い眼鏡越しに
しじみのような黒い瞳を私にむけ
ひょいと頭を下げ
とっと、言葉にならぬものを口ごもり
また壁に向きなおって
いい知れぬ深い何かを追いかけている

一、二度私たちは酔っぱらって
ディスコの曲で滑稽な踊りを踊ったりした
〈お互い、さまにならなくてね〉
〈背中をみると、たまらなくかなしくなっ
　てきたりしてね〉
〈そう、あなたの背は特に淋しい影が離れ
　ないんだ〉
〈それでいそいで止めてしまったりしてさ〉

紫陽花の花の頃は
どこで手折ってくるのか
濡れたままの　なかでもブルーの強い　それ
　を
あなたはだまってさし出し
カウンターにかざってもらい
あたかもそれが　たましいの故郷とでもいう
　ように喰い入るようにのぞき込み……

鶴よ、どうしたはずみだったのだ
一九八五年一月四日『郷愁は終り、そしてわ
　れらは―』の著書を残して
己れの手で細いいのちの糸を断ち切るなんて

紫陽花は
私も大好きな花
好きだが　鶴よ　これからというもの
紫陽花の季節を迎えるのが辛い
紫陽花のなかからかなしみの深部に降りてゆ
　く　あなたの声が聞こえるからだ
もうじき、その季節がくる

私の横のぼんやり暗いこの空席を埋めるため
　に
また、どこからともなく
ひょい　と、舞い降りてこないか
さびしい鶴よ

いろいろな色のはなし

外岡　宏

一、プロローグ

私たちは、いま、美術の会（『東アジアの古代文化を考える会』の分科会のひとつ）という小さい会で、色をテーマとする話しあいを続けている。古代史の対象とする時代を、色の側面から分析してみようという集りだ。これを取りあげよう、これは取りあげるべきではないという類のルールは設けていないが、わずかでもいい、新しい視点をみつけようと苦労をかさねている。

そこへ編集長の高さんから『くじゃく亭通信』にも色に関する話をのせるようお誘いをうけた。

せっかくの話だが貴重な『通信』の紙面に場違いな記事をのせるわけにはいかない。実のところ、しばらく生返事をくりかえしていた。しかし再三の督促を聞いているうち、ついつい、見開き二ページぐらいずつなら引きうけなければ悪いような気になってしまった。まったく迂闊なことである。

もっとも、承知した動機は度重なる要請があったからということだけではなく、高さんの熱心な口説きに耳を傾けているうち、書かなければならないテーマは私の側だけにあるのではなく、高さんの熱意のなかにも潜んでいるような気持になってしまったからでもあるのだ。

つまり、責任の半分は高さんにもある。本論に先だって、これだけは書いておかなければならないだろう。

ではなにを話題にとりあげればよいか。新羅の黄金だろうか、駕洛国の王妃が乗ってきた赤い帆の船の話になるのだろうか。それはまだわからない。しかし本稿が最後に取りあげなければならないテーマだけはすでに決定している。そのテーマとは李朝白磁の白の問題である。

だからこの稿をひきうけたということは、李朝の白について書くことを承知したことになる。多少はやまったかなとも思うが、エイ乗りだした船だとも思っている。

最終テーマは決定していると書いたが、念のためにいえば、高さんと相談してそう決めたわけではない。およそ色に関する歴史的諸側面をバランスよく含んだ好個のテーマだから、このさい是非とりあげよう。しかし難問だし、それだけに面白い問題でもあるから、まあ、最後までとっておくことにしたまでである。

過ぎ去った時代の色を論じるのは生やさしいことではない。ナポレオンがいつも赤いバンドをしていたのは何故かというクイズがある。はじめてこのクイズと出あったとき『赤と黒』、『レ・ミゼラブル』・『マリー・アントワネット』等々、フランス革命に関係のありそうな小説全部を思いかえして、その秘密を解こうとした。しかし正解はなんと「ナポレオンは赤いバンド一本しか持っていなかったからだ」というではないか。この話しに類したクイズはたくさんあるが、いずれも常識とか固定観念が手玉にとられるところがおもしろい。

常識や固定観念は、人びとが円滑に社会生活を送るうえで、きわめて有効な思考形態だ。もしこうした思考上のルーチン・ワークがなく、脳がいつもフル回転するとしたら、私の脳など十分ともたずにオーバ・ヒートしてしまうだろう。

しかし有効であればあるほど、状況の変化でしくじることも多い。現代の観念を不用意に過去の時代に持ちこんでいないか。あるいは逆に、旧い観念で現代人の行動を割りきってはいまいか、こうした観点に立って個々の問題にぶつかってみたいと考えている。

小手しらべに口紅を俎上にのせてみる。女性はなぜ口紅をつけるのだろう。現代の男性はほぼ例外なく、女性が口紅で美しく粧ってほしいと望んでいる。しかし女性は男性の願望の有無にかかわらず自ら化粧を忘れない。女性は本能的にナルシストだと考える人もいるくらいだ。では本当のところ女性は異性のために粧うのか自分自身のために粧うのか。ちょっと考えてみただけでも、問題は多元的な構造をもち、ひとすじ縄では解けないことを知らされる。化粧原論という本があるなら、この問題にこたえる二十や三十の学説がズラッと並記されているはずだ。

だから真理にたどりつくまで、異論は大いに結構、ドンドン・パチパチ賑やかなほど良い、高さんが意図するようにそれで議論が花ひらいてくれるなら、甘んじて脱線もしてみよう。

「日本の色」とは

足立登美枝

本稿のテーマ『色』は、誕生のはじめからお堅い字ではない。諸橋先生の『大漢和辞典』は説文の顔いろ説に立っているが、色事の色説をとる辞典のほうがずっと多い。手もとの『漢和中辞典』（角川）を引くと「人の欲望（性欲）の意」とした後、

一説に、会意字で心と顔は符節を合わすように一致するので顔色の意というが疑わしい。

とわざわざ「一説」を批判している。つまり色彩の色から色事の色ができたのではなく、反対に性欲から女の意となり、また女の美しい顔色の意となったのだそうだ。

やれ神さまだ、やれ呪術だ、やれ霊力だ、やれ魔力だなどとお堅い話はやめて、人間らしく行ってみよう。

「青丹よし　奈良の都は……」言葉から受ける感じはやわらかく美しい。しかし、この隋・唐から直輸入の色どりは強烈に思われる。広大でしかも乾燥した中国で感じる色あいと、四方を山に囲まれ湿潤な土地からの大和とでは、同じ色でもかなりの違いがあるのではないだろうか。

何気なく感じとっている色も、時代・風土・環境・用途などを考え合わせると一筋縄ではいかないむずかしい問題を含んでいるのに驚かされる。その上、色そのものが極めて抽象的なものであるためにその扱いは困難だ。

古くは縄文・弥生の赤を主体とした時代に始まり、銅・金など金属文化の伝来、隋・唐文化の影響をストレートに受けた時代。一方襲の色目に見られる極めて繊細な色彩感覚もある。その色を表わすことばの豊かさもすばらしい。そして武将の緋縅の鎧や、その反対の極をなす茶の世界の侘び、寂の色、又桃山の屏風の金泥・銀泥、陶磁器の絵付けの色、江戸の錦絵等々、数えあげると実に様々な変化がある。

しかしよく考えるとその殆んどは極く一部のエリートのためのものゝ色であることに気がつく。が一方、それを生み出したのは殆んどが名もない職人たちであった。今日のように芸術家何がしというのではない職人たちの作ったものが今芸術的価値を問われている。

今私たち一般庶民は実に思い思いの色どりのものを身につけ、生活の中に取り入れている。しかし過去においては、これらの優れたものを作りあげた人たちはどんな色に囲まれて生活し、また色をどう理解していたであろうか。

古代から現代まで、それぞれの時代に重視されていた色、色のもつ意味、その移り変りなどなど日本人の色とは何であったかを時間をかけてじっくり考えていきたいと思っている。

（美術の会会員）

金泰生の作品を読んで
―「民族」の慟哭をリアルに描く―

後藤　直

金泰生の『骨片』（七七年九月、創樹社刊）と『私の日本地図』（七八年六月、未来社刊）を読んだ。

前者は『人間として』（筑摩書房）、『季刊三千里』に発表した作品の収録であり、後者は雑誌『未来』に連載したものである。

作者は『私の日本地図』のあとがきの中で、「素材は事実に基いていても〈事実〉の抽出と表現の過程においては当然にかなりの抽象化がおこなわれている。これは〈小説〉か〈記録〉なのかと問われれば、多分私は、即答を控えるだろう。ただ私は、私なりの小説の書き方と記録のそれとを重ねあわせて私の主題を取出してみたかったわけだ」と述べている。私には、克明で、こり過ぎの感じすら受ける文体からして、やはり小説といった方がよいように思えた。

作者は、六才のとき祖国（済州島・大静）をでてから日本での生きざま、その生い立ちの言語に絶するきびしさ、苦闘を描いていて読者を圧倒する。しかも加えて、この作者の記憶のよさ、確かさに驚異を感じ、私は二重に圧倒されてしまった。

幼年時代から、いわれのない差別にさいなまれ続けた日本での生活。苦痛、疲労感、離散、別離、刑務所、借金、涙、窮状、失望、焦躁、絶望、闇、貧困、病気、死、いさかい、望郷、自己嫌悪、屈折、屈辱感……これらの言葉の連発でつづられる文章、しかしこれらのすべてが「戦争という人為的な狂気の営みの前に無力」だったと作者は独白している。このやり場のない心情が「民族の慟哭」でなくて何であろうか。

私には『骨片』に収められた「童話」という短編は、そのリアリズムの方法においても内容の濃さにおいても抜群のできばえに思えた。それは、五才の幼児（作者自身のことが）が人為的に母親と離別させられる内容である。悲しくてやり切れなくなる作品ながら、本質的にはなぜか暗くない。それは優しい作者の人柄がにじみでているからなのかも知れないと思った。

この種の、自分史とも呼べる作品は、たとえば張斗植の『ある在日朝鮮人の記録』（同成社刊）とも共通するテーマであり、おそらく個性の差、環境の差を越えて、どの在日一世もが通過しなければならなかった地獄であったはずである。これらの作品は後世に残すことがどれだけ重い意味があることだろうか計り知れない。『骨片』、『私の日本地図』はきっと貴重な作品として残るであろう。

悲しいが暗さがあまり感じられないのはなぜだろうか。それは民族の矜持を持ち続ける強い意志の人間像が、これらの作品の中に多く登場するからであろうと思う。

このような労苦を強いられたのは、作者がいうように「ぼくたちの祖国が日本に併呑された」ことに起因しているのは明白である。まさにすべての苦難のドラマはここから出発したのであった。

金泰生の二つの作品を読み、加害者である日本と日本人は、そのことを決して忘れてはならないとつくづく思い知らされた。

なお、金泰生に「青丘文化賞」が与えられたときく。心からおめでとうといいたい。

◇

〈編集後記追加〉

4ページにも書きましたとおりこの一年ほどのあいだ、おおぜいの方からお便りをいただきました。厚く御礼申しあげます。

〈読者からの便り〉の欄は今回、編集の都合で割愛いたしましたが次号から順次載せていきたいと思います。

ピーコックがスペースとしてのフォーラムならくじゃく亭通信は情報のフォーラムです。お互いの近況やサークルなどの活動状況を交換しあう場としてご利用いただければ幸いです。この欄へのお便り・投稿をお待ち申しあげております。

青丘通信

第1号

青丘通信

一九九〇年三月一日発行

デザイン・田村義也

発行所　〒150 東京都渋谷区道玄坂2－23－13　ピーコック内　青丘会　TEL 464－3326　編集＝高淳日

1989年度　青丘賞決まる

一九八九年度の青丘賞は次ぎの方に授与されることが決りました

青丘文化賞
（賞金五十万円）
作家　高史明氏
現住所　小平市仲町五〇－六

青丘文化奨励賞
（賞金三十万円）
映画監督　金佑宣氏
現住所　練馬区中村南二－二三－一〇

○授賞式と受賞祝賀パーティは左記のとおり行われます
日時　一九九〇年三月二十一日㈬　午後六時
場所　渋谷・東急文化会館ゴールデンホール
電話（四〇九）四一八一番

青丘文化賞の受賞に際して思う

高史明

世界中が、巨大な地殻変動の激震に見舞われている。地底の割れる音が轟いている。その轟音が、人々の耳目を打ち続けている。一九九〇年代は、この激動の渦の中ではじまった。この激動は、さらに何を引き起こすか。また、どこに向うのか。恐らくこの激動は、世界史の四百年を、根こそぎに揺り動かすものであると見てよいだろう。まだまだ、この激動は収まらないに違いない。

この激動の最中にあって、今度、私は《青丘文化賞》を受賞することになった。《青丘》とは、中国から見て東方に位置する《朝鮮》を意味する言葉である。《青丘》の《青》は、東方を意味する色を表し、そこにはまた、緑の萌える《春》と《海》の意味もあると言われている。この《青丘》の名を冠した文化賞を、私に下さるというのである。この知らせを受けたとき、私はこの私の《朝鮮》を考え、その朝鮮人の一人である私自身を改めて考えた。それは、私の意識のおのずからなる働きであった。

私は何をしてきたか。私はそれを考えた。その私の胸底にまず疼いたのは、いわく言い難い〝恥ずかしい〟といった情念であったことを、ここで正直に述べて置きたい。私はいわば朝鮮人らしくない朝鮮人なのである。私は自分の心底のもっとも深いところにあるものを、朝鮮語でもって言い表すことができない。私の抱えるこの暗涙は、私が文学を志すようになったとき、大きく渦を巻きはじめ、その渦は、時とともにその底を深くしている。それ故に私は、絶えずこの自分なるものに、ある本源的な居心地の悪さを感じないではおれなかった。私はそんな人間として文学を志してきたのである。こんな人間に、一体どんな文学作品が創造できようか。私は今なお、納得のいく作品を作り得ていない。小説家としての私は、いまなお修業中の青二才というほかないのである。

一方、私は、一人子に自死されてしまっている。それは一九七五年のことであった。私たちの一人子は、朝鮮人の父親と日本人の母親の二人を見捨てて、大空に身を投げたのである。なんという父親であったことか。私は、父親としても、失格者であった。受賞のお話を戴いたとき、私はある恥ずかしさとともに、いつも胸底にあるこの子の顔も思い浮かべた。子が世を去って、すでに十五年の歳月が経過しょうとしているが、私たちは絶えず対話を交わし続けてきたものであった。私たちのその対話の道は仏道である。この道を通して、私はこの度のことを、子にどう思うかと尋ねてみた。子は答えなかった。微かなハニカミの表情を見せたのみである。かって見ることのなかったはにかみの表情。それがすべてなのである。その表情は、いいの？いいの？と言っているようであった。まだ何も書いていないじゃないか、と言っているようでもあった。ぼく？と言っているようでもあった。私は〝恥ずかしい〟という思いと、なき子のこの摩訶不思議な表情に伴われて、今度の賞をお受けすることにしたのである。その思いとしてあるものは、すべてはこれからであるということに尽きる。受賞の資格のない者が、厚顔にも賞をお受けしようというのであるから、せめてその思いだけでもしっかりと腹に据えて置くのが、人としての務めというものであろう。

思えば、この日本で生を受け、この国の風土を糧として人となってきた朝鮮人の私が、この心身に戴いている《明》と《暗》は、計り知れず重いものである。それは近代四百年の重みをもってしてもなお、決して計り切ることのできないほどのものであると言ってよい。明日からの私は、この戴いた《重荷》を、改めてわが身に背負い直したいと思う。どこまで担いきれるか。折から、世界はその地底四百年の深みからの激動に揺れている。この激動の時代なればこそ、いっそうこの重荷は背負うだけの値打ちがある。意識して背負い直し、激動の中をゆっくりと歩むなら、私にも人間と地球の未来の《明》の方へと、たとえ石一つであっても、積む仕事が出来ないことはあるまいと思うのである。そのときいまはなお、摩訶不思議な表情をしている子は、どんな顔をして見せることになるか。それがいまから楽しみである。

なお、私はここで、私の妻であり、亡き子岡真史の母である岡百合子に、私のさまざまの思いのすべてをこめて《ありがとう》を捧げたいと思う。《ありがとう》

また、私の《青丘文化賞》の受賞とかかわってある遠い縁、近い縁を頂戴してきたすべての人々に、心からのお礼をこめて深く頭を垂れたいと思う。世界の孤児のように生きてきた私のこの思いは、まことに深いものである。

二十一世紀は、目前である。激動の底をしっかりと見極め、静かに真実のいのちを戴いてゆきたい。

私の略歴

高　史　明
（金天三）

一　一九三二年　山口県の下関に生まれる。父　金善辰　母　裵景順。母の裵景順は、私の満二才のときすでに他界していて、私にはその顔の記憶はない。生活は極貧であった。

二　一九三八年　下関市の江の浦小学校に入学。わんぱく坊主。成長するにつれて、その心の暗影を次第に深くする。一九四五年　同高等小学校を中退。

三　戦後の混乱期、底辺労働に従事して生きる。少年院の生活も体験。やがて、放浪に出て上京。いわゆるニコヨンの労働者となる。

四　一九五〇年　日本共産党の一員となる。一九五二年頃、妻の岡百合子と出会う。一九五五年　岡百合子と結婚。一九五五年　満身創痍となって離党。絶望を道連れとしての結婚生活。一九五七年　父　金善辰病死。どん底。この頃から、文学を意識する。野間宏やドストエフスキーの作品を、息を凝らして読む。フォークナーやサルトル、武田泰淳らいわゆる戦後派の作品に学ぶことが多かった。マルクスの資本論を繙いたのは、共産党を離脱した後のことであった。長い暗黒のトンネル。

五　一九七〇年　高橋和巳らの同人雑誌「人間として」に長編小説を連載。一九七一年　長編小説「夜がときの歩みを暗くするとき」が、筑摩書房より出版される。一九七四年「生きることの意味」。同書は、翌七五年　日本児童文学者協会協会賞およびサンケイ出版文化賞を受賞。

六　一九七五年　一人子岡真史が自死。これが契機となって「歎異抄」を繙くようになり、親鸞聖人の真宗を学ぶことになる。この聖人の「尊号真像銘文」に、百済の聖明王と聖徳太子の縁を語る言葉があるのを目にしたときには、子の死とかかわって学んでいたときとは、また違う静かな感銘を受けた。

七　一九八八年　「ＮＨＫこころをよむ」において、四月から六月までの三月間「歎異抄」を講義する。最初の作品の出版から今日まで、この他「いのちの優しさ」「少年の闇」など十冊余の書をまとめている。その他、短文多数。講演記録も多い。

八　外国旅行は、ブラジルとインド。いずれも仏教を縁としたものであって、短期間のものである。趣味は、酒を飲むこと、カメラをいじることと旅行。最近、碁を教えられて、ひょっとしたらという心境になっているところである。

『受賞に際して想う』

金　佑　宣

最近、いろいろな方から「本名で映画界でやってこられて、大へん苦労したでしょう」といった質問をよくされる。「いいえ」と答える。助監督時代には、監督から「このバカ野郎、死ね」といった元気な罵声を浴びせられるのが、日常茶飯事だった。しかし、民族的に差別されたという気はさらさらない。「なにくそ、今にみておれッ」である。もちろん、日本社会には、未だに在日同胞に対する多くの差別が存在し、私たちを苦しめ続けているのは事実だ。体《からだ》ひとつ、実力一本でしか生きてこれなかった私たちの状況を象徴するかのように、スポーツ界・芸能界には、在日同胞が大勢いる。しかし、本名を名乗るのはタブーに近い。「チョーセン」という言葉のもつイメージは、未だに日本社会では暗く、蔑視的で、排他的なものだ。しかし、私は思う。そのタブーを絶対視して、「しょせん、朝鮮人、韓国人では……」などと悲観するのはもう卒業したい気持ちだ。かと言って、恨みつらみを振りかざし、日本人なら誰でも撫で斬るような態度も、もう打止めにしたい思いだ。かって、私の仲間が仕事上のことで日本人と口論した末、「しょせん、おまえら日本人に、われわれのことがわかってたまるかッ」と捨てゼリフを吐き、仕事をやめた。私の身のまわりでは、結構多い話だ。心情的にはよく理解できるつもりだが、なぜか自分が恥しくなるようで、大へん嫌いな言葉だ。自分の親の時代を考えると、私の仕事などその苦労のレールの上を乗っかって進む小さなトロッコのような気持ちになってしまう。人それぞれ、厳しい現実がある。しかし、自分から逃げず、どれだけ自分の仕事に挑めるかと、いつも思う。『潤（ユン）の街』をデビュ作に選んだのも、そんな思いがあった。

　現実は厳しいから、現実らしい。「韓国・朝鮮問題」は暗い、政治的に難しい、興行的に当たらないというのが、映画界の常識であったし、主演の潤（ユン）役を素人でもいいから在日三世から抜てきしたいということ、その上、ホール・公会堂上映といった従来の自主上映方式ではなく、一般の商業映画館でロードショーしたいという思いが重なり、かなり難産し続けた。しかし、五年余りの準備を経て、日本人と同胞スタッフの猛烈な情熱に駆り立てられながら、『潤（ユン）の街』は完成し、劇場公開された。心からうれしかった。

　私はいつも、こう信じている。夢を夢として抱いて寝るなら、目覚めがあまりにつらい。妄想がちらつくだけだ。社会のタブーなんて、人間自身がつくったものである。だから人間がいる限り、いつか破られるものだ。破られねばならないものだ。そして、一九九〇年代こそ、私たち在日二世・三世が、そのタブーに挑むべき時代であると思う。一九九〇年代は、徹底的にこだわる時代。私は、なぜ、日本に生まれたのか。なぜ、日本語をしゃべっているのか。なぜ、指紋を押さなければならないのか。なぜ、国が二つに分断されているのか。なんでもいい。たったひとつでいい。徹底的にこだわってゆきたい。青丘文化奨励賞をいただけたのは、このこだわりへの評価でしょうか。

　私はこれから、少し肩の力をぬいて、人の傷みを傷みとして感じとれるしなやかな心をもって進みたい。私は映画作家として、在日同胞の問題映画ではなく、心の底から楽しく笑える青春映画が、清らかで美しい愛のドラマがつくれる時代が、いつかきっと来ることを期して、日本映画界で頑張ってゆくつもりだ。『潤（ユン）の街』に限りない応援を送り続けて下さった皆さんに、心から感謝申し上げます。

金佑宣　略歴

一九七五年（昭和50）　早稲田大学・演劇科卒業。フリーの助監督として、大映映画『わが青春のとき』（栗原小巻、山本圭主演）に従事。

一九七七年（昭和52）　ATG映画『北村透谷・わが冬の歌』（みなみらんぼう主演）に従事。

一九七八年（昭和53）　映画監督、新藤兼人氏に師事。映画『竹山ひとり旅』（林隆三、乙羽信子主演）に従事。映画監督、山本薩夫氏に師事。映画『あゝ野麦峠』（大竹しのぶ、古手川祐子、原田美枝子主演）に従事。以後、山本監督の遺作『あゝ野麦峠・新緑篇』まで全作品に従事する。

一九七九年（昭和54）　角川映画『戦国自衛隊』（千葉真一主演）に従事。

一九八〇年（昭和55）　大映映画『アッシイたちの街』（古谷一行主演）、角川映画『デカ珍道中』（中村正俊）に従事。

一九八一年（昭和56）　翼プロ『教育は死なず』（江利チエミ主演）、東宝映画『あゝ野麦峠・新緑篇』（中井貴恵、三原順子、石田えり主演）に従事。

一九八二年（昭和57）角川映画『汚れた英雄』（草刈正雄主演）に従事。

一九八三年（昭和58）映画・演劇・企画製作プロダクション『コスモ・クリエーション』を設立。

一九八四年（昭和59）角川映画『愛情物語』（原田知世主演）に従事。映画『潤の街』製作開始。

一九八五年（昭和60）東映映画『結婚案内ミステリー』（渡辺典子主演）に従事。

一九八八年（昭和63）映画『潤の街』完成。日本映画監督協会新人賞受賞。

その他、TV界でも、幅広く活躍し、二時間ドラマ、連続ドラマ、コマーシャル、また教育映画など、数多く手掛け今日に至る。

賞創立の由来と主旨

文芸・学術（人文・社会科学）の面での創作研究活動及び文化活動の面で優れた業績を挙げ在日同胞社会の文化水準の向上に貢献した者及び団体を対象に授与されるものであり、次ぎの二つの賞が設定されている。

青丘文化賞　　（賞金五十万円）
青丘文化奨励賞　（賞金三十万円）

日本の社会のなかでは在日外国人を対象とした賞がないということ、また特に在日朝鮮・韓国人にとっては本国の南北何れの側からも、そのような賞が設定されていないということから、一九七二年、在日のささやかな有志実業人らの集まりである青丘会の拠金によって基金をつくり、この基金の運営で毎年一回、二つの賞が授与されて来た。二十年近く続けられているもので、一九七四年、金達寿氏が受賞してから今回まで二十二名と四団体に授与されて来た。

受賞者リスト

一九九〇年三月二十一日現在

青丘文化賞

第一回　一九七四年度　金達寿氏
第二回　一九七五年度　金石範氏
第三回　一九七六年度　李進熙氏
第四回　一九七七年度　姜在彦氏
第五回　一九七八年度　朴慶植氏
第六回　一九七九年度　高峻石氏
第七回　一九八〇年度　金学鉉氏
第八回　一九八一年度　金時鐘氏（辞退）
第九回　一九八二年度　許萬元氏
　　　　　　　　　　　李恢成氏（辞退）
第十回　一九八三年度　姜斗興氏
第十一回　一九八四年度　文玉柱氏
　　　　　　　　　　　慎英弘氏
第十二回　一九八五年度　金泰生氏
　　　　　　　　　　　姜徳相氏
第十三回　一九八六年度　鄭大聲氏
　　　　　　　　　　　安宇植氏
第十四回　一九八七年度　朴宗根氏（辞退）
第十五回　一九八九年度　高史明氏

青丘文化奨励賞

第一回　一九七九年度　辛基秀氏
第二回　一九八一年度　金容権氏
第三回　一九八二年度　李良枝氏
　　　　　　　　　　　学林図書室（団体）
第四回　一九八三年度　金賛汀氏（辞退）
　　　　　　　　　　　麦の会（団体）
　　　　　　　　　　　代表・呉充功氏
第五回　一九八六年度　生野民族文化祭実行委員会（団体）
　　　　　　　　　　　代表・金徳煥氏
第六回　一九八七年度　在日韓国・朝鮮問題学習センター（団体）
　　　　　　　　　　　代表・鄭早苗氏
第七回　一九八八年度　金栄氏竝びに梁澄子氏
第八回　一九八九年度　金佑宣氏

授賞者選考の手順のことなど

会発足後、ほぼ基本財政が確立した頃、青丘文化賞最初の授賞者を決める時機がきた。会員みんなで相談し合い文句なしに金達寿氏に決った。だが果たして名もない賞を受けて貰えるか、これが心配だったが「在日の同胞社会で数々の非難に遭遇したが賞を貰えるというのは初めてだ。こんな嬉しいことはない」と大層喜んでいただいた。

第二回以降第五回までの授賞者の選定には金先生の助言をも参考にし青丘会会員の討議で行われて来た。第六回目に入る頃、委員のみの相談で毎年の授賞者を決めるにはわれわれの乏しい情報では荷が重い。かような意見が出たことで文化人による専門の選考委員会が出発することとなる。委員三名、委員会顧問一名の人員構成とし顧問に金達寿氏、委員に金石範、李進熙、姜在彦の三氏に委嘱。こうして選考委育会に諮問するかたちで第六回目からの選考が始まった。この機会にそれまでの賞金三十万円を五十万円に引上げる会員の意向を提示したところ、引上げ巾の分（二十万）をむしろ新たな賞として《奨励賞》を設ける案の諮問をうけ早速に決定。この年（一九七九年）最初の青丘文化奨励賞が辛基秀氏に授与される。

このようにして青丘文化賞（以下、本賞と略する）、奨励賞の選考は夫々第六回、第一回を基点として以降、選考委員会の諮問を受けて決めることとなったのである。しかし年度に依っては該当者が無く授賞見送りがあったり、また辞退する者もあった。

さて選考の方法だが毎年十一月が選考月と定められている。いままでの授賞者からと会員からの書状による候補者の推薦がこの月に集められ（これが投票という形になっている）選考委員会において開封、審議される。以上の手順で授賞者が決められて来たがこの間、賞金は一九八七年度から本賞三十万を五十万円に、奨励賞二十万を三十万円に改定された。このような過程を推移して来たが一九八八年度を以て選考委員会の制度を改めることとなる。すでに授賞者二十二名と四団体の推薦人が形成される状況となり、また青丘会自身の安易な傾向から、より緊張感の高揚という意味もあってここいらでもう一度会員討議による選考を図る当初の姿に戻ることとなった。

最後になったが思えば永い間、選考委員会の先生方には本当にご苦労をお掛けしたものである。紙上を借り厚く御礼申し上げます今後もアドバイサーとしてご鞭撻賜わらんこと乞い願う次第である。誠に有難うございました。

【編集後記】

◎青丘会が発足したのは一九七二年七月である。同じ月の四日は、わが民族にとって忘れることのない日である。南北共同会議の成果が共同声明の形で内外に闡明された日であるからだ。会はこの時期、祖国の統一が間近かだという極めてエモーシャルな状況のなかで発足した。七月二十二日である。

◎会の名称については議論が分れるかな、と思ったがすんなり《青丘会》に決った。《朝鮮》、《韓国》という文字のこだわりで随分とエネルギーの労費場面に相遇しているからだ。かような無駄な苦労は南北会談の当事者の間でも語られたのであろうか。知る由もないが、ただ共同声明を読むかぎりこの文章のどこにも相方の国家名称は書かれていない。《ソウル》《平壌》という文字が相方を現している。

◎青丘会会員には国籍の上で韓国、朝鮮の夫々に分れている。会発足の時機、《青丘会》と名付けたことは、いま思うとよくできた命名だった。統一された祖国の名前に《青丘》を冠して欲しいぐらいだ。

◎一九七二年当時、《青丘》と冠した文化・社会団体はまずなかったと思う。わが青丘会がそのはしりではなかったろうか。

◎どちらの側からの支配を受けることなく、在日の社会のなかで自主的に運営してこれたのは会員各自のバランス感覚とでも言おうか、ひとつの見識であったと思う。

◎ある編集者から「青丘会は在日社会のなかで21世紀に向って先取りした事業だと思う。少くとも今後二十年は続けてください」と励ましの言葉を頂いた。応えられるかどうか、「続けることに意味がある」と仰言った第一回の受賞者・金達寿氏の言葉が忘れられない。

◎会則がなく会長その他名誉職めいた役柄も置かず会員全員がその都度、世話人として運営して来たればこそ永続きしているひとつの要因かも知れない。

◎21世紀に向って財政上の基盤をどうするか、いまこの課題に取り組んでいる。（高）

一九九一年三月一日発行
デザイン・田村義也

青丘通信

第2号

発行所　〒150 東京都渋谷区道玄坂2－23－13　ピーコック内　青丘会　☎ 3464－3326　編集＝高淳日

1990年度　青丘賞

梁石日氏

一九九〇年度青丘賞受賞者が決りました

文芸・学術（人文・社会科学）の面での創作研究活動及び文化活動の面で優れた業績を挙げ在日同胞社会の文化水準の向上に貢献した者及び団体を対象に授与される賞として青丘文化賞、青丘文化奨励賞がある。本年度授賞者は左記の通り選ばれました。

一　青丘文化賞
（賞金五〇万円）
作家　梁石日氏
現住所　〒352　新座市栗原五―八―四
ニューモリタ二〇三号
電話　〇四二四―二一―七八一五

二　青丘文化奨励賞
本年度は該当者（及び団体）なし

○授賞式と受賞祝賀パーティ
日時　一九九一年三月二十一日(木)午後六時
場所　渋谷・東急文化会館ゴールデンホール七階
電話　〇三（三四〇九）四一八一番

耐えざる力

――青丘文化賞の受賞に際して思う――

梁　石　日

最初に、青丘文化賞の授賞に対して、心から感謝したいと思います。

紆余曲折を経て今日にいたっている青丘文化賞について、私はさまざまな意見を聞いてきましたが、そのほとんどは、政治的な主義主張のちがいによる意見でした。それは南北に分断されている政治状況を反映していると同時に、私たちの人間関係をも反映していました。このことは、私たちの立場がいかに微妙で困難であるかを物語っています。同じ家族、親戚、友人が対立し、顔をそむけ傷つけ合ってきましたが、考えてみると、朝鮮のきびしい政治状況の中で、私たち〈在日〉は相互に話し合える場を持っていたのです。冠婚葬祭や何かの集まりに、私たちは邂逅し、話し合える機会がいくらでもあったはずです。いわば私たち〈在日〉は、南北の壁を越えて対話できる至近距離にいたのです。なぜそれができなかったのか。朝鮮人はよく、二人寄れば意見が異なり、三人寄れば分裂するといわれますが、この悪しき傾向は反省しなければならないでしょう。

この一年、世界は激変し、大きく変貌しました。東西の冷戦構造は崩壊し、わずか十か月で東西ドイツが統一するのを目のあたりにして、過速度的な歴史の流れに、ただ驚くばかりです。歴史は私たちに自己変革を迫っているのです。もとより、ゆずることのできない思想信条があるでしょう。しかし激動する歴史の中で、私たちは何を為すべきかを自問自答したとき、私たちはあらためて次の二つの点に気ずくのです。統一とは何か？そして誰と統一するのか？私たちは祖国統一を政治的次元でのみ考えてきたのではなかったのか。

政治の優位性――この神話がくつがえされたいまもなお、私たちは政治的諸条件に拘束されているのです。いわば自己の内部にかかえ込んでしまった政治的人間とでもいうべき自我を解き放つ方法論を持たなかったのです。私たちはあたかも、二つの体制に属している人間は、それぞれの体制以外の体制に属している人間を許容できないとかたくなに信じてきたのです。けれども、どのような状況にあろうと、そこには多種多様な断層の人間が生きているのであり、この現実を無視することはできません。体制の異なる南と北は、半世紀の間に、言語や文化にいたるまで疎外し、ちがってきました。この乖離《かいり》を埋めるのは容易ではないでしょう。

しかし、私たちはまず、このちがいと向き合う必要があります。同じ考えを持った人間だけで統一することは不可能ですし、正しくありません。ちがいをちがいとして向き合うこと、そこから始めるしかないのです。何が正しいのか？ソクラテスの「弁明」ではありませんが、自分は何が正しいのかを知らなかったことを知った、という哲学的な本質に立ちかえることが求められていると思うのです。マルクス主義の整合の哲学は、皮肉にもマルクス主義を自任していたものたちによって踏みにじられてきました。ソ連と東欧の社会主義の崩壊は、資本主義の勝利でもなければ社会主義の敗北でもありません。私にいわせれば、マルクス主義を信じる一人として、今日のソ連と東欧における社会主義の崩壊は、人間の根源的な解放をめざしていたはずのマルクス主義が政治的デモニッシュによって、理念と現実の乖離を埋めることのできない地平にまで押し出してしまった結果なのです。一人の人間が包摂しているところの矛盾を歴史の物神化によって、いつしか客体化の運命をたどったのです。人間は抱括的でもあれば個別的でもあり、五十億の人類は五十億分の一である、というのが私の考えです。原理的に正しくとも、五十億分の一である自己と他者との関係を抜きにして、人間の根源的な解放などあり得なかったのです。それは祖国統一についてもいえることです。祖国統一を疎外していたのは、ほかならぬ私自身である、という視点が、半世紀の歳月を経て、ようやく私たちは気ずきはじめたのです。

〈在日〉の若者たちは、音楽、美術、映画、演劇、文学など、さまざまな分野で活躍しています。それは自己のアイデンティティを求めてやまない闘いでもあります。問題は彼らが個々ばらばらに孤軍奮闘していることです。そして才能に恵まれながら埋もれていった若者も沢山います。在日同胞は半世紀にわたって約七十万人が居住しています。歴史的な背景はいわずもがなですが、七十万人といえばちょっとした街に匹敵する人口です。小さな街でも図書館や美術館がありますが、わが在日同胞は南北に別れているとはいえ、文化施設一つないのが実状です。これは在日同胞の総体的な力量を問われているといえるでしょう。私は在日同胞の金持を何人か知っています。その中には個人的に在日同胞の文化に理解を示している人もいますが、ほとんどが無関心です。音楽や芝居の切符一枚買おうとはしません。ところが韓国クラブなどで一晩に十万、二十万の金を散財しているのです。そしてこういう人間に限って、日本人化していく在日の若者を批判するのです。彼らが自分の金をどう使おうと自由ですが、あまりにも情ないといわざるを得ません。在日同胞の文化についていえば、経済人にも責任があると思うのです。なぜなら、真の経済的な成熟は、文化を育てることによって保証されるからです。経済もまたすぐれて文化のにない手であるからです。こういういい方は辛辣すぎるかもしれませんが、それは歴史の教えるところです。近視眼的な経済活動は、結局のところ何一つ残さないでしょう。そういう意味でも、青丘文化賞は在日同胞の文化に寄与するところが大きいと思います。この賞が今後どのような意義を持つのか、私にはわかりません。ただいえることは、青丘文化賞のような賞が他にないということが、私たちの現実を象徴しているのです。祖国統一の機運が高まっているいま、在日の位相はよりいっそう重要になってきましたが、その一端を荷なえれば、これに過ぎたことはありません。

梁石日年譜

一九三六年、大阪市に生まれる。

高校時代、盲腸で入院していた友人を見舞ったとき、同じ病室に入院していた金時鐘と出会い、在日大阪詩人集団「ヂンダレ」に参加する。二十歳の頃、鶴橋でホルモン焼きの屋台をしていた金石範のところへときどき飲みに行き、金石範が「ええい、こんな商売、なんぼやっても同じことや」といって屋台をたたみ、一緒に屋台を梯酒したことあり。

一九五七年「ヂンダレ」十八号で金時鐘が「盲と、蛇の押問答」で組織を批判、以後われわれは組織からの批判に晒される。二十号で「ヂンダレ」は解散。一九五九年六月に金時鍾、鄭仁、梁石日の三人で、同人誌「カリオン」を創刊。三号であえなく廃刊。以後、十数年、文学活動から遠ざかる。二十九歳のとき事業に失敗、莫大な負債をかかえる。三十歳のとき大阪を出奔、仙台にて一年半を過ごす。その後、各地を転々として東京にくる。金を使い果たし、浮浪者同然になって上野、新宿を徘徊、三日間飲まず食わずの末、意を決して新聞広告のタクシー運転手に応募。以後十年間、タクシー運転手を勤める。四十一歳の四月の深夜、環状七号線で信号待ちしているとき、十トンの大型貨物車に追突され、客の一人が死亡、私は背骨を三本折って半年間入院。退院後ふたたびタクシーに乗務したが、また六本木で追突されて入院、これを契機にタクシーを降りる。一九八〇年、二十歳頃に書いた詩集「夢魔の彼方へ」（梨花書房）を発刊。一九八一年、小説「狂躁曲」（筑摩書房）一九八三年、「タクシードライバー日誌」（筑摩書房）一九八七年、「ドライバー、最後の叛逆」（情報センター出版局）一九八八年、「族譜の果て」（立風書房）一九九〇年、評論集「アジア的身体」（青峰社）一九九〇年、「夜の河を渡れ」（筑摩書房）一九九一年三月「男の性解放」（情報センター出版局）発行予定。一九九一年三月、小説「冬の旅」（青峰社）発行予定。一九九〇年、小説「闇の中の闇」発行予定。

祝辞を述べる辛基秀氏

写真説明．1989年度青丘賞授賞式
左から５人目、高史明氏、同夫人、金佑宣氏と並ぶ

財団法人
韓国文化研究振興財団発足

一九九〇年一二月一九日付けを以て文部省から財団法人として認可され、「韓国文化研究振興財団」が設立されたことは誠に喜びにたえない。設立趣意書には「日本の学者・文化人、在日韓国・朝鮮人研究者による朝鮮半島の歴史と文化、日韓関係に関する研究等を助成し、以て日本の学術文化の振興に寄与したい」とある。そして研究助成金として個人には一〇〇万円、共同研究には一件二〇〇万円を支給、この他に出版助成金としても二〇〇万円を支給することとし現在応募募集中（一月末現在）である。希望の向きは詳細左記に問い合わせてください。

〒162　東京都新宿区市ヶ谷本村町二ー二三
京都荘ビル１F
韓国文化研究振興財団
電話　〇三（五二六一）一九五八

【編集後記】

◎青丘会が今後、発展し財団になることをひそかに夢見ていたところ、この度び「韓国文化研究振興財団」が有志の方々の努力で設立、早々と発足した。多くの研究者が熱望していたときだけにこれからの発展を祈念してやまない。

◎一方、わが青丘会は今年七月、発足二〇周年を迎える。これまでに授賞者個人、二十三名と四団体である。遅々とした歩みであるが今後も確実に牛歩を続けて往こう。大方のご支援をお願いしたい。

◎バックナンバー（創刊号）ご希望の方にはお送りいたします。ハガキで送り先をお知らせください。

◎左の記事は朝日新聞（本年1月28日）、共同通信配信による河北新報（1月27日）に夫々掲載されたものです。

黒板

人文、社会科学の分野で優れた業績をあげた在日朝鮮人、韓国人の作家や学者などに贈られる「青丘文化賞」（青丘会主催）の九〇年度の受賞者に、作家の梁石日氏が決まった。青丘文化奨励賞は該当者がなかった。

授賞式は三月二十一日午後六時から、東京・渋谷の東急文化会館ゴールデンホールで行われる。

文化短信

梁氏に青丘文化賞

文芸、学術面の創作研究活動に優れた業績を挙げた在日の朝鮮、韓国人に贈られる第十六回青丘文化賞が、作家の梁石日氏に決まった。賞金五十万円。贈呈式は三月二十一日午後六時から東京・渋谷の東急文化会館で。

梁氏は昭和11年大阪市生まれ。大阪府立高津高卒。著書に詩集「悪魔の彼方へ」、小説「狂躁曲」「族譜の果て」などがある。

第3号

青丘通信

一九九二年三月一日発行

デザイン・田村義也

発行所　〒150　東京都渋谷区道玄坂2−23−13　ピーコック内　青丘会　TEL 3464−3326　編集＝高淳日
郵便振替口座　東京7−556841　青丘会

見る眼の確かさ

—姜英之君の経済分析—

隅谷三喜男

日本人であれば日本に対して、韓国人であれば韓国に対して、在日二世であればひとしお祖国朝鮮に対して、愛着や不満や、時には憤懣をもつであろう。文学作文の中に、さまざまな姿で書くことが可能であり、そうなるのが当然である。それが読者の心に迫り、心を動かす時に、その作品は高く評価される。

社会科学の場合はどうであろうか。一般に科学は客観性を重んじるので、そこに愛惜の情や憎悪の思いが入りこんだのでは、科学的とは言えないとされている。確かにそうであろう。だが、実はその科学者、特に社会科学者が分析しようとする対象に対して持つ関心は多様である。日本人が見る韓国経済と朝鮮二世がもつ韓国経済観とは、対象は同一のはずであるが、そこに微妙な違いが生じる。それは当然であり、科学者として何らやましいことではない。問題はその特に関心をもった対象をどこまで客観的に分析するかである。

その意味で姜君がこれまで書いた韓国経済論には、姜君なりの匂いが、或いは香りがある。御本人は気付いていないかも知れないが、それがあるのは当然である。昨年出版された『東アジアの再編と韓国経済』も、単に広い視野から韓国経済を分析しているだけでなく、南北の統一に思いを潜め、東アジア、特に中国との関連の中でそのあるべき姿を見定めようとする願いを読みとることができる。しかしそれが著作として意味をもっているのは、その分析が客観性をもっていることにある。

姜君は昨年春以来AIBを設立して、月刊誌「東アジアレビュー」を出しているが、それも上述したような姿勢を基盤にしている。途はきびしく、時にふみはずしそうにもなるが、南北を一つにした朝鮮半島の経済的発展を願って奮闘する姜君を、何とか共に支えていきたいと思う。

一九九一年度青丘賞授賞者は左記の方に決りました。

青丘文化賞（第十七回）　姜　英　之　氏
青丘文化奨励賞（第九回）　劇団新宿梁山泊

授賞式及祝賀パーティ
日時　一九九二年三月二十日㈮　午后六時
場所　渋谷・東急文化会館ゴールデンホール
電話　三四〇九−四一八一番

新宿梁山泊について

梁石日

私はいま、新宿梁山泊が結成されたときのポスターを思い出している。大きなオブジェを背景に、飢えたガキのように異様な風彩の男女が、それぞれポーズをとって自己主張している図である。みんなひと癖もふた癖もありそうな不敵な面構えをしている。これから何か途方もないことをやらかそうとエネルギーを全身にたぎらせているが、はたして彼らはどこえ向って疾走しようとしているか、彼ら自身さだかでないようであった。F1レースの出発点でエンジンを噴かして前方を見すえているレーサーのように、目的は全精力を傾注して走ることである。即成の演劇に殴り込みをかけて衝撃を与えたアングラ劇にもあきたりなくなった彼らは、そこから飛び出して新たな地平に出発したのだった。

新宿梁山泊が結成されて間もなく、私は汐溜貨物駅跡の広大な闇の中で、テントを張って興行をうっていた「カルメン夜想曲」を観た。たしか二月の寒い夜だったと思う。ひかえ室に使っていた駅員室には石油ストーブが焚かれ、みんなはメーキャップに余念がなかったが、劇が始まると、テントから離れているひかえ室にもどる時間がなくて、テントの裏の野外で出番を待っていた。女優たちはもの蔭で震えながら衣装を着替えていた。それでも彼らは屈たくのない表情で生き生きしていた。

演技はお世辞にもうまいとはいえなかった。速射砲のようなセリフ・動きの早い大袈裟な身振り（芝居には多少大袈裟な表現が必要ではある）、ときどき飛躍するイメージ、それでも何か混沌としたエネルギーが観客に伝ってくる。いわば劇の進行とともに舞台と観客にある種の一体感が生れるのである。観客は笑い、沈黙し、日常と非日常の裂け目から自分を解き放とうとするかのように眼を凝らしていた。意匠としての演劇から自己解体をもくろむ叛逆の演劇へ――うまいか、うまくないかは二次的な問題であり、それは不断の努力によって時間が解決してくれるだろう。そして五年の歳月を経た現在、新宿梁山泊は大きく成長したのである。

新宿梁山泊の牽引力である座長の金守珍のエネルギーは凄まじいの一言につきる。彼は理論的な演劇より肉体を主張する現場主義である。いわば建設現場の監督のような存在だ。したがって団員たちは建設現場で汗を流して働く労働者にほかならない。しかも彼らに共通しているのはクレイジーな熱情である。杭を打ち、テントを設営し、長い地方公演を旅し、何から何まで手造りの芝居だが、彼らのこの膨大なエネルギーは何によって報われるのか。おそらく彼らには商業主義的ないかなる保証もないだろう。だが、それこそは彼らの望むところである。なぜなら、彼らはクレイジーだからだ。どうして常識的な日常の中で、彼らの目的を達することができようか。彼らは日常から飛び出して無限の荒野をめざしているからこそ、彼らの肉体は輝き、日常的な生活の中で夢みている多くの若者を引きつけるのである。

朱源実は不思議な役者である。どんな役を演じても、彼のあの肥満、というより筋肉的な肥満の体と人を喰ったような憎めない表情からかもし出される哄笑の精神は、持って生まれた天性のものであろう。「千年の孤独」のオカマ役や、「ジャップ・ドール」のやくざの親分役などにみられる意表を突くような反イメージ的なイメージを自在にこなしている。彼は自分の役どころを充分に知っている役者である。その反面、諧謔的な資質が不思議な魅力を発揮するのだ。

以前、私は「アサヒグラフ」に新宿梁山泊を紹介し、金久美子をとりあげた。彼女は黒テントにいたころから知っていたが、そのころから私は彼女の才能を評価していた。しかしその後、これといった役に恵まれずにいたところ、新宿梁山泊と出会うことで、彼女は水を得た魚のように蘇ってきたのだった。彼女の内に秘めた情熱は舞台に立つとき妖しく燃える。女優というのは不思議な存在である。舞台を離れているときは普通の女だが、いったん舞台に立つと、とたんに存在感が溢れてくる。いわば舞台の上で新しい人格に生まれ変るのである。万華鏡のように変幻自在な自己変身こそ女優の条件だが、金久美子はその条件を満たすことができる女優の一人だと思う。一昨年、韓国で撮った映画がアジア・太平洋映画祭で、一九八九年度の主演女優賞に輝いた。

そして鄭義信は金守珍と二人三脚でやってきた劇作家であり役者でもある。舞台では役者たちを引き立たせるための太鼓持的な、ひょうきんで少し頭のいかれた役どころをこなしているが、いうまでもなく鄭義信は才能豊かな劇作家であり、いままで岸田国士賞の候補に三回ノミネートされている。

以上、私は新宿梁山泊の四人の在日同胞を大ざっぱに紹介したが、今回この四人が「青丘文化奨励賞」を受賞したことを心から祝福したいと思う。また新宿梁山泊に「青丘文化奨励賞」を決定された青丘会の審査員の方々に敬意を表したい。新宿梁山泊の受賞は、今後在日同胞の若者に多大の影響を与えるにちがいない。

（筆者は第十六回青丘文化賞受賞）

「在日ルネサンス」の提唱

—青丘文化賞の受賞を励みに—

姜　英　之

青丘文化賞の存在をつとに知っていただけに、授賞の知らせを聞いた時には、卒直に言って大きな喜びであった。と同時に、文芸・学術活動で在日同胞の文化発展に貢献した者や団体に与えられるという点で、果たして私自身がそれに十分値するものかどうか、を考えると、少し気恥ずかしい気持もあった。

ただ、敬愛する大先輩である姜在彦氏が「単なるアカデミックではなく、経済ジャーナリストとしての活躍」を評価してくれたということで、若干わが意に沿う点もあった。これからは、受賞を励みに、青丘文化賞の精神を受け継ぎ、真に在日同胞社会の発展に寄与すべく邁進せねば、という決意を強くするのみである。

受賞に際して今さらながら思うことは、在日同胞社会の運命である。在日同胞をとりまく内外の情勢は大きく変化しているが、その将来は必ずしも明るいとは言えない。もちろん、在日同胞社会を縛りつけていた冷戦・イデオロギー対立構造も、今や世界情勢の急変とともに溶解しつつあり、朝鮮半島の南北間の和解の進展で、統一の兆しも出てきている。

だが、二・三世が圧倒的な比重を占め、日本社会での定住志向とともに、自己のアイデンティティ、いや在日同胞の民族性そのものが希薄化しつつあるのが現状である。祖国の統一によって全てが解決されるという主張も説得力をもたない。さりとて、日本社会で欧米並みの「市民的権利」を得つつ民族的に生きてゆくという展望も見いだし難い。

東西冷戦は終結したものの、世界は二一世紀に向けて新たな「不確実性」の時代を迎えようとしている。こうした中で、在日同胞が何らの羅針盤ももたず、希望のない漂流生活を甘受してよいわけはないだろう。

私は、在日同胞の歴史的過程からみた時、今日、自らの運命を主体的に切り開き、未来を創造していかなければならないと切実に思う。そのためには、徹底した民族化と国際化の結合を通じた「在日ルネサンス」を起こす必要がある。

民族化のためには、逆説的であるが、祖国からの自立化を成し遂げなければならない。既存の民族団体は、在日同胞の民族的権利のため肯定的役割を果たしてきたことは評価できても、本国の政治出先機関と化し、今では在日同胞社会の発展にとって桎梏となっている面が多い。いつまでも本国に追随するようでは在日同胞の未来はない。また、そこから必然的に生じる政治・組織優先の構造が是正されず、あらゆる非政治的文化活動、及び個々人や小サークルの活動の発展が妨げられる。これまで政治・イデオロギー的呪縛によってどれほど多くの有能な人材が埋もれ、挫折を余儀なくされたか想像に余りあろう。

これからの在日同胞社会の未来は、政治的制約から解かれたあらゆる文化・教育・啓蒙活動、それも個々人や小サークルの才能や活力をどれだけ伸ばし、開花させるかにかかっていると言っても過言ではない。その中から、本国のコピーでない、また偏狭な民族主義を排した独特な「在日同胞ナショナリズム」が形成されるに違いない。そうなれば、これまで祖国の状況によって規定された被主体者の存在から、逆に祖国の現状打開や統一実現にも決定的影響力を行使しうる主体者に転化するだろうし、またそうなるべく努力を惜しんではならないだろう。

国際化について、在日同胞の立場からみれば、二つの側面がある。日本に定住する限り、南北を問わず、祖国の人々とは違った国際的役割がある。不幸な過去の歴史を教訓とすれば、在日同胞は朝鮮半島の人々と日本人との和解、友好のかけ橋となるべきだし、日本で住むあらゆる抑圧、差別されている人々とともに、日本人社会がアジア人を始め、全ての外国人と平等に暮らしうる「民族共生社会」に発展していくように協力すべきである。

もう一つは、在日同胞は今や自らの生活の場、仕事の場を日本の地に限定するのではなく、南北の本国ばかりでなく、アジア、広くは世界にまで拡大していくことが望まれる。もちろん、基本的に日本に生活基盤をもつ以上、日本社会における生活権利・基盤をより確固たるものにしていく努力は必要であろう。だが、経済のボーダレス化が著しく進んでいる国際情勢の下で、狭い視野と旧態依然の意識を持ち続けるだけでは取り残されることになる。在日同胞の経済力を結集すれば、本国の経済発展だけでなく、東北アジア全体の経済発展にも寄与できるだろう。在日同胞経済人は、華僑が東南アジアの経済発展に果たしている役割に注目し、東北アジア経済発展に寄与すべく「韓僑」をめざすべきであり、「民族的国際人」の先駆けとなるべきである。

祖国が日本帝国主義から解放された後、日本の地では在日同胞一世が愛国の一心で統一・独立国家建設のために立ち上がった。しかし彼らの強力な民族主義運動も南北分断による政治・イデオロギー的呪縛から大きく歪められてしまった。あれから半世紀たった今、それら呪縛から解き放たれた二・三世が新たな第二の民族主義運動の担い手、いわば「在日ルネサンス」の主人公として登場した。その可否こそ、在日同胞の未来を左右することになるだろう。

青丘文化賞は「在日ルネサンス」の導火線的役割を果たしてきたのではないかと思う。私は受賞を契機に、在日同胞の未来を明るいものにするため、二・三世主体の新民族主義運動の一端を担うことができればと願っている。

姜英之年譜

一九四七年、大阪市に生まれる。間もなく一家が静岡市に移住。父親が交通事故でなくなったため、一九五八年、母親が子供八人を連れ、親戚を頼って再び大阪に出てくるが、全財産が盗まれ、一家離散。小学五年から中学二年まで、他の親戚にあづけられ通学。その間、新聞配達のアルバイトで生活費を稼ぐ。

一九六六年、大阪府立生野高校を卒業。大学受験に二度も失敗し、進学を放棄。一九六七年、静岡市の木材工場に勤める。「生か死か」の問題にぶつかり、多くの本を乱読。在日同胞が密集している大阪生野での少年時代に悩んだ民族差別と貧困の解決に自らの生の存在意義を確認、マルクス経済学を学ぶため、一九六八年、大阪市立大学経済学部に入学。在学中、朝文研、韓文研などとの接触で民族主体意識をもつようになるが、両サークルの対立など、分断による政治・イデオロギー的しがらみに嫌けがさし、学問・研究に身を入れる。

一九七二年四月、大学卒業後に上京、在日韓国人が経営する新聞社・東洋経済日報社に入社。まもなく民団内部の民主化運動に遭遇して退職。七・四共同声明の精神に基づく韓国民主回復統一促進国民会議（韓民統）の運動にひかれ、七四年、同機関紙・民族時報社に入社。編集作業をするかたわら、韓国経済の研究を本格化、一九七六年、「経済評論」（一〇月号）に初めて韓国経済に関する論文を発表、以降、同誌や「エコノミスト」「経済往来」など、日本の経済マスメディアに多くの論文を寄稿。

民族時報編集局長を歴任した後、一九八八年七月、韓民統を退職、経済ジャーナリストの道をめざす。八九年にアジア経済情報誌・月刊アジアの編集長。九一年、独立して㈱エーアイビーを設立、同年六月、「月刊東アジアレビュー」を創刊、編集・発行人に。同年五月、「東アジアの再編と韓国経済」（社会評論社）を発刊。

『受賞に際して』を述べる

新宿梁山泊のメンバーのことば

金守珍

新宿梁山泊は常に在日コリアン問題をテーマに、そこで表現される、普遍的な人間としての愛や情に取りくんできました。また、30余名の劇団員中、在日コリアンは5名という中で、日本人との共同作業を通しての活動でした。個人作業ならともかく、集団でこのようなテーマに取りくみ、またエンタティナーとしての素質を伸ばすのは容易なことではありませんでした。しかしながら、自分の道を信じ、「続けることが才能」という言葉を胸に、この5年間ただひたすらに走り続けてまいりました。その結果が、青丘賞という歴史のある、在日コリアンの中で唯一の賞という形で評価され、大変うれしく思っております。途中いくつものハードルがありましたが、息切れせずに、何とか飛び越してこれたのも、無名で駆け出しの頃から、温かく、そして厳しく御指導して下さった、梁石日さん、崔洋一さん、白竜さんをはじめ、多くの先生、先輩方がいればこそでした。これから10年の節目に向って、この賞の受賞を励みに、責任を持って、この賞に恥じない新しい在日文化に向ってひき続き走り続けたいと思います。まだまだ青い集団ですが、これからも良き御指導、御鞭撻の程よろしくお願い致します。本当にうれしいです。

朱源実

人間が人間らしく生きたいと思っても、この国ではまだまだそう簡単にはさせてくれません。私がこの国の人間ではないと意識し、様々なものに対して疑問を持った時から…。普通に生活していく中で、在日としてのアイデンティティを必然的に持たざるを得ません。だからこそ私はこの国に感謝しています。今日の私が形成されたのも多少はそのおかげだと思うからです。だから逞しく正直に、少しずるがしこく生きていけるのです。

もし私が在日でなければ、今の仕事を選んだりはしなかったと思います。

私が物心ついた頃、家はホルモン屋をやっていました。屋号は「赤提灯」。7才の時アボジが死に、朝暗いうちから夜更け迄365日、一年中休む事なく、今日迄切り盛りするオモニの細腕(?)に私たち兄弟は育てられました。その後姿に一生頭の上がらない私です。子供心にオモニを楽させたい金儲けしたいと思っても、小学生の私に出来る事はせいぜい家の手伝いと新聞配達。たかがしれてます。そして金儲けの道は長者番付を見てこれしかない「芸能人」になる事でした。小学校の卒業文集の将来の夢は役者になって金を儲ける事と書いてあります。

それから紆余曲折して二十一才の時、「役者」になる為に二度目の上京をしました。その時、高校演劇部の山本先生に「人間死ぬ気になれば何でもでける、人間苦労すればしただけいつかは報われる、俺みたいに下関に帰えってくるな、何事も続ける事が一番大切だ、頑張れよ！」と言われた言葉が今だに私の「座右の銘」です。

二十五才の頃、急にキムチが食べたくなりました。今迄嫌いで、水洗いをして食べていたキムチが、食べたくなったのです。二十八才の時、通称名に別れを告げ本名で生きる事にしました。そして韓国の演劇作品を日本語で上演しました。

七年前に指紋を拒否し、昨年、外登証を区へ返しました。

そして私の人生の中でひとつの転期が五年前にありました。自分で劇団を創っていたが伸び悩み途方にくれていた時…。この出会いがなければ私は役者をやめていただろう。友人の作家鄭義信から声が掛かり、「マダン企画」という所で自分の作品を上演するという。「明日、ジェルソミーナと…」演出・金守珍、主演・金久美子。

この出会いが今日の「新宿梁山泊」へと続くのです。創立からのこの五年は本当に苦しかったけれど、これ程芝居の楽しさを肌で味わえた事はありませんでした。過ぎてしまえば全ては楽しい、というような事ではなく、本当に芝居に没頭出来て幸せと感じます。

芝居でも会社でも、一人で出来る事は限度があります。でも多くの仲間がいればいくらでもふくらむ。舞台に一人が立つという事は、舞台裏に目に見えない沢山の力強い人達がいるという事です。

この五年の間に結婚もし、三才の一人娘・美那も出来ました。

小学校のころの夢を追い続け、今だに金儲けは出来ないがどうにか生きています。気がついてみれば芝居の世界に入ってから20年。早いものです。座右の銘「何事も続ける事が一番大切だ！」を今だもって肝に銘じております。

今、私達在日が生きているという事が文化であると思います。まだまだ気がつかず埋れている文化、声を出したくても出せない文化、皆さんで掘りおこしましょう。次の世代に少しでも託せる社会を、文化を創りましょう。

今回、受賞出来るのは我々在日以外の日本人の仲間達のお蔭でもあります。本当にありがとうございます。そして、私と出会い裏切り傷つけ、又励まし応援し愛してくれた多くの人々、私の我儘を見守ってくれる妻と子に感謝する次第であります。

これからも出会いを大切にしてゆきます。そして皆様、芝居を見に来て下さい。お待ちしています。

鄭　義　信

「青丘」という言葉から、僕は祖母がよく寝物語に話してくれた緑の桑畑を思い浮かべます。

「どこまでも、どこまでも、緑の桑畑が続いとってなぁ…。桑の実を口に入れるとまっ青になってなぁ…。オモニが呼びに来るまで、ずっと遊んどったもんや…」

祖母は歌うように、少年の僕に語ったものでした。

「帰りたいのんか？」と僕が聞くと、

「帰っても、誰もおらへん、だぁれもなぁ…」

と淋しく呟くのでした。祖母は死ぬまでついに、祖国の土を踏むことができませんでした。

「千年の孤独」という芝居をもって、僕は初めて韓国を訪れました。祖母が語った風景はどこにもありはしませんでした。祖母が日本へ渡ってから、半世紀以上も経つのだから無理もありません。緑の桑畑は祖母の胸にだけ、あざやかに息づいていたのでしょう。

「青丘賞」が二十年近く続いてきたのは、在日が見果てぬ「青い丘」を追い求めてきたからではないでしょうか。時代の波が変ったとしても、「青い丘」への憧れは変わることはありません。

僕はまだ「青い丘」の麓で右往左往しています。それでも、麓までたどりつけたのは、多くの方々の御協力があったからだと思っています。紙上をお借りして、皆様に感謝の意を表し、御礼申し上げます。

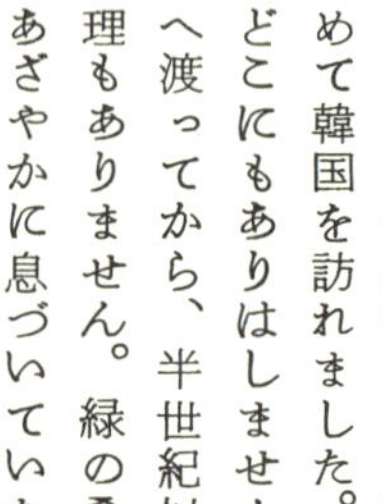

金　久　美　子

この度の青丘文化奨励賞の授賞に際して、青丘会に携わっていらした在日の有志実業人の方々に心よりお礼申し上げます。

私が始めて在日の経済人の方々とお逢いしたのは、一九八七年のことです。新宿梁山泊の韓国公演実現の為支援していただきたく、東京・神奈川・大阪と、在日の先輩方をお訪ねして歩きました。お忙しい中、何時間も私達の韓国巡業公演への夢に耳を傾けていただき、また、先輩方が淡々とこれまで御苦労されて来たお話をされる様子は、今でも私の記憶の中から鮮やかに甦ってきます。

「わしらは日本に風呂敷包みひとつで渡ってきた。がむしゃらに働いてリヤカーを買い、トラックを買い……。そしてある程度の贅沢もできるようになった。この先、自分の子供たちに何を残してやれるかと考える。車やマンション、そんなものはすぐ消えてしまう。もっとも精神的な豊かさというか……。それは、たぶんわしらの、在日独自の文化を作っていくということかもしれん。わしらの立場から、国際的な視点で、日本社会、本国、アジアへと交流可能な文化を創造していくこと。それがわしら在日の貴重な財産になるだろう……」

この言葉を聞いて、私は自分の学生時代を思い出しました。夏休み、初の祖国訪問ののち信州の実家に帰った時のこと。私は母に向かって「何故民族教育をしてくれなかったの!?母国語も話せない朝鮮人だとバカにされる」と叫びました。その時、母はぼそっと、「そんな余裕がなかった」と言っただけでした。

あれから十数年たった今、私が演劇を続けてこれたのも父や母がこの異国の地で、裸一貫から頑張って来てくれたおかげだと思えるのです。私達の世代だから出来ること。それは、先輩達の築いて来てくれた土台の上に立ってのことです。

私たち新宿梁山泊も、諸先輩方の心強い励ましと経済的御助力によってやっとここまで来ることが出来ました。韓国公演においても六千人動員という大成功を収め、それ以来、ソウル、全州、釜山の劇団との交流が続いています。

これからも、青丘会を中心に、在日の実業人の方々の御助力と御活躍を期待致しております。

(了)

青丘会の会員になってください。

青丘会に入会してください。会員になったからとて特別にカッコいいわけではありません。だが在日の人たちがどんな文化活動をしているのか、ということに深く関心が向くことは必定です。そしてあなたも授賞候補者を推せんしてください。そういう意味で在日の人に限らず会員にはもちろん日本人の参加も当然です。言うところの「国際化」はこういうところにもあるのではないでしょうか。

会員は賛助会員の形式をとっていますので会費というよりかカンパしてくださった人になっていただきます。カンパは金額にかかわらず年一回の授賞式と祝賀パーティ、その他のイベントにお招きいたします。

どうか会員になってこの会を支援してください。(カンパの向きは表紀のところに声をかけてくだされば郵便振替用紙をお送りいたします)

青丘会役員名簿

会長	高淳日
副会長	文正幸
副会長	姜憲治
理事	慎哲話
理事	朴南奎
理事	梁直基
理事	金仁永
理事	裵淳錫
理事	金洪玟

〔編集後記〕

◎本年七月は青丘会発足20周年を迎える。これまでに多くの非難中傷を耳にしたが、にもかかわらず二十年が経った。いま在日の若い世代に希望の光をかかげることのできたこと何よりも嬉しく思う。そして今年度の受賞者のことばの若い息吹きが何とさわやかなことであろう。

◎二十周年を迎える間近かに昨年は、会は激しい脱皮を行いました。それまで仲よしクラブ的な茫漠とした存在でしたがようやくカチッとした組織として再生しました。しかし運営は柔軟性をもったものとして取り組むつもりです。

◎会の運営にはカネは付きものです。「貧者の一灯」をお灯しくださるようお願いいたします。どうかお力を貸してください。

◎左に掲げたものは昨年七月朝日新聞連載の私の一文です。意外な反響がありました。多くの方から青丘会の事業に賛助したいという申し入れのあったことです。賛助金をお寄せくださった方々に心から御礼を申しあげます。

◎バックナンバーご入用の方は表記のところへお申し付けくだされればお送りいたします。

（高）

ハーフミラー

青丘会のこと

高《コウ》淳《スン》日《イル》（画廊主人）

一九七〇年代は、私にとって画期的な時代になった。

一九七四年十一月二十六日付の朝日新聞「声」欄に載った「NHKは朝鮮語講座を開設して」と題する私の投書がハングル講座開設の一つのきっかけとなり、多くの人々が隣国の言葉に関心をもち、学ぶ機会が訪れた。日本の朝鮮統治時代に母国語を奪われ日本語を話すことを強制された私たちには、感無量である。

「青丘会」も発足していた。青丘会は、在日同胞の文芸・学術面の創作研究活動や文化活動を、毎年、青丘文化賞、同奨励賞をもって表彰し、支援、激励することを目的に、在日の実業家有志――といえばご大層だが実態は中小企業のオヤジサンたち――が乏しい基金を積んで運営する小さな会だ。南北を問わず優れた業績をあげ在日同胞社会の文化の向上に貢献した個人・団体が受賞の対象となる。

日本人社会には在日外国人を対象とした賞がなかったし、とくに在日の我々には本国の南北いずれの側からも、そのような賞は設定されていなかった。在日作家金達寿、金石範両氏が芥川賞、直木賞の候補にあがりながら判然としない理由で立ち消えになったことも会の創立を促した。

草創の会員は朴南奎＝ビル経営管理、金準環＝会社経営・故人、金仁永＝金融業、裵淳錫＝貿易商社経営と、私の五人。ささやかな母体ながら名称には気を使い「青丘会」とした。青丘は日本を「やまと」というのと同じいわば国の古い雅称だ。「やまとしうるわし」とうたわれたように、私たちも、「鮮やかに朝日さし緑なす丘連なる」朝鮮半島の姿を命名にこめたのだ。

一九七四年、最初の文化賞受賞者が全員一致で金達寿氏に決まった。氏の『後裔の街』は、私が初めて読んだ朝鮮人の書いた文学であり、皇国少年だった私に、民族の魂をよび覚ました本であった。

氏のあいさつが忘れられない。「今まで在日の世界から非難、攻撃されることはあっても、ほめられることはなかった。初めて在日の人に認められてこんなうれしいことはない」。私にはむしろ青丘会への励ましの言葉と響いた。

タクシー運転手の経験から名作『タクシードライバー日誌』を生んだ作家梁石日氏の、本年度の受賞までに、二十三名と四団体が受賞した。千葉房総に暮らす済州島出身の海女たちの聞き書きの金栄氏さんと梁澄子さん、映画『潤の街』の金佑宣監督ら若手の台頭も目立ってきた。

その金監督が「へーえ、そんな賞があったの」というほど、賞の存在は知られていなかった。外からは「会員の自己満足に過ぎない」という中傷さえも聞こえた。一年二年でやむならその批判にも甘んじよう。続けることに意味があると強く心に決め今日まできたが、青丘会は来年創立二十年を迎える。この機会に五十万円から百万円に賞金の引き上げを検討。また一部の篤志家だけの会から広く多くの人々が参加できる賛助会員制へと姿を変える。有志の方々の参加を望んでやまない。

20 周 年 記 念 号

青丘通信

第4号

一九九二年
七月十五日発行

デザイン・田村義也

発行所 〒150 東京都渋谷区道玄坂2−23−13 ピーコック内 青丘会 TEL 3464−3326 編集＝高淳日
郵便振替口座 東京7−556841 青 丘 会

発足二十周年に想うこと

青丘会会長 高 淳 日

青丘会がこの七月二十一日、二十周年を迎えることになった。歳月の流れは、はやいものだ。発足が昨日のように思えてならない。

しかし〃二十年よくも続けて来たものだ〃という実感は、たしかにある。

日本のことわざに「十年ひとむかし」というが、わが故郷《クニ》にも「十年経てば山河も変る」という言葉がある。この伝でいえば、二十年はふたむかしにもなるわけだし、山河も変容して昔の姿、影もなしということになるのだが。実際、わが青丘会もそれほどではないにしても、メンバーも、お互い顔見合せて老けたものだと思う。二十年の歳月をにじませ、皺の増えたこと、頭に白いものや、髪の薄さが目立ってきたこと、感じて無量だ。四十代の壮年期に、ともにはじめた仲間がいま七十にちかい齢になったのだから、あたりまえといえばそれまでだし、一足さきに別世へと旅立ったものもいる。二十年の感慨といえばこんなことになるのだろうか。

しかし感慨にふけってばかりはいられない。在日の社会で二十年続けてきた賞の存在が、今後の若い有望の人たちの目標となるようしっかりとしたものを確立していかねばならない。また芥川賞に匹敵するようなと言えば不遜になるがこれからの二十年ではこれに近づくようみんなで頑張らねばと思う。「始作折半」ということばに励まされてこれからの二十年に向かおうとも思う。幸い会の運営メンバーには次世代の層が確実に形成された。このことに注目して頂きたい。

二十年の、その間、たいしたことをしているわけではないので、世間的には努めて控え目な態度と姿勢を保ってきた。つまり余りこの賞の存在をPRしなかったのだ。その為この賞を受ける人の中からでさえ「そんな賞があったのか」という驚きの声が聞えた。宣伝をするのが目的ではないから控え目な姿勢を持続してきたものの、これではいつまで経っても賞に値する人たちへの刺激剤とはならない。今後は多くの人に知って貰うためにも大いにPRしようと思う。この辺の事情を汲んで頂きマスコミ方面でも力を貸して頂ければと思う。大きな企業あるいは団体が出している賞ではなく、それこそささやかな民間のグループが続けてきたものである。それゆえに多くの人の力を借りなければならない。どうか青丘会にあなたの力をお貸しください。

二十周年に思うことこれ切である。

賞創立の由来と主旨

文芸・学術（人文・社会科学）の面での創作研究活動及び文化活動の面で優れた業績を挙げ在日同胞社会の文化水準の向上に貢献した者及び団体を対象に授与されるものであり、次ぎの二つの賞が設定されている。

青丘文化賞　　（賞金五十万円）
青丘文化奨励賞　（賞金三十万円）

日本の社会のなかでは在日外国人を対象とした賞がないということ、また特に在日朝鮮・韓国人にとっては本国の南北何れの側からも、そのような賞が設定されていないということから、一九七二年、在日のささやかな有志実業人らの集まりである青丘会の拠金によって基金をつくり、この基金の運営で毎年一回、二つの賞が授与されて来た。しかし、いまは基金は解散し有志によるカンパで運営されている。一九七四年、金達寿氏が受賞してから今回まで二十四名と五団体に授与されて来た。

「青丘会の二十周年を祝い、励ます会」が有志発起人のお世話で左記の通り行われます
日時　一九九二年七月二十一日(火)午后六時
場所　渋谷・東急文化会館ゴールデンホール
電話（〇三）三四〇九ー四二八一番

受賞者リスト

一九九二年七月十五日現在

青丘文化賞

第一回　一九七四年度　金達寿氏
第二回　一九七五年度　金石範氏
第三回　一九七六年度　李進熙氏
第四回　一九七七年度　姜在彦氏
第五回　一九七八年度　朴慶植氏
第六回　一九七九年度　高峻石氏
第七回　一九八〇年度　金学鉉氏
第八回　一九八一年度　金時鐘氏（辞退）
第九回　一九八二年度　許萬元氏
　　　　　　　　　　　李恢成氏（辞退）
第十回　一九八三年度　姜斗興氏
第十一回　一九八四年度　文玉柱氏
　　　　　　　　　　　慎英弘氏
第十二回　一九八五年度　金泰生氏
　　　　　　　　　　　姜徳相氏
第十三回　一九八六年度　鄭大聲氏
　　　　　　　　　　　安宇植氏
第十四回　一九八七年度　朴宗根氏（辞退）
第十五回　一九八九年度　高史明氏
第十六回　一九九〇年度　梁石日氏
第十七回　一九九一年度　姜英之氏

青丘文化奨励賞

第一回　一九七九年度　辛基秀氏
第二回　一九八一年度　金容権氏
第三回　一九八二年度　李良枝氏
　　　　　　　　　　　学林図書室（団体）
第四回　一九八三年度　金賛汀氏（辞退）
　　　　　　　　　　　麦の会（団体）
　　　　　　　　　　　代表・呉充功氏
第五回　一九八六年度　生野民族文化祭実行委員会（団体）
　　　　　　　　　　　代表・金徳煥氏
第六回　一九八七年度　在日韓国・朝鮮問題学習センター（団体）
　　　　　　　　　　　代表・鄭早苗
第七回　一九八八年度　金栄氏並びに梁澄子氏
第八回　一九八九年度　金佑宣氏
第九回　一九九一年度　劇団・新宿梁山泊（団体）

青丘会の20周年を祝い……、

金達寿

二十周年おめでとうございます。心からお祝いいたします。

あれからもう二十年、早いものだとまず思いますが、同時に、よくもこれまで、――とも思わないではいられません。

なによりも「持続」ということがわれわれには大切なことと思います。いろいろなことが、あろうかとも思いますが、どうぞこれからも「頑張って」くださるようおねがいいたします。

金石範

青丘会が二十周年を迎えたことを心から祝福いたします。私は第二回目の受賞者ですが、この賞が在日の賞として私への強いはげましであったことをたいへんありがたく思っています。また近年の授賞者がしだいに若い層へ拡がっていることに大いに意義深いものとして感じています。先般若くして亡くなった李良枝《イヤンジ》は芥川賞をもらう二年前に青丘奨励賞を授与されていますが、新たな才能を見出した青丘会の先見の明にも改めて敬意を表したいと思います。

今後とも在日の若い人たちへの希望の賞として永く持続することを望んで止みません。

李進熙

青丘は、中国では東方の星を意味し、わが国では古くから「朝鮮」をさす雅号のひとつとして親しまれていた。在日の間では、「統一された祖国」への望みをかけて、三千里とか青丘を用いている。

青丘会が発足して二十年、会のメンバーは私の古くからの友人たちであるが、「統一祖国」への思いをこめてこの会をつくり、地道に会を運営してきた。会の規模は小さいけれども、二十年間に積みあげたものは測り知れないほど大きい。そしてさらに大きな足跡を在日社会に残すにちがいない。私はそれを固く信ずる者のひとりである。

（第三回青丘賞受賞）

姜在彦

空虚な政治の季節が過ぎて後にくるものはギスギスした人間関係だけだろう。

文化を糧として同胞社会にふくらみのある人間関係を再構築し、またそれをもって日本人社会と向かい合う文化の季節を迎えたといえるのではなかろうか。

青丘会が貴重な財源を出しあって、そのような文化活動を誘導してきた先見の明に敬意を表したい。さいきん第二世の受賞者が増えてきたが、よろこばしい限りである。

（第四回青丘賞受賞）

金学鉉

青丘会創立二十周年を心からお祝い申しあげます。会長をはじめ皆様の変わらぬ誠意に、感謝致します。在日韓国・朝鮮人社会にあって、ひたすら祖国の文化的統一事業に一心に取りくんできた貴会の存在は、大いなるものがあるといえましょう。

南北統一のきざしは、ちちとして進まない今日の状況ですが、希望の明光が見えてきました。

青丘会の存在価値も一段と高まってきたといえるでしょう。統一の文化を創り出す――「在日」の存在意義のためにも。もっと広くすそのを広げて、文化事業を試みて下さるよう提言致します。青丘会の皆様方の御健闘を祈ります。

（第七回青丘賞受賞）

文玉柱

青丘会設立二〇周年を心からお祝い申しあげます。海外――在日において篤志家たちが青丘文化賞を設けたことは稀有なことであり、しかも主役たちは背後に隠れて、その顔を見せようとしないところこそ、現代の文化的模範というべきである。これは売名を好む朝鮮社会にたいする青丘会のもう一つの価値ある無言の警鐘であり、この姿勢はこぞって学ぶべき美徳ではなかろうか。どうか、これからも末長く継続されるよう要望する次第です。

私は背亡と刑罰には奇縁があって、苦汁の生になれていた灰色の人生であった。青丘文化賞は生涯ただ一度の身にあまる記念として、胸のなかに銘じたいと思っています。皆様のご健闘を願いつつ。（第十一回青丘賞受賞）

慎英弘

拝復　青丘会二十周年を祝賀いたします。

「継続こそ力なり」とよくいわれますが、正に青丘会の今日的意義は高く評価できるものと思っております。二十年と一口にいっても人間であれば成人式を迎える永き年月です。その間青丘会の活動がつづけられたということは、会員皆様の甚大なるご努力の賜だと感服いたします。

今後の青丘会に期待したいことは、研究者を養成するための事業に取りくんでいただきたいということです。例えば研究助成制度等です。

青丘会の益々の発展を確信いたしております。（第十一回青丘賞受賞）

金容権

「青丘会」というと、父の命日といつも重なりあう。陰暦の二月一日が父の命日だが、三月初旬頃の青丘会の集まりが命日の二、三日後にあたったことがよくあった。父がなくなって二十一年、青丘会は二十年で、年でも少し前だ。二十歳といえば、人間でいうと成人。青丘会も「在日」という枠内ではあるが社会的にも注目されつつあるし、それだけに社会的責任もあると思う。それはひとえに、事務的にも財政的にも二十年間たゆまずやりぬいてきた青丘会のメンバーの方々の心入れと努力によるものと思う。ご苦労さん。（第二回奨励賞受賞）

鄭大聲

在日同胞の社会が様変わりしてきている。三世、四世、五世の時代になり日本の社会に定着して生活することがほゞ固まったとみてよいでしょう。その中でアイデンティティーを保っていくことは、これからのテーマになるでしょう。

青丘会がそのテーマのひとつを荷なっていると思います。二十年間の蓄積は重く、これからもさらに、その所期の目標からははずれないでやってほしい。

それにしても、二十年間これを続けて来られた方々には敬意を表すると共に、心からなる拍手を送りたい。

会をより発展させるためにも、これまでの受賞者の方々が、春の受賞式に出来るだけ出ていただければと思っています。（第十三回青丘賞受賞）

（大阪・学林図書室代表）朴一

青丘会結成二十周年心より御祝い申しあげます。思えば、一九八三年に私たちの学林図書室が青丘文化奨励賞を受賞してから十年、学林図書室も先生方の御支援のおかげで、一昨年、ぶじ十周年を迎えることができました。

これからも私たちのような地道な民族・地域活動をしている在日の若者たちが心のささえとなるような〃青丘賞〃にして頂ければと思います。青丘会の発展を心より御祈りしています。（第三回奨励賞受賞団体）

高史明

「青丘会」が創立されて、二十周年を迎えることになりましたとお聞きいたしました。二十年といえば立派な青年の年になります。この間のご苦労はいかばかりであったことでしょう。私は「青丘」という言葉の意味すら知らなかった人間です。きっとそうした人も少なくなかったことと思います。そのような状況の中で「青丘」という言葉を高く掲げられてのご活躍に、私どもは知らず知らずに助けられているものと思います。ありがとうございます。

光の昇る大地、春の平和を心より念じて、お礼の言葉とさせていただきます。（第十五回青丘賞受賞）

梁澄子

ご無沙汰しております。本年度授賞式には数年ぶりにお訪ねしたのですが、会の主要な方々、また選考委員の方々にはお会いできず残念でした。

奨励賞をいただいておきながら、青丘会そのものに対する認識も薄く、その後子育てに追われて皆様にお会いする機会ものがしてまいりましたので、会への意見、要望などはあろうはずもありませんが、同胞の志ある若い世代にとって大変励みになっている会だと思いますので、是非、息の長い充実した会にしていただきたいと思います。

（第七回奨励賞受賞）

（映画監督）金 佑宣

青丘会創立二十周年を心よりお祝い申し上げます。

今後は、もっともっと若い世代の在日コリアン、日本の仲間たちが参加し、活発な意見交流がなされる会として、発展していただきたいと思っております（第八回奨励賞受賞）

（経済ジャーナリスト）姜 英之

一九七二年の「七・四共同声明」発表以来二十年目にして「南北合意書」が交わされ、「平和共存」と和解・交流の時代が始まろうとしている。

もちろん、これまでの南北対話・交流が紆余曲折を経てきており、南北統一への道のりは決して今後も生易しいものでないことは予測できる。

しかし、冷戦時代終えんのいま、自らが望みもしない南北分断をいつまでも続けるのは民族の消耗であり、愚の骨頂である。

民族分裂の悲劇を加重にさせたのは、イデオロギー対立であった。祖国の政治・思想的対決は日本にまで持ち込まれ、在日同胞にも三八度線の高い障壁が築かれた。

既存の民族団体は、本来の自治原則を捨て去り、政治出先機関と化した。政治・組織の優先は個々人の才能をつぶした。在日同胞の経済力は本国に無視できない影響を与えている。

だが、分断・冷戦イデオロギーの呪縛と政治的没主体の習性から抜け切れず、時代の流れに全くとり残されている。本国追随の姿勢をいつまで取り続けるというのか。

青丘文化賞は政治優先、文化不毛の在日社会（但し、この十年における二・三世の小サークルの文化・芸術活動は著しい発展を見せ在日新民族主義運動＝非政治的ルネッサンスの胎動と評価できる）に一服の清涼剤を投げかけたと思う。

これからは、在日二・三世が主体となり、敢然と古い冷戦思考から解き放たれ、本国追随でない、在日同胞自身を統一する運動を先駆的に手がけるべきだろう。非政治・組織の小サークル（あるいは個人）の文化・芸術活動の結集が望まれる。

（第十七回青丘賞受賞）

新宿 梁山泊

青丘会創立二十周年おめでとうございます。二十年に及ぶ長き年月、活動を続けてこられた事に敬意を表します。いわば熟成期ともいうべきこの時期に、新宿梁山泊が受賞できたことは大変喜ばしいことであり、又その重みをもって今後も自分達の現場で責任をもって文化活動を続けていく糧としたいと思っております。演劇人の受賞は初めてと思いますが、各方面で活躍しながら埋もれている在日の方々がまだまだ沢山いると思います。

青丘会が在日の若い才能をどんどん発掘していく在日の大きな機関となってくれることを期待しております。

今後さらに情報ネットワークが拡がって、互いに綿密な情報交換のできる場となってほしいというのが要望です。

（第九回奨励賞受賞団体）

（朝日新聞日曜版記者）鬼頭 典子

オギャーと生まれた赤ン坊が成人し、成人式を迎えた若者が壮年となり、その子らがまた成人式を迎える年月。平均寿命に達した老人たちが「あのころは元気なもんだったが……」と愛惜する年月。何よりも二十年前の自分がどうであったかとふり返れば、その年月のただならぬことが心をゆさぶります。

まさに「継続は力なり」。深い感銘を覚えます。心から拍手を送ります。

二十周年おめでとうございます。

（賛助会員）

沖縄県立沖縄大学大学院教授
永井信一

韓国と北朝鮮、又日本との関係をみていると奥歯にモノのはさまったように、どこかすっきりといかないものを感じ、いらだたしさを覚えます。これは本当の相互信頼が欠けているからでしょう。その点青丘会の方たちの活動をみていると、高さんを中心に見事なチームワークで民族や国境をこえ、一つの理想にむかって邁進する姿は敬服のほかありません。

創立二十周年を心から祝します(賛助会員)

衆議院議員　はせゆり子

このたび、青丘文化賞が二十周年を迎えられたことを心からお喜び申し上げます。

いく多の困難な状況を乗り越えて、在日朝鮮・韓国人の唯一の文化賞として、多くの優れた人材を世に送り出してきた青丘会役員の皆さまのご努力に心から敬意を表します。

今後とも、朝鮮と日本の文化の絆を深めていくための賞であることを期待してやみません。

熱海市　松本弘子

私が青丘会を知りましたのは、朝日新聞のハーフミラーに高会長が書いておられましたのを毎週楽しみに見せて戴きましたのが、きっかけでございます。立派な方々が受賞される御様子、たのしみに致しております。

今後のますますの御発展、心よりお喜び申し上げております。

(賛助会員)

東京・杉並区（写真家）裵　昭

青丘賞パーティーでは、ありがとうございました。

この二十年間、同胞の皆様が、つづけてこられた苦労と努力に敬意を表します。

どうぞ、これからも長く、また他国籍の朝鮮学研究の方々にも青丘賞を！

（「セヌリ」誌編集長）朴　鉄民

青丘会創立二十周年、おめでとうございます。若い人たちに関心が持たれるようになってきていますが、もう少しだと思います。いろんな形で広く知れわたるように「セヌリ」も協力してゆきたいと思います。ひとつ要望としましては、まだまだプロでない若い人に「若い芽賞」みたいなものがつくられると、もっと大衆性の拡がりをえられるかもしれません。

（オペラ歌手）田　月仙

青丘会創立二十周年おめでとうございます。二十年間の御努力をねぎらうと共に、今後の御発展を心よりお祈り申し上げます。

（ポプラ社編集部）堀　信

青丘会二十周年おめでとうございます。ここまで来るには大変だったでしょうね。これからも末永くつづきますことをお祈り申し上げます。

東京・板橋　足立登美枝

創立二十周年おめでとうございます。地味ながら有意義な活動を続けていられる青丘会の賞が、日本人の間にまだ余り知られていないのは残念です。その存在をもう少し精力的にPRしてみてはいかがでしょう。そして、「青丘通信」がもっと多くの人に読まれるようになったらと思います。今後のご発展をお祈りいたします。

（東アジアの古代文化を考える会会員）

調布市（賛助会員）細川和紀

世の中には、お酒を飲むと人の悪口を言う人間がけっこう多い。言っている本人は気分は良いだろうが聞かされている側はたまったものではない（人のことは言えないが…）。

一方、人のことをほめるのが大好きという人もいる。しかしこちらの方はめったにお目にかからない。青丘会は人をほめる会だという。会というからには一人じゃできない。物好きな人々の集まった珍しい会である。それが二十年も続けてきたというから驚いてしまう。ほめると言っても誰、彼の別なくほめまくる訳じゃぁない。すでに名を興した人よりも、いま一生懸命頑張っている人を選んでいる。選ぶということは選ばれていることになるので気苦労は大変なものだろう。男と女の別なく年令にとらわれず、ましてや北や南もありゃしない。文化賞という名に恥じない本当にいい会だと思っている。最近、賛助金の公募で会の裾野が拡がってきているという。お金は出すが口は出さないというやり方がいい。ナショナリズムにとらわれない国際化の表われであろう。この分なら会の未来に不安はない。

二十年の長きにわたり人をほめ続けてきた青丘会もこんどはほめられる側に立つのも悪くはないと思うが、だから会長はじめ理事の方々のこれまでの努力に対して心から大きな拍手を送りたいと思う。

（古代文化遺跡研究会幹事長・建築家）

壬申の乱と壬辰の乱

（東京・府中市）大塚泰二郎

東アジアの古代文化を考える会に所属して古代史の研究、とくに六七二年におこった古代最大の内乱、壬申の乱と天武王朝の政治史を研究しています。

壬申の乱とにた言葉ですが、壬辰の乱があります。いまから四〇〇年前にはじまった豊臣秀吉の朝鮮出兵で、日本では文禄の役として知られています。近代の日本が朝鮮（韓国）を侵略し苦しめたことを知っている人は多いけれども、文禄の役を加害者として考える人はあまりいないようです。たんなる歴史上の出来事としてうけとめられています。被害者にはいつまでも心の傷として残っているのに、加害者は忘れっぽいようです。六六二年にはじまる近江朝廷の朝鮮出兵、藤原仲麻呂の新羅出兵計画など、日本の支配者は古代から隣国を敵視・蕃国視してきました。そうした歴史を研究し正し、将来の共存共栄の道を模索していくことが、私たちの責務だと考えています。

青丘会の活動が今後とも発展していくよう、期待しています。

（東アジアの古代文化を考える会幹事）

「青丘会受賞パーティーに招待されて思うこと」

（東京・板橋区）東本拓之

今や、在日七〇万の内から、それぞれが、いろいろな障害の中で、生きているにもかかわらず、むしろ、それをバネにして、さまざまな分野で地道な研究をし、また活躍されている人々が生まれてきている。そしてそんな人士を発掘し、奨励し、育てようとしている青丘会の存在は、この二十年の歳月を経てようやく花ひらこうとしている。ここに確固たる在日の文化圏が確立されようとしていることに、大きな喜びを感じている。慶賀の至りです。

しかしながら、この華やかな受賞パーティーに参席して感ずる私の一抹の淋しさは、一体何なのだろうか。国籍を捨てた者のひがみであろうか。

ただ帰化をした私の立場で云えば、父を韓国人にもつ作家、飯尾憲士氏の次のような言葉に代弁されている。

「……ひっきょう、私は蝙蝠である。この哺乳獣は、どっちつかずの者に対する軽侮の代名詞になっている。……ところで、愛国心とか、愛郷心は持つべきではないと蝙蝠の私は思っている。愛国心は戦争を起こす火薬である。そして故郷は、生まれた土地だけではない。……思い出の染みた悲しい町、それらはすべて心の故郷であろう」と。

かって、私は祖国を美化し、まだみぬ父母の故郷を愛するがゆえに、過去の歴史と現実を直視することを忘れ、重大なあやまちを犯した。否、組織によって踊らされていたと云うべきであろうか。

私自身、まさに「蝙蝠」の心境である。

（賛助会員）

（東京・豊島区）外岡宏

青丘会の皆さん

創立二十周年おめでとうございます。

皆さんの掲げる一灯は広野を照らすにはあまりに微弱に見えるかもしれません。しかし在日の学者・ジャーナリスト・芸術家に夢と希望を贈り、心ある日本人に皆さんの心の豊かさと逞しさを鮮明に焼きつけた煌々たる灯台でした。

皆さんはこれからもドリームメーカーです。胸いっぱいに大気を満たして、堂々と初志を貫徹してくださるよう希望いたします。

（東アジアの古代文化を考える会幹事）

＜編集後記＞

◎多くの方からご投稿いただき、感謝。紙面の都合で今回掲載できなかった分は次号の新設コーナー《読者と会員のひろば》でお目にかかります。今後も会への要望、提言、批判などお寄せください。

〔追悼〕

ヤンジは死んだのか…?

梁　石　日

あまりにも急な李良枝《イヤンジ》の死は、周囲のものに強い衝撃をあたえた。告別式の弔辞で「だれがヤンジを連れ去ったのか」と、金石範さんは青天のへきれきに怒りにも似た無念の思いを込めて語り、ヤンジの妹は、入院してからたった三日間で死んでしまった姉の死を、一番驚いたのは姉ではなかったか、と涙した。告別式に参列した人々の思いも、おそらく同じだったに違いない。

わたしがヤンジの死を知ったのは朝日新聞の夕刊だったが、不思議なことに、わたしはヤンジの夢をみていた。朝日新聞の記事によると、ヤンジが亡くなったのは二十二日の午前九時ごろである。そしてわたしが夢を見たのは正午ごろだった。つまりわたしはヤンジが亡くなってから三時間後に、ヤンジの夢を見たのだった。わたしは夜型の生活をしているため、就寝するのはいつも明け方であり、午後二時ごろに起きる習慣がついている。だからわたしは朝日新聞の夕刊を見るまで、ヤンジの死をまったく知らなかったのだ。そして朝日新聞の夕刊でヤンジの急死を知って強いショックを受けた。

夢の中のヤンジは黒いワンピースを着て、あの大きな瞳を輝かせてほほ笑みかけ、異常なほど美しかった。それはヤンジとはじめて出会ったときの姿であった。当時、わたしは東京へ来てタクシー運転手になり、九年が過ぎようとしていた。そして幸いにも、わたしの「狂想曲」の一部の作品が筑摩書房の「文芸展望」に掲載されていた。またそのころのわたしは新宿界隈を飲み歩いていたが、たまたま「文芸展望」に掲載されていたわたしの作品を読んでいた金石範さんと偶然「村長」と言う飲み屋で会い、その足でヤンジの兄が経営している「ファティ」へ連れて行かれたのである。

在日同胞のもの書きや若者達のたまり場である超満員の店内には熱気があふれ、マスターの好きなジャズが流れていた。金石範さんとわたしが隅のテーブルの前に座ると、カウンターの中にいたヤンジが金石範さんのそばにやってきて、何か悩み事を話していた。しばらく二人は会話を続けていたが、かなり酔っていたわたしはわけもわからず二人の会話に割って入ろうとして、金石範さんから「お前は黙っていろ!」と何度も注意されたのを覚えている。やがて会話が一段落してから、わたしは金石範さんからヤンジを紹介された。そのときのヤンジの印象は、感受性が強く、人見知りのする感じだった。感情の起伏が激しく、好き嫌いがはっきりしていた。けれどもヤンジの声は魅力的で説得力があり、それは表情の豊かさにも現れていた。当時二十三歳だったヤンジは、どこか中年女のしたたかさと子供のような純粋さを合わせ持っていた。

その後わたしは「ファティ」の常連になったが、「ファティ」のほとんどの客はヤンジの友人、知人で占められていた。ヤンジの顔の広さは驚くほどであった。北は北海道から南は沖縄まで、あらゆるジャンルの人間がヤンジを訪ねてきた。二十三歳の若さで、これほど多種多様な友人、知人をもっている人間をわたしは知らない。だれかを頼らずにはいられない弱さと、断固として自己実現をめざす意志の強さがないまぜになった不思議な魅力は天性のものであろう。女性には珍しく破天荒で破滅的なところがあったが、今考えると、ヤンジは生き急いだような気がしてならない。いわば人生の射程距離をしぼって、一気に駆け抜けようとしたのだ。それはヤンジらしい生き方だったと思う。むろんあまりにも早い死を恨みに思うが、だからこそ、ヤンジの生きざまはわたしたちに強烈なインパクトを与えるのだ。

わたしは六年ほどヤンジとはあっていないので、芥川賞を受賞したあとのヤンジの生活を知る由もないが、おそらくもんもんとしていたに違いない。ヤンジが聞けば反発すると思うが、ヤンジの感性は文学に向いていなかったとわたしは考えている。ヤンジの感性はもっと別なもの、自由奔放に世界を駆け巡り、ヤンジの存在それ自体がまったく自由を体現しているそれだけで、わたしたちは幸せだったのである。

第5号

青丘通信

一九九三年三月一日発行

デザイン・田村義也

発行所 〒150 東京都渋谷区道玄坂2−23−13 ピーコック内 青丘会 TEL 3464−3326 編集＝高淳日
郵便振替口座 東京7−556841 青丘会

1992年度 青丘賞

本年度青丘文化賞該当者なく、青丘文化奨励賞に次の二氏が決りました

朴慶南氏

現住所 〒228 相模原市鵜野森一〇四ー二五
電話〇四二七ー四八ー三七五八

鄭甲寿氏

現住所 〒581 大阪府八尾市東山本新町一ー二ー三
電話〇七二九ー九七ー二四六九

授賞式と受賞祝賀パーティ
日時 一九九三年三月二十一日(日) 午后六時
場所 渋谷・東急文化会館ゴールデンホール
電話 〇三ー三四〇九ー四一八一

青丘文化奨励賞を受賞して

朴　慶　南

「青丘文化賞」が二十周年を迎え、この記念すべき、そして節目となる年に、「青丘文化奨励賞」を授賞くださり、たいへん嬉しく、光栄に思っております。

　日本で生まれ育った在日韓国・朝鮮人である私が、自分がどう生きていったらいいかを真剣に考えるようになったのは高校生のときでした。

「朝鮮人としての民族的誇りだけは忘れるな」

　山陰の地方都市で屑鉄屋を営むアボジ（父）は、儒教倫理と家父長制の権化と言ってもよく、随分窮屈な思いをして育ちましたが、折りあるごとに言われたこの言葉が私の身体深く沁み込み、〃生き方〃に影響を与えたと思います。

　日本の学校に通いながらも、人生観を形作る思春期に、祖国と民族の問題を自分の将来にひきつけて考えられたことは、そういう家庭環境のおかげだったでしょう。

　大学を目ざしたときも、大学で何を勉強するかということより、同胞の学生たちと知り合いたい、何か母国のために役立つことが出来るのではないかという一途に燃えるような思いがありました。

　しかし大学生活の四年間は、試行錯誤、理想と現実とのギャップ、迷い、悩み…の日々。高校生のときに抱いていた情熱だけでは難かしいということを思い知らされましたが、それはそれなりに貴重な得難い体験をしたと思っています。

　そして、そのときの体験は、やはり今に繋がり、役にも立っているようです。

　大学を卒業後は、「子どもは親の言うことに絶対服従」「女は仕事をしてはいけない」という儒教の封建制に縛られ、思うように生きられないという苦しい時期が長く続いたのですが、何とかその呪縛を打ち破り、仕事をすることが出来るようになったのは、ほんの五、六年前のことです。

　かなり遅いスタートです。いい人との出会い、そこから生まれたチャンスに恵まれたということもありますが、ずっと失うことなく胸に抱き続けてきた熱い思い、諦めないでぶつかっていく積極性が、どんどんプラスを生み出していってくれたのだと思います。

　ひょんなキッカケから始まったラジオ放送。「キョンナムさんと語る」という、その小さな番組から、「クミヨ！ゆめよ」という本を処女出版することが出来ました。

　そして、昨年の夏は二作目「ポッカリ月が出ましたら」が刊行され、そしてこの度び素晴しい賞を受けることになりました。

　日本人社会に向けて発している私の言葉が在日の仲間たちに届き、評価されることは何にも増して嬉しいことです。

　期待と励ましの、ありがたさと重さをしっかり感じます。「ガンバラナクッチャ！」と、更めてファイトが湧いてきます。

　激しく揺れ動く内外の情勢の中、両方の祖国と向き合いながら、この日本の地で、在日として生きることの意味をこれからも考え、表現していきたいと思っています。

〈朴慶南プロフィール〉

　一九五〇年鳥取市生まれ。立命館大学文学部史学科卒業。ラジオ・テレビの構成作家をやりながら一九八八年〜九〇年に亘りラジオたんばで「キョンナムさんと語る」という番組を担当。そのときの体験を「クミヨ！ゆめよ」（未来社刊）という本にまとめる。講演と各種雑誌で連載・執筆し、近著に「ポッカリ月が出ましたら」（三五館刊）を出版。現在「エコノミスト」「世界」にエッセイを連載中。続いて毎日新聞日曜版に連載予定。

青丘文化奨励賞を受賞して想う

ともに知恵を出しあい、さらに輝かしいワンコリアのビジョンを創造するために……

鄭　甲　寿

去る十月十七・十八日の両日に第八回ワンコリアフェスティバルを無事終え、各方面にお礼のご挨拶も一段落した頃、突然当フェスティバルが「青丘文化奨励賞」に選ばれたことを知らされ驚くと同時に有難く、また励まされる思いがしました。当フェスティバルの実行委員会、スタッフを代表して厚くお礼申し上げます。

想えば、わが民族の解放四十周年を機に、統一への歴史の新たな展望を、斬新な発想と積極的な未来創造の姿勢で切り開こうと呼びかけて以来八年、ようやく同胞社会にも広く知られるようになった感があります。

これまで私達は、一貫してワンコリアを志向してきました。それは、わが民族が国際社会において真に尊敬されるためには、やはり一つにならねばならないと痛切に想うからです。国際社会に、統一を通じてわが民族の自己統一能力を証明せずにどうして国際社会の尊敬と信頼を得られるでしょうか。もちろん統一は容易ではありませんし、たしかに戦後東西冷戦の厳しい現実、とくに米国、旧ソ連など大国の利害のはざまにあったという困難はあります。しかし、だからこそ、むしろ南北の政策能力、わが民族の知恵が切実に求められるはずです。まして最近の世界情勢の激変はこれらにわが民族が一層主体的に対応することが求められているでしょう。主体的な対応とは、国際政治の現実と世界の流れを冷静に見極め、その進む方向を先取りした政策や運動を創っていくことだと思います。

今世界は、統合と解体、求心力と遠心力が混在し混乱の様相を呈していますが、いずれ統合と求心力の方向へと収れんしてゆくと思います。その方向のキーワードは、おそらくグローバル、リベラル、ヒューマニズムであろうと思います。ワンコリアのビジョンもまたこの方向を先取りするものでなければならないでしょう。在日同胞の存在の条件と位置は、これを逆転の発想で捉えれば、このことにもっともふさわしい存在だと思います。すなわち、祖国南北の対立をもっとも鋭く反映すると同時に、物理的な〈三八度線〉は存在せず、また複数の国籍に分かれているいわば国境を超えた存在であり、さらに差別の厳しい現実の故に人権を切実に求めざるをえない存在だからです。

ワンコリアフェスティバルは、こうした観点と発想から、まず在日同胞こそ一つとなってワンコリアのシンボルとなり、祖国南北と海外同胞のパイプ役となって、統一に独自の貢献をしようと訴えてきました。

とはいえ、在日同胞が一つになることも容易ではありません。むしろ、在日同胞は南北いずれか支持の対立ばかりでなく、世代間の対立、国籍の問題等、複雑な問題や要因もかかえています。だからこそ、新しい発想とビジョンが求められるわけですが、ここでは一つだけ指摘しておきたいと思います。在日同胞の中には往々にして、祖国か在日か、統一か反差別か、社会運動か個人主義か、といった本来二者択一ではないものを、二者択一かのように捉えがちな発想がみられます。しかし在日同胞全体の地位の向上のためには、個人の能力を高めることも、差別をなくす運動や民族教育のための運動も、そして祖国の統一も全て必要であり、大切な課題です。それらは互いに連動し、相乗効果をもたらすものです。したがって、自らの立場や持ち場でそれが努力し、立派な仕事をするとともに、他を尊重し、協力し合うというスタイルを確立したいものです。当フェスティバルもそのために微力ながら寄与したいと思います。

この度の受賞を機に、今後も以上のような発想で、南北何れの側をも批判せず、代弁せず、反対せず、迎合せずを貫き、誰もが参加し楽しむことのできる祭りとして益々発展させてゆきたいと思っています。

〈鄭甲寿氏プロフィールは次ページ下段に〉

青丘賞と会の発展のために

鄭　大　聲

青丘とは中国でむかし使われていた名称で朝鮮のことである（『朝鮮語大辞典』角川書店）。祖国が南北に分断し、呼称がちがう現実からか、民族や国を表現するときに、この青丘（チョング）は貴重なことばとなっている。

私の知る範囲でも京都市北白川に青丘寮という朝鮮人の学生寮が戦後しばらくの間あった。いま親睦会、文庫、雑誌などに「青丘」を冠したものがいくつかあり、いずれも在日同胞によるものである。青丘文化ホールも大阪にある。ほかにも使われているところがたくさんあると思われます。

青丘賞を出す母体―青丘会はそれらとは関係ない。在日の同胞で事業をされている方々が資金を出し合い、これを基金として出発し、同胞の中で文化的な面で功績のあった人たちを顕彰しようという点に特徴がある。賞には文化賞と奨励賞があり、副賞に夫々、五十万、三十万円が付く。受賞者は全部は紹介できないが第一回（一九七四年）が金達寿氏で、いままで個人二四名と五団体である。私も第十三回目の授賞の栄誉に浴し感激した想い出はいまも新鮮に蘇る。

受賞者は多士済々でそれぞれの分野ですばらしい業績を挙げられ世間から注目されている方がほとんどである。昨年七月の発足二〇周年記念の会に参席して感想を述べさせていただいたが、それは次のようなことだった。

在日同胞の心ある人達が灯した「青丘賞」のイデアを大いに発展させる必要がある。それには受賞した側のわれわれも、これを如何に多くの人に知って貰うようにPRすることに努めねばならないと思う。私自身、この賞、そして会そのものをオーソライズするのは、自分に課せられた「つとめ」だと思っている。

受賞した年に書いた「朝鮮の食べもの」（築地書館刊）のあとがきにも青丘文化賞のことを書き添えた。昨年秋「食文化の中の日本と朝鮮」（講談社現代新書）をまとめた。たまたま、この本の著書紹介が裏表紙にあるので、ここに青丘文化賞受賞のことを入れた。知人、読者の方からの問い合わせの中に、やはりこの賞に関心のある方が多かったのには驚いた。書いたり、話したりする機会の多い関係の方々には、是非この会、賞のことを取り上げてほしいと思う。

会のことを知って何がしかの金額を同封して会への賛助を申し出られる人が少しづつではあるが増えているという。そこで賛助会員の制度を設けられたそうだが大いに結構なことだ。ただ単に傍観者の立場で結構だ、賛成だということでなく会の事業に積極的に参加し微力でも何か協力するということになると会の発展に意味あいが深くなるというものだ。これからは多くの人に知られ育くまれる会となり、そこから生れる賞となることに期待したい。私も貧者の一灯を多少なりとも灯すつもりでいる。

（筆者は一九八六年度、青丘文化賞受賞）

〈鄭甲寿プロフィール〉（前ページから続く）

一九五四年生まれ、在日三世。三十八歳。

朝鮮初級学校に三年二学期まで在学。以後、建国小・中・高卒業。立命館大学文学部卒業後、プラスチック加工業「寿化学工業所」設立。自営の傍ら社会人の民族サークル「七・四会」などで活動。一九八五年第一回ワンコリアフェスティバル（八・一五民族・未来・創造フェスティバル）を始める。以後毎年開催している。

選考経過

青丘賞の授賞者の選考は毎年十一月に行われる。これまでの受賞者のうち幾人かの方をお招きし選考会が開かれるが、今回はゲストに姜徳相、鄭大聲、安宇植、高史明、梁石日の五氏をお願いした。姜徳相、安宇植、高史明の三氏は事情で欠席。二十一日渋谷東急文化会館で選考会がもたれた。

選考の手順は回収されたアンケートをもとにして進められる。アンケートはこれまでの受賞者からのものと、本年からは賛助会員からのものとを新たに加えた。寄せられた候補者のリストは後記のとおりで選考にはかなり伯仲した議論となった。結果的には本年度の青丘文化賞には該当者なく、奨励賞には多くの候補が残ることになり、絞り込みの作業に多少の時間を必要ということで三役（会長、副会長）一任となる。後日、三役会議で頭書のとおりの決定を見たものである。

アンケートの回答（順不同）

青丘文化賞候補（敬称略）
韓永大、朴載日、尹学準、朴慶南、朴一、尹健次、陸培春、崔洋一、姜尚中、沈光子、安承玟

青丘文化奨励賞候補（敬称略）
同人誌「鳳仙花」グループ、ワンコリアフェスティバル鄭甲寿、川崎コリアタウン構想実行グループ、朴慶南、田月仙、在日党、金敬得、人権情報誌「SAI 사이」、「荒川ノリマダン」呉ユンピヨン、金永一

≪賛助会員≫

いままでにカンパをお寄せくださいました方のお名前を左記に掲げ感謝の意を表わさせて頂きました。

役員一同

金本アヤ子（東京都文京区）
姜　光子（東大阪市）
丸山　積（東大阪市）
藤原としえ（東京都台東区）
佐々木秀子（東京都板橋区）
金　秀樹（東京都）
東本　浩之（東京都板橋区）
座間和緒子（横浜市）
原　博子（逗子市）
松本　弘子（京都市）
永井　信一（沖縄県那覇市）
長澤　浩（東京都文京区）
岡崎　幸子（東京都杉並区）
細川　和紀（東京都調布市）
立澤　節朗（長野県塩尻市）
金　洪斤（横浜市）
田辺　鶴女（東京都保谷市）
人見　年保（川崎市）
今井　徳子（川崎市）
加藤　恭子（東京都練馬区）
金　弘茂（静岡県清水市）
成　話会（東京都）
相川　誠（東京都新宿区）
松代　洋子（東京都江東区）
李　鍾虎（横浜市）
金　末鏞（福島県郡山市）
福田　征哉（熊本県山鹿市）
福田寿美子（熊本県山鹿市）
江澤　国子（東京都調布市）
浅井　猛（東京都秋川市）
浅井　紀子（東京都秋川市）
山下　靖典（東京都中央区）
鬼頭　典子（鎌倉市）
森　馨子（東京都世田谷区）
李　粉順（千葉市）
石島　芳夫（東京都渋谷区）

≪お願い≫賛助会員になって会を支援してください。

青丘会に入会しませんか。会員になったからとて特別にカッコいいわけではありません。だが在日の人たちがどんな文化活動をしているのか、ということに深く関心が向くことは必定です。そしてあなたも授賞候補者を推せんしてください。そういう意味で在日の人に限らず会員にはもちろん日本人の参加も当然です。　言うところの「国際化」はこういうところにもあるのではないでしょうか。会員は賛助会員の形式をとっていますので会費というよりかカンパしてくださった人になっていただきます。カンパは金額にかかわらず年一回の授賞式と祝賀パーティ、その他のイベントにお招きいたします。

どうか会員になってこの会を支援してください。（カンパの向きは表記のところに声をかけてくだされば郵便振替用紙をお送りいたします）

＜会員と読者のマダン＞

（NHKラジオセンター
ディレクター）村上　圭子

突然こんなお手紙を差し上げ、申し訳けありません。私はNHKラジオセンターのディレクターで村上と申します。

在日の人々の民族的なアイデンティティの問題について非常に関心を持っており、もしよろしければ賛助会員として参加させていただけませんでしょうか。よろしくお願いいたします。

（東京世田谷区）森　馨子

前略　過日はありがとう存じました。通信たいへん参考になりました。貧しい暮しのなかで反戦活動をしていてたいしたお金はだせません。同封のものは僅かで失礼ですが、おおさめ下さい。

『わだつみのこえ』の会誌、出ましたらお送りいたします。私は絵かきの娘で四十まで絵を描いていました。お元気でおいでなさいませ。

（大阪市）慎　英　弘

拝復　青丘会の皆様にはご健勝のことと存じます。早いもので又今年も授賞者推せんの時期になってしまいました。いつもこのことは念頭においているのですが最近は著書執筆のため追いまくられていていろいろな本を読む時間がなかなか取れません。したがって今年も又文化奨励賞の推せんのみに止めさせていただきます。

なお現在私が執筆したものは一月には刊行される予定です。内容は障害者問題を取り上げたものです。

今後の貴会の益々のご発展をお祈りいたします。

敬白

（熊本県山鹿市）福田　征哉

南国この地でも朝夕冷えこみが少しづつ厳しくなってきました。お元気でお過ごしのご様子お伺い致しなによりのことと拝しました。

さてご通知の件全く思いがけなかったことで戸惑ってしまいました。赤面の極みですが青丘二賞を推薦させていただくにはまだ十分の知識がありません。

受賞作品及び候補作をこの地で拝読させて頂くということで小子の無知をお見逃しくださるよう願いながらペンを執りました。授賞者決定の発表、楽しみにしています。

（横浜市）座間　和緒子

大変遅くなりましたが青丘会二十周年祝賀会ではほんとうにありがとうございました。高会長をはじめ皆様のご挨拶をお聞きして、いろいろなご苦労のうえにこの二十周年を迎えられ、この記念に残る大切な日に、私のようなものも参加させていただき嬉しく存じました。又、どなたのお世話なのでしょうか、「明洞のキリスト」というご本を受付けでいただきました。鄭芝容さんの詩は八月六日のNHKラジオのハングル講座でも紹介されました。前からお話したく思っていたのですが、私が在日韓国・朝鮮の方々と仲よくしたいという気持ちは父の影響もあり以前からあったのですが決定的にしたのは何年か前に朴寿南さんの講演を聞き、そして朴さんのご本や「もうひとつのヒロシマ」「従軍慰安婦」の映画を通して何も知らない、知らされていないことに愕然としました。それから私なりに在日の方々の書物を探し読むようにしております。そして青丘会の賛助会員であることを感謝しております。

世間知らずの私ですがこれからもよろしくお願い申し上げます。

青丘会役員名簿

会長	高淳日
副会長	文正幸
副会長	姜憲治
事務局長	金洪汶
理事	慎哲話
理事	朴南奎
理事	梁直基
理事	金仁永
理事	裵淳錫
理事	金弘茂（新就任）

第6号

青丘通信

一九九三年十一月一日発行
デザイン・田村義也

発行所 〒150 東京都渋谷区道玄坂2−23−13 ピーコック内 TEL 3464−3326 編集＝高淳日
郵便振替口座 東京7−556841 青 丘 会

第18回 青丘文化賞 第11回 青丘文化奨励賞 候補者推薦のお願い

青丘賞（青丘文化賞／青丘文化奨励賞を総称して）の授賞候補者を募集します。

青丘賞は在日同胞社会の文化水準の向上に貢献した者及び団体に授与されるもので、一九七二年在日のささやかな実業人の有志の集りである青丘会によって毎年一回二つの賞が授与されて参りました。一九七四年金達寿氏が受賞してこれまでに二十六名と五団体に授与されています。

▼授賞対象範囲

①青丘文化賞（賞金五十万円）

文芸・学術（人文・社会科学）の面での創作・研究活動で優れた業績を挙げたものを対象とする。

②青丘文化奨励賞（賞金三十万円）

イベントなど団体行動を通しての文化活動の面で業績を挙げた個人及び団体。また文筆活動を含めて今後の可能性に期待される者を対象とする。

▼授賞者の発表　十二月下旬

▼推薦方法　はがき一枚に青丘文化賞、青丘文化奨励賞各一名を記名し推薦者の住所、氏名、電話番号を明記。

締切は十一月二十日消印まで。

▼あて先　〒一五〇　東京都渋谷区道玄坂二ー二三ー一三
ピーコック内　青丘会

＜編集部＞
　この文章は、ことし三月十九日のNHK総合テレビ＜視点・論点＞で永六輔さんが放送されたものの筆録で、お願いして掲載させていただきました。そして三月二十一日の授賞式にはご多忙の中をお祝いに駆けつけてくださいました。

「在日」という言葉

永　六輔（作家）

　こんばんは。〝在日日本人〟の永 六輔です。

　この「在日」ということばについてきょうはお話ししますが、在日――日本にいる、つまり在日アメリカ人、在日フランス人、在日ポルトガル人、在日ロシア人。なんでも「在日」とつけばそれは日本にいる外国の方ですね。

　ところが、国の名前をつけないで、「彼は在日です」とか、「僕、在日です」とかいうことばで通ってしまうのが在日韓国朝鮮人の皆さんです。七〇万人の方がいらっしゃいます。一世・二世・三世、三世の時代になってきていますけれども、一世の多くは日本名を名乗らせて強制連行されてここへやってきた皆さんです。

　その朝鮮も、核拡散防止条約、いろいろ問題があって、南北と分かれておりまして、皆さんの気持の中には祖国統一ということがあります。一方で、韓国名を名乗っている方と、韓国名ではなくて日本名の方もたくさんいらっしゃいまして、その中の友達が、「永さん、英語で一、二、三って言えますか？」と言う。何を言わせたいんだろうと思いながら僕は、「ワン、ツー、スリー」と答えました。「じゃあフランス語で」「アン・ドゥ・トゥロァ」「じゃあドイツ語で」「アイン・ツヴァイ・ドライ」。一生懸命思い出して言ったんですがまぁ言えるんですね。イタリア語、言えるんです。彼は最後に、「では朝鮮のことばで」と言われたんです。言えなかったんです、僕は。いちばん近い国の、いちばん大事にしていかなきゃいけない国の一、二、三が言えない。お隣りの中国の場合は、「イー・アル・サン」と言えるんですが、言えなかったんですね。これはとても僕にしてみると、「ええっ？ ここから始め直さなければ」と思いました。

　もちろん、いまは言えます。「イル・イー・サム・ハナ・トゥール・セッ」と言えるんですけれども、ここからもう一回、両国の関係を考えなきゃいけないんじゃないかと思っておりました。

　その在日の中の民間の有志が、北と南をいっしょに考えながら日本と、何かギクシャクする関係の日本と朝鮮半島を少しでも近づけた方たち、そういう方たちに賞を出そうというので、民間有志が資金カンパしまして「青丘賞」という賞を出しています。

　きょうはこの青丘賞のお話をしたいんです。初めて聞いたことばでした、僕も。どこで聞いたかをこれからお話しするんですが。この青丘賞、〝青い丘の賞〟と書きます。朝鮮半島を昔、中国のことばで〝朝日が鮮やかに緑連なる丘を照らす国〟。もう一回言いますね、朝日が鮮やかに緑が連なる丘を照らす国と表現しました。つまり、「朝日が鮮やかに」という中にはもう、「朝鮮」と入っていますね。その次に来る、「緑の丘」「青い丘」、これが青い丘賞「青丘賞」です。そこにも南北を統一してという気持があるんですが、これは第一回があの金達寿《キム・タルス》さん。そしてことしは、何ともう二〇年目なんですね。二〇年たちました。二〇年目の青丘賞をいただいたのが朴慶南《パク・キョンナム》さんとそれから鄭甲寿《チョン・カプス》さんです。この鄭甲寿《チョン・カプス》さんという方は大阪で「ワン・コーリア・フェスティバル」、つまり〝朝鮮は一つだ〟というイベントをずっと続けてきた方です。

「チュッカ・ハムニダ……」永　六輔さん

もう一人、朴慶南《パク・キョンナム》さん。実はこの慶《キョン》南《ナム》さんが僕の友達で、慶南《キョンナム》さん、友達が受賞したことで初めてこの青丘賞という賞の存在を知ったのがきょうのお話につながってくるんですが、この朴慶南《パク・キョンナム》さんの書いた本があります。「ぽっかり月が出ましたら」。この慶南《キョンナム》さんは中原中也が大好きで、その中原中也の詩から取ったことばですね。「ぽっかり月が出ましたら」。三五館――数字の三、五、それから館と書きまして三五館が出版していますが、この本に与えられたわけです。この本は、僕、読んだ時に、とっても日本人としてホッとしました。

日本と朝鮮半島の関係というのはいろいろあります。もういつもギクシャクしています。朝鮮人慰安婦問題も最近ではほんとうにわれわれがどういう顔をして対応したらいいのかという部分があります。ところが慶南《キョンナム》さんはその長い日本と朝鮮半島との関係の中で、朝鮮人を助けた、朝鮮をつまりバックアップした、〝朝鮮人にとってとっても大事な日本人たち〟という形でたくさんのレポートをこの本の中で書いています。

僕がいちばん感動しましたのは、たくさんいろいろありました。ほんとうにいろいろありました中で、やっぱり肩身の狭いのは関東大震災における朝鮮人に対するリンチであり虐殺という、これはもう事実です。これはとてもいま考えてもゾッとすることですね。その最中に、川崎に大川さんという警察の署長さんなんですけれども、何百人という朝鮮人をリンチをする群衆から助けて守り抜くというレポートがあります。これはもう日本人としてほんとうに読んでいて、「あぁー、大川さんという方が一人でもいてくださってほんとうにうれしい」という、そういう方たちがこの本の中にたくさん出てくるんですね。とってもいい仕事をしました、慶南さんは。

その慶南《キョンナム》さんから聞いた話で、ギクシャクした日本と朝鮮の間を少しでもよくしようという賞が、さきほどから申し上げている「青丘賞」という賞なんです。このギクシャクというのは、ついこの間も僕、沖縄・広島と歩いてきましたけれども、沖縄の摩文仁（まぶに）の丘、ありますね。たくさんの慰霊碑が。それから広島の平和公園にもたくさんの慰霊碑がありますが、どうも朝鮮人たちが強制的に連れてこられて、そこで原爆にあってという慰霊碑や何かが平和公園の中に入る・入らないという問題がいろいろありました。やっぱりどこに行ってもまだまだこういうギクシャクして肩身の狭い思いをしている中で、この、高淳日《コウ・スンイル》さんっていう方なんですね、青丘賞を作った中心人物は。この方は、「NHKの外国語講座の中にハングル講座をどうしても入れてほしい」ということで実現したリーダの一人でもあるんです。

この高淳日《コウ・スンイル》さんが中心になって、たくさんの要するに在日の皆さんがこの日本に暮らしている以上、日本と朝鮮半島の距離を縮めた人たちを表彰しようということから始まってきました。僕は友達が表彰されたことで、いま申し上げたようにほんとうにホッとしたんですね。

前に僕、大韓航空という飛行機会社のポスターを見ていて、そのポスターの中に、「初めてなのに懐かしい」ということばがあったんです。僕はとっても好きな——これはコマーシャルのことばなんですけれども——とっても、「ここからだぞ。ここから何かしなきゃあ。初めてなのに懐かしいという国。つまり、青丘——緑の丘。朝日が鮮やかに照らす緑の丘の国とわれわれの国とのつきあいをここからやらないと、間に入った植民地時代も何も、そこのギクシャクをもちろん引きずらなきゃいけないんだけれども、そこからやり直さなければ……」という時に、一生懸命、在日の皆さんが青丘賞を続け二〇年目ということに僕は感動しました。

とっても感動した中に、資金が辛いんですね。つまり資金が辛いんですが、たくさんの日本人がこの青丘賞に資金カンパしているんです。僕、この間、カンパの表を見ていましたら、NHKのラジオのプロデューサーの知っている名前があってほんとうにホッとしました。それが支えているんですね。この青丘賞の存在というのは、やっぱり一人でも多くの方に知っていただいて、そして日本と朝鮮半島、南北統一も含めていちばん近い国のことばを知らなかった僕の肩身の狭さ、恥ずかしさ。

ちゃんといまは言えます。一、二、三を朝鮮のことばで"イル・イー・サム"、ちゃんと言えるんです。言えるんですけれどもまだ足りない。僕は慶南《キョンナム》さんに、あさってが授賞式なんですね。あさって慶南《キョンナム》さんに、「おめでとう」を言わなきゃいけない。この「おめでとう」はやっぱり朝鮮のことばで言わなきゃいけないと思いまして、僕はハングルの先生がマンガ家の高信太郎さんなんですが、さっき高さんのところに行って、「あさって言うんだけど、「おめでとう」ってどういうふうに言うんだ」ということを特訓して受けてまいりました。

それをまずここで言わなければいけません。「チュッカ・ハムニダ＝おめでとう」なんですね。おめでとう＝「チュッカ・ハムニダ」。そこに名前がつきますから、「チュッカ・ハムニダ・キョンナムさん」。キョンナム"さん"というのは日本語ですから、そういう友達の場合は「キョンナム」が「キョンナミ」というふうになると、間がちょっと狭まるからそういったほうがいい。

そういうわけですから、僕はあさって青丘賞の受賞する友達、朴慶南《パク・キョンナム》さんに向こうのことばで——つまり彼女のことばで「おめでとう」を言おうと思っています。

もう一回言います。「チュッカ・ハムニダ・キョンナム。キョンナミ、チョッカ・ハムニダ」と、こういうあいさつを彼女にできると思うと、それだけでもホッとするんですね。

やっぱりいちばん近い国の一、二、三が言えなかった時のショックというのは、どれだけ外国のことばに詳しくても、とりあえず一、二、三ぐらいが言えなかった。これも長い間言えないまま、韓国、そして朝鮮の友達とつきあってきたことがとっても恥ずかしかった

もちろん、二世、三世の中には同じようにハングルの読めない方もいますし、そしてことばの使えない方もいます。でも、それだけに日本人なのに隣りのことばがわからない方よりも、隣りの方なのに日本のことばがとっても上手という方がいっぱいいるということ。このバランスをまず解消して、「初めてなのに懐かしい国」とわれわれがどうつないでいかなきゃいけないかということ、これは青丘賞という心暖かい賞が助けてくれます。ほんとうに素敵な賞だと思います。

もう一回言います。「チュッカ・ハムニダ・キョンナム。キョンナミ、チュッカ・ハムニダ」。

永六輔さんへのメッセージ

朴　慶　南

（第十回　青丘文化奨励賞受賞）

いまや半世紀を迎えようとする私たち、在日の歴史。アボジ・オモニたち一世の世代から、私自身も含まれた二世、そしていま、三世へと時代の主人公は移っていく。

現在、その一、二、三世の割合は一体どうなっているのだろうか。

はっきりとした人数は明らかとなっていないが、それでも〇〜二九歳が三世であると考えて類推的に試算してみると、一世が五％、二世が四五％、三世が五〇％といわれる。

ちなみに、一九九〇年の法務省入国管理局統計では、在日韓国・朝鮮人は六八万七九四〇人。このうち〇〜二九歳を五〇％とし、それを三世と考えるなら、約三四万〜三五万人が三世ということになる。

四世の登場も間近かと言えそうだ。世代交代が数字のうえでもはっきりしてくる。

文化活動も、次代の若者たちがどんどん担い、新しい芽が次々にふくらんで開花していくことであろう。

「青丘文化賞」も然り。若い才能を発掘し、育て上げていってほしいと願う次第である。そしてその存在を、日本社会、母国へと強くアピールしてほしいとも思う。

その意味でも、永六輔さんがテレビ・ラジオ（NHKの「ニュースの視点」、日本テレビ「2×3が六輔」、TBS「土曜ワイド」……などのマスコミ、また講演会などを通じ、「青丘文化賞」の意義を広く伝えてくださっていることに対して、この場を借り、深く感謝の念を捧げさせていただきたいと思います。

永さん、テダニカムサハムニダ。

青丘文化賞の展望について

梁　石　日
（作家）

去年の七月二十一日に青丘会は二十周年を迎えて盛大なパーティを催した。この二十年の足跡はきわめて大きな意義を持つと思うが、その間に受賞した人々はほとんどが在日一世であった。いわば年功序列式に在日一世の文化人はほぼ受賞の対象になったと思う。このことは、それまでの青丘文化賞の在り方と性格を示している。それには二つの理由があったと私は考えている。一つは受賞の対象を文学・社会科学の分野に限られていたことである。

一九六〇年代から七〇年代にかけて隆盛をきわめた日本の左翼運動と相まって、在日同胞もまた左翼的な言論が活発だった。その間に発生した韓国における軍事政権や民主化闘争はひっきょう在日同胞の言論人にも避けることのできない焦眉の問題であった。だが、当時を振り返ってみると、日本の言論界で活躍していた在日同胞は詩人の許南麒氏と作家の金達寿氏の二人ではなかったかと思う。その後、七十年代に入ってようやく在日同胞の言論人が表舞台に出てきたのである。そして在日同胞の言論人のほとんどが在日一世であったのは年代的にもいたしかたなかった。したがって青丘文化賞の対象が文学・社会科学の分野に限られ、受賞者が在日一世であったのも当然のなりゆきだった。

しかし、二十年を経た今日、かっての闘士も年を取り、若者たちの活字離れはいちじるしく、文学や社会科学から遠ざかっていった。つまり青丘文化賞の対象であった文学・社会科学にたずさわる人士は激減したのである。実際、ここ数年の間に、私の周辺だけでも何人かのすぐれた在日一世が他界している。このような事情から、近年、青丘文化賞の対象者が以前にもまして狭まってきたことはいなめない事実である。その結果、受賞の対象者を厳しく選択する余裕が失われつつあったといえる。その意味でも映画監督の若い金佑宣が受賞したのは一つの可能性を示めした出来事であった。つまり従来の文学・社会科学だけにこだわらず、受賞者の対象を他分野にも広げることによって、青丘文化賞の活性化に新しい血をそそぐことになったのである。その後の受賞者を見ると、それまでとは様変りして若い人たちが受賞している。中でも劇団「新宿梁山泊」の受賞は画期的であったし、その影響はきわめて大きかったと思う。ここにきて青丘文化賞は在日一世から在日二世、三世へと移行してきたといえよう。

私の考えを言えば、青丘文化賞の初期の目的は達成されたのであり、初期の目的を第一期とすれば、これからの青丘文化賞は第二期を迎えたことになる。そして文化という観点に立てば、文学・社会科学はむろんのこと、映像、美術、音楽、民俗芸能、演劇といった綜合的な視野を要求されるだろう。なぜなら、これらの分野には在日同胞の若者のエネルギーが蓄積されており、そのエネルギーをくみとる必要があるからだ。ましてや在日という限られた同胞を対象とした場合、これら綜合的な分野を網羅したとしても、対象となる受賞者の数はおのずから限定される。したがって青丘文化賞は今後、綜合的な視野に立った受け皿を早急に整える必要があると思う。

随想

「青丘賞に望むもの」

崔碩義

「青丘賞に望むもの」という題で何かを書く破目に陥入《おちい》った。青丘会の行事に一回も出たことのない門外漢の私に、こんなお鉢がどうして回ってきたのか摩訶《まか》不思議でならない。ははあん！　このあいだ久方ぶりに高淳日さんに電話で

「二、三年で潰《つぶ》れると思ったのに、よくも二十年も続いたな、大したもんだ。青丘会に青丘賞をあげんとあかん！」とほざいた（激励）、あれが崇《たた》ったにちがいない。

こういった文章を書く柄でないと、けつをまくってもよいのだが（ガラが悪い言葉これ地声）ここは一丁、がらがら蛇のように虚仮《こけ》威《おど》してやるのも悪くあるまい。もともと、当り障りのないおべんちゃらを並べるのを私は好まない。それに堂々とした的を射た意見と饒舌な雑言《チャンソリ》は往往にして紙一重である。私はもっぱら後者の雑言《チャンソリ》といこう。

かつて知日家のライシャワー大使が在日韓国人は悪いことばかりして困ると言ったので、いっぺんに彼が嫌いになった記憶がある。あれから時代も大いに様変り、もはや新聞の三面記事の種になることもなくなった。それどころか、在日も経済大国日本の御零《おこぼれ》を頂戴し力をつけ、大学を経営する人も数人現れた。当然、若い世代の考え方も急激に変化し、いま「在日論」が日々花ざかりである。価値観の多様な変化に幻惑されて在日が在日でなくなり、腑抜けになるかも知れないことに一抹の不安はあるが、どうして、どうして、在日韓国、朝鮮人はいままで独立独歩図太く生き抜いてきたように、これから先も民族性を保持して生きて行くだろうことを私は信じて疑わない。

率直にいって、在日はもっと文化的分野を拡充する必要がある。例えば東京を中心にみると図書資料館、文化ホール、交流の場といったものがないに等しい。無惨である。こういった面では青丘賞の存在は先駆の役割りを果たしているといえるが、これから商工人が進んで基金を出せる雰囲気を作っていかなければと思う。

ところで私が親しくしている知人に小玉クリスティヌさん（国際基督教大学準教授、現在韓国留学中）がいる。彼女は生粋のパリジェンヌで、ずっと在日朝鮮人文学をフランス語圏に翻訳紹介するために頑張っている。

もう一人はダクラス・デューラム君（コロンビア大学博士課程の老総角《ノチョンガー》）であるが、彼は在日朝鮮人運動史を専攻し、尨大な資料蒐集を終え、いま論文執筆中だ。いずれそのうち、この二人にも青丘賞受賞対象にしてもらいたいと思う。

話はくるくる変わるが、青丘賞発足のきっかけになったといわれる金石範の大佛次郎賞受賞記念出版会には私も参加した。あのとき、

しこたま酔っ払って会の進行を妨害した無礼な男がいたように、今また青丘賞に対しても、いわれのない非難中傷のたぐいがあると聞く。全く小賢しく肝っ玉の小さい人もいるものだ。まあ一種の愛嬌だと思えばよろしい。

最後に単刀直入に言って、もっと賞金を増やせ！　少いよりも多い方がよいのに決まっている。死んだ金泰生が高円寺でいみじくも私に言ったものだ。「一番魅力があるのは賞金だった」と。

一つの提案

（映画監督）金　佑　宣

私が「青丘会」を知ってから感じてきたことを書いてみたいと思います。

在日同胞の企業経営者の有志の方々が集まり、貴重な基金を積んで、在日同胞の文化活動を支援なさってきた「青丘会」が発足して二十年。たいへんなことだと思います。しかし、こういう私も受賞するまでその存在を知らず、「なんだあ、セイキュー？」お金をくれるなら、まぁーいいか」と言った、半ばバカにしたような感がありました。それほど若い世代の中には、「青丘会」のことをまったく知らず、運営メンバーの方々の熱い思いとは反した感覚が少なからずあると思います。宣伝するのが目的ではないが、若い受賞者の大いなる刺激剤となるためにも、今後どんどんPRしていただきたいと思います。

また、私はこの三、四年パーティに参加しても、二十年間運営をなさってこられた方々のお顔なり、その人となりと苦労があまりわからず、いまひとつ、親密な思いで会に参加できずにおります。私たちは、日々、謙虚さには、どうも疎（うと）い人間になりつつあります。もっと積極的に、ざっくばらんに熱い思いをアピールなさって、私たちのゆるんだ脳味噌をガツンと感動させてください。そして、受賞者なり参加者との積極的な交流を、もっともっとはかられてはどうでしょうか。

また今後、賞の選考にあたっては、在日同胞だけではなく、広く日本人の友人・仲間たちの意見をも積極的に取り入れ、協議すべきではないかと思います。そしていずれは、日本人および外国籍の方々にも賞を設けるような会として発展することを望んでやみません。

最後に、この何年かで若い人がたくさん参加するようになりましたが、まだまだだと思われます。そして日本人よりも在日の若い世代の参加がより少ない現実があるように思います。若い才能を発掘するための賞なのに、参加者にその対象となる世代が少ないのは問題です。「何となくオジサン達の会みたいで、参加しにくいなぁー」よく耳にするセリフです！　私も含めて、何とか努力しなければならないことだと思います。

はなはだ生意気なことを書きましたが、今後とも宜しくお願い申し上げます。

＜お願い ― ご入会の勧め＞

賛助会員になって会の発展に力を貸してください。

青丘会の会員になったからとて特別、カッコいいわけではありませんが、在日の人たちが文化面でどんな活躍をしているかということに深く関心が向くことは必定ですし年一回、受賞者の決定に、候補者の推せんに参加していただき埋もれた才能を見出すのも意義のあることです。

誰方も会員になることができます。会員は賛助会員の形式をとっていますので会費というよりかカンパしてくださった方になっていただきます。

入会の申し込みはハガキで表記の青丘会宛にお願い致します。

＜編集後記＞

◎青丘会への注文、展望など貴重なご意見をお寄せ頂きありがとうございました。会への提案などご投稿をお待ちしています。

◎一面の授賞候補者推薦には誰方でも参加できますのでハガキでご応募ください。

三月二十五日の「大阪日刊スポーツ」紙より転載

平成5年(1993年)3月25日　木曜日　(一部 100円、月ぎめ

<題字も筆者>

韓国・北朝鮮を知らない大人たち

いまだ遠い国

三月二十一日の日曜日、東京・渋谷で、青丘会主催の「青丘文化奨励賞授賞パーティー」が開かれた。

青丘会は、日本に住んで事業をしている韓国・朝鮮の人たちが資金を出し合って在日同胞の文化活動を支援している民間グループで、一九七二年発足した。

七四年度の金達寿氏にはじまり、毎年、青丘文化賞または文化奨励賞を授賞しており、今年は、朴慶南さんと、鄭甲寿氏に文化奨励賞が授与された。

会の出席者は百五十人ほどで、これまでで最高とのことだった。

ほとんどは在日韓国・朝鮮の人たちだったが、私は、朴慶南（パク・キョンナム）さんの友人ということで出席した。

もっとも、この会のことは、三年前に、やはり友人で同じ大阪の中学の後輩にあたる作家、梁石日（ヤン・ソギル）さんが、青丘文化賞をもらったこともあり、知っていた。

キョンナムさんが、この賞を受けたのは、さきに出版されたエッセー集『ボッカリ月が出ましたら』によるものだが、これを出版したのも、やはり私の友人である星山佳須也氏の出版社、三五館（さんごかん）ということで、いくつもの縁が重なっている。

同じ受賞者の鄭さんも、大阪・八尾市の人ということで、初対面ながら、前からの友人という気がした。（鄭さんの受賞は、一九八五年から毎年続けている『ワンコリアフェスティバル』の開催による）

キョンナムさんは、一九五〇年鳥取市生まれで、豊かな感性と、どんな苦しみもはねつけてしまう明るい性格の持主だ。おしゃべりをしはじめると止まらないので、私は〝おしゃべりキョンナム〟と呼んでいる。

以前、この日も出席された永六輔さんとラジオで対談した時、あの永さんがなかなか口をはさめなかったという〝伝説〟があるくらい。

え・そらいまさお

キョンナムさんがしゃべったり書いたりしているのを聴いたり読んだりしていると、まるで韓半島に昔から生きている語り部が、いろんなことをサラサラと語っている（そんな語り部がいるかどうか知らないが）みたいに、自然にこちらの心にしみこんでくる。この感性で、これからいくつもの話を紡ぎ出してくれるに違いない。いま月刊誌「世界」と「エコノミスト」にエッセーを連載中だ。

ところで、この会合に出席していて思ったのは、挨拶の中でも言ったのだが、世界のあちこち、三十か国くらい歩いているくせに、恥ずかしいことに、私はまだ、すぐ近くの国、韓国にも北朝鮮（朝鮮民主主義人民共和国）にも行っていないことだ。ぜひ、近いうちに本場のアリラン（あちこちの町や村にその地のアリランがあるそうだ）を聴きたいものだ。

「戦争を知らない子供たち」という歌があるが、「韓国・朝鮮を知らない大人たち」ではいけない。

デザイン・田村義也

一九九四年三月一日発行

青丘通信

第7号

発行所 〒150 東京都渋谷区道玄坂2−23−13 ピーコック内 青丘会 TEL 3464−3326 編集＝高淳日
郵便振替口座 東京7−556841 青 丘 会 FAX 3464−1829

1993年度 青 丘 賞

一九九三年度の青丘賞は次の方に授与されることが決まりました。

青丘文化賞

崔 洋 一 氏

〒167 東京都杉並区本天沼三―三三―九

青丘文化奨励賞

朴 載 日 氏

〒235 横浜市磯子区杉田七―九―三

授賞式と受賞祝賀パーティ
日時 一九九四年三月二十一日(月) 午後六時
場所 渋谷・東急文化会館ゴールデンホール
電話 〇三―三四〇九―四一八一

まだ観ぬ人へ
——青丘文化賞の受賞に際して——

崔　洋一

授賞の知らせを頂き、数日が過ぎた夜のことでした。『月はどっちに出ている』の原作者（原題『タクシー狂躁曲』）の梁石日さんから電話が入りました。「いいか、ヤンイル良く聞けよ。慎んでお受けしますやで、分かってるやろな」まるで、子供に言い聞かせる様に、軽口で脅し加減の上機嫌な声でした。変な話しですが、梁石日さんの声を聞いた瞬間に軽い眩暈に襲われてしまいました。どうも、自分の中で青丘文化賞という遠い存在が、いきなり身近な実体となっていく様に僕自身が混乱をしてしまったのです。

選ぶということは選ばれることであり、選ばれるということは選ぶことである。すこし、高邁な物言いですが、これが、僕の世の中と付き合うときの信条です。そして、映画という、少し極道な生業につく僕の意地でもあります。僕が映画を飯の種にして、早や二十数年、常に自由であろうとする僕の映画は、常に不自由との闘いでした。それは、僕が在る場所があらかじめの競争社会であり、才能と努力と体験と、忘れてならない腕力がものを言う、所だからなのです。競争社会で対等であろうとする自分を見つめていけば、対等でいようとする他者が見えてきます。共働と闘いが混在する我が職業は、天職なのかもしれません。

『月はどっちに出ている』という映画は、〔在日〕の何かが向上したり、もしくは下がったりする物語ではありません。自作を語る愚かさを許して頂けるのならば、この物語の主人公は崔洋一であり、梁石日であり、鄭義信であり、李鳳宇であるのです。そして、等身大の隣人たちを描く、おかしいことが悲しく、悲しいことがおかしい喜劇なのです。

人生は辛く、悲しいものです。と、同時にこれ程愉快で楽しいものはありません。僕は、僕の人生を追求したかったのです。先達の闘いを見据え、享受することなく乗り越えて行く。過ぎた情緒や感情を排し、なおかつ愛憎の存在を認めながら。

これは、個人の闘いです。僕は人々が集積して何かを成し遂げることに異論を挟む者ではありませんが、個人としての僕はかけらではありたくないのです。だからこそ、映画なのです。未だ観ぬ観客を求め、永遠の個別を探す旅こそが、僕にとっての映画なのです。それは、劇場を出た人々が映画の続きを自分の物語として想像する瞬間に感じる至福の時と同じなのです。

四十を過ぎて、こんなことを言うのは恥ずかしいけれど、やんちゃです。まだ片意地を張っています。

僕のような者に賞を与えてくださった青丘会の皆様に心から感謝します。

崔さんの髪

鄭　義信
（新宿梁山泊）

仕事の話があるからと、崔さんのお宅に初めて呼ばれた時、僕はちょっとびびっていた。それまでも何度かお会いしてはいるのだけれど、大抵まわりに大勢人がいて、差しで話すのは初めてだった。

「崔さんは武闘派監督だから、下手なこと言うと殴られるよ」

「俺も見たことあるぜ。何せ、崔さんはハードボイルドの旗手だもんなぁ」

と、まわりの暖かい声援に送られて、僕はまるでたった一人で戦場に赴く一兵卒の気分だった。

僕が一兵卒とすると、崔さんは髭を生やした大将と言ったところだろうか。「友よ静かに眠れ」や「Aサインデーズ」は大将の確たる才能にきらめいている。その崔さんと一体、殴られないようにすむ、どんな話をすればいいのだろうか。

恐る恐る戦場に足を踏みいれると、そこにはやさしい崔さんの奥さんと「ツグムくん」という名の犬がいた。そして、例によって髭の崔さんも。

酒がまわり始めると、意外にも話がはずんだ。崔さんは博学であるとともに、馬鹿話が大好きなのだ。（こんなこと書くと、本当に殴られるかな）。仕事の話そっちのけで、僕と崔さんは馬鹿話ですっかり盛りあがった。げらげら笑い転げながら、僕はふと昔のことを思い出した。

（あぁ、そうそう、近所に住んでた悪ガキと崔さんはよく似てるんだ……）。

崔さんは髭を生やした悪ガキなのだ。だから、納得いかないこと、正しくないことにはきっちりと反撃するのだ。

「崔さんって、子どもっぽいですよね」

と僕が今から考えると、殴られそうなことを酒に酔った勢いで言うと、

「あぁ、俺は子どもっぽいよ。でも、それでいいと思っている」

と崔さんは酒で濡れた髭を引っぱりながら、答えた。

その時から、僕にとって崔さんは髭を生やした大将ではなく、ともに戦場を駆けめぐる仲間となったのだ。

崔さんの髭の下には、純粋な子どもの心と、それにちょっと照れて、ちょっと惑っている崔さん自身が穏されている。

崔洋一〈年譜〉

一九四九年七月六日長野県佐久市に生まれる。小児結核で神奈川県二宮の施療施設で一年半の療養。一九五四年東京へ転居。練馬区で小・中学校を卒業。いきなり民族心に目覚め（未だに理由分からず）東京朝鮮中・高級学校高級部へ入学。日本学校からの編入班に入るも、他クラスからの差別が結構きつかった。希望して入寮するが、寮内はまるで陸軍内務班。どこが民主的民族教育なのだ！と悪態をつく。だが、ここで従来のお坊ちゃん体質（？）は見事に改善された。他人を傷つける痛みと、暴力を実感。一年で退寮。武装革命派から文学少年、果ては押し入り強盗までのクラスメートに囲まれ、実に豊かな人間関係を育む。まさに、私の大学である。一九六八年同校卒業。同年、横浜にある東京綜合写真専門学校入学。左翼を売り物の学校に懲りずに引かれ、裏切られる。当時はアカい気分が人を寄せた。気が付いたら、バリストの先頭に立っていた。当然ながらもっそう飯をたっぷり食った。一九七〇年そろそろ社会復帰をしなければ、と思いつつプータロー。一九七一年撮影助手をしていた金徳哲さんの紹介で映画の現場へ入る。照明の見習いである。三日して、映画は向いている職業と確信。ただし、照明の天分いささかも無く単純労働力としてのみ機能。因みに監督は今井正。一九七二年助監督になる。テレビをかわきりに多数の監督に仕える。『愛のコリーダ』で大島渚の助監督。プロデューサーは若松孝二であった。この二人からは多くのことを学んだ。人との接し方、喧嘩、酒、女……。一九八〇年田浦敏子と結婚。立会人は呉徳洙夫妻。一九八一年長い助監督生活にピリオド、テレビ映画『プロハンター』で勇躍監督デビュー。一九八二年テレビ映画『孤独な狩人』『恐怖』梁石日の「狂躁曲」を読む、興奮。金佑宣の紹介で梁石日に映画化の交渉、快諾を得る。これより梁石日との交情始まる。一九八三年ATG『十階のモスキート』で劇場用映画初監督。毎日映画コンクール新人賞、ヨコハマ映画祭新人賞。同年、にっかつロマンポルノ『性的犯罪』。一九八四年角川映画『いつか、誰かが殺される』。一九八五年角川映画『友と静かに瞑れ』。一九八六年テレビドラマ『亜季子、哀しみ色の罠』『恋物語』。世はまさにバブルのはしり、CMの仕事が続々と舞いこむ。一九八七年角川映画『黒いドレスの女』テレビドラマ『あなたに似た人』一九八八年角川映画『花のあすか組』テレビドラマ『罠の中の七面鳥』。CM相変わらず順調、しばしリッチであった。大映『Aサインデイズ』。ヨコハマ映画祭脚本賞、大阪市民映画祭作品賞。『月はどっちに出ている』始動。一九九〇年世の中が怪しくなってきた。バブル崩壊の始まりである。CM激減。一九九一

年テレビドラマ『姿のない尋ね人』。新宿梁山泊の鄭義信と『月はどっちに出ている』脚本執筆開始。シネカノンの李鳳宇が加わる。一九九二年日本衛星放送『月はどっちに出ている』短編製作。同作品で一九九三年度民間放送連盟優秀ドラマ賞を授賞。てんやわんやの三年間、一九九三年『月はどっちに出ている』完成。一九九三年度キネマ旬報映画賞、ブルーリボン賞など映画部門の各賞を総ナメ。

一九九四年これから先は分からないが、勇気と楽天性を持って前に進むのみである。

青丘文化奨励賞受賞の喜びと私のロマン

朴　載　日

青丘文化奨励賞に選ばれたという知らせをうけたとき、一瞬戸惑いを禁じえなかった。何故なら、果たして私が受賞に値するのかというそのことだった。文化センターアリランの設立を評価して賞を下さるとのことだが、設立一年をやっと経たばかりでまだ業績らしい業績も挙げていない。他に受賞に値する多くの方々がいるにも拘らず私ごときが選ばれたのは勿体ないような気がしてならない。しかし、半面何とも言えない嬉しさが込み上げてきたのも事実だ。在日の文化という言葉と多少なりとも関わってきてから何時も頭のどこかに劣等感のようなものがこびりついて離れなかった。と言うのは自分の国の言葉も満足に出来ず、また民族性を口にしながらも自分の子供たちには民族教育を充分与えず、そして老いた母はつい近年まで私のことを日本人かぶれと言っていたからである。私に賞を下さることは私がさして恥かしくない人間だということを証明して下さったことに外ならない。この事実で以て、私は母に向い合うことが出来るのが嬉しい。在日の人々が認めて下さったお蔭で母も持論を改めて私を見直してくれるに違いないと思われるからだ。青丘会が私の母に私が間違いなく民族性を失わなかった正真正銘の朝鮮人であることを証明してくれることになったのだ。このことで母が満足してくれれば最高の孝行を尽くしたことになる。不孝を続けてきた男のただ一度の孝行を行えたことが何より嬉しい。

私は、在日朝鮮文化とは日本の文化と共生の文化であり、調和の文化だと思っている。私の後に続く2世、3世、4世の若者たちが日本の社会環境の中で朝鮮人としての感性を大いに養い、在日の文化を創造してほしいというのが私の夢である。われわれの創造文化が、私たちが生きる日本の社会の向上に何らかの役割が果たせれば、どんなにか素晴らし

『月はどっちに出ている』

原作　梁石日「タクシー狂躁曲」
角川文庫・ちくま文庫

現在までの映画賞受賞

★第一八回報知新聞映画賞三部門／作品賞、監督賞、主演女優賞
★第六回日刊スポーツ映画大賞／監督賞
★第一五回ヨコハマ映画祭六部門／作品賞、監督賞、撮影賞、助演女優賞、新人賞、ベストテン第一位
★第一九回おおさか映画祭四部門／作品賞、監督賞、主演女優賞、新人賞
★第三六回朝日ベストテン映画祭第一位
★第八回高崎映画祭、最優秀作品賞、助演女優賞（ルビー・モレノ・絵沢萌子）、助演男優賞（岸谷五朗）
★キネマ旬報映画賞四部門受賞ベスト第一位
★ブルーリボン賞三部門受賞ベスト第一位

国際映画祭への招待、参加

☆九三年東京国際映画祭NIPPON CINEMA NOW出品
☆九三年ハワイ国際映画祭参加
☆九三年ナント三大陸国際映画祭、正式招待
☆九四年ベルリン国際映画祭フォーラム部門参加
☆九四年香港国際映画祭、正式招待
☆九四年シンガポール国際映画祭、正式招待
他、多くの映画祭から招待状が続々。

いことか。在日の先達が培ってくれた培地に一層の花が咲くことを願っているのだ。今回、受賞の対象となった文化センターアリランはそのために存在するのだ。授賞の理由もここにあったものと自覚し、私の夢実現に努力していきたい。

なお、この度の授賞は私個人だけのものだとは思っていない。文化センターアリランを支える同志たちに送られたご褒美だと思い、ともに喜びたい。

朴載日さんのこと

姜　徳　相
（一橋大学教授）

朴さんは在日一世ではない。皇国少年となった経験がある。街で母親に会ったとき逃げ出した悲しい思い出をもつ在日二世である。また8・15解放後は、はなばなしく活躍する一世たちの存在がまぶしく、素直に同胞社会に入っていけなかった。声高の同胞たちを屈折した思いでななめにみていた数すくない在日二世である。

朴さんはなぜ母を避けたのか、なぜ一世がまぶしかったのか、そのつらく悲しい思い出をいま反芻しては、あれは差別や迫害に対して、たちむかう民族の誇りをもっていない、言葉も文字も歴史も知らない、民族の魂をもたないことからくると思ったという。

同世代を生き、差別と同化を同時に体験した私も朴さんのこの思い出と共通する私事がいっぱいある。いわば同級生のようなものと思え、私にはいっそう身近な存在感がある。そうした朴さんが一昨年末に川口に民族の歴史や文化を学び、広めるつどいの場である文化センターアリランを開館した。東日本では最初の施設である。経済人としては朴さん以上に成功した在日の事業家はもっともっといる。しかし莫大な私財をこうした在日の社会施設に投じた人はあまりいない。それは朴さんの先見性であることはいうまでもないが、私には朴さんのセンター建設への情熱は自分の少年時代、青年時代への母へのつらい思い出や、失った民族魂に対する罪のようなものがあるように見えてならない。自分の心の底深く秘め続けた叫びのような思いが在日を生きる後輩たちへの愛情に転化したものであると思う。自分の生涯の歴史から学んだ結晶、先輩としてつらく悲しい思いを次の世代に伝えてはならない。そんな思いが文化センターアリランになってほとばしり出たように思える。

今回、この朴載日さんが青丘文化奨励賞にえらばれたことは朴さんのこころざしを同胞社会が高く評価してくれたことを意味し、たいへんよろこばしいことである。いま在日は三世、四世の世代をむかえ民族性の風化が叫ばれて久しいが、朴さんの文化賞受賞を機会に志を同じくする人がもっとあらわれて、各地に個性的できらりと光る在日文化のつどいの場ができることを望みたい。

朴載日〔年譜〕

両親共に韓国慶尚南道密陽出身。父は四十三才で他界したが、母は八三才いまも健在、医師の愛孫と川口に住む。家族は妻と一男二女の父で、横浜磯子に住む。一九九二年、「七滝」「今井の浜」、文学「伊豆の踊り子」で知られる天城山麓の地、伊豆河津町湯ケ野に三男三女の長男として生まれ、同地の小学校卒。この地での少年時代は忘れがたく当時の悪童達とは今も交友は続く。太平洋戦争酣の頃、学ぶために便利な東京に近い川口に一家は移住。現在の文化センターの地である。だがまもなく難病「大腿骨髄骨膜炎」に冒され五年間手術と入退院を繰り返す。しかし病床にある時期の乱読が今日の自分の形成に大いに役立つ。本郷中学卒、中央大学法学部（新制第一期生）卒、国籍条項のため司法試験の受験は諦める。在日同胞の宅造会社に就職、一家を支える。三年後会社を横浜に創立し独立、しかし七転八起を経験し金銭の非情を嫌と言うほど知らされ金のいかなるものかを悟る。この時期の苦闘から真の友人先輩を得、親交の道が開ける。このことからこの時期、民族図書館を創る決意が次第に固まる。一九八三年春、準備室を元季刊「三千里」社跡に開設。一九八八年春、川口に建物完成とともに移転、同年秋、文化センター・アリランを開設、同時に図書室「伯陽書院」、近代史研究所を併設開所。

一九九三年青丘文化賞
選考経過報告

青丘通信第六号にて本年度の授賞者候補の推薦をお願いし、これまでの受賞者と賛助会員には文書でのアンケートを求めた。また統一日報紙に記事として掲載されたことで多くの方々から候補者の推薦が寄せられた。この様な方式で毎年候補者をリストアップし十一月中に選考会を開く慣例になっているが、今回は以上の準備の後一九九三年十一月二十一日渋谷・東急文化会館で選考が行われた。選考会には姜徳相、鄭大聲、高史明、梁石日、姜英之、金佑宣の各氏が出席。寄せられたアンケートの回答から事務局が、候補者を次の通り報告（順不同・敬称略）した。

【青丘文化賞】

鄭承博　柳美里　尹健次　朴載日　金敬得
崔洋一　沈光子　韓伽耶　李美玲　全在紋
ウリヨソン・ネットワーク　姜舜（故人）　李相琴　李成市

【青丘文化奨励賞】

高贊侑　田月仙　柳美里　高二三　裵昭
ウリヨソン・ネットワーク　朴載日　川崎コリアタウン
月刊誌「ミレ」編集部　朴民宣　崔洋一
長田マダン実行委員会　李月順　ハンギョレ・コンサート

ここに選考の詳細は記載できないが、選考には例年に違わず熱心な議論が時間を掛けて交わされた。ただ多くのアンケートの集計からみて崔洋一氏の推薦は全体の1／4を占めていたのが本年の特徴と言えることを書き添えておく。

貴重なアンケートをお寄せ下さった方々に心からお礼を申し上げ、今後ともご協力を賜わりますようお願い申し上げる次第である。

賞創立の由来と主旨

文芸・学術（人文・社会科学）の面での創作研究活動及び文化活動の面で優れた業績を挙げ在日同胞社会の文化水準の向上に貢献した者及び団体を対象に授与されるものであり、次の二つの賞が設定されている。

青丘文化賞　　（賞金五十万円）
青丘文化奨励賞　（賞金三十万円）

日本の社会のなかでは在日外国人を対象とした賞がないということ、また特に在日朝鮮・韓国人にとっては本国の南北何れの側からも、そのような賞が設定されていないということから、一九七二年、在日のささやかな有志実業人らの集まりである青丘会の拠金によって基金をつくり、この基金の運営で毎年一回、二つの賞が授与されて来た。しかし、いまは基金は解散し有志によるカンパで運営されている。一九七四年、金達寿氏が受賞してから今回まで二十八名と五団体に授与されて来た。

受賞者リスト

一九九四年三月二十一日現在

青丘文化賞

第一回　一九七四年度　金達寿氏
第二回　一九七五年度　金石範氏
第三回　一九七六年度　李進熙氏
第四回　一九七七年度　姜在彦氏
第五回　一九七八年度　朴慶植氏
第六回　一九七九年度　高峻石氏
第七回　一九八〇年度　金学鉉氏
第八回　一九八一年度　金時鐘氏（辞退）
第九回　一九八二年度　許萬元氏
　　　　　　　　　　　李恢成氏（辞退）
第十回　一九八三年度　姜斗興氏
第十一回　一九八四年度　文玉柱氏
　　　　　　　　　　　慎英弘氏
第十二回　一九八五年度　金泰生氏
　　　　　　　　　　　姜徳相氏
第十三回　一九八六年度　鄭大聲氏
　　　　　　　　　　　安宇植氏
第十四回　一九八七年度　朴宗根氏（辞退）
第十五回　一九八九年度　高史明氏
第十六回　一九九〇年度　梁石日氏
第十七回　一九九一年度　姜英之氏
第十八回　一九九三年度　崔洋一氏

青丘文化奨励賞

第一回　一九八七年度　辛基秀氏
第二回　一九八一年度　金容権氏
第三回　一九八二年度　李良枝氏
　　　　　　　　　　　学林図書室（団体）
第四回　一九八三年度　金賛汀氏（辞退）
　　　　　　　　　　　麦の会（団体）
　　　　　　　　　　　代表・呉充功氏
第五回　一九八六年度　生野民族文化祭実行委員会（団体）
　　　　　　　　　　　代表・金徳喚氏
第六回　一九八七年度　在日韓国・朝鮮問題学習センター（団体）
　　　　　　　　　　　代表・鄭早苗氏
第七回　一九八八年度　金栄氏並びに梁澄子氏
第八回　一九八九年度　金佑宣氏
第九回　一九九一年度　劇団・新宿梁山泊（団体）
第一〇回　一九九二年度　朴慶南氏
　　　　　　　　　　　鄭甲寿氏
第十一回　一九九三年度　朴載日氏

青丘会役員名簿

会長　高淳日
副会長　文正幸
副会長　姜憲治
事務局長　金洪汶
理事　慎哲話
理事　朴南奎
理事　梁直基
理事　金仁永
理事　裵淳錫
理事　金弘茂

会員と読者のマダン

92年度青丘文化賞のつどいの思い出

ピンク色の柔らかな布が舞っていました。会場のあちこちを忙しく回る慶南さんのチマ・チョゴリです。身体に風をまといながら着るチマ・チョゴリは、動いている時が殊のほか美しく見えます。会場内にグレーの濃淡のコンビネーションをお召しになっている御婦人をお見受けしました。鮮やかさとは対極にある色合い。ほんの少しの動きにも、グレーの静かな波が漂います。チマ・チョゴリの様々な色合いを、楽しませて頂いた一夜でございました。

JTB出版事業局　楓　千里

みなさん個性的で魅力的

今年も青丘賞の時期がやって来た。私ども韓国・朝鮮関係の報道に携わっているものには芥川賞よりも直木賞よりも実は青丘文化賞の行方の方が気がかりである。その証拠に最近誰が芥川賞を取ったのかほとんど記憶にないが、青丘賞の受賞者はといわれればあの人、この人とすぐに何人もの顔が浮かぶ。みなさん個性的で魅力的な方たちばかりだ。今年はどんな人が現れるのか。ぜひ私どもラジオ日本にも出演して頂きたいと考えている。

NHK国際放送担当ディレクター　藤本敏和

◇　◇　◇

事務局からのお知らせ

青丘会事業へ参加を

事務局長　金　洪汶

賛助会員の皆様にはいつも会の事業にご理解とご協力を賜り厚く御礼申し上げます。

さて、青丘会では賛助会員だけでなく、青丘通信の編集をボランテア活動としてお手伝い下さる方を募集しています。ずっと会長が一人で編集に携わってきましたが、より広い広報活動のためには新しい感覚の人材が寄り集まって創り上げるのがよいと考えられるからです。このことはまた会の運営でも言えることです。青丘会の事業にご参加下さる熱意の方々をお待ちしています。

そんな希望をお持ちの方は、どうぞ事務局へ声をお掛け下さい。受賞祝賀会の当日、会場でも気軽に話し掛けて下さればと存じます。

編集後記

ちょっとしたきっかけで、青丘通信の編集を若い者の感覚を取り入れて、もっと漸新的な内容にするのを手伝わないかと、高淳日会長に誘われた。編集関係の仕事をしていたので、8ページのパンフを作るのに、そんなに大変ではなかろうと気軽に引き受けた。が、原稿集めにいろいろ気を使い、集めた原稿を整理して割り付けに4時間もかかるなど、意外の苦闘。改めて、これまで一人で編集に奮闘されてこられた労苦に頭が下がる思いだ。（姜）

青丘通信　第7号

1994年3月1日　発行
編集人　高淳日
発行所　青丘会
〒150 東京都渋谷区道玄坂
2-23-13 ピーコック内
TEL 03-3464-3326
FAX 03-3464-1829
振替口座　東京7－556841

第8号

青丘通信

一九九五年三月一日発行

デザイン・田村義也

発行所　〒150 東京都渋谷区道玄坂2−23−13 ピーコック内 青丘会
〔郵便振替口座　00170−2−556841 青　丘　会〕
編集：事務局
TEL 3464−3326
FAX 3464−1829

一九九四年度の青丘賞は次の方に授与されることが決まりました。

1994年度　青　丘　賞

青丘文化賞
金　敬　得　氏

〒192−03
八王子市南大沢四−一九−六−一

青丘文化奨励賞
姜　尚　中　氏

〒338
与野市鈴谷七−六−三−八〇八

授賞式と受賞祝賀パーティ
日時　一九九五年三月二十一日(火)　午后六時
場所　渋谷・東急文化会館ゴールデンホール
電話　〇三−三四〇九−四一八一

青丘文化賞受賞の辞

金敬得

青丘文化賞第1回受賞者である金達寿先生と第2回受賞者である金石範先生にご同席いただいて司法記者クラブで会見をしたのが一九七六年十一月のことであった。司法修習生採用の条件として最高裁判所から日本への帰化を提示されたが、これを拒否し、韓国籍のまま修習生となることを求めて世論に訴えたのである。

大学を卒業するまで朝鮮人であることを隠してきた私は、大学四年間の葛藤の末に朝鮮人として生きることを決意し、司法試験を受験することにした。日本社会の差別に負け、朝鮮人としての内実を失うにいたった私にとって、差別に向き合うことは民族性を取り戻すための必要条件であり、司法修習生採用の国籍条項は格好の標的となった。

また、その頃から小説、評論、歴史書等在日韓国人、朝鮮人問題や韓国、北朝鮮に関する出版物を脈絡なしに乱読するようになった。その頃は今ほどこの分野に関する出版物が多くないこともあったが、やはり一世を中心とした在日韓国人、朝鮮人の著作に教えられるところが大きかった。そのような著作の作者がその後次々と青丘文化賞を受賞するのをみて、受賞して当然の方々が受賞していると納得していたが、今回私が受賞することに決まり、喜びとともに、受賞する資格があるのだろうかとの不安もある。

最高裁への要望が入れられ、韓国籍修習生、弁護士となるにいたった後も、民族的に生きる意味を考え、実践し、ソウルに三年間居住し、結婚し、子供を育て、毎日忙しく過ごしているうちに、日本人を装った二十三年間と同じ歳月が流れ私も四十六歳になった。この間民族や国籍、差別について人前で話しをし、雑文を書き、時には若い世代から意見を求められるようにもなった。しかし、私自身としては、歳月だけが瞬時の間に過ぎ、私自らの民族的成長は二十三年前とほとんど変わらないとの思いを抱いている。今後とも民族、国籍、差別あるいは在日を生きることの意味について考え、語り、実践していくのであろうが、はたして今後の二十三年間（その時私も六十九歳となる）にどれだけの人間的成長をみ、次世代になにを残せているのだろうかと考えるとき何とも心もとなくなる。今回の受賞はいたらない私に対する叱咤激励のためのものと考えて、今後は過去に倍して努力することを誓うことにより、ありがたく賞を受けたいと思う。

金敬得（年譜）

一九四九年一月十二日和歌山市にて出生
一九七二年　早稲田大学法学部卒業
一九七六年　司法試験合格
一九七七年　最高裁判所司法研修所入所
一九七九年　弁護士登録（第二東京弁護士会）
一九八一年　ソウル弁護士会名誉会員
一九八五年　ウリ法律事務所設立
一九九〇年　新潟大学法学部講師となる
著書「韓国・北朝鮮の法制度と在日韓国人・朝鮮人」（共編、日本加除出版）
「指紋制度撤廃への論理」（共著、新幹社）
「在日同胞の現状と将来」（編、亜細亜政策研究院）

姜尚中（年譜）

一九五〇年　熊本市生まれ
一九七九年　早稲田大学政経学部大学院博士課程修了
一九七九年から八一年まで旧西ドイツ・ニュルンベルクのエアランゲン大学留学。
一九八二年から八八年まで明治学院大学講師。
一九八八年から国際基督教大学助教授。一九九一年から準教授、現在に至る。
著書・論文「マックス・ウェーバーと近代」
岩波講座「社会科学の方法」共同編集人「社会科学者の植民地認識」「昭和の終焉と近代日本と心象地理」「歴史との戦いは終わったか」「ふたつの戦後と日本」（三一書房近刊予定）
「脱近代の社会理論」（岩波書店近刊予店）

在日コリアンへの思い

姜尚中

混沌とした時代の中で在日韓国・朝鮮人（「在日コリアン」といいたいところです）もまた揺らいでいるようにみえます。真理は細部に宿る、という格言に倣って言えば、在日コリアンという少数者のなかに世界と歴史の変化の鼓動がもろにあらわれていると言うべきでしょうか。そんな事もあったのかもしれませんが、最近日本のある作家の次のような言葉に釘付けになりました。「落地成根、落葉帰根」。何かしらなつかしい、それでいて悲哀を秘めた今を生きる力強さのようなものを感じたのです。その作家の話しはあらましこんな具合でした。学名セイタカアワダチ草という繁殖力旺盛な雑草が、何が縁で日本にやってきたのか、いやな日本から自分のふるさと北米大陸に帰ろうとして猛烈な勢いで繁茂し、北海道からアリュシャン列島さらにアラスカへと北上しだした。その一念に凝り固まったこの「外来種」の雑草はあたりの植生のバランスなどおかまいなしに北進していったが、いつの間にかピタリと北上がやみ、「在来種」に変化していったというのです。もちろん外見にはわかりませんが、きっとセイタカアワダチ草のなかには世代の葛藤もあったでしょうし、ふるさとへの断ちがたい思いがあったに違いないでしょう。

わたしはこの話しに強くうたれました。地に落ちて根と成り、葉が落ちて根に帰る。それは帝国主義という形であれ、追放という形であれ、あるいは難民や移民、亡命という形であれ、実に膨大な数の人々を「根こそぎ」にすることで成り立ってきたこの近代という時代のむごさと、それでもそのなかで生き続ける人々の知恵というものに思いをはせるからです。当然のことながら、亡くなった一世たちのことを思わざるをえませんでした。生前ふるさとへの思いをあれほど熱っぽく語ってくれたアボジでしたが、自分の死期を察したとき、淡々とわたしに独り言のように語りかけてくれたことが今でも思いだされます。「オレの人生はこんなもんだ。オレの民族もこんなもんだ。一度も勝てなかったな。オレも、オレの民族も、でも決して負けたわけではないよ。おまえたちが育ったのだから。オレが死んだら墓はここでいい。ここで……」臨終のときの安らかな姿をぽつねんと見守りながら、傍らの息子に大声で聞かせてやりたかった衝動にかられたものです。おそらく父親の独白は、「落地成根、落葉帰根」の世界に通じていたのではないのでしょうか。

わたしが言いたいことは、在日コリアンは今後日本の「在来種」になるべく運命づけられていると言うのではありません。そうではなく、わたしたちの世界は、今後もこの世界のむごさゆえに、多くの人々の「根こそぎ」を強いることになるでしょうが、それでも在日コリアンが自らの意志にしたがって逆に「原産地」にもどり、そこに「落葉し」「根に帰る」こともまたありえるということを言いたいのです。とすればなにか狭い土地にへばりついた定着農耕民のように自分たちの選択を狭める必要はないと思うのです。「異郷」と「故郷」とが時と場合によっていつでも変換可能であること。その可能性を強いられたものから自由なものにしていくところに、わたしたちの現在の課題があるように思えるのです。それを許さないハードな国民国家の枠組みはいつかはその内側に自家中毒の悪臭を放つ澱んだ社会になっていくのではないでしょうか。その意味では「在日コリアン」こそ、歴史の先端にたっているのかもしれません。傲慢な帝国主義や大国のナショナリズムは、そのなかに「落ちこぼれ」のような「歴史のクズ」を生み出したのかもしれませんが、皮肉にもこの「歴史のクズ」きちそのようなむごい仕組みを内側から侵食していく力になりうることまでは見抜けなかったようです。「在日コリアン」にはそれほどの可能性がそなわっていると思います。その限りでわたしもまたそれを誇りに思い、歓びとしたいのです。

受賞者の両氏へ……

姜　徳　相

今回の青丘文化賞の受賞者は弁護士金敬得氏に、文化奨励賞は国際基督教大学準教授姜尚中氏に決まったという。両氏とも過去何回も受賞対象者としてノミネートされていたと聞く。授賞は遅きに失したと言うべきかもしれない。

金敬得氏は戦後在日朝鮮人社会の生んだ弁護士第一号であることは周知のとおりであるが、私はそれより一号誕生の経緯を考えざるをえない。

金氏が司法試験に合格し、研修をおえた、そこまではよい、問題はいざ弁護士として登録のとき、日本社会のつきつけた不条理、国籍条項に始まった。それは金敬得氏個人の任用問題ではなかった。厳しく問われ、あぶりだされたのは在日同胞の日本での社会的地位の問題であり、内と外を区別する戦後日本の民主主義の虚妄性であり、おおげさに言えば日本社会論であった。

金敬得氏は厚い壁に対し一歩も退かず対決したが、決して孤独な個人の闘いではなかった。在日同胞をはじめ全世界の朝鮮同胞の視線が金氏の闘いに注がれた、連帯感は大きなうねりとなっていった。私はいまでも新聞やテレビのニュースに一喜一憂したことをよく覚えている。

日本人の中にも一歩立ちどまり、より公平な立場から日本社会を見直そう、民族差別の現実を直視しようとの機運がうまれ、それが輪を広げやがて大合唱となり、いわば世論の勝利として金弁護士は誕生した。それは一人の青年の叫びが山のような日本社会を動かしたとも言える在日史の大きなエポックであった。

そして金敬得氏の弁護士としての活躍はまた在日社会の被差別的な状況、とりわけ歴史に起因するもろもろの不条理の是正にあった。指紋押捺反対裁判、戦後補償裁判、軍隊慰安婦裁判など金氏の存在抜きに語れないほどの文字通りウリ弁護士なのである。経済的にはあまりプラスにならないこの種の問題への金氏のとりくみの情熱を考えるとき、私は金氏の行動には在日の自己史にもとずく信念、そこには父や母の姿が、祖父や祖母の背中にある強さ、やさしさ、賢さに裏打ちされた使命感のようなものを感ずるのである。

私は金敬得氏に青丘文化賞が贈られるのは我々の日常の道をあける金氏の在日の歴史にねざした思想と行動そのものであり、賞の意味にもっともふさわしいと思っている。

姜尚中氏は、また日本におけるマックスウエーバー学の第一人者として広く知られた人であるが、ここ数年のマスコミ社会での華々しい活躍を知らない人はいないと思う。

姜尚中の論文や発言にはつねに相手の意表をつく鋭さがある。そこには少数者のいたわりの心、やさしい目（在日の）が光っている。テレビ座談会などでの無神経な強者の発言に対する痛撃に胸のすくような共感を覚え、思わず拍手喝采をした人も多いと思う。在日を代表する論客というべきで、奨励賞を機に今後のご活躍をきたいしたい。

最後に受賞された両氏に心からお祝いをのべたい。

会員と読者のマダン

私の三月二十一日…

また三月二十一日がやって来ました。この日は私にとってたんなる「春分の日」ではなく、「青丘文化賞の日」と自分の手帳に書き込むようになって何度目かの桜の季節を迎えるようになりました。　親友である金洪汶氏に誘われて初めて会場に入ったとき、本当に感動しました。在日の方々と日本人が集い、在日の優れた文化活動をした方々に評価、激励するこの青丘会とその活動を支える人達のなんと暖かく明るかったことか。

私は数年前までは「在日」という言葉は知っていても、自分の実生活の中では遠い存在に思えていました。　金洪汶氏をはじめ何人かの在日の友人がおりますが、別段なにも意識することなく過ごしてきた結果でした。

しかしその日はまさに目からウロコが落ちたようでした。　同じ日本に住んでいて、なおかつ自分達の国の文化を忘れず、そして昇華発展させる「在日」の人々の存在感がそこにはあったからです。

先日、金洪汶氏から維持会員制度の発足の話しをうかがったとき、すぐさまその場で入会出来るようにお願いしました。　家庭をもち、仕事も多忙な私がなにか意義のあることをするとき、その数は限られますが、これこそがその一つだと確信したしだいです。それに、こんなに楽しくて意義のあることを親友だけに任せられません、私も学生時代に戻ったつもりで、また一人の日本人として青丘会に協力してゆく所存です。　これをお読みの皆様もぜひ維持会員なりませんか。

（埼玉県・吉田誠一）

理事会より

昨年十二月に理事会が開催されました。この理事会で決められた事項は大略次の通りです。

一、　会則の改正案を承認
二、　役員人事の改選
三、　新理事承認の件
四、　顧問設置
五、　維持会員制度の新設

会則を改定することで、会は古い形のままの膠着状態から脱却し、新生することとなります。特に新理事就任に意を配しました。

役員人事では欠席理事が個人事業または社会事業などの事由で多忙のため当分の間、会の事業からは離れたい意向などを参酌し、顧問に就任していただくことにしました。また物故理事（故金仁永氏）の後任人事を考慮し、新理事に李鐘虎氏、金玟哲氏が就任、あと二、三名の理事候補の名が挙がりましたが折衝の時間を置くことになりました。

姜憲治氏の顧問就任につき新たに金弘茂氏が副会長に選任されました。なお事務局の強化のためスタッフを若干名増員いたしました。

役員人事は次の通りです。

会長	高淳日
副会長	文正幸
副会長	金弘茂
事務局長	金洪汶
理事	裵淳錫
	李鐘虎
	金玟哲
顧問	慎哲話
	朴南奎
	梁直基
	姜憲治

以上（敬称略）

受賞者リスト

一九九五年三月二十一日現在

青丘文化賞

第一回 一九七四年度 金 達 寿氏
第二回 一九七五年度 金 石 範氏
第三回 一九七六年度 李 進 熙氏
第四回 一九七七年度 姜 在 彦氏
第五回 一九七八年度 朴 慶 植氏
第六回 一九七九年度 高 峻 石氏
第七回 一九八〇年度 金 学 鉉氏
第八回 一九八一年度 金 時 鐘氏（辞退）
第九回 一九八二年度 許 萬 元氏
　　　　　　　　　　 李 恢 成氏（辞退）
第十回 一九八三年度 姜 斗 興氏
第十一回一九八四年度 文 玉 柱氏
　　　　　　　　　　 慎 英 弘氏
第十二回一九八五年度 金 泰 生氏
　　　　　　　　　　 姜 徳 相氏
第十三回一九八六年度 鄭 大 聲氏
　　　　　　　　　　 安 宇 植氏
第十四回一九八七年度 朴 宗 根氏（辞退）
第十五回一九八九年度 高 史 明氏
第十六回一九九〇年度 梁 石 日氏
第十七回一九九一年度 姜 英 之氏
第十八回一九九三年度 崔 洋 一氏
第十九回一九九四年度 金 敬 得氏

青丘文化奨励賞

第一回 一九八七年度 辛 基 秀氏
第二回 一九八一年度 金 容 権氏
第三回 一九八二年度 李 良 枝氏
　　　　　　　　　　 学林図書室（団体）
第四回 一九八三年度 金 賛 汀氏（辞退）
　　　　　　　　　　 麦 の 会（団体）
　　　　　　　　　　 代表 呉充功氏
第五回 一九八六年度 生野民族文化祭実行委員会（団体）
　　　　　　　　　　 代表 金徳煥氏
第六回 一九八七年度 在日韓国・朝鮮問題学習センター（団体）
　　　　　　　　　　 代表 鄭早苗氏
第七回 一九八八年度 金 栄氏ならびに
　　　　　　　　　　 梁 澄 子氏
第八回 一九八九年度 金 佑 宣氏
第九回 一九九一年度 劇団・新宿梁山泊（団体）
第十回 一九九二年度 朴 慶 南氏
　　　　　　　　　　 鄭 甲 寿氏
第十一回一九九三年度 朴 載 日氏
第十二回一九九四年度 姜 尚 中氏

事務局からのお知らせ

◎青丘会では賛助会員の募集に加えて維持会員を募集致します。

維持会員とは位置的には理事会と賛助会員の間にあり、事務局とともに青丘会の活動（授賞式や文化活動）を支え、もじどおり維持していく存在となります。　もちろん青丘会の親睦団体としても機能を発揮するべく維持会員どうしの会合（年6回予定）や情報交換も積極的におこないたいと思います。　また、あわせて事務局を手伝ってくださる方も募集しております。詳しくは青丘会までお尋ね下さい。

維持会員募集要綱

一、原則として国籍、年齢は問いません
二、青丘会の活動に賛同もしくは理解のある方
三、一年に一口千円の寄付を五口以上拠出できる方
四、五十口以上拠出できる方は理事に推薦を受けることもできます。
五、金額にかかわらずまた定期的にも不定期的にでも会の財政を支援して下さる方を賛助会員としてお迎えいたします。

◎会創立からかかわって来た金仁永理事が逝去されました。故人の冥福を心からお祈り申しあげます。

第9号

青丘通信

一九九五年十月十五日発行
デザイン・田村義也

発行所　〒150　東京都渋谷区道玄坂2-23-12 フォンティスビル内 青丘会
郵便振替口座 00170-2-556841
編集：事務局　TEL 3464-3326　FAX 3464-1829

第20回　青丘文化賞　第13回　青丘文化奨励賞　候補者推薦のお願い

青丘賞の授賞候補者を募集します。

青丘賞は在日同胞社会の文化水準の向上に貢献した者及び団体に授与されるもので、一九七二年在日のささやかな実業人の有志の集りである青丘会によって毎年一回、二つの賞が授与されて参りました。一九七四年金達寿氏が受賞してこれまでに三十名と五団体に授与されています。

▼授賞対象範囲

①**青丘文化賞**（賞金五十万円）

文芸・学術（人文・社会科学）の面での創作・研究活動で優れた業績を挙げたものを対象とする。

②**青丘文化奨励賞**（賞金三十万円）

イベントなど団体行動を通しての文化活動の面で業績を挙げた個人及び団体。また文筆活動を含めて今後の可能性に期待される者を対象とする。

▼選考委員　姜徳相氏、鄭大聲氏、安宇植氏、梁石日氏（順不同）

▼授賞者の発表　十二月下旬

▼推薦方法　はがき一枚に青丘文化賞、青丘文化奨励賞各一名を記名し推薦者の住所、氏名、電話番号を明記。

締切は十一月十日消印まで。

▼あて先　〒一五〇　東京都渋谷区道玄坂二−二三−一二

フォンティスビル内　青丘会

ある留学生の想望

姜　容　慈

戦後五十年ということで、マスコミは連日それらに関するニュースで賑わう。テレビのインタビューに答える人達は、戦争責任を強く認識している年齢層がいるかと思えば、今更戦後処理云々はとんでもないという若者達もいる。戦後世代の私も正直に言うと戦争のことは何一つ実感がない。とはいっても、なにげない席で「植民地支配時の影響」と言う言葉がいとも簡単に言われるとき、気分を害するのも否めない。どことなく優越感をみせびらかしたいのかと思うのは考えすぎだろうか。私でさえ「植民地」という用語には敏感なのに、その時代を経験した人々の気持ちはいかばかりかとおのずから推察される。

個人的には日本に対する敵対感情はない。初めて日本に足を降ろしたのは今から十年前の京都であった。当時大変お世話になったK大の教授から「日本に来ることで周囲の反対はなかったのか」と心配そうに質ねられたことがある。その問いがむしろ以外と感じられたくらいで、以後も〈韓国人〉であることに思いわづらうことはなかった。むしろ、国境無用論を主張したい思いを抱いたことはある。

国家意識が稀薄な私により決定的な出来事は、数回に及ぶ私の子供の手術であった。ほぼ四年間に亘って日本の関係者の皆さんと国を越えた人間性にふれあうことができ、その感謝の気持ちが私の対日の感覚をさらに新たなものにさせてくれた。

仮住まいの留学生とは違って、在日朝鮮人韓国人たちはそうはいかないかもしれない。それに気付かせたのが朝鮮奨学会での韓国語教師としての経験であった。思いがけず、在日二世・三世の大学生に韓国語を教える貴重な体験を得た。一見日本人と変わらない彼らは、本国の同世代の若者が抱いていない問題を抱いていた。通名を使うことや結婚相手選び等「国籍」にちなむ数々のことで、そこには在日韓国人・朝鮮人の枠組とは違う「日本」という壁が存在していた。

思えば、日本人の祖先は何千年前に渡来したわれらの祖先であっただろう。その子孫がさらに後代に渡ってきた渡来人とも向き合う。それが今になっては、こうも大きな文化の相異を見せている。それは一体何に起因するのだろうか。『万葉集』を専攻する私が現在しきりに自問している疑問である。万葉時代我々の祖先が日本に大きな影響を及ぼしたことはもはや否定できない。そもそも大和朝廷というものも渡来人たちの渡来時期によって多様かつ複雑な問題をはらむ。ともかく当時の社会に何かを伝授しに来た人々は、立場の逆転はあるものの今の私と同じ境遇に立たされたはずであろう。彼らの心境を類推しながら、その息吹が感じられる『万葉集』の世界に旅立つ。

『万葉集』を専攻しているというと、必ず『もう一つの万葉集』等との関係が問われる。「まったくの荒唐無稽」と言えば、日本人は喜び、韓国人は釈然としない顔になる。当時影響はあったにせよ、五七五七七の三十一文字において、ある一句や二句（たとえば枕詞など）は朝鮮語と関係づけられようが、歌の一首全部が韓国語で読めるというのには到底うなずきがたい。資料や研究者不足の現時点では、結論を急ぐことはない。

『万葉集』は千年以上に及んで数えきれないほどの多くの研究実績がある。余程の才能でない限り、それら先学の説を謙虚に吸収し、批判できるようにするのが肝要であろう。そのためには、一人の学者がじっくり取り組む時間とより多くの研究者の養成が必要とされる。そして、朝鮮人として日本古代文学や古代史・文化を研究する専門家が多く輩出されねばならない。イギリス人と同じレベルでシェイクスピアが論じられる時こそ外国人独特の視点を持ちうるであろう。同じ水準の学識を土台としない限り、いかなる視点も偏見をまぬがれないのではなかろうか。

『万葉集』の世界は、現代の我々が享受す

るにいささかの遜色もない。韓国人の私さえひしひしと感じられるその同質感とは、どこから来るのだろうか。万葉時代の人々の感情とは普遍的なものだったのか、あるいは平安時代に日本の体制が確立したとも言われるが、当時は韓日という区別がなかったのだろうか。その答えを得るには、偏見を抜きにしたより多くの優れた碩学の頭脳が欲しい。それと同時に、多くの日本人が韓国文学や文化を勉強してほしい。そして、これらの人々が学問の上で「真理の追求」に眼目し、両国の文化や文学が活発に語られる日が来ることを想い、望ましいこれからの韓日関係に役立てられることを志しながら筆を擱く。

（国学院大学日本文学専攻博士後期課程2年）

青丘会二世

金　洪　汶

私が青丘会の末席に在籍してからはや三年になります。古くから青丘会を知っている方から見れば小僧以外の何者でもないのですが、親子二代で二十三年目と見れば結構な年季なのかもしれません。もちろん、青丘会の創設時、私は中学生になる頃で、私がそのようなことに関っている事はまったく知りませんでした。ただ、ある日ある公会堂に観劇に連れていかれ、見終ったあとに父がポツリと一言「在日にもこんな素晴らしいものがあるんだよ」と言ったことが印象的でした。その作品は金 達 寿先生の「玄海灘」でした。

時がたっても父は私にそれほど青丘会のことは話しませんでした。息子に対する気恥ずかしさもあったでしょうが、父は元来息子に若い頃に味わったであろう苦労話などしない人でした。ちょうど私が在日二世として、共通の悩みを持ちはじめる難しい時期であり、へたにアドバイスをして心がねじ曲がるより、父の背中をみて「自分で結論、解決しろ」ということだったと思います。

人間はそれほど馬鹿ではありません。親は時として寡黙であってもよいのです。紆余曲折はあっても、その時その年齢に応じた答えがあると思います。くしくも、ちょうど今の私の年齢のとき、父は神戸の長田で小さなゴム工場を営んでいました。息子の年齢も今の私の息子と同じです。とってもかないません、幼い頃の目で思い出しても大変だったのに、よくぞ育てて教育してくれたものです。

今私が自分の息子に仕事以外に胸を張れるのは、そして堂々と背中を見せることができるのは、青丘会二世ということです。

願わくば二十年後の青丘会三世の誕生を心よりそして寡黙に祈って・・・

（青丘会事務局長）

新入会紹介

（順不同敬称略）

金　順子　東京都東久留米市
新田和子　千葉県柏市
朴　春今　東京都練馬区
琴　栄吉　東京都目黒区
座間和緒子　横浜市緑区
坂本　尚　横浜市港北区
琴　基浩　東京都渋谷区
金　英哲　北九州市小倉北区
姜　容慈　東京都小平市
福田征哉　熊本県山鹿市
東本拓之　東京都板橋区
海老原あみ子　東京都八王子市
高　英洙　大阪市生野区
大西照子　東京都板橋区
宮城昭子　東京都江戸川区
岡崎幸子　東京都杉並区
宮本真佐子　神奈川県鎌倉市
江澤國子　東京都調布市
田　平萬　神奈川県川崎市
殷　鐘七　横浜市鶴見区
慎　英弘　大阪市生野区
柳　昌夏　横浜市緑区
金　今元　東京都新宿区
永井信一　沖縄県沖縄市
橋本恒夫　東京都板橋区
浅井　猛　あきる野市
浅井紀子　あきる野市
東　松子　横浜市

青丘会維持会員募集

青丘会では会の維持発展のために維持会員制度を新設いたしました。

維持会員制度とは位置的には理事会と賛助会員の間にあり、事務局と共に青丘会の活動を支え（授賞式や文化活動）、もしくは主催し、もじどおり青丘会を維持していく存在となります。もちろん青丘会が親睦団体としてもその機能を発揮するべく維持会員どうしの会合や情報交換、講演会などをおこない、過去に受賞された先生方をお招きして「囲む会」なども開きたいと思います。

次の世代に青丘会の活動をバトンタッチして在日の文化の呼吸を維持してゆくために、ぜひともご参加下さいますようお願い申し上げます。

維持会員募集要綱

一、国籍、年齢は問いません

二、青丘会の活動に賛同または理解のある方

三、一年に一口千円を五口以上協力できる方

※入会及び退会は自由です。また個人の自由意志を尊重し、なんらの行動義務はありません。（良識とけじめをもった会をめざします）

※入会方法

同封の郵便振替用紙をご利用下さい。そのときに通信欄に「入会する」とお書き下さい。

1996年3月20日発行

青丘通信

題字・田村義也

第10号

発行所　〒150 東京都渋谷区道玄坂2-23-12 フォンティスビル内 青丘会
郵便振替口座 00170-2-556841

編集：事務局　TEL 3464-3326
FAX 3464-1829

一九九五年度 青丘賞

青丘文化賞

韓《ハン》晳《ソク》曦《キ》氏

〒654 神戸市須磨区須磨寺四ー三ー一

青丘文化奨励賞

田《チョン》月《ウォル》仙《ソン》氏

〒166 東京都杉並区成田東三ー一三ー八

授賞式と祝賀パーティー
日時　一九九六年三月二十日(水)　午後六時
場所　渋谷・東急文化会館ゴールデンホール
電話　〇三ー三四〇九ー四一八一

受賞に際して

韓　晳　曦

昨年一月十九日、千年に一度の大震災で貸ビルが全焼した地域の街づくり協議会が、六月発足以来いくつものハードルを越え、数え切れぬ位の会合をもち、一面焼け跡からの復興提案と要望書を全体集会で決定し、十二月二日臨時総会を経て神戸市に提出できることになり、絶対に年内にとの皆の思いが果たされそうで、会長としての活動も一区切りついた、やれやれと帰宅したところへ高淳日氏からの電話、十数年振りである。震災見舞いや互いの近況のやりとりのあと、選考委員が青丘文化賞に選んだから受けてくれるかとの事である。もっと若い人達にされてはと言うと、奨励賞が別にあるとのことであった。多くの委員さん達の評価があってのことだから有り難くお受けしますとお答えした。

賞の主旨を読んでみて、幾らかの研究業績と青丘文庫の活動が評価されたものと思われ、「在日同胞社会の文化水準の向上に貢献した」などとはおこがましい限りであり、研究も近代日本の植民地、支配地における宗教政策と、それに呼応した諸宗教の布教、とくに日本キリスト教の伝道という局所的研究である。「文化水準の向上」にどれだけ貢献したのか疑問であるが、一視点から全体を見直してみる一助になりえたのではないかと思っている。日本の朝鮮支配を宗教政策と諸宗教の対応の中で検討したのち、特に日本キリスト教の海外伝道が日本支配地であった「南洋群島」でなされた南洋伝道団の実態を明らかにし、昨年末、満州伝道会、東亜伝道会の膨大な資料を数年がかりで整理分析し漸く研究を発表した。戦後五十年を経てなお全く研究がなされていなかった分野である。いずれも現地住民への伝道であった。台湾現地住民への伝道はなされず、東南アジアなどへの戦時中の宣教はむしろ宣撫と言うべきであって、研究の対象とすべきか問題である。こうして私なりの研究は一つの区切りをつけた。

こうした研究は姜在彦氏との出会い、朝鮮史への開眼をさせられたのに始まり、資料収集をそのリードのもとに体系的に開始し、青丘文庫と名づけられた。一九六九年、四半世紀前のことである。いま雑誌、パンフレットなどをいれると三万五千ぐらいの蔵書になった。数年後「在日朝鮮人史研究会」「朝鮮民族運動研究会」が発足し現在も継続しており、それぞれに機関紙を発行している。しかし今回の大震災では書棚は全倒、書籍は散乱し、学生、研究員の何回もの支援で漸く再開館できたのが五月頃であったが、まだ十分な整理はできておらず、個人の経営管理の限界を痛感させられた。今年中に研究者、利用者にとって最善に近い決定を実行したいと思っている。これも私にとっての一区切りである。

しかし、今の緊急課題は震災復興の街づくり、その中での貸住宅ビル建設であり、夏までには着工にこぎつけたい。

本年で私は在日七十年を迎える。誠に生命ありけりである。『私の在日七十年史』を書く事も大きな課題であり、この度の受賞に応える課題であると思っている。

韓晳曦氏年譜

一九一九年　韓国済州島に生まれる。
一九四六年　同志社大学文学部卒

著書
一九七七年　「チゲックン」日本基督教団出版局
一九八五年　「日本帝国主義下の朝鮮伝道」日本基督教団出版局
一九八六年　「伝道に生きて ― 在日本大韓基督教会と織田楢次」麦秋社

訳書
一九七二年　F・A・マッケンジー「義兵闘争から三一独立運動へ」大平出版社
一九七六年　H・G・アンダーウッド「朝鮮の呼び声」未来社

論文
一九八二年　「戦時下朝鮮の神社参拝強要とキリスト者の抵抗」未来社

一九八九年「日本組合教会海外伝道の光と影」(1)（基督教研究第50巻第2号）
一九八九年「日本組合教会海外伝道の光と影」(2)（基督教研究第51巻第一号）
一九九六年「満州伝道会の成立と展開」（基督教研究第51巻第2号）
一九九〇年「天皇制と韓国キリスト教」（共助第40巻2・3月号）
一九九四年「熱河宣教に学ぶ」（共助第44巻2・3月号）
一九七七年「朝鮮の兄弟・乗松雅休」（三千里12号）
一九八二年「神社参拝強要とキリスト者の抵抗」（三千里31号）
一九八四年「日韓キリスト教関係史の一断面」（福音と世界84年6月号）
一九九一年「朝鮮人の使徒を志した織田楢次」（青丘91年9号）

韓晳曦先生の受賞に思う

姜　徳　相

韓晳曦先生というと第一に思い浮かぶのは、青丘文庫のオーナーということである。先生はいち早く在日同胞の精神的拠点は文化にあると考えられ、私財を投じて朝鮮半島関係の書物を蒐集された。それは日本語、朝鮮語その他の外国語文献を問わず、古代、中世、近現代の区別もなかった。いまでこそ類似の施設はいくつかできたが、先生が始められた時はほとんど唯一で先駆的意味をもっていた。

青丘文庫の現在蔵書数は優に三万点を越えているという、一口に三万というが、それは量的膨大にとどまらず、質的にも歴史をはじめ政治、経済、社会など文化一般に及び、基本文献が整備されていることは青丘文庫目録をみればよくわかることである。この数十年に亘る蒐集の努力も括目に値するが、先生がこの膨大な図書を広く後輩学徒に開放し、毎日若き学徒達と研究会を開いたことは更に高く評価されねばならない。

「朝鮮民族運動史研究会」はすでに一四八回、「在日朝鮮人運動研究会」は一七八回の例会を重ねている。研究会には関西のみならず、広島、東京、北海道からも研究者が駆けつけ、情報の交換や研究討論をし、交友を温め、その成果は「朝鮮史叢」や「朝鮮民族運動史研究」その他の単行本に発表され、有為な研究者が育っていった。〝継続は力なり〟というが、先生の努力は青丘文庫月報がすでに百号を突破していること一つみてもよくわかることである。

長い間には言い尽くせぬ心労もあったと推察されるが、先生はいつも温顔で訪ねて行くといつもあたたかく迎えてくれる。これが継続力を引き出す秘訣であると私は思っている。

先生は蔵書家、教育者の面だけではない。自ら信仰されるキリスト教に原点をおく地味な分野ゆえに埋もれる事も多いが、まことに秀れた研究者でもある。

先生の足跡を要約して補言すれば、祖国の歴史と文化の再発見と在日の固有性の日本社会への問いかけ、異文化を許容する開かれた日本をめざすということと言えよう。以上の点から九五年度青丘文化賞にもっともふさわしいのは韓晳曦先生であると私は思う。

韓晳曦氏を祝す

永らくご無沙汰をつづけて気にしていたところ、今回授賞者に選ばれたことで図らずもお互いの消息を確かめ合うことができた。お聞きするところ、今年は喜寿の年を迎えられご家族の皆様も一入お喜びのことと推察する。

昨年は神戸の大地震の災害に会われたことでたいへんなご苦労を重ねられたが、驚くべきは、そんな困難な時期にも学問研究の気概を失うことなく、学位論文を完成し、母校大学に昨年暮れに提出されたと聞く。本年はやがて学位を手にされ、この度の青丘文化賞の授与と喜寿の年に二重、三重の慶事が重なることは、まことにご同慶の至りである。心からお祝い申上げたい。

以上のお喜びを迎えられることに、ご自身は、人生の区切りであるとして意義を認めておられ、今後は七十余年の自分史の執筆にも心を砕きたいとのお考えをお聞きした。どうか健康に留意され益々のご健筆を祈るものである。（高）

わが祖国わが愛

田月仙

一九八五年、私はピョンヤンで開催された「世界音楽祭」に招かれ、初めて祖国の地を踏んだ。そして九四年にはソウルのオペラハウス芸術の殿堂でのオペラ「カルメン」の主役に抜擢され、もう片方の祖国を訪れた。

オペラ歌手としてデビューしたときから、いつか南北の舞台を踏んで、祖国がひとつであることを確認したいとおもい続けていた。日本に生まれてオペラ歌手になった在日二世の私にとって分断された南北両祖国に聴衆の前で歌うということは特別な出来事であり、またそれは在日史上初めてのことであった。それぞれの舞台で母国の人々とふれあい、そして歌い終わったあとの拍手喝采が同一のものであることを感じた。

ソウル定都六百年を記念したカルメン公演では総勢四百人のスタッフの中、在日は私一人であった。演出家はイタリア人、指揮者は旧ソ連からアメリカに亡命したロシア人、台本はフランス語、共演者・オーケストラは韓国人、その中でヒロインを演じる日本生まれの私の頭の中は六ケ国語が飛び交い、クラクラするような体験の中で同じ韓国人から「もう完全な日本人だね」なんて言われ、ポツンとしている自分を再発見しているような感じだった。

日本にいるときはコリアンと言われ、韓国では「日本」がいつも影のようにのしかかってくる。複雑だけれども嫌とか気重という気分ではなく、面白いような感覚であった。ふっきれたとか、そんな言葉ですら当てはまらないほど、ただ普通であり、ひたすら実力のみが答えを出す世界であるということを痛感した。

戦後五十年を迎えた九五年春、南北両公演を記念した東京でのリサイタルには日本の方々はもとより様々な立場を越えて、在日同胞の人々がたくさんかけつけてくださり、私にとって、忘れられない日となった。

そして秋に開かれた、「50曲の歌でつづる解放50年音楽の夕べ」では、一世から三世にわたる在日同胞で構成されたノグリ合唱団を指揮し南北の歌を初めて同じ舞台で演奏した。正直言って私は、自分が在日コリアンであるという事を特別意識したこともないし、ただ自分が芸術の世界で精いっぱい生きてきたのだけかもしれない。そんな私が在日の文化活動を称える青丘文化奨励賞を受賞することになり責任を感じている。私の舞台を見守りずっと支え続けて下さった日本の方々、そして在日同胞の皆様に心から感謝しこの歌を捧げる。

南でも北でもいずこに住もうと
皆同じ愛する兄弟ではないか
東や西いずこに住もうと
皆同じ懐かしい姉妹ではないか
山も高く、水も清い高麗山河
わが祖国わが愛よ

田月仙プロフィール

81年　桐朋学園短期大学芸術科、同研究科卒。二期会会員となる。

83年　田月仙ソプラノリサイタル、(東京) 楽壇にデビュー

84年　田月仙ソプラノリサイタル（佐賀、東京）

85年　「声」、「スペインの時」の主役でオペラにデビュー。「フィガロの結婚」のケルビーノ役で絶賛される。平壌「世界音楽祭」に招かれ独唱。中国（北京、南京、深川、上海）で公演、リサイタル、オペラ「ネジの回転」、「道化師」の主役

86年　「黄金の国」主役、モスクワで公演、TV「題名のない音楽会」に出演

87年　オペラ「サロメ」、「蝶々夫人」主役

92年　音声生理学・ディプロマを授与さる

94年　ソウルの芸術の殿堂オペラハウスに招

田月仙について

梁　石　日

田月仙と出会ったのは、いまから十三、四年前になる。その頃、大阪で指揮者の韓在淑と詩人の金時鐘が「アリランの夕べ」というイベントを公演して大成功を収め、東京でも再公演しようということで私も手伝った。そして「アリランの夕べ」の一員として田月仙が参加したのだった。

はじめて会ったときの彼女の印象は、美人だが気の強い、いささかとっつきにくい感じを受けた。けれども実際は気さくで何ごとにも向上心の高い女性であった。その後、彼女は二期会の同期生と小さなリサイタルを公演し微力ながら私も協力するようになり、以来、彼女のめざましい活躍を見守ってきた。それは彼女の略歴を見ればわかるだろう。

彼女はじつに強い声をしている。その声は天性のものだが、同時に朝鮮民族特有の感情の流露を体現している。クラシックでありながら、体の奥深くに朝鮮的なるものを秘めているのだ。だから彼女の歌は日本人の歌手とかなりちがう。音量が大きいのである。いわば内面的なものを外部に向かって吐き出そうとする呼吸法が、彼女の歌に強い意志をみなぎらせるのだ。彼女の活躍の場が日本にとどまることなく、北朝鮮、ソ連、中国、韓国へと広がり、自らの存在をアジア的身体へと自覚させてゆく道すじを選ばせている。このような道のりをたどってきたオペラ歌手は、おそらく田月仙一人ではないかと思う。歌に対する彼女の毅然とした姿勢は、オペラ歌手としての矜持を持ち続けてきた結果である。それがまた彼女の魅力にもなっている。

彼女は一時、声の質に悩んでいた。誰もが一度は経験するブランクに長い間苦しんでいた。そして三、四年の間、高名な音楽家に師事し、声の質を根本的に変えていった。その努力はなみなみならぬものであった。そのかいあって、彼女は長いブランクを克服して、ふたたび私たちの前に豊かな声量と華麗な容姿を現したのだ。

在日を在日という規範にとらわれることなく、開かれた存在として世界に向かって歌い続ける田月仙の姿勢に拍手を送りたい。そしてこの度、青丘文化奨励賞に選ばれたことを共に喜びたいと思う。

田月仙は在日同胞に新しい風を送っている一人である。この受賞が在日の多くの若者に影響をおよぼしていくであろうことを期待している。

待、カルメン役を演じ絶賛を受く

95年　在日史上、初の南北両公演を記念し「田月仙オペラリサイタル」を開催、満員の観客を魅了
「50曲の歌でつづる解放50年音楽の夕べ」監督

96年　アメリカでコンサート（開催予定）
数々の舞台で世界の歌と共にコリア歌曲を広めた

田月仙さんの授賞に思うこと

事務局長　金　洪　汶

今回の田月仙さんの授賞はたいへん喜ばしいことであり、またそれは一つ大きな課題を事務局に投げかけた形になりました。芸術活動は文化ジャンル全体のなかの一つとしてとらえるにはあまりにその範囲は広く、その全てを理解し評価するには我々に取っては不可能に近いことです。青丘賞には二つの賞がありますが、いまのところ美術や、音楽、スポーツなど各ジャンルの区分けされた受皿としては用意されていません。たしかに以前、映像の分野での授賞がありましたが、それが今回の田月仙さんへの授賞の先鞭をつけたことは事実です。しかし賞の由来と主旨からみると問題が残されたことも事実です。

そういう意味で田月仙さんの凄いところは映像以外の文化活動分野にも我々を引き込んでしまったことですが、今後いろんな領域に対応して行かなければ青丘賞の発展は望めないのかもしれません。

賞創立の由来と主旨

文芸・学術（人文・社会科学）の面での創作研究活動及び文化活動の面で優れた業績を挙げ、在日同胞社会の文化水準の向上に貢献した者及び団体を対象に授与されるものであり、次の二つの賞が設定されている。

青丘文化賞　（賞金五十万円）
青丘文化奨励賞　（賞金三十万円）

これまで日本の社会のなかでは在日外国人を対象とした賞がないということ、また特に在日朝鮮・韓国人にとっては本国の南北何れの側からも、そのような賞が設定されていないということから、一九七二年、在日のささやかな有志実業人らの集まりである青丘会の拠金によって基金をつくり、この基金の運営で毎年一回、二つの賞が授与されて来た。しかし、いまは基金は解散し新たな有志メンバーによるカンパで運営されている。一九七四年、金達寿氏が受賞してから今回まで三十二名と五団体に授与されて来た。

受賞者リスト　一九九六年三月二十日現在

青丘文化賞

（敬称略）

第一回　一九七四年度　金　達　寿
第二回　一九七五年度　金　石　範
第三回　一九七六年度　李　進　熙
第四回　一九七七年度　姜　在　彦
第五回　一九七八年度　朴　慶　植
第六回　一九七九年度　高　峻　石
第七回　一九八〇年度　金　学　鉉
第八回　一九八一年度　金　時　鐘（辞退）
第九回　一九八二年度　許　萬　元
　　　　　　　　　　　李　恢　成（辞退）
第十回　一九八三年度　姜　斗　興
第十一回　一九八四年度　文　玉　柱
　　　　　　　　　　　慎　英　弘
第十二回　一九八五年度　金　泰　生
　　　　　　　　　　　姜　徳　相
第十三回　一九八六年度　鄭　大　聲
　　　　　　　　　　　安　宇　植
第十四回　一九八七年度　朴　宗　根（辞退）
第十五回　一九八九年度　高　史　明
第十六回　一九九〇年度　梁　石　日
第十七回　一九九一年度　姜　英　之
第十八回　一九九三年度　崔　洋　一
第十九回　一九九四年度　金　敬　得
第二十回　一九九五年度　韓　晳　曦

青丘文化奨励賞

（敬称略）

第一回　一九七九年度　辛　基　秀
第二回　一九八一年度　金　容　権
第三回　一九八二年度　李　良　枝
　　　　　　　　　　　学林図書室（団体）
　　　　　　　　　　　　代表　朴　一
第四回　一九八三年度　金　賛　汀（辞退）
　　　　　　　　　　　麦　の　会（団体）
　　　　　　　　　　　　代表　呉充功
第五回　一九八六年度　生野民族文化祭実行委員会（団体）
　　　　　　　　　　　　代表　金徳喚
第六回　一九八七年度　在日韓国・朝鮮問題学習センター（団体）
　　　　　　　　　　　　代表　鄭早苗
第七回　一九八八年度　金　栄ならびに
　　　　　　　　　　　梁　澄　子
第八回　一九八九年度　金　佑　宣
第九回　一九九一年度　劇団・新宿梁山泊（団体）
　　　　　　　　　　　　代表　金守珍
第十回　一九九二年度　朴　慶　南
　　　　　　　　　　　鄭　甲　寿
第十一回　一九九三年度　朴　載　日
第十二回　一九九四年度　姜　尚　中
第十三回　一九九五年度　田　月　仙

裁判に至った経緯と思い

鄭香均

私は現在、東京都の保健所で保健婦として働いています。自分がなりたいと思った職業を選び、より働きがいのある職場をと選んだ結果、気がついてみたら公務員になっており、東京都では在日外国人第一号の保健婦になっていました。しかし勿論このことは、現在この日本社会で私たち在日外国人が自由に職業を選べるようになっているということではありません。一九七〇年の日立就職差別闘争を契機として公務員についても国籍条項を疑問視し、これを撤廃要求する声が高まってきました。そうした運動の成果として、一九八六年東京都は保健婦、看護婦、助産婦などの国籍条項を撤廃したのです。私はこれを受けて一九八七年保健婦の資格を取得し、一九八八年東京都に採用となりました。

保健婦の仕事は保健所で行われる種々の検診や健康講座の他に家庭訪問があります。いろいろな病気や障害を負いながらも、その人が希望する場で、その人らしく生きていけるようにするための援助方法を患者さん、家族、必要であれば地域の人達とも一緒に考えながら看護をし、ネットワーク作りを行います。このような仕事の中で、私は住民から朝鮮人ということで拒絶されたことは一度もなく、また職場で差別を感じることもありませんでした。

楽しく仕事をしながら三年前の一九九二年には主任試験に合格し、昨年、上司の勧めもあり管理職試験を受けようとしたところ受験拒否にあったのです。それは「公権力の行使または公の意志形成の参画にたずさわる職員に日本国籍を有しない者はなれない。これは当然の法理である」という理由でした。東京都も自治省見解に沿うということです。この差別の壁と、裁判という方法以外に問い正す場は無いと知った時、今まで「一粒の麦」になれればという思いで培ってきたものが瓦解していく思いでした。しかし、「差別する側にだけは回りたくない。この差別の壁をたたきもせず、自己保身をしたら、どんな理由をみつけようと私は自分自身を許すことはできないだろう。」と思い、昨年九月東京都に提訴を行いました。十一月に第一回の公判が始まり、それから一年、七回目の公判が十二月六日に行われます。この裁判での争点は二つあります。一つは「公権力の行使、公の意志形成」の範囲をはっきりさせること、二つ目は実際に採用された職員が国籍ゆえに処遇上で格差を設けられることは労働基準法第三条違反であるという点です。これに対し、東京都は「公務就任権は参政権に属し、外国人には認められていない。採用したのは東京都の裁量だ。」と言い、また「昇任試験は労働条件の中に入っていない。」と述べています。

正規の職員であっても日本人と外国人とは実質的には隔離された状況下にいることが今回のことではっきりされました。戦後五十年経った現在でも、私たち外国人に基本的人権すら享有されている保障がありません。多くの在日外国人労働者やその子供達が私たち在日韓国・朝鮮人が歩んできた苦渋の道を歩むことがないためにも一歩一歩、道を切り開いて行く作業を長く長く継続していかなければなりません。それが定住外国人に課された義務ではないかとも考えます。

㊟この稿は昨年の時機に書かれたものです。

広場

パソコンによるネットワークづくりを準備しています。在日のコミニュケーションが充分に機能を果たせるようにするには、どういう方法がいいのか、模索しているところですが、BBS局を開設するのが当面の目標です。先ず商業パソコン通信のネットを利用して関心のある人達と連絡を取合おうと思っています。興味のある方は左記にご連絡下さい。近い将来、インターネットでホームページも開設したいと考えています。

NIFTY　RXR01546
PC－VAN　CJB75861
高　淳日
TEL　03－3464－3326
FAX　03－3464－1829

新入会紹介

（順不同敬称略）

角田房子　立川市
金禮坤　宝塚市
張文煥　東京都世田谷区
伊藤美代子　山形市
田中宏　東京都足立区
辛淑玉　東京都中央区
山下靖典　東京都中央区
宮内昭　横浜市
田島正夫　東京都港区
梁澄子　国分寺市
梁東準　東京都杉並区
金洪斤　横浜市
船橋一行　茨城市
石島芳夫　東京都渋谷区
張年錫　寝屋川市
金敬得　東京都新宿区
李達完　柏市
細川和紀　多摩市

青丘会維持会員募集

青丘会では会の維持発展のために維持会員制度を新設いたしました。

維持会員制度とは位置的には理事会と賛助会員の間にあり、事務局と共に青丘会の活動を支え（授賞式や文化活動）、もしくは主催し、もじどおり青丘会を維持していく存在となります。もちろん青丘会が親睦団体としてもその機能を発揮するべく維持会員どうしの会合や情報交換、講演会などをおこない、過去に受賞された先生方をお招きして「囲む会」なども開きたいと思います。

次の世代に青丘会の活動をバトンタッチして在日の文化の呼吸を維持してゆくために、ぜひともご参加下さいますようお願い申し上げます。

維持会員募集要綱

一、国籍、年齢は問いません
二、青丘会の活動に賛同または理解のある方
三、一年に一口千円を五口以上協力できる方

※入会及び退会は自由です。また個人の自由意志を尊重し、なんらの行動義務はありません。（良識とけじめをもった会をめざします）

※入会方法
同封の郵便振替用紙をご利用下さい。そのときに通信欄に「入会する」とお書き下さい。

青丘通信　第10号

1996年3月20日　発行
編　集　事務局
発行所　青丘会
〒150 東京都渋谷区道玄坂
2-23-12 フォンティスビル内
TEL 03-3464-3326
FAX 03-3464-1829
郵便振替口座 00170-2-556841

1997年3月20日発行

青丘通信

題字・田村義也

第11号

発行所　〒150 東京都渋谷区道玄坂 2-23-12 フォンティスビル内 青丘会
郵便振替口座 00170－2－556841
URL http://www2k. meshnet. or. jp/~kosunil/

編集：事務局　TEL 3464-3326　FAX 3464-1829
e-mail:kosunil@mxn.meshnet.or.jp

一九九六年度 青丘賞

青丘文化奨励賞

高《コ》二《イー》三《サム》　氏

〒175 東京都板橋区高島平九―二九―八―三〇一

青丘文化賞（該当者なし）

授賞式と祝賀会

日時　一九九七年三月二十日(木)午後六時

場所　東京芸術劇場　（JR池袋駅西口）

電話　〇三（五三九一）二一一一

受賞の知らせを受けて

高　二　三

お正月に受賞の知らせを受けました。

その時に、まず何よりも先に思い浮かべたのは、もし、私が選考委員だったら、あの人にも、この人にも、と、青丘文化奨励賞を差し上げたい方々がたくさんいるのに、その方々に申しわけないなあ、ということでした。私の身近でも、実に多くの在日朝鮮人たちが困難な中で文化運動にかかわっているのです。そして賞を受けることで、それを励みにする方々がいるのです。私は、自分自身が受賞の対象外の者であると思い込んでいましたから、驚きの中で、そんなことを考えました。しかし、現実は、私が受賞することになった、というのです。

私が新幹社を始めてから、今年の五月で満十年を迎えます。しかし、この十年間で、賞らしいものをいただいたことは一度もありません。どちらかと言えば、賞を受けるのは著者であり、出版者は、そのための媒体にしかすぎないからです。それでいいと思っていました。それでも十年間もコツコツとやってきたことを評価していただけたということですから、じわーっと喜びがこみあげてきます。

思い返してみれば、学業を終えて最初に就いた仕事が『季刊三千里』の編集部でした。以来、ずうーっと私は出版畑を歩いてきました。社会人になったばかりの頃は、将来、もの書きになりたいと思っていたものでした。そのための修業の意味もこめて編集の仕事をやりました。ところが、私より数段才能にめぐまれながらも、芽の出ない人々と出合うことになり、ものを書いて生きていくことの困難さを骨にしみるほど感じました。

十年前の新幹社の出発は、私にとっては、大転換であったと思っています。つまり、それまでの私は、将来、自分がもの書きになるための修業もかねての出版社勤めでしたが、新幹社を始めるということは、私が出版社の主《あるじ》で、他の人々を世に出すために生きるという決意をともなっていたからです。出版の面白さと、自分の社会での役回りがわかってきたのだと思います。

結果的には、この十年間、売れない本ばかりを出版してきたのですが、売れない本をはじめからねらって出していたのではありません。売れるだろうというかすかな希望はいつでも持っていて、新幹社でしか出せないような本を出そう、良心に恥じないような本を出そう、と思ってやってきた結果でした。

雑誌『済州島』や「ほるもん文化」の活動が認められての受賞であると思っています。それぞれに数人の編集委員がいて、彼、彼女たちとの共同作業であります。先輩や友人たちにめぐまれていたからこそ出来た仕事であると思います。感謝しております。

また、在日朝鮮人がやっている弱小出版社であることを理解された上で、本を書いてくださった著者の方々、印刷所・製本所の方々、苦しい時に元気が出るよう励ましてくださった友人たち、彼、彼女たちがいなければ、いまの新幹社はないと思っております。

ありがとうございました。

高《こ》二《いー》三《さむ》　略歴

一九五一年東京都生まれ
中央大学商学部卒
『季刊三千里』編集部、PARC（アジア太平洋資料センター）事務局、明石書店編集部を経て一九八七年に新幹社を設立。社名は幹を断たれても新たに芽を出す「ひこばえ」から。現在まで約八〇点の書籍を刊行。
一九八五年「耽羅研究会」の設立に参加、会報・雑誌などの編集に携わる。一九八八年「済州島〝四・三事件〟を考える会」に参加。
一九九〇年「ほるもん文化」創刊、現在七号までが刊行され、在日朝鮮人社会のオピニオン誌として注目を集めている。

高二三氏の
青丘文化奨励賞受賞に寄せて

姜　在　彦

一九九六年度の青丘文化賞の該当者はなく、青丘文化奨励賞に新幹社代表高二三さんが選ばれた。

私が高さんを深く知るようになったのは、『季刊三千里』の編集部にいたときからである。十年前に心機一転して新幹社を創立し、出版事業にたずさわってきた。どうして「新幹社」なのか。

私が聞いたところでは、「古木新幹」から取ったらしい。古木も、新しい枝によって蘇生するという意味だろう。ここに一般企業としての出版業とは違う高さんの意気込みを感じるのは、私だけではないはずだ。

新幹社が出した本を一瞥して分かることは、果たして商業ベースに乗るかどうか首をかしげるような本が、かなり多い。高さんが企業利益を越えて、在日同胞の文化運動の一翼を担っているその活動が、こんどの青丘文化奨励賞の対象として選ばれた理由であろう。

それらの出版物のなかで、とくに私が注目したいのは、シリーズ「ほるもん文化」もさることながら、『済州島四・三事件』の日本語訳の継続出版である。もちろん「ほるもん文化」も、日本生まれの世代による文化運動の拠点として、今後の発展を期待したい。

或いは『済州島四・三事件』は、ローカルな問題として見る向きがあるかも知れない。ところが私は、そうは思わない。

すでに智異山を中心としたパルチザン闘争については、日本語訳『南部軍』(平凡社、安宇植訳)を読まれた人も多いだろう。また韓国でそれが映画化され、空前の観客を動員したと聞いている。これによって韓国歴代政権によってタブー視されてきた第一の壁をぶちこわしてしまった。

じつはこの「南部軍」の発端が、一九四八年の済州島四・三事件である。済州島民の弾圧を命ぜられた国防軍が、それを拒否して反乱を起こした麗水・順天事件であった。四・三事件は李承晩の反共的民族分裂に抗して起ちあがった、全島民的な南北統一運動であったと理解している。韓国現代史を語るばあい、或いは書くばあい、済州島の「四・三事件」から「南部軍」につらなる道筋を明らかにせず、頬かぶりした韓国現代史は、史実とはほど遠いニセモノとみて差し支えない。

ところが「四・三事件」は、「南部軍」以上にタブーの壁は厚く、「歴史の立て直し」を云々する現在の文民政府でさえ、この問題にたいする姿勢はあいまいである。その前に権力の座にある大統領が、果たして歴史の審判者たりうるのかという違和感がある。

一九四八年当時、済州島の人口は二〇万人といわれた。「四・三事件」で殺された島民数は三万人とも、或いは五万人ともいわれる。少なく見積もって三万人でも、七人に一人が殺されたことになる。

もちろん『済州島四・三事件』の原本は、『済民日報』の取材班が内外の文献を渉猟し、生き証人(すでに老齢化している)からの聞き取りによって、感情とイデオロギーとを排除した客観的な文献である。

「四・三事件」をライトモチーフにした金石範さんの壮大な大河小説『火山島』(文藝春秋)と相俟って、すでにこの問題は『済州島四・三事件』の日本語訳の出版によって、いかなる権力の手もとどかないところで国際化してしまった。真の意味での韓国現代史の「立て直し」のために、日本語訳の出版の意味は計り知れないほど重い。受賞に寄せて一筆した所以である。

高二三氏の受賞を祝して……

辛　淑玉

高二三氏が青丘文化奨励賞を受賞したことは、喜ばしいことではあるが、反面、遅すぎた感がある。彼の社会的な貢献からすれば、文化奨励賞はもっと早く受賞してもよかったと思うからだ。

高二三の存在は、彼が経営する出版社「新幹社」と一体である。この出版社は、決してマーケットに迎合した書籍を世に送り出すことがない。歴史の中で、抜け落ちた視点や声無き人々の生活、そして、各種の学会で発表される論文をはるかに上回る質の高い資料集の数々……。売れる本より歴史に残る本がそこにはある。世紀を越えて読んだときに、その視点の確かさに後生の人々は安堵するであろう書籍が、今にも倒れそうな小屋まがいの事務所に積まれている。吹けば飛ぶような出版社を、飽きもせず握りしめて放さないのは、高二三氏の志の高さゆえであろう。さらに、その、妥協しない本作りを見る限り、「新幹社」の存在は、やや大げさな言い方をすれば、私たちが住むこの、資本主義社会の試金石なのだと思えてならない。

いま、資本主義社会は普遍化し、その価値は薄れ、より高い資本主義社会への質の移行が求められている。

ご承知の通り、「新幹社」の仕事は、慈善事業ではない。どこからも組織的な援助を一切受けていない出版という営利活動である。だから、市場原理で潰れることもある。現に、マーケットでは低俗な本は売れて、より質の高い、内容の深い本はほとんど売れていない。「新幹社」の累積赤字は膨らむばかりだ。

しかし、こういうマーケットしか育たない資本主義は愚かなのだ。

「新幹社」のような出版社が、在日を含めて、この日本の社会で支えられてこそ、この社会の資本主義は、まだ救えるといえるし、裏返せば、「新幹社」を支えられるか否かが在日としても、日本人としても、その社会の質が問われるということだろう。だから、「新幹社」を潰してはいけない。青丘文化奨励賞の受賞も難しいことだが、日本の市場が「新幹社」を企業体として支えることの方がはるかに難しいからだ。

いま、マーケットが、いかに、彼に合わせることができるか、いかに、「新幹社」の存在を支持できるか、改めてこの社会の質が問われているような気がしてならない。

同時に、彼のような在日の先輩を持てたことを誇りに思う。受賞を心よりお祝い申し上げたい。

維持会員だより

閔妃事件と私

山下　靖典

昨年（一九九六年）、韓国のある政治家が来日し、記者会見が行われるので、聞きにいった。金泳三大統領の側近と言う事で、次期大統領選挙へ立候補するかどうか、が質問の柱の一つだった。加えて、日本側の出席者から一度ならず「韓国の、とりわけメディアの側にある反日感情を、韓国の政治家として何とか押さえられないのか。そうしないと、日韓関係は本当によくならないのでは」といった趣旨の質問が出された。それまで、そつなく、政治家らしく答えていた同氏はやや強い口調でつぎのような意味の事を述べた。「過去において、日本は閔妃事件のような事を起こしている。韓国人の反日感情にはそれなりに歴史的理由がある」と。この席では、それ以上に議論は発展しなかった。

「閔妃事件」とは一八九五年（明治二十八年）に日本の公使三浦梧楼らが策謀して、王宮、景福宮に押し入り、王様の妃、閔妃を殺害したという野蛮きわまり無い事件である。大韓帝国末期の朝鮮半島を巡る、日本、清国、ロシア帝国の勢力争いのなかで、日本側が閔妃をロシアと通じている、として日本の勢力拡大のため犯行に及んだものである。しかも、犯人グループは日本で一応裁判に掛けられるが、全員無罪判決。

日本のご都合主義の「政治裁判」の結果である。韓国は当然怒った。しかし当時の力関係からして、対抗措置はとれなかった。

だが一九〇三年（明治三十六年）、李朝はこの事件で日本側に加担したため追われて日本に亡命した韓国の訓練隊長禹範善を、刺客を派遣して広島県呉市で暗殺する。禹範善は日本女性と結婚して呉市に住んでいた。

この時日本人妻との間に生まれた幼児がのちの「韓国農芸化学の父」ともいわれた禹長春である。禹長春は呉中学校〈現三津田高校〉を卒業後、東京帝国大学農学部実科〈現東京農工大学〉を卒業、日本の種苗会社などで働き、日本の敗戦後、当時の李承晩大統領に招かれて韓国に渡り、種なしすいかの開発などに力をいれる。

韓国にたいする反逆者だとして韓国側に暗殺された父と日本人の母の間に生まれ、後に韓国に渡って一生を終えた長春こそ、この百年の日韓関係を象徴するかのような人物であると云えまいか。私は閔妃事件のことは多少なりとも知っていたが、禹親子の事を知ったのは数年前。角田房子さんの本によってである。この本で、閔妃事件と呉とのかかわりを初めて知って少なからず驚いた。呉は私の郷里であり、呉中学校は我が母校の前身だからである。これを機会に私は閔妃事件を呉とのかかわりと言う角度から調べ、呉で刊行されているタウンマガジン「くれえばん」のコラムにその結果を書いている。

今日の日韓関係のぎくしゃくの原因の一つが両国の歴史認識のギャップにあるとされ、その認識のずれを是正するために両国で合同の委員会が作られるという。

ただ、私はこれまでの自分の足元〈郷里、呉〉の日韓関係史の史実に余りにも無知であった事に気付き、今、私なりに勉強をしているところである。私も含めて日本人が余りにも日韓関係の歴史に知識が少なすぎる、と思わざるを得ない。

青丘会の皆さんとも閔妃事件も含めて日韓関係史にまつわるお話をしてみたいと思う。

青丘会にエールを

東　松子

今を去る二十年程前、子供が通う学校のＰＴＡで高淳日さんを知り、そして「青丘会」の存在を知った。

在日朝鮮人の間で作られた「青丘会」は今や日本の芥川賞にも匹敵すると云われ、極めて文化的価値の高いものとして評価されているという。

かつて日本の植民地統治下の許、幾多の苦汁を味わい耐え忍んで来られた在日の方々が日本にあって、母国に対する思いと民族としての誇りを持ち続けながら、なお報われぬ魂の叫びとして「在日の同志よ頑張れ」と錦の御旗を振りながら「青丘会」は今日迄歩んで来たように思う。

今、時代は在日一世から二世、更に三世へと移りつつある。

在日同胞社会の中で誕生したこの輝かしい「青丘会」の歴史を若い世代の人達が受け継ぎ、そして在日のみならず我々日本人も、又世界の志ある人々が青丘会の維持・発展のために暖かくその活動を見守り、協力の手を差しのべることが出来たらと思うのである。

黄聖圭《ファンソンギュ》氏の「啄木の文学と恨」

座間　和緒子

七月二十二日、埼玉県川口市にある文化センター・アリランで黄聖圭先生の講演会がありました。一九九三年度の青丘文化奨励賞の朴載日さんが創られた在日の書籍文化が一杯つまっているところでもあるので、この機会に訪ねてみたいという思いもありました。

黄先生は「石川啄木入門」で第十一回岩手日報文学賞の啄木賞に選ばれた方です。先生は「啄木の歌はよんでるうちに韓国的にハーン〔恨〕を持つ人だと思った。日本ではうらみを晴らすものですが、韓国でいうハーンは解くことです。人が一生をかけても望みを成しえなかった時、その人の家族や親友、同志はハーンを解く為に祈りや祭祀を『ハーンを解く』と言います。日本の啄木研究者と共に啄木のハーンを解くことは意味あることだと思う。韓国人も啄木を通じてもっと日本人を理解するだろうと思っています」と。韓国の方から啄木の別の見方を教えられた一日でした。

近況お知らせ

坂本　尚

前略　李成市先生のご講演「渤海国と新羅人」伺えなくて残念に思っています。謎に包まれた渤海をどんな風に話されたか……、資料だけでもお願いしたいと存じます。昨年十一月十三日は奈良飛鳥寺と韓国修得寺の姉妹寺盟約十周年の盛大な行事に参加し、大阪枚方市の王仁塚にも立ち寄り「王仁塚を守る会」の会長、事務局長にもお会いしました。日本各地で歴史の見直しが進んでいるのを感じましたが、まだまだというのが実感です。余談ですが弘中さんのように朝鮮史に明るい方でさえ「なぜ高麗博物館必要なの？」と仰るんですから……。

今日、お便りを差し上げるのは別紙コピーの論文の著者、本年三月まで研究のため東大に居られる都光淳先生のことで筆をとりました。昨年九月に安重根研究会に出席した折り出会った方です。私共の会の運動に感動されて以後度々お電話やお目もじのうえお話し致しました。そして「新羅風流道と神仙信仰」を読ませて頂いて、以前シルクロードの会で北村、弘中両氏のお話を伺った事を思い起こして一層、新羅の花郎について新しい発見をしたように思いました。都先生が離日される前に北村さん弘中さんとでパネル討論でもしていただけたら面白いと思いましたのでコピーを同封致しました。ご検討頂けたらと存じます。暮れの十二月には「高麗博物館をつくる会」の六周年行事として日清戦争錦絵写真展を行いました。メインは姜徳相先生のご講演です。

最後になりましたが青丘会の益々のご発展をお祈り申し上げます。向寒の折り御身を大切に。

維持会員の会に出席して

岡崎　幸子

維持会員になってから、九六年六月初めて維持会員の集いに出席した。

勿論青丘会は、在日の方が殆どで、しかし日本人もいるのを発見、ただし私程在日の方との縁も関係も持たぬ者は少ないと認識した。

維持会員の会で早速の自己紹介、無関係人間を意識しつつ話すしかない。

旧制専門学校時代の友人が高淳日さんと知り合いで、偶然友人の尻尾について画廊喫茶ピーコックへ高さんを尋ね、雑談の中で、今のフォンティスビルになるまでの各店家主十数軒をとりまとめられたお話をきいた。ひとくちに言うと高さんを「何と愉快な人か」と思っただけの関係しかない。お推めで青丘会維持会員になった次第。高さんとの交友は続けたいが、先方のお考え次第ではある。人生は運、誰に会うかと云う事だと思うこの頃、無関係人間を高さんがどう扱って下さるか……。

1995年度決算報告　　青　丘　会

貸借対照表　　1996年３月31日現在

資産の部		負債の部	
繰越欠損金	359,808	借入金	500,000
普通預金	12,058		
郵便振替	24,490		
当期欠損金	103,644		
合計	500,000	合計	500,000

次期繰越欠損金	463,452
前年度分	359,808
今年度分	103.644

収支計算表　　自 1995年４月１日　至 1996年３月31日

◇収支の部		支出の部	
理事負担金	500,000	青丘賞賞金	800,000
維持会員会費	728,000	授賞式諸費用	617,795
授賞式参加会費	369,000	振込手数料	4,140
◇受取利息	466	事務用品費	2,111
広告収入	100,000	通信費	52,990
当期欠損金	103,644	印刷費	157,400
◇		会議費	46,674
		選考委員謝礼	120,000
合　計	1,801,110	合　計	1,801,110

維持会員名簿（順不同敬称略）

一九九七年三月現在

金　順子　東京都東久留米市
新田　和子　千葉県柏市
朴　春今　東京都練馬区
座間　和緒子　横浜市緑区
坂本　尚　横浜市港北区
琴　栄吉　東京都目黒区
琴　基浩　東京都渋谷区
金　英哲　北九州市小倉北区
姜　容慈　韓国釜山市
福田　征哉　熊本県山鹿市
福田　寿美子　熊本県山鹿市
東本　拓之　東京都板橋区
海老原ゑみ子　東京都八王子市
高　英洙　大阪市生野区
大西　照子　東京都板橋区
宮城　昭子　東京都江戸川区
岡崎　幸子　東京都杉並区
宮本　真佐子　神奈川県鎌倉市
江澤　國子　東京都調布市
田　平萬　川崎市川崎区
殷　鍾七　横浜市鶴見区
慎　英弘　大阪市生野区
柳　昌夏　横浜市緑区
金　今元　東京都新宿区
永井　信一　沖縄市
橋本　恒夫　東京都板橋区
浅井　猛　東京都あきる野市
浅井　紀子　東京都あきる野市
東　松子　横浜市港北区
角田　房子　東京都立川市
金　禮坤　兵庫県宝塚市
張　文煥　東京都世田谷区
伊藤　美代子　山形市
田中　宏　東京都足立区
辛　淑玉　東京都中央区
山下　靖典　東京都中央区
宮内　昭　横浜市西区
田島　正夫　東京都港区
梁　澄子　東京都国分寺市
梁　東準　東京都杉並区
金　洪斤　横浜市中区
船橋　一行　大阪府茨木市
石島　芳夫　東京都渋谷区
張　年錫　大阪府寝屋川市
金　敬得　東京都八王子市
李　達完　千葉県柏市
細川　和紀　東京都多摩市
阿片　公夫　東京都港区
梁　直基　東京都大田区
韓　晳曦　神戸市須磨区
高　史明　東京都小平市
李　哲澤　横浜市金沢区
横川　端　東京都国立市
朴　光洙　東京都千代田区
鄭　萬佑　大阪府吹田市
姜　在彦　大阪市住吉区
天理教道友社　奈良県天理市
金　洪汶　東京都文京区
金　弘茂　静岡県清水市
李　鍾虎　横浜市栄区
匿名希望　大阪府堺市
熊倉　浩靖　群馬県高崎市
金　京子　千葉市花見川区
李　鳳宇　東京都渋谷区
卞　仁子　東京都練馬区
梁　弘錫　東京都大田区
金　昌浩　東京都荒川区
堂本　圓　和歌山県橋本市

青丘会維持会員募集

青丘会では会の維持発展のために維持会員制度を設けています。

維持会員制度とは位置的には理事会と賛助会員の間にあり、事務局と共に青丘会の活動を支え（授賞式や文化活動）、もしくは主催し、文字どおり青丘会を維持していく存在となります。もちろん青丘会が親睦団体としてもその機能を発揮するべく維持会員どうしの会合や情報交換、講演会などを催し、過去に受賞された先生方をお招きして「囲む会」なども開きたいと思います。

次の世代に青丘会の活動をバトンタッチして在日の文化の呼吸を維持してゆくために、ぜひともご参加下さいますようお願い申し上げます。

維持会員募集要綱

一、国籍、年齢は問いません

二、青丘会の活動に賛同または理解のある方

三、一年に一口千円を五口以上協力できる方

※入会及び退会は自由です。また個人の自由意志を尊重し、なんらの行動義務はありません。（良識とけじめをもった会をめざします）

※入会方法

同封の郵便振替用紙をご利用下さい。そのときに通信欄に「入会する」とお書き下さい。

事務局だより

★選考委員の姜徳相、鄭大聲、安宇植、梁石日の四先生には三年の任期満了、ご苦労様でした。厚く御礼申し上げます。今後も何かとお力添え下さいますようお願い致します。

★今年七月には青丘会創立二十五周年を迎えます。四半世紀を継続して事業を続けて来れたのは多くの方々の支援があってのことです。皆様には心から厚く御礼申し上げます。七月二十一日は創立二十五周年の記念行事を催す予定ですのでよろしくお願いいたします。

★記念日までに維持会員倍増を達成したい計画ですが、未入会の方はどうかこの機会にぜひご入会下さいますようお願い申し上げます。またすでに会員になられている方にはお知り合いの方にもご入会をお勧め下さいますようご協力のほどお願いいたします。

★表紙一ページのタイトルの箇所をごらんください。インターネットのURLアドレスを表記しました。これからはネットワークを広げて多くの方々と情報の交換を図っていきたいと思いますので、関心のある方はアクセスしてください。またすでにURLをお持ちの方は相互にリンクし合えるように致したいと思います。表記の箇所に是非お尋ね下さい。

★二月初旬、金奎一、嶋田晋吾両氏と大阪の某女史らと連れ立って山形の戸沢村を訪れた。日本の農村に嫁入りした「韓国花嫁」に会いたくて、それに八月オープンの高麗館建設の状況も見学すべく訪ねた次第。山形婦人新聞編集長・伊藤美代子さんのご案内で村長矢作勝太郎氏にもお会いすることが出来た。

★はじめの想像とは多くの点で違っていた。先ず四人の花嫁と会って感じたことは韓国の山村から生活苦を逃れての日本への嫁入りかと決め込んでいた私の不明に恥ずかしい思いをしたことだ。彼女らはソウル生まれのソウル育ち、高等教育を受けた現代風の都会っ子である。

★屈託のない明るい話しぶりには周囲の私たちを大変和やかな楽しい雰囲気にしてくれた。戸沢村に住み込んですでに八年、村にすっかりとけこんだばかりでなく村の生活文化に大きな影響を与えている。嫁姑の問題や子供の教育にも彼女らの果たす役割は大きい。

★高麗館には韓国の歴史を語るもの、韓国物産などを展示するようだが八月のオープンにはかなり大掛かりなイベントを計画しているようだ。それまでに協力出来ることがあればお手伝いさせて頂く旨、提言して帰った。戸沢村にはインターネットのホームページがある。表記のURLからリンクされているので是非ご覧頂きたい。

★青丘会主催で先ごろ永六輔さんの「映画の面白さ」と題して渋谷でトークショウを開いた。永さんの独特の話し振りに聴衆は魅了され時間の経つのを忘れるほどだった。これからもお願いして会員との接触を図っていきたいと計画している。

去る三月二十日に池袋の芸術劇場にて、「一九九六年度青丘賞授賞式及び祝賀会」が行われた。このたびは「青丘文化賞」の授賞がなく「青丘文化奨励賞」のみの授賞式であったが、一五〇人近い参加者を迎えての盛大なものとなった。それは、受賞者高二三氏の幅広い活躍と交友関係を物語るものであったが、何よりも今年で発足二五周年を迎える青丘会の歩みの確かさを示したと言える。

当日の授賞式は会長高淳日氏のあいさつのあと、都立大学名誉教授の小沢有作氏と一橋大学教授の田中宏氏の来賓の祝辞があり、上智大学教授ビセンテ・ボンネット氏の乾杯ではじまった第二部の祝賀会は、放送大学教授の原尻英樹氏、作家であり青丘文化賞選考委員の梁石日氏、フリーライターの神谷丹路氏、童話作家の元静美氏、編集者の魏良福氏、作家の金重明氏、編集者の姜英之氏（第十七回九一年度青丘文化賞受賞者）、故崔昌華牧師次女の崔善恵氏、大学の先輩の呉省三氏、立命館大学教授の文京洙氏、地理学者の高野史男氏らのスピーチがつづき、最後に「在日同胞の生活を考える会」代表金奎一氏の祝辞をもって閉会となった。多方面で活躍する実に豪華な顔ぶれによるあいさつは、会を一段と盛り上げ、受賞者高二三氏と青丘会を更に深く印象づけた。

会長挨拶

高淳日

本日はお彼岸のお仲日でどなた様も何かとご多用のところ、高二三さんのお祝いにかくも大勢の方が駆けつけてくださいましたこと主催者一同厚く御礼申し上げます。

さて今日受賞なさる高二三さんについてはお手元の「青丘通信」に詳しく書かれていますので改めて申し上げるまでもありませんが、一言付け加えさせていただきますと、このたびの出欠のご返事の葉書のなかには、このようなメッセージが書かれていました。「よくも、まあ―長い間売れもしない本を出し続けてきたものだ。しかしその頑張りには脱帽のほかない。心から敬服するものである」。こういう文面の葉書は一通や二通ではなくほかにもこれに似たものが沢山ありました。実は今回の受賞の理由は実にこれにつきると言って過言ではありません。しかし誤解のないように申し上げておきたいことは、売れないからつまらない本だとは限りません。辛淑玉さんも「青丘通信」に書いて居られますように高二三さんが出した本には「売れる本よりか歴史に残る本がそこにある。世紀を越えて読んだときに、その視点の確かに後世の人は安堵するであろう」と述べて居られます。

授賞の理由は耽羅研究会の会誌「済州島」や在日の総合雑誌「ほるもん文化」などを発刊し続けて参りましたことにもあります。これが売れて売れて儲かって居れば今回の授賞は案外おぼつかなかったかもしれませんが、幸いというか売れない本をしかも十年にわたって根気強く作ってきた努力が称えられたということです。私たちの国のことわざに十年もすれば山河の形も変わると申します。いかに長い年月かという意味です。長い間の彼の努力に、本日お集まりの皆様と共々、心から拍手を贈りたいと存じます。

私、折角ご挨拶の機会を得ましたので青丘会のことについても多少触れておきたいと存じます。第一、青丘という言葉そのものについてなじみのない方も居られようかとも思いますので、そのことから申しますと、古い中国の古典に載っている言葉でして、詳細は省略させていただきますが、朝鮮の国土を雅やかに表したものです。丁度日本の国を大和のまほろばというように朝鮮の雅称のひとつであります。在日のわれわれが朝鮮、韓国という言葉を使うことで、一時期、一方が一方に対し差し障りのある悲しい時代がごく最近まで続きました。そういう時期の言葉として、これが大変重宝され青丘と名の付いた団体が今日いくつか数えられます。青丘文庫、青丘文化ホール、青丘社など青丘と名の付いた団体はこのようにいくつかありますが、我が青丘会はかなり早い時期に創立されました。おかげを持ちまして本年七月を以て満二十五周年を迎えることになります。在日の文化団体で四半世紀続いたことは希有のことであります。このこと自体が歴史的な記録と自負している次第です。

さて、それでは青丘文化賞、奨励賞とはいかなる賞でしょうか。「青丘通信」の折り込みのなかに「賞設立の由来と趣旨」が説明されていますのでぜひご覧ください。ただここで申し上げたいことは七年前、青丘文化賞を受賞された、今売れに売れている梁石日さんの授賞式のおり、私は恒例でご挨拶を申し上げましたが、そのなかで青丘賞は在日の芥川賞、直木賞を目指したものであるなどとつい言葉を滑らしてしまいました。お祝いに駆けつけてくださった評論家の岡庭昇さんは、この私の発言をとらえて梁石日氏が芥川賞や直木賞ではなく青丘文化賞を授与されたことこそ、大いなる意義があるのだと明言され、なぜなら芥川賞や直木賞は堕落した賞であると断言し、これらは商業出版社が自らの金儲けのために設置した賞にすぎない。それに比べて青丘文化賞は在日の民間人が、何ら経済的効果や利害など考慮せずに設立したもので、これこそが本当の純粋な賞であるとスピーチしてくださいました。私はこの岡庭さんのご祝辞に目から鱗が落ちるような想いをいたし、心に深く感銘いたしました。

先ほども申しましたようにこの賞は純粋に在日の民間人の有志の者が集まって出している賞です。既成の大きな団体が組織の力を動員して設立したものではなく、また本国の南北いずれの側からも、援助を受けて、つづけてきたものでもありません。それだけにご多分に漏れず財政上の困難は常につきまとっています。青丘会の運営は維持会員が支える、国籍を問わない市民の団体です。このことをどうか本日おいでの方々には、ご理解を深めていただき今後の会の運営に何卒ご協力を心からお願いいたすものであります。要するにここにおいでの方々が維持会員になられ、またお知り合いの方にも青丘会のことをご喧伝くださいますことを衷心よりお願いし長くなりましたが私のご挨拶とさせていただきます。

ありがとうございました。

おれいのことば

高二三

本日はせっかくのお休みの日なのに、私の授賞式のためにご参席いただきまして、まことにありがとうございます。

ただいま高淳日会長、田中宏先生、小沢有作先生から過分なご祝辞をたまわりました。ありがとうございます。

ご祝辞の中で述べられていたことを、若干訂正させていただきながら、ご挨拶をさせていただきます。

まず第一は、私は売れない本ばかりを作っているのではない、ということです。私は、いつでも私の作っている本に愛情をそそいでいますし、いつも〝売れる〟と信じて世に送り出しているのです。ただ結果的に売れていない本が多いというだけのことです。私の自己分析では、足元を見ないで遠いところばかりを見ているせいか、あるいは、五十年くらい過去から進歩しないでいるせいか、そのどちらかが原因ではないかと考えています。

また、一人でがんばってきた、とも言われますが、それも事実とは反します。本は決して一人では作れないからです。朝鮮人がやっている小出版社であることを承知で原稿を書いて下さる著者。ここにも本日、約二十人ぐらいの方がご参席して下さいました。そして印刷屋さん、紙屋さん、製本屋さん、デザイナー、校正者、つまり、見えないけれど実質、新幹社を仕事で支えてくださる方々がいるわけです。さらに取次店、書店、そして読者の方々。そんなネットワークがあってこそ、初めて成り立つのが新幹社の仕事です。事務所にはいつも一人でいるのですが、決して一人ではない、ということを力説したいのです。

私が辛い時、一杯飲ませてくれ励まして下さった友人、先輩たち。私は人に恵まれて、本日、青丘文化奨励賞をいただくことになりました。在日が在日に与える賞を授かり、さらなる飛躍を期したいと思います。青丘文化奨励賞の名に恥じないよう、努力を重ねます。よろしくご指導のほど、お願い申し上げます。

賞創設の由来と主旨

文芸・学術（人文・社会科学）の面での創作研究活動及び文化活動の面で優れた業績を挙げ、在日同胞社会の文化水準の向上に貢献した者及び団体を対象に授与するものであり、次の二つの賞が設定されている。

青丘文化賞　（賞金五十万円）
青丘文化奨励賞　（賞金三十万円）

これまで日本の社会のなかでは在日外国人を対象とした賞がないということ、また特に在日朝鮮・韓国人にとっては本国の南北何れの側からも、そのような賞が設定されてないということから、一九七二年、在日のささやかな有志実業人らの集いである青丘会の據金によって基金をつくり、この基金の運営で毎年一回、二つの賞が授与され二十年以上続けられてきた。しかしいまは基金は解散し有志維持会員によるカンパで運営されている。また青丘会は本年七月をもって創立二十五周年を迎える。一九七四年、金達寿氏が受賞してから今回まで三十三名と五団体に授与して来た。

受　賞　者　リ　ス　ト（1997年3月21日現在）

青丘文化賞

第1回	1974年度	金達寿氏
第2回	1975年度	金石範氏
第3回	1976年度	李進熙氏
第4回	1977年度	姜在彦氏
第5回	1978年度	朴慶植氏
第6回	1979年度	高峻石氏
第7回	1980年度	金学鉉氏
第8回	1981年度	金時鐘氏（辞退）
第9回	1982年度	許萬元氏 李恢成氏（辞退）
第10回	1983年度	姜斗興氏
第11回	1984年度	文玉柱氏 愼英弘氏
第12回	1985年度	金泰生氏 姜徳相氏
第13回	1986年度	鄭大聲氏 安宇植氏
第14回	1987年度	朴宗根氏（辞退）
第15回	1989年度	高史明氏
第16回	1990年度	梁石日氏
第17回	1991年度	姜英之氏
第18回	1993年度	崔洋一氏
第19回	1994年度	金敬得氏
第20回	1995年度	韓晳曦氏

青丘文化奨励賞

第1回	1979年度	辛基秀氏
第2回	1981年度	金容権氏
第3回	1982年度	李良枝氏 学林図書室（団体）代表・朴一氏
第4回	1983年度	金賛汀氏（辞退） 麦の会（団体）代表・呉充功氏
第5回	1986年度	生野民族文化祭実行委員会（団体）代表・金徳煥氏
第6回	1987年度	在日韓国・朝鮮問題学習センター（団体）代表・鄭早苗氏
第7回	1988年度	金栄氏竝びに梁澄子氏（両名）
第8回	1989年度	金佑宣氏
第9回	1991年度	劇団・新宿梁山泊（団体）代表・金守珍氏
第10回	1992年度	朴慶南氏 鄭甲寿氏
第11回	1993年度	朴載日氏
第12回	1994年度	姜尚中氏
第13回	1995年度	田月仙氏
第14回	1996年度	高二三氏

◎巻末資料

NHKは朝鮮語講座を開設して

東京都　高　淳日
（会社役員　46歳）

朝鮮と日本は一衣帯水の間柄である。だが日本人は「朝鮮」についてどれほど知っているのか。

明治以降、日本人の目は西欧に向いても隣国朝鮮については侵略の目でしか見なかった。今日でも南朝鮮への経済的侵略には熱心だが、朝鮮文化を理解する点では全く熱意がないといっても過言ではなかろう。日本の大学に朝鮮語の講座のあるのは虫めがねでさがさねばならないほどである。そこで私はＮＨＫに「朝鮮語」講座の開設を提言したい。

最近の朝鮮語を学ぼうとする機運の高まりをＮＨＫはご存じないわけではなかろうが、西欧語に比べて番組構成の面でアジア語の講座にはウエートがかかっていないのは明らかだ。戦後のＮＨＫの歩みの中でみるとき、「中国語」さえもが、ごく最近講座が開かれたにすぎない。日本人が「アジアの中の日本」を考えるためにも今こそ最も近い隣国の言葉「朝鮮語」の学習普及に力を入れるべきではないか。韓日問題の複雑な様相の中で右往左往の思考をくり返す前にもっと「朝鮮」を研究してほしい。日本には60万以上の在日「朝鮮・韓国人」のいる事実も考えるべきだと思う。

（朝日新聞「声」欄掲載１９７４年11月26日）

朝鮮語講座でお答え

ＮＨＫ通信教育番組班部長
寺脇　信夫

11月26日付の本欄「ＮＨＫは朝鮮語講座を開設して」についてお答えします。

ＮＨＫは現在、テレビ・ラジオ合わせて週50時間余りを語学番組にあて、国連公用語を中心に実施しております。

語学番組については、それぞれのお立場から数多くの外国語についての放送希望をいただいておりますが、限られた放送時間でこれ以上増やすことは大変困難な状況にあります。ご希望の講座につきましても現在いろいろ研究を始めておりますが、まだ実施についての確実な見通しはございません。

申すまでもなく私どもは、国際理解と平和実現のために語学番組がより一層役立つようにと絶えず努力を続けておりますので、今後ともご理解あるご支援をお願い申し上げます。

（朝日新聞「声」欄１９７４年12月5日）

なぜ朝鮮か、韓国か

日本人が朝鮮をもっと正しく知るために、ＮＨＫは朝鮮語の講座を開設放送すべきだという一文を朝日新聞に投稿し、掲載されたのは１９７４年11月であった。翌年11月発刊の季刊誌「三千里」の第4号で、久野収・金達寿両氏の対談が行なわれ、その中でＮＨＫに朝鮮語講座の開設のための署名運動の提案がなされた。こういうことが発端となって〈朝鮮語講座の開設を要望する会〉（註：以下略して「要望する会」とするす）という新しい型の市民運動が結成されたことはいまだ記憶に新しい。日本人が隣国朝鮮を理解するための起きるべくして起きた市民運動であったというべきだろう。

その後、この運動は4万人近い署名を集めることができた。この署名簿を携えて1977年4月4日、NHKに交捗した結果、

1　NHKが新たに語学番組を設けるときは、まっさきに朝鮮語講座をとりあげる。

2　朝鮮語講座開設をめぐって、これまでいろいろ検討してきたが放送時間の割りふりなどの内部の条件にはなんら問題はない。

3　朝鮮語講座の放送にあたり、外部的な条件に多少の障害が予想されるので、それを解消したうえで放送にふみきりたい。

などのことがほぼ諒解された。運動は結実するかにみえた。

しかし運動の外側にいた人たちにとって、2の内部的な条件になんら問題はない、ということは容易に理解できたが、3の外部的な条件の障害がはじめ何を意味するものであるかは判らなかった。後程その意味を知るに及んで私は愕然とせざるを得なかったのである。

さきの署名簿を提出して運動の成果が実るかにみえた直後、ある在日の民族組織がNHKに「韓国」語講座の開設を求める行動をおこした。「NHKに韓国語講座 を求める会」（註：以下略して「求める会」としるす）が結成され在日の韓国人子弟を中心にした街頭の署名運動が華々しく展開された。ある組織が「韓国」語講座であって「朝鮮」語講座であってはならないという意図を大きな挺子として作用したのである。

〈要望する会〉が集めた署名は3万8748人である。明らかに日本人が主体的の市民運動の成果であることにまちがいない。しかるに「求める会」はこれよりはるかにうわまわる10万人の署名を短時日のうちに集めてNHKに迫った。組織をあげての人海戦術の成果であることは明白である。さしものNHKもこのパワーのまえで逡巡せざるを得なかったようだ。だが講座の開設に名称は、どうであれ、これがNHKが主体的にきめることであり、外部のものが介入する筋合いではない。いうところの「外部的条件の障害」なるものが、ここにあったのかとはじめて判明した。私がさきに愕然としたというのは実にこのことである。

講座名が朝鮮語であれ、韓国語であれ、われわれの関わることでない。日本人が隣国のことを学びたいということに心から賛意と敬意を表するだけで充分ではないだろうか。

こんなことを考えているうちに、私たちの同窓会の名称が「大阪大学韓国・朝鮮人同窓会」とあるのに、ある滑稽さを感じて苦笑せざるを得なかった。

（大阪大学韓国・朝鮮人同窓会誌「花郎」創刊号掲載1979年2月28日）

「私を拾った神々」

「捨てる神あれば拾う神あり」ということわざが日本にあるが、私の今日までは、いわば「神に拾われた」人生だったと思う。とりたてての大幸運ではないが、節目節目で不思議に運が開ける。

朝鮮は済州島に生まれ、3歳のとき母に手を引かれて、先行していた父を頼り渡日した。関東大震災の東京を命からがら逃げのびた父は、大阪の東成区に住んでいた。いまも「在日」の多い地域だが、そこで私は日本の教育を受け「皇国臣民」として育った。

「神に拾われた」はじめは日本の敗戦直後である。戦争に負けた腹いせが朝鮮人におよぶのでは、と同胞たちは少なからず動揺し、

われ勝ちに帰国を急いでいた。関東大震災のとき5千人ともいわれる朝鮮人が殺されたことがだれの頭にもあったからだ。その騒ぎの中で私はいったのだ。

「ぼくは日本に残ります」

学校の先生によれば朝鮮はどうしようもなく遅れた国、朝鮮人は劣った民族だった。私の小学校の通信簿には、試験の点に関係無く常に最低の丙ばかりが並んでいた。

だが中学校は一応実力の世界であり、学ぶことの意味や喜びを実感しつつあった。日本でもっと勉強して、いつか祖国の役に立つ日に備えたい。私なりに真剣だったのだ。

引き揚げの荷物を送り出してから長男の私が帰らないというのだから、父もこれには弱った。何度も船便を遅らせて私を説得しているうちに、先に帰国した人々が続々舞い戻って来た。彼らの目にしたものは、母国の想像を絶する混乱だった。

李承晩政権に反対する人民闘争が激烈をきわめ、襲撃、放火、殺りくの日々に、家財を送った祖母の家も炎上した。父は後々までしみじみいったものだ。「帰らんでよかった。お前のお陰や」

20代前半に肺結核を病んだ。医師が「このままだと死ぬ……」と入院をすすめたが、そんな金があろうはずがない。私の困惑の顔を見た医師は、病院の受付わきの患者相談所を示してくれた。

暗たんたる気持ちだった。父を死なせた病が私に襲いかかったのだ。父も「アメリカのストマイを40本も打てば治る」といわれたが、1本1本の新薬が買えるはずもなかった。当時結核は死病であり、多大な経済負担が貧しい家々を破滅に追いこんだ。

相談所で、地域ごとに必ずいるという民生委員というものの存在をはじめて知った。紹介されて訪ねた民生委員は、ガラス工場の女性社長だった。「父が死んだばかりで、末弟がまだ赤ん坊で、そういう、そのう……家なんですけど……」。良い家のおばさんという印象に力づけられて率直に述べた事情を、社長はじーっと聞いてくれた。

間もなく、和歌山県に近い山中の療養所に入ることができた。病床で親しんだ松田道雄著『人間と医学』の、人間が本当に幸せになるのはこの地上から病気と差別と偏見がなくなった時だという言葉に、深く感動し共感しつつ、1年半をそこに過ごした。

（1991年7月7日連載朝日新聞「ハーフミラー」欄）

「続・私を拾った神々」

30年も前のことだ。

東京に出て、結婚し、モウレツに働いた。あげくすっかり健康を害してしまった。結核が再発したのだ。20代の初め、墓場に近いサナトリウムから奇跡のように生還して10年後の再発だった。しかし、化学療法の進歩のおかげで、このたびもどうにかハードルを越えた。

回復の後、長年育った大阪へ帰ってささやかな商いでもして暮らそうと思い、まずは単身、家探しに赴いた。親類の家を足場にして探し歩いて、やっとこれならという物件を見つけ、手付金を払って帰京したのは半年後のことだった。

久しぶりのわが家で朝刊をひろげた。半年間の習慣でつい不動産欄に目が走る。と、気になる物件が出ている。思わず電話をつかんだ。

不動産屋のすすめで見に行った売り家は、

小さな総菜屋さんだった。善良そうな一家には、古びた家に不相応なほどりっぱな神をまつる祭壇があり、まこと清そな住居でもあった。だがもう大阪に決めたのだ。いまさら、と、さほどの関心はなかったが、信心深い売り主の家族には名状しがたい親しみを覚えた。

　あとで知ったことだが、不動産屋は大勢の買い手を最終的に3人にしぼった。そして私の生年月日を問い合わせてきた。どうやら私がこの3人のなかに含まれていて、売り主は3人のうちのだれに売ろうか、神様に伺いを立てるとのこと。不信心の私は、これにはびっくりした。

　それまでにも、この土地を売るについて、売り主は神様に相談したところ、「3年待つべし」との託宣だったので、忠実に3年待ち、また伺うと「さらに3年待つべし」と出た。期限明けも間近いころ、この家の前に、さる大手企業のデパートが建つこととなった。地価はそれまでの何倍にもはねあがった。こんないきさつから、だれに売るかを神の声に託したのは至極当然のことだった。ところが神様が3人の中から私を選んだと聞いて、2度びっくり。「この人の手になる金がいちばん清澄だから」「その金で一家の今後が築かれる」とのご託宣だったと聞かされるに及んで、びっくりを通り越して感動さえしてしまった。

　大阪の方も円満解決。戻るはずのない手付金まで戻ってきた。運というのは、縁があれば向こうから転がりこんでくるんだなあ、とひとり感じ入っているところへ、例の不動産屋から電話である。

「あれ、売りませんか」

「あなた何いってるんですか。神様のご託宣だから買え買えといっておいて……」

「ウン千万のせます」

　ぐらぐらっときた。半年足らずのもうけにしては悪くない。だが待て待て。これからの人生をいかに、と考えた末の買い物ではなかったか。

　私はそこに画廊を兼ねた喫茶店を造った。静かな雰囲気が好まれていいお客さんがついた。妻が私にいった。

「喫茶店のオヤジサンになって、あなた、近ごろ、すこうし文化的な顔になってきたわね」

（「ハーフミラー」1991年7月14日）

「帰郷」

　1931年、3歳の私を連れて、生まれ育った済州島を後に日本に渡った母は、4年前、東京で亡くなった。

　半世紀以上も日本で暮らしながら一向に言葉が上達せず片言の日本語でこの国に生きた母は、日本生まれの弟妹たちが語る日本語交じりの在日朝鮮語よりも、私の話す済州島の方言に心休まる思いがしたのだろう。死の床でも母は私の見舞いを心待ちにした。

　8ヶ月の入院生活の間、くにのなまりで看病できたことに胸迫るものがあった。父亡き一家の父親がわりで、ただがむしゃらに突っ走ってきた長男の私と、久々に母子のきずなを感じ合う時間でもあった。しかし死の直前にしかそれをかなえてやれなかった私は、なんと不孝者であろう。

　――母子の在日の歴史は大阪上陸の鮮烈な思い出に始まる。まくら木の上を歩くところだけ板を渡した天保山桟橋を行く母は、未知の国への不安と迎えの父を探す気の焦りで自然足早になる。私は、まくら木の下方で激しく揺れる黒い海が怖くて泣きじゃくった。「お前、よくそんなこと覚えてるねぇ」と母はいう。

――乗って来た汽船は「君が代丸」、朝鮮語の発音は漢字をそのまま「クンデワン」だ。5百トンの船は済州島人にはとてつもなく巨大に見えた。「大きいものは何でも、クンデワンみたい、といったものだよ」とも母はいう。

――私が小学校のとき「創氏改名」があった。朝鮮人に日本名を名乗れと強いた、無体きわまる日本の朝鮮支配政策だ。世界の植民地の歴史のどこにこんな例があるだろう。イギリスはインド人に英国名を名乗らせただろうか。

「高」は済州島では「良」「夫」と共に三姓と称される由緒ある姓だから、日本名なら何でもというわけにはいかない。自分の血筋の痕跡を残したい。そんな念願から日本式の姓の中に自分たちの本貫を差し込んだものだ。

あれやこれやと考えた末、父は「高松」姓を届けたが、役所が受け付けるはずがない。「恐れ多くもかしこくも皇族名を名乗るとは何事か」。随分ともめたようだ。日本人の同級生には高松を名乗る庶民もいたが……。結局、私は一夜で「高岡邦和」に変身した。母も、母の雰囲気とはおよそ似つかわない「千代子」と変えさせられた。

母の他界から4年、父の死からも40年以上、死産だった私の娘のと共に寺に預けたままだった遺骨を、このほど故郷の風習にのっとって土に帰し、永い親不孝にやっと区切りをつけることができた。

新調の本絹の死装束をひろげた上に、さぞ窮屈だったろうつぼから骨片を出して頭、胴、脚……の順に並べ、装束でくるんで墓室の底の砂地に横たえた。渋る僧を説得し一族の見守る中、済州島のしきたりで納骨し終え、静かな満足を覚えた。

在日一世として苦しみと悲しみと憤りにみちた生涯を送った父母が、いまは安らかに土に帰り、やがてここから故郷の土につながってゆくように私には思われた。

（「ハーフミラー」１９９１年7月21日）

「青丘会のこと」

１９７０年代は私にとって画期的な時代になった。

１９７４年11月26日付の朝日新聞声欄に載った「ＮＨＫは朝鮮語口座を開設して」と題する私の投書がハングル講座開設の一つのきっかけとなり、多くの人々が隣国の言葉に関心を持ち学ぶ機会が訪れた。日本の朝鮮統治時代に母国語を奪われ日本語を話すことを強制された私たちには、感無量である。

「青丘会」も発足していた。青丘会は、在日同胞の文芸・学術面の創作研究活動や文化活動を、毎年、青丘文化賞と同奨励賞をもって表彰し、支援、激励することを目的に、在日の実業家有志――といえばご大層だが実態は中小企業のオヤジさんたち――が乏しい基金を積んで運営する小さな会だ。南北を問わず優れた業績をあげ在日同胞社会の文化の向上に貢献した個人・団体が受賞の対象となる。

日本人社会には在日外国人を対象とした賞がなかったし、特に在日の我々には本国の南北いずれの側からも、そのような賞は設定されていなかった。在日作家金達寿、金石範両氏が芥川賞、直木賞の候補にあがりながら判然としない理由で立ち消えなったことも会の創立を促した。

草創の会員は朴南奎＝ビル経営管理、金準璟＝会社経営・故人、金仁永＝金融業、裵淳錫＝貿易会社経営と、私の5人。ささやかな母体ながら名称には気を使い「青丘会」とした。青丘は日本を「やまと」というのと同じいわば国の古い雅称だ。「やまとしうるわし」とうたわれたように、私たちも、「鮮やかに朝日さし緑なす丘連なる」朝鮮半島の姿を命名に込めたのだ。

１９７４年、最初の文化賞受賞者が全員一致で金達寿氏に決まった。氏の『後裔の街』は、私が初めて読んだ朝鮮人の海外文学であり、皇国少年だった私に、民族の魂をよび覚ました本であった。

氏のあいさつが忘れられない。「今まで在日の世界から非難、攻撃されることがあっても、ほめられることはなかった。初めて在日の人に認められてこんなうれしいことはない」。私にはむしろ青丘会への励ましの言葉と響いた。

タクシー運転手の経験から名作『タクシードライバー日誌』を生んだ作家梁石日氏の、本年度の受賞までに、23名と4団体が受賞した。千葉房総に暮らす済州島出身の海女たちの聞き書きの金栄さんと梁澄子さん、映画『潤の街』の金佑宣監督ら若手の台頭も目立ってきた。

その金監督が「へーえ、そんな賞があったの」というほど、賞の存在は知られていなかった。外からは「会員の自己満足に過ぎない」という中傷さえも聞こえた。1年2年でやむならその批判にも甘んじよう。続けることに意味があると強く心に決め今日まできたが、青丘会は来年創立20年を迎える。この機会に50万円から１００万円に賞金の引き上げを検討。また一部の篤志家だけの会から広く多くの人々が参加できる賛助会員制へと姿を変える。有志の方々の参加を望んでやまない。

（「ハーフミラー」１９９１年7月28日）

料理雑談——「食事はすませましたか」

街を歩いてみて朝鮮料理の店が以前に比べてずいぶんと増えたものだなあと感じます。いくら朝鮮人が健啖家だとしても、朝鮮人だけが利用するなら、こんなにたくさんの店は必要ないわけですから、この頃は日本人の間に朝鮮料理の愛好者が増えてきたということでしょう。それだけ朝鮮料理がみなおされきつつあるということで、ひと昔まえからみて隔世の感が致しますが、まことに結構なことであります。そのうちに朝鮮語のメニューが日本語化して定着する日もそう遠くはないでしょう。とはいうものの、まだ大多数の日本人には朝鮮料理は変わっているものとしてなじみのうすいもののように感じられております。朝鮮人からみれば日本料理もかなり特殊なものなのですが、相手の国のことを理解するということは、食べることひとつをとってみてもなかなかむずかしいものだと痛感致します。竹山道雄氏がパリでフランス料理を食べたときの驚きの話はあまりにも有名です。食卓の上に頭を切った雄鶏の頭や、目が空いて鼻のついた犢《こうし》の面皮や、頭が崩れて歯のむき出しになった兎の丸煮、人工衛星の形をした羊の心臓、原子雲のような脳髄など、なかでも血だらけの豚の頭が出たときは、その残酷さにフォークをすすめかねたそうです。大勢の会食でのようすですが、フランスの御婦人たちは何らの心的抑制もなく「牛や豚は神様が人間のためにつくってくださったもの」だといいながらその豚の頭をナイフで切りフォークでつついたというようなことを、『ヨーロッパの旅』の中で書いておられました。朝鮮料理では鶏の頭や、犢の面皮や、兎の丸煮や、豚の頭が、むき出しのまま直接、食卓にのぼることはありませんが、肉を食べるということでは朝鮮料理も材料としては豊富です。

日本人の肉食のバラエティに富むのは、せいぜいここ30年ぐらいの間のことではないでしょうか。古い時代のことは別としてもハイカラの始まりだということで横浜で牛鍋をついてからこのかた、牛肉とのなじみはまだ百年ほどしか経っていません。牛鍋でさえも一般大衆の料理としてゆきわたるのは大分経ってからのようです。私の中学時代の先生からきいた話ですが、先生の子供のころ、家庭でスキヤキ鍋を囲むときは、神棚や仏壇には、幕を引いて食べたものだということです。「穢れ」の思想からでしょう。こういうことですから肉料理の内容は、いきおい貧しいものにならざるを得ません。牛豚などの内臓類はほとんど調理法も知らないまま捨てるものだったということです。大阪ではほるもん（捨てるもの）を《食べるもの》として工夫しホルモン料理にし上げました。大阪庶民の食生活の智慧というべきでしょうか。戦後の食糧難のころ、NHKのラジオがレバーの調理の仕方を放送していたのを覚えています。当時のアメリカふうの食生活をみならうこともあって、肉に対しての拒否反応はわりあいうすれてゆきました。それでも日本人の肉食はレストランで野菜やポテトにいろどられたステーキの皿を思い出す程度といっても差し支えないだろうと思います。依然として肉料理のレパートリーは狭いわけです。ある中国人は日本人の肉料理を欧米に見習うよりも、もっと近い中国の料理を知る方がよかったのではないかと言っていましたが、そのようになっておれば、本当に肉料理の面での内容は豊かになっていたことでしょうし、食生活のようすは大幅に変わったかも知れません。日本人の脱亜、欧米崇拝の思想は料理の面にも及んでいたといえます。

日本で肉を食べなくなったのは、天武天皇が「壬申の乱」に勝利をおさめ、飛鳥に即位して四年目、「牛、馬、犬、猿、鶏の肉を食べてはならない」という詔令を出したのにはじまり、仏教にたいする信心の熱心さからであるといわれております。この禁令が出たことと、四面海に囲まれた豊富な魚資源のおかげで、日本料理はタンパク質に関するかぎり決定的に魚中心の料理になってゆきます。魚文化といわれる所以です。魚の料理が包丁の文化として発展し日本料理の特殊性を創り上げてゆくのであります。割烹ということばは、魚を割き、煮ることを示し、包丁がきれいに入ってないと盛りつけの形もきちんと整わないときさます。つまり割烹が見た目の感覚を主にした技巧本位のものであるということは明らかであります。日本料理は目で食べさせるといわれますが、料亭料理の美しさには目をみはらせるものがあります。シュンの味、四季のいろどり、うつわの品位、そのすべてが完璧に近い調和の中に料理の中に生かされているのであります。ところが料理人の高度な熟練の腕前を必要とする日本料理が料理屋の料理にとどまり、家庭料理になり得ないのは不幸なことであります。伝統的な日本料理の腕前を持つ板前さんが、料亭では自分のプライドを満足する立派な仕事をしながら、家庭に戻れば豚コマと野菜のごった煮で茶漬飯をかき込み、その日を終わるというのが現実なのであります。

さて日本料理を語りすぎたようですが、朝鮮料理の話に戻りましょう。朝鮮料理の特徴は、日本料理のように包丁の技巧とはあまり関係ありません。見た目の料理というよりも実質的料理というべきでしょう。元来、わたしたち朝鮮人の食事についての考え方は、身体の健康につながるものとして、たいへんに即物的であります。それは日常の挨拶のことばにもよく表れております。日本人が「よいお天気で」というところを、わたしたちは相手の健康を気づかい「食事はすませましたか」と問うのであります。ですから日常の食事で病気の予防や治療をしようという考えが強く、食物はすべて健康につながるものとして合理的に生かされています。朝鮮では肥満の人が少なく、年齢に比して若々しいといわれるのも、こうした考えに基づくバランスのとれた食生活を守ってきたからでありましょう。

よほどの肉嫌いの方でないかぎり、焼き肉料理を召し上がった経験をお持ちと思います。この料理、まことに実質的であります。肉の切り方、つまり包丁のいれ方で味が変わるというものでありません。切り捨てるというよりも、出来るだけ素材を大切にして盛り付けます。料理する人によって、味付けや薬味の独特さを競うことはあっても、包丁のいれ方、盛り付けで争うようなことはありません。だから一般の家庭でも料理屋でも、自まえの味を独特のものとして誇りにするのであります。見た目に差があるのは、各店の格式といいましょうか、そういうことで多少異なることがあるかも知れません。使われる器も平凡なものから高級なものまで、食事に必要な道具類もいろいろありますから、そういう道具だてで店の雰囲気づくりをいたしますが、これとて中華料理や西洋料理の店と別段変わったことはないと思います。

それではつぎに朝鮮料理の味について話をすすめましょう。ヘニングが味覚について、甘い、塩からい、酸っぱい、苦いの四つの基本味をあげていますが、朝鮮料理では辛味を抜いて考えることはできません。いわゆる唐辛子の辛さであります。ここで唐辛子についての日本人の通念としての辛さと、わたしたち朝鮮人の辛さとは多少異なるものだということを申し添えておきましょう。それは日本の土地でとれる唐辛子と朝鮮産の唐辛子は大分違うということです。風土の違いかも知れませんが、朝鮮産のものは日本産のものと比べて甘味があるといわれます。独特の風味かも知れません。真赤なキムチも見た目ほどには辛くないのであります。味覚は学習だといわれますから、日本人は淡白な味の好みに慣れていてキムチの辛さに飛び上がります。しかしこれは無理ないことでしょう。でもこの頃ではデパートの食品売場にキムチが並び、それがまたよく売れているそうです。どうやら日本人の味覚も四味から五味に移ってきたのでしょうか。

キムチは朝鮮の漬けものとして一般に認識されているようですが、朝鮮では漬けものにして漬けものにあらず、むしろ副食物として欠かせないものであります。朝鮮では十一月になるとどんな家庭でもキムチを漬けますが、この頃に漬けるキムチをキムジャンキムチといい、甕に入れて越冬させます。「東国歳時記」（洪錫謨、平凡社東洋文庫『朝鮮歳時記』）は十月（新暦では十一月）の項に月内雑事として「沈菹」をあげ、次のように書いています。

ソウルの風俗として、蔓菁《だいこん》、白菜、蒜《にんにく》、とうがらし、塩などをもって、陶製の甕に菹《つけもの》（キムチ）を漬ける。
夏の沈醤（注）と冬の沈菹は、民間における一年の大計である。
（注）沈醤は醤油と味噌をつけること

まさに一年の大計であり、貧富にかかわらず贅をつくします。白菜、大根、きゅうりなどを主材とし、ねぎ、にんにく、せり、生姜《しょうが》などの薬味を加えて漬けますが、薬味も地方色豊かにいろいろのものを付け加えます。魚の塩辛、魚の内臓、松の実、梨、石首魚《いしもち》、昆布、明太魚《めんたい》、牡蠣《かき》など金をかけ、家中を動員して、一週間がかりで丹念に漬けてゆきます。本当に贅沢な食品といえるでしょう。ところでキムチが朝鮮の食べものとして欠かせないように、キムチを語るとき次の詩をおとすわけにはゆきません。

キムチ

姜舜

行く先ざきの
出会う仲間の
口口から
その匂いがした
どんなときでも
その匂いが
朝鮮人の徴《しるし》として

恥辱をうけた記憶のある臭いであり
かつてそれを隠したひともいた匂いが
駅前の目抜き通りをにおわせ

日本の裏町をただようて
いま悠然と追ってくる
キムチという名をかかげ
堂堂たる顔立ちで

山海珍味をもってしても
キムチなくてはがた落ちだ
豪奢な肉林がくり出すとき
その蕃紅色の姿は欠かせぬ条件だ
はなはだ食欲が減退し
いたって気分の乗らないひとよ
そのときよろしくキムチを所望せよ
ただちに胃袋はいざなわれ
美味が倍加すること受合だ

アクティブな色彩
けんらんなる味覚
わざ（ママ）祖先の抜群な巧みであり
はたまた
苦っぽい歴史の生字引をいかにしてかくし
おえよう
忘れられぬそれぞれの味合いを

愛する女よ
いつもキムチの大瓶《おおがめ》を空かすな
これからは器をたずさえて
もらいにくる人が絶えないことだろう
苦難に耐えたキムチ
ユニイクなその色彩感と
鮮烈なその滋味をわかち与えるために

（『なるなり』所収）

キムチの例にみられるように朝鮮料理の味はいろいろのものの複合された味といえます。日本料理を淡白な味、中華料理を複雑な味というならば、朝鮮の味はまさに複合の味と規定してよいでしょう。複合のうま味を出すために重要な役割を果たしているのが薬味であります。朝鮮語では薬味のことをヤッニョム（薬念）といい、このことばは身体のためになるように心に念じて作るというところからきております。さてこの薬味の中にあって、重要な役割を果たしているものにごま油があります。ごま油は薬味だけでなく種々の料理に使われますが、因みに趙重玉氏の『私の韓国料理』（柴田書店）に掲載されている料理数二百八十種の中から、ごま油の使われているのがどれ程の数になるのか調べてみたところ、入らない料理が四十八種であとのすべてにごま油が使われています。日本の俗語に「ごまかす」という言葉がありますが、どんな食品もゴマを加えると美味と化すとの意味があると辞典に出ていました。ゴマの種子を圧搾して得られるごま油こそ、風味をきわだたせるのになくてはならないものです。

　朝鮮ではごま油を使うことで食中毒の予防になるという意識が強くあります。萵苣《ちしゃ》の葉にごはんや、焼肉、煮魚、キムチなど好みのものをのせて唐辛子味噌で適当に味付けし、葉でくるんで食べることをサンチサムといいますが、これはたいへんに野性味があって、うまいものです。食欲のないときでも、これさえあればわたしなどは食がすすみ、朝鮮人であることの幸せを心から感じるのであります。さてこの萵苣《ちしゃ》の葉ですが、この葉を水洗いするときに、最後の水洗いに何滴かのごま油をたらして仕上げ洗いをいたします。これも食中毒の予防という考えからでしょう。これは朝鮮の一地方だけの習慣ではなく、広く行なわれている習慣であるように思います。

　終わりにわたくしの個人的な感想を述べさせていただきますが、ごま油はわたくしにとっては遠い郷愁のようなものを感じさせます。子供の頃の想い出、遠い過去の情景が一瞬にしてよみがえるのです。それは母が炊いてくれたごま油の入ったごはんの香りです。炊きあがる頃合いにごま油を一さじぐらい入れてむれあがった炊きたてのごはんの何ともいえない香ばしさは、忘れることができません。病みあがりに胃腸の活動をたすけるものだといって母が食べさせてくれました。いまはなつかしいおふくろの味というのでしょう。

（1976年3月「思想の科学」59号掲載）

高淳日（コ・スンイル）

1928年、済州島生まれ。3歳のとき大阪へ。大阪大学旧制附属薬学専門部中退。

東京・渋谷で画廊茶房「ピーコック」、レストラン「くじゃく亭」を経営。

20年間、地元の商店会会長として活動する。72年、在日の実業人仲間らとともに「青丘会」を立ち上げ、「青丘文化賞」「青丘文化奨励賞」を創設。

現在、市民の古代史研究サークル「シルクロードの会」代表も務める。

始作折半《しさくせっぱん》 —合本 くじゃく亭通信・青丘通信—

2014年6月16日　第1版第1刷発行
編　著　者　　高淳日
発　行　者　　小番伊佐夫
発　行　所　　株式会社 三一書房
〒101-0051 東京都千代田区神田神保町3-1-6
Tel：03-6268-9714
Mail：info@31shobo.com
URL：http://31shobo.com/
デ ザ イ ン　　野本卓司
印刷・製本　　シナノ印刷株式会社

ISBN978-4-380-14004-4　C0021